南开物流译丛

国家社科基金项目（10CJY056）成果

供应链管理研究方法论

Research Methodologies in Supply Chain Management

［丹］赫伯特·科扎布　　［德］斯蒂芬·苏瑞　　主编
［德］马丁·穆勒　　　　［奥］杰拉德·莱纳

合作者：马格卢斯·韦斯奥斯

Herbert Kotzab, Stefan Seuring, Martin Müller, Gerald Reiner（Editors）
In Collaboration with Magnus Westaus

刘彦平　等译

南开大学出版社

天　津

图书在版编目(CIP)数据

供应链管理研究方法论 /（丹）科扎布等主编；刘彦平等译. —天津：南开大学出版社，2013.7

（南开物流译丛）

书名原文：Research methodologies in supply chain management

ISBN 978-7-310-04207-4

Ⅰ.①供… Ⅱ.①科… ②刘… Ⅲ.①供应链管理—研究 Ⅳ.①F252

中国版本图书馆 CIP 数据核字(2013)第 118306 号

版权所有　侵权必究

南开大学出版社出版发行
出版人：孙克强
地址：天津市南开区卫津路94号　邮政编码：300071
营销部电话：(022)23508339　23500755
营销部传真：(022)23508542　邮购部电话：(022)23502200

＊

天津泰宇印务有限公司印刷
全国各地新华书店经销

＊

2013年7月第1版　2013年7月第1次印刷
260×185毫米　16开本　29.25印张　4插页　740千字
定价：58.00元

如遇图书印装质量问题，请与本社营销部联系调换，电话：(022)23507125

供应链管理研究方法

Translation from the English language edition:
Research Methodologies in Supply Chain Management
by H. Kotzab; S. Seuring; M. Müller; G. Reiner (Eds.)
©Physica-Verlag Heidelberg 2005
Physica is a part of Springer Science+ Business Media
All Rights Reserved

本书英文原版由 Springer 出版集团旗下 Physica 出版公司出版，并经其授权翻译出版。版权所有，侵权必究。

本书中文简体翻译版授权由南开大学出版社独家出版，未经出版社书面许可，不得以任何方式复制或抄袭本书的任何部分。

天津市出版局著作权合同登记号：图字 02-2010-163

赫伯特·科扎布（Herbert Kotzab）教授、博士
    哥本哈根商学院
    运营管理系
    供应链管理项目组
    Solbjerg Plads 3
    2000 Frederiksberg
    丹麦
    hk.om@cbs.dk

斯蒂芬·苏瑞（Stefan Seuring）教授、博士

马丁·穆勒（Martin Müller）教授、博士
    供应链管理中心
    工商管理研究所
    商业、经济与法律学院
    Uhlhornsweg
    26111 Oldenburg
    德国
    stefan.seuring@uni-oldenburg.de
    martin.mueller@uni-oldenburg.de

杰拉德·莱纳（Gerald Reiner）博士
    维也纳经济与工商管理大学
    生产管理系
    Nordbergstraße 15
    1090 Vienna
    奥地利
    Austria
    gerald.reiner@wu-wien.ac.at

ISBN 3-7908-1583-7   Physica-Verlag Heidelberg 纽约

版权所有。未经出版者书面许可，不得以任何方式（包括影印、摄影、录音或信息手段）复制、发行、翻译本书的任何部分。

Physica 隶属于施普林格出版社（Springer）科学和商业媒体集团。

Springeronline.com

©Physica-Verlag Heidelberg 2005

Printed in Germany

总　序

随着经济全球化和信息技术的迅猛发展，企业生产要素的获取范围与产品的营销范围日趋扩大，社会生产、物资流通、商品交易以及它们的管理方式正在并将继续发生深刻的变革。与此相适应，企业建立竞争优势的关键，已由降低原材料成本的"第一利润源泉"、提高劳动生产率以降低活劳动消耗的"第二利润源泉"，转向建立高效物流系统以降低物流费用的"第三利润源泉"。现代物流业正在世界范围内广泛兴起。

进入 21 世纪以来，随着世界经济和科学技术的迅速发展，现代物流作为一种先进的组织方式和管理方式，受到了包括我国在内的各国政府的高度重视，得到了广泛应用，并在提高经济运行质量、提高社会效益和经济效益等方面发挥了重要作用。

我国现代物流业起步较晚，现代物流业在我国的快速发展只有 20 来年的历史。目前，我国大多数省市均已开展了对现代物流发展战略的研究，并将现代物流列入区域经济发展的重点领域。现代物流对地区经济和社会发展起到了重要促进作用。

伴随着现代物流在我国的快速发展，物流人才短缺等问题日益凸现，物流从业人员亟待进行知识更新。目前，随着现代物流业的快速发展和物流教育的推进，物流和供应链管理领域的图书市场缺口越来越大。虽然近年来相关教材、专著、译著层出不穷，但作为处于刚刚发展并不成熟的物流类学科领域来说，相关图书还在一定程度上存在低水平重复、新颖性不足等问题。

相对于比较成熟的学科而言，国内现代物流和供应链管理领域现有的译著并不多，而且以教材为主。伴随着全球现代物流业的快速推进和国际物流学术创新成果的不断涌现，很有必要推出系列学术译著，以满足国内物流实业界和学术界的相关图书需求。

基于以上考虑，南开大学物流管理系与南开大学出版社合作，共同推出《南开物流译丛》，编纂、翻译出版国外现代物流和供应链管理领域的最新图书，并定位于以下方向和领域：

1. 有较高学术价值，同时国内业界也很关注的领域。
2. 我国政府和民众关注的热点问题。
3. 国内专业物流市场比较稀缺的著作。
4. 国外的高水平经典教材，以研究生和高年级本科生教材为主。

我相信，这套丛书译著的出版，将对我国物流业界的从业人员、对从事物流学术研究的学者、对物流领域的研究生和高年级本科生提供有效的借鉴和参考，对我国物流专业人才队伍建设、对企业物流和物流企业经营管理优化也将起到重要的促进作用。

刘秉镰
2013 年 2 月 10 日

译者前言

鉴于对企业经营和社会经济发展的重要作用,现代物流和供应链管理逐步成为各国政府、实业界和学术界关注的热点问题,相关领域的学术研究也呈现出日渐深化的态势。然而,与研究深化相背的另一个问题逐步呈现出来,那就是供应链管理领域的方法论问题却是一个几近空白的处女地。物流与供应链管理领域的方法论缺失、不系统、不完善等问题,已经成为影响该学科研究进一步深化、进一步发展的重要障碍。

供应链管理跨越了很多学科,如物流、运营管理、营销、采购和战略管理等。在现有的物流和供应链领域的研究中,研究方法呈现出多样性的发展态势。

一方面,Mentzer 和 Kahn(1995)认为:这些在以前的现有研究中成功应用过的研究方法在当前研究中应用更容易被学者们所接受。这一观点似乎证实了这些研究方法的应用,并已经获得了一定程度的认可。现有的相关研究往往建立在以往的研究基础之上,如模型构建(Mitroff 等,1974)、市场调研(Dillman,1978;2000)、案例研究(Yin,2003)、行动研究(Argyris 等,1990)等。

另一方面,Gammelgaard(1997)提出:鼓励不常用的方法在物流研究中的应用。随之便产生了一个问题,亦即是否需要进一步拓展研究方法,以专门适用于供应链管理领域的研究,而这又需要考虑修正或拓展供应链管理研究方法的主要特征等问题。

正如本书中所提到的,针对于所有学科和众多不同哲学范式的学术研究而言,研究方法是最重要的基础要素之一。大多数学科均有其各自比较独特的研究方法,由于供应链管理领域研究方法论的不完善,国内外学者有时不得不归结到一个问题——什么是供应链管理?是一种工具、一个概念还是一个理论?Chen & Paulraj(2004)认为供应链管理仅是一种措辞。Stefan Seuring 等(2005)认为:就供应链管理的知识现状来说,称之为一个理论可能还为时尚早。

因而,为了促进供应链管理学科的进一步深化、学科体系的进一步完善、研究方法的进一步规范,加强该领域的方法论研究具有十分重要的意义。基于上述背景,赫伯特·科扎布(Herbert Kotzab)、斯蒂芬·苏瑞(Stefan Seuring)、马丁·穆勒(Martin Müller)、杰拉德·莱纳(Gerald Reiner)主编了本著作,他们均是物流与供应链管理领域的国际知名学者,发表出版过诸多论著。

本书共分五篇,从理论构建的现实依据、供应链管理中的市场调研方法、供应链中的案例研究、供应链中的行动研究、供应链建模这五个角度和层次展开,基本涵盖了供应链管理研究方法领域的主要问题。

本书共 38 章,除第一章和最后一章外,共由 36 篇专业论文组成,它们分别代表了不同研究方法,每篇论文均可视为各种不同研究方法在供应链研究领域使用的范例,所有论文还经过了同行专家审阅(peer-reviewed)的程序。本书汇集了来自奥地利、巴西、丹麦、英国、芬兰、德国、爱尔兰、意大利、新西兰、挪威、苏格兰、南非、西班牙、泰国,以及美国的相关学者的系列论文,展示了如何应用不同的研究方法对供应链管理进行深入的研究。通过系列论文，本书对目前供应链管理研究领域已经使用的研究方法进行了回顾和总结，并在此基础上探讨了供应链管理领域研究方法论的发展趋势。

在国内，物流和供应链管理领域的相关图书和文献基本上是空白。我相信，本书的翻译，将对我国物流与供应链管理领域方法论的完善，对相关研究的深化等均起到一定的促进作用。

本书将会成为物流和供应链管理领域研究人员必不可缺的一个重要参考资料。本书也适合于物流、营销、管理等专业的高年级本科生和研究生学习使用，尤其适用于相关学科和专业的博士研究生、教师、研究人员阅读和参考，同时，对于物流界的政府人员和企业人员也将具有较高的学习和借鉴价值。

由于本书内容较多、篇幅较长，故有较多的人员参与过本书的翻译工作。康全利、袁明鉴、矫亭亭、钱兵、王海连、万福来、焉旭、李玉洁、祁靳、戚新童、王玉娥、房蒙、夏经纬、项圣芝、张若雪、张芸铭、骆娜等均在不同程度上参与了本书的初译和校对工作，刘彦平负责部分章的翻译及全书的校译工作。另外，南开大学出版社的王乃合编辑等也对本书的翻译和出版工作做了大量的工作。在此，一并对上述人员的辛苦工作表示感谢！

本书虽然进行了两轮校译，但仍将存在诸多不足之处，敬请各位读者和专家学者们批评指正。

刘彦平
2013 年 5 月于南开大学

前　言

　　针对于所有学科和众多不同哲学范式的学术研究而言，研究方法是最重要的基础要素之一。
　　本书汇集了一系列研究供应链管理的相关论文，这些论文展示了如何应用不同的研究方法对供应链管理进行深入的研究。通过系列论文，本著作对目前供应链管理研究领域已经使用的研究方法进行了回顾和总结，并在此基础上探讨了供应链管理领域研究方法论的发展趋势，亦即未来对于这一领域的研究还可以采用的研究方法。本书由代表不同研究方法的不同论文组成，可视为各种不同研究方法在供应链研究领域使用的范例。为确保质量，书中的所有论文均通过了同行专家审阅程序。因而，我们希望此书能够成为目前和未来供应链管理领域研究人员必不可缺的一个重要参考资料。

　　在与哥本哈根商学院（Copenhagen Business School）运营管理系供应链管理项目组以及维也纳经济与工商管理大学（Vienna University of Economics and Business Administration）生产管理系的合作基础之上，"供应链管理中的研究方法论"研讨会在德国奥尔登堡（Oldenburg）卡尔冯奥西茨基大学（Carl von Ossietzky University）的供应链管理研究中心成功举办。

　　我们非常感谢所有对本研讨会和本书做出贡献的研究人员，同时也感谢所有将其工作和想法与我们分享从而使我们收获匪浅的学者们。我们很高兴能够将来自奥地利、巴西、丹麦、英国、芬兰、德国、爱尔兰、意大利、新西兰、挪威、苏格兰、南非、西班牙、泰国，以及美国的学者们汇集起来，共同完成本书的写作。

　　我们还要感谢马格卢斯·韦斯奥斯（Magnus Westaus），他耗费了 14 个月用于处理本著作编写过程中的大小事项和业务。从组办研讨会的提议开始，到本书最后一项的编辑，他以熟练的技能和极高的热情，高度负责地完成了各个阶段的工作。

　　另外，我们还要对奥尔登堡（Oldenburg）的支持团队予以特别感谢。Dave Kloss 对非英语国家发言者的文本予以检查、修订和完善，做出了大量的工作。在研讨会举办之前、之后和举办过程中，Julia Koplin、Kerstin Siebke、Henning Dettleff、Hendrik Eggers、Hartmut Marx 和 Magnus Westhaus 等做了大量的后勤支持工作，包括参会人员的机场接送、餐具清理以及其他的琐碎事宜。

哥本哈根，丹麦（Copenhagen, Denmark）
奥尔登堡，德国（Oldenburg, Germany）
维也纳，奥地利（Vienna, Austria）

赫伯特·科扎布（Herbert Kotzab）
斯蒂芬·苏瑞（Stefan Seuring）
马丁·穆勒（Martin Müller）
杰拉德·莱纳（Gerald Reiner）

2005 年 1 月

目 录

前　言 ··· 1
　　第 1 章　供应链研究中是否存在适合的研究方法？ ·· 1

第一篇　理论构建的现实依据 ·· 11
　　第 2 章　供应链管理领域的研究方法：定性研究和定量研究的均衡 ······················· 13
　　第 3 章　供应链整合研究领域的理论和方法论发展探讨 ······································ 24
　　第 4 章　基于 Q 分类技术的供应链整合测度 ·· 35
　　第 5 章　供应链管理与组织复杂性挑战的方法论思想 ·· 43
　　第 6 章　构型方法在供应链管理中的应用 ·· 53
　　第 7 章　进行文献回顾——以供应链可持续性为例 ··· 63
　　第 8 章　供应链管理领域中的研究方法——我们知道多少？ ································ 76

第二篇　供应链管理中的市场调查研究方法 ·· 89
　　第 9 章　调查研究方法在供应链管理领域中的作用和重要性 ································ 91
　　第 10 章　物流研究中基于网络的调查方法：一个实证研究案例 ·························· 101
　　第 11 章　供应链管理研究方法：结构方程模型（SEM）····································· 114
　　第 12 章　结构方程模型：物流与供应链管理研究理论拓展的基石 ······················· 127
　　第 13 章　顾客对英国第三方服务供应商服务质量的评价（认识、见解、看法）
　　　　　　——验证性因子分析 ··· 140
　　第 14 章　基于用户角度的泰国第三方物流研究 ·· 152
　　第 15 章　市场导向视角下的供应链管理——公共采购过程中的研究标准和工具 ······ 164

第三篇　供应链中的案例研究方法 ··· 175
　　第 16 章　供应链中的案例研究方法：研究框架和三个案例 ································· 177
　　第 17 章　供应链一体化研究中的案例研究方法建议 ·· 189
　　第 18 章　运用案例研究方法进行供应链研究 ·· 201
　　第 19 章　供应链管理中的多层次分析问题 ··· 213
　　第 20 章　供应链中的成本管理——方法论意义 ··· 224
　　第 21 章　供应链管理中的案例研究和调查研究方法
　　　　　　——两个互补的研究方法 ··· 236
　　第 22 章　供应链管理中多种研究方法的组合运用 ··· 248

第四篇　供应链中的行动研究方法 ··· 259
　　第 23 章　供应链管理中的行动研究简介 ·· 261
　　第 24 章　行动学习和行动研究方法的应用：联盟型制造企业中协同关系的改进 ····· 273
　　第 25 章　将环境和社会标准纳入供应管理：一个行动研究项目 ·························· 285
　　第 26 章　理论和实践相比较的供应链诊断：对供应链管理核心的再探究 ············· 296
　　第 27 章　物流与供应链视角下的港口效率：基于行动研究方法的调查研究 ··········· 308

第五篇 供应链建模 ……………………………………………………………… 321

第 28 章 基于经验数据的供应链管理定量模型研究方法 …………………… 323
第 29 章 存量、流量、agents 和规则——供应链研究中的"战略"仿真 …… 333
第 30 章 基于面向对象仿真的供应链动态性分析 …………………………… 346
第 31 章 合作博弈理论在供应链管理领域的应用前景 ……………………… 364
第 32 章 供应链中产品结构模块化影响的模型分析 ………………………… 375
第 33 章 启发式方法在多点转运库存系统中的应用 ………………………… 387
第 34 章 供应链管理研究方法：契约类型学 ………………………………… 399
第 35 章 取决于工作量负荷的提前期——从经验证据到数学建模 ………… 411
第 36 章 废旧车辆的回收网络设计 …………………………………………… 424
第 37 章 供应链中物质流和能量流的建模与综合评估 ……………………… 437
第 38 章 借助苏格拉底专题网络加强欧洲运营管理
和供应链管理领域的教学和科研 ……………………………………… 449

第1章 供应链研究中是否存在适合的研究方法?

Stefan Seuring, Martin Müller, Gerald Reiner, Herbert Kotzab

本章主要内容

1. 导言
2. 理论构建的现实依据
3. 供应链管理中的市场调研方法
4. 供应链中的案例研究方法
5. 供应链中的行动研究方法
6. 供应链建模
7. 供应链管理研究的远期展望
8. 参考文献

内容摘要

近年来,尽管供应链管理研究领域正在加速发展和不断深入,但在如何进行实证研究方面却很少涉及。本章参引了很多相关论文,来说明如何将各种研究方法应用于供应链研究领域。正如本书中所阐述的,这一学科应当按照 Stock(1997)所建议的那样,借用大量不同的研究方法,对供应链中的各种现象和问题进行研究。另外,为了更加深入、完整地研究供应链管理问题,还有必要使用新的实证研究方法。这意味着当前所应用的研究方法已经落后于现今的供应链技术。本章作为本书的导言,概述了本书所有章的总体情况及各自的作用。因而,本章的结构同时也反映了本书后续章节的相关内容体系。

关键词:供应链管理;研究方法;理论构建;模型;市场调研;案例研究;行动研究

1 导 言

本书可视作一个论文集,本章作为该论文集的导言,是对 Fisher(1997)经典供应链理论的修正。基于全球各商学院相关课程的数目、本学科研究人员的研究方向和大量学术期刊所发表的论文数量,我们可以认为:供应链管理理论相当重要,并且已经成为管理学领域中的一个重要概念。然而,从本学科的研究水平来看,我们发现了一个奇怪而有趣的问题:当我们第一次讨论到供应链管理所使用的研究方法问题时,我们发现很难找到这一领域方法论问题的文献。显而易见,相关的研究都是建立在以往的研究基础之上,如模型构建(Mitroff 等,1974)、市场调研(Dillman,1978;2000)、案例研究(Yin,2003)、行动研究(Argyris

等，1990），另外还有更多可以参考并借鉴的研究。

随之便产生了一个问题，即是否需要进一步拓展研究方法，以专门适用于供应链管理领域的研究。或者说，需要修正或拓展的供应链管理研究方法的主要特征是什么。然而，研究方法对于任何研究来说都是一个比较困难的领域，这一点已在相关的众多工商管理教科书中得以体现（如 Brewerton & Millward，2001；Cooper & Schindler，2003；Saunders 等，2003）。

此外，在所有的具体研究领域（如运营管理）中已经有一些论文提供了如何应用研究方法的指导。最近的一个例子是 the International Journal of Operations & Production Management 期刊（2002，Vol. 22，No. 2）针对供应链研究方法的专栏，这个专栏涵盖了市场研究的论文（Forza，2002）、案例研究的论文（Voss 等，2002）、行动研究的论文（Coughlan & Coghlan，2002）以及定量建模的论文（Bertrand & Fransoo，2002）。

此外，还有一些论文就如何应用其他更广泛的研究方法展开了说明，如物流（Mentzer & Kahn，1995）、运营管理（Flynn 等，1991）。然而，问题依然存在：供应链管理的研究方法是否有进一步拓展的实际需要？Stock（1997）或许对这一问题提出一个答案，因为他提出应当从其他学科"借用"理论。实际上，这也可以理解是为了解决本学科的研究问题而应用各种研究方法。

我们可能最终归结于一个问题：什么是供应链管理？一种工具、一个概念还是一个理论？在最近的学术论文中，Chen & Paulraj（2004）认为供应链管理是一种措辞。然而，Stefan Seunrg 等（2005）认为就供应链管理的知识现状来说，称之为一个理论可能还为时尚早。

这就意味着，供应链管理不仅是对这一概念不同理解的总称，更重要的是它包含了不同研究方法的应用。本书中的相关论文证明了这一观点，即供应链管理的研究方法没有对错之分。因此，如果应用恰当，每种研究方法都有其自身的优势。这一结果充分说明了研究方法领域的包罗万象。

本章的其余部分是对本书中所列论文的概述。作为概述部分，本章分为五个部分，从而构成本书的五个层次，分别对应于本书的五篇。它们主要是根据一定的研究方法组织排序的：

1）理论构建的现实依据
2）供应链管理中的市场调研方法
3）供应链中的案例研究
4）供应链中的行动研究
5）供应链建模

当然，这些论文也可以按照不同的方式进行分组，对于按照不同方法搜集的实证研究论文尤为如此。

2 理论构建的现实依据

理论构建的现实依据是本书的第一篇，在该篇中共有相关文献 7 篇（本书的第 2 章到第 8 章），这些论文不仅对供应链管理领域相关问题的研究方法进行了探讨，还首次提出了相关的研究实例。这些内容不仅有概念上的贡献，同时也可视为一个文献综述。

在该篇的第一篇论文（本书第 2 章）中，Golicic、Davis 和 McCarthy 讨论了供应链管理研究领域中定性研究和定量研究的均衡问题。当然，更加演绎的定量研究和更加归纳的定性研究各自都存在其优势和劣势。每一类实证研究都必须在控制、现实主义和一般化之间做出权衡。因此，他们阐述了一种双重循环的研究过程，在这一过程中，定性研究和定量研究是均衡的。

Van Donk 和 Van der Vaart 完成的另一篇论文（本书第 3 章），探讨了供应链整合研究领域的理论和方法论问题。虽然该章的重点是对相关研究进行评论，但在论文的后半部分也阐述了如何用不同的实证方法来进行供应链整合领域的研究，并指出多案例研究设计相对于市场调研和单一案例研究方法来说更具有优势。

Boon-iit 和 Paul 的论文在本书第 4 章，文中提出了基于 Q 分类技术的供应链整合测度方法，从而成为第一篇中唯一的一篇经验性论文。这篇论文运用了在管理学研究中不经常使用的方法，但用来阐述多维度模型的构建十分有价值。它可以构成单一的现实依据，并且对难以描述的对象进行描述。

方法论问题再度成为 Johannessen 论文的核心问题，在其论文（本书第 5 章）中对供应链管理和组织复杂性所带来的挑战的方法论问题进行了讨论，并且对物流系统问题进行了评价。虽然这种评价常常被当作物流思想的核心，但它并不能评估组织变化现象。相反，组织复杂性思想能够更好地描述社会互动过程，但是它要求一种不同的本体地位。

自 Fisher 关于正确设计供应链的经典论文发表以来，Neher 的论文（本书第 6 章）便采用了供应链管理的构型研究方法。此后，一些有贡献的研究开始相继得以提出。这样，在供应链研究领域，从一些基本的方法开始，逐步提出了更多的以此为基础的更为广泛和全面的，并且能够结合以往研究的方法。

本篇以文献回顾为主体的最后两章作为结束，它们均阐述了如何以一种结构化的方式来对供应链管理领域的问题进行回顾和综述。正如 Seuring、Müller 和 Westhaus 在其论文（本书第 7 章）中所阐述的那样，对于现有文献进行全面的回顾，其中所涉及的问题需要进行区别对待。为了把文献的数量降低到一个合适的、便于管理的数量，需要考虑各种限制条件。这是进行内容分析的基础，同时还要对研究方法的定性和定量问题进行评估。

与此相类似，Halldórsson 和 Arlbjørn 的论文（本书第 8 章）讨论了"供应链管理领域中的研究方法——我们知道多少"。他们对发表在 3 个代表性学术期刊中的供应链管理领域的论文里，重点针对相关论文的研究方法进行了综述，而且还指出了以往研究中的一些不足。

3 供应链管理中的市场调研方法

本部分是本书的第二篇，共包括七篇论文，这些论文涉及文献述评、方法拓展以及市场调研方法的应用等问题。

在第二篇的第一章（本书中的第 9 章），Kotzab 阐述了"调查研究方法在供应链管理领域中的作用和重要性"，这是通过对 1993 至 2003 年间 Journal of Business Logistics（JBL）期刊上发表的论文分析而得出的研究结论。因此，Kotzab 能够界定代表性的研究设计，同时也揭示了文献中现有研究中的一些不足，如所应用的问卷种类或样本数量缺失这类常见的基本信息问题。

David Grant、Christoph Teller 和 Wolfgang Teller（本书第 10 章）探讨了原始数据收集新方法的发展情况。他们的论文"物流研究中基于网络的调查方法：一个实证研究案例"，阐述了如何使用网络进行数据收集。其中涉及了一些新方法，但相对于传统的书面方法来说只是技术上的进步。他们指出：虽然研究的是 IT 公司，还是同样遇到了类似以邮寄方式进行调研所遇到的问题（如回复率的问题）。

由 Gimenez-Thomsen、Large 和 Ventura 写作的第 11 章——"供应链管理研究方法：结

构方程模型（SEM）"，分析的是具体的技术方法以及在供应链研究中的应用。该论文概述了结构方程模型的基础知识及其应用方法，这种方法通常适用于分析抽象概念之间的关系。

Wallenburg 和 Weber 在他们的论文（第 12 章）"结构方程模型：物流与供应链管理研究理论拓展的基石"，采用了同样的研究方法。相对于其他研究方法而言，市场调研研究不仅适用于理论验证性研究，也适用于理论拓展性研究。这是他们论文中的一个主要观点，并使用结构方程模型方法来构建物流对整个企业绩效影响的概念框架。

使用结构方程模型方法的第三篇文章是由 Jaafar 和 Rafiq 写作的（书中第 13 章）："顾客对英国第三方服务供应商服务质量的评价（认识、见解、看法）——验证性因子分析"。该章主要研究了检验物流服务质量的工具问题，因而他们运用了 Mentzer 等（1997）原作中的逻辑架构，并对相关概念进行了拓展。

Setthakaset 和 Basnet 从内容和研究方法应用的角度讨论了"基于用户角度的泰国第三方物流研究"（本书第 14 章）。以往的研究都是采用英国数据，而本论文采用的是一个发展中国家——泰国的数据（第三方物流至今在泰国没有得到充分的关注）。该文的研究结论之一是：公司物流业务外包的目的并不仅仅是获得竞争优势，更重要的是降低成本。这些研究结论与 Wallenburg 和 Weber 在上文中的观点相符。

在更深入的市场调研论文中，Günther 和 Klauke 阐述了"市场导向视角下的供应链管理——公共采购过程中的研究标准和工具"（本书第 15 章）。供应链管理至今尚未得到权威机构的充分关注，但具体的法律规定及相关组织问题都在试图探索供应链管理在这一背景下的应用。因此，Günther 和 Klauke 提出了对公共采购过程的见解，并揭示了在早期市场研究阶段信息缺失是如何阻碍远期发展的。

4 供应链中的案例研究方法

这是本书的第三篇，共有七篇论文，其中有三篇是"纯粹"的案例研究论文，另外有 3 篇提出了相关研究范例，其中案例研究与市场调研通常是难以截然分开的。这种观点尤为重要，因为它可以克服具体研究方法的缺陷，同时也可以丰富数据搜集和分析方法，这会使研究结果建立在更广泛的基础之上。

由 Seuring 写作的第一篇论文（本书第 16 章）"供应链中的案例研究方法：研究框架和三个案例"，是一篇关于案例研究基础知识的汇总。构建研究过程需要进行严谨的研究。本文关于如何进行供应链管理中案例研究的三个范例都源自于纺织行业，该论文对研究过程的每个阶段都进行了简要描述。

McCarthy 和 Golicic 的论文题目为"供应链一体化研究中的案例研究方法建议"（本书第 17 章）。首先，他们基于各种相关基础理论阐述了跨企业的需求整合的概念框架。在这种背景下探讨了以一家核心企业为主体的三个案例，并进一步搜集了其供应商和客户的数据资料。该研究过程的所有步骤都与文献中所提及的准则相对应（如 Stuar 等，2002）。

接下来，Koulikoff-Souviron 和 Harrison 探讨了"运用案例研究方法进行供应链研究"（本书第 18 章）。该论文同样基于案例研究的方法论基础，其中包括了对 Journal of Operations Management（JOM）期刊（2002 年～2004 年）最近刊登的九篇案例分析论文的分析。在进行企业内部和企业之间供应关系的研究时，他们还提出了对所遇到的陷阱的见解，这有利于其他研究者避免踏入这些陷阱。

Oosterhuis、Molleman 和 Van der Vaart 主要讨论了"供应链管理中的多层次问题"（本书

第 19 章），架构了一个与案例研究相关的概念研究。论文中讨论了三个层次：理论或概念层次、方法论层次、分析层次。这些层次与供应链管理中的人类行为相关联，对供应链的绩效有很大影响。

Chivaka 的论文"供应链中的成本管理——方法论意义"（本书第 20 章），主要采用了南非纺织和食品行业的数据。在研究前首先进行了市场调研，通过市场调研搜集了第一手资料，并通过访谈、观察和文件分析获得进一步的资料，进而明确阐述了不同的成本管理方法是如何应用到所研究的三个"三阶段"供应链中的。

案例分析和市场调研不可分割的观点是由 Gimenez 提出的，该论文题目为"供应链管理中的案例研究和调查研究方法——两个互补的研究方法"（本书第 21 章）。基于对西班牙食品行业的研究，该论文阐述了两种不同方法如何互补应用。

基于案例和市场调研研究，Bak 写作了"供应链管理中多种研究方法的组合运用"（本书第 22 章）。在文中，第一个案例研究构建在网络应用和汽车供应链 B2B 商务的基础上。它引发了同一行业中接下来的市场调研，旨在发现由于电子商务的应用所引起的变化。

5 供应链中的行动研究方法

本部分是本书的第四篇，具体讨论供应链管理中的行动研究方法这一问题。行动研究在工商和管理研究中应用不多。通常，研究人员都是在无意识的情况下进行了行动研究及行动分析项目。有四篇论文与行动研究及行动分析直接相关，Prockl 的论文与其也有间接联系，因此包含在本部分中。

作为本篇的开始，Müller 的论文"供应链管理中的行动研究简介"（本书第 23 章）提出了对行动研究及其历史根源的见解。此外，他还阐述了与行动研究有关的科学原理。

Middel、Brennan、Coghlan 和 Coughlan 在他们的论文中阐述了"行动学习和行动研究方法的应用：联盟型制造企业中协同关系的改进"（本书第 24 章），分析了实施绩效改进中行动研究的作用。虽然困难重重，但作者还是重点关注了组织之间学习改善方面的知识积累和拓展问题。

Koplin 写作了"将环境和社会标准纳入供应管理：一个行动研究项目"一文（本书的第 25 章）。她基于汽车行业中的一个研究项目，拓展了相关概念，从而将环境与社会标准等可持续问题整合进购买流程分析之中。

Prockl 的论文"理论和实践相比较的供应链诊断：对供应链管理核心的再探究"（本书第 26 章），是一个项目研究的结论，也构成了本篇中的一章，该项目中研究人员、咨询顾问与从业者充分交换了意见，目的是设计出能够分析供应链弊端的工具。此类实践发展对基本理论构架提出了质疑，这对理论思考和实证检验都卓有成效。

Bichou 和 Gray 的论文"物流与供应链视角下的港口效率：基于行动研究方法的调查研究"（本书第 27 章），提出了一个更为深入的范例。文中将行动研究用于专门向港口管理者和其他专家提供的，在物流和供应链背景下与港口作用相吻合的港口绩效模型。

6 供应链建模

本篇（第五篇）强调了供应链管理研究领域中定量模型的应用和发展情况。本篇由 11 篇论文构成，它们探讨了更加广泛的研究问题和定量研究方法，例如系统动力学、基于 agent 的仿真、面向对象建模、离散事件仿真、优化问题、博弈论、排队论等。

Reiner 撰写的论文"基于经验数据的供应链管理定量模型研究方法"（本书第 28 章），阐述了供应链管理中实证定量模型研究方法的重要性。此外，还探讨了用于分析经验分布的供应链风险的离散事件仿真模型与混合模型之间的关系。最后，该论文中基于这一领域相关文献的论述概述了如何构建实证定量模型的研究。

在接下来的一篇文章中，Größler 和 Schieritz 阐述了"存量、流量、agents 和规则——供应链研究中的'战略'仿真"（本书第 29 章），探索了战略性仿真实验是如何把数学模型的优势与实证研究中的实际相关性和外部有效性结合起来的。该方法已被系统动力学和基于 agent 的仿真新方式所证实，即，运用这种仿真模型，可以检验不同的不确定性水平，尤其是随机需求下供应链结构的稳定性。

在本部分的第三篇论文中，"基于面向对象仿真的供应链动态性分析"（本书第 30 章）主要阐述了供应链动态性的作用。Casella、Miragliotta 和 Uglietti 解释了传统工程应用中的建模语言 Modelica 如何得以有效应用于供应链动态性分析中。此外，还模拟了简单供应链中的牛鞭效应，并对需要构建复杂模型的对象进行了开发和说明。

在第四篇文章中，Thun 阐述了"合作博弈理论在供应链管理领域的应用前景"（本书第 31 章），基于合作博弈理论分析了供应链管理中利润的分配问题。分析范例表明：合作博弈理论在探索供应链管理合作方面存在很广阔的应用前景，分析结果应支持供应链主体间契约优化的进一步发展。

Mikkola 在她的论文"供应链中产品结构模块化影响的模型分析"（本书第 32 章）中，分析了在供应链和核心企业两个不同层面下，供应链产品结构模块化的数学建模方法。最后，为了说明模型如何应用，还引入了汽车行业的案例。

Nonås 和 Jörnsten 的论文"启发式方法在多点转运库存系统中的应用"（本书第 33 章），针对多位置库存系统货物运输问题提出了运输政策建议。基于运输政策的订货政策适用于处理计算比较复杂的问题，文中的数理范例提出了启发式问题的接近最优的方案，并且缩短了解决问题的时间。

由 Gomez-Padilla、Duvallet 和 Llerena 写作的第七篇论文（本书第 34 章），研究了"供应链管理研究方法：契约类型学"中的契约关系问题，分析和描述了契约关系的基本要素，同时也阐述了描述供应链主体上下游关系的数学模型。

Pahl、Voß 和 Woodruff 考虑到"取决于工作量负荷的提前期——从经验证据到数学建模"（本书第 35 章），本研究采用了市场调研和优化模型分析的方法，分析了与工作量负荷相关的提前期的问题。在随机性研究框架中使用了排队论模型，以解决随机问题和与工作量负荷相关的提前期行为问题。

Ahn、Keilen 和 Souren 主要分析了"废旧车辆的回收网络设计"（本书第 36 章）这一问题，重点强调了德国汽车行业中回收监管的具体要求。另外，优化方法是为了解决关于汽车回收网络中不同主体的设施选址问题。为了验证网络结构，论文还提出了离散事件仿真模型，其重点在于仿真模型与优化方法之间的相互作用。

本篇的最后一篇研究性论文是 Geldermann、Treitz、Schollenberger 和 Rentz 撰写的"供应链中物质流和能量流的建模与综合评估"（本书第 37 章）。他们提出了供应链中的建模与物质流和能量流的综合评估的技术经济方法，并强调了考虑技术范畴的重要性。

作为附加信息，本书在最后一章（第 38 章）还简短介绍了由 Machuca、Alfalla、Sacristán 和 Reiner 撰写的"欧洲运营管理和供应链管理领域教学、科研和实践优化专题网络（European

Thematic Network for the Excellence in Operations and Supply Chain Management, Education, Research and Practice，THENEXOM），该网络对欧洲高校相关学科的学术研究和教学情况进行了调查。

7 供应链管理研究的远期展望

本书共搜集了36篇论文，它们涵盖了供应链管理研究方法领域中的众多问题。然而，我们的研究结果仅仅是供应链管理研究相关发展的一个开端。我们相信，要拓展研究方法，该领域的研究人员需要考虑新的概念与理论发展。因此，我们期待供应链管理（实证）研究中能够应用创新方法来加深我们对供应链管理和相关问题的理解。

本书中的论文运用了各种不同的研究方法，当然，由于每一种研究方法都有其优势及不足，因此，对于本章标题的问题并没有单一的确定答案。

8 参考文献

1. Argyris, C., Putman, R., McLain, D. (1990): Action Science, 3rd print, Jossey-Bass, San Francisco.
2. Bertrand, J. W. M., Fransoo, J. C. (2002): Operations Management Research Methodologies Using Quantitative Modelling, in: International Journal of Operations & Production Management, 22(2): 241-264.
3. Brewerton, P., Millward, L. (2001): Organisational Research Methods, Sage, London.
4. Chen, I. J., Paulraj, A. (2004): Towards a Theory of Supply Chain Management—The Constructs and Measurement, in: Journal of Operations Management, 22(2): 119-150.
5. Cooper, M. C., Lambert, D. M., Pagh, J. D. (1997): Supply Chain Management: More than a New Name for Logistics, in: The International Journal of Logistics Management, 8(1): 1-14.
6. Cooper, D. R., Schindler, P. S. (2003): Business Research Methods, 8th edition, McGrawHill, Boston.
7. Coughlan, P., Coghlan, D. (2002): Action Research for Operations Management, in: International Journal of Operations & Production Management, 22(2): 220-240.
8. Croom, S., Romano, P., Giannakis, M. (2000): Supply Chain Management: An Analytical Framework for Critical Literature Review, in: European Journal of Purchasing & Supply Management, 6(1): 67-83.
9. Dillman, D. A. (1978): Mail and Telephone Survey—The Design Method, Wiley & Sons, New York.
10. Dillman, D. (2000): Mail and Internet Surveys. The Tailored Design Method, Wiley, New York.
11. Handfield, R. B., Nichols, E. L. (1999): Introduction to Supply Chain Management, Prentice-Hall, New Jersey.
12. Fisher, M. L. (1997): What is the right Supply Chain for Your Product?, in: Harvard Business Review, 75(2): 105-116.
13. Flynn, B. B., Sakakibara, S., Schroeder, R., Bates, K. A., Flynn, E. J. (1991): Empirical Research Methods in Operations Management, in:Journal of Operations Management, 9(2):

250-284.
14. Forza, C. (2002): Survey Research in Operations Management: A Process-based Perspective, in: International Journal of Operations & Production Management, 22(2): 152-194.
15. Mayring, P. (2002): Einführung in Die Qualitative Sozialforschung—Eine Anleitung Zum Qualitativen Denken (Introduction in Qualitative Social Research), Beltz Verlag, Weinheim und Basel.
16. Mayring, P. (2003): Qualitative Inhaltanalyse—Grundlagen und Techniken (Qualitative Content Analysis—Basics and Techniques), 8. Edition, Beltz Verlag, Weinheim.
17. Mentzer, J. T., Kahn, K. B. (1995): A Framework of Logistics Research, in: Journal of Business Logistics, 16 (1): 231-250.
18. Mentzer, J. T., Flint, D. J. & Hult, T. M. (2001): Logistics Service Quality as a Segment-Customised Process, in: Journal of Marketing, 65(4): 82-104.
19. Meredith, J. (1993): Theory Building Through Conceptual Methods, in: International Journal of Operations & Production Management, 13(5): 3-11.
20. Mitroff, I., Betz, F., Pondy, L. Sagasti, F. (1974): On Managing Science in the Systems Age: Two Schemas for the Study of Science as Whole Systems Phenomenon, in: Interfaces, 4(3): 46-58.
21. Otto, A., Kotzab, H. (2001): Der Beitrag des Supply Chain Managements zum Management von Supply Chains –Überlegungen zu einer unpopulären Frage (How Supply Chain Management Contributes to the Management of Supply Chains—Preliminary Thoughts on an Unpopular Question), in: Zeitschrift für betriebswirtschaftliche Forschung, 53(3): 157-176.
22. Saunders, M., Lewis, P., Thornhill, A. (2003): Research Methods for Business Students, Prentice Hall, Harlow.
23. Schary, P., Skjøtt-Larsen, T. (2001): Managing the Global Supply Chain, 2nd edition, Copenhagen Business School Press, Copenhagen.
24. Stuart, I., Mc Cutcheon, D., Handfield, R., McLachlin, R., Samson, D. (2002): Effective Case Research in Operations Management: A Process Perspective, in: Journal of Operations Management, 20(5): 419-433.
25. Voss, C., Tsikriktsis, N., Frohlich, M. (2002): Case Research in Operations Management, in: International Journal of Operations & Production Management, 22(2): 195-219.
26. Yin, R. (2003): Case Study Research—Design and Methods, 3rd edition, Sage, Thousand Oaks.

作者简介

> Stefan Seuring 教授、博士
> - 1967年出生，在德国和英国学习工商管理以及环境管理
> - 1995年～1998年，在帕德博恩大学（University of Paderborn）环境技术学院担任研究助理

- 2001 年，获得奥尔登堡大学（University of Oldenburg）博士学位
- 1998 年～2001 年，在奥尔登堡大学商业、经济与法律学院生产与环境学系担任讲师
- 2001 年 4 月，晋升为高级讲师
- 研究课题与各地主要企业，特别是化工与纺织企业紧密相关
- 主要研究方向：供应链；成本控制；环境管理
- Supply Chain Management Center, Institute for Business Administration
  Carl von Ossietzky University Oldenburg, 26111 Oldenburg, Germany
  Tel: +49 441 798 4188   Fax: +49 441 798 5852
  Email: stefan.seuring@uni-oldenburg.de, http://www.uni-oldenburg.de/scmc

➢ Martin Müller 教授、博士

- 1969 年出生
- 1990 年～1995 年，在法兰克福大学（the University of Frankfurt）工商管理专业学习
- 1995 年～2000 年，在哈雷——威登堡大学（the University of Halle-Wittenberg）工商管理系担任研究助理
- 2000 年提交博士论文，同年在哈雷工商管理学院（Institute of Business Management Halle）被授予列奥尼德·康托罗维奇研究（L.V. Kantorovich-Research）奖
- 2001 年至今，任奥尔登堡大学（the University of Oldenburg）生产与环境系、商学院、经济与法律系高级讲师
- 研究方向：组织理论；环境管理；供应链管理
- Supply Chain Management Center, Institute for Business Administration
  Carl von Ossietzky University Oldenburg, 26111 Oldenburg, Germany
  Tel: +49 441 798 4187   Fax: +49 441 798 5852
  Email: martin.mueller@uni-oldenburg.de, http://www.uni-oldenburg.de/scmc

➢ Gerald Reiner 博士

- 1970 年出生，在维也纳（Vienna）攻读工商管理专业
- 1996 年～1998 年，在维也纳经济和工商管理大学工业信息处理系（the Department of Industrial Information Processing, Vienna University of Economics and Business Administration）担任研究助理
- 1999 年～，在维也纳经济和工商管理大学生产管理系担任研究助理
- 主要研究方向：供应链管理；质量管理；运营管理；绩效测量
- Department of Production Management
  Vienna University of Economics and Business Administration
  Pappenheimgasse 35/3/5, 1200 Wien, Austria
  Tel: +43 1 31336 5631   Fax: +43 1 31336 5610
  Email: gerald.reiner@wu-wien.ac.at, http://prodman.wu-wien.ac.at

➢ Herbert Kotzab 教授、博士

- 1965 年出生
- 1984 年～1991 年，在维也纳经济与工商管理大学（Vienna University of Economics

and Business Administration Vienna University，WU-Wien）攻读工商管理专业
- 1991 年～1992 年，在 Velux-Austria 公司担任首席执行官助理
- 1992 年～1996 年，维也纳经济与工商管理大学零售营销系（Department for Retail Marketing）担任讲师，同时攻读博士
- 1996 年～1999 年，维也纳经济与工商管理大学高级讲师
- 1998 年，在美国麻省理工学院（MIT）运输研究中心访问学者
- 1999 年～2001 年，维也纳经济与工商管理大学助理教授
- 2001 年～2005 年，哥本哈根商学院（Department of Operations Management at the Copenhagen Business School，CBS）运营管理系国际供应链管理专业副教授
- 2005 年至今，哥本哈根商学院运营管理系教授
- Dept. of Operations Management, SCM-Group
  Copenhagen Business School, Solbjerg Plads 3, 2000 Frederiksberg, Denmark
  Tel: +45 3815 2450   Fax: +45 3815 2973
  Email: hk.om@cbs.dk

第一篇
理论构建的现实依据
(Substantive Justification for Theory Building)

第 2 章 供应链管理领域的研究方法：定性研究和定量研究的均衡

Susan L. Golicic, Donna F. Davis, Teresa M. McCarthy

本章主要内容

1. 导言
2. 物流和供应链管理中的定性研究
3. 均衡的研究方法
4. 讨论
5. 参考文献

内容摘要

在选择研究方法时，需要在可控性、真实性和普适性之间进行权衡。定量研究方法能实现可控性和普适性的最大化（外部有效性），而定性研究方法则可实现真实性的最大化（内部有效性）。物流领域的学者承认物流和供应链管理习惯于采用实证研究范式，并且过去的研究也主要是采用规范的和定量的研究方法。诸如扎根理论、人种学、现象学、符号学和历史分析等定性研究方法，在已有的研究和相关论文中都体现出相关研究方法的不均衡问题。同时，物流和供应链所处的商业环境日趋复杂，仅用定量研究方法已不足以解决所有问题。为了准确地描述、理解并解释这些复杂现象，我们的研究应该引入更多的定性方法。只采用其中一种方法的研究者会限制自己的研究视野，并很难在这个领域有长期的较大贡献。

关键词：供应链管理；归纳法；演绎法；扎根理论；内容分析法；调查研究方法；结构方程模型

1 导言

"任何研究策略和方法都是有缺陷的，通常一种方法在实现某个目标时有优势，但为达到另一个同等重要的目标时又存在不足。"（McGrath，1982：70）。McGrath 进一步描述了在选择研究策略时，在可控性、真实性和普适性间的权衡。定量研究方法能将可控性和普适性最大化（外部有效性），而定性研究方法则将真实性最大化（内部有效性）。Creswell（1998）用摄像作为类比来描述这个权衡过程：定量研究就像是广角或全景镜头，而定性研究则呈现的是特写镜头。为了真正理解并解释某个现象，我们必须同时考虑这两种方法，或者如 McGrath 所说的那样，针对不同的问题选择不同的研究方法。

1995 年，Mentzer 和 Kahn 共同发表了一篇文章，提出了物流研究的框架，这一框架遵循实证的范式,即先假设再检验。他们总结了现阶段的物流研究状况,主要是以发表在北美期刊上的相关论文为研究基础进行总结,发现绝大多数论文的研究方法是定量方法。针对这个研究结果,他们开始倡导更多的双重研究方法设计来均衡内部有效性和外部有效性。Näslund(2002)响应了这个倡导,他认为定性和定量研究都是有价值的,因为不是所有的研究问题都可以用同一种方法来解决的。

物流领域的学者们承认物流和供应链管理研究习惯于运用实证研究模式,并且以往发表在北美地区的顶尖学术期刊上的研究论文主要是规范的(即理论模型和文献综述)和定量的(建模和调研)。诸如扎根理论(grounded theory)、人种学(ethnography)、现象学(phenomenology)、符号学(semiotics)和历史分析(historical analysis)等严格的定性研究方法,其相关研究行为和使用相关方法发表的研究论文均表现出研究方法的不均衡问题。与此同时,物流和供应链所处的商业环境日趋复杂,仅用定量的研究方法已不足以解决和解释各种问题。为了准确地描述、理解并解释这些复杂的现象(如外包、B2B、战略采购、需求管理等),我们的研究应该引入更多的定性方法。只采用其中一种方法的研究者限制了自己探索的视野,因而很难在这个领域有较大的贡献。在供应链管理领域的研究中,除了演绎法(典型的定量方法)外,我们还需要归纳法(典型的定性方法)来构成更加均衡的研究方法体系。

本研究的目的是建立一个均衡的研究方法模型,为供应链管理领域的研究提供指引和例证。此外,还会举出均衡的研究方法在供应链研究中应用的具体案例,以说明多种研究方法并用的重要性。文章的结论是建议供应链管理学科(即物流、运营、营销等)应当更多的应用均衡的研究方法。

2 物流和供应链管理中的定性研究

定性研究与其说是一种单一的研究框架,不如说是一类研究方法体系。Creswell(1998:13)把定性方法描述成"一个由细小的丝线、多种颜色、不同纹理和各种材料混合构成的错综复杂的纺织品"。然而,相关调研表明:在供应链管理学科中极少应用这类方法。

Mentzer & Kahn(1995)回顾了1993年JBL期刊(the Journal of Business Logistics,JBL)上发表的相关文章。JBL是物流领域的顶尖期刊之一。Näslund(2002)回顾了JBL、IJPDLM(the International Journal of Physical Distribution and Logistics Management)和IJLM(the International Journal of Logistics Management)三个期刊最近发表的文章后,发现7%的论文是基于案例分析研究方法的。Halldorsson等(2004)回顾了上述这些期刊从1997到2004年间发表的供应链管理领域的相关论文,发现71篇中只有8篇使用了定性分析方法。Kotzab(2005)延续了Mentzer和Kahn 2003年的文献回顾,发现以调研为主的定量研究方法在这些期刊和德国的期刊中仍占绝大多数。他们并没有回顾运输和生产运营领域的期刊,因为这两个领域所关注的问题在本质上就是量化的,所以不太可能在这些期刊中发现更多的定性方法的使用。此外,语言障碍和对某些仅在国内发行的期刊因获取权限的限制,也制约了对这些文献的回顾。

在Mentzer和Kahn的文献综述(1994年~2004年)的基础上,我们回顾了上述所有这些期刊和物流教育国际会议(the Logistics Educators Conference,LEC)的论文集,以及SCM(Supply Chain Management:An International Journal)期刊上的相关论文,见表2.1所示。尽管定性研究方法的使用可能正在增加,如为明确概念而进行的访谈或扩展性调研方法,表2.1显示出这些期刊中定性研究所占的比例仍然很低。这些定性研究采用了严格的定性方法,即遵循这种方法论所特有的哲学范式和准则（如Yin，1994）的案例研究，以及Strauss和Corbin（1998）的扎根理论。特定背景下的概念和模型的应用，以及调研前的简单访谈通常被称作定性研究（即案例研究），然而其背后的方法论却很少被相关论文提及。因此，即使应用了定性的研究方法，也不一定是严格的定性研究，这两者要分开来看。尽管SCM期刊中有更多的案例研究（共有102个），但随机抽取10%的这些论文，发现没有一篇是使用严格的案例研究方法的，这使得102这个数目有些值得怀疑。

表2.1 主要物流期刊中的定性研究（1994年～2004年）

期刊	论文总数	严格的定性研究	应用定性方法的研究
JBL	234	4.7%	9.8%
IJPDLM	431	4.2%	8.6%
IJLM	169	4.1%	4.1%
LEC会议论文集	132	4.5%	3.0%
SCM	236	36.0%	5.9%

在2002年，有两期IJPDLM收录了定性研究的论文。据编辑所说这些论文被收录的原因，是"希望这样能够促进定性方法在物流研究中的进一步使用"。学术界承认物流学科被定量研究所主导，因此需要更多的定性研究来补充。在2004年奥尔登堡大学（the University of Oldenburg）的供应链管理研究方法论研讨会上，大家讨论所得出的结论是：欧洲比北美更依赖定性方法。然而，鉴于物流的实证研究传统，很多学者仍未意识到定性研究的价值。

研究方法扎根于源自研究者典范或"指导行动的基本信念"的相关哲学范式（Guba，1990：17），而定量和定性方法的哲学范式不同。如：现实主义范式（经验主义者、实证主义者）将事实看作个体外客观世界的存在，而解释主义范式（相对论者、存在主义者）更主观地看待事实，认为它存在于构造它的个体中（Flint等，1999）。这些信念和范式决定着研究者如何获取知识，因此可以理解为什么当一个学科被一种哲学范式所主导时，这个学科的研究就会相应地被一整套的系列方法所主导。

学者们的世界观大部分是训练后的产物。在博士研究生项目中，学生主要接触本学科的范式，这通常来自他们的导师及顶尖杂志上发表的论文。因为物流研究通常遵循实证模式，大多数北美地区的物流学者极少接受定性研究方法的训练。欧洲的情况并不比北美地区好多少，因为很多项目（这些项目通常重点培养工业领域的博士研究生）不提供研究方法的训练。

出版物和发表的期刊论文是学科进步的关键代表和要素。因为已有的物流学者（如：大学教师、杂志编辑和审稿人）沿袭了实证研究的模式，实证的范式和方法得以广泛接受，尤其是在北美的期刊中。发表在物流和运营管理领域的期刊论文只有少数是采用定性研究方法的，这就是一个证明。Näslund（2002：327）指出：年轻学者更容易"按照已经铺好的道路前进"。

定性研究方法和定量研究方法彼此不能相互替代，他们观察的是同一事物的不同方面（McCracken，1988）。然而，这两种研究方法代表了不同的思维模式，遵循某一种范式的学生是不能通过几种方法论技巧的学习来掌握另一种范式的。"学习定性的范式要求吸纳新的假设和观察方法，需要采用新的、将研究问题和数据概念化的方法"（McCracken，1988）。对定量方法同样如此。这个学习过程需要从供应链管理的博士研究生项目开始，定性和定量研究方法的培训应该成为这些项目的重要组成部分。为了促进这些方法的应用，应该倡导研究中多样化方法的使用。Näslund（2002：328）提到："如果物流学术界想要引导而不是追随实业界的发展，那我们的研究必须有高度的相关性。"为达到这个目的，相关领域的研究需要同时使用定性和定量两种研究方法。因此，未来的学者必须同时受到定性和定量方法的训练，这两种方法都必须被主要的物流和供应链出版物所接受。

3 均衡的研究方法

设想一个大学校园的两种视图：一个是飞机从空中拍摄的快照，另一个是一个学生在日常生活中拍摄的场景。哪一种视图提供了更好的信息呢？显然，这取决于你想了解校园的什么信息。与之相似的是，演绎法（典型的定量方法）和归纳法（典型的定性方法）为研究物流和供应链提供了不同的视角。哪一种方法能提供更好的信息？这同样取决于你想了解什么。

物流和供应链研究的核心是研究者对特定现象所持的基本观点或存在的疑问（见图 2.1 所示）。一旦研究现象被确定下来，研究者就可以通过提出一系列研究问题来突出研究重点。研究方法的选择（即定量或定性方法）取决于研究者想要知道什么，而这又是由现象的本质和所要研究的问题的类型所决定的。下文的三个部分描述了各种方法的步骤，以及这些方法在一个研究项目中的结合情况。

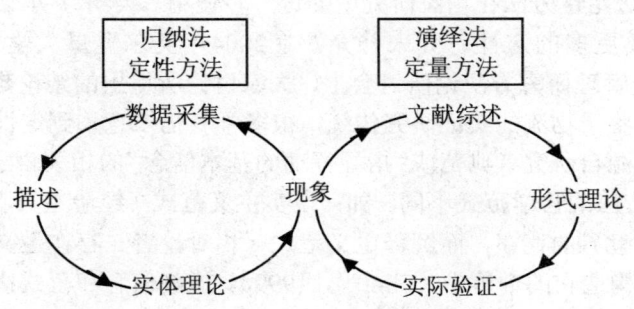

图 2.1　均衡方法模型

资料来源：改编自 Woodruff 2003。

3.1　定性研究方法

很多术语代表定性研究方法，如自然主义（naturalistic）、人文主义（humanistic）和诠释学（interpretive）等。凌驾于这些方法论框架上的是源自特定学科的研究范式，如人类学家的人种论，心理学家的现象学访谈和社会学家的扎根理论等。每个方法论框架和学科研究范式都伴随着一系列的哲学理解、方法工具和严格的标准。

● 第一步

定性方法的目的是"理解现象本身"（Hirshman，1986），定性研究的第一步是数据采集。通常，为了形成初步的理解，研究者会进行几次实地调查，在其原本的情景下观察所要研究的现象。采用定性方法的研究者基于"知识被利用了才有价值，知识是通过人们讨论其意义而获得的"这样的哲学假设（Creswell，1998：19），重视从信息提供者角度出发而获得日常经验的第一手资料。依据研究范式和方法论框架，文献综述并不是定性方法的一个单独分离的步骤，因为它会被嵌入到定性研究的各个阶段。尽管不同的研究范式使用文献的方法不同，但是在任何情况下，定性方法创造的基本理论都来自于数据而不是文献。

- 第二步

定性研究的第二步是从信息提供者的角度描述现象。定性研究是通过详尽的描述，通过探究现象的多个维度和特性，来分析现象的深层结构。描述阶段使用的是定性技术，如：询问开放式问题，检验多重数据来源（Hirschman，1986），这又可以采用访谈（interview）、观察（observation）、文件（document）和视听材料（audiovisual material）等多种形式（Maxwell，1996）。当研究者对现象有了第一手的了解后，就能进一步开展数据分析和研究设计。

- 第三步

定性研究的第三步是通过描述性数据构建一个针对所研究现象的实体化理论。针对定性数据的分析通常采用归纳法，亦即由特殊情况到一般情况，如类别、主题、维度或规范，这取决于研究者选择的方法论所规定的分析方法。这个分析过程产生了关于这个现象的一个基本理论，通常是一个描述不同变量间关系，并且有一个抓住现象动态本质的反馈环的过程模型。"在研究者彻底地详细描述了一个概念后，不同变量间的关系就明晰了"（Creswell，1998：21），这使得研究者对所研究的现象有了更深入的理解，从而使整个过程构成一个完整的环。

3.2 定量研究方法

如前文所述，定量方法在物流和供应链研究中处于主导地位。和定性方法一样，定量方法也有许多标志性的术语，如实证主义（positivism）、逻辑经验主义（logical empiricism）和现实主义（realism）。同样，经济学、营销学和心理学等学科的范式均包涵了这些研究框架。定量方法的目的是通过构建能够解释、预测和控制所研究现象的形式理论，来丰富我们的知识体系。

- 第一步

定量研究方法的第一步是回顾相关文献，对相关变量及其相互之间的预期关系有个基本概念（Bickman & Rog，1998）。尽管研究者也可能在这个阶段进行一些访谈，这通常是为了完善研究方法或弄清变量及其相互之间的关系，而不是像定性方法那样为了构建概念框架。

- 第二步

定量研究方法的第二步是依据前人的研究构建形式理论。形式理论具有普适性，即"适用于很多现象及不同地方的不同的人"（Kerlinger & Lee，2000）。定量方法创建的形式理论应该能预测现象的未来趋势，且可以通过与现实世界的数据对比来检验预测结果（Hunt，1991）。在采集数据之前，研究者根据理论对研究的结果做出假设，这些假设通过演绎推理方法得出，即研究者从一般情况（即理论）出发推测用数据表示的特殊情况。

- 第三步

定量研究方法的第三步，是通过实地调研或实验等方法，用经过精密设计的测试方法或工具来采集数据。采集数据的目的是通过检验假设中变量之间关系（如贸易伙伴间的信任增加了双方的忠诚度）的显著度和强度来验证形式理论。定量研究的结论使得整个过程构成了一个完整的循环，从而使得研究者对现象拥有更深层次的理解和解释，并可以对未来的研究提出更多需要回答的问题。

3.3 研究方法选择

当所关注的现象是新的、动态的或复杂的情形下，相关变量不易被识别，而且现有的理论不能予以解释时（Creswell，1998），最好采用定性方法，通过实地调研来采集数据，对现象进行细致的描述以便于理解。定性方法通过提供详尽的细节内容——所研究问题的"特写镜头"，使研究者对新的、复杂的现象有更深刻的理解（Creswell，1998）。例如：国家安全法规（homeland security regulations）是供应链管理中的一个新现象，它就是一个适合用定性方法研究的问题。在我们准确衡量这个政策的影响前，必须识别并理解相关的变量。

在定性研究方法中，背景是现象产生的内在属性。因此，对熟知的概念在新的环境下的研究，比如在供应链背景下"品牌"的含义是什么？这样的问题同样适合用定性研究方法。定性研究的问题通常以"如何"和"是什么"开头，表明研究者的目的是描述一个过程，比如消费者期望值变化的本质是什么？

另一方面，通过以往的研究已经被充分描述的现象，往往适用于定量研究。在这种情况下，研究者可以通过文献研究来识别相关变量，发现我们理解中存在缺陷并需要进一步注意的地方。旨在通过考察变量来解释变量间关系的研究问题适用于定量研究方法（Creswell，1998）。研究者可能想要测量关系的方向或强度，或找出其中的因果关系，比如贸易伙伴间的信任会随着合作时间的增长而增强吗？提出类似问题的目的在于通过问"为什么"和"到什么程度"来确定现象的可变程度。正如接下来要讨论的一样，定量研究方法允许研究者脱离数据以对现象做出更通用的解释，即看到"全景图"以便于建立形式理论。

另一种选择研究方法的途径，是使用一种独特的概念模型，这个模型由代表变量的方框和代表变量间关系的箭头组成。定性方法的目的是理解方框的内容，而定量方法的目的是解释箭头的意义。选择研究方法之前，研究者应当慎重考虑"我们（这个学科）对这个现象了解多少"。如果答案显示研究应该更聚焦于理解新的或复杂的现象，那么定性方法是最好的选择；如果研究者的目的是有一个更宏观的视角，以便解释深入研究过的概念之间的关系，那么定量方法会更适合。

我们赞同 Dunn 等（1994）的观点，即提倡物流和供应链研究者应当鼓励多样化的方法论，以深入理解这个学科所面临的关键问题。传统的定量方法提供的 50000 英尺的视野和定性方法的特写镜头均有助于我们对问题的深入理解。然而，对一种研究方法的过度依赖会严重限制我们对所研究问题的理解。Näslund（2002）指出，供应链往往是"结构复杂、混乱"的问题，因为它们涉及到多家公司，鉴于其动态性和复杂性，这个领域的学术研究比较新颖。许多供应链领域的研究人员在开始研究项目前，会先对他们感兴趣的现象做深入的了解。通过构建基于基础数据的相关实体理论来识别相关变量后，再测试变量间的关系，并确定这个关系的边界。

研究过程应在定性和定量方法间往返并最终达到均衡（如图 2.1 所示）。归纳法通常用于初始理解和创造有关新的或复杂现象的基本原理，而演绎法更适用于构建形式理论。研究应该按照图中的环进行，有时要重复相同的环形路径，有时要跨越到另一种方法路径。

4　讨论

在定量研究方法和定性研究方法相对价值的讨论中，有一种观点是将这个选择看作不可比较的哲学信念而不是研究方法的选择。正如 Deshpande（1983：109）的观点："有一种趋势是将这些研究范式按这样一种方式来分类，使他们看上去相互独立且互相排斥。任何一种研究范式均不会较多地脱离实践。"Hudson 和 Ozanne（1988：508）不同意这一观点，他们认为："不可比不代表这两种方法不能共存或不能也不应该开发一种折中的方法。"正如这篇文章所描述的，研究人员在研究过程中完全有可能采用均衡的研究方法，事实上这样做更加合理。Ellram 是供应链管理领域的一位学者，她在多年的研究中使用了均衡的研究方法（如 Ellram，1994；Ellram，1996；Ellram & Maltz，1996；Ellram & Siferd，1998）。她发表的文章展示了她在案例研究、深度访谈和调研过程中如何在归纳法和演绎法间的经常性转换,从而回答了关于采购所有权的总成本等一系列的相关研究问题。

本研究的三位作者在开始他们的研究时也都采用了均衡的研究方法,他们当时进行供应链研究是为了博士论文的写作,他们的研究结合使用了定性和定量两种研究方法。在每一个案例中,定量阶段的高回复率和高显著性的结论归功于定性阶段对相关研究问题所作的解释。此外,在2004年奥尔登堡大学(the University of Oldenburg)举办的供应量管理研究方法论研讨会上,一些与会者展示了多样化研究方法在他们研究中的使用情况,这些案例的细节如下。

4.1 均衡研究方法例证

第一位作者试图回答"关系重要性水平对供应链合作关系类型和关系价值的理解有什么影响?"(Golicic,2003)。为了解答这个问题,必须先解答另一个问题,因为关系重要性(relationship magnitude)是一个相对比较新的现象。该关系结构中的成员是如何理解组织间关系的重要性以及这一关系的价值的?

这一问题需要运用归纳法来予以解答。作者首先进行了定性的访谈,从不同的职位选择了14个员工样本,他们分别管理三条不同供应链(汽车、医药和塑料)中的供应商和客户关系。采访一条供应链中多家公司的员工代表对理解供应链关系问题非常重要,其中,内容分析法被用于分析访谈。这些数据有助于回答基本的研究问题和建立模型,并有助于支持关于关系重要性现象的5条假设,并为后续的调研设计问题,然后需要通过对客户的调研和结构方程模型(Structural Equation Modeling,SEM)来有效地回答这些问题。结果表明,5条假设都得到了验证,模型的拟合优度也很恰当(CFI指数值为0.998,RMSEA值为0.066)。该理论模型的成功归功于进行了定性研究,从而为假设和调研项目提供了基石。研究者通过观察供应商来确定双方是否对关系重要性问题有不同的看法,并决定在均衡方法的演绎部分用不同的样本再进行一次同样的调研。

第二位作者提出这样一个问题:"品牌资产对供应链产生什么影响?"(Davis,2003)。同样,她先按照定性方法的步骤进行研究,然后顺着环行路径开始定量方法的过程。为了首先理解贸易伙伴所认知的品牌资产(新背景中的熟知现象),作者对三条供应链中6家相互关联公司的16位总裁进行了基于扎根理论的定性研究。用访谈方法得到的数据架构包含了7条主要的理论假设,这些假设随后用调研和结构方程模型进行检验。基本的结构方程模型得到很好的拟合(CFI值为0.973,RMSEA值为0.071),而且,其中的5条假设得到了支持。由此可见,采用不同的研究方法对回答不同的研究问题很重要。

第三位作者试图回答"公司为什么以及如何进行公司间需求整合?"这一问题(McCarthy,2003)。她从扎根理论出发,来理解供应链中公司间整合的机制(新背景中的熟知现象)。她采访了供应链中不同层级、代表不同行业的26位总裁,扎根理论分析有助于建立公司间需求整合的理论模型和绩效模型。调研结果和结构方程模型用于检验模型以及6条假设。其中4条假设通过了检验,结果证明模型比较适合(CFI值为0.913,RMSEA值为0.052)。这个例子再一次证明:同时使用定性和定量方法有助于理解问题,并有助于在供应链背景下解释现象。作者目前正在探究更具体的问题:不同供应链中公司间的需求整合过程。为回答这个问题,她回到归纳环并采用了案例研究法。

Gimenez(2004)研究了公司的内外部整合与物流绩效的关系。她试图在供应链背景下研究整合的相关实践,于是她首先以食品供应链为背景进行案例研究。这个定性研究为调查问卷的设计打下了基础,她接下来使用调研和结构方程模型方法来回答所要研究的问题。

Gimenez 将理想研究成果的得出归功于两种不同但互补的研究方法的使用。

与之相似，Jaafer 和 Rafiq（2004）进行了调研，并使用结构方程模型对调研数据进行分析，但在这之前并没有使用归纳法来更好地熟悉理论和调查对象。作者试图复制英国第三方物流服务的质量模式，但他们需要先弄清楚这种模式是否适合本国国情，所以他们先对9个第三方物流服务的客户进行深度访谈，得到的结果有助于他们在推广调研结果前改善这种模式，使之适合于本国的公司。

在这些案例中，采用均衡的研究方法中的多种方法对恰当地研究供应链现象来说是非常重要的。如果在研究的开始阶段没有采用定性方法或归纳法，理论模型可能不够强大，其后的调查项目可能也不够可靠，以至于很难像前文中的例子那样取得成功。特定研究技术和方法的选择取决于要回答的问题，以及在这之前所做过的研究。例如，在关系重要性问题的研究案例中（Golicic, 2003），研读大量的研究供应链关系的文献有助于形成一个对相对较新现象的研究思路。因此，内容分析法能够用于分析深度访谈。然而，在公司间整合和绩效的研究案例中（Gimenez, 2004），作者要研究新背景（一条供应链）下的熟知现象（整合），因而引入案例研究会更好地理解这个现象在新背景下的发展情况。

在研究新的、复杂的供应链现象时，研究人员经常需要深入理解这个领域中该现象的基本状况。然后可基于定性数据来构建理论框架，进而提出更多的能用定量方法来解决的问题。我们预期前文所列举的相关研究案例下一步的研究流程是：随着问题的不断提出，继续在归纳和演绎方法之间进行循环。均衡的研究方法使得供应链管理领域的研究得以更有效地开展。

4.2 结论

研究人员很少采用均衡的研究方法，因为只训练和掌握一种研究方法更为简单。然而，我们认为：只采用一种方法的研究人员限制了自己的研究视野，因而很难对供应链管理知识体系做出持久的、有效的贡献。Dunn 等（1994: 123）提到："如果一个领域的研究只在一个狭窄的方法论领域中进行，那这个领域很难有较好的表现。如果一个领域的研究采用了多种方法，这个领域的知识将会更加丰富。"选择单一的研究方法，会将我们的研究限制在仅仅适用于这个方法的研究领域。因为方法是受哲学范式驱使的，所以理解哲学和方法论的步骤是很重要的。当然，那些认为学习和掌握多种方法论技巧不现实或不可行的研究人员，可以通过和他人合作来增加必要的方法论知识。

为了在博士研究生项目中讲授均衡的研究方法，供应链领域的教师需要通过自学、与同事讨论、参加专业会议和研讨会等途径来学习多种研究方法，以便在自己的研究项目中采用均衡的研究方法。博士研讨会可以邀请其他学院，如社会学和人类学，以及已经采用过均衡的研究方法的其他大学的教师来参加，这也是一个比较好的途径。从最近的物流和供应链期刊对定性研究方法的呼吁可以看出，大家已经逐渐意识到这个学科需要一个均衡的研究方法。

物流和供应链研究的知识体系，需要通过定性方法得到的丰富数据以及通过定量方法构建的形式理论来得到充实和完善。通过定性方法对所研究的现象已经有深入理解的研究人员，随后也会需要构建形式模型并用定量的方法对假设进行检验。同样，通过定量方法识别了研究问题的研究人员，也应当用定性方法进一步深入讨论这个问题。然而，最为重要的是，需要让从事学术研究的学者认可物流和供应链管理研究中的均衡方法问题。为了实现这个目的，这个学科的研究人员必须慎重考虑来实施一定举措，使目前的现状有所改变，从而确保均衡方法在主流研究中占有一席之地。这就需要从将多种研究思想和方法引入博士研究项目开始，并通过杂志审稿人、编辑、终身教授以及学术委员会对定性和定量方法的共同鼓励来进行推广。我们衷心希望物流和供应链领域的研究人员能够认真考虑均衡方法在研究中的应用。

5 参考文献

1. Bickman, L., Rog, D. J. (1998): Handbook of Applied Social Research Methods, Sage Publications, Thousand Oaks, CA.
2. Creswell, J. W. (1998): Qualitative Inquiry and Research Design: Choosing Among Five Research Traditions, Sage Publications, Thousand Oaks, CA: 13-26.
3. Davis, D. F. (2003): The Effect of Brand Equity in Supply Chain Relationships, University of Tennessee Dissertation, Knoxville, TN.
4. Deshpande, R. (1983): Paradigms Lost: On Theory and Method in Research in Marketing, in: Journal of Marketing, 47(3): 101-110.
5. Dunn, S. C., Seaker, R. F., Stenger, A. J., Young R. (1994): An Assessment of Logistics Research Paradigms, in: Educators Conference Proceedings, Council of Logistics Management, Chicago, IL: p. 121-139.
6. Ellram, L. R. (1996): The Use of the Case Study Methodology in Logistics Research, in: Journal of Business Logistics, 17(2): 93-138.
7. Ellram, L. R. (1994): A Taxonomy of Total Cost of Ownership Models, in: Journal of Business Logistics, 15(1): 171-192.
8. Ellram, L. R., Maltz, A. B. (1996): The Use of Total Cost of Ownership Concepts to Model the Outsourcing Decision, in: International Journal of Logistics Management, 7(2): 55-66.
9. Ellram, L. R., Siferd, S. P. (1998): Total Cost of Ownership: A Key Concept in Strategic Cost Management Decisions, in: Journal of Business Logistics, 19(1): 55-84.
10. Flint, D. J., Haley, J. E., Mentzer, J. T. (1999): Eclectic Marketing Inquiry, Working Paper, University of Tennessee.
11. Gimenez, C. (2005): Supply Chain Management Research: Case Studies and Surveys—Two Complimentary Methodologies, in: Kotzab, H., Seuring, S., Müller, M., Reiner, G. (eds.): Research Methodologies in Supply Chain Management, Physica, Heidelberg: p. 315-330.
12. Golicic, S. L. (2003): An Examination of Interorganizational Relationship Magnitude and Its Role in Determining Relationship Value, University of Tennessee Dissertation, Knoxville, TN.
13. Guba, E. G. (1990): The Paradigm Dialog, Sage Publications, Newbury Park, CA.
14. Halldorsson, A., Arlbjorn J. S. (2005): Research Methodologies in Supply Chain Management—What Do We Know? in: Kotzab, H., Seuring, S., Müller, M., Reiner, G. (eds.): Research Methodologies in Supply Chain Management, Physica, Heidelberg: p. 107-122.
15. Hirshman, E. (1986): Humanistic Inquiry in Marketing Research: Philosophy, Method and Criteria, in: Journal of Marketing Research, 23(3): 237-249.
16. Hudson, L. A., Ozanne, J. L. (1988): Alternative Ways of Seeking Knowledge in Consumer Research, in: Journal of Consumer Research, 14(1): 508-521.
17. Hunt, S. D. (1991): Modern Marketing Theory: Critical Issues in the Philosophy of Marketing Science, South-Western Publishing Co., Cincinnati, OH.
18. Jaafar, H. S., Rafiq, M. (2005): Customer's Perceptions of Third Party Logistics Service

Provider in the United Kingdom, in: Kotzab, H., Seuring, S., Müller, M., Reiner, G. (eds.): Research Methodologies in Supply Chain Management, Physica, Heidelberg: p. 187-202.
19. Kerlinger, F. N., Lee, H. B. (2000): Foundations of Behavioral Research, Fourth Edition, Harcourt College Publishers, Fort Worth, TX.
20. Kotzab, H. (2005): The Role and Importance of Survey Research Methods in the Field of Supply Chain Management, in: Kotzab, H., Seuring, S., Müller, M., Reiner, G. (eds.): Research Methodologies in Supply Chain Management, Physica, Heidelberg: p. 125-138.
21. McCarthy, T. M. (2003): Interfirm Demand Integration: The Role of Marketing in Bridging the Gap between Demand and Supply Chain Management, University of Tennessee Dissertation, Knoxville, TN.
22. McCracken, G. (1988): The Long Interview, Sage Publications, Newbury Park, CA.
23. McGrath, J. E. (1982): Dilemmatics, The Study of Research Choices and Dilemmas, in: Judgement Calls in Research, J. E. McGrath, J. Martin and R. A. Kulka editors, Sage Publications, Beverly Hills, CA.
24. Mentzer, J. T., Kahn, K. B. (1995): A Framework of Logistics Research, in: Journal of Business Logistics, 16(1): 231-250.
25. Näslund, D. (2002): Logistics Needs Qualitative Research—Especially Action Research, in: International Journal of Physical Distribution and Logistics Management, 32(5): 321-338.
26. Strauss, A., Corbin, J. (1998): Basics of Qualitative Research, Sage Publications, Thousand Oaks, CA.
27. Woodruff, R. (2003): Alternative Paths to Marketing Knowledge, Qualitative Methods Doctoral Seminar, University of Tennessee.
28. Yin, R. K. (1994): Case Study Research, Sage Publications, Thousand Oaks, CA.

作者简介

- Susan L. Golicic 教授、博士
  - 1967 年生于美国密歇根州底特律（Detroit）
  - 1985 年～1989 年，在底特律韦恩州立大学（Wayne State University）攻读工程专业
  - 1990 年～1995 年，诺尔斯原子能实验室（Knolls Atomic Power Laboratory）和生态科学集团（Scientific Ecology Group）放射工程师
  - 1995 年～1997 年，在田纳西大学（the University of Tennessee）攻读物流和运营方向的工商管理硕士
  - 1997 年～1999 年，戴姆勒克莱斯勒公司（DaimlerChrysler）物料主管和物流分析师
  - 1999 年～2003 年，田纳西大学市场营销和物流系博士和研究助理，预测和供应链管理论坛的副主任，预测审计小组成员
  - 曾与多个行业的全球性大企业合作开展研究
  - 主要研究方向：供应链管理；B2B 关系；物流战略
  - Department of Marketing, Lundquist College of Business University of Oregon, Eugene, OR 97403-1208, USA

Tel: 011 541 346 3320   Fax: 011 541 346 3341
Email: sgolicic@uoregon.edu

➢ Donna F. Davis 博士
- 1950 年生于美国田纳西州
- 1979 年～1999 年，田纳西州玛丽维尔学院（Maryville College）高级主管
- 1983 年，毕业于玛丽维尔学院管理学专业
- 1990 年～1993 年，在田纳西大学（the University of Tennessee）攻读市场营销方向的工商管理硕士
- 1999 年～2003 年，田纳西大学市场营销和物流系博士和研究助理，预测和供应链管理论坛的副主任，预测审计小组成员
- 曾与多个行业著名的全球性企业合作开展研究
- 主要研究方向：供应链管理；品牌管理；信息管理
- Area of Marketing
  Rawls College of Business, Texas Tech University, Lubbock, TX 79409, USA
  Tel: 011 806 742 3238   Fax: 011 806 742 2199
  Email: ddavis@ba.ttu.edu

➢ Teresa M. McCarthy 教授、博士，零售学本科，人文生态学硕士
- 1961 年生于美国曼彻斯特州波士顿（Boston）
- 1979 年～1983 年，在曼彻斯特大学（the University of Massachusetts）攻读零售专业
- 1985 年～1998 年，纽约邦威特特勒（Bonwit Teller）零售采购员，罗斯服饰（Ross）店铺库存规划和控制总监
- 1996 年～1998 年，在罗德岛大学（Rhode Island）攻读人文生态学（主要研究方向是纺织业）硕士
- 1999 年～2003 年，田纳西大学市场营销和物流系博士和研究助理，预测和供应链管理论坛的副主任，预测审计小组成员
- 曾与多个行业著名的全球性企业合作开展研究
- 主要研究方向：供应链；联合预测；需求管理；需求规划
- Department of Management and Marketing
  College of Business and Economics, Lehigh University
  Bethlehem, PA 18049, USA
  Tel: 011 610 758 5882   Fax: 011 610 965 6941
  Email: tem3@lehigh.edu

第 3 章　供应链整合研究领域的理论和方法论发展探讨

Dirk Pieter van Donk, Taco van der Vaart

本章主要内容

1. 导言
2. 对供应链整合研究的评价
3. 供应链整合的基础
4. 方法论
5. 结论
6. 参考文献

内容摘要

整合是供应链管理研究的重要主题之一，本研究探讨并分析供应链整合领域实证研究的结构和方法。大部分关于整合的实证研究所采用的结构和量度只能衡量有关整合领域的有限的部分内容，而且极少考虑背景因素。本文构造了一个更广泛的有关供应链整合的研究结构，并阐述了可替代调研方法的多案例研究方法的优势，以扩充现有的供应链整合知识体系。

关键词：供应链整合；供应链背景；研究方法

1　导言

在过去的 10 年中，供应链研究相关文献的主题之一是整合问题，整合是提高业绩的关键因素（Tan 等，1999；Romano，2003）。通常认为，有关整合的实践及较高的整合度对企业和供应链的绩效有着积极影响。

最近的实证研究（Frohlich & Westbrook，2001；Vickery 等，2003；Childerhouse & Towill，2003）有力地证明了整合和绩效之间的关系。尽管其中某些研究可能因对整合的描述太过狭隘而受到质疑，但本文认为对整合的实证和理论研究两方面均存在更加基础性的问题。Ho 等（2002）对这些实证研究中关于整合和绩效关系的论点提出了质疑，他们指出这些研究中的基本定义和内容缺乏一致性（Ho 等，2002：4415）。因此，在未来的研究中，我们需要提出更完善的结构和适当的方法论，来帮助我们理解整合实践和供应链绩效之间的关系。

从方法论的角度来看，绝大部分的实证研究要么是案例研究（如 Lee 等，1993；Hewitt，1997；Childerhouse 等，2002），要么是基于调研的研究（如 Frohlich & Westbrook，2001；Vickery 等，2003；Tan 等，1999）。通常而言，第一类研究描述和分析供应链中的一对或单一的关联关系，这种研究是实践导向的，其目的是阐明或引入一种新的整合实践可能带来的优势。基于调研的研究几乎不考虑单一关联关系或双重关联关系问题，而是在高度集成的条件下，考察整合实践及其与绩效的关系。集成的结构被用于测量整合实践问题，如一个公司和与它有直接关联的所有供应商之间的整合实践。

总体来说，案例研究不易对研究结果进行归纳总结，这尤其表现在没有明确的理论框架来支持这些研究的情况下（Yin，2003；Meredith，1998），而调研方法只收集有关整合的有限内容，因而不能把握供应链关系的实质内容。

最后一个关键问题是，多数实证研究未能够充分考虑背景（Ho 等，2002）或业务状况因素（Van der Vaart & Van Donk，2003a；2003b）。本文将阐述如何将业务状况和背景环境因素融入理论框架，该理论框架将通过更广义的整合结构来解释供应链关系中的整合度。

本研究的主要目的在于讨论理论框架和研究结构。基于对实证研究的评价，本文将构造一个包含背景环境、关注水平、供应链整合和绩效之间关系的理论模型。同时，我们也会讨论测量整合实践的研究方法，以及我们在最近的实证研究中所使用的多案例研究方法。我们认为：多案例研究方法可以弥补个案研究和调研方法的不足，是现阶段能够丰富供应链整合领域知识体系的一种恰当的方法。

本研究分为五个部分，在下一个部分我们将讨论现有的有关供应链整合实践的实证研究；然后，我们将提出另一种理论框架来解决这些实证研究的缺陷；第四部分关注评价这一理论框架的方法论问题；最后一部分是总结和结论。

2 对供应链整合研究的评价

这一部分将回顾现有的有关供应链整合的实证研究，重点不是概述这个领域的文献，而是衡量供应链整合及其提出前提假设时所采用的结构。具体来说，我们认为现阶段供应链整合的实证研究需要强调以下三个方面：第一，用于衡量供应链整合的结构的范围比较狭隘；第二，我们需要讨论背景因素在现阶段实证研究中的作用；第三，我们提倡在双重水平上而不是在更高的集成水平上考察供应链整合问题。

2.1 有限的整合范围

供应链管理学科经常会受到许多其他学科领域（如物料管理、质量、工业市场、采购和物流）的启发。供应链的核心思想是在顾客和供应商之间建立合作关系（Ho 等，2002；Chen & Paulraj，2004）。整合被认为是实施优秀供应链管理的主要驱动力之一。Stevens（1989）是最早提出供应链整合战略意义的学者之一，一些学者（如 New，1996）把整合看作供应链管理的核心元素。他们描述了不同类型的整合（如 Tan，2001），强调核心业务流程的整合（如 Ho 等，2002），或从整合传统物流功能的角度来描述整合（Gustin 等，1995），也有学者将整合看作是弱化组织边界的过程（Naylor 等，1999；Romano，2003）。

尽管整合的重要性得到广泛认可，并吸引不同领域的知识体系从而进一步深化了整合的概念范畴，然而，令人吃惊的是，在现有的研究中供应链整合问题所使用的方法或结构却仍然十分狭隘，这尤其表现在市场调研中。Shin 等（2000）、Carr & Pearson（2002）以及 Prahinski & Benton（2003）进行了一系列关于供应链合作关系和战略问题的调研，并考虑了如下因素：战略采购、供应商评价体系、买方与供应商的关系、供应管理导向和供应商开发。另一组调研的目的在于揭示运营实践是如何提高供应链绩效的。这些研究大部分仅局限于物流和信息流两个方面。Frohlich & Westbrook（2001）通过选取信息流和物流运营层面的 8 个方面的内容来测量整合问题。Vickery 等（2003）强调信息技术的整合是整合的主要部分。

最令人吃惊的是，尽管在供应链整合研究中对大量的因素进行了区分和界定，Chen & Paulraj（2004）在他们的研究中建立了一个供应链整合的架构，然而该架构也仅仅是从 6 个方面来描述整合的，目前的现状表现在研究者仅仅关注物流这一个方面。尽管上述研究均有助于理解实践和绩效的关系，但是没有人将这些实践进行深入的比较研究（Ho 等，2002）。

2.2 背景和供应链整合

尽管大部分的实证研究关注的是供应链管理实践或供应链整合和绩效之间的关系，Ho 等（2002）指出：这些实践活动均是处于支持或限制某些供应链实践的背景环境之下的。Fisher（1997）、Mason-Jones & Towill（1998）和 Childerhouse & Towill（2002）讨论了需求的特性，并分析了其对不同类型整合实践的影响，这是证明背景环境和整合实践之间相互关系的一个例证。此外，Ramdas & Spekman（2000）发现功能型产品和创新型产品的供应链实践活动存在较大的区别。Hill & Scudder（2002）将公司的规模及其对 EDI 的使用联系起来进行分析。Van Donk & van der Vaart（2005）指出一个加工工厂的加工能力是制约工厂与顾客之间整合实践的重要背景环境因素。这一系列的研究在一定程度上回应了 Frohlich & West-brook（2001：185）的评论——"我们对制造商使用何种模式与供应商和顾客进行整合知之甚少"。至今，学术界仍然没有针对背景环境影响的深入研究。

不确定性应该是供应链管理所处背景环境中最重要的特点之一，在现有研究中存在大量相关不确定性问题的研究。已经有很多对基于模型的、限制性环境下的"牛鞭效应"问题的研究（如 Lee 等，1997；DeJonckheere 等，2003）。此外，Childerhouse & Towill（2002）看到了不确定性对于整合的重要影响，但是却将降低不确定性等同于整合，认为"整合的供应链有着最小的不确定性……"（Ibidem，2002：3503）。但是，我们认为背景环境及其重要性仍未得到足够的重视。Chen & Paulraj（2004）对环境的相对不重视证明了这一点。在现有的研究中，在讨论供应链管理各方面的问题并拓展各个相关概念的范围时，背景环境在研究框架中更多的是用不确定性、供应网络结构和竞争因素来描述的。

2.3 双重内涵的供应链整合概念

供应链管理以及与之相关的物流和信息流的无缝衔接理念，反映在文献中即是我们常提到的：竞争不再是公司与公司之间的竞争，而是供应链与供应链之间的竞争。这可能适用于某些行业（如汽车行业），这些行业供应链中的所有成员已经实现了互相协调。在特定的环境下，通常是众多供应商将产品送到一个最终的汽车装配线，因此汽车行业中的竞争发生在供应链与供应链之间。然而，对于其他一些行业而言，供应商给不同的（可能是相互竞争的）公司供货，因此需要平衡他们的能力以给不同客户配送货物。通常他们是多条供应链的成员，为此我们需要单独研究两家公司（供应商和买家）之间的供应链关系。多数情况下，甚至对于汽车行业来说，我们不需要直接研究整条供应链，因为协议是在买方与供应商这一供求环节达成的。供应链中的每一对供求关系，情况都可能显著不同，这就导致每对供求关系均需要不同并且相应的处理方式。

New（1996）指出，将一条完整供应链中的利益分割开来是存在问题的，他认为应集中研究一家公司及其与供应商或客户的关系。他提出这样一个问题：是终端用户将受益于成本的降低还是供应链的某个成员将获得利润增长？当两家相互竞争的客户有同一个供应商时，这个问题变得更加有趣。在这种情况下，一个竞争者可能会受益于因与其他竞争者合作而得到改善的供应链管理。同样，这个问题需要在供应商与客户这一对关系中得到解决。

最近的一些研究明确提出了供应链管理的双重内涵（如 Johnston 等，2004）。相关研究的综述见 Chen & Paulraj（2004）。我们深信：供应链管理实践是在供应商和买家之间这一对一的关系中形成和管理的。长期关系通常被视为供应链管理的一部分，而它只有在供应商和买家都能从中受益的前提下才能够得以发展。显然，供应商将会更多地与其他供应商竞争而不是与顾客竞争。

3 供应链整合的基础

在这一部分，我们将详细讨论整合这一问题概念化和测量的基础，以及供应链类型和整合度的影响因素。到目前为止，我们很少关注绩效问题，因为绝大部分的研究对整合和绩效之间关系的描述都非常清晰。在我们提出的研究框架中，绩效被看作最终结果（见图 3.1 所示）。需要强调的是，绩效评价并不是一件很容易的事情。现有的文献使用了大量的绩效评价方法来衡量供应链绩效，并强调绩效本身是一个多维的概念。为了进一步讨论这一问题，我们参考了绩效评价方面的文献。在研究框架形成的过程中，我们没有讨论权力和信任等因素关系方面的内容，主要原因是我们的目的是检验技术和市场结构因素对供应链整合以及整合实践的影响。

供应链整合实践取决于两个因素：业务属性和资源集中度。根据 Ho 等（2002）的观点，业务特点与生产过程及产品和市场本质有关。这些因素会对整合实践的需求产生影响，如高新科技产品要求供应商和买家之间实现高度协调（Ramdas & Spekman，2000）。资源集中度水平指的是上述因素如何被整合到塑造生产系统及与买家或供应商之间的关系中。原则上，资源集中度有两个极端选项：资源被所有的产品和买家所共享，或资源被分离出来只供给一个买家。资源集中度水平一定程度上决定了供应链整合实践的局限性和可行性。我们将在下文中展开说明图 3.1 的各个组成部分。

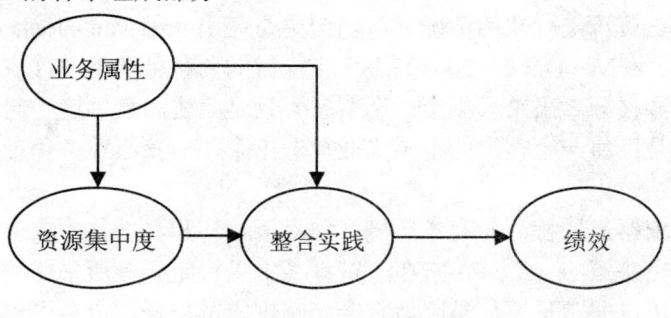

图 3.1 概念框架

3.1 业务特点

与不确定性相比，其他的业务特点均被相对地忽略了。当然，一些环境因素如权力、信任、网络结构和知识也被考虑在内。也有部分研究如 Ramdas & Spekman（2000），更关注结构因素。Porter（1985）通过区分两种基本供应链（创新型产品的供应链和功能型产品的供应链），来研究供应链绩效的驱动因素。他主要考虑的业务特点有替代品的范围（有限的还是大量的）、市场环境的变化速度（快速还是慢速）、技术的变革速度（快速还是慢速）、市场成熟度（成熟度低还是成熟度高），以及产品的生命周期长度（长生命周期还是短生命周期）。Van der Vaart & Van Donk（2003a；2003b）讨论了其他影响整合度和资源集中度的因素，他们调查了成功拿到订单的公司的影响（按绩效排序）、产品交货的位置（使用 MTO、ATO、MTS

生产方式的产品所占百分比)、交货时间窗(平均值和幅度)、产品批量(平均值和幅度),以及体积变化比例(每件产品的平均体积)。Aitken等(2003)研究了产品在生命周期中所处阶段的影响,并指出处于生命周期起始阶段的产品与成熟阶段的产品应依据供应链管理类型予以区别对待。

以上所列举的业务特点可能并不完整,但本文所提及的论文对整合实践的类型和整合度做了很全面的解释。此外,行业类型很可能也是一个重要因素。如保质期限制和消费者对安全和绿色生产方法的日益关注(Van der Vorst & Beulens,2002),在一定程度上解释了为什么民众会如此关注食品供应链的透明化和信息与通信技术(ICT),见 Hill & Scudder(2002)的相关研究。在汽车行业中,大量并且相对稳定的需求模式使得精益生产(如 Hines 等,2000)、包装定制和标准化配送(如 Van der Vaart & Van Donk,2003a)成为可能。

3.2 资源集中度:共享或买方集中的资源

从 Skinner(1974)的那篇论文开始,资源集中度就成为运营管理研究的一个重要课题。关于运营领域资源集中度的决策是制造战略决策之一这个问题,大部分文献的基本观点是:无论是制造企业还是整个供应链,集中度的管理应该与市场需求相匹配。尽管供应链管理的战略本质从 Stevens(1989)的文章开始就一直被强调,但供应链的资源集中度问题还是被相对地忽略了(Aitken 等,2003)。

Griffiths & Margetts(2000)及 Griffiths 等(2000)引入了一种以整合为目标的新的资源集中模式:顾客或买方集中,从而填补了这个空白。买方集中是指挑选出资源仅给一个买家配送货物。在这种情况下,整合实践很容易在更广的范围和更高的层面实现(见3.3 部分)。尽管买方集中有助于实现供应链的整合,但资源共享有时会成为整合的障碍。例如,共享的网络资源是两个或更多供应链或网络结构中的常规容量资源(见 Hoekstra & Romme,1992),是供应商用于为多个客户服务的。在这种情况下,买方在资源上的竞争似乎成为整合的主要障碍,尤其是当这些资源是稀缺的情况下问题会更为突出(见 Van Donk & Van der Vaart,2005)。Van der Vaart & Van Donk(2004)进一步探讨的两种极端情况(资源被所有的产品和买家所共享,或资源被分离出来只供给一个买家)只是"资源集中度"问题的表现之一。一个折中的处理办法是:将一个客户的组装作业挑选出来,但核心业务仍使用共享网络资源来实现。

资源集中度是依据市场特征、商务环境(如上所述)和科学技术来选择的。至于通常意义上的集中,是战略决策的一部分,它在一定程度上受特定行业所采用的典型技术的限制。资源集中度问题之所以非常重要,是因为它会影响供应链整合,给买方供货产生或者促进或者抵制的影响。

3.3 供应链整合

基于对文献的研究,我们分解出整合的3个主要要素:方向、范围和水平,这3个要素能够充分反映我们所要构建的丰富多维的整合架构。接下来,我们通过分析有关整合的5个方面的内容来进一步细化这个概念。

3.3.1 整合的方向

整合的方向是第一个要素,它是指实现与供应商的后向整合还是实现与顾客的前向整合。前向或后向的区别归因于内向和外向物流,在于物料管理还是物流配送,是采购还是配送服务。很多文献对上述问题进行过深入研究(如 New,1996;Tan,2001;Frohlich & Westbrook,2001)。供应管理中的整合既可以是外部的(和其他组织实现整合),也可以是内部的(实现一个公司内部的整合)。但本文只讨论外部整合,因为我们认为这才是供应链管理的创新所在。

3.3.2 整合的范围

整合的第二个要素是范围,即进行联合活动的领域的数量。我们不赞同狭隘的整合范围和较低的整合度,因此不会将研究仅仅局限于某几个实践领域,而会横跨多个领域:从生产管理到供应链原理和物流管理。Croom 等(2000)认为这些原理和概念是供应链研究的关键先行原则。与最近的研究(Van Donk, 2003; Childerhouse & Towill, 2002; Childerhouse 等, 2002)相一致,我们对供应链的四个维度予以区分,并加入产品开发作为第五个维度(基于 Lee 等, 1993; Davis, 1993 的相关研究):

1. 物理流动(Physical Flow):典型的整合实践是供应商管理库存(Vendor Managed Inventories, VMI)、包装定制和标准设备或集装箱(见 Frohlich & Westbrook, 2001)。

2. 计划和控制(Planning & Control):联合计划或预测、多层供应控制(Van der Vlist 等, 1997)和基于数量承诺的滚动计划(并不是离散排序)(Tsay, 1999)。先进的实践中会有一条精心策划的供应链。

3. 组织(Organization):这个维度指的是买家和供应商之间关系的类型(如合作伙伴)。具体的例子是 JIT II(即将 JIT 思想应用于采购职能,其实现途径是让供应商的一个代表定址于买方组织所在位置,见 Stock & Lambert, 2001: 294)、特定的客户经理、对特定顾客的专用规划,以及准企业组织(quasi-firms)的构建(Lamming, 1993)。

4. 信息流(Flow of Information):应用信息和通信技术(ICT)的整合实践,如 EDI 和条形码、MRP/ERP 的使用(Vickery 等, 2003)。

5. 产品开发(Product Development):产品开发的整合水平可用技术细节、共同参与产品开发和流程改造所共享的信息来测量(如 Davis, 1993; Lee 等, 1993)。

3.3.3 整合的水平

整合的第三个要素是整合水平,即在一个维度内整合活动发展达到的程度(与 Frohlich & Westbrook, 2001 的研究相一致)。这可以用一个维度的整合活动的数量来衡量,但是如果活动更加高级,整合水平也会相应更高。整合水平可应用于上述任一领域,例如在多层供应控制(Multi-Level Supply Control)中的计划和控制可以达到相当高的整合水平。这个领域的低整合水平通常只会表现在向供应商通告本公司的促销行动。

4 方法论

4.1 调研和个案研究

尽管我们在本章 2.1 部分中已经指出了供应链整合测量范围的局限性,但是我们对调研中的提问方式仍有疑问。在很多调研中,被调查者被要求报告一段时间后,某项有关供应链整合实践的重要性是否有所提升,这意味着结果依赖被调查者的理解而不是实际测量的效果(如 Shin 等, 2000; Vickery 等, 2003; Prahinsky & Benton, 2004)。

通常,在市场调研方法上,问卷的长度(问题的数量和对答案详尽度的要求)和回复率呈反比的关系,这让研究者很是矛盾。期望从每个回复得到的信息越多,预期的回复就越少。然而,即使问题不多,问卷的回收率仍然很低。一些研究人员甚至称 15%~20% 的回收率都是很正常的。最近的一个例子是 Bagchi 和 Skjoett-Larsen(2004)的调研,问卷的回收率不到 20%,即使调查范围是在第二作者的故乡。总的来说,这些问题极大地限制了结果的有效性。

对于案例研究,同样也存在严重的质疑。多数描述供应链管理实践改善的研究都是问题驱动型的。奇怪的是，现有文献中几乎没有描述失败案例的，而成功的案例却数不胜数。这就引发了这样一个疑问：这些案例是否是带着"理论复制"（theoretical replication）(Eisenhardt，1989）的目的来选择的。实际案例分析（actual analysis）、案例研究协议（case study protocol）以及其他有效的、可靠的衡量方法几乎从未被讨论过。只有少数研究人员关注了案例研究的方法论问题。Childerhouse & Towill（2003）用同样的方法分析了32个案例，考虑了数据的分布、研究协议等问题。然而，几乎没有说明样本的选择方法，而这在案例研究中又是非常重要的（见 Eisenhardt，1989）。Aitken 等（2003）也注意了对案例的描述和分析。

4.2 多案例法

在导言中，我们提到供应链管理的大多数实证研究可归为两种类型：调研方法和个案研究。本文的目的并不是要重复比较这两种方法的优劣。Meredith（1998）较好地描述了运营管理领域中这两种方法的使用情况，这同样也适用于供应链管理。尽管不是对研究方法本身的描述，Dennis & Meredith（2000a；2000b）最近的两篇论文对案例研究方法的使用提出了一些新的有趣的看法。在他们的研究中，对19家公司使用案例研究方法，并将定量和定性的数据和观察结合起来。这些数据被缩减至有限数量的变量用于进行统计分析，并同时使用聚类分析方法。为了解释"聚类"，额外的定性发现对进一步解释和理解发现也是有所帮助的。从这一案例，我们看到了调研和案例研究的良好结合。

在供应链管理领域中，有很多研究关于为什么供应链管理在一些情况下有效或无效，一些实践如何起作用或不起作用的问题。关于供应链管理和整合问题，我们所掌握的知识尚处于初级阶段，并不能充分理解整合的先决条件是什么。尽管做了很多个案研究，但似乎需要更多的比较才能够进行有效的供应链管理研究。多案例研究法结合了各个方面：第一，每个案例可以进行深入探讨，使用各种研究方法来扩展研究的维度。第二，多案例研究法可发现基于理论的矛盾的所处情境。最理想的方法是将高整合度的案例和无整合的案例结合起来同时进行研究。Eisenhardt（1989）提倡这样的样本选择（基于概念和理论结构）来提高案例研究的贡献。第三，多案例研究方法可以使得在考察共同的整合实践时更加清楚两家公司之间的关系。整合应该在多企业关联的层面进行测量而不是仅仅作为一个组织的概念。

最近，我们调查了9组供应商及其关键客户间的整合实践（Van der Vaart & Van Donk，2003a；2003b）。通过开放式问题的结构化访谈及对生产过程的观察，我们搜集了业务特点、资源集中水平和整合实践的数据。我们对每个组访问两次，大约需一天来收集每个组的数据并验证结论的可靠性。定性和定量数据的结合，使得交叉案例比较以及对每个案例和案例间结论的分析解释得以实现。

根据 Dennis & Meredith（2000a）以及 Voss 等（2002）的观点，我们重新调整了部分变量。因为样本数量较小，不同的群组很容易得以识别，我们并没有使用统计工具。总之，尽管搜集数据会花费一定时间，我们坚信这种研究方法能提供丰富的研究素材，并更深入地分析所研究的问题。Dennis & Meredith（2000a；2000b），以及 Childerhouse & Towill（2003）花费了更多的时间去采集数据（大概每个公司一个月），因而可能获得更加丰富的数据。在案例研究法中，我们还可以使用一些其他的数据采集工具，如对大部分员工的问卷等。这样能得到更为可靠的数据，且能够调查一些特定的概念。如 Nauta（2002）在他的研究中使用问卷将人格特点以及销售和生产部门之间的讨价还价行为联系起来。这些研究结果可以与通过访问、数据文件、观察所得出的关于工艺特点、需求模式等的结论结合起来。

5 结论

本文评价了有关供应链整合研究的发展，对相关研究文献的评价可以总结为以下 4 点：
- 供应链整合被作为一个狭隘的结构来定义和衡量；
- 有关供应链整合的研究极少关注背景环境因素；
- 供应链整合被当作是一个组织的概念而不是跨组织的二元化概念；
- 供应链整合研究使用的方法论不足以支持研究的探索性。

我们构建了一个新概念框架，将经营特点（背景环境）作为整合实践的主要影响因素，将整合描述成一个多维的现象，资源集中水平作为中间变量。此外，我们推荐了一种比较完善的研究方法——多案例研究方法来对该领域做进一步的探索。

后续研究应当从实证和概念角度拓展我们的研究框架，检验并应用该框架，加入更多的变量，开发量度测试工具来测量概念和维度，这些都是需要我们优先考虑的。

6 参考文献

1. Aitken, J., Childerhouse, P., Towill, D. (2003): The impact of product life cycle on supply chain strategy, in: International Journal of Production Economics, 85: 127-140.
2. Bagchi, P. K., Skjoett-Larsen, T. (2004): Supply Chain Integration in Nordic Firms, in: Papers from the Second World POM Conference/15th Annual POMS Conference, Cancun, Mexico, April 30—May 3: p. 1-23.
3. Carr, A. S., Pearson, J. N. (2002): The impact of purchasing and supplier involvement on strategic purchasing and its impact on firm's performance, in: International Journal of Operations & Production Management, 22(9): 1032-1053.
4. Chen, I. J., Paulraj, A. (2004): Towards a theory of supply chain management: the constructs and measurement, in: Journal of Operations Management, 22: 119-150.
5. Childerhouse, P. Aitken, J., Towill, D. R. (2002): Analysis and design of focused demand chains, in: Journal of Operations Management, 20: 675-689.
6. Childerhouse, P., Towill, D. R. (2002): Analysis of the factors affecting the real-world value stream performance, in: International Journal of Production Research 40(15): 3499-3518.
7. Childerhouse, P., Towill, D. R. (2003): Simplified material flow holds the key to supply chain integration, in: Omega, 31: 17-27.
8. Croom, S., Romano, P., Giannakis, M. (2000): Supply chain management: an analytic framework for critical literature review, in: European Journal of Purchasing & Supply Management, 6: 67-83.
9. Davis, T. (1993): Effective supply chain management, in: Sloan Management Review, Summer: 35-46.
10. DeJonckheere, J., Disney, S. M., Lambrecht, M. R., Towill, D. R. (2003): Measuring the Bullwhip Effect: A control theoretic approach to analyse forecasting induced Bullwhip in order-up-to policies, in: European Journal of Operations Research, 147(3): 567-590.
11. Dennis, D. R., Meredith, J. R. (2000a): An analysis of process industry production and inventory management systems, in: Journal of Operations Management, 18: 683-699.

12. Dennis, D. R., Meredith, J. R. (2000b): An Empirical Analysis of Process Industry Transformation Systems, in: Management Science, 46(8): 1085-1099.
13. Eisenhardt, K. M. (1989): Building Theories from Case Study research, in: Academy of Management Review, 14(4):532-550.
14. Fisher, M. L. (1997): What is the right supply chain for your product?, in: Harvard Business Review, 75(2): 105-116.
15. Frohlich, M. T., Westbrook, R. (2001): Arcs of integration: An international study of supply chain strategies, in: Journal of Operations Management, 19(2): 185-200.
16. Griffiths, J., Margetts, D. (2000): Variation in production schedules—implications for both the company and its suppliers, in: Journal of Materials Processing Technology, 103: 155-159.
17. Griffiths, J., James, R., Kempson, J. (2000): Focusing customer demand through manufacturing supply chains by the use of customer focused cells: An appraisal, in: International Journal of Production Economics, 65: 111-120.
18. Gustin, C. M., Daugherty, P. J., Stank, T. P. (1995): The effects of information availability on logistics integration, in: Journal of Business Logistics, 16(1): 1-21.
19. Hewitt, F. (1997): Customer supply assurance management at Xerox, in: Journal of the Canadian Association of Logistics Management, 3(4): 521-530.
20. Hill, C. A., Scudder, G. D. (2002): The use of electronic data interchange for supply chain coordination in the food industry, in: Journal of Operations Management, 20: 375-387.
21. Hines, P., Lamming, R., Jones, D., Cousins, P., Rich, N. (2000): Value stream management, strategy and excellence in the supply chain', Pearson Education, Harlow, England.
22. Ho, D. C. K., Au, K. F., Newton, E. (2002): Empirical research on supply chain management: a critical review and recommendations, in: International Journal of Production Research, 40(17): 4415-4430.
23. Hoekstra, S., Romme, J. (1992): Integral logistic structures. Developing customer-oriented goods flow, McGraw-Hill Book Company, London.
24. Johnston, D. A., McCutcheon, D. M., Stuart, F. I., Kerwood, H. (2004): Effects of supplier trust on performance of cooperative supplier relationships, in: Journal of Operations Management, 22: 23-38.
25. Lamming, R. (1993): Beyond Partnership: strategies for innovation and lean supply Prentice Hall, New York.
26. Lee, H. L., Billington, C., Carter, B. (1993): Hewlett-Packard gains control of inventory and service through design for localization, in: Interfaces, 23(4): 1-11.
27. Lee, H. L., Padmanabhan, P., Whang, S. (1997): Information distortion in a supply chain: The Bullwhip Effect, in: Management Science, 43: 543-558.
28. Mason-Jones, R., Towill, D. R. (1998): Shrinking the supply chain uncertainty circle, in: The Institute of Operations Management Control Journal, 24(7): 17-22.
29. Meredith, J. (1998): Building operations management theory through case and field research, in: Journal of Operations Management, 16: 441-454.
30. Nauta, A., De Dreu, C. K. W., Van der Vaart, J. T. (2002): Social value orientation,

organizational goals and interdepartemental problem-solving behavior, in: Journal of Organizational Behavior, 23: 199-213.
31. Naylor, J. B., Naim, M. M., Berry, D. (1999): Leagility: Integrating the lean and agile manufacturing paradigms in the total supply chain, in: International Journal of Production Economics, 62: 107-118.
32. New, S. J. (1996): A framework for analysing supply chain improvement, in: International Journal of Operations & Production Management, 16(4): 19-34.
33. Prahinski, C., Benton, W. C. (2004): Supplier evaluations: Communication strategies to improve supplier performance, in: Journal of Operations Management, 22: 39-62.
34. Ramdas, K., Spekman, R. E. (2000): Chain or Shackles: Understanding what drives supply-chain performance, in: Interfaces, 30(4): 3-21.
35. Romano, P. (2003): Co-ordination and integration mechanism to manage logistics processes across supply networks, in: Journal of Purchasing & Supply Management, 9(5-6): 119-134.
36. Shin, H., Collier, D. A., Wilson, D. D. (2000): Supply management orientation and supplier/buyer performance, in: Journal of Operations Management, 18: 317-333.
37. Skinner, W. (1974): The focused factory, in: Harvard Business Review, 52(3): 113-121.
38. Stevens, G. C. (1989): Integrating the supply chain, in: International Journal of Physical Distribution and Material Management, 19(8): 3-8.
39. Stock, J. R., Lambert, D. M. (2001): Strategic Logistics Management, 4th ed., McGrawHill, Boston.
40. Tan, K. C. (2001): A framework of supply chain management literature, in: European Journal of Purchasing & Supply Management, 7: 39-48.
41. Tan, K. C., Kannan, V. R., Handfield, R. B., Ghosh, S. (1999): Supply chain management: an empirical study of its impact on performance, in: International Journal of Operations & Production Management, 19(10): pp 1034-1052.
42. Tsay, A. A. (1999): The quantity flexibility contract and supplier-customer incentives, in: Management Science, 45(10): 1339-1358.
43. Van der Vlist, P., Hoppenbrouwers, J. J. E. M., Hegge, H. M. H. (1997): Extending the enterprise through multi-level supply control, in: International Journal of Production Economics, 53: 35-42.
44. Van der Vaart, J. T., Van Donk, D. P. (2003a): Two worlds? Supply chain practices and supply chain theory, in: Spina, G. et al., (eds.): One World? One View of OM? The challenges of integrating research & practice, Proceedings of the 10th International Conference European Operations Management Association, Cernobbio, Lake Como, 16-18 June 2003, Servizi Grafici Editoriali, Padova: p. 351-360.
45. Van der Vaart, J. T., Van Donk, D. P. (2003b): Explaining buyer-focused operations as a supply chain strategy: Empirical findings, in: Pawar, K. S., Muffatto, M. (Eds.): Logistics and Networked Organisations, Proceedings of the 8th International Symposium on Logistics, University of Nottingham, Nottingham: p. 29-34.
46. Van der Vaart, J.T. & Van Donk, D.P. (2004): Buyer focus: Evaluation of a new concept for

supply chain integration, in: International Journal of Production Economics, 92: 21-30.
47. Van der Vorst, J. G. A. J., Beulens, A. J. M. (2002): Identifying sources of uncertainty to generate supply chain redesign strategies, in: International Journal of Physical Distribution & Logistics Management, 32(6): 409-430.
48. Van Donk, D. P. (2003): Redesigning the supply of gasses in a hospital, in: Journal of Purchasing & Supply Management, 9: 225-233.
49. Van Donk, D. P., Van der Vaart, J. T. (2005): A case of shared resources, uncertainty and supply chain integration in the process industry, in: International Journal of Production Economics, 96(1): 97-108.
50. Vickery, S.K., Jayaram, J., Droge, C., Calantone, R. (2003): The effects of an integrative supply chain strategy on customer service and financial performance: An analysis of direct versus indirect relationships, in: Journal of Operations Management, 21: 532-539.
51. Voss, C., Tsikriktsis, N., Frohlich, M. (2002): Case research in operations management, in: International Journal of Operations & Production Management, 22(2): 195-219.
52. Yin, R.K. (2003): Case Study Research: Design and Methods, 3rd Edition, Sage Publications.

作者简介

- Dirk Pieter van Donk 教授、博士
  - 1961 年出生
  - 在荷兰格罗宁根大学（the University of Groningen）攻读工商管理和计量经济学专业
  - 1995 年获博士学位
  - 格罗宁根大学管理和组织学院生产系统设计系生产管理方向副教授
  - 主要研究方向：供应链整合；工业排程
  - Design of Production Systems, Faculty of Management and Organization University of Groningen, P.O. Box 800, 9700 AV Groningen, The Netherlands
    Tel: +31 50 3637345
    Email: d.p.van.donk@bdk.rug.nl, http://www.rug.nl/bdk

- Taco van der Vaart 教授、博士
  - 1965 年出生
  - 1983 年~1989 年间攻读数学专业
  - 2000 年，在荷兰格罗宁根大学提交博士毕业论文
  - 1997 年~，格罗宁根大学管理和组织学院生产管理方向助理教授
  - 主要研究方向：供应链管理；整合实践
  - Faculty of Management and Organization, University of Groningen
    P.O. Box 800, 9700 AV Groningen, the Netherlands
    Tel: +31 50 363 7020   Fax: +31 50 363 2032
    Email:j.t.van.der.vaart@bdk.rug.nl
    http://www.bdk.rug.nl/medewerkers/j.t.van.der.vaart/

第4章 基于Q分类技术的供应链整合测度

Sakun Boon-itt, Himangshu Paul

本章主要内容

1. 导言
2. 供应链整合的理论背景
3. Q分类技术
4. Q分类技术的一个应用案例
5. 结论
6. 参考文献

内容摘要

无论对于学界还是业界而言,供应链整合都是一个重要的课题。然而,由于个人主观因素和不同的问题视角等因素,导致供应链整合呈现出不同的含义,从而限制了供应链整合概念在供应链管理研究中的充分应用。研究人员需要充分理解实施和衡量供应链整合的内涵,我们要研究的基本问题是能否寻找一个有效的衡量供应链整合的技术方法。Q分类技术(Q-sort technique)可以通过收集主观判断的刺激信号来描述难以描述的对象。本文阐述了Q分类技术在度量技术发展中的应用,并将其应用于供应链整合的度量。相关研究结果表明:Q分类技术是一种能有效提高可行性和可靠性的方法论,这在供应链整合结构的早期阶段性分类度量和定义时表现得尤为突出。

关键词:供应链整合;Q分类技术

1 导言

在竞争日趋激烈的全球市场中,多数公司面临着来自世界范围的较大市场压力。为了在竞争中取胜,他们必须想出一个更好的办法来确保消费者在可接受的价格范围内获得高质量的服务。基于这一战略思想,企业将关注的焦点转向了供应链管理。企业需要管理从供应商到终端用户的、包含物流和其他业务环节的整张关系网,而不仅仅是和其他企业逐个做生意。

供应链管理成功的一个重要先决条件是供应链中信息流、物流和商流的整合(Lambert等,1998)。有效的供应链管理要求对所有活动进行整合,而不仅仅是采购活动和物流活动的整合。在研读文献时,可以找到很多有关供应链整合效益的研究,这些效益包括:最大化物流绩效(Frohlich & Westbrook,2001)、降低订单成本(Scannell等,2000)、降低存货周期和库存水平（Stank 等，1999），以及降低不确定性水平（Childerhouse 等，2003）。

然而，个人主观因素和不同的问题视角导致供应链整合结构呈现出不同的内涵，这限制了供应链整合概念在供应链管理研究中的充分应用。基于这个原因，我们有必要找到合适的方法论来开发具有坚实基础的经验模型以衡量供应链整合。换句话说，研究人员需要实现供应链整合结构的可操作性和可验证性。Q 分类技术能很好地解决这个问题（Ekinci & Riley，1999）。

本文将 Q 分类技术应用于度量分类技术发展领域，以解决供应链整合概念的主观性引发的可靠性和有效性问题。换句话说，本研究概述了用 Q 分类技术来检验能否在度量分类的初期阶段描述和区分这些结构。本文的主要贡献不在于理论概念，而是在方法论层面，就如何使用 Q 分类技术来预先验证和测量泰国的供应链整合。本研究分为三个部分：第一部分回顾了供应链整合的理论背景；第二部分介绍了 Q 分类技术；第三部分讨论了主要的研究发现以及如何解释这些结果。最后一部分是关于 Q 分类技术在供应链整合的度量分类技术发展中的适用性的相关结论。

2 供应链整合的理论背景

在竞争环境中，商业合作伙伴关系的发展是很有必要的。Spekman 等（1998）将合作关系的发展分为三个阶段：合作（cooperation）、协调（coordination）和协作（collaboration）。基于合作关系，企业之间可以互换重要信息，同一些供应商签订长期合同，这是供应链管理的起点。合作是整合的必要条件，但并不是充分条件。下一个阶段是协调，合作伙伴交换特定的物资和信息，以建立交易伙伴间的无缝链接关系。同样，这一个过程也很重要，但这仍然还不是整合的充分条件，因为还缺乏整合的信息流。

最高层次——协作，也称供应链整合，要求将供应链中所有的交易伙伴全部整合到他们的供应商和客户的业务流程中去。例如，供应链伙伴不能仅仅只是在一起制定生产计划，他们还应当共享技术、产品设计、产品需求和长期的战略思想。从协调到协作的转变要求伙伴间实现高度的信任和信息共享。图 4.1 描绘了供应链整合的发展过程。

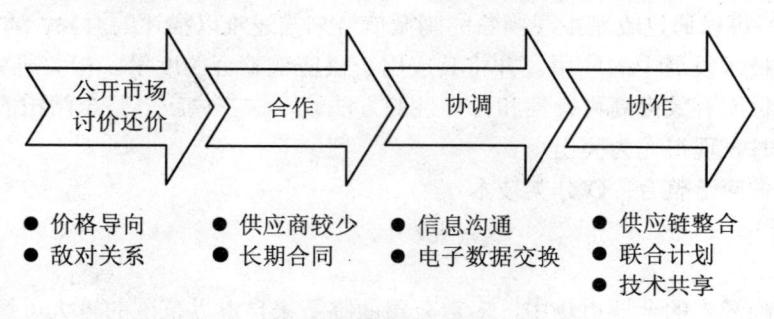

图 4.1 供应链整合的发展过程

资料来源：Spekman 等，1998。

全球市场上竞争力的提升扩大了企业运营操作的市场范围，并逐步使得整合的概念融入到供应链战略之中。因而，供应链整合成为学术界和业界日趋重要的话题（Morash & Clinton，1998；Frohlich & Westbrook，2001；Frohlich，2002；Chandra & Kumar，2001）。供应链管理的基本概念是整合供应链过程中的产品流和信息流（Lambert 等，1998）。在供应链背景下，整合被定义为一个组织中的所有活动，是对供应商、顾客和其他供应链成员之间的所有活动的整合（Narasimhan & Jayaram，1998）。一条整合的供应链表现在从原材料获取到将制成品及时送达消费者手中的这个过程是通过信息流有组织地连接起来的。整条供应链是由预期信息和实际需求信息的衔接而予以整合的（Sabath，1995）。

为了进一步理解供应链整合的分类，Frohlich & Westbrook（2001）描述了制造商常用的两种相互关联的整合形式。第一种类型涉及到整合供应商、制造商和消费者之间的前向物流，对前向物流的研究包括 JIT（Richeson 等，1995；Claycomb 等，1999；Dong 等，2001）、配送整合或延迟战略（van Hoek 等，1999）。第二种类型涉及信息技术和来自供应商以及顾客的数据流的后向整合，这要求有一个整合的信息系统，能够在各个节点之间及时有效地传递需求信息（Turner，1993）。

Bowersox 等（2000）和 Stank 等（2001）通过扩大产品流和信息流的范围，深入研究了供应链整合的框架结构。他们的研究使用框架中 6 个关键的领域来实现供应链物流整合，这 6 个领域包括顾客整合、内部整合、供应商整合、技术和计划整合、量度整合，以及关系整合。

3 Q 分类技术

Q 分类技术最初是心理学家发明的用于检测人的个性的一种技术。它能揭示人的深层价值观，因而也是识别购买行为驱动因素的一种理想方法（Brown，1986）。这个技术方法有着广泛的应用，尽管它主要应用于优先权设定以及排序方面（Tractinsky & Jarvenpaa，1995），它尤其适用于相关概念尚未建立时的情况。

然而，尽管 Q 分类技术方法可以用于分析问题的本质，但是采用这种方法得出的结论不能不加以确认分析就直接推广到一般人群，用这个技术进行初步的处理后还应该有后续的实证分析（McKeown & Thomas，1988）。通常，Q 分类技术的结果可以被看作是可靠性的证据或一种认知模式（Thomas & Baas，1992）。从本质上讲，Q 分类技术的目的是对问题有着更好的理解，找到所研究问题的概念。它对问题进行度量和分类，用最合适的陈述来描述被测问题的结构，减少无意义的陈述（内容有效性），以避免模糊的变量定义。通过要求回复者将其描述进行分组，可以规避调查问卷方法固有的许多问题（Kendall & Kendall，1993）。

基于 Ekinci & Riley（1999）对宾馆业服务质量衡量的相关研究，Q 技术初始的应用包括三个阶段：

（1）用归纳法（文献综述）或演绎法（专家意见法）创建一系列结构定义（Hinkin & Schriesheim，1989）；

（2）创建代表这些定义的一系列描述；

（3）进行检验，避免会导致错误结论的强迫性选项，使被试者能根据自己的意愿将陈述和定义联系起来。

如果这些陈述没有或几乎没有合格的，则可能定义是错误的或相关结构原本并不存在。此外，在使用 Q 分类技术时，制定两个定义的规则以判断最终结果是很重要的。这两个规则是：第一，只有至少两个陈述合理地描述某个定义时，这个定义才成立；第二，只有当 70% 的样本将某个陈述归为同一个定义时，这个陈述才是合理的。换句话说，一个定义只有在 70% 的样本都支持某两个陈述对其进行的描述时方可成立。此外，每个度量至少得到 4 到 6 个陈述以维持度量的内部一致性（可靠性）（Hinkin 等，1997）。

4　Q 分类技术的一个应用案例

这个技术建立在供应链整合有一个多维的理论概念假设之上。为了阐释 Q 分类法的用处，Bowersox 等（2000）和 Stank 等（2001）展开了关于供应链整合的 6 个维度的内容，包括：

- 顾客整合
- 内部整合
- 供应商整合
- 技术和计划整合
- 量度整合
- 关系整合

这个研究的目的是说明上述供应链整合 6 个维度的内容能否被验证。根据 Bowersox 等（2000）和 Stank 等（2001）的研究，这个 Q 分类技术由 6 个定义和一个"不适用"（N/A）类别组成，描述这 6 个定义的 29 个陈述分别写在不同的卡片上。这些卡片被打乱顺序后交给被测试者，要求他们根据自己的理解将每张卡片分别放在相应的一个定义下。"不适用"的选项是为了确保调查对象没有被迫将任何陈述归入某个定义。在将卡片分类前，需要向被测试者做一些简单的说明。

4.1　样本

尽管可以对一个个体使用 Q 分类技术，但是 Kerlinger（1986）认为 Q 分类技术应该包括尽可能多的实验对象，小样本和个体研究会导致结果存在一定偏差（McKeown & Thomas，1988）。Brown（1986）发现通常 30 到 50 个样本就足够了。因此，这个研究的基本步骤是：选 30 个采购/生产经理和学者作为调查对象，再根据项目（item）的相似和不同将其分为几组，每组对应一个方面的内容。

4.2　发现

由于版面所限，本研究只展示了一个维度内容（关系整合）的结果。表 4.1 显示了与这一维度的内容相对应的相关陈述，其中百分比代表了样本中多少人一致认为某个陈述描述了这个定义。如表 4.1 所示，5 个陈述中只有 2 个陈述在可接受的范围内被认为能够描述关系整合。具体来说，前 2 个陈述达到了合格标准，即 70%的样本达成一致。经过分析，关系整合这个维度是存在的。

表 4.1　关系整合结构的结果和频率

陈述	频率（%），n=30
关系整合	
在利益和风险共享原则下，为供应商和顾客提供供应链安排的能力	0.80*
为发展、维持和监督供应链关系提供指导的能力	0.70*
和供应链伙伴保持相同目标的战略计划层级	0.63
和选择的供应链伙伴分享战略信息的意愿	0.50
与供应链伙伴的联合计划和联合预测的程度	0.50

*超过 70%的样本达成一致，达到合格标准。

表 4.2 展示了合格陈述和不合格陈述的数量，其中 21 个陈述是合格的，每个维度至少有 2 个合格陈述（见表 4.3 所示）。这证明这个研究中的所有维度都是有效的。然而，有一个维

度（关系维度）只有有限数目的合格陈述。在这种情况下，需要修改陈述，再次使用 Q 分类技术。得到足够多的陈述后，下一步是将合格的陈述放入调查问卷中，并用一定范围的度量类型来进行检验。

表 4.2 Q 分类技术的总体结果

最终统计	陈述的数目
所对应维度的陈述	
合格的陈述（item>=0.7）	21
不合格的陈述（item<0.7）	8
合计	29

表 4.3 合格的陈述：供应链整合结构

各维度的陈述	Q 分类技术研究结果（%），n=30
内部整合	
公司控制下各职能部门之间的整合	1.00
订单和库存管理过程中公司内部信息流的水平	0.87
满足内部客户需求的响应度和弹性水平	0.80
公司内部部门和人员之间互动交流程度	0.77
顾客整合	
顾客对产品开发的参与度	0.93
与顾客进行联合计划以预测需求的程度	0.73
与顾客共享市场信息和库存信息的程度	0.70
快速有效地为顾客配送订单货物的能力	0.70
供应商整合	
供应商在采购和生产过程中的参与程度	0.93
供应商在产品开发过程中的参与程度	0.90
与供应商的战略伙伴或长期关系（单一/两个采购供应源）	0.73
技术和计划整合	
跨组织数据交换技术的水平	0.90
整合数据库的能力和促进信息共享的方法	0.87
获得可利用的及时、准确信息的能力	0.73
反映更多企业范围整合过程的信息系统水平（如企业资源计划）	0.70
量度整合	
根据营业利润来衡量供应链绩效的能力	0.90
能更及时地获取跨供应链合作伙伴的绩效评价数据	0.87
用于公司内绩效评价的数据的质量	0.70
关系整合	
在利益和风险共享原则下，为供应商和顾客提供供应链安排的能力	0.80
为发展、维持和监督供应链关系提供指导的能力	0.70

5 结论

这个案例研究的结果表明：在特定的背景下，确定合适的结构是描述相关陈述或具体项目以衡量泰国供应链整合的关键所在。但是，这并不是要推翻文献中已有的有关供应链整合的概念，而是为了在用问卷搜集数据前，先用其他方法验证供应链整合的陈述或相关概念。分类度量对于确保研究人员从调查对象处获得最好质量的信息来说非常重要。应用于西方背景下（如英国、欧洲和美国）的概念不一定适用于泰国。因此，Q分类技术有助于在考虑背景环境因素时理论框架的应用。在本案例中，供应链整合测度研究减少了在泰国背景下容易造成误解的陈述（8个项目），尤其是对于关系整合来说，研究者要注意不能够照搬其他背景下的陈述。因此，有必要重新措辞或减少负面的陈述以避免测度过程中被试的有偏回答。

本文的目的是描述作为分类度量的初期阶段中，Q分类技术的价值和流程。我们已尝试通过科学的Q分类技术创造一系列陈述来进行预证明。Q分类技术的目的是将列举的陈述和适合的结构与背景相匹配。通过使用供应链整合的概念，一个经过分类度量的问卷能够用于检验结构和维度的可靠性和有效性。本案例研究证明了确定合格的陈述对解释泰国的供应链整合维度非常重要。然而，这个技术应该被用作分类度量的基本方法，而不是一个完整方法。该方法应该仅被看作提高分类度量过程中内部一致可靠性的手段。

总之，本研究的目的是要介绍在分类度量初始阶段Q分类技术的使用步骤及其作用。此技术比专家意见或用先导控制的问卷在探究最终问卷的有效性上更有用。

本研究为未来的研究指出了一些方向。第一，本研究的结果和其他关键的研究问题相比情况怎样？第二，为什么泰国的分类度量结果和其他研究不同，尤其对关系整合的研究？第三，我们如何避免因为理论框架而过于主观的陈述？

6 参考文献

1. Bowersox, D. J., Closs, D. J., Stank, T. P. (2000): Ten Mega-Trends That Will Revolutionize Supply Chain Logistics, in: Journal of Business Logistics, 21(2): 1-16.
2. Brown, W. (1986): Q Technique and Methods; Principles and Procedures, in: Berry, W., Lewis-Beck, M. (eds.): New Tools for Social Scientists; Advances and Applications in Research Methods, Sage, London.
3. Chandra, C., Kumar, S. (2001): Supply Chain Management in Theory and Practice: A Passing Fad or a Fundamental Change?, in: Industrial Management and Data System, 100(3): 100-113.
4. Childerhouse, P., Hermiz, R., Mason-Jones, R., Popp, A., Towil, D. R. (2003): Information Flow in Automotive Supply Chains: Identifying and Learning to Overcome Barriers to Change, in: Industrial Management and Data Systems, 103(7): 491-502.
5. Claycomb, C., Droge, C., Germain, R. (1999): The Effect of Just-in-Time with Customers on Organizational Design and Performance, in: The International Journal of Logistics Management, 10(1): 37-58.
6. Dong, Y., Carter, C.R., Dresner, M. E., (2001): Just in Time Purchasing and Performance: An Exploratory Analysis of Buyer and Supplier Perspectives, in: Journal of Operations Management, 19: 471-483.
7. Ekinci, Y., Riley, M. (1999): Measuring Hotel Quality: Back to Basics, in: International

Journal of Contemporary Hospitality Management, (11)6: 287-293.
8. Frohlich, M. T. (2002): E-integration in the Supply Chain: Barriers and Performance, in: Decision Science, 33(4): 537-555.
9. Frohlich, M. T., Westbrook, R. (2001): Arcs of Integration: An International Study of Supply Chain Strategies, in: Journal of Operations Management, 19(2): 185-200.
10. Hinkin, T. R., Schriesheim, C. A. (1989): Development and Application of New Scales to Measure the Frech and Raven (1959) bases of Social Power, in: Journal of Applied Psychology, (74)4: 561-567.
11. Hinkin, T. R., Tracey, J. B., Enz, C. A. (1997): Scale Construction: Developing Reliable and Valid Measurement Instruments, in: Journal of Hospitality and Tourism Research, (21)1: 100-120.
12. Kendall, J. E., Kendall, K.E. (1993): Metaphors and Methodologies: Living Beyond the Systems Machine, in: MIS Quarterly, (17)3: 149-171.
13. Kerlinger, F. (1986): Foundation of Behavioral Research, 3rd ed., Holy Reinhart and Winston, New York.
14. Lambert, D. M., Cooper, M. C., Pagh, J. D. (1998): Supply Chain Management: Implementation Issues and Research Opportunities, in: The International Journal of Logistics Management, 9(2): 1-19.
15. McKeown, B., Thomas, D. (1988): Q Methodology, University Paper 66, Sage, London.
16. Morash, E. A., Clinton, S. R. (1998): Supply Chain Integration: Customer Value Through Collaborative Closeness Versus Operational Excellence, in: Journal of Marketing Theory and Practice, 6(4): 104-120.
17. Narasimhan, R., Jayaram, J. (1998): Causal Linkage in Supply Chain Management; An Exploratory Study of North American Manufacturing Firms, in: Decision Science, 29(3): 579-605.
18. Richeson, L., Lackey, C. W., Stranter, J. W. (1995): The Effect of Communication on the Linkage between Manufacturing and Suppliers in a JIT Environment, in: International Journal of Purchasing and Materials Management, 31: 21-28.
19. Sabath, R. (1995): Volatile Demand Calls for Quick Response: The Integrated Supply Chain, in: Logistics Information Management, 8(2): 49-52.
20. Scanell, T. V., Vickery, S. K., Droge, C. L. (2000): Upstream Supply Chain Management and Competitive Performance in the Automotive Supply Chain Industry, in: Journal of Business Logistics, 21(1): 23-48.
21. Spekman, R. E., Kamauff, J., Myhr, N. (1998): An Empirical Investigation Into Supply Chain Management: A Perspective on Partnerships, in: Supply Chain Management: An International Journal, 3(2): 53-67.
22. Stank, T. P., Crum, M., Arango, M. (1999): Benefits of Interfirm Coordination in Food Industry Supply Chain, in: Journal of Business Logistics, 20(2): 21-41.
23. Stank, T.P., Keller, S. B., Closs, D. J. (2001): Performance Benefits of Supply Chain Logistics Integration, in: Transportation Journal. 41(2/3): 32-46.

24. Thomas, D. B., Baas, L. R. (1992): The Issue of Generalization in Q Methodology; Reliable Schematics Revisited, in: Operand Subjectivity, (16)1: 18-36.
25. Tractinsky, N., Jarvenpaa, S. (1995): Information Systems Design Decisions in A Global Versus Domestic Context, in: Management Information Quarterly, December: 507-534.
26. Turner, J. R. (1993): Integrated Supply Chain Management: What's Wrong with This Picture, in: Industrial Engineer, 14: 190-202.
27. Van Hoek, R. I., Vos, B., Commandeur, H. R. (1999): Restructuring European Supply Chains by Implementing Postponement Strategies, in: Long Range Planning, 32(5): 505-518.

作者简介

➢ Sakun Boon-itt 硕士
- 1973 年出生
- 1996 年~1999 年，在美国南卫理公会大学（Southern Methodist University）攻读制造系统管理专业
- 1999~，泰国国立法政大学（Thammasat University）工业和运营管理系讲师
- 目前正在泰国亚洲理工学院（Asian Institute of Technology）管理学院攻读技术管理专业的博士
- 主要研究方向：供应链管理；运营管理
- Dept. of Industrial and Operations Management
  Faculty of Commerce and Accountancy, Thammsat University
  2 Prachan, Rd. Pranakorn, Bangkok, Thailand 10200
  Tel: +66 2 5106021   Fax: +66 2 9478912
  Email: st029196@ait.ac.th

➢ Himangshu Paul 教授、博士
- 泰国亚洲理工学院管理学院运作管理专业教授
- 曾在新加坡国立大学（National University of Singapore）、北卡罗莱纳州立大学（North Carolina State University）和新西兰坎特伯雷大学（University of Canterbury）执教
- 在亚洲理工学院获得系统工程与管理专业的工学博士学位
- 主要研究方向：运营管理；全面质量管理；技术管理
- School of Management
  Asian Institute of Technology, Khlong-Luang, Patumthani, Thailand 12120
  Tel: + 66 2 5246143   Fax: + 66 2 5162126
  Email: hpaul@ait.ac.th

第 5 章 供应链管理与组织复杂性挑战的方法论思想

Stig Johannessen

本章主要内容

1. 导言——方法论
2. 供应链管理中占主导地位的系统思想
3. 基本流程思想与复杂性
4. 供应链管理的内涵
5. 结论
6. 参考文献

内容摘要

供应链管理中的主导观点无疑是基于一种整体的、系统的思想体系和方法论视角。从这一角度来看,通过将组织中的各项活动视为一个整体系统(在此系统中,不同的子系统和流程相互作用,从而构成一个整体),我们能够对其进行更加全面的理解和发展。然而,在以物流为导向的组织中,整体系统思想却并不能对其所经历的变革提供令人信服的解释。进而,近期对于组织复杂性的相关研究依托以基本流程为本体的思想体系,对系统观点提出了质疑。这些研究将组织活动描述为区域性的社会交互过程,此过程能够产生更深层次的互动效果,是具有全球影响的活动模式,并提出,以上原因与解释的得出,是源于流程经验总结,而并非源自某种系统。对于供应链管理中组织研究而言,这种在方法论取向方面的转变意味深远。

关键词:供应链管理;方法论;系统思想;基本流程思想;组织复杂性

1 导言——方法论

作为社会科学方法论领域的首席专家,Herbert Blumer 将科学方法论视为探求科学研究相关原理的研究过程(Blumer,1969)。这一定义意味着:方法论已进入逻辑、认识论与本体论的哲学范畴。Blumer 的批判是针对那些把方法等同于方法论的学者。此类学者认为:科学实践的本质特征和原则已经确立,而我们的任务是使其成为一种应用,从本质上来说,就是要解决某类技术问题,从而将科学方法转化成具体程序(Baugh,1990)。这同时也是物流与供应链管理领域中的问题(Mentzer & Kahn,1995;Seaker 等,1993)。这些争论往往是关于定性与定量方法的对比以及特定方法的重要性问题,如案例研究(Ellram,1996)或行动研究(Naslund,2002)。然而,Mears-Young & Jackson(1997)、Johannessen & Solem(2002)、

Arlbjorn & Halldorsson（2002）等则更关注物流和供应链管理中的知识创新与研究的基本思想方法。

本文旨在对此类讨论做出进一步探究。基于 Blumer 对方法论的定义，接下来我们将对系统思想的起源、产生及相关问题进行理解和分析，它在当今供应链管理领域中本体论与认识论方面占主导地位。随后，我们将以一种不同的观点与之比较——基本流程的思想，这是近期针对具备复杂反馈过程的新型组织理论的相关研究中所采用的立场。在管理能力和研究方法方面，我们将探讨方法论立场和理论基础的转变所带来的影响。最后，在给出结论性意见之前，我们提出了对未来研究问题的一些设想。

2 供应链管理中占主导地位的系统思想

2.1 系统思想

Johannessen & Solem（2002）描述了关于本体论和认识论方面的物流基础，同时指出了两类系统观点：一类是简单机械系统观点（Taylor，1911），另一类是整体系统观点（von Bertalanffy，1968）。这些不同的观点早已出现，并逐渐演变为不同的概念、原理和实践方法，从而帮助构建并管理组织，使其能够通过有效的材料、产品、服务和信息流而创造价值。

这两种系统观点和物流与供应链管理中的两种组织模式相一致（Christopher，1998）。"旧模式"是典型的面向大规模生产的功能导向型工业企业的组织思想。此处，物流被视为众多职能之一，有些情况下会拥有自己的部门。"新模式"是根据跨越职能部门的业务流程来组织的。在为客户提供产品或服务的过程中，这种业务流程体现了精确、时效、划算的供应方式。为了在一条供应链或网络中纳入相关企业，需要从外部连接以上业务流程，从而带来有效的供应链管理需求（Hammer，2001）。

有的学者认为，这是通过把供应链视作一个整体系统得以实现的，这就要求对组织和业务流程有一个"概述"。因此，把功能导向型组织转化为业务流程导向型组织的过程同时也是把系统思想从简约单一转化为整体化方式的过程。

Stacey 等（2000）、Griffin（2002）和 Stacey（2003）证明了整体系统思想是如何从德国哲学家伊曼努尔·康德（Immanuel Kant）的思想中发展而来的。从 20 世纪 40 年代至今，这些思想一直作为组织思想中的主导观点。因此，该起源在物流与供应链管理的方法论讨论中显得尤为重要。

2.2 整体系统思想的起源

康德（Kant）一生致力于解决关于知识本质的争论。争论的一方来自科学的现实主义者，以笛卡尔（Descartes）和莱布尼茨（Leibnitz）为代表，强调外部现实的存在性，并且认为我们能够直接获得有关此类现实的相关知识。科学被简单理解为运用"科学方法"获得的关于事物的真性的知识，科学家客观的观察事物，对影响事物真性的法则拟定出相关假说，然后用量化数据检验这些法则。与上述观点相对的是极端怀疑论者，以苏格兰哲学家大卫·休谟（David Hume）为代表，他们认为人类无法直接认识现实。知识是相对的，不可靠的。观点是从经验的相互关联中得来，而非源自某一独立的现实中。同时，对其的理解程度只能反映个人的思维习惯，并不能反映现实的本质。

康德对以上争论的解决方法是构建一种同时赞同科学实在论与极端怀疑论的二元论。他的观点是：一方面是事物，另一方面是事物的表象。康德认为，我们其实根本不可能认识到事物的真性，我们只能认识事物的表象。

当谈到现存的生物体时，他既看到了局部，也看到了整体。其中，整体的呈现是源于内部相互作用和原先已包含因素的发展演变，仿佛生物本身就具有趋向成熟的性质。按照这一观点，康德阐述了一种假定因果关系是形成性的来认识事物的真性，而并非线性（即"如果——那么"型）的机械的认识事物的真性。

关于人类行为，康德认为人类是独立自主，并且可以做出理性选择的。为了说明这一观点，他构建了用于解释人类行为的理性主义因果关系。按此理论，事物是由形成性因果关系发展而来，而这种因果关系又是由内部作用所产生而来。同时，人类行为遵循理性因果关系，其中人们可以进行个人自由选择。于是，人类与自然便遵循一种二元因果关系。

现代组织理论是20世纪40年代后发展起来的，同期，现代系统思想以控制论、一般系统理论和系统动力理论的形式发展。康德的观点现已做出一些改变并直接应用于人类行为。组织被视为一个系统，而人类是其中的部件。通过各部件（人类）的相互作用，系统（组织）才能够展示出其内部性质（目的）。为了解释这一变化过程，必须依靠组织以外并能为组织做出理性选择的独立个体，而这些个体即为领导者。

2.3 整体系统思想中的问题

根据康德的二元思想，在整体系统思想中，既能作为组织部件又能独立于组织之外的二元性问题可以通过将矛盾置于不同的空间与时间而得以解决。关于空间可以这样比喻：当一个整体被其他系统或整体的边界分隔时，不同空间便产生了，这也导致了组织"内部"和"外部"的表象。领导者根据自身在组织中的作用将整体时间序列划分为不同阶段。首先，领导者是独立的，认为自己置身于组织之外并能够做出决策。随后，他们不再独立，并会根据先前做出的决策将自己视为组织的一部分。

这种思维方式会产生很多问题。或许最重要的问题就是如何解释创新与变化。针对"外部压力"的解释并不令人满意，因为这种解释意味着变化是由组织外部因素的运作而引起的。"外部"的含义究竟是什么？如果我们赞同变化与人类行为有关的假定，就将面临一个难题，即某一领域内的人类行为是如何独立于其他人类行为的。

另一个需要解决的以便正确区分内部和外部的重要问题是"客观的观察者"（objective observer）这一认识论假设。管理者或研究人员能够搜集有关组织、供应链、网络的相关资料。在这一过程中，他们在某种程度上仿佛是被置于各种组织现象之外，一般将自身视为客体。这种区分并没有解释管理者或者研究人员究竟是被置于何者之外，如日常工作、人际关系、知识、文化、价值创造、策略、物流等这样的组织方面都是人类创造——正在进行的人类行为，它只能通过人类经验获得。因此，如果我们要探究此类人类经验，并可以将自身置于"外部"，这也就意味着我们有能力置身于我们自己的经验之外，这在直觉上和逻辑上都是十分荒谬的观点。

2.4 现代供应链管理思想中的深层问题

一般认为，以物流为导向的企业的成功之道在于企业内和企业间的合作协调（Stock & Lambert, 2001）。这其中，重中之重是企业间的关系（Christopher, 1998）。然而，对于人类与社会发展远景以及在社会互动方面人际关系有何意义，人们却很少关注。忽视这些问题意味着供应链领域存在着严重的缺陷。

Croxton等（2001）是这一方面主流观点的代表人物。基于全球供应链论坛中的思想，他们强调指出：供应链管理的成功依赖于以下几方面：管理者能够指导并做出某种改进；供应链人员认同管理者观点并能确保实施既定目标；对权力进行适当下放；后续工作是建立在对改进有正确理解的基础上。根据以上建议,管理者可以轻松引导并控制变化。然而,以上建议中并未说明管理者如何处理可能出现的困难和冲突。上文指出成功依赖于对管理人员观点的认同,但怎样才能达成共识?人们可能放弃个人与社会目标并选择管理者的既定观点吗?对既定目标的实施同样很重要,因为它会使未来沿着一种线性的和可预测的方式展开。这是否符合我们以往的经验?管理者将如何提出远期展望并明确达成既定目标的正确方向?在复杂背景下,从社会互动方面来说方向究竟意味着什么?

建议中还指出,权利应被适当下放给个人。但授权将影响决策,这就意味着人们参与了一种难以依照管理者的观点、目标和方向而实现结果的社会模式与政治进程。所以,授权与方向控制是相悖的建议。

供应链管理成功之道的最后一点是基于对变化正确认识之上的现行工作。尽管如此,但并没有观点表明变化应该是怎样的,或者它是如何产生的。变化的制定看似虽然是合理的,并按照某种明确的想法计划实施,但制定过程并没有考虑那些不可预测和不可知的变化,尽管很多企业正在竭力处理这种这个问题。许多人认为上述建议并不能解释组织与管理者在动荡的商业环境中需要具备哪些能力,它们只是些不切实际的想法。

在物流与供应链管理中经常被提及的关键理论有:交易成本理论、代理理论、资源基础理论、网络理论以及这些理论的不同组合。这些理论都以整体系统思想的假设为前提(Johannessen, 2003)。以上理论认为不可预测的变化来自"系统外部"。为了适应观测情况,我们需要分析变化并借助合理决策使其生效。同样,社会互动中不可预测变化的出现方式和它们影响组织活动结果的方式并未得到任何关注。物流与供应链管理理论以及对供应链管理成功之道的建议以其简化、有别于供应链组织中日常经验和挑战而见长。

接下来,我们将探讨关于组织活动的截然不同的观点,并考察它与系统观点是如何形成对比的。

3 基本流程思想与复杂性

3.1 基本流程思想

系统思想的所有主要特征包括:双重因果关系思想、整体思想、边界概念、"内部"与"外部"概念,但在基本流程思想中却没有考虑以上特征。同时,在基本流程思想中存在一种忽略不同层级间情形和含义的做法,例如适用于解释个体这一"层级"的某些观点被运用于团体"层级",随后又被运用于解释组织"层级"上的现象。在基本流程思想中,个体和社会现象被视作人类互动活动基本流程的不同方面与表达。

这一思想可以追溯到德国哲学家格奥尔格·威廉·弗里德里希·黑格尔(Georg W.F. Hegel)对康德的批判(Stacey 等,2000)。黑格尔认为知识的创造过程是通过争论而发生,同时我们的经验世界便是我们思想所创造的世界。他批判了康德以能够参与外部现实的孤立主体作为出发点的立场,这描述了一种能够产生经验但却独立于经验之外的机制,在此过程中人员得以分类。

20世纪30年代后期,社会学家诺贝特·埃利亚斯(Norbert Elias)的著作受到了黑格尔思想的影响。他关注社会秩序与文明的进化是如何在没有任何人规划的情况下发生的(Elias, 1939/2000)。这种演化似乎是通过自我调节和自我组织过程实现的,但与此同时这种自我实现过程却产生出了秩序,而在这一过程中并没有人计划或监督这种秩序。

埃利亚斯发现这一现象产生于人们不断追寻自己目标的互动活动中,同时他们也包含在社会活动中。由于长期结果无法预测,众多个体的行为、计划、目的之间的冲突会引发一种无法计划、预见或创造的情况。所以,个体不会独立的继续他们的计划,他们总是与他人保持一定关系或职能分配。

在埃利亚斯的流程理论中,变化是自我组织的,它是一种持久构建连续性和变革性未来的突发过程。在特定时间、特定地点下,具体社会动态过程产生了秩序。这一过程不能由系统思想的因果关系框架来解释,也不能通过寻求流程外因素引起的变化过程(如某种力量)来解释。相反,它可以用一种矛盾的因果关系来解释,在此关系中众多个体形成了社会关系,同时它又由社会关系所形成。个体与团体间的关系作为人类关系中同一过程的两个侧面,Elias的社会学理论提出了对此关系的一种独特思维方式。个人与组织的关系是矛盾的,因为他们形成彼此的同时,又由彼此形成。

将埃利亚斯的思想与复杂性研究领域的近期发展相联系可以发现,二者存在惊人的相似之处。复杂性研究说明:通过自发的自我组织过程,秩序从原本混乱的无秩序中出人意料地产生了(Prigogine,1997)。这一结论明确指向了转变过程的本体论观点,其中现实在矛盾的秩序/非秩序过程中变化并演进,这一过程拥有内在的组织潜力,而不是由外部原因所引发。

因此,由上述转变过程所引致的因果关系使我们有机会利用复杂性研究中相似理论从转变过程本体论的视角来解释人类行为。这正是我们转向复杂反应流程这一新创视角的关键点(Stacey等,2000;Griffin,2002;Stacey,2003)。

3.2 复杂的反馈过程观点

复杂的反馈过程观点吸收了某些自然科学复杂性研究的特定观点,这些特定观点与以下现象相关:自组织性、矛盾性、稳定与变化的同时性、非线性、自发的创新性、因果联系的瓦解,以及不可预期性的产生等(Allen,1998;Casti,1997;Gell-Mann,1994;Holland,1998;Kauffman,1993;Prigogine,1997)。它是对人类互动活动与人类意识、组织和社会出现结构化自发组织模式的重新解读,而这一解读与早期历史观点是一致的(Mead,1934;Elias,1939/2000)。根据这一观点,组织变化问题可以从完全不同的角度加以说明。

从复杂的反馈过程观点来看,组织现象是人类同他人和环境相互作用的结果。人类通过自己创造的反馈流程,以一种不可预测的方式改变着自身与周围环境的现状。因此,我们总是以一种需要不停变换角色的人际关系过程来描述人类现状,此过程区别于系统理论,因此系统的概念被忽略了。

以上观点解释了是什么通过自组织过程创造了潜在的转型变化。这些过程源于人类的互动活动,这就意味着变化并不是源于事物外部,每一次人类活动都会产生变化。

其结果为组织重新得到关注。人们将焦点集中于自组织的过程、浮现的结果和不同的性质,如参与性、多样性、对话型生活及充满焦虑、不可预测性和矛盾的生活。关系的性质创造了组织变革成为新模式的能力。

这种不同的理解也产生了如下观点:会谈是新方向的基础,因为未来是由变化的对话流程构建的。组织形态的不断重现及潜在改变正是源于这些对话流程(Shaw,2002),同时也探索并质疑了有关事物完成途径和原因的基本假设和思想。组织的创立与演变源于人们的参与和交互活动,而人们的活动即受制于又得益于组织的权力关系和变化的影响程度。

3.3 观点比较

复杂的反馈过程观点与系统观点之间的对比首先是一种关于本体论与认识论的争论。本章讨论至此应该明确:已构建的物流与供应链管理观点是基于一种整体系统思想的本体论假设，但是复杂的反馈过程理论是基于另一种不同的本体论假设，即由黑格尔与埃利亚斯提出的具有特定意义流程的现实性假设。

哪种假设更好？这个问题需要我们进一步理解此争论。很多研究人员和从业人员发现复杂反馈流程观点提供了符合经验的解释，因此比系统思想提供的解释更有意义，其他人或许持有不同观点。

对系统思想及其优势的强烈批判与不同观点的促成过程传达出一种希望，即希望这种不同的观点成为主流观点。因此，重要的是我们必须把"提出一个批判性论点"和"该论点是否代表了唯一正确思考方式"这两点内容区分清楚。相反，如果不存在批判的观点就显然意味着遵循主流观点。现在，系统思想在组织及其管理观点中占主导地位。这意味着对系统思想的批判应予以鼓励。

需要说明的是，复杂反馈流程理论并非是首个与科学研究主导观点持不同态度的理论。如本文所示，哲学家与社会思想家已经提出了众多对系统思想具有批判性和替代性的观点，从黑格尔对康德的批判到埃利亚斯关于社会互动的观点，再到布鲁默对社会科学方法的批判。复杂的反应过程观点于当今再次被提出，自然科学复杂性的基本观点使之更加丰富。

4 供应链管理的内涵

4.1 管理能力

对（供应链）管理者来说，复杂反馈流程观点意味着不同的关注点。管理者需要参与某些活动，来发现人们对权力关系、冲突、不可预测性、远期表现、重要流程、悖论、自组织现象、多样性等方面的意义与影响会做出怎样的反应。与管理者在参与制定管理活动方面的角色界定完全不同的是，管理者需要参与的活动包括参与制定战略规划、共同愿景、价值观与目标、绩效评估方案及其它管理活动等。关注点的转变意味着管理者与其他人员需要认识到远期将以非线性、矛盾的且无法预测的方式演变，故必须立足当前着手迎接不确定的未来。

例如，关注权力关系与冲突即意味着管理者要学会适应冲突并意识到冲突既是约束行为的源泉，同时也是突破既定行为从而发生变化的源泉。管理者发展人际关系的能力尤为重要，因为组织的未来是由"人"来不断创造与再创造的。

又如，管理者着手进行工作时必须培养一种接受并适应矛盾的能力，但同时他们也会对矛盾产生质疑。一般来说，管理者不应该质疑，而应该完全肯定自己的决策。然而，这会让他们无法把握出现不可预见新模式的重要性。另一方面，质疑会带来无法制定决策的风险。从复杂反馈流程理论的角度来看，保持矛盾的存在也许是最重要的管理能力，但这同时对未来的发展造成了巨大的挑战。

4.2 研究方法

在供应链管理领域，我们可以对复杂反应流程的观点做进一步理解：即在物流为导向的组织中，各种活动中的人际关系是如何影响物流行为模式的。物流与供应链管理是关于如何为材料、服务、信息流中的产品创造附加值的过程，是关于如何实现产品流通、储存、运输、销售及回收的过程。在此过程中，人类行为模式无处不在。

作为研究人员，如果我们参与了一种特定物流行为模式，我们必须像其他参与者一样，尽可能找到一种可能的方式来解释我们所参与的行为模式是如何产生的。

复杂反馈流程观点提出，知识即为认知，认知同时具有个体性和社会性。当给出经验的解释性讨论及理论论述时，基于与此相关经验的知识应当说是科学的。这类解释不需要被系统化、格式化和分类编目，但它们可以为研究人员、管理者及其他人提供观点。

复杂的反馈过程观点并没有从一个独立或客观的视角出发，而是提倡一种以突发参与性探究为特定的研究方法（Christensen，2003）。研究人员的角色在组织模式的人际关系中得以显现。这意味着研究人员的参与可能具有一定的影响，但并不能保证影响一定存在。研究人员的目的是加入正在进行的对话中来了解他/她所参与的关系（Shaw，2002）。通过参与到组织人员的关系中，研究人员可以获得组织模式的知识。知识创造过程并不是独立存在的，它和研究人员所处关系中的其他人员密切相关。

参与性探索方法包含了对经验材料的文档记录过程。这些记录经由理论解释加以丰富后，便可以形成一套复杂反馈流程观点的科学著作。该著作的贡献可以从它引起的反应中得以说明，这些反馈可能与人们自己的经验一致，因此可以解释这些经验。倘若它在企业或别处发挥了作用，那并不是因为有秘方或特别建议，而是因为人们获得了一种独特见解，从而能够鼓励人们去谈论或从事那些能激发起对日常的组织生活有所关注的某些事物。

叙述性文献为研究人员等提供了熟悉组织生活日常会话是如何影响行为意义与模式的产生方式的（Johannessen，2003）。集中于当前的研究忽略了传统的科学标准，但对于理解关于在人类行为变化过程方面的组织发展却十分有价值。因此，这种方法的贡献和用途不能从系统思想的本体地位和传统科学的认识论约束角度加以评估，而必须从研究所基于的基本流程观点的本体论与认识论地位角度来评估。

4.3 远期研究问题

复杂反馈流程理论中谈及的组织生活中的重要概念有：权力关系、自我组织、非线性现象、突现性、矛盾、复杂性与不可预测性。这些都是供应链管理者们及其他相关人员每天都要面临的问题。为了进一步了解这些现象，我们需要在研究中特别加以说明。因此我们必须对这些问题进行系统地阐述和深究。

这些研究问题如：管理者日常生活中地方权利差异的全球影响是什么？供应链管理者所经历的日常情况与他们制定的计划和策略有何不同？供应链和网络中的变化是如何产生的？这种变化产生了怎样的影响？

竞争与合作可以看作是人际关系中矛盾的两个方面。与此相关的一个重要研究问题是：这些矛盾的行为模式是如何出现并改变复杂的（通常是全球性的）价值创造结构（如供应链与组织网络）的？

在这种背景下，对人与技术共同发展的原动力探索是研究问题的关键。人可以影响和构建技术，同时也被技术和更广泛的经济与组织模式所影响。研究这些复杂的相互作用和关系可以对以下领域产生影响，如产品开发、电子商务、生产与运输。

自组织现象无论在传统理论还是在物流与供应链管理的理论中都未得到解释。自组织流程的动力及发展对于组织复杂性以及物流和供应链的远期研究来说是一项很重要的议题，因为它们涉及了非预期的组织结构，即需要在没有任何整体决策的情况下构建组织。

探索人与资源（如资金、时间）之间的相互作用以及企业责任与全球经济的可持续发展的价值也是十分重要的问题。

为了说明、解释和获得与这些现象有关的知识，我们需要理论和方法的支持。复杂反应流程观点为我们提供了这方面的建议。理论上，我们可以借助于社会交往方面的基本论述。方法上，知识创造过程也可理解为人与人之间的交往模式。因此参与性方法很受提倡，因为它使研究人员有机会以日常生活中的相关方式来与人相处。参与这些关系的研究人员同时也是调查与探索的源泉。

因此，复杂反应流程的理论与方法论观点对如下问题提出了进一步见解：即在供应链及其网络中，企业是如何以包括人、技术、自然、资源等复杂的自组织行为模式而存在的。

5 结论

一个显而易见的结论是，当有关组织和发展的现有理论面临快速变化的组织现实时，它显现出了明显的不足，从不同方面理解组织的新理论和新方法亟待出现。

复杂反馈流程观点对物流与供应链管理的系统理论基础提出了质疑，其宗旨是将方法论思想转变为基本流程观点。这种流程观点完全摈弃了系统的概念，而是把组织的存在视为人与人之间、人与环境之间相互作用的结果，并且这种结果源于反应流程本身。处在社会交往中的人们改变了他们自身与周围环境的状况。

复杂反馈流程观点是影响力极大的理论与方法论新方法，它阐明了物流与供应链管理是作为一种包含在日常生活会话经验中的自组织行为模式。远期研究将提供未来可能存在的构建说明：即对伴随全球价值创造结构（如供应链与网络）而产生的矛盾的阐述。

6 参考文献

1. Allen, P. M. (1998): Evolving complexity in social science, in: Altman, G. & Koch, W. A. (eds.): Systems: New Paradigms for the Human Sciences, Walter de Gruyter, New York.
2. Arlbjørn, J. S., Halldorsson, A. (2002): Logistics knowledge creation: Reflections on content, processes and context, in: International Journal of Physical Distribution & Logistics Management, 32(1): 22-40.
3. Baugh, K. (1990): The Methodology of Herbert Blumer. Critical Interpretation and Repair, Cambridge University Press, New York.
4. Blumer, H. (1969): Symbolic Interactionism. Perspective and Method, Prentice-Hall, Englewood Cliffs, New Jersey.
5. Casti, J. (1997): Complexification: Explaining a Paradoxical World through the Science of Surprise, HarperCollins, London.
6. Christensen, B. (2003): Reframing consulting from within human relating, Unpublished DMan-thesis, University of Hertfordshire, London.
7. Christopher, M. (1998): Logistics and Supply Chain Management, second edition, Pearson Education, London.
8. Croxton, K. L., García-Dastugue, S. J., Lambert, D. M., Rogers, D. S. (2001): The Supply Chain Management Processes, in: International Journal of Logistics Management, 12(2): 13-36.
9. Elias, N. (2000): The Civilizing Process, Blackwell, Oxford. First published 1939.
10. Ellram, L. M. (1996): The use of the Case Study Method in Logistics Research, in: Journal of Business Logistics, 17(2): 93-138.
11. Gell-Mann, M. (1994): The quark and the jaguar, Freeman, New York.
12. Griffin, D. (2002): The Emergence of Leadership: Linking self-organization and ethics, Routledge, London.

13. Hammer, M. (2001): The superefficient company, in: Harvard Business Review, 79(8): 82-92.
14. Holland, J. (1998): Emergence from chaos to order, Oxford University Press, New York.
15. Johannessen, S., Solem, O. (2002): Logistics Organizations: Ideologies, Principles and Practice, in: The International Journal of Logistics Management, 13(1): 31-42.
16. Johannessen, S. (2003): An Explorative Study of Complexity, Strategy and Change in Logistics Organizations, PhD-thesis 2003:91, Norwegian University of Science and Technology, Trondheim.
17. Kauffman, S. A. (1993): Origins of order: Self-organization and selection in evolution, Oxford University Press, Oxford.
18. Mead, G. H. (1934): Mind, Self and Society, Chicago University Press, Chicago.
19. Mears-Young, B., Jackson, M. C. (1997): Integrated logistics—call in the revolutionaries, in: Omega—International Journal of Management Science, 25(6): 605-618.
20. Mentzer, J. T., Kahn, K. (1995): A framework for logistics research, in: Journal of Business Logistics, 16(1): 231-250.
21. Naslund, D. (2002): Logistics needs qualitative research—especially action research, in: International Journal of Physical Distribution & Logistics Management, 32(5): 60-77.
22. Prigogine, I. (1997): The End of Certainty: Time, Chaos and the New Laws of Nature, The Free Press, New York.
23. Seaker, R. F., Waller, M. A., Dunn, S. C. (1993): A Note on Research Methodology in Business Logistics, in: Logistics and Transportation Review, 29(4): 383-387.
24. Shaw, P. (2002): Changing the Conversation in Organizations. A Complexity Approach to Change, Routledge, London.
25. Stacey, R. D., Griffin, D, Shaw, P. (2000): Complexity and Management—Fad or Radical Challenge to Systems Thinking? Routledge, London.
26. Stacey, R. D. (2003): Strategic Management & Organisational Dynamics: The Challenge of Complexity, Pearson Education Ltd, London.
27. Stock, J. R., Lambert, D. M. (2001): Strategic Logistics Management, McGraw-Hill, New York.
28. Taylor, F. W. (1911): Scientific Management, Harper Brothers, New York.
29. von Bertalanffy, L. (1968): General systems theory: Foundations, Development, Applications, George Braziller, New York.

作者简介

➢ Stig Johannessen 教授、博士
- 1962 年出生于挪威特隆赫姆（Trondheim）
- 在挪威科技大学（Norwegian University of Science and Technology，NTNU）生物物理学专业获硕士学位并攻读组织发展、战略与管理专业
- 曾就职于医药行业，在进入挪威科技大学前在一家小型公司担任经理
- 2000 年，在挪威科技大学工业经济与技术管理系担任研究人员

- 曾开展组织复杂性理论、物流战略与管理等领域的研究
- 在挪威科技大学战略管理与物流战略系担任讲师
- 2003 年，在挪威科技大学获博士学位
- 2004 年 1 月～，在挪威北特伦德拉格郡的北特伦德拉格学院（HINT）大学任副教授，参与组织和管理项目的研究。
- 研究方向：组织动力学；战略流程；物流与供应链管理；组织复杂性理论；方法论
- Program for Management and Organizational Studies
  University College of Nord-Tröndelag (HINT)
  Röstad, 7600 Levanger
  Norway
  Tel: +4792035007   Fax: +4774022501
  Email stig.johannessen@hint.no

第6章 构型方法在供应链管理中的应用

Axel Neher

本章主要内容

1. 供应链管理的整体观
2. 供应链管理构型选择
3. 结论和进一步研究方向
4. 参考文献

内容摘要

整体观或系统观是物流和供应链管理的基本组成部分。基于这一视角,尤其在战略层面上,供应链管理不仅必须专注于细节或特定部分,还必须从整体上对供应链进行分析。构型方法正是实现这一目标的一种方法。构型被定义为由战略、结构、流程和环境所组成的一个集群。本文将对构型方法是如何被应用到供应链管理中的进行分析,并对不同构型方法在供应链管理中的应用情况进行概述。

关键词:供应链管理;构型方法;物流类型

1 供应链管理的整体观

1.1 整体观

供应链管理复杂性的不断增加促使其在供应链设计、管理和控制方面专注于本质和特征方面。正如 Khandwalla 在 1973 年就已经指出的那样,系统中各部分的最优化和各部分间的协调性对系统绩效起到了至关重要的作用。系统各部分之间协调性的提高将带来更高的效益。

尽管系统观或整体观被认为是物流和供应链管理的一个主要维度,但是大多数的方法、方式和工具仍然只集中于系统,而忽视了各部分之间的联系。为了供应链管理的进一步发展,我们需要一种方法能真正地将系统观应用到供应链的设计、管理和控制的任务中去。构型方法就可以帮助我们实现这一目标。

1.2 构型方法

构型方法通常将组织描述成由战略、结构、流程和环境所组成的集群(Miller, 1981; Macharzina & Engelhard, 1991)。每一种构型由一组变量来表示,这些变量既包含内部组织又包含外部环境(见图 6.1 所示)。有人认为对社会经济系统(这里是物流系统或供应链系统)组成部分应从整体来认识,而不能孤立地去理解(Meyer 等, 1993)。

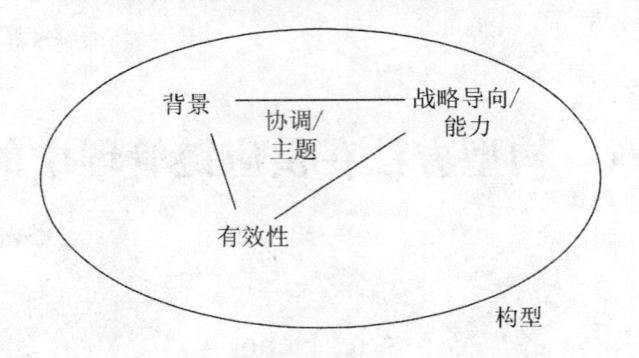

```
        背景 ———— 战略导向/
           \ 协调/  能力
            \ 主题  /
             \    /
              \  /
              有效性
                                    构型
```

图 6.1 构型的基本模式

从这种角度来看，构型是由相互支持的元素所构成的集群组成，这些元素之间是相互协调的。有人认为，构型由表现这一构型特征的"主题"所控制（Miller，1986）。通过重点关注这一主题和确保内部元素之间以及这些内部元素与其所处环境之间的一致性，挑选出的多维有效性轮廓将提高构型的绩效。

在构型方法研究的开始阶段，与集中——分散决策、特殊化、功能化等方面相联系的经典组织是研究的焦点。著名的案例是由 Mintzberg（1979）提出的结构组织的五种典范类型（简单结构、机械型组织、专业型组织、分散形式和灵活组织机构）和由 Miles & Snow（1978）提出的四种转变类型（探勘者、分析者、防御者和反应者）。在过去几年里，随着人们对物流和供应链管理兴趣和这些领域对整体观需求的持续提升，构型方法已经被物流和供应链管理相关研究所采纳，像精益、敏捷、效率、响应、风险规避等构型都被详尽地阐述了。

然而，这样一个供应链构型是什么样的？这些构型主要包含哪些方面？所有元素都要与之相适应的，这一主导性的构型"主题"是什么呢？当供应链管理中应用构型方法时，这些问题必须被回答。首先，我们需要对相关元素的背景、战略方向和有效性做出清晰的描述。其次，我们需要分析这些元素间的相互关系，给出构型的支配性"主题"。

构型方法在供应链管理中的应用将使我们更好地理解供应链管理中诸多元素间的关系，这对供应链理论来说是非常重要的一步。丰富的构型知识为供应链管理提供了诸多具有等同功效的解决方案，也就是说，一个功能性结果可以通过不同的方式获得（Gresov & Drazin，1997）。从这个角度讲，构型不是典范模型或规范模型，而是与某一特定主题相联系或由其所表达的黏性元素模型。这一知识将会帮助供应链管理人员通过复制或促进创新的方式来设定其所在组织内部的细节问题。

1.3 供应链管理

尽管专家们所给出的供应链管理的学术定义在细节上存在差异，但都包含了供应链管理的全部主要内容，即对贯穿整条供应链的从原料供应商到最终消费者的物流和信息流的管理（Mentzer 等，2001）。这一定义强调的是供应链内部组织间不同成员的协调性。

然而，尽管物流和供应链管理在最近几年里得到了快速发展，但在早先的发展阶段，物流和供应链管理局限于单一企业的内部视角。供应链管理的这一视角（或定义）一直延续至今。关于供应链构型的大部分方法采用这一视角，从企业的视角来讨论各种问题。在大多数情况下缺少涉及组织内部管理特殊需求的批判性反思。

下面的章节将介绍从供应链管理中挑选出的构型方法，介绍将主要集中于构型的主要维度和主导性主题。

2 供应链管理构型选择

有关供应链管理构型方法的最早阐述出自 Fisher（1997）的文章，这篇文章所探讨的问题是："对于你的产品来说什么是合适的供应链？"为了描述他的构型，他把"产品类型"或"需求可预测性"看成主要特征元素，并对功能型产品（需求可预测）和创新型产品（需求不可预测）进行了区分。在一个需求可预测的环境下，关注于物理有效性流程的物流构型被认为是最合适的，然而在需求不可预测的环境下（创新型产品），市场响应流程构型是更为合适的（见表 6.1 所示）。

表 6.1 有效性和市场响应供应链构型的对比

	物理有效性流程	市场响应流程
主要目的	以尽可能低的成本有效地供应可预测的需求	对不可预测的需求快速响应，实现缺货、被迫降价和陈旧存货最小化
关注制造	保持较高的平均利用率	部署额外的缓冲能力
库存策略	提高库存周转率，实现整条供应链库存最小化	部署重要的零部件或制成品缓冲库存
关注提前期	在不增加成本的前提下缩短提前期	加大投资来缩短提前期
选择供应商的方法	主要考虑成本因素和质量因素	主要考虑速度、弹性和质量因素
产品设计策略	成本最小化，收益最大化	采用模块化设计，尽可能的延迟产品差异化

资料来源：Fisher，1997：108。

Tan 等对市场响应型供应链型方法做了进一步区分（Tan 等，2000），他们将市场响应型供应链构型分成两种类型：可定制化产品类型构型和创新型产品类型构型。基于可定制化产品的市场响应流程构型以半预测需求模式和中等生命周期为特征，其关键性行动和目标是根据个人需求来定制产品。这一目标可以通过需求驱动计划流程、按订单组装、大规模定制和延迟制造战略来实现。基于创新型产品的市场响应流程构型与可定制化产品构型间的细微差别可以在需求不可预测模式中找到，即短生命周期和按订单生产战略。

由 Tan 等所区分的三种构型只提供了如何设计或管理供应链的模糊信息。构型之间的主要差异以按库存生产、按订单组装和按订单生产的需求管理政策为特征。关于构型中其他特征元素的信息，如战略共享或信息共享与需求管理政策紧密相连。这一差异为决定供应链流程中哪些部分需要标准化、哪些部分需要个性化提供了一些信息（见 Lampel & Mintzberg（1996）的标准化—个性化连续统一体或可比较的延迟观念（Bucklin，1965；Bowersox 等，1986；Ciou 等，2002））。

另一个产品导向构型方法是由 Christopher 给出的，他对供应链构型的两种类型（敏捷供应链和精益供应链）进行了区分（Christopher，2000），所采用的区分维度是需求的可变性或提供产品种类的多样性和产品的数量（见图 6.2）。

如果环境不是完全可预测的（需求不确定）并且需求的产品种类很多，就需要采用"敏捷供应链"。如果需求的产品数量大、种类少且环境可预测，那么"精益供应链"运作效率最高。随着市场动荡和行情不确定逐渐成为常事，Christopher 认为敏捷供应链更容易生存。

遗憾的是，Christopher 在描述敏捷供应链方面只提供了很少的信息。他认为敏捷供应链应该是市场敏感的（需求拉动导向的）、虚拟的、流程集成的和基于网络的，并且他强调信息技术对敏捷供应链起关键作用。对于这一供应链构型的管理，这些信息是有限的[①]，而且他强调纯粹构型可能适合某些情境，但混合构型也通常适合某些情境。"一个供应链可能一段时间需要是精益的，而其他时间需要是敏捷的"（Christopher，2000：40），见图6.2所示。

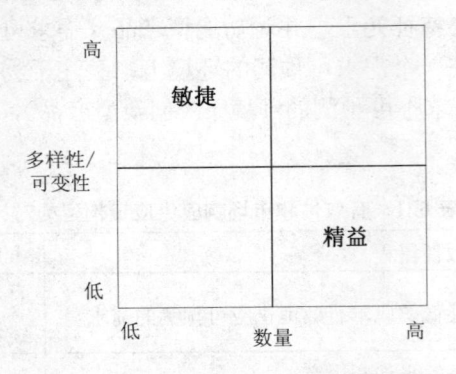

图6.2 精益供应链构型和敏捷供应链构型

资料来源：Christopher，2000：39。

由于这种混合构型是精益和敏捷的结合，因此其他人称其为"精益敏捷"（见Mason-Jones，Naylor & Towill，2000）。参考延迟制造的概念，他们将"精益敏捷"供应链构型描绘成精益流程部分和敏捷流程部分的结合，其中解耦点之前是精益流程部分，解耦点之后是敏捷流程部分（见图6.3所示）。

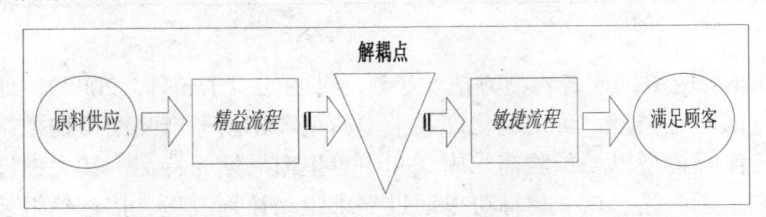

图6.3 精益敏捷供应链构型

资料来源：Mason-Jones等，2000：4065。

上面所给出的方法集中在顾客方或需求方。正如Lee所认为的：这是正确的，但并不充分（Lee，2002）。为了设计正确的供应链策略，需要考虑所有不确定因素；既包括需求方面的因素，也包括供应方面的因素。Lee的构型由需求不确定性和供应不确定性这两个维度所决定。

回到Fisher的问题，Lee将需求方描述为"功能性产品"（需求不确定性低）和"创新性产品"（需求不确定性高），将供应方描述为"稳定的"流程（供应不确定性低）和"发展的"流程（供应不确定性高）。

将这两个维度相结合，Lee区分了供应链的四种类型："效率型"、"风险规避型"、"响应型"和"敏捷型"（见图6.4所示）。在需求较低、供应不确定性较低的情形下，效率型供应链构型是合适的。应将中心放在经济规模上，消除那些非价值增加活动，并采用最优化技术（Lee，2002）。风险规避型供应链构型适合于需求不确定性较低、供给不确定性较高的情形。

[①] 稍后的一篇文章（Christopher & Towill，2002）将对这两个构型进行详细描述，但是关于这些构型管理的信息仍然是有限的。

第6章 构型方法在供应链管理中的应用

这一类型的主要特点是通过在供应链中实行联合经营和资源共享来降低和分担风险。在需求不确定性较高、供应不确定性较低的情形下,"响应型供应链"构型是最为合适的。这一构型以按订单生产和大批量定制流程为主要特征,订单准确率被认为是成功的关键。"敏捷型供应链"构型适用于需求和供给不确定性都较高的情形。这一构型可以被看作是风险规避型和响应型供应链构型优势的结合,其目的"在于灵敏快捷地响应顾客的需求,通过联合经营库存或其他生产资源来规避因为供应短缺而造成的风险"(Lee,2002:114)。

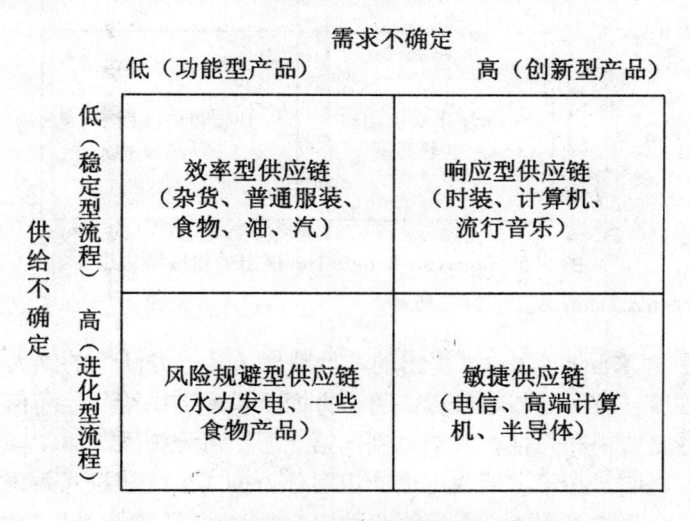

	需求不确定 低（功能型产品）	需求不确定 高（创新型产品）
供给不确定 低（稳定型流程）	效率型供应链（杂货、普通服装、食物、油、汽）	响应型供应链（时装、计算机、流行音乐）
供给不确定 高（进化型流程）	风险规避型供应链（水力发电、一些食物产品）	敏捷供应链（电信、高端计算机、半导体）

图6.4 基于不稳定不确定性的供应链构型

资料来源:Lee,2002:108,114。

Lee 的这种方法的优势在于,它集中研究了不确定性,而不确定性被认为是供应链领域普遍存在的问题之一。与其他的方法相比,他不仅专注于需求不确定性,同时还考虑到了供应的不确定性。并且他给出了一些关于如何设计不同构型的例子。然而,对于描绘组织或物理框架和每一构型的管理程序缺乏清晰的结构。对不同构型的直接比较是不可能的,并且对于管理者的实际应用也被认为是存在局限的。

另一种构型方法是由 Corsten 和 Gabriel(2002)提出的。他们用"产品结构"和"需求不确定性"这两个维度来描述供应链构型(Corsten & Gabriel,2002)。对于需求环境确定的物理组装产品,他们提出了"精益供应链构型"作为最合适的构型,然而在需求环境不确定的情况下,"敏捷供应链构型"可能是最成功的。对于处于需求环境确定的化学生物产品,应采用"联合供应链构型";而在需求环境不确定的情况下,应采用"快速供应链构型"(见图6.5所示)。

与之前所提到的构型方法相比,Corsten 和 Gabriel 对不同的构型提供了一个更加细致和结构化的描述。基于供应链运作参考模型(SCOR-Model)(供应链运作参考模型是一个用原料来源、制造、配送、返回和计划这五个流程来描述供应链流程的参考模型),他们对每一个构型中这些进程的影响给予了概述。这些描述为供应链管理人员提供了关于如何去设计这些流程的相关信息。然而,这些描述是比较模糊的,并且使用了如"有效客户反应"或"精益生产"这样的关键词。

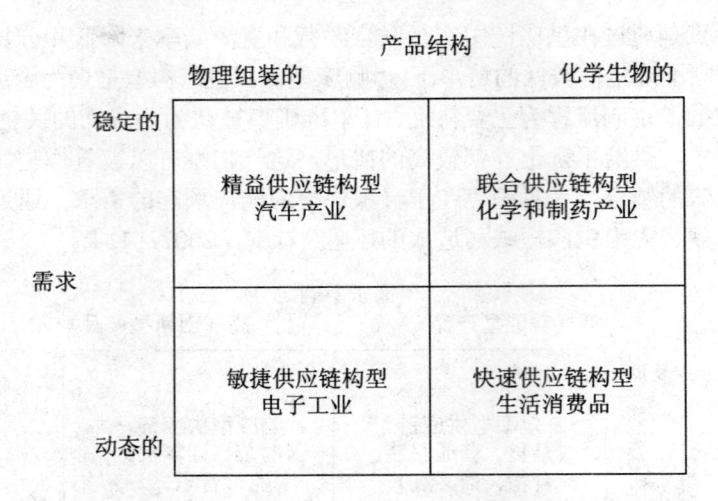

```
                        产品结构
          物理组装的              化学生物的
   ┌─────────────────┬─────────────────┐
稳 │                 │                 │
定 │  精益供应链构型  │  联合供应链构型  │
的 │    汽车产业      │ 化学和制药产业   │
   │                 │                 │
需 ├─────────────────┼─────────────────┤
求 │                 │                 │
   │  敏捷供应链构型  │  快速供应链构型  │
动 │    电子工业      │   生活消费品     │
态 │                 │                 │
的 └─────────────────┴─────────────────┘
```

图 6.5 Corsten & Gabriel 提出的供应链构型

资料来源：Corsten & Gabriel，2002：235。

另一种方法是由 Klaas（2003）提出的，他整合了其他方法中的绝大多数方面。他认为描述构型的主要维度一方面是战略目标，另一方面是供应链中商品流和信息流的协调机制。战略性目标关注的是费用和弹性。协调机制在第一层次可分为预测驱动（预期的）机制和需求驱动（反应的）机制，在第二层次可进一步细分为推式系统和拉式系统。

这些维度的组合形成了图 6.6 所示的四种构型。Klass 称这些类型为"物流环节"，并指出：在一个供应链中，不同的物流环节，如与不同的消费者或产品相关联的物流环节，是能够同时存在的。

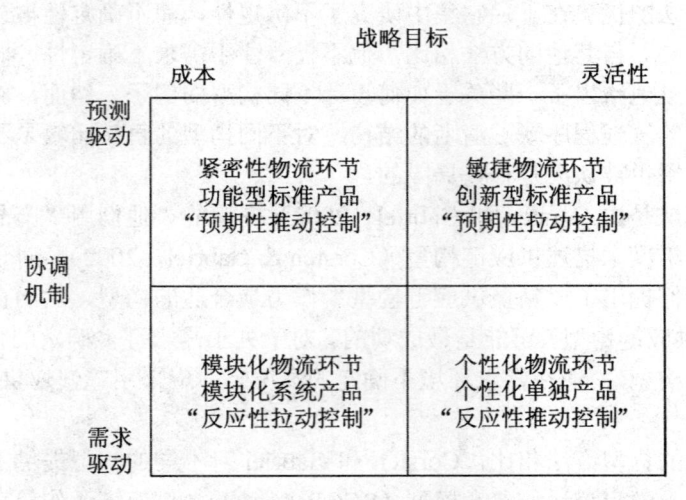

```
                        战略目标
          成本                     灵活性
   ┌─────────────────┬─────────────────┐
预 │                 │                 │
测 │ 紧密性物流环节   │   敏捷物流环节   │
驱 │ 功能型标准产品   │  创新型标准产品  │
动 │ "预期性推动控制" │ "预期性拉动控制" │
协 ├─────────────────┼─────────────────┤
调 │                 │                 │
机 │ 模块化物流环节   │  个性化物流环节  │
制 │ 模块化系统产品   │  个性化单独产品  │
需 │ "反应性拉动控制" │ "反应性推动控制" │
求 │                 │                 │
驱 └─────────────────┴─────────────────┘
动
```

图 6.6 Klass 提出的供应链构型

资料来源：Klass，2003：277。

Klass 的方法理论上是基于构型理论的，然而其他的方法与构型理论并非明确相关。由于构型被定义为由环境、策略、结构和流程所组成的集群，Klass 采用了"协调机制"、"物流流程和基础设施"、"正式组织结构"和"物流环境"这四个维度来描述四种不同的物流环节。"协调机制"维度包括推式导向和拉式导向的商品流之间的协调以及供应链不同环节（供应、生产、配送）间的紧密程度这两个方面。"物流流程和基础设施"维度包括延迟制造或预测生产、原料流的捆绑，以及集中或分散等方面。"正式组织化结构"维度被宽泛地描述了，其包括正式组织结构的所有方面，如专门化、标准化、授权等等。"物流环境"维度包括了需求（可预测或不可预测、需求的服务水平、需求的数量）、产品（数量、重量）、生产技术（弹性、规模经济）和竞争策略（成本领先者、差异化）的所有方面。

表 6.2 对上文所介绍的构型方法进行了汇总概述。

表 6.2 供应链构型方法概述

作者	维度	构型
Fisher，1997	—需求不确定 —产品	—物理有效性流程 —市场响应性流程
Tan 等，2000	—需求不确定 —产品	—物理有效性流程 —市场响应性流程 ● 定制化产品 ● 创新型产品
Christopher，2000	—多样性 —数量	—敏捷 —精益
Mason-Jones/Naylor/Towill，2000	—多方面的	—精敏敏捷
Lee，2002	—需求特征 —供给特征	—效率型供应链 —响应型供应链 —风险规避型供应链 —敏捷供应链
Corsten & Gabriel，2002	—需求不确定 —产品结构	—精益供应链 —联合供应链 —敏捷供应链 —快速供应链
Klass，2003	—战略目标 —协调机制	—紧密性物流环节 —敏捷物流环节 —模块化物流环节 —个体化物流环节

3 结论和进一步研究方向

对供应链构型方法的分析说明这些构型都是基于个体（企业）立场的。尽管不同的方法关注了不同的方面，但是大部分的方法都使用了相似的主要维度来抽象化不同的构型，并且使用了可比标签来描述这些构型的主导性主题。

影响构型主题的主要维度包括需求（和供应）的不确定性、数量和（或者是明显地提到的或者是含蓄地提到的）一般的竞争策略，如成本领先策略或差异化策略（质量或弹性方面）。基于这些维度来对这些不同的方法进行比较，我们可以得到三个构型的群集，如图 6.7 所示：

- 精益（低不确定性的、大量的、成本导向的）
- 敏捷（高不确定性的、少量的、差异化导向的）
- 精益敏捷（精益和敏捷的组合）

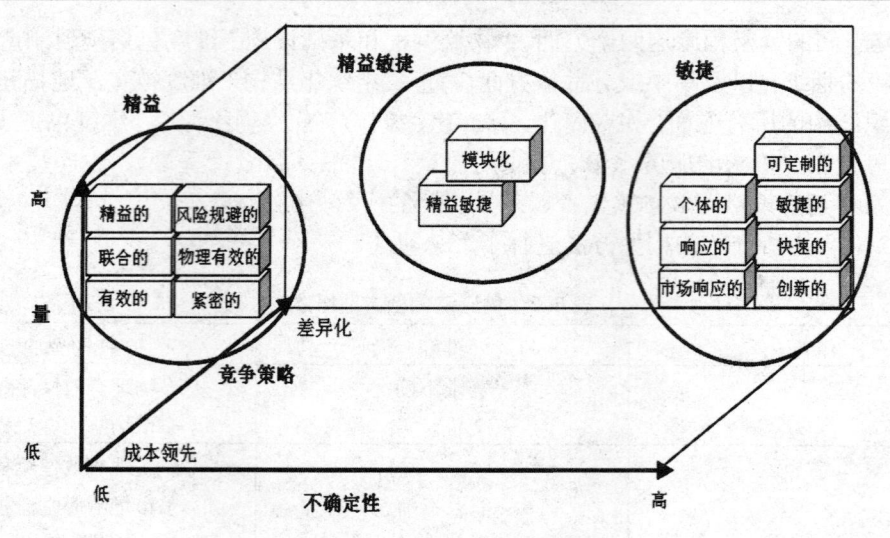

图 6.7　三个构型群集

尽管所提出的这些方法没有关注供应链的内部组织方面，然而他们对供应链管理是有所帮助的。作为协调和评估供应链正确治理形式的一种途径，对供应链中主要参与者和其他参与者单个构型的了解在调整所有参与者符合首要主题的过程中是非常有益的。

例如，Abers、Gehring 和 Heuermann（2003）关注于这些协作方面，并且提出了两种供应链治理形式，即"单边治理"和"双边治理"，这两种形式与 Fisher 提出的供应链构型（有效流程构型，市场响应型构型）是相关的。他们为有效供应链构型提出了一个单边供应链治理形式，为市场响应型构型提供了一个双边供应链治理形式。对供应链治理构型的描述是基于指挥结构或权力系统、激励体系、标准操作程序、争端解决和定价体系等维度进行的。

然而不同构型间的差异，比如有效型构型和市场响应型构型，或精益构型和敏捷构型，看起来比较简单，对精益敏捷构型的讨论清晰地表明几乎所有的供应链都是由精益部分和敏捷部分，或者更一般地说，都是由成本导向部分和差异化导向部分的某种形式的组合构成的。供应链管理的主要任务是清晰地确定这两部分的分离点，也就是说确定供应链中哪个参与者属于精益构型，哪个参与者属于敏捷构型。

当供应链管理观角从原始设备制造商（Original Equipment Manufacturer，OEM）转变成一个参与多条供应链的供应商时，另一个问题就出现了。当他一方面服务一个环境可预测的顾客，另一方面又服务一个环境不可预测的顾客时，他的构型又会是怎样的？这种情况下的正确构型是一个可能转化为精益构型的敏捷构型吗？从物流环节的意义上讲，解决方案是一个多构型管理模式吗？

总之，可以认为所提出的构型方法运用了不同的变量来描述构型，不同方法或多或少是详细的。需要进一步的研究来详细阐述用于描述构型的维度和变量集，在研究中将供应链管理的各方面，即结构、流程、管理活动和环境，都考虑进来。这个方向的第一步可以在 Corsten 和 Gabriel 的著作中找到，Corsten 和 Gabriel 以供应链运作参考模型为框架来开展研究；或者可以采用 Klass 提出的考虑了"协调机制"、"物流流程和基础设施"、"正式组织结构"和"物流环境"等维度的方法。

基于这些维度和变量，未来的研究需要以经验为主地去提出构型。这就引出了下面这个问题：这种构型将会关注于哪些相关的供应链定义（也就是说应该考虑链中的哪些参与者）？

关于设计与管理供应链的结果和提议方面的绝大多数方法都直觉地引人注意。但是这些方法（除 Klaas 的方法以外）中没有任何一个借助于理论基础。大多数方法暗含在产业组织理论经典的结构—行为—绩效框架内进行讨论，或者可以联系到波特的基本竞争战略（Porter，1980）。然而我们需要一个更加深厚的理论基础。

此外，对于供应链管理的全局观，产业组织理论中这种由外而内的视角应该由资源基础观所提议的由内而外的视角所补充（见 Barney，1997；Wernerfelt，1984；Penrose，1959）。按照这些方法，可持续竞争优势（或者核心能力）的取得和保持是基于稀有资源的，它是不能被转移或模仿的。这些资源或者核心能力可以被看作是供应链构型协调性主题的起点。供应链核心能力的识别将成为未来供应链管理的一个关键方面。

4 参考文献

1. Albers, S., Gehring, M., Heuermann, C. (2003): A Configurational Approach to Supply Chain Governance, in: Seuring, S., Müller, M., Goldbach, M., Schneidewind, U. (Eds.): Strategy and Organization in Supply Chains, Physica Verlag, Heidelberg, New York: 99-113.
2. Barney, J. B. (1997): Gaining and Sustaining Competitive Advantage, Addison-Wesley, Reading (Mass.).
3. Bowersox, D. J., Closs, D. J., Helferich, O. K. (1986): Logistical Management. A System of Integration of Physical Distribution Management, Manufacturing Support, and Materials Procurement, 3rd ed., Macmillan, New York.
4. Bucklin, L. P. (1965): Postponement, Speculation and the Structure of Distribution Channels, in: Journal of Marketing Research, 2(1): 26-31.
5. Chiou, J.-S., Wu, L-Y., Hsu, J. C. (2002): The Adoption of Form Postponement Strategy in a Global Logistics System: The Case of Taiwanese Information Technology Industry, in: Journal of Business Logistics, 23(1): 107-124.
6. Christopher, M. (2000): The Agile Supply Chain—Competing in Volatile Markets, in: Industrial Marketing Management, 29(1): 37-44.
7. Christopher, M., Towill, D. R. (2002): Developing Market Specific Supply Chain Strategies, in: The International Journal of Logistics Management, 13(1): 1-14.
8. Corsten, D., Gabriel, Chr. (2002), Supply Chain Management erfolgreich umsetzen. Grundlagen, Realisierung und Fallstudien (Successful Implementation of Supply Chain Management. Basics, Realization, Case Studies), Springer Verlag, Berlin.
9. Fisher, M. L. (1997): What is the right Supply Chain for your product? in: Harvard Business Review, March-April: 107-116.
10. Gresov, C., Drazin, R. (1997): Equifinality: Functional Equivalence in Organization Design, in: Academy of Management Review, 22(2): 403-428.
11. Khandwalla, P.N. (1973): Viable and effective organizational designs of firms, in: Academy of Management Journal, 16(3): 481-495.
12. Klaas, T. (2003): Logistik-Organisation. Ein konfigurationstheoretischer Ansatz zur logistikorientierten Organisationsgestaltung (Logistics Organization. A configurational approach towards a logistics-oriented Organization), Gabler Verlag, Wiesbaden.

13. Lampel, J., Mintzberg, H. (1996): Customizing Customization, in: Sloan Management Review, 38, Fall: 21-30.
14. Lee, H. L. (2002): Aligning Supply Chain Strategies with Product Uncertainties, in: California Management Review, 44(3): 105-119.
15. Macharzina, K., Engelhard, J. (1991): Paradigm Shift in International Business Research: From Partist and Eclectic Approaches to the GAINS Paradigm, in: management international review, 31(special issue): 23-43.
16. Mason-Jones, R., Naylor, B., Towill, D. R. (2000): Lean, agile or leagile? Matching your supply chain to the marketplace, in: International Journal of Production Research, 38(17): 4061-4070.
17. Mentzer, J. T., DeWitt, W., Keebler, J. S., Min, S., Nix, N. W., Smith, C. D., Zacharia, Z. G. (2001): Defining Supply Chain Management, in: Journal of Business Logistics, 22(2): 1-25.
18. Meyer, A. D., Tsui, A. S., Hinings, C. R. (1993): Configurational Approaches to Organizational Analysis, in: Academy of Management Journal, 36(6): 1175-1195.
19. Miles, R. E., Snow, C. C. (1978): Organizational strategy, structure, and process, Mac-Graw-Hill, New York.
20. Miller, D. (1981): Toward a new contingency approach—the search for organizational gestalts, in: Journal of Management Studies, 18(1): 1-26.
21. Miller, D. (1986): Configurations of Strategy and Structure: Towards a Synthesis, in: Strategic Management Journal, 7: 233-249.
22. Mintzberg, H. (1979): The structuring of organizations, Prentice Hall, Englewood Cliffs, N.J.
23. Penrose, E. G. (1959): The Theory of the Growth of the Firm, New York.
24. Porter, M. E. (1980): Competitive Strategy, Free Press, New York.
25. Tan, G. W., Shaw, M. J., Fulkerson, W. (2000): Web-based Global Supply Chain Management, in: Shaw, M., Blanning, R., Strader, T., Whinston, A. (Eds.): Handbook of Electronic Commerce, Springer, Berlin: 457-478.
26. Wernerfelt, B. (1984): A resource-based view of the firm, in: Strategic Management Journal, 5: 171-180.

作者简介

➢ Axel Neher 博士
- 出生于1969年，在马尔堡大学（the University of Marburg）企业管理专业学习
- 1995年～1998年，任马尔堡大学物流系研究助理，1998年完成博士论文
- 1999年起，任马尔堡大学企业管理和经济系助理教授
- 主要研究方向：供应链管理；绩效评估；环境管理
- Department of Logistics
  University of Marburg, Am Plan 2, 35037 Marburg, Germany
  Tel: +49 6421 282 3916   Fax: +49 6421 282 3745
  Email: neher@wiwi.uni-marburg.de, http://www.wiwi.uni-marburg.de

第 7 章 进行文献回顾——以供应链可持续性为例

Stefan Seuring, Martin Müller, Magnus Westhaus, Romy Morana

本章主要内容

1. 导言
2. 作为内容分析方法的文献回顾
3. 供应链可持续性研究案例
4. 结论
5. 参考文献

内容摘要

文献回顾在各种研究中都是非常重要的一个组成部分，其重要性尤其体现在各种研究中的导言部分以及专门的研究方法论文章中。文献回顾的方法论基础通常就是对所回顾的文献内容进行研究。因此，为了有效地进行文献回顾，必须制定相关文献检索和分类的标准。这样的分类就构成了结构化分析的一部分。然而，并不是所有方面都能用这种方法进行评定，因此，概念性研究也必须成为研究的一部分。本文以供应链可持续性为例，对如何进行文献回顾进行了深入的分析。作为学术界中一个新兴的研究领域，本研究可提供有价值的分析案例，因此，我们对 1990 年以后发表的相关文献进行总体分析是可行的。

本研究进行文献回顾的标准是从定性的角度确定的，包括环境和可持续性管理，以及供应和供应链管理领域的相关文献。

关键词：文献回顾；文献研究；定性内容分析方法；供应链管理；可持续性

1 导言

研究内容只有在与现有的知识体系相关联时才能确保研究的严谨性。因此，文献回顾在研究过程中是必不可少的一部分，这一点在有关研究方法的教科书（如 Easterby-Smith，2002：159；Brewerton & Millward，2001：36；Saunders 等，2003：46），以及高水平学术期刊中关于方法论的文献（如 Eisenhardt，1989；Mentzer & Kahn，1995）中经常被提到。文献回顾具有两个具体的作用：

第一，它可以帮助我们在研究中形成新的观点，并且通过识别模式、主题和问题来总结现有的研究。这样，文献回顾为研究提供了一个起点，这也说明了为什么文献综述性文章经常会被引用（Easterby-Smith 等，2002：159）。

第二，对研究的任何贡献，无论来自于概念性研究还是来自于实证研究，都必须依托于现存的理论（Saunders 等，2003：46），成为一种整合的方式（Brewerton & Millward，2001：36）。

"一篇文献综述是为鉴定、评价和解释现存记录文献的研究对象而进行的一篇系统的、明晰的、可重复的评论"（Fink，1998）。文献研究的目标是理解并掌握已有材料，而文献素材不一定必须是通过研究者对数据的收集而获得的。文献研究的内容包括相关文献的研究目标以及研究过程（Meredith，1993）。然而，其中会产生一个问题，那就是阅读所有的资料是不现实的。只有对正在发生的问题或者被严格限定的问题进行文献搜集才有可能得出完整的回顾和评论。Dangayach & Deshmukh（2001）对来自 31 个期刊的 260 篇文献所作的综述分析便是一个例子，这一方法可以在具有较大工作量的研究项目中使用。

1.1 目标和框架

本文旨在阐述如何进行文献回顾，尤其是如何进行结构化的内容分析。我们主要在奥尔登堡大学（the University of Oldenburg）的供应链管理中心进行研究，"供应链可持续性"这个课题是我们研究的核心。本文以供应链可持续性为例，来说明如何进行文献回顾并获得结论。我们将从得出的更有概括性的评论中提出一些有针对性的问题，这些问题将通过实例来具体说明整个研究过程是如何进行的。因此，本文包括两个相关联的部分。接下来的讨论着重于定性内容分析方面，定性的内容分析方法不仅是评估我们所收集到的文献的一种方法，同时也提供了广义方法论的框架。在之前提到过的教科书上能够找到关于文献回顾和辅助性工具（比如怎样检索数据库或者因特网）一般性的详细资料。因此，对于这方面本文不再详细说明。对于与一般定性研究类似的高标准研究同样如此（Mayring，2003：109）。

1.2 基本术语及界定

在进入本文的主要部分之前，我们需要对一些基本术语进行界定。"采购是指企业从外界获取物品、服务、能力和知识作为企业资源，以保证企业在最佳状态下运行、维持和管理的一项基本支持性活动"（van Weele，2002：14）。采购主要关注的是两家公司衔接的问题。供应链管理是从更宽泛的角度被定义的。"供应链包括物品从原料阶段（包括提炼）到最终用户之间的与流动和转换相关的所有活动，同时还包括信息流动的相关活动。原料与信息在供应链上进行双向流动"。供应链管理（SCM）则是"对从改进供应链关系到形成具有持续竞争优势的供应链的所有活动进行的集成"（Handfield & Nichols，1999：2）。仅仅这两个定义就已经强调出了下文将用到的检索词，例如购买、采购、供应和供应链。

可持续发展（sustainable development）被定义为"在不损害后代人满足其需求能力的前提下，满足当前需求的发展模式"（WCED，1987：43）。对于公司的可持续性，Dyllick & Hockerts（2002：131）指出："公司的可持续性可以相应的定义为在不损害未来股东满足其需求能力的前提下，满足当前公司的直接和间接股东们（如股东、雇员、客户、施压集团、社区等）的需求。"一个促进可持续性实施的核心概念就是三重底线法（the triple bottom line approach），即在经济、环境和社会三个维度上得到的最小效益（Elkington，2002；Dyllick & Hockerts，2002：132）。文献检索的相关关键词还包括：可持续、可持续发展、可持续性、环境（的）、生态、生态的、绿色、社会的，以及伦理学。供应链管理方面和可持续性方面的关键词在检索中将被相互结合使用。

2 作为内容分析方法的文献回顾

正如前面所提到的，文献回顾是了解一个研究领域的有效方法和必要步骤，同时它在任何研究中都是不可或缺的一部分（Mentzer & Kahn，1995；Easterby-Smith 等，2002）。文献回顾可以帮助我们去识别一个领域的概念性内容（Meredith，1993），并为理论发展做出贡献。因此，（定性的）内容分析是很有用的（Ryan & Bernard，2000；Mayring 2003）。Brewerton 和 Millward（2001：151）对定性的、定量的和结构化的内容分析进行了区分，指出这三者之间并不是相互独立的。一篇结构化的"内容分析方法包括目标材料中元素间关系表现的发展。为了进行结构化内容分析，数据的定性和定量这两个方面都必须予以考虑"（Brewerton & Millward，2001：153）。

定性方法和定量方法并不是相互对立和相互矛盾的。事实上，定量方法能有效地支持定性方法（Brewerton & Millward，2001：151；Mayring，2003：19）。举例来说，"对于由定性分析所引致的文字形式的类别可以进行定量评估。它可以评估出什么类别被编码的最多"（Mayring，2002：117）。需要特别注意的是，定量分析的结果必需依据原始研究目标的背景，并按照定性的方式进行解释。Mayring（2003：19）将这样的研究过程概括为"从定性到定量再回到定性"。

结构化的内容分析包括形式方面的分析和内容方面的分析。Mayring（2003：13）指出：内容分析方法是一种通过应用一个系统化的进程来分析信息（如文献中嵌入的信息）的方法。该研究方法由来自于理论上预先的考虑所驱动，并需要按照一个清晰的程序进行下去，这就保证了结论是在分析过材料的基础上得出的。内容分析的程序模型（Mayring，2003：54）包括以下几个步骤：

（1）材料收集

需要收集的材料需要被明确定义和界定，这还需要了解材料最终是如何出现的。此外，分析单元（即一篇论文）需要被明确界定。

（2）描述性分析

材料的形式方面要被评估，比如每年发表的数量，这样的描述是进行理论分析的基础。

（3）类别选择

在类别选择中，结构维度和相关的分析类别都需要被选出来，并将会被用于文献回顾以形成具体的研究领域。结构维度构成了分析的主题，这包括不同的分析类别，如为期一年的时间段。

（4）材料评估

根据结构维度和所建立的类别对材料进行分析和分类（详见图 7.1 所示），这需要考虑对相关问题的识别和对结果的解释。

对于材料的分析（第 3 步和第 4 步），图 7.1 提供了详细的过程描述。图中包含了一个对收集材料进行分析的反馈，这种反馈在整个过程中可能都是很有必要的。

结构维度和相关分析类别可以通过演绎或归纳方法得出。根据结构性维度和相关分析类别可以对以往的文献进行分类。在演绎方法中结构维度和相关分析类别在材料分析之前就需要被选择出来，在归纳方法中它们是通过对材料的概括而得出的（Mayring，2003：75）。不管是采用哪种方法，它们必须与现有的理论紧密相关。同时，"内容分析方法依靠单一分析者的多重判断……从而致力于针对相关数据和资料得出相应观点的依据"（Brewerton &

Millward，2001：153）。这意味着分析者对如何理解文章需要做出不同的抉择。在寻找和分析数据时让两名或者更多的研究人员参与进来可以降低这种风险。然而，对结构维度和分析类别的修改依然是必要的。

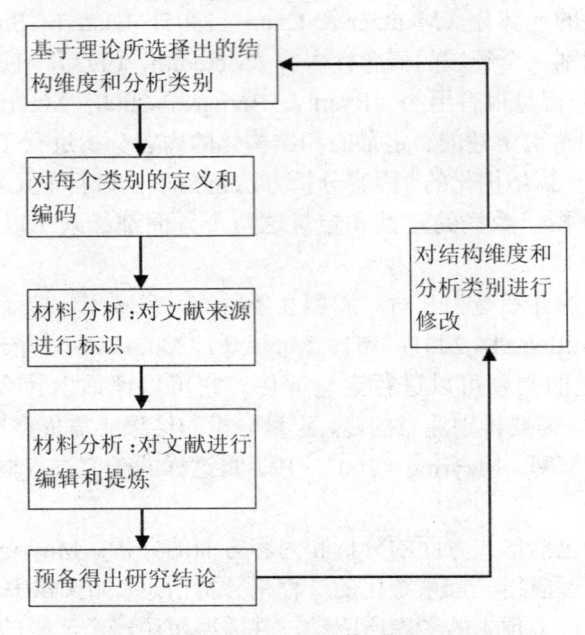

图 7.1 结构化内容分析方法的研究程序

数据来源：Mayring，2002：120。

以上是对文献分析的研究方法设计和定性内容分析方法的简要概述，这在关于供应链管理可持续性研究的文献回顾内容中得以应用。

3 供应链可持续性研究案例

3.1 以前内容与相关知识的回顾

在关于可持续发展的争论中，公司逐渐被视为问题的核心和主角。这种趋势进一步扩展到了供应链中的核心企业，它们应对供应商的环境和社会绩效负责（Seuring，2004；Seuring et al.，2004）。核心企业（focal companies）指的是那些管理或控制整条供应链，或者与顾客直接接触的企业（Handfield & Nichols，1999：18；Schary & Skjott-Larsen，2001：24）。这种情况特别适用于拥有自主品牌的企业，因为它们习惯于在利益相关者的压力下进行运营，比如非政府组织（Non-Governmental Organizations，NGOs）。这些组织不得不考虑在其整个供应链中所存在的环境和社会问题。例如，像 Nike、Disney、Levi Strauss、Benneton、Adidas 和 C&A 这样的服装经销商，在最近几年里由于在服装生产中出现的问题而受到了谴责。非人道的工作条件和泄露有毒物质是经常被提及的问题（Seuring，2001）。不同的公司都在积极追求可持续性的供应链管理（Bowen 等，2001；Seuring，2004）。

这种触发效应增强了人们在绿色环保或可持续供应链管理方面的兴趣。到目前为止，该领域已经扩展并分散出不同的研究方向。然而，文献在数量上仍然比较少，而且并没有任何关于该领域的重要文献综述。我们只找到了三篇期刊文献，分别见 de Burgos & Lorente（2001）、Zsidisin & Siferd（2001）和 Baumann 等（2002）的研究，以及一篇出自试图综述该领域文献的会议论文集的附加文献，见 Alfaro 等（2003）的研究。Alfaro 等人（2003）关注于再制造和逆向物流领域，并且仅把发表在运营管理和供应链管理期刊上的相关文献作为研究对象。Baumann、Boons 和 Bragd（2002）对于该领域的综述也受到较大关注，他们着重关注于绿色产品的发展。第三个综述将环境保护作为主要研究目标，而供应链的相关问题仅仅被放在了第二位（de Burgos & Lorente，2001）。Zsidisin & Siferd（2001）对此也进行了评述，但是该评述仅仅基于 38 种刊物，也就是说，其研究并没有覆盖所有相关的刊物和文献。因此，在 2003 年的下半年所进行的文献回顾旨在通过对文献的结构化检索来收集和分析该领域的所有相关文献。

3.2 文献收集

虽然供应链管理与可持续发展在近年来日益交融，但相关文献的数量仍受局限。在这种背景下，作为总体分析的文献回顾被视为一种适当并且可行的研究方法（Easterby-Smith 等，2002：159）。采购、供应链管理和可持续发展的基本定义以及相关检索词已经在第一部分给出。对于文献回顾而言，定义明确的研究界限是至关重要的，在这方面有以下 3 个问题需要说明：

- 不考虑以公共采购为主题的文献。因为公共采购受公共法律的影响较大，并且与所讨论的企业的供应（链）管理有着显著的区别。
- 仅仅关注强加于采购员身上的道德要求（比如接受礼品）的文献不予考虑。因为这些文献主要讨论进行采购应遵循的规范，与可持续发展并没有直接的联系。
- 重点关注逆向物流和再制造领域的文献，但闭环供应链领域的文献不予考虑。一般而言，闭环供应链领域的文献主要研究的是产品生命周期结束的相关问题，然而，当前的研究主要关注的是前向供应链。与此同时，其他研究人员关于这方面进行评论的文献也已经有着较大的数量。

3.3 相关文献检索

本研究所针对的分析对象是那些有着清晰概念或经验性内容的学术刊物，而那些仅提供逸闻趣事的实践性文献则不予考虑。这个时期被界定为从 1990 年至今，对这一领域的相关理论和知识也隐含表示关于供应链的可持续性研究大约出现在这一时期，正如前文所提到的，可持续发展在 1987 年被定义这一事实也证明了上述观点（WBCSD，1987）。

这项工作组成了检索更广泛的文献的一部分，这项工作对德国和英国的出版刊物进行了分析，包括著作和编辑过的卷宗。在此，我们仅讨论用英文发表的经同行审阅的期刊文献。

我们对文献的检索遵循了两条路线，共计有 19 种英文期刊被看作是与本研究主题特别相关的文献来源，例如，欧洲的 International Journal of Operations & Production Management（IJOPM）期刊，Journal of Purchasing and Supply Management 期刊，Greener Management International 期刊，以及 Business Strategy and the Environment 期刊都被完整地检索过。这就包括了发表供应链管理和环境、可持续性管理方面相关文献的所有主要的国际性期刊。自 1990 年以来的所有已出版的发行刊物中的相关文献均被检索过。并且，使用了 8 个数据库来搜索进一步的文献，比如那些由主要出版商提供的数据库，例如：Elsevier（www.sciencedirect.com）、Emerald（www.emeraldinsight.com）、Kluwer（www.wknp.nl）、Wiley（www.wiley.com），以及 library services（例如，ebsco.com、subito-doc.de、www.gbv.de 以及 www.vlb.de）。因此，相关的被编辑过的卷宗和在其他期刊上发表的单独的论文也可以被找到。作为附加方式，在被认同的论文中所引用的文献也被检查过了。

在对文献内容进行第一次快速检查之后，需要确定所检查文献是否应当包括在分析范围之内。为了增强研究的可信度，数据库、期刊以及独立的论文均需要被另外一名研究者检查。阅读的论文与被引用的参考文献都被作为二次文献来使用，但并不剔除附加的文献，因为附加的文献可以证明研究结果的有效性。检索的最后结果是：共有 94 篇文献得到确认。

3.4 描述性分析

在对文献进行评价时，第一步需要运用描述性方法来对检索后的文献进行分类。这些描述提供了关于材料的第一认识。这些分析以下列标准为依据，根据这些标准，每篇文献都被明确地归属于某一类别（详见 Seuring & Müller, 2004）：

- 相关文献整个研究期间的分布情况.
- 这些文献发表在哪些学术期刊上？
- 相关文献所运用的是什么研究方法？

图 7.2 描绘了相关论文在研究期间（1990～2004）的分布情况，相关研究起始于 1990 年，所找到的第一篇文献发表于 1994 年。也许存在一些更早的文献，但根据上文所述的原因我们并没有将其考虑在内。

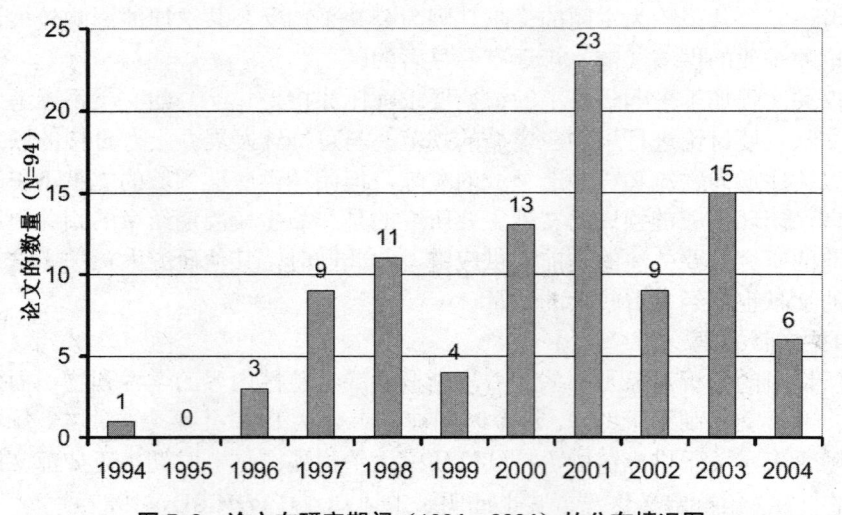

图 7.2 论文在研究期间（1994～2004）的分布情况图

所发表的文献数量在 2001 年出现了"峰值"，这个现象很容易得到解释。2001 年，Greener Management International 期刊发行了一期为数 8 篇文献的特刊。该期刊在 2003 年发行了另一期特刊，包括另外 7 篇文献。值得注意的是，2003 年和 2004 年所发表的文献并非都是可得到的，因此，这些数量预期较高。文献的连续性表明了相关问题被认为是富有价值的。

在这些期刊中，仅仅 Greener Management International 这一个期刊就有 21 篇文献（占发表文献总数的 22.8%），在数量上位居第一位。排在第二位的是 International Journal of Operations & Production Management 期刊与 Supply Chain Management 期刊，每个期刊有 6 篇论文。环境管理方面的期刊所发表的文献在这一时期居于统治地位，但是，在最近几年，传统运营和供应链管理方面的期刊逐渐成为了刊登相关论文的另一主要渠道。

这些论文中经常用到 5 种研究方法，它们分别是：案例研究方法、模型方法、市场调研方法、文献回顾方法，以及理论分析法。图 7.3 描绘了基于论文所使用的研究方法对论文的划分和分类情况。采用案例研究法的论文共有 39 篇，对于一个新兴的、还未得以探索的领域而言，这样的结果并不奇怪，因为这使得该研究领域被探索和提供说明性的案例提供了可能（YIN，2003）。然而必须强调的是，大多数的案例研究论文更确切地说只是一个案例说明，而非严谨的案例研究。相关研究资料和依据通常是通过直观的方式所表现出来的，这也需要保证所使用方法的严谨性，同时这也是案例研究所要求的。

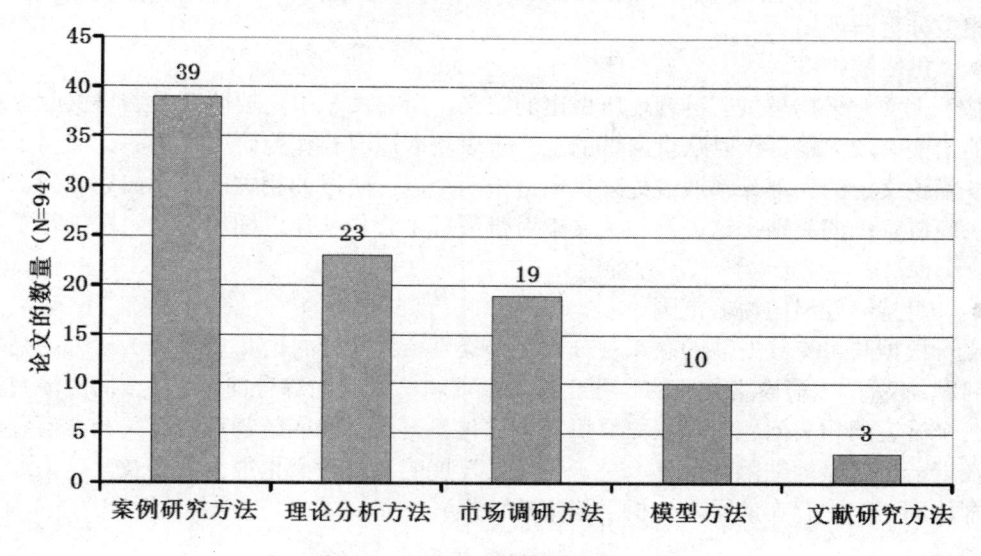

图 7.3 论文中所应用的研究方法

3.5 类别选择

在结构化分析方法的开始阶段，需要用到下列维度和类别，使用到的维度和类别构成了一个基本集合（参见 see Seuring & Müller，2004 的相关研究）。所提出的维度从供应链管理和可持续发展两个方面将相关文献分为两大领域，这两个领域同时也是"供应链的可持续性"问题的核心内容。

1. 供应链维度

供应链维度指的是要确定每篇论文所关注的是不是采购或供应链管理方面的问题。

基于上文给出的定义和相关理论，供应链管理的结构维度可以转换成"采购"或"供应链管理"等相关分析类别。将论文划归哪个类别的标准是：所处理的问题和提出的解决方案针对的是两个公司（即采购与供应管理）之间的问题还是上下游多家公司间的问题，在这里相关问题必须被考虑到。

2. 可持续性维度

可持续性维度指的是要考察除经济维度以外，相关文献还包含可持续发展中的哪个维度。在这里我们定义了 3 个类别：（1）环境方面的论文；（2）社会责任方面的论文；（3）可持续性方面的相关论文。可持续性方面的论文需同时涉及环境和社会两方面的内容。由于所针对的仅仅是与管理相关的论文，因此可以假定（已通过分析证明）经济维度至少在某一程度上存在于每一篇论文中。

3. 绩效关联维度

绩效关联维度指的是上文所述可持续性所涉及的 3 个类别之间的绩效是如何关联的。

作为内容分析方法的第三个维度随后将进行讨论，讨论中将会用到环境和社会问题之间的关系，以及供应链的经济绩效问题。在这里我们区分 3 个类别：第一个类别是双赢情形（在采取有利于环境和社会的相关措施的同时提高了企业的经济效益）；第二个类别与之相反，是权衡情形；在这里我们还有必要定义第三个类别，即"对环境和社会福利的最低效应"。

根据供应链和可持续性两个维度所划分的类别是非常清晰的，所以每篇论文仅被分配在某一类别之中。但这并不适用于第三个维度，例如，一篇论文可以同时提供双赢和权衡两方面的相关分析与证据。

● 供应链维度

基于上文对采购与供应链管理所做出的定义，所有文献中主要研究采购与供应管理相关问题的论文有 25 篇，仅以从供应链的上一阶段获取原材料作为研究视角的论文属于这一类别。69 篇论文中的大部分都通过处理供应链中两个以上阶段的相关问题而被划分为试图进行整条供应链管理的类别。这表示相关文献对供应链中合作伙伴之间的合作问题进行了宽泛地考虑。

● 可持续发展的覆盖范围

文章根据与可持续发展的联系被分为 3 个类别。大部分的论文（70 篇）研究的是环境方面的问题，仅有 12 篇论文关注的是社会维度或环境与社会的综合问题，甚至同时涉及可持续性的三个维度的相关问题，见表 7.1 所示。这也暴露出了供应链管理中有关社会问题的文献中存在着一个明显的缺陷。此外，关于可持续发展的完整含义也很少被提及。这为通过文献回顾来识别研究中存在的不足提供了清晰的依据。

表 7.1 可持续发展的维度

可持续发展的维度	数量
环境	70
社会	12
可持续性	12

● 企业目标和可持续发展之间的目的关系

对于在公司内部深化可持续性，如果可持续性与企业目标相协调，那么它对企业的发展具有重要意义。如果环境和社会业绩可以帮助企业提高经济效益，这将是一个很明显的双赢情形。除了这个"理想"类别以外，由于权衡情形存在于这些目标之间，第二个类别与这个恰好相反。这与关于权衡的经典论证（Corbett & Van Wassenhove，1993）以及基于环境管理的论述（Wagner 等，2001）都明显相关。最后，基于对环境和社会绩效的最小化需要，出现了第三个类别。第三个类别可以看作是一种规则约束，然而经济维度或商业绩效可以使公司或供应链赢得订单（Hill，2000）。这反映了在环境管理文献方面出现的争论（Newton & Hartge，1997；Seuring & Müller，2004），但只在研究过程中被识别出来了，结果见表 7.2 所示。由表 7.2 可以看出，大多数论文关注的是双赢和权衡。然而，对于提到两个甚至三个之间的确定关系（以及不包括任何关系）的论文，其总数加起来还达不到论文的数量（N = 94）。

表 7.2 企业目标和可持续发展之间的目的关系

可持续发展的维度	数量
双赢情形	58
权衡情形	44
环境和社会绩效的最小化问题	13

3.6 文献回顾的结果解释

文献综述对于寻找研究空白非常受用。然而对于各个类别进行统计而得出定量的证据仅仅是研究的第一步，这不足以对文献进行内容分析并从文献回顾中得出结论。在所给出的实例中，可以得出下列主要结论。所提到的论文都是具有代表性的，它们被视为支持所得结论的很好的例子：

- 案例研究和概念性论文是最主要的出版文献。由于理论性基础常常被忽视，因此几乎没有任何研究采用经常被更广泛地应用在供应链管理方面的经典理论，如新制度经济学（Meisner Rosen 等，2001；Zsidisin & Siferd，2001；Goldbach 等，2004）和基础资源观点（de Bakker & Ni-jhoff，2002）。
- 供应链所关注的不仅是二元关系问题，这一点是显而易见的。尽管如此，对于供应链多阶段的经验数据收集是罕见的（Kogg，2004；Seuring，2004）。
- 很显然，环境方面的问题研究占据主导地位，社会问题和可持续方面的综合讨论被忽视了。在与环境相关的文献中，针对解决具体环境问题的技术性问题研究是一个主流方向，如引进环保和清洁产品以及相关管理系统或措施（de Groene & Hermans，1998；Clift，2003）。此外，环境管理体系，特别是 ISO 14001 标准，也发挥了突出作用（Beamon，1999；Corbett & Kirsch，2001；Pesonen，2001）。
- 在供应链可持续性的诸多触发因素中，法律要求（Walton 等，1998；Min & Galle，2001）和来自客户和利益相关者的压力（Pesonen，2001；Preuss，2001；Seuring 等，2004）是最重要的。这就解释了为什么环境和社会问题日益被视为衡量维度，并且环境和社会的最低效益必须实现。这通常是一个风险规避驱动的方法，因为它要求核心企业可能要对供应商所引发的问题负责。
- 最近几年该领域发表的文献显著增多，可以预期该领域的研究至少停留在当前水平上。

从大体上看，所运用的理论存在一个缺陷，该缺陷既来自于供应链或运营管理，同时也来自于更广阔的视角，比如新制度经济学和战略管理。未来的研究应将这个缺陷考虑在内。特别是，在案例研究和调研研究所实施的实证研究，需要建立在更扎实的理论基础之上。

通常对可持续发展的理解非常简单。大部分参考的是上文所引用过的布伦特兰定义。但尚未讨论能否从更技术性、更实证性的角度来理解或者采用基于社会科学的相关方法，在新的情形下可持续性将被理解为一种调整性观念。因此，对可持续发展的认识，大多是分立的和一维的，即基于环境的视角。未来的研究中需要对其有更完整的认识。

在供应链管理方面，链条中合作伙伴之间利益共享和风险共担问题已被广泛的讨论过了。但如何将这种共享共担扩展到环境和社会问题上，还需要进一步分析，因为在所分析的文献中几乎没有对其进行讨论。这里所讨论的所有问题都可以在未来的研究中加以考虑，以丰富供应链的可持续性这一新兴领域。

4 结论

本文阐述了如何进行文献回顾。从方法论的角度来看，本文是一篇结构性内容分析的文章。这里所采用的是演绎的方式，利用确定的维度和相关类别对文献进行评价。将供应链的可持续性作为一个议题被证明是合适的，因为它是一个新的研究领域，因此允许进行完整的分析。此外，这些例子还说明了定量和定性两个方面是如何相互补充和相互支持的，但这不能代替研究人员对于该领域创造性的理解和解释。

5 参考文献[①]

1. Alfaro, J. A., Alvarez, M. J., Montes, M. J., Viguier, R. (2003): "Green Light" for Supply Chain Research: What is on Regarding Environmental Issues?, in: Spina, G., Vinelli, A., Cagliano, R., Klachschmidt, M., Romano, P., Salvador, F. (eds.): One World? One View of OM?—The Challenges of Integrating Research & Practice, Proceedings of the 10th International Conference EurOMA, 16-18 June 2003, Como, Italy: p. 949-958.
2. Baumann, H., Boons, F., Bragd, A. (2002): Mapping the green product development field: engineering, policy and business perspectives, in: Journal of Cleaner Production, 10(5): 409-425.
3. Bowen, F. E., Cousins, P. D., Lamming, R. C., Faruk, A. C. (2001): The Role of Supply Management Capabilities in Green Supply, in: Production and Operations Management, 10(2): 174-189.
4. Brewerton, P., Millward, L. (2001): Organisational Research Methods, Sage, London.
5. Clift, R. (2003): Metrics for Supply Chain Sustainability, in: Cleaner Technology and Environmental Policy, 5: 240-247.
6. Corbett, C. J., Kirsch, D. A. (2001): International Diffusion of ISO 14000 Certification, in: Production and Operations Management, 10(3): 327-342.
7. Corbett, C. J., Van Wassenhove, L. N. (1993): Trade-Offs? What Trade-Offs? Competence and Competitiveness in Manufacturing Strategy, in: California Management Review, 35(4): 107-122.
8. Dangayach, G. S., Deshmukh, S. G. (2001): Manufacturing Strategy: Literature Review and Some Issues, in: International Journal of Operations & Production Management, 21(7): 884-932.
9. de Bakker, F., Nijhof, A. (2002): Responsible Chain Management: A Capability Assessement Framework, in Business Strategy and the Environment, 11(1): 63-75.
10. de Burgos, J., Lorente J. J. C. (2001): Environmental performance as an operations objective, in: International Journal of Operations & Production Management, 21(12): 1553-1572.
11. Easterby-Smith, M., Thorpe, R., Lowe, A. (2002): Management Research—An Introduction, Sage Publications, London.
12. Elkington, J. (2002): Cannibals with Forks: The Triple Bottom Line of 21st Century Business, Reprint (originally published 1997), Capstone, Oxford.
13. Fink, A. (1998): Conducting Research Literature Reviews: From Paper to the Internet, Sage, Thousand Oaks.
14. Goldbach, M., Seuring, S., Back, S. (2003): Coordinating sustainable cotton chains for the mass market—The case of the German mail order business OTTO, in: Greener Management International, Issue 43: 65-78.

[①] 由于列出所有包含在研究报告中的参考文献将需要好几个页码,在此只列出主要参考文献,感兴趣的读者可以来联系史蒂芬(stefan.seuring@uni-oldenburg.de)来获取所有的文献列表。

15. Guide, V. D. R., Jayaraman, V., Srivastava, R., Benton, W. C. (2000): Supply Chain Management for Recoverable Manufacturing Systems, in: Interfaces, 30(3): 125-142.
16. Handfield, R. B., Nichols, E. L. (1999): Introduction to Supply Chain Management, Prentice-Hall, New Jersey.
17. Hill, T. (2000): Manufacturing Strategy, Text and Cases, 3. edition, McGraw-Hill, Boston.
18. Kogg, B. (2003): Greening a Cotton-textile Supply Chain: A Case Study of the Transition towards Organic Production without a Powerful Focal Company, in: Greener Management International, Issue 43: 53-64.
19. Mayring, P. (2002): Einführung in die qualitative Sozialforschung—eine Anleitung zum qualitativen Denken (Introduction to Qualitative Social Research), Beltz Verlag, Weinheim und Basel.
20. Mayring, P. (2003): Qualitative Inhaltanalyse—Grundlagen und Techniken (Qualitative Content Analysis—Basics and Techniques), 8th Edition, Beltz Verlag, Weinheim.
21. Meisner Rosen, C., Bercovitz, J., Beckman, S. (2001): Environmental Supply-Chain Management in the Computer Industry, in: Journal of Industrial Ecology, 4(4): 83-104.
22. Mentzer, J. T., Kahn, K. B. (1995): A Framework of Logistics Research, in: Journal of Business Logistics, 16(1): 231-250.
23. Meredith, J. (1993): Theory building through conceptual methods, in: International Journal of Operations & Production Management, 13(5), 3-11.
24. Min, H., Galle, W. P. (2001): Green purchasing practices of US firms, International Journal of Operations & Production Management, 21(9): 1222-1238.
25. Newton, T., Harte, G. (1997): Green Business: Technicist Kitsch?, in: Journal of Management Studies, 34(1): 75-98.
26. Pesonen, H.-L. (2001): Environmental Management of Value Chains, in: Greener Management International, Issue 33: 45-58.
27. Preuss, L. (2001): In Dirty Chains? Purchasing and Greener Manufacturing, in: Journal of Business Ethics, 34(3/4): 345-359.
28. Ryan, G. W., Bernard, H. R. (2000): Data Management and Analysis Methods, in: Denzin, N.K., Lincoln, Y.S. (eds.): Handbook of Qualitative, Research, Sage, Thousand Oaks: p. 769-802.
29. Saunders, M., Lewis, P., Thornhill, A. (2003): Research Methods for Business Students, Prentice Hall, Harlow.
30. Schary, P., Skjøtt-Larsen, T. (2001): Managing the Global Supply Chain, 2nd edition, Copenhagen Business School Press, Copenhagen.
31. Seuring, S. (2004): Integrated Chain Management and Supply Chain Management—Comparative Analysis and Illustrative Cases, in: Journal of Cleaner Production, 12(8-10): 1059-1071.
32. Seuring, S., Goldbach, M., Koplin, J. (2004): Managing time and complexity in supply chains: Two cases from the textile industry, in: International Journal of Integrated Supply Management, 1(2): 180-198.

33. Seuring, S., Müller, M. (2004): Beschaffungsmanagement & Nachhaltigkeit—Eine Literaturübersicht (Supply Management and Sustainable Development-A Literature Review), in: Hülsmann, M., Müller-Christ, G., Haasis, H.-D. (eds.): Betriebswirt-schaftslehre und Nachhaltigkeit-Bestandsaufnahme und Forschungsprogrammatik, (Business Administration and Sustainability), Gabler, Wiesbaden: p. 117-170.
34. Van Weele, A. J. (2002): Purchasing and Supply Chain Management - Analysis, Planning and Practice, 3rd Edition, Thomson Learning, London.
35. Wagner, M., Schaltegger, S., Wehrmeyer, W. (2001): The Relationship between the Environmental and Economic Performance of Firms, Greener Management International, Issue 34: 95-108.
36. Walton, S. V., Handfield, R. B., Melnyk, S. A. (1998): The Green Supply Chain: Integrating Suppliers into Environmental Management Processes: in: International Journal of Purchasing and Materials Management, 34(2): 2-11.
37. WCED (World Commission on Environment and Development) (1987): Our Common Future, Oxford University Press, Oxford.
38. Yin, R. (2003): Case Study Research—Design and Methods, 3rd edition, Sage, Thousand Oaks.
39. Zsidisin, G. A., Siferd, S. (2001): Environmental purchasing: a framework for theory development, in: European Journal of Purchasing and Supply Management, 7(7): 61-73.

作者简介

- Stefan Seuring 教授、博士
  - 1967 年出生，在德国和英国学习工商管理以及环境管理
  - 1995 年～1998 年，在帕德博恩大学（University of Paderborn）环境技术学院担任研究助理
  - 2001 年，获得奥尔登堡大学（University of Oldenburg）博士学位
  - 1998 年～2001 年，在奥尔登堡大学商业、经济与法律学院生产与环境学系担任讲师
  - 2001 年 4 月，晋升为高级讲师
  - 研究课题与各地主要企业，特别是化工与纺织企业紧密相关
  - 主要研究方向：供应链；成本控制；环境管理
  - Supply Chain Management Center, Institute for Business Administration
    Carl von Ossietzky University Oldenburg, 26111 Oldenburg, Germany
    Tel: +49 441 798 4188   Fax: +49 441 798 5852
    Email: stefan.seuring@uni-oldenburg.de, http://www.uni-oldenburg.de/scmc1

- Martin Müller 教授、博士
  - 1969 年出生
  - 1990 年～1995 年，在法兰克福大学（the University of Frankfurt）工商管理专业学习
  - 1995 年～2000 年，在哈雷——威登堡大学（the University of Halle-Wittenberg）工商管理系担任研究助理

- 2000 年提交博士论文，同年在哈雷工商管理学院（Institute of Business Management Halle）被授予列奥尼德·康托罗维奇研究（L.V. Kantorovich-Research）奖
- 2001 年至今，任奥尔登堡大学（the University of Oldenburg）生产与环境系、商学院、经济与法律系高级讲师
- 研究方向：组织理论；环境管理；供应链管理
- Supply Chain Management Center, Institute for Business Administration
  Carl von Ossietzky University Oldenburg, 26111 Oldenburg, Germany
  Tel: +49 441 798 4187   Fax: +49 441 798 5852
  Email: martin.mueller@uni-oldenburg.de, http://www.uni-oldenburg.de/scmc

➢ Magnus Westhaus
- 1977 年出生
- 1997 年～2002 年，在奥尔登堡大学（the University of Oldenburg）经济与工商管理专业学习
- 2002 年～2003 年，任职于不莱梅的一家物流企业
- 2003 年至今，在奥尔登堡大学生产与环境系、商学院、经济与法律系担任研究助理，并在威廉港应用技术大学（the University of Applied Sciences in Wilhelmshaven）担任助理讲师
- 主要研究方向：供应链控制
- Supply Chain Management Center, Institute for Business Administration
  Carl von Ossietzky University Oldenburg, 26111 Oldenburg, Germany
  Tel: +49 441 798 4179   Fax: +49 441 798 5852
  Email: magnus.westhaus@mail.uni-oldenburg.de, http://www.uni-oldenburg.de/scmc

➢ Romy Morana
- 1964 年出生
- 曾在国际批发贸易中心担任商业培训工作
- 1986 年～1994 年，在柏林科技大学（Technical University of Berlin）和柏林洪堡大学（Humboldt University of Berlin）工商管理系和环境学系学习
- 1994 年～2000 年，柏林科技大学经济与环境管理系担任讲师
- 2002 年至今，在海因里希·波尔基金会（Heinrich Böll Foundation）担任研究人员，在奥尔登堡大学（Carl von Ossietzky University Oldenburg）工商管理学院供应链管理中心攻读博士学位
- 研究方向：闭环供应链管理；环境管理
- School of Process Sciences and Engineering
  Technical University of Berlin, 10623 Berlin, Germany
  Tel: +49 30 314 214 11   Fax: +49 030 314 211 314
  E-mail: morana@gruen-der-zeit.de

第 8 章 供应链管理领域中的研究方法——我们知道多少？

Árni Halldórsson, Jan Stentoft Arlbjørn

本章主要内容

1. 背景和目的
2. 供应链管理的研究范畴
3. 物流和供应链管理领域中的研究方法
4. 研究方法论和研究框架
5. 供应链管理领域当前的研究方法
6. 结论
7. 参考文献
8. 附录

内容摘要

本文对 1997 年～2004 年期间发表在 3 个学术期刊上的供应链管理方面的论文中所运用的方法论进行调查研究。旨在分析和讨论我们已有的供应链管理的相关知识是通过哪些研究方法而产生的。目前已经有 71 篇论文被确认与供应链管理的内容相关，实证研究方面的论文将近占了论文数的一半，这些实证研究通常是通过定量研究方法来获得的。在讨论供应链管理（理论、方法、科学哲学）的基本假设方面，概念性的工作较为薄弱。从科学哲学的视角来看，这些理论基础仍然是毋庸置疑的。尽管经验性实例通常存在于特定的、受关注的公司中，但是作用主体主要还是制造企业，分析的层次也是基于供应链视角的。非物流理论或概念的应用并没有对方法论进行更基础性的讨论。

关键词：供应链管理；物流；方法论；研究

1 背景和目的

供应链管理跨越了几个学科，如物流、运营管理、营销、采购和战略管理等。这个由 Larson 和 Halldórsson（2004）提出的供应链管理四视角模型意味着供应链管理具有分立的和多学科的本质。尽管（供应链的）分析层次看似是固定的，但其分析单元是不同的。Lambert 等（1998）认为，供应链管理是对"关键业务流程"进行的整合，其在很大程度上受到了 20 世纪 90 年代早期对业务流程再造关注的鼓舞。Christopher（1998）参考营销领域的相关研究，从"关系管理"的角度来审视供应链管理。但是这个规律性标准（影响分析单元的标准）并不是描绘供应链管理本质的唯一方法。Arlbjørn 和 Halldórsson（2002）指出，理解理论的本质和科学哲学视角对物流进一步扩展到供应链管理层面是非常重要的。Halldórsson 和 Aastrup（2003）通过为定性评估物流的需求提供了一套参照标准来考虑物流研究中的方法论维度，这与当前文献中定量方法的使用占统治地位是截然不同的。然而，仍旧缺少的是对供应链管理相关知识是如何"产生"的所进行的认识论维度的综述；这不仅关系到研究方法论对知识的产生所起到的一般作用，更关系到这种研究方法是如何影响我们通过研究来创造实践知识的。连贯性假设类似于研究问题与研究设计的类型间的相互关系，正如 Yin（1994）所提出的，它们都是案例研究方法的本质特征。

连贯性必定存在于研究问题、目的、方法、理论和最终推论中的两者之间，基于这一假设，一种特殊研究方法的使用可以使我们理解迄今为止供应链管理与现实中的哪些方面相联系，尤其是研究方法在进一步丰富供应链管理领域相关知识方面所发挥的作用。本文集中于两个问题的研究，旨在回答文章的主要问题，即"对于供应链管理我们知道多少？"

● 哪一种研究方法已经被用于创造供应链管理领域的新知识？
● 从认识论的观点来看，这种研究方法是如何决定我们对于供应链管理的理解的？

本文旨在分析和讨论我们已有的供应链管理的相关知识是通过哪些研究方法而产生的，从而证明研究的认识论水平对于我们理解研究现象是有影响的。

2 供应链管理的研究范畴

1969 年，Bowersox（1969）表示："正如任何新兴领域一样，实体配送（物流、供应链管理等）当前缺少标准化的定义和词汇。明确定义主要问题对于整个领域的发展具有深远意义。"尽管尝试将物流/供应链管理实践中的各个方面加入到模型和方法中，但是这看起来依然是一个不太可能达到的目标。在过去几十年里，物流和供应链管理（SCM）都被当作一种提高公司绩效的方式而受到管理部门的高度重视。2001 年，Mentzer 等（2001）认为："供应链管理已经成为一个如此'热点的话题'，以至于很难在关于制造业、配送、市场营销、客户管理、交通等方面的期刊中找到一个不包含供应链管理或其相关话题的论文的期刊。"

物流和供应链管理都控制着一个公司内部和链中或网中不同公司之间的众多的活动和过程。自从 1982 年由两位咨询顾问（Oliver & Webber，1982）引进供应链管理这一概念以来，已经有很多物流方面的文献对供应链管理的内容、范畴和实施中存在的问题进行了研究。

随着时间的流逝，供应链管理这一概念已经成熟，并且已被学术界和实业界所接受；经过"重贴标签"（re-labelers），供应链管理被视为与物流相同的另外一个新名词和术语，广义思想的学者将其看作是包括物流的一个更大的范畴，传统主义者将其看作物流的一个新属性，交叉学科的人将其看作是其他学科相关知识的综合（Larson & Halldórsson，2004）。尽管如此，概念之间的不同点或相似之处更多地体现在语义层面，而不是物质本身。一方面，由于供应链处理的是"整合和管理整条供应链中关键业务流程"，所以可以认为供应链管理是一个比物流更广泛的概念（Cooper 等，1997）。根据 Lambert 等（1998）的观点，对于物流和供应链管理之间的混淆可能是"由于物流既是公司内部的一个功能性环节，同时也是处理供应链中物料管理和信息流动的一个更广的概念。"另一方面，物流和供应链管理这两个概念之间的区别很难概述，因为两者所涉及的是相同的内容范畴（Persson，1997；Arlbjørn，1999，2000；Halldórsson & Larson，2000）。本文并非对物流和供应链管理之间的区别进行深层次分析的学术讨论。然而，本文所关注的是供应链管理领域研究中所应用的研究方法。

3 物流和供应链管理领域中的研究方法

Arlbjørn 和 Halldórsson（2002）认为方法论在物流知识的产生中起很重要的作用，特别是，它促进了科学哲学、理论观点和实践之间的相互作用。对于该观点的主要基础，Mentzer 和 Kahn（1995）认为："大多数的物流著作和研究在本质上是属于管理方面的，而在理论发展、检验和应用上缺乏严格的定位。"他们为物流研究人员提供了一个框架，在这个框架中，方法论被认为是"在很大程度受先前的研究、研究目标、研究人员的能力，以及为研究对象所准备的知识的复杂程度的影响"（Mentzer & Kahn, 1995）。这一观点被 Mentzer 和 Flint（1997）所支持，他们集中研究于多维度的有效性。并且，这一观点进一步被 Garver 和 Mentzer(1999) 所强调，他们建议用结构方程式模型来检验结构效度。Seaker 等（1993）讨论了学术研究对于理论构建的贡献，他们认为应优先选择"……应用更科学的研究方法论"。他们特别强调的是，在商业物流领域的研究中同时使用定量与定性的方法是值得推荐的。从 1993 年起，有几篇物流方面的论文主要使用了定性研究方法。Ellram（1996）认为，运用案例研究作为方法论可以使物流研究获益，特别是"……对于理论构建，对于给'最佳范例'提供详细的解释以及对收集到数据提供更多的理解。"通过这种方法，我们也许可以假设，案例研究方法论真正应用在当前的供应链管理研究中，会给物流研究提供指导性的证据，比如，"理论构建"是否已经完成了，或者说"最佳范例"是否已经出现了。与物流相似，在很长的时间里，运营管理运用统计分析和数学模型的方法来达到研究目的。在这个研究的基础上，Voss 等（2002）为将案例研究应用在运营管理中提供了综合性的指导框架。Gammelgaard（1997）在一个物流领域联合博士生培养项目中描述了"物流学研究方法"的演变历程，以及更深入地阐述了这样的历程可能"……促进物流方法论的创新和鼓励不常用的方法在物流研究中的应用。"不常用的方法在物流研究中应用的一个例子是 Näslund（2002）在物流研究设计中对运用行动研究方法所做的探索。同时，Gammelgaard（2003）对案例研究方法在物流中的定量和定性的研究设计中的应用也进行了阐述。

表 8.1 的相关数据来自于 Larson 和 Halldórsson（2004）在 2000 年对世界范围内的物流研究人员所做的一项调查，该表对物流和供应链管理中的各种研究方法的运用情况从 1 到 5 的范围内进行了定量描述。值得注意的是，与 1978 年～1993 年间发表在 JBL（Journal of Business Logistics）上的论文相比，截止到 2000 年，案例研究方法和访谈方法的使用次数都呈上升趋势。

表 8.1　首选研究方法

方法	平均数	标准差	JBL（1978—1993）
市场调查	3.78	1.13	54.3%
访谈	3.78	1.11	13.8%
案例研究	3.76	1.24	3.2%
文献研究/二手资料	3.33	1.20	9.6%
仿真/模型	3.08	1.63	19.2%
焦点小组	2.29	1.48	n/a
实验	2.07	1.57	n/a

资料来源：Larson & Halldórsson, 2004。

在物流研究中，对研究方法的多样性的看法似乎朝两个不同的方向发展。一方面，Mentzer 和 Kahn（1995）认为"这些在以前的现有研究中成功应用过的研究方法在当前研究中应用更容易被研究人员群体内部所接受"，这一观点似乎证实了这些研究方法的应用，并已经获得了一定程度的认可。另一方面，这似乎刚好和 Gammelgaard（1997）在与北欧的一个联合博士培养项目中的建议形成对比。在这个项目中（正如上面所提到的），关于研究方法演变历程目的在于"……鼓励不常用的方法在物流研究中的应用"。

由于这个分歧的存在，Halldórsson 和 Aastrup（2003）提出在评估研究质量的可靠性和正确性时需要在以下二者之间做出选择：真值与假值、可转移性与语境主义，以及跟踪能力与解释能力。由 Seaker 等（1993）提出的关于研究方法质量的三维视图包含了普遍性、内部真实性和简洁性。

4 研究方法论和研究框架

本文中理论证据的收集是通过以下 5 个步骤完成的：
（1）选择期刊
（2）确定回顾的时间范围
（3）搜索文献
（4）文献确认（内容必须与供应链管理相关）
（5）基于评价标准进行文献回顾

4.1 选择期刊

为了达到研究目的，本文对挑选出来的物流和供应链管理方面的 3 个学术刊物上 1997 年～2003 年期间发表的有关供应链管理方面的论文进行了回顾。这 3 个学术刊物分别是：IJLM（International Journal of Logistics Management）、IJPD&LM（International Journal of Physical Distribution & Logistics Management）和 JBL（Journal of Business Logistics）。它们都属于物流和供应链管理领域 5 个顶尖学术期刊之列（Gibson 等，2003）。

4.2 确定回顾的时间范围

1997 年被确定为选择用于回顾的文献的起点，因为供应链管理的第一个相关框架是在这一年提出的（Bechtel & Jayaram，1997；Cooper 等，1997）。Bechtel 和 Jayaram（1997）在全面回顾文献的基础上提出了用于供应链管理分析的一个框架。该框架包含了供应链管理的不同主题，这些主题或者是关于文献的内容方面的，或者是关于文献的方法方面的。Cooper 等（1997）为供应链管理提供了第一个概念模型，该模型由业务流程、管理部门和供应链结构三部分组成。回顾期刊文献的整个时间范围是从 1997 年 1 月 1 日到 2004 年 1 月 27 日。

4.3 搜索文献与文献确认

在全文数据库中进行文献检索，首次检索条件是：以"供应链管理"（Supply Chain Management）或"SCM"作为精确检索词，检索词出现在题目或摘要部分。二次检索的检索条件是：以"供应链管理"（Supply-Chain Management）作为精确检索词，检索词出现在题目或摘要部分。

1997 年～2004 年期间发表在这 3 个期刊上的论文总共有 546 篇。在进行回顾的过程中，所选的每一篇论文都被确认为其内容与供应链管理密切相关。有几篇论文虽然在题目或摘要部分提到了供应链管理，但其内容并不包括供应链管理，因此在文献确认过程中将其剔除。这些论文中总共有 85 篇在题目或摘要部分包括供应链管理，根据框架，对文献进行整体回顾流程的前四步处理，71篇论文最终被确定用于进行文献回顾。如表8.2所示，14篇论文由于内容不包括供应链管理而在进一步的数据分析中被剔除了，例如，仅仅涉及信息技术、教育和数学模型的论文就是被剔除的例子。

表8.2 发表和回顾的论文数量

	发表论文的数量	题目或摘要中包含供应链管理的论文数量	视为涉及供应链管理的论文数量
IJLM	109	29	26
IJPD&LM	290	39	34
JBL	147	17	11
总计	546	85	71

4.4 基于评价标准进行文献回顾

创建一张包含评论元素的工作表。评论标准的选择参考了Gubi等（2003）的相关研究。这些评论元素包括：主要研究对象，分析的层次，论文的主要目的，运用的研究设计，基于实证的论文所处时间范围，以及是否包含科学哲学元素。每一项评论标准的偏差范围都可以在本文末尾的附录中找到。

4.5 局限性

本文所进行的讨论和所得出的结论并非没有局限性。首先，研究中只选取了3个学术期刊，增加期刊的数量可能会改变本文所得出的结果或证实本文所得出的结论。与此相关，将"供应链管理"作为目标是困难的，因为供应链管理的相关论文不仅发表在物流期刊上，也发表在采购、运输、运营管理和市场营销方面的期刊上。其次，研究人员对于论文的主观评价风险是另一个局限。为了校正回顾过程，论文作者和一名助理一起回顾4篇论文。第三，研究框架中的参量不能从特定的文献回顾中直接衡量，而是依赖于估计。

5 供应链管理领域当前的研究方法

基于论文样本，本部分力图回答这一问题：创造供应链管理新知识的过程中运用了哪些研究方法？对该问题的回答基于前一部分所提到的分析框架结构。

5.1 主要研究对象

主要研究对象这一类别表示的是在一个特殊的研究中，"焦点公司"是哪种类型的公司。基于这一点，表8.3显示了主要研究对象的各种类型在研究中所占的论文数量。

表8.3 主要研究对象

	IJLM	IJPD&LM	JBL	总计
制造商	8	8	4	20
承运人	0	3	0	3
批发商	0	3	1	4
零售商	2	4	1	7
仓储	1	2	0	3
其他	15	14	5	34
总计	26	34	11	71

在大多数案例中，论文并没有指出一个与文章问题相关的"焦点公司"。原因也许是很多文献仍然具有概念性，因此为特定的框架提供一个情景化的理论。IJPD&LM 包含了所有类别的角色，并且在这个研究中占有最大的样本量。整体上看来，制造商在供应链管理的研究中是最普遍的公司，这些公司中的大部分都被经验性的证据所支持。在 JBL 中，4 篇论文都把制造商的观点建立在定量的方法上，IJLM 中的 4 篇论文与 IJDP&LM 中的 3 篇论文通常也存在同样的情况。对制造型企业的定性研究在后两个学术期刊中的 3 篇论文里都有出现。只有两个例子使用了三角检验法，这两个例子都出自 IJPD&LM。

5.2　分析层次

物流和供应链管理的一个主要区别就在于后者具备渗透到某一特定公司内部功能一体化的能力，同时具备在物流协调中包含供应商和消费者的能力（Lambert & Cooper，2000）。供应链的一个正式的定义必须遵循供应链中至少包含 3 个参与者这一要求（Mentzer 等，2001）。从研究人员的立场来看，问题在于怎样将这种扩展运用到当前的研究设计中。是以一个"供应链"的视角来开展研究吗？在本研究中，分析层次是基于广义的视角的，不仅包括那些对来自联系密切的买家和卖家的有真实数据进行的分析，还包括那些对焦点公司以及与其外部组织间的相互作用所进行的研究，最终同时囊括了消费者和供应商。表 8.4 显示了当前样本的范围和涉及不同分析层次的论文数量。并不让人惊讶的是，到目前为止，"供应链"是 3 个物流期刊中最常见的分析层次，排在第二位的是"二元"，即对买卖双方之间的关系所进行的分析研究。

表 8.4　分析层次

	IJLM	IJPD&LM	JBL	总计
功能	0	0	0	0
公司	1	2	0	3
二元	5	2	2	9
链	13	13	6	32
网络	1	1	0	2
其他	6	16	3	25
总计	26	34	11	71

仔细看一下这些研究背后的研究设计，可以发现关于"供应链"的研究将近一半都是概念性的。数据还显示，在剩下的方法中，尽管就数量而言，采用定量方法的略多一些，但定性方法和定量方法将近各占一半。尽管从几篇论文（参考表 8.4 中的"其他"一项）中不可能得出一个分析层次，但是这些结果似乎证实了文献通过定义研究的范围努力做到符合"供应链"的典范——作为供应链的分析层次。如前所述，该研究不考虑论文中的数据来自供应链上多个成员的那些论文。然而，必须注意的是，尤其是在定性的和情境化的研究中，包含供应链中两个及以上层次会提高这一特定研究的有效性。

5.3　主要目标、研究设计与时间范围

表 8.5 描绘了 3 个期刊中基于不同目标、研究设计与时间范围的论文数量。论文中的大部分都以描述性、探究性或者解释性为目标，这一点既体现在整体上（71 篇中的 53 篇），也分别体现在每一个期刊上（IJLM：26 篇中 15 篇；IJPD&LM：34 篇中的 30 篇；JBL：11 篇中的 8 篇）。因此，可以将以这些为目标的论文作为一组，他们具有与该领域有较大的临界距

离、更多的观察以及较少的直接参与这些特征。第二组包括的是以对该研究领域的理解、判断、规范化或干预为目标,以对该研究领域更积极的参与和接近为特征的那些论文,该组由71篇回顾论文中的18篇组成。以规范性为目标的论文在IJLM上发表的数量最多(绝对的和百分比)。表8.5总结了回顾文献过程中所运用的研究设计情况。

表8.5 主要目标、研究设计与时间范围

	IJLM	IJPD&LM	JBL	总计
主要目标				
描述	8	14	3	25
探索	4	6	4	14
解释	3	10	1	14
理解	4	0	0	4
诊断	1	0	2	3
规范化	6	3	1	10
干预	0	1	0	1
目标总计	26	34	11	71
研究设计				
案头调研——文献综述	7	6	5	18
案头调研——文献综述和实证定性分析	2	4	0	6
案头调研——文献综述和实证定量分析	5	6	1	12
案头调研——文献综述和基于三角检验的实证分析	1	2	1	4
案头调研——理论研究	5	8	0	13
案头调研——理论研究和实证定性分析	4	3	1	8
案头调研——理论研究和实证定量分析	1	3	3	7
案头调研——理论研究和基于三角检验的实证分析	1	2	0	3
研究设计总计	26	34	11	71
时间范围				
时点	13	19	6	38
纵向	1	1	0	2
其他	12	14	5	31
时间范围总计	26	34	11	71

表8.5对案头调研(Desk Research)的两种类型(文献综述和理论研究)进行了区分:"文献综述"表示的是文章所讨论和参考的文献已经在该领域发表了;"理论研究"则是将早先发展的或新的理论元素结合起来,以便构成新的理论思想。文献综述和理论研究之间的主要区别在于理论研究是一种发展的形式,而这种发展形式不会与文献综述同时进行。案头调研的两种类型可能都与实证性研究设计的3种类型(定性、定量和三角检验)相结合。正如表8.5中数据所示,本研究中涉及到的大部分文献都是基于实证的(71篇中的40篇)。其次,这些文章里的大多数都是基于定量方法(40篇中的19篇)。表8.5的第三部分依据时间范围将这些面向实证的文章(71篇中的40篇)进行了分类,这些类别与论文所涉及的时间范围有关。表8.5中清楚地显示,数据收集的程序几乎使每一篇适用的文章产生一个时点性研究(40篇

中的 38 篇)。这内在地限制了研究人员循序渐进地分析数据的能力。Gubi 等 (2003) 在北欧的博士论文研究中也得出了同样的研究结论。考虑到物流系统的开发和实施通常是一个非常复杂和长期的过程这一现实,纵向研究的缺乏不容小觑。

5.4 理论范围

供应链管理经常通过参考源自物流和非物流学科的理论或概念而被进一步解释。这些理论或概念可以从供应链管理的视角来理解,但更重要的是,如果这些理论或概念长久地被实证研究所支撑,它们就会成为供应链管理的组成部分。在样本论文中,与物流和供应链管理相关的理论或概念包括:采购、运营管理、运筹学、区位理论、逆向物流、库存管理、原料管理、多式联运、订单发放理论、电子商务、顾客服务、制造以及准时生产 (Just-In-Time,JIT)。供应链管理从其他学科借用理论,来自非物流学科的理论和概念的多重性似乎在一定程度上证实了 Stock (1997) 的提议的正确性。

5.5 内含的科学哲学元素

一些研究人员呼吁在物流领域内进行更多的科学哲学方面的讨论。这样可能有助于使从非物流学科借用的理论在供应链管理领域永久地存在或成为其一部分 (Stock, 1997),这有助于在实用主义范式之外推动物流运作 (Mears-Young & Jackson, 1997),甚至有助于对当前物流知识有哪些以及这些知识是如何产生的等问题产生更好的理解 (Arlbjørn & Halldórsson, 2002)。为了研究当前供应链管理方面文献的范围,可以遵循这样的方法,即参考科学哲学方面的文献对样本论文进行回顾。这正是上述论文中的 4 篇文章所面临的共同情形。Skjøtt-Larsen (1999) 在提议基于交易成本方法和资源的视角来促进供应链管理的发展中谈及到了这些元素。此外,Waller 等 (2000) 在关于延迟制造和产品订制中采用数学模型的著作中提到两种科学哲学根源。

5.6 参考的研究方法论

在前面的讨论中,我们发现进一步研究供应链管理领域的相关论文在多大程度上参考了方法论方面的文献是非常有趣的。结果发现,参考许多方法论领域文献的文章很少。例如,Gimenez 和 Ventura (2003) 在他们对西班牙食品行业供应链管理的竞争优势的研究中,提到了 9 篇这样的参考文献,Wisner (2003) 在使用结构方程模型对供应链管理战略和公司绩效间的关系进行分析中引用了 13 篇这样的文献。极少的样本论文参考了物流和供应链管理领域的其他研究以及研究中所使用的特殊的方法和研究设计。但是,大多数样本论文,包括定量的和定性的,根本没有参考这种特殊的文献。Goldsby 和 Garcia-Dastugue (2003) 的理论贡献明确指出,他们对于一个特殊的供应链管理流程,即制造流管理的研究,是视情况而定的。

6 结论

供应链管理在学术界和实业界中都受到了广泛地关注。对于供应链管理我们到底知道多少?"不多",将是一个诚实但无法估量的答案。本研究对跨越三大物流期刊的 71 篇论文进行了回顾。前几个部分的结果对应用在供应链管理中的方法论和每一研究设计的相关属性得出了结论。本文所得出的总体结论是当前供应链管理的相关知识取决于表 8.6 中的变量在研究过程中的应用。

根据最新的两个观点,先前对于供应链管理缺乏经验支撑的论断似乎与样本中只有相当有限的方法论方面的参考文献是相一致的。此外,概念性的论文所占的比例似乎不是由对供应链管理的基本假设(理论、方法论、科学哲学)所进行的讨论来证明的,至少可以说,在样本中参考这种文献的论文数量是有限的。除 Mears-Young & Jackson（1997）和 Arlbjorn & Halldórsson（2002）的研究之外，源自科学哲学视角中的理论基础是毋庸置疑的。

表 8.6　回顾要素摘要

- 主要研究对象：被提及最频繁的制造商
- 分析层次：主要是供应链
- 主要目标：大多数论文以描述性、探究性和解释性为目标
- 研究设计：71 篇论文中的 40 篇基于实验性证据
- 时间范围：主要是"时点性"
- 理论范围：在与物流相关和不相关的领域中，主要是物流或供应链管理方面的其他文章，并且参考了非物流理论
- 内含科学哲学元素：71 篇文章中有 4 篇
- 参考的方法论：大多数文章都没有参考方法论方面的文献

在这里，对供应链管理领域论文中所应用的方法论进行分析所得出的结果将对未来的研究产生影响。我们可以将其影响概括为 4 方面：

第一，对一个研究设计做出两个主要决策，主要研究对象和分析层次似乎集中于一个特定变量：分别是制造公司和供应链视角。因此，这表明关于供应链管理的当前研究和现存知识之间还有一定的差距。主要研究对象是制造商，供应链中的其他成员只是一定程度的参与者；本研究并没有对制造商的类型、加工特色以及产业环境进一步区分。然而，存在疑问的是，基于制造商视角得到的所有模型和框架是否同样适用于供应链中的其他成员。

第二，除了经验性证据，我们也提倡将当前的管理框架情境化。尽管经验性证据在大多数情况下是由某一特定供应链中的一家公司收集到的，但是"供应链"自身才是最常用的分析层次。就有效性而言，这体现出了这些并发的研究存在一个缺点：供应链成员间不仅物流目标不同，他们对彼此的看法也可能不同。

第三，就时间而言，这些研究主要对现实进行了一个静态的、简单的描绘。因此，未来进一步的研究是必要的，未来的研究既可以以供应链上更多的成员为研究对象，也可以随时间的变化来考察他们的相互作用。最终，这将证实或者断定供应链管理的稳定性会是一个具有竞争性的解决方案。

最后，本研究考察了在供应链管理的相关问题中所应用的非物流观念。然而，我们在把这一应用称作"异体移植"时应该谨慎，因为这一应用很难通过对该学科的本质进行更基础的讨论来加以控制，例如对方法论基本原理和科学哲学视角进行的讨论。

7　参考文献

1. Arlbjørn, J. S. (1999): Logistik og supply chain management: Er der et teoretisk ståsted? (Logistics and Supply Chain Management: Is there a Theoretical Point of Departure?), in: Ledelse & Erhvervsøkonomi, 63(3): 177-189.
2. Arlbjørn, J. S. (2000): A Comparative Logistical Analysis: A Search for a Contingency Theory, Ph.D. thesis, Odense University Press, Odense.
3. Arlbjørn, J. S., Halldórsson, A. (2002): Logistics Knowledge Creation: Reflections on Content, Processes and Context, in: International Journal of Physical Distribution & Logistics

Management, 32(1): 22-40.

4. Bechtel, C., Jayaram, J. (1997): Supply Chain Management: A Strategic Perspective, in: International Journal of Logistics Management, 8(1): 15-34.
5. Bowersox, D. J. (1969): Physical Distribution Development, Current Status, and Potential, in: Journal of Marketing, 33(1): 63-70.
6. Christopher, M. (1998): Logistics and Supply Chain Management: Strategies for Reducing Cost and Improving Service, Pitman Publishing, London.
7. Cooper, M. C., Lambert, D. M., Pagh, J. D. (1997): Supply Chain Management: More than a new name for logistics, in: International Journal of Logistics Management, 8(1): 1-14.
8. Ellram, L. M. (1996): The Use of the Case Study Method in Logistics Research, in: Journal of Business Logistics, 17(2): 93-138.
9. Gammelgaard, B. (1997): A Joint-Nordic Ph.D. Program in Logistics, in: Masters, J. (ed.): Proceedings of The Twenty-Sixth Annual Transportation and Logistics Educators Conference, Council of Logistics Management, Chicago.
10. Gammelgaard, B. (2003): Case studies in logistics research, in: Juga, J. (ed.): Proceedings of the 15th Annual Conference for Nordic Researchers in Logistics NOFOMA, Oulu, Finland: 556-567.
11. Garver, M. S., Mentzer, J. T. (1999): Logistics Research Methods Employing Structural Equation Modeling to test for Construct Validity, in: Journal of Business Logistics, 20(1): 33-57.
12. Gibson, B. J., Hanna, J. B. (2003): Periodical Usefulness: The U.S. Logistics Educator Perspective, in: Journal of Business Logistics, 24(1): 221-240.
13. Gimenez, C., Ventura, E. (2003): Supply Chain Management as a Competitive Advantage in the Spanish Grocery Industry, in: International Journal of Logistics Management, 14(1): 77-88.
14. Goldsby, T. J., Garica-Dastugue, S. J. (2003): The Manufacturing Flow Management Process, in: International Journal of Logistics Management, 14(2): 33-52.
15. Gubi, E., Arlbjørn, J. S., Johansen, J. (2003): Doctoral Dissertations in Logistics and Supply Chain Management: A Review of Scandinavian Contributions from 1990 to 2001, in: International Journal of Physical Distribution & Logistics Management, 33(10): 854-885.
16. Halldórsson, A., Aastrup, J. (2003): Quality Criteria for Qualitative Inquiries in Logistics, in: European Journal of Operational Research, 144: 321-332.
17. Lambert, D. M., Cooper, M. C., Pagh, J. D. (1998): Supply Chain Management: Implementation Issues and Research Opportunities, in: International Journal of Logistics Management, 9(2): 1-19.
18. Lambert, D. M., Cooper, M. C. (2000): Issues in Supply Chain Management, in: Industrial Marketing Management, 29(1): 65-83.
19. Larson, P. D., Halldórsson, A. (2004): Logistics Versus Supply Chain Management: An International Survey, in: International Journal of Logistics: Research and Applications, 7(1): 17-31.

20. Mears-Young, B., Jackson, M. C. (1997): Integrated Logistics—Call in the Revolutionaries, in: Omega—International Journal of Management Science, 25(6): 605-618.
21. Mentzer, J. T., Flint, D. J. (1997): Validity in Logistics Research, in: Journal of Business Logistics, 18(2): 199-216.
22. Mentzer, J. T., Kahn, K. (1995): A Framework for Logistics Research, in: Journal of Business Logistics, 16(1): 231-250.
23. Mentzer, J.T., DeWitt, W., Keebler, J. S., Min, S. (2001): Defining Supply Chain Management, in: Journal of Business Logistics, 22(2): 1-25.
24. Näslund, D. (2002): Logistics Needs Qualitative Research—Especially Action Research, in: International Journal of Physical Distribution & Logistics Management, 32(5): 321-338.
25. Persson, U. (1997): A Conceptual and Empirical Examination of the Management Concept of Supply Chain Management, Licentiate Thesis, Division of Industrial Logistics, Luleå University of Technology.
26. Oliver, R. K., Webber, M. D. (1982): Supply Chain Management: Logistics Catches up With Strategy in: Christopher, M. (ed.): Logistics: The Strategic Issues, Chapman & Hall, London.
27. Seaker, R. F., Waller, M. A., Dunn, S. C. (1993): A Note on Research Methodology in Business Logistics, in: Logistics and Transportation Review, 29(4): 383-387.
28. Skjøtt-Larsen, T. (1999): Supply Chain Management: A New Challenge for Researchers and Managers in Logistics, in: International Journal of Logistics Management, 10(2): 41-53.
29. Stock, J. R. (1997): Applying Theories from Other Disciplines to Logistics, in: International Journal of Physical Distribution & Logistics Management, 27(9/10): 515-539.
30. Voss, C., Tsikriktsis, N., Frolich, M. (2002): Case Research in Operations Management, in: International Journal of Operations & Production Management, 22(2): 195-218.
31. Waller, M. A., Dabholkar, P. A., Gentry, J. J. (2000): Postponement, Product Customization, and Market-Oriented Supply Chain Management, in: Journal of Business Logistics, 21(2): 133-160.
32. Wisner, J. D. (2003): A Structural Equation Model of Supply Chain Management Strategies and Firm Performance, in: Journal of Business Logistics, 24(1): 1-26.
33. Yin, R. (1994): Case Study Research Design and Methods, Sage Publications, London.

8 附录

表8.7 评价文献的参考框架

回顾要素	变化范围
主要研究对象	制造商；2. 制造商；3. 批发商；4. 零售商；5. 仓储；6. 其他
分析层次	功能 公司 二元 链条 网络 其他

续表

回顾要素	变化范围
论文的主要研究目标	描述 探索 解释 理解 诊断 规范化 干预
应用的研究设计方法	案头调研——文献综述 案头调研——文献综述和实证性定性分析 案头调研——文献综述和实证性定量分析 案头调研——文献综述和基于三角检验的实证性分析 案头调研——理论研究 案头调研——理论研究和实证性定性分析 案头调研——理论研究和实证性定量分析 案头调研——理论研究和基于三角检验的实证性分析
基于实证性论文的时间范围	1. 时点性；2. 纵向研究；3. 其他
内含科学哲学元素	1. 是；2. 否
涉及科学的参考文献的数量	数量
涉及方法论的参考文献的数量	数量
文章是否包含供应链管理？	1. 是；2. 否

作者简介

➢ Árni Halldórsson 教授、博士
  - 1970 年出生于冰岛雷克雅维克（Reykjavik）
  - 1997 年在哥本哈根商学院（Copenhagen Business School）获物流与创新方向的理科硕士学位
  - 1998 年起，在哥本哈根商学院攻读博士学位，同时任讲师，2002 获得博士学位
  - 2002 年起，在哥本哈根商学院运营管理系任运营管理中组织间问题方面的助理教授
  - 2000 年，在里诺市（Reno）内华达大学（University of Nevada）物流管理中心做访问学者
  - 任冰岛雷克雅维克大学（the Reykjavik University）外聘讲师
  - 主要研究方向：组织间关系；供应链管理；物流能力；第三方物流；流程研究；逆向物流
  - Dept. of Operations Management, SCM-Group,
    Copenhagen Business School, Solbjerg Plads 3, 2000 Frederiksberg, Denmark
    Tel: +45 3815 3815   Fax: +45 3815 2440
    Email: arni@cbs.dk

> Jan Stentoft Arlbjørn 博士
> - 出生于 1970 年
> - 1991 年～1996 年，南丹麦大学（University of Southern Denmark）攻读企业管理专业
> - 1996 年～1999 年，南丹麦大学攻读博士学位
> - 2000 年起，任南丹麦大学外聘讲师，为硕士研究生讲授物流、供应链管理和运营管理方面的课程
> - 在自己开办的咨询公司——Arlbjørn 咨询公司任需求与供应链管理方面的战略和运营顾问，之前曾担任乐高公司（LEGO Company）全球供应链主管、花花公子股份公司（Dandy A/S）与 Gumlink 股份公司供应链变革代理人和企业资源计划项目经理
> - 主要研究方向：供应链；科学哲学；研究方法论
> - ARLBJØRN CONSULT, 7120 Vejle Ø, Denmark
>   Tel: +45 2088 7191
>   Email: jan@arlbjorn.dk

第二篇
供应链管理中的市场调查研究方法
(Surveys in Supply Chain Management)

第 9 章　调查研究方法在供应链管理领域中的作用和重要性

Herbert Kotzab

本章主要内容

1. 导言
2. 关于供应链管理研究方法的最新调查：以《商业物流期刊》(JBL) 1993 年～2003 年间相关文献为例
3. 结论与展望
4. 参考文献

内容摘要

本研究是对 Mentzer 和 Kahn（1995）研究的深化，同时对《商业物流期刊》(Journal of Business Logistics，JBL) 第 14 卷第 2 期和第 24 卷第 2 期之间的 99 篇采用"调查研究"方法的论文进行了收集、整理并进行了讨论和分析。为了探讨该领域相关研究方法的发展趋势，本章的研究包括数据收集、抽样程序、回收率、数据格式和研究方法等方面。在物流与供应链管理领域，虽然市场调查已经成为公认的研究方法，但本研究所利用的信息并不完备，因为没有任何一篇文章能够将所有的必要数据全部纳入进来，以得出可靠、有效、客观的研究结论。

关键词：供应链管理；研究方法；市场调查

1　导言

1.1　市场调查方法在商业和物流研究领域中的重要性

当涉及到收集原始数据时，市场调查在许多领域能够发挥出极其重要的作用（Zikmund，2000：167）。选择一种合适的调查策略将有助于我们使用一种高效的方法来获取大量的数据。通常，这是通过问卷调查这一方法来完成的，相关学者利用调查问卷可得到具有可比性的标准化数据（Saunders 等，2004）。例如，市场调查对于市场营销领域的研究是非常重要的，因为它们"通常与描述性和因果关系的研究现状有关"（Hair 等，2003：255）。Krafft 等（2003）的一项研究表明：在 1990 年至 2002 年期间，在德国 Die Betriebswirtschaft（DBW）、Zeitschrift für Betriebswirtschaft（ZfB）和 Zeitschrift für betriebswirtschaftliche Forschung（ZfbF）等期刊所发表的文章中，进行实证研究的论文中有 60%采用了市场调查方法。Hausschilde（2003）的一项研究表明：1997 年至 2000 年间在德国主要学术期刊上发表的 513 篇论文中，采用实证研究方法的论文占 32%的比例。在这些文章中，市场营销是主要学科，其次是金融和资本市场、组织以及人力资源管理领域的文章。

在供应链管理和物流研究领域，市场调查研究方法也很重要（Larson 和 Poist，2004）。Large 和 Stölzle（1999）的一项研究显示，德国每 88 篇博士论文（1990 年至 1997 年）平均就有 19 篇将市场调查作为研究方法之一。不过，与美国 Dunn 等（2003）的一项研究结论相比，这个比例还是比较低的。

1995 年，在回顾所有发表在《商业物流期刊》（Journal of Business Logistics）1978 年第 1 卷～1993 年第 14 卷第 1 期的文章基础上，Mentzer 和 Kahn（1995）提出了一个应用于物流领域的研究框架，以评估其所提建议的实用性，其研究结论是：通过邮件进行市场调查已经成为学者们"首选的物流研究方法"（Mentzer 和 Kahn，1995：241）。Larson 和 Poist（2004）回顾了 1992 年～2003 年所有《运输学期刊》（Transportation Journal）的文章，其结论也表明有 30%～60%的文章采用了邮寄调查这一研究方法。

1.2 本研究的分析方法

本研究通过回顾《商业物流期刊》（JBL）第 14 卷第 2 期（1993）～第 24 卷第 2 期（2003）的所有文章，来细化本主题领域的研究。为了确定该领域相关研究方法的发展趋势，本章的主要内容包括收集数据方法、抽样程序、回收率、数据格式和研究设计等，本章研究的结论与 Krafft 等（2003）以及 Larson 和 Poist（2004）的相关研究是一致的。

2 关于供应链管理研究方法的最新调查：以《商业物流期刊》（JBL）1993 年～2003 年间相关文献为例

2.1 总体与样本描述

《商业物流期刊》1993 年第 14 卷第 2 期～2003 年第 24 卷一共发表了 223 篇文章。本研究通过对商业资源数据库的关键词搜索和对纸质期刊的跳跃式搜索，发现其中有 99 篇论文是关于市场调查的研究。也就是说，《商业物流期刊》的读者在每一期会发现约 5 篇文章的研究是基于市场调查方法的（n = 223；标准差：1.15），见表 9.1 所示。

表 9.1 《商业物流期刊》每一卷的文章总数和运用调查方法的文章数

卷	总数	采用市场调查方法的文章	比例
14（只有第 2 期）	9	3	33.33%
15	26	12	46%
16	26	11	42%
17	26	9	35%
18	22	9	41%
19	22	10	45%
20	21	8	38%
21	20	9	45%
22	18	10	56%
23	13	7	54%
24	20	11	55%
总计	223	99	44%
共计（除第 14 卷第 2 期）	214	96	45%

在观察期内（1993年～2003年），《商业物流期刊》发表的采用市场调查方法的文章所占比例为44%。与Mentzer和Kahn（1995）的研究结果相比，我们可以预期这个比例会下降。然而，作者并没有对表9.2中的估算进行评论。表9.2所列的研究方法曾被用于《商业物流期刊》的第1卷第1期和第14卷第1期。但是，这些结果与Larson和Poist（2004）的研究成果却匹配得相当好。

表9.2 《商业物流期刊》相关研究中的调查问卷类型

问卷				
自填式问卷				访谈式问卷	
在线调查		邮寄（+传真）	交付和收集问卷	电话问卷	结构式访谈问卷
电子邮件	网站				
1	2	83（+3）	4	9	4
93				13	
106				

2.2 问卷类型——研究设计

问卷调查是调查研究的一种独特的研究工具。问卷调查可以被定义为一种数据采集技术，它是通过要求不同的人（受访者）对一些预先安排好顺序的相同问题进行回答来实现的（de Vaus，2002；Zikmund，2000）。较高的研究效率使得调查问卷得以广泛地应用于包括描述性研究（如态度、观点、组织行为）和解释性/分析性研究（如因果关系研究，如Saunders等，2004：92）在内的多个研究领域。不过，需要注意的是问卷研究也存在一些陷阱会导致特定误差，如随机抽样误差或系统误差（Zikmund，2000：169）。

Saunders等（2004：282）认为问卷可以区分为自填式问卷和访谈式问卷，两者的区别在于受访者回答问卷时接触问卷调查者的程度。在自填式问卷调查过程中，受访者几乎是在不与其他任何人互动的情况下完成问卷的；在访谈式问卷调查中，问卷调查者会记录下受访者的回答（Scholl，2003：139）。

在某些情况下会用到一些特殊类型的问卷，特殊问卷类型的选择依赖于诸多因素，如受访者特征、接触受访者的重要性、受访者答案填写是否被干扰和曲解的重要性、调查者所需样本数量、调查者需要询问的问题类型，以及调查者需要询问的问题数量（Saunders等，2004）。

我们对《商业物流期刊》的相关文献进行了研究，其中，采用市场调查研究方法的所有文章中，采用问卷调查的比例情况见表9.2所示。由表9.2可知，在93篇文章中一共发现有106次使用了问卷调查方法。在其中的5个案例中，论文作者并没有明确提出自己的问卷类型。研究结果还表明自填式问卷是主要的问卷类型，在这一类别中，邮寄问卷是最常采用的方法之一，这是因为在B2B模式中，大多数调查研究通过调查企业经理来完成，这一结果并不意外。Krafft等（2003）也称自填式问卷调查在其研究中占主导地位。

2.3 抽样程序

● 抽样的基本原理

样本可以定义为总体的一部分或子集（ZiKmund，2000）。总体是一系列具有一般特点的全体。统计推断就是利用对样本特征的研究结论去推断总体的特征的过程。当我们去估计一个未知总体时，研究人员的采样通常会受到某些现实因素的制约，比如时间和预算。样本通常是从总体元素中抽取出来的，我们称之为"抽样范围"（sampling frame）。"抽样范围"可以通过邮件名单、电话号码本、会员名册等方式来找到（见 Zikmund，2000：342），如图 9.1 所示。

在分析《商业物流期刊》相关文章的这个案例中，我们发现并不是每一篇文章在其方法论这一部分都明确指出使用了这一方法。这一评论是指关于样本结果可以推广应用的总体的信息。106 项研究中只有 20 项研究告知读者相关的总体，总体的范围是从 68 到 10,000 个组成单位。在另外的 24 项研究中，甚至没有提到关于总体或抽样范围的任何信息。至于其他的研究，样本主要是从一个会员名册中选取的，主要是美国物流管理学会（CLM）的会员名册（见图 9.1 所示）。不过，这个缺点在 Krafft 等人（2003）的德国研究中也已经被提及，每 5 篇文章中平均有一篇文章并没有告知读者关于该调查研究的具体抽样过程。

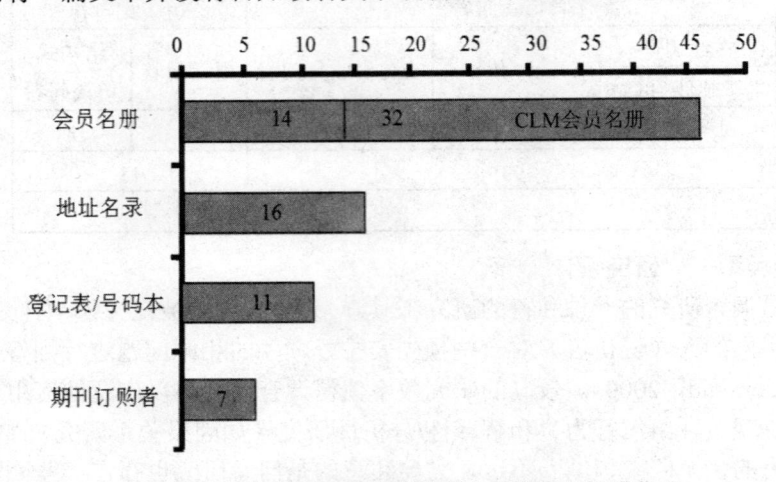

图 9.1　JBL 相关调查研究类文献中最常用的抽样范围

研究人员选择样本的第二大来源是地址名录，其次是登记表、号码本和期刊订购者名单。其中，有 39 项论文研究的抽样范围限定于特定类型的组织（如制造商或零售商），另外还有 53 篇的抽样范围涵盖了供应链各种类型的节点企业，剩下的 20 项研究没有告知读者抽样范围。从相关研究所涉及的行业角度来看，其中 68 篇是跨行业研究，24 篇则只研究了单一行业，余下的文章对此未作深入的说明。总体而言，这些研究都是基于 B2B 模式来进行的。

另外，潜在的受访者还广泛分布于各个行业及职业组别。图 9.2 给出了在大多数案例提及到的职业组别，其他未列出的组别（总数为 115）多为功能管理组，如市场营销、材料或财务经理等。有趣的是，卡车司机、雇员，甚至教授也已经成为一些研究的关注对象。

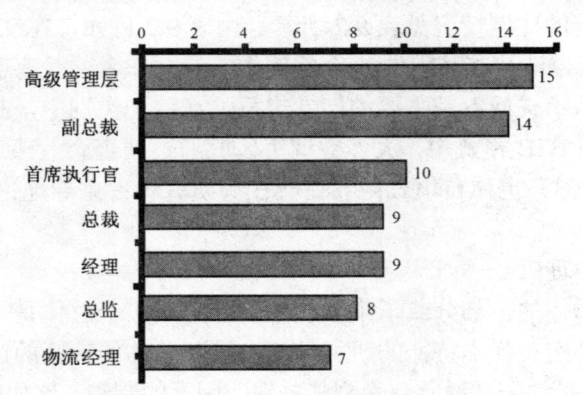

图 9.2　JBL 相关调查研究类文献中受访者职别分布情况

- 计划和实际的样本容量

并非所有的研究都对所发出的问卷数量进行了详细说明,这是根据对 112 项中的 102 项研究做出的结论。相关研究设计发出去的问卷总量是 105,609 项。《商业物流期刊》(JBL)调查的平均样本数量约为 1035（n = 102；标准差：2,128）。

发放问卷的最小数量为 11 份（Edwards 等，2001；访谈问卷），最大数量为 16,920（Mentzer 等，1999；没有问卷类型的相关信息说明）。在我们分析的所有研究中，总体平均回复率为 38.94%，从 4% 至 100% 不等（n = 101，标准差 26.99%）。不必对这一数字感到惊讶，根据 Larson 和 Poist（2004）所做的关于这一问题的研究，《运输学期刊》(Transportation Journal)作者所做的 106,300 份调研，平均回复率仅为 26%。在《运输学期刊》调研方面，回复率比上一数字还要低一些。

根据 Larson 和 Poist（2004 年）关于回复率与发出问卷总量之间相关性的研究结论（见图 9.3 所示），我们得出了样本容量和回复率之间的一种比较弱但是仍然显著的负相关关系。这一分析涵盖了所有研究中给出了完备的样本数量信息和发出问卷数量信息的案例（n=101）。即使把所有发出问卷数超过 5000（n = 97）的案例排除掉，我们依然确定了一个适度且显著的负相关关系。这些结果证实 Larson 和 Poist 的研究结论。

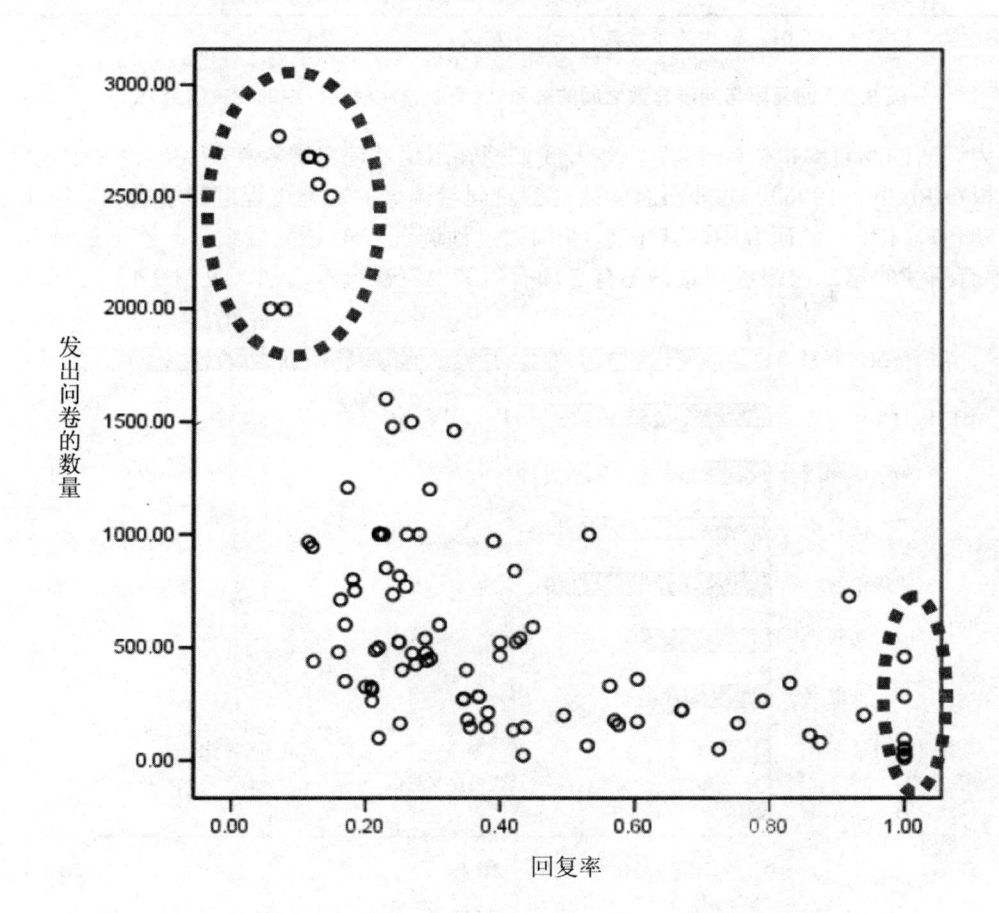

相关性（所有案例，N = 101）		VAR00002	VAR00003
VVR00002	检验皮尔森相关系数/Pearson Correlation	1	-0.299 **
	双侧检验的概率/Sig (2-tailed)	,	0.002
	样本量/N	101	101
VVR00003	检验皮尔森相关系数/Pearson Correlation	-0.299 **	1
	双侧检验的概率/Sig (2-tailed)	0.002	,
	样本量/N	101	102

**按双侧检验，检验水平 0.01，该相关系数具有统计学意义。

相关性（排除某些案件，N = 97）		VAR00002	VAR00003
VVR00002	检验皮尔森相关系数/Pearson Correlation	1	-0.544**
	双侧检验的概率/Sig (2-tailed)	,	0.000
	样本量/N	97	97
VVR00003	检验皮尔森相关系数/Pearson Correlation	-.544**	1
	双侧检验的概率/Sig (2-tailed)	0.000	,
	样本量/N	97	97

**按双侧检验，检验水平 0.01，该相关系数具有统计学意义。

图 9.3　回复率与问卷总数之间的关系（《商业物流期刊》中的相关研究）

因为调研的回复率也依赖于某些活动，我们想知道这些信息能否在相关的论文中找到（见 Jobber 和 O'Reilly，1996）。并非所有的研究都对问卷调查的实施过程进行了描述，但在《商业物流期刊》（JBL）的研究中，其中有 15 项做过预调查，50 项有后续第一次跟进调查，其他 16 项有后续的第二次跟进调查，还有 2 项有后续第三次调查活动（见图 9.4 所示）。

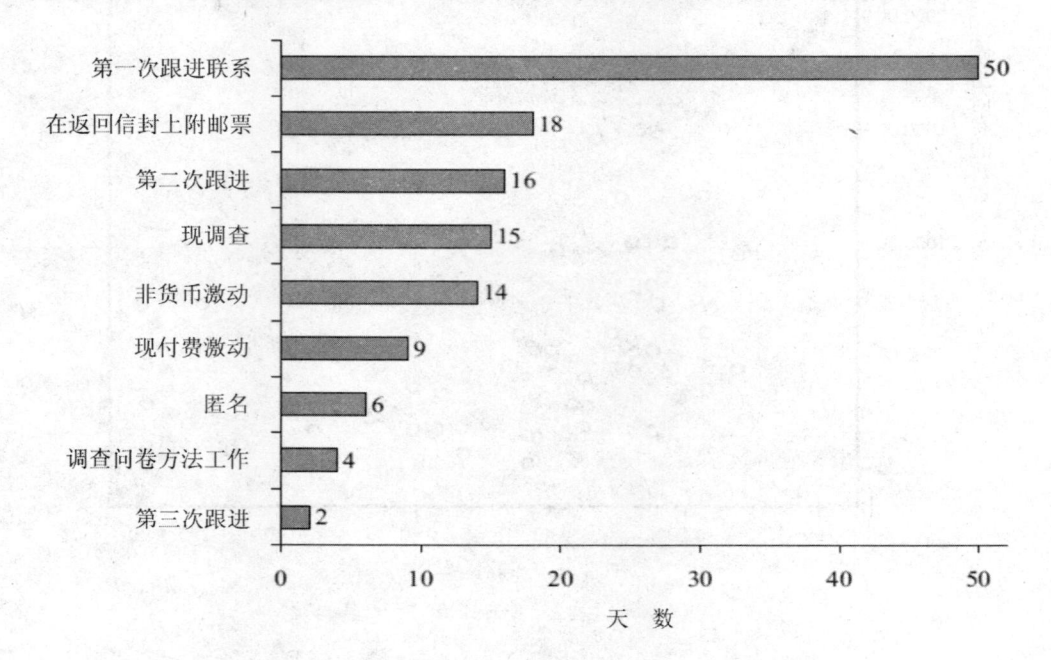

活动	天数
第一次跟进联系	50
在返回信封上附邮票	18
第二次跟进	16
现调查	15
非货币激动	14
现付费激动	9
匿名	6
调查问卷方法工作	4
第三次跟进	2

测试统计（分组变量：VAR00007）	VAR00003
曼—惠特尼 U 检验/Mann-Withney U	1098.500
秩和检验/Wilcoxon W	2424.500
Z 检验	-0.538
相伴概率值（双侧检验）/Asymp. Sig. (2-tailed)	0.590

图 9.4 如《商业物流期刊》中的研究论文所述应用技术将提高回复率

虽然我们能确定使用这些方法与未使用的研究在问卷回复率上的差异性，但不能确定此差异性具有很强的显著性。这与 Larson 和 Poist（2004 年）的研究结果相悖，因为他们观察到在应用某些技术的情况下，如预先通知、后续邮件调查、货币激励等，在回复率上的差异性是很显著的。

- 抽样类型

表 9.3 给出了已确定的抽样技术。在这项调查中，有 93 篇论文一共使用了 106 次抽样技术，其中 6 篇没有指定抽样技术。

表 9.3 《商业物流期刊》中的研究论文所使用的抽样技术

抽样技术									
概率抽样					非概率抽样				
1.	2.	3.	4.	5.	6.	7.	8.	9.	10.
17	3	5	18	0	0	30	7	12	14
43					63				
106									

注：1 = 简单随机抽样；2 = 系统抽样；3 = 分层随机抽样；4 = 分组随机抽样；5 = 多阶段抽样；6 = 定额抽样；7 = 目的性/判断性抽样；8 = 雪球抽样；9 = 自我选择抽样；10 = 任意抽样；综合回复。

大多数物流和供应链管理研究领域的人员运用的是非概率抽样方法，其中判断抽样应用最频繁。然而，利用这种方法抽取的样本有一个缺点，就是从那些收集到的数据得出的结果在统计学上并不能代表总体特征。

在概率抽样调查的情况，分组抽样应用最广泛，其次是简单随机抽样。有趣的是，《商业物流期刊》中没有一篇调查文章使用定额抽样方法。这与 Krafft 等人（2003：93）的结果不一致，他们认为应用最广泛的是简单概率抽样，而只有 11.8% 的调查采用任意抽样法。

2.4 数据类型

任何自我管理式调查的目标，在于建立一种问卷结构让所有受访者以同样的方式解释问卷中的问题（Dillman，2000：32）。因此，问卷中的问题往往被设计成封闭性问题，以得到名单、排名、等级或数量（Saunders 等，2004：292）。从研究的角度看，这是不同水准或尺度的计量问题，特别是当涉及到对定量数据的大量数据的评估时（Ghauri 和 Gronhaug，2002：66），见表 9.4 所示。

表 9.4　衡量尺度

衡量尺度	特征
定类计量（尺度）/nominal level	最低层的计量尺度，通常应用于分类
定序计量（尺度）/ordinal level	用于不能分类，但可以按一定顺序排列的变量
定距计量（尺度）/interval level	用于观察到的数据之间的间距恒定且准确的变量
定比计量（尺度）/ratio level	用于观察到的数据之间的间距恒定且准确的变量，并且这些变量具有固定的起点（自然属性或绝对零度）

资料来源：Ghauri & Grønhaug, 2002：66。

Saunders 等（2004）将这些级别分为两组，一组是绝对组（名义和顺序），另一组是可量化组（连续和离散），并提出当数据以离散方式获得时如何提高数据的精确度。当涉及到使用某些特定分析工具时还需要一个特定的计量尺度，因为并非所有范围都适合特定的多变量分析（Hair 等，1998）。表 9.5 给出了在《商业物流期刊》（JBL）发表的文章中关于数据类型的统计结果。

表 9.5　类型概述数据和测量水平的数值的 JBL 研究（多元回复）

定量数据类型			
分类数据		量化数据	
定类计量	定序计量	连续	离散
28	89	19	18

在大多数文章都提到了定序计量。尽管从范围水平来看定序计量是一种不恰当的分析方法，因为数据必须至少取自间隔范围水平和正常分布（见 Hair 等，1998），但是定序计量作为一种基础的统计分析工具，应用了比较复杂的结构方程模型。

3　结论与展望

整体而言，调查研究方法在物流和供应链管理研究领域有着重要作用。该方法的应用可归纳如下：

- JBL 期刊中调查研究方法的使用比率超过 40%，高于其他同类物流期刊
- 在物流和供应链研究领域通常采用自填问卷式调查
- 在这一类调查方法中，邮寄问卷是最可取的
- 并不是向所有的人都发出问卷，这就限制了现有结论的可靠性和有效性
- 最常用的抽样范围是会员名册——特别来自于美国供应链管理协会的会员名册
- 容易受权威观点的影响
- 大多数物流研究人员运用非概率抽样方法，而不是应用最广的判断抽样
- 回复率的管理是一个关键问题，但可能还有其他更重要的影响因素

Krafft 等（2003）的主要研究结论与 Larson 和 Poist 等（2004）研究结论的对比分析证实一种特定模式，特别是当涉及到一些关键信息时，就好像研究中并不说明研究策略的所有各个方面已经成为一个标准。在这方面正如 Dillman（2000）所说，在做市场调查时应当如同引用规范、标准的参考文献一样需确保质量标准。

4 参考文献

1. de Vaus, D. (2002): Surveys in Social Research, 5th edition. Taylor & Francis Books, London.
2. Dillman, D. (2000): Mail and Internet Surveys. The Tailored Design Method. Wiley, New York et al.
3. Dunn, S., Seaker, R., Stenger, A., Young, R. (1993): An Assessment of Logistics Research Paradigms. In: Masters, J. (ed.): Current Topics in Logistics Education and Research. The Transportation and Logistics Research Fund. The Ohio State University: p. 121-139.
4. Hair, J., Anderson, R., Tatham, R., Black, W. (1998): Multivariate Data Analysis, 5th edition. Prentice-Hall International, London et al.
5. Hair, J., Bush, R., Ortinau, D. (2003): Marketing Research. Within a changing information environment, McGraw-Hill Irwin, Boston et al.
6. Hauschildt, J. (2003): Zum Stellenwert der empirischen betriebswirtschaftlichen Forschung (State of the Art of empirical research in business administration). In: Schwaiger, M., Harhoff, D. (eds.): Empirie und Betriebswirtschaft. Entwicklungen und Perspektiven (Empiricism and Business Administration. Development and Perspectives), Schäffer-Poeschel, Stuttgart: p. 3-24.
7. Jobber, D., O'Reilly, D. (1998): Industrial Mail Surveys: A Methodological Update, in: Industrial Marketing Management, 27(2): 95-107.
8. Krafft, M., Haase, K., Siegel, A. (2003): Statistisch-ökonometrische BWL-Forschung: Entwicklung, Status Quo und Perspektiven (Statistical - econometric business research: Development, Status Quo and Perspectives), in: Schwaiger, M., Harhoff, D. (eds.): Empirie und Betriebswirtschaft. Entwicklungen und Perspektiven (Empiricism and Business Administration. Development and Perspectives), Schäffer-Poeschel, Stuttgart: p. 83-104.
9. Large, R, Stölzle, W. (1999): Logistikforschung im Spiegel wissenschaftlicher Publika-tionen. Eine empirische Untersuchung auf der Basis betriebswirtschaftlicher und ingenieurwissenschaftlicher Dissertationen (Examination of scientific logistics publications - an empirical investigation by comparing business and engineering Ph.D. theses). In: Pfohl, H.-C. (ed.): Logistikforschung. Entwicklungszüge und Gestaltungsansätze (Logistics research. Development and Approaches), Erich Schmidt Verlag, Berlin: p. 3-35.
10. Larson, P., Poist (2004): Improving Response Rates to Mail Surveys: A Research Note, in: Transportation Journal, 43(4): 67-75.
11. Mentzer, J., Flint, D., Kent, J. (1999): Developing a logistics service quality scale, in: Journal of Business Logistics, 20(1): 9-32.
12. Mentzer, T., Kahn, K. (1995): A framework of logistics research. Journal of Business Logistics, 16(1): 231-250.
13. Saunders, M., Lewis, P., Thornhill, A. (2004): Research Methods for Business Students, FT-Prentice-Hall, Harlow et al.
14. Scholl, A. (2003): Die Befragung. Sozialwissenschaftliche Methode und kommunikations-wissenschaftliche Anwendung (Surveys. A method of social science and its use in

communication studies). UTB, Konstanz.
15. Zikmund, W. (2000): Business Research Methods, 6th edition. Harcourt, Fort Worth et al.

作者简介

➢ Herbert Kotzab 教授、博士
- 1965 年出生
- 1984 年~1991 年，在维也纳经济与工商管理大学（Vienna University of Economics and Business AdministrationVienna University，WU-Wien）攻读工商管理专业
- 1991 年~1992 年，在 Velux-Austria 公司担任首席执行官助理
- 1992 年~1996 年，维也纳经济与工商管理大学零售营销系（Department for Retail Marketing）担任讲师，同时攻读博士
- 1996 年~1999 年，维也纳经济与工商管理大学高级讲师
- 1998 年，在美国麻省理工学院（MIT）运输研究中心访问学者
- 1999 年~2001 年，维也纳经济与工商管理大学助理教授
- 2001 年~2005 年，哥本哈根商学院（Department of Operations Management at the Copenhagen Business School，CBS）运营管理系国际供应链管理专业副教授
- 2005 年至今，哥本哈根商学院运营管理系教授
- Dept. of Operations Management, SCM-Group
  Copenhagen Business School, Solbjerg Plads 3, 2000 Frederiksberg, Denmark
  Tel: +45 3815 2450   Fax: +45 3815 2973
  Email: hk.om@cbs.dk

第 10 章　物流研究中基于网络的调查方法：一个实证研究案例

David B. Grant, Christoph Teller, Wolfgang Teller

本章主要内容

1. 导言
2. 文献回顾
3. 物流研究中基于网络的调查方法：一个实证研究案例
4. 调查结果
5. 研究的局限性
6. 结论
7. 参考文献

内容摘要

目前，市场调查方法仍然是物流和供应链管理领域研究中所经常运用的重要方法。本章采用基于网络或互联网的调查方法来替代传统方法，并讨论这一调查办法的优点、缺点和局限性。研究结果表明，基于网络或互联网的调查方法在提高内部有效性和外部有效性方面具有诸多技术和方法上的优势。本章在文献研究的基础上，通过对一个在典型的物流研究背景下基于网络的调查结果的考察，得出这一方法的优点及其有效应用方法。

关键词：网络研究；网络调查方法；物流；研究方法

1 导言

市场调查是最常用于社会科学领域的实证研究方法（Bortz 和 Döring，2002），这特别体现在物流和供应链管理（SCM）领域研究的文章中（Mentzer 和 Kahn，1995；Large 和 Stolzle，1999；Griffis 等，2003）。采用这一方法的文章经常采用邮寄或通过电子邮件发放问卷的方式，以得到大量成本低廉且适于研究的调查结果（Berekoven 等，2001；Griffis 等，2003）。尽管如此，这种方法也存在一定的缺点，这包括低回报、低回复率及其导致外部有效性的样本缺乏等。此外，调查者也不能对问卷的完成方式及受访者的填写动机等进行有效控制（Atteslander，2000）。

对于市场调查方法而言，多数受访者是物流企业的从业人员，并拥有复杂的业务背景（Mentzer 和 Kahn，1995），所以，这一类型的研究往往是在企业对企业（B2B）领域，而不是企业对消费者（B2C）领域。此外，由于受访者对问卷中的术语缺乏一致的理解，而且调查者无法通过沟通对此进行具体阐明和解释，这样就降低了这种调查方法的内部有效性（the internal validity）（Mentzer 和 Flint，1997）。这种调查方法的广泛应用表明物流研究人员知道其缺点，但出于对实证调查成本效益的考虑，暂时还找不到更为有效的方法来替代它。然而，互联网或万维网在企业的不断发展和深层次应用，为我们提供了新的方法来克服上述相关缺点。不过，即使使用基于网络的调查，这一种方法也存在许多改进之处。以下相关观点见 Pincott 和 Branthwaite（2000）、Brown 等（2001）、Cobanoglu 等（2001）、Tuten 等（2002）和 Illieva 等（2002）的相关研究。

- 情景驱动型访谈
- 调查和有限的观察相结合
- 数字化信息
- 戏剧化刺激

在考虑基于网络的市场调查方法及其在物流研究领域的应用这一主题下，我们运用实证的研究方法，在奥地利商会（the Austrian Chambers of Commerce，ACC）的协助下，针对奥地利的电脑零售商，运用网络调查方法开展了一项关于信息教育服务的调查。我们在本章的第二部分回顾了有关基于网络调查方法的相关文献。然后，在第三部分讨论了基于网络调查的实现方法，并在第四部分总结了这一调查的结果。在本章的第五部分，主要是明确讨论了该方法的优点和缺点。在本章的第六部分得出总体研究结论，并提出应用基于网络的调查方法的相关对策建议。需要指出的是，电子化调查这一方法，甚至于将网上数据库工具与网络问卷一起使用的调查方法并不会彻底颠覆传统的调查方法，它是代表用一种新的技术手段来收集数据，并可有效避免自填式问卷的缺点（Illieva 等，2002）。

2 文献回顾

2.1 邮件或邮寄调查

在电话、传真和互联网时代到来之前，常见的消费者和客户调查方法有以下 3 种：
- 由经过专业培训的调查人员进行个人访谈或多人访谈
- 由经过培训的调查人员进行电话调查
- 完全由受访者完成的电子邮件式或邮寄式问卷调查

在这 3 种方法中，邮寄式调查是使用最广泛的（Diamantopoulos 和 Schlegelmilch，1996），这在物流或供应链管理的研究领域表现得尤为突出（Mentzer 和 Kahn，1995）。

邮寄调查的优势在于过程的集中控制，但没有比较集中的访谈、没有调查员的偏见干扰，并且管理费用较低（Whitley，1985）。然而，由于受访者和调查者之间的距离较远导致调查的整体回复率较低（Diamantopoulos 和 Schlegelmilch，1996）。

很多文献提出了关于提高整体回复率的建议，这包括预先通知受访者（Schlegelmilch 和 Diamantopoulos，1991）、有针对性的进行调查（Wunder 和 Wynn，1988）、提供贴有回寄邮票的信封并使用专业的调查文件和附函（Whitley，1985）、使用快递方式（Harvey，1986），以及运用激励机制、对回复者予以奖励（Whitley，1985）等等。然而，这些建议并不完全令人满意。

有两个专门针对市场调查方法的调查研究也得出了类似的结果，证明了这些方法的有效性程度较低。Diamantopoulos 和 Schlegelmilch（1996）调查了 200 家市场调查机构和 200 名公司高级管理人员，收到的回复数分别为 79（40%）和 81（41%）。Greer 等在 2000 年在两次调查中分别调查了 344 和 355 家公司高级管理人员，收到的回复数分别为 76（25%）和 64（20%）。

在调查中，大多受访者均表示：调查赞助、提供贴有回信邮票的信封、个性化调查、较短的调查期，以及具体调查内容等因素都对受访者有着积极的影响。然而，调查结果受到多方面因素的共同影响，如预先通知与跟进调查，以及激励措施与调查时间等因素，甚至是受访者收到问卷的时间是一星期中的哪一天都会有所影响。Greer 等（2000）的研究结论表示："当调查实际情况时，问卷应当采用绝对性问题或开放性问题；而当调查有关意见或数字时，应使用相对性问题或固定选项。"这一发现说明在设计所有类型的调查时都应考虑调查内容，包括基于因特网或万维网的调查方法。

2.2 基于互联网的调查

互联网为研究人员提供了更多的机会，可以通过电子邮件或基于网络的调查来进行研究。Dillman（1999）的研究提醒一个需要关注的问题是当时几乎所有的家庭和企业没有使用电子邮件或网络。Brown 等在 2001 年的研究表明，有 2/3 的英国中小型企业（SMEs）已经接入互联网，而且世界上 1/4 的 B2B 采购即将在互联网上进行交易，网络正在成为研究人员的首选媒介。在此趋势下，基于网络的调查为学者提供了更快速收集数据的工具，因此通过成本效益方法应用基于网络的调查工具将可以提高回复率（Griffis 等，2003）。

但是，一直没有很多学者对如何利用这一新兴媒介进行学术研究进行过比较深入的探讨。少数发表的文章，其主要采取的方法要么集中电子邮件和互联网方法的组合运用上（Griffis 等，2003）或者只是将网络作为一个平台来发送电子邮件而已（Cobanoglu 等，2001）。一些学者关于电子邮件的研究和网络的应用潜力认识得比较肤浅。如 2000 年 Dommeyer 和 Moriarty 仅仅研究了与附件式电子邮件相结合的纸质调查是否会带来更高的回复率，这样的侧重点可能会使得研究人员继续盲目地沿用 Dillman（1987）所提出的整体设计方法（Total Design Method，TDM）。Dillman（1987）认为调查可以使用一个放之四海而皆准的方法，即所有调查的实施方法是同质的，这与研究人员具体采用何种媒介和手段无关（Cobanoglu 等，2001；Dillman，1999）。然而，相对于面对面访谈、邮件调查、电话调查等相关调查方法而言，基于网络的调查方法具有 4 个方面的技术优势（Pincott 和 Branthwaite，2000；Brown 等，2001；Cobanoglu 等，2001；Tuten 等，2002；Kent 和 Lee，1999）。这 4 方面的优势可以总结如下：

● 可提供情境驱动的访谈环境

基于网络的调查通过使用"弹出"窗口可以实现与受访者的需求驱动型对话。它可以控制刺激流动，如问题的顺序，这对于调查而言是很重要的。此外，它还可以在必要时提供支持。同时，基于网络的调查可视为面对面采访的一个替代（Tuten 等，2002）。这种视觉和文字信息的冲击可以让受访者理智审视并回答问题（Pincott 和 Branthwaite，2000）。

● 可实现调查和有限观察的结合

在传统的电子邮件或邮寄调查中，发送和接收过程对于研究人员来说一直是"黑匣子"，但基于网络的调查不仅让研究人员可以得到问题答案，而且还能告知研究人员答题者是谁、哪一天回答的问题、回答问题用了多长时间（Tuten 等，2002）。虽然会涉及到一些保密性问题，但这种观察能够为研究人员提供与填写问卷时间、可靠性和准确性相关的信息，同时也可协助研究人员监测回复速度。实证结果显示：与传统的邮寄调查方法相比，基于网络的调查回复速度可加快 64%以上（Cobanoglu 等，2001）。

- 可提供数字化的信息

所有信息都是建立在数字基础上的，因此纸质信息和分析软件之间已经没有任何差距可言。这必将节约大量时间和金钱（因为已经没有复印费和邮寄费等可变成本），并可降低录入数据的错误率（Cobanoglu 等，2001）。另外，由于调查的回应可以实时观察，所以如果响应速度不令人满意，研究人员可以采取重新发送信件等方法以达到满意的回复率（Tuten 等，2002年）。

- 提供戏剧化的刺激

在基于网络的调查方法中，适当的特殊颜色、数字、图像、表格的使用会增强对受访者的刺激（Brown 等，2001）。相比于纸质调查问卷而言，这种做法会提高与受访者之间的交互性，并提高受访者回答问卷的兴趣和动力（Pincott 和 Branthwaite，2000 年），同时也会提高回复率。Cobanoglu 等在 2001 年的研究结果证明：戏剧化的刺激能使基于网络的调查回复率比传统邮寄调查高出近 65%；从而可改善调查的内部有效性和外部有效性（Mentzer 和 Flint，1997；Tuten 等，2002）。

总而言之，通过应用上述所建议的技术而建立起来的基于网络的调查方法可以避免传统邮寄调查的缺点。我们采用这项技术进行了一项 B2B 的实证研究，将在以下的第 3 部分和第 4 部分进行详细阐述。

3　物流研究中基于网络的调查方法：一个实证研究案例

在本部分，我们将阐述有关基于网络的调查方法的具体应用问题。该调查的学科背景是物流或供应链管理领域，而且将互联网作为调查问卷的传输和处理媒介。调查框架可以概括如下：

- B2B 环境
- 已确定受访总体与受访者
- 对研究课题的高度参与性
- 互联网的高度可用性

该研究结果将有助于利用"基于网络的调查"这一方法来解决物流研究问题。

3.1　调查背景和目标

在本研究中，我们采用实证的方法，调查了奥地利所有的零售商和批发商，样本总体为 4,828（N＝4,828）。一方面，我们正在通过奥地利商会调查信息和教育服务的满意度这一问题，另一方面，我们需要评估在 B2B 环境下基于网络的调查问卷这一方法的发展潜力。在本章中我们只报告后者。受访的目标群体会积极配合调查人员进行基于网络的调查，这主要源于下列职业的或法律的原因以及我们的直观假设：

- 受访者对互联网这一媒介具有相对较高的亲和力
- 所有人都愿意接触和使用互联网，包括每天都在使用电子邮件
- 这些企业都可以通过邮件联系到，并可通过奥地利商会的会员名单予以确认
- 根据奥地利商会的信息，奥地利的企业一般都可以做到高度参与我们的调查项目

综合以上对基于网络的调查优势的分析，这一特定的目标受访群体更容易、更方便填写这样的电子问卷（Tse，1998）。

由于每个奥地利公司在法律上必须是奥地利商会成员，样本取自奥地利商会中的每一个成员，因此这次调查称得上是一种"普查"。虽然这个名单包含了每家公司的通讯地址，但只

有少数公司的电子邮箱可以联系到。表 10.1 为应用研究设计的概况，这项调查是 2002 年一项对 Viennese IT 公司 222 人面对面采访的后续研究。先前研究的结论是贸易部门是被中小企业主导的，其销售模式是单一的 B2B 模式。这就为描述问题和建立网上问卷建立了基础。

表 10.1 研究设计

研究方法	基于互联网（网站/HTML）的调查
数据收集期间	2003 年 7 月 14 日至 10 月 21 日
研究设计	标准化调查问卷，包括封闭和开放式问题
受访总体	——奥地利商会的强制性会员（贸易/行业名录）：IT 零售商、供应商 ——样本容量为 4,828
研究主题	——评估奥地利商会所提供的服务 ——评估基于网络的调查方法的优势与缺陷
预测试	2003 年 7 月 1 日至 7 月 7 日，奥地利商会中的 15 家会员
样本规模	506（11%），已完成问卷
分析软件	SPSS 11.0，MS-Access，QSR N6V6.0

3.2 基于网络的调查问卷——设计和功能

● 研究工具

研究工具可以作为由 4 个技术部分组成的基于网络的问卷。其中的一部分就是前端客户交互界面，它是一个由包含着众多控制问卷的 JavaScript 程序组成的 HTML 程序，例如，刺激流。第二部分是后端服务器接口的 MySQL 数据库，其结果可以进行实时编辑以提供给研究人员参考。第三部分是服务器上的 CGI 脚本，它控制生成 HTML 网站并根据受访者的回复数据进一步充实数据库。第四部分是包含能够控制受访者给出的回答以及能够实时编辑网站上反馈结果的控制面板。

● 外观

问卷是根据公司设计指引（颜色、单位标识、字体等），为维也纳经济与工商管理大学设计，以提供一个独立、非商业和受尊敬的外观。

● 问题和规模

我们采取了封闭式和开放式问题相混合的排版技术，并应用各种元素（比如图形）予以展现。我们还为封闭式问题和开放式问题的描述采用了"单选按钮"和"复选按钮"，以期提高受访者填写问卷和回答问题的便捷性。

● 引导和访谈式对话

受访者须点击"提交"按钮来表示完成了问卷所有问题，如果他忘记回答一个或多个问题，则会弹出一个"警告窗口"，并且未回答的问题会被高亮色突出强调。如果受访者拒绝回答某个问题，那么他仍须选择"不知道"和"不愿意回答"之中的一个答案，这就保证了较高的问题回复率，并为后续的遗漏值分析提供数据支持。除了重要问题外，其他问题的陈述都尽可能简短、准确、简单，但我们也对那些容易被误解的术语给出了解释，如"服务"、"网络销售"、"欧盟新成员"等。受访者只须将光标移到术语上就会得到一个"弹出窗口"，窗口内容即相应术语的简明解释。此外，如果需要的话点击"弹出窗口"里的文本就会链接到更详细、更深层的解释页面。

- 预防中途放弃

每个网站都需要设计某些按钮来预防回答者突然放弃调查。因此，在受访者突然放弃回答时，网站应弹出一个"警告窗口"。"警告窗口"的内容应当包括确认其是否真的要放弃回答问卷，以及如何才能继续参加此次调查。储存在受访者电脑本地硬盘上的缓存将记录截至当前时点回答的所有信息，以方便回答者下次继续参与问卷调查。

- 完成率

调查问卷中的每个网页或窗口都应设计一个进度条，以提示受访者调查问卷已经完成的进度和比率。

- 人性化的问卷

匿名性是推动互联网发展的一个重要因素。为了将我们的调查问卷区分于其它越来越多的电子问卷，并强调出我们研究的科学性与官方性，我们需要在每个网页或窗口上提供通过电子邮件或其他通讯手段联系到调查人员的链接。这一做法的目的是让受访者知道程序背后有作者在关注。然而，只有15位受访者（3%）使用了此功能。

4 调查结果

4.1 通知策略和激励措施

根据我们所做文献研究的结果，针对邮件或邮寄调查中的低回复率问题，我们采用了以下方法（Dillon 等，1994；Schlegelmilch 和 Diamantopoulos，1991）：事前通知与事后通知，通知内容中包括一份关于电子问卷网站的通告（由奥地利商会邮寄），一份由每个奥地利联邦州的奥地利商会代表发出的个人通知，还有一份IT期刊的通知；此外，总计达5,000欧元的培训费代金券将以抽奖方式送给受访者；最后，受访者还会收到由奥地利商会数据库和电子邮件数据库服务器所发送的包含调查问卷网站链接的电子邮件。因此，每个IT零售商和批发商都能够通过电子或非电子媒介通知和联系到调查人员。然而，通知到的商家中只有1112家（23%）进入网站参与了调查问卷，结果只有506家（11%）充分完成了问卷，通知策略和激励措施得到这样的结果很令人失望。

在最后一个问题中，我们评估了各种问卷传输媒介的重要性，结果发现超过3/4的受访者（78%，n = 438）表示他们更乐于接受以电子邮件为传输媒介的调查问卷，只有14%（n = 71）是通过邮政信件通知的。造成这种差异的原因可能是人们通过两种不同的媒介完成问卷所付出的精力不同，如纸张和互联网。在网站上通过邮件点击几个链接应该比在浏览器中输入网址要方便得多。最后，尽管需要邮寄个人隐私信息，还是有80%的受访者（n = 405）参加了抽奖。因此，我们的结论是：电子邮件通知和提供有吸引力的激励措施对于受访者来说是相当重要的。

4.2 回复质量

如上所述，与面对面的访谈调查相比，邮递调查不能获得受访者回答时的行为反应信息。基于网络的调查提供了调查方法与观察方法要素相结合的机会，这是问卷的自我管理式完成过程，通过数据库中记录的时间所实现的。根据研究设计，研究人员将利用这些信息对各种反应行为和反馈进行更深层次的分析和数据挖掘，以期得到更多发现。以下是相关调查结果。

- 失败率曲线

关于受访者是否全部完成问卷或没有全部完成的原因，我们从纸质调查中根本得不到任何信息。但是，在基于Web的调查中，每次点击都会做记录，因此我们可以得到一份关于受访者完成问卷的概况以及回答问题过程中疲劳变化情况。许多受访者看过第一个介绍窗口后就决定放弃参加调查（从 1112 人降到 840 人），然而，介绍窗口的内容只是包括了关于研究小组和调查目标的相关信息。受访者进入由 15 个窗口组成的主体部分后，同样有许多人中途放弃调查，人数从 760 跌至 548。更有趣的是，最终完成调查的受访者竟然愿意回答关于他们公司比较敏感的问题，如销售、雇员、产品分类、客户或顾客等。完成的调查问卷中有 506 份可以用来进行数据分析，但只有 457 人参加了抽奖。从这一曲线我们可以看出：首先第一个页面没有令受访者满意；另外，问卷太长或太复杂也没能引起受访者的兴趣，特别是与服务评估有关的那一部分问题，这两个因素都可能影响我们的回复率。因此，我们赞同先前文献中的这个观点：基于 Web 的调查应当简短、鲜明，以吸引并最终留住受访者，鼓励其完成问卷。

- 最为认真地填写问卷所需时间

本项调查最终完成并纳入分析研究的问卷数量一共是 506 份。为了提高调查分析的质量，我们将对开放式问卷结果的考察与完成时间作为一个指标，来对这些问卷进行筛选。我们通过统计"不知道"或"不愿意回答"这两项的数量，分析所有用了不到 8 分钟就回答完的问卷，以及他们是否在开放式问题中做了笔记。如果参加者没有认真完成问卷或是用了不到 8 分钟，我们就将这些问卷排除在可分析的数据之外，因为我们进行了预测试，结果表明认真完成一份问卷（即阅读、理解、点击、打字）至少需要 8 分钟。事实上，这种预测问卷没有包括任何开放式问题的记录，并包括了大量遗漏值（如"不知道"和"不愿意回答"）。

此外，通过检查 IP 地址和 cookie 项，我们排除了一些因粗心造成的重复项。通过分析问卷的完成时间，我们发现一半受访者（中位数）用了不到 14.3 分钟。因此，为了排除没意义的问卷，我们通过对开放式问卷的考察和对问卷回答时间的分析，形成了一个可靠的选择指标。

4.3 回复时间

据 Illieva 等在 2002 年的研究显示，网上调查的一个优势是较短的回复时间。我们的调查经验也证实了这一观点，图 10.1 显示了问卷回复数量在调查期间的分布情况。

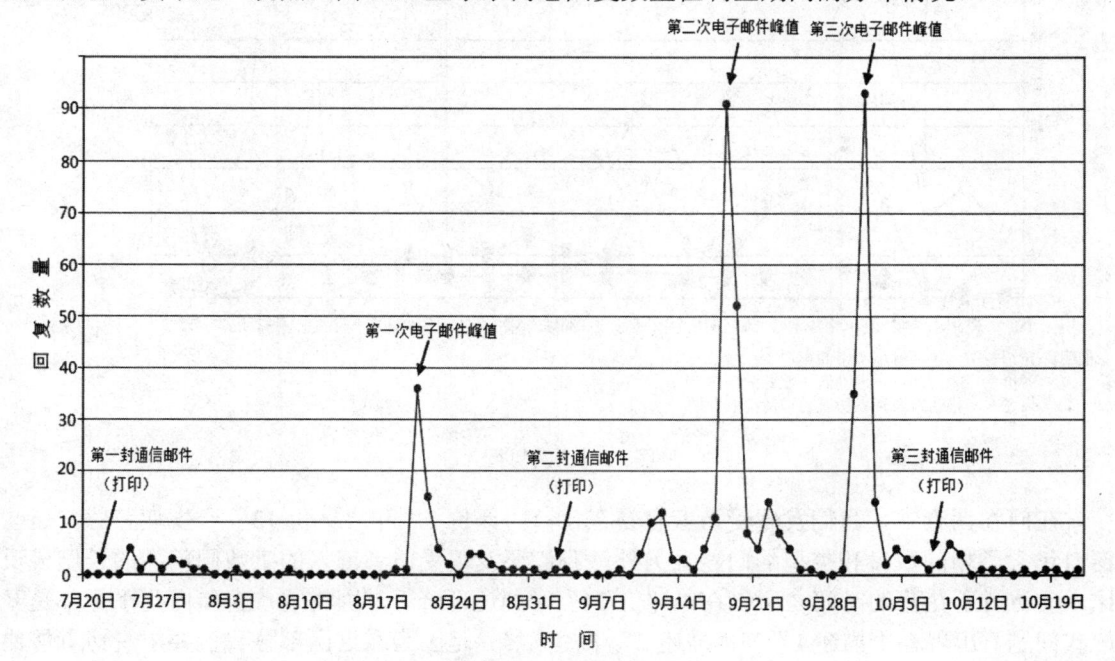

图 10.1　回复过程（n=506）

图中的 3 次峰值暗示了邮件通知前后的及时反应,所以受访者或立即回复并完成问卷,或根本什么也不做。有趣的是 67%(n = 338)的受访者在上午 8:00 至下午 6:00 的上班时间内完成了他们问卷,因此,我们赞同 Illieva 等在 2002 年的研究观点:基于网络的调查问卷具有较快的数据收集优势。

4.4 问题难度及问卷长度的控制

我们在含有不同数字的窗口和各种问题之间仍然留下了时间戳记录,这使得我们有机会通过比较问卷的平均回答时间来比较问卷长度,以及每个网页或窗口中问题的难度。图 10.2 是关于受访者回答每一个问题所花费的时间和每个窗口的点击量的一份概况,这样就可以让研究人员收集到与每一个问题甚至是整个问卷的长度、难度相关的信息。图 10.2 所示的时间值包括了用于阅读、理解、点击和打字的时间。关于封闭性问题,点击时间在一定程度上可以忽略不计。

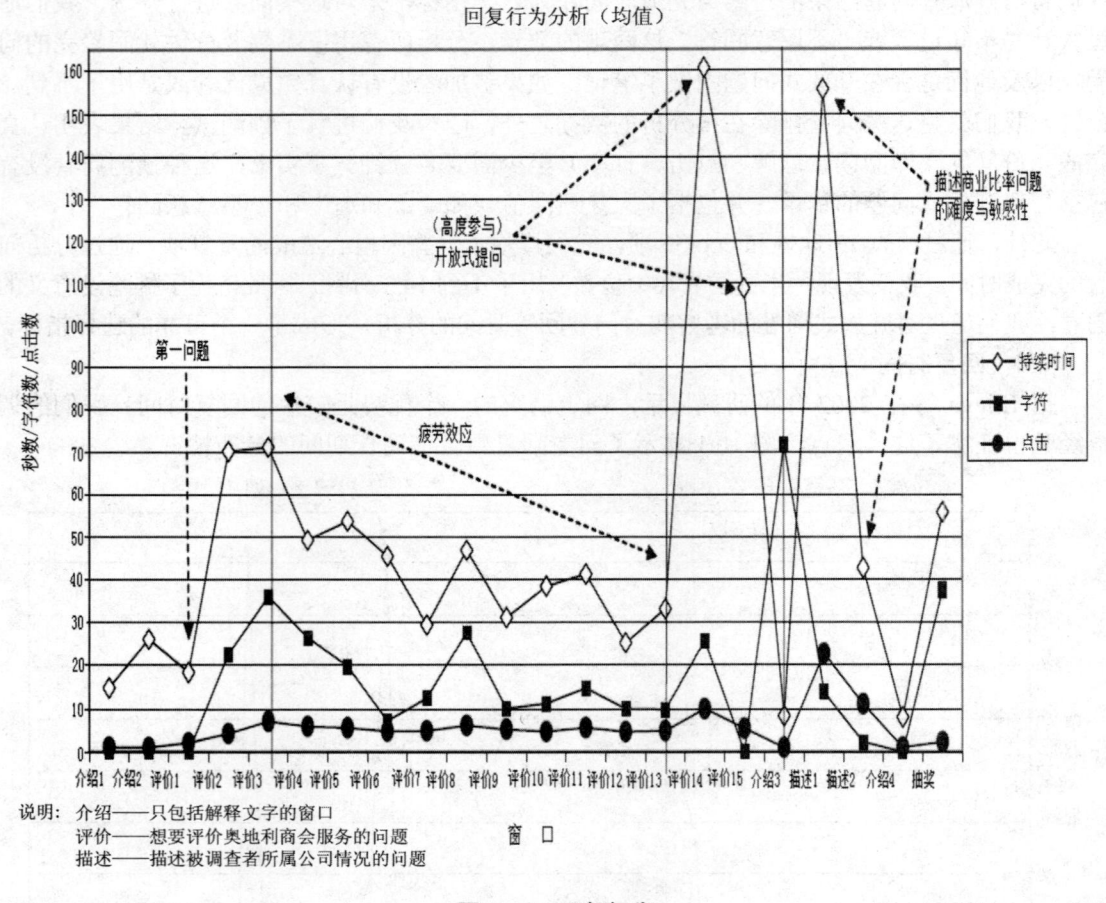

图 10.2 回复行为

在问卷调查中,我们发现受访者容易在窗口"评价 3"和"评价 13"产生疲劳感,这些窗口包含了相同数目和类型的问题。另外,我们还发现受访者键入的字数同问卷的长度成反比。受访者所花费的时间之所以在"评价 14"时到达顶峰,是因为这一窗口内几乎全部是开放式问题。出现在"描述 1"和"描述 2"中的高峰,是因为在这两部分我们要求受访者按比例来形容他们的公司,如销售额、雇员人数等,问题具有一定的敏感性与困难度。

我们的结论是：研究人员应尽可能减少受访者回答每一个窗口中的问题所需要的时间；如果开放式问题是调查的一部分的话，同时还应增大受访者在描述过程中需要键入的字符数。

4.5 收集高质量数据的便利性和能力

从受访者收到问卷、完成直至提交问卷的过程予以考虑，Mehta 和 Sivadas（1995）强调基于电子邮件的调查问卷的便利性。此外，他们还强调，电子邮件的匿名性会刺激受访者写出更长的答案，这也同样适用基于 Web 的调查。受访者每点击一次"提交"按钮，数据便发生了一次传输，但问题在于键盘上点击一下是否比用铅笔写下一个答案更方便和快速。这一因素很可能依赖于受访者使用鼠标或键盘的娴熟程度。就受访者在描述阶段键入的图表来看，我们发现另外一个比较高的回复率阶段。总的来说，506 名受访者一共键入 27,105 个词，每人 122 个词；或者说一共键入 181,385 个字符，每人 358 个字符。这种质量数据使我们能够利用定性分析软件进行文本分析（text analysis）。

我们的结论是：随着电脑的普及，受访者更倾向于使用键盘来完成问卷，而且相对于传统的调查方法而言，基于网络的问卷将会得到更高的回复率和更多的高质量数据。

4.6 成本

当需要设计网页程序及数据库时，基于网络的调查的运作成本是比较高的。其中，固定成本在总成本中的比例是比较大的（Cobanoglu 等，2001）。但是，一旦该程序启动并处于收集数据的状态，其运行成本是相当便宜的，因为没有打印、复印和问卷的搬运等问题（Mehta 和 Sivadas，1995）。甚至，研究人员都不用将收集到的数据进行编码、转换成统一的电子格式。还应指出的是，受访者仅仅需要拥有上网基础设备并支付相应的上网费用即可。然而，网站的可用性和功能性对于调查的成功至关重要，所以技术的可实现性是很重要的（Cobanoglu 等，2001）。

5 研究的局限性

相对于传统的纸质调查和电子邮件调查而言，基于网络的调查方法尽管具有前面所提到的相关优势，但我们的做法也受到一些限制：

如上所述，11%问卷完成率是比较低的。原因可能是受访者不愿参与类似项目的调查，或是电子邮件地址错误而导致问卷没能送达。后者产生的原因是互联网服务提供商不断变化导致电子邮件地址失效，实际上，近 15%的电子邮件刚发出去后就收到了无法送达的通知。在几百个案例中，电子邮件被送到了非个性化的"办公室"，这样就降低了正确的受访者接到通知邮件的概率（Cobanoglu 等，2001）。

我们不知道是否已经克服了"邮箱堵塞"问题，即用户每天希望收到和不希望收到的电子邮件（垃圾邮件）正日渐增多。

最后，很多互联网用户都不愿意通过电子邮件点击链接进入网站，因为人们担心自己的电脑受到病毒的破坏。网络控制面板的使用可以解决这一问题，尽管我们到现在还没有对任何 B2B 控制面板拥有足够的认识。

6 结论

我们已经通过实证调查研究证明：对于物流或供应链管理领域的研究来说，基于网络的调查效果相比于其他传统邮寄调查来说具有大幅改善。在一个典型的物流研究背景下，我们应用了各种调查技术。由于互联网还没有在大多数国家及商业协会普及，我们选择电脑零售商和批发商作为受访者是因为他们使用电脑的经验丰富，而且选择他们当受访者极有可能促进互联网在其他商业部门的普及率。网络市场研究的相关文献同样指出了类似的优点和缺点（见 Kent 和 Lee，1999；Mehta 和 Sivadas，1995；Illieva 等，2002）如表 10.2 所示。

表 10.2 基于网络的调查优势与劣势比较

优点	缺点
回复时间短	低问卷回复率
可变成本低	在初始阶段固定费用较高
为受访者和研究人员提供便利	小样本控制
没有需要克服的媒介选择问题	总体覆盖不足
更倾向于回答开放式问题	
较高的问卷全部完成率	

除了这些特征以外，相比于传统的电子邮件或邮寄调查，我们还发现了基于网络调查拥有其他两个潜在的优势，如下所示。

首先，受访者的行为数据都被实时地记录下来，研究人员可以在调查问卷进行期间对受访者的行为进行分析。这就可以帮助研究人员识别出低质量的问卷，以便后续研究中改善问题或对问题进行简化处理。通过考察失败率曲线和介绍性文字，我们发现"破冰性"问题或抽奖可以很容易被受访者发现，这种行为反应可以作为以后研究工具设计的一个指标。

第二，与其他所有的自我管理式调查技术相比，互动性这一特点为基于网络的调查问卷提供了最广阔和最重要的发展空间。比如，很难解释的术语可以使用"弹出"窗口进行解释，如果受访者忘记回答了某个问题程序会进行提醒，如果有必要的话还可以通过程序的"帮助"功能来解决问题。另外，利用交互性设计还可以指导受访者完成问卷。

总之，我们赞同 Illieva 等（2002）的观点：使用基于网络的调查方法可以让研究人员在技术和方法上有大量的改进，但我们同时也认为它在方法论本质上与其他调查方法是一致的。因此，我们同 Miller（2001）的观点一样，物流研究人员不仅有必要掌握调查方法本身，还要熟悉基于网络的调查技术。这样做就能够使掌握了这项技术的物流研究人员能够更有效地对研究结果进行内部和外部的改善和提高。

7 参考文献

1. Atteslander, P. (2000): Methoden der empirischen Sozialforschung (Methods of empirical social research), 9th ed., deGruyter, Berlin.
2. Berekoven, L., Eckert, W., Ellenrieder, P. (2001): Marktforschung: Methodischen Grund-lagen und praktische Anwendung (Market research—methodical basics and practical application), 9th ed., Gabler, Wiesbaden.
3. Bortz, J., Doring, N. (2002): Forschungsmethoden und Evaluation für Human- und Sozial-wissenschaftler (Research methods and evaluation for social researchers), 3rd ed., Springer, Berlin.
4. Brown, J., Culkin, N., Fletcher, J. (2001): Human factors in business-to-business research on the Internet, in: International Journal of Market Research, 43(4): 425-440.
5. Cobanoglu, C., Warde, B., Moreo, P. J. (2001): A comparison of mail, fax and web-based

survey methods, in: International Journal of Market Research, 43(4): 441-452.
6. Diamantopoulos, A., Schlegelmilch, B. B. (1996): Determinants of Industrial Survey Response: A Survey-on-Surveys Analysis of Researchers' and Managers' Views, in: Journal of Marketing Management, 12: 505-531.
7. Dillman, D. A. (1978): Mail and Telephone Surveys: The Total Design Method, Wiley-Interscience, New York.
8. Dillman, D. A. (1999): Mail and Internet Surveys: The Tailored Design Method, 2nd ed., John Wiley & Sons, New York.
9. Dillon, W. R., Madden, T. J., Firtle, N. F. (1994): Marketing Research in a Marketing Environment, 3rd ed., Irwin, Boston.
10. Dommeyer, C. J., Moriarty, E. (2000): Comparing two forms of an e-mail survey: imbedded vs. attached, in: International Journal of Market Research, 42(1): 39-50.
11. Greer, T. V., Chuchinprakarn, N., Seshadri, S. (2000): Likelihood of Participating in Mail Survey research: Business Respondents' Perspectives, in Industrial Marketing Management, 29: 97-109.
12. Griffis, S. E., Goldsby, T. J., Cooper, M. (2003): Web-Based and Mail Surveys: A Comparison of Response, Data and Cost, in: Journal of Business Logistics, 24 (2): 237-258.
13. Harvey, L. (1986): A research note on the impact of class-of-mail on response rates to mailed questionnaires, in: Journal of the Market Research Society, 28 (3): 299-300.
14. Illieva, J., Baron, S., Healey, N. M. (2002): Online surveys in marketing research: pros and cons, in: International Journal of Market Research, 44 (3): 361-376.
15. Kent, R., Lee, M. (1999): Using the internet for market research: a study of private trading on the internet, in: Journal of the Market Research Society, 41 (4): 377-385.
16. Large, R., Stölzle, W. (1999): Logistikforschung im Spiegel wissenschaftlicher Publikatio-nen: Eine empirische Untersuchung auf der Basis betriebswirtschaftlicher und ingeni-eurwissenschaftlicher Dissertationen (Logistics research characterized by scientific publication), in: Pfohl, H. (ed.): Logistikforschung, Entwicklungszüge und Gestal-tungsansätze, Erich Schmidt Verlag, Berlin: p. 3-35.
17. Mentzer, J. T., Flint, D. J. (1997): Validity in Logistics Research, in: Journal of Business Logistics, 14(1): 27-42.
18. Mentzer, J. T., Kahn, K. B. (1995): A framework of logistics research, in: Journal of Business Logistics, 16(1), 231-251.
19. Mehta, R., Sivadas, E. (1995): Comparing response rates and response content in mail versus electronic mail surveys, in: Journal of the Market Research Society, 37 (4): 429-439.
20. Miller, T. W. (2001): Can we trust the data of online research? in: Marketing Research, 13 (2): 26-32.
21. Pincott, G., Branthwaite, A. (2000): Nothing new under the sun? in: International Journal of Market Research, 42(2): 137-155.
22. Schlegelmilch, B. B., Diamantopoulos, A. (1991): Prenotification and mail survey response rates: a quantitative integration of the literature, in: Journal of the Market Research Society,

33(3): 243-255.
23. Tse, A. C. B. (1998): Comparing the response rate, response speed and response quality of two methods of sending questionnaires: e-mail vs. mail, in: Journal of the Market Research Society, 40 (4): 353-361.
24. Tuten, T. L., Urban, D. J., Bosnjak, M. (2002): Internet Surveys and Data Quality: A Review, in: Batinic, B., Reips, U., Bosnjak, M. (eds.): Online Social Science, Hogrefe & Huber, Seattle.
25. Whitley, E. W. (1985): The case for postal research, in: Journal of the Market Research Society, 27(1): 5-13.
26. Wunder, G. C., Wynn, G. W. (1988): The effects of address personalisation on mailed questionnaires response rate, time and quality, in: Journal of the Market Research Society, 30(1): 95-101.

作者简介

> David B. Grant 教授、博士
> - 1963 年出生于加拿大安大略省巴里市（Barrie, Ontario, Canada）
> - 卡尔加里大学（the University of Calgary）商业和工商管理学学士
> - 以优异成绩获得英国爱丁堡大学（the University of Edinburgh）研究型硕士和博士
> - 2003 年，获得英国皇家物流及运输学会（the Chartered Institute of Logistics and Transport）颁发的詹姆斯库珀博士纪念杯奖励（the James Cooper Memorial Cup PhD Award）
> - 1990 年～1998 年，卡尔加里大学市场营销和物流讲师
> - 2000 年～2002 年，爱丁堡大学市场营销和物流讲师
> - 2003 年～，赫瑞瓦特大学（Heriot-Watt University）管理和语言学院（the School of Management and Languages）物流专业讲师
> - 曾在企业做过零售管理、企业银行账户管理和管理咨询，并主持过多次企业研讨会和演讲
> - 主要研究方向：物流客户服务和满意度；供应链关系
> - Logistics Research Centre, School of Management and Languages
>   Heriot-Watt University, Esmee Fairbairn Building, Edinburgh UK EH14 4AS
>   Tel: +44 （0）131 451 3527 Fax: +44（0）131 451 3498
>   Email: D.B.Grant@hw.ac.uk
>   http://www.sml.hw.ac.uk/logistics/david.html

> Christoph Teller 博士
> - 1972 年出生于奥地利沃尔夫斯堡（Wolfsberg, Austria）
> - 1992 年～1998 年，维也纳经济与工商管理大学（the Vienna University of Economics and Business Administration）工商管理专业
> - 1998 年～2002 年，攻读博士、任助理研究员和讲师
> - 2002 年～，维也纳经济与工商管理大学市场营销系助理教授
> - 主要研究方向：零售市场和零售物流；供应链伙伴关系

- Vienna University of Economics and Business Administration
  Augasse 2-6, 1090 Vienna, Austria
  Tel: +43 1 313 36 46 21   Fax: +43 1 313 36 717
  Email: christoph.teller@wu-wien.ac.at

➢ Wolfgang Teller
- 1965年出生于奥地利沃尔夫斯堡（Wolfsberg, Austria）
- 1983年～1988年，维也纳经济与工商管理大学（the Vienna University of Economics and Business Administration）工商管理专业
- 1988年～1996年，纺织品零售连锁店的总经理
- 1996年～，客户关系管理软件开发公司总经理
- 主要研究方向：零售市场营销；客户关系管理；基于互联网的市场调查
- Michael Ircher Consulting and Software Development
  Griesstrasse 14, 9400 Wolfsberg, Austria
  Tel: +43 664 3020401   Fax: +43 4352 5559921
  Email: castor@ircher.com

第 11 章 供应链管理研究方法：结构方程模型（SEM）

Cristina Gimenez, Rudolf Large, Eva Ventura

本章主要内容

1. 导言
2. 什么是结构方程模型？
3. 一个范例
4. 最后评价
5. 参考文献
6. 附录

内容摘要

供应链管理领域的研究往往需要涉及抽象概念之间的关系分析。对于这种类型的分析，结构方程模型（Structural Equation Modeling, SEM）是一个非常强大的工具。因为 SEM 将测量模型（验证性因子分析）和结构模型（回归分析）结合在一起进行同步统计检验。本研究的目的在于说明如何将结构方程模型应用于理论检验。我们将具体描述它的应用过程，并给出一篇基于这种方法的学术论文作为一个范例。

关键词：供应链管理；结构方程模型

1 导言

近年来，供应链管理领域的研究得以迅速发展。由于供应链管理被视为竞争优势的主要来源之一（Christopher，1998），它逐步发展成为物流管理人员和研究人员非常感兴趣的话题。然而，在如何进行这一领域的实证研究方面仍没有找到有效的解决方法。

结构方程模型是一种统计方法，它将测量模型（confirmatory factor analysis，验证性因子分析）和结构模型（regression analysis，回归分析）结合在一起进行同步统计检验（Byrne，2001）。近年来，越来越多的供应链管理研究人员在他们的论文或著作中应用了结构方程模型，这包括 Autry & Daugherty（2003）、Gimenez & Ventura（2003，2005）、Large（2003，2005）、Stank 等（2001），以及 Wisner（2003）等。

供应链管理领域涉及诸如整合、协作、协调、竞争优势，以及与其相关的许多抽象概念，这些概念可以由潜变量（latent variables）表示。由于潜变量（也称为影响因素）是不能直接观察或衡量的，因此有必要建立一系列措施（或指标）来说明这些抽象概念。事实上，结构方程模型可以用于分析结构和测量模型，同时 SEM 方法对供应链管理的研究人员而言具有重要价值。

本研究的目的在于阐述如何将结构方程模型应用于理论检验，并说明其最大的优势是什么。我们希望这将鼓励更多的科研人员运用这一强大的统计技术。本章将详细介绍结构方程模型，并给出一篇基于这种方法的学术论文作为一个范例。

本章的框架结构如下：首先，我们将描述结构方程模型的主要特点和一个非常实用的应用流程。接下来，我们将给出一个范例来说明如何将结构方程模型应用于供应链管理领域的研究项目。最后，还将给出一些评价和说明。

2 什么是结构方程模型？

结构方程模型是具有共同特征的相关技术的集合。简单地说，结构方程模型要求研究人员在结构参数的基础上建立一个基本模型，然后运用观测到的数据的协方差来检验关于这些参数的假设。结构方程模型的发展围绕几个不同的研究学科。目前，结构方程模型是因子分析（factor analysis）和联立方程模型（simultaneous equation modeling）这两个传统统计方法的融合。

结构方程模型的起源可以追溯到 Spearman（1904）关于我们现在所谓的探索性因子分析（exploratory factor analysis）的发展。然而，其主要发展是几年后 Wright（1921，1934）在遗传学领域的因果效应研究中开发和应用的路径分析（path analysis）。后来，路径分析技术延伸到经济学、社会学和心理学等领域。但直到20世纪70年代初，路径分析和因子分析才被整合为一个独特的框架。从那以后（尤其是在刚刚过去的20年里），我们可以看到结构方程模型迅速扩张到更多的领域，如遗传行为、教学科研、市场营销和精神病学。Jöeskog（1973）将一般的结构方程模型框架分为两个不同的部分：衡量和评价部分——通过验证性因子模型，将观测到的变量与潜变量连接起来；结构部分——描述模型中不同潜变量之间的关系。

结构方程模型的优势，在于它可以检验其他分析方法无法评估的假设。这是因为，结构方程模型使用了包括许多标准统计技术在内的通用框架。例如，结合因子分析和结构方程模型可以对复杂的相互关联的依赖关系进行评估，同时纳入了数据测量误差的存在。应用结构方程模型的另一个优势在于目前有许多统计软件可供选择，这使得结构方程模型非常易于描述和估计。可用的软件包括 AMOS、CALIS、EQS、LISCOMP、LISREL、MX、RAMONA 和 SEPATH。其中，一些软件具有对估计模型进行绘图的功能，然后该程序可以将图形转换成代码并执行分析。这是非常具有吸引力的，当然，在进行自动选择时必须非常谨慎。

关于结构方程模型，有许多非常好的介绍和优秀的著作。这里，我们不再一一列举。有几本著名的参考文献，参见 Austin & Wolfe（1991）、Austin & Calderón（1996）和 Wolfe（2003）。接下来的内容，将简要介绍结构方程模型适用于供应链管理研究的几项特殊功能。

2.1 结构方程模型的特征

现在，我们按照 Kline（1989）的观点来描述结构方程模型一些显著的特点。结构方程模型属于一般线性模型。许多标准统计技术如回归分析、联立方程、因子分析和方差分析都可以视为结构方程模型的特例。然而，必须注意的是，基本方程模型的灵活扩展允许非线性关系的整合，相关内容可参考 Cohen & Cohen（1983）的案例。

在应用结构方程模型之前，研究人员需要有一些基本的模型。然而，结构方程模型分析不仅仅是验证性分析。模型可以非常的简单，仅仅说明哪些变量会影响到其他变量，以及影响的方式，该模型可以用结构方程模型进行检验，也可能不被数据所支持。在后一种情况下，即使结果不被数据所支持，结构方程模型也可以引导研究人员对初始模型进行适当的修改使其得到改善，这当然是要求在不改变其理论基础的前提下。这方面的内容可参见 Jöeskog（1993）的研究。

结构方程模型可以区分可观测变量和潜变量，这将扩大可研究模型的类型。举例来说，在结构方程模型中，如"整合水平"和"信息质量"等抽象的概念可以表示为潜变量（或因子）。当然，有必要建立准确测量这些因子的方法。问题在于变量的测量误差很容易扩散到结构方程模型的框架内。Bollen（1989）和 Lomax（1986）对结构方程模型中测量误差的影响进行了讨论。

许多标准分析方法是基于单一观测值进行建模的。例如，残差分析关注观测值之间的差异，并对每个样本观测值进行拟合，而结构方程模型同时处理所有样本观测值。因此，它试图减少样本协方差和由模型预测的协方差之间的差异。结构方程模型试图理解变量间的相关性，并尽可能多地解释研究人员指定模型中的变量。然而，它也能处理其他类型的分析，如包括组间和组内均值比较的均值分析。相关内容可参见 Bollen（1989）和 Browne&Arminger（1995）对此问题的讨论。

2.2 如何使用结构方程模型？

结构方程模型非常的灵活和强大，一旦掌握便非常容易运用。然而，研究人员需要特别细心地处理该模型，包括数据的准备、分析、模型的再建，以及对最终估计结果的解释。当进行结构方程模型分析时，需要遵循一系列的步骤。图 11.1 给出了改编自 Kaplan（2000）的流程。

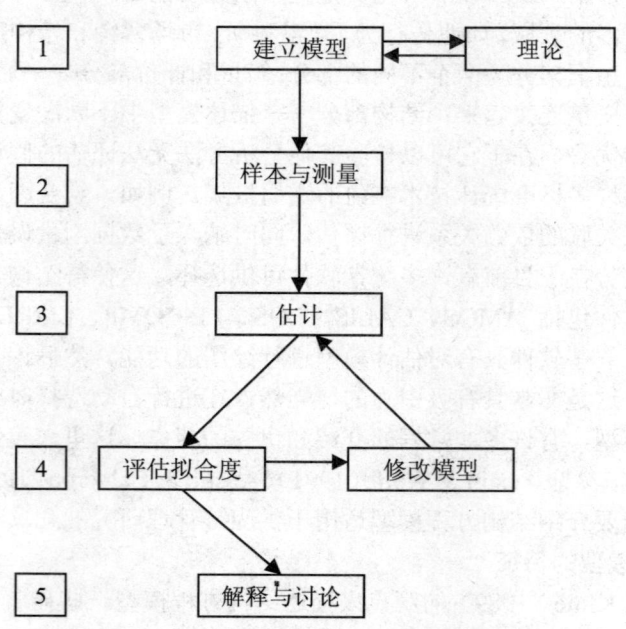

图 11.1 结构方程模型的常规方法示意图

1. 建立模型 ↔ 理论
2. 样本与测量
3. 估计
4. 评估拟合度 → 修改模型
5. 解释与讨论

该流程的第一步包括理论模型的建立、指定变量以及它们之间的因果关系。在这里，研究人员需要通过绘制模型并利用程序将图形转换为代码，或者是自己编写方程组以结构方程模型的形式提出假设。该方程用以确定以下两方面的内容：（1）表示自变量和因变量关系的结构方程；（2）表明每一变量如何影响每一结构的测量模型。此外，还必须指定一组矩阵来表明变量之间的假设关系。

在建立模型时，必须保证计算机可以推导出模型中每一个参数的唯一估计。不幸的是，没有保证模型可被识别的简单规则。对不同类型的结构方程模型需要考虑不同的规则（参见 Bollen，1989）。我们应该在搜集数据之前确定模型，而不是相反。否则，当出现问题时就来不及了，比如相关变量的遗漏或模型不被识别。与模型中其他变量相关的解释变量的遗漏可能会导致因果效应的有偏估计（biased estimations）（参见 Kline，1998）。模型的说明应遵循简约的原则。如果充分复杂且不受任何限制，任何模型都可以完美地拟合数据。然而，在这种情况下，模型会因不能用于检验任何特定的假设而变得无用（参见 MacCallum 等 1993）。

第二步，研究人员必须选择模型中潜变量的测量方法并收集数据。这是运用结构方程模型估计最重要的一个方面，也是最容易被忽视的一个方面。如果观测变量并不是研究人员真正想要测量的，那么我们就不可能得到好的参数估计结果。相关内容可参考 Kaplan 和 Sacruzzo（1993）的研究，他们从心理测量的角度出发研究如何进行有效的测量。Dunn 等（1994）针对物流业的规模化发展与验证进行了研究。

由于结构方程模型依赖于渐进式分布（asymptotical distribution）假设来检验显著性、一致性和有效性，因此它需要大量的样本。但是，多大的样本才合适？很难给出一个定量评估。最佳样本量在 100 到 200 之间，但是观测量在 50 到 400 之间都是可以接受的（Hair 等，1992）。有例子表明仅有 22 个观测值的样本也取得了非常好的结果（Hayduk，1987）。模型的复杂性和分析中使用的算法会影响样本量的需求，简单的模型可能只需要少量的样本。

结构方程模型假定独立观测、随机抽样并且所有关系都是线性的。此外，必须说明的是，结构方程模型对于数据的分布特征非常敏感，尤其是非多元正态。这意味着有必要小心处理丢失的数据（确保丢失的数据是随机的）和多重共线性（大的相关值可能导致不稳定的解决方案甚至使程序崩溃）。如果数据违背多元正态假设，在适当的时候进行数据转换可能会使这一问题得到部分补救。参数估计值对非正态相对比较适用，但显著性检验经常呈现正偏差（即人们往往拒绝零假设）。如果数据严重异常，有必要使用纠正统计方法（参见 Satorra，1992），或者不需要正态假设的估计方法（通常这可能需要更大的样本）。异常的情况下，在引导程序的基础上执行评估程序似乎是可取的，参见 Stine（1990）和 Yung & Bentler（1996）的相关研究。如果估计的引导平均值与传统的估计相差很小，则非正态的影响可以被忽略（参 Large & Giménez，2004）。

第三步是模型的估计。这方面有不同的估计方法，包括最大似然估计、普通最小二乘法和加权最小二乘法等。研究人员的选择应基于数据的充分性以及对模型的分析（参见 Bollen，1989）。对模型的不同部分分别进行分析是非常必要的。举例来说，如果我们的估计模型的拟合性很差，我们就可以确定是在模型的结构部分还是在模型的测量部分出了错。这首先需要对测量部分进行验证性因子分析，并用于对模型相应部分的单一向度假设、可靠性和有效性进行评估。接下来，我们将结构部分添加进去并估计整个模型（参见 Anderson & Gerbing，1988）。

第四步，需要对模型的拟合度进行分析。这包括两个层面：首先对于整个模型，然后分别对测量模型和结构模型。这里有不同的措施可以用来检验整个模型的拟合度，如 CFI（比较固定指数）、RMSR（平方根残差）等。Hair 等（1998）描述了若干测度方法。一旦对模型进行了整体评估，就要对每一个测量变量的单一向度假设和可靠性进行评估。最后，还要评估结构模型。这可以通过一个针对整个结构方程的综合估计系数（R^2）或者估计系数的重要性来完成。如果模型不能够很好地拟合数据，就需要修改模型并进行重新估计，直到得到足够的拟合度为止。与模型的初始规范相一致，其修订应遵循建立在理论基础上的研究人员的假设。我们不能完全基于统计标准重新指定模型，因为模型可能是毫无意义的，尽管它非常好地拟合了数据。

最后一步（第五步）涉及结果的解释，也就是说明理论模型中建立的关系能否得到支持。出于这一目的，我们应该检验估计过程的整个输出，而不仅仅是整体拟合指数。很有可能拟合指数是正确的，但模型中的某些部分却不能得到正确解释。认真审核系数的显著性检验，尤其是估计残值之间的相关性对模型的评估具有很大帮助。相关内容可参见 Hoyle & Panter（1995）关于结构方程模型报告的讨论。

有必要说明的是，结构方程模型在拒绝错误模型方面是非常有效的，但是它却不能告诉我们一个给定的模型是对的还是错的。几乎所有的结构方程模型都具有相同的版本，它们生成相同的观测相关性或协方差。健全的理论才是导致我们不选其他方法的关键。

总而言之，结构方程模型是一个非常强大和先进的方法，但是利用结构方程模型并不能弥补设计的缺陷进而完成研究项目。

3 一个范例

在这里，我们通过一个范例来说明如何使用结构方程模型方法，这一范例显明的表现出这一方法的简单及其应用的重要性。这个范例建立在 Gimenez & Ventura（2005）分析的基础之上，在文中作者提出了关于物流/生产、物流/营销的相互关系与外部一体化之间关系的几个假设。这项研究还调查了这些内部和外部关系对公司物流服务绩效的因果关系的影响。

本研究旨在对结构方程模型的实际应用给出一个简要的介绍，并不打算详细讨论供应链管理的具体内容，读者可以参考 Gimenez & Ventura（2005）的文献以了解相关模型的生成细节和估计结果的精确数值。

3.1 第一步：建立模型

一个探索性的案例研究表明可以用一致性假设来开发一个模型。Gimenez（2004）进行了这样一项研究。对现有的文献进行全面的回顾是所有运用 SEM 方法进行研究所必不可少的一个过程。

Stevens（1989）认为首先进行内部的整合，然后再与供应链上的其他成员进行整合。这表明内部整合会影响外部整合。然而，我们的探索性案例研究表明有些公司在执行外部一体化方案之后才着手进行内部整合。这使我们假设两个层次的整合可能相互影响。在我们的模型中，通过建立内部和外部整合的正相关关系来体现这一点（见图11.2中的假设 H1a 和 H1b）。

根据现有的文献（见 Ellram & Cooper，1990；Christopher，1998；Stank 等，2001）以及探索研究（Gimenez，2004）的结果我们提出假设：内部整合和外部整合对于绩效具有正面的影响（见假设 H3a、H3b 和 H4）。

- 假设 H1a：物流/生产相互关系的内部一体化水平和外部一体化水平正相关。
- 假设 H1b：物流/营销相互关系的内部一体化水平和外部一体化水平正相关。
- 假设 H2：物流/生产相互关系的内部一体化水平和物流/营销相互关系的内部一体化水平正相关。
- 假设 H3a：物流/营销相互关系的内部一体化水平对物流绩效具有正面影响。

- 假设 H3b：物流/生产相互关系的内部一体化水平对物流绩效具有正面影响。
- 假设 H4：外部一体化水平对于物流绩效具有正面影响。

根据以上分设，图 11.2 显示了上面提到的内部一体化、外部一体化以及公司绩效之间的关系。

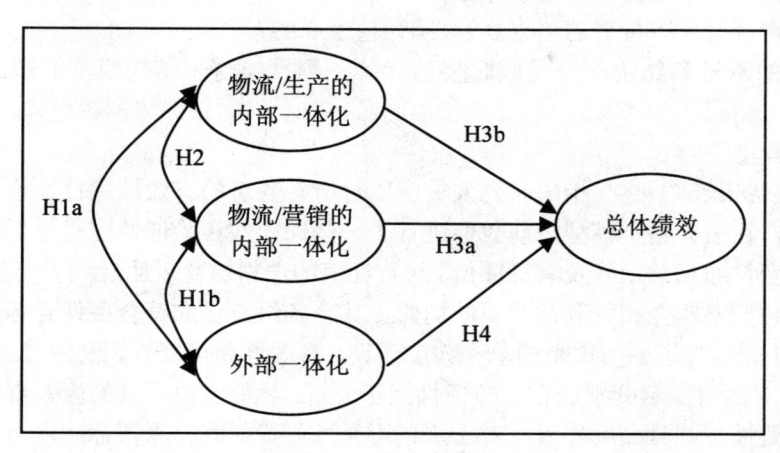

图 11.2 理论模型

资料来源：Gimenez & Ventura，2005。

3.2 第二步：样本与衡量

调查的数据包括 7 个问题，它们将衡量物流/生产和物流/营销相互关系中每个公司的内部一体化水平。这些衡量方法来源于 Stank 等（1999）的文献。问卷还包括衡量外部一体化的 8 个变量。这些变量由 Stank 等（1999）在供应链关系中使用的内部一体化变量改编而来。由于公司经常战略性地划分他们的关系，我们决定衡量他们的外部一体化水平，尤其是制造商和零售商之间的关系。每位被访者被要求选择两个制造商——零售商关系：第一个必须是最密切的合作关系，而第二个必须是最松散的合作关系。最后，问卷包括衡量绩效的五个变量。这些变量是根据文献和探索性案例（Gimenez，2004）的研究结果设计的。所有用于衡量一体化和绩效的变量都在附录（表 11.1a）中列出。问卷的设计采用了十点李克特量表方法（Likert scale）。

潜在的参与者来自一家西班牙公司的数据库。从食品制造商和香料部门选择销售额超过 3000 万欧元的公司组成样本（199 家公司）。为了增加应答率，在给样本中的公司发送问卷之前都通过电话通知了他们。2001 年的春天，我们向所有公司的供应链或物流经理发送了问卷。有 64 家公司返回了问卷，即有 32.3%（64/198）的应答率。尽管应答率比较高，我们对基于 Armstrong & Overton（1977）和 Lambert & Harrington（1990）描述的非反应偏差进行了分析，在变量中并没有发现明显的形式可以表示非反应偏差的存在。

必须强调的是，为了减小潜在的测量隐患，在选择变量时，我们完全根据文献和探索性研究的结果。

3.3 第三步：估计

该估计是基于"最大似然"和"正态"理论。我们针对来自最强和最弱合作关系的数据对模型进行了两次估计。

鉴于用于衡量变量的李克特量表范围较宽，样本分布没有过多的偏离，对数据的仔细检查发现采用基于正态理论的最大似然方法是合理的。

3.4 第四步：拟合度的评估和模型修正

根据 CFI 模拟度测量，在对来自最密切合作关系的数据进行估计时，模型是可以接受的。但当对来自最松散合作关系的数据进行估计时，结果却不很理想，模型的拟合度有一点偏差，但是非常接近可以接受的边界 0.9（确切值为 0.897）。

尽管模型的测量和结构部分是同时被估计的，测量模型和结构模型的拟合度却要分别对待。

- 测量模型

Garver & Mentzer（1999）指出研究人员应当对所有变量的有效性进行检验以提高研究的严谨性。为此，在估计整个模型之前我们进行了一些探索性和验证性因素分析。我们的探索性分析是计算变量的相关矩阵及其特征值。对特征值的严格检验表明应当丢弃物流/生产的相互关系，因为它们不符合相关利益关系的构建。其余各组变量均符合条件且各组变量仅衡量一个因素。接下来，为了评估模型的单一向度假设、有效性和可靠性，根据 Garver & Mentzer（1999），我们对四组变量分别进行了验证性因子分析。我们发现所有的因素都具有正确的标志和一定的重要性，并且高度显著。对于规模可靠性，我们有三项指标：内部一致性 α（永远大于基准值 0.9），结构可靠性检验（永远大于可接受值 0.7），方差提取检验（永远大于 0.5）。所有的这些检验和统计对测量模型是否恰当进行了前检验。

- 结构模型

结构模型（回归分析）表明因素之间存在显著的关系。除了物流/营销内部一体化和外部一体化的协方差在最少合作关系模型中是不显著的之外，其余协方差均是显著的。关于回归系数，在两个模型中（密切合作关系模型和松散合作关系模型），外部一体化均对绩效具有直接的正效应。然而，对于内部整合，只有物流/生产的内部一体化对于绩效的正效应是显著的。

图 11.3 给出了紧密合作关系模型的一些结果。

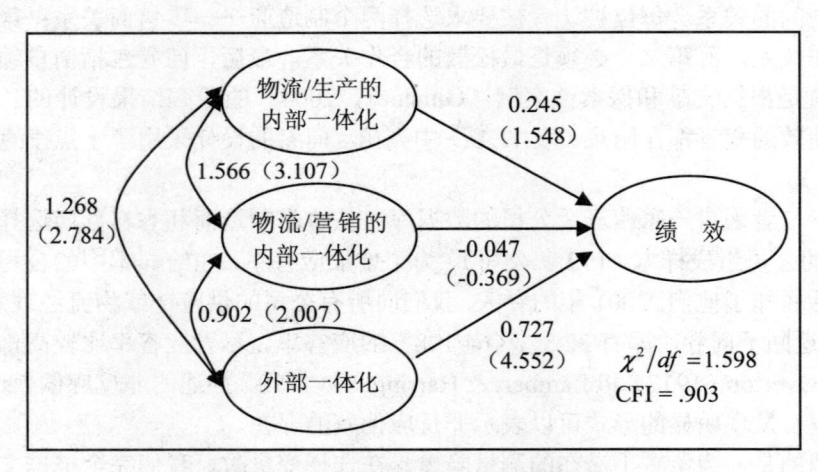

图 11.3 路径系数、协方差和拟合度

这些使我们得出如表 11.1 所示的假设的对比结果。

表 11.1 假设对比

假设	最密切合作关系模型	最松散合作关系模型
H1a	接受	接受
H1b	接受	拒绝
H2	接受	接受
H3a	拒绝	拒绝
H3b	拒绝	接受
H4	接受	接受

为了尽量减少在拟合度评估和模型解释中易犯的错误，我们检验了估计过程的整个输出，尤其重点检验了相关残差矩阵，而不仅仅是整体拟合指数。

3.5 第五步：解释与讨论

现在，我们可以从我们的分析中总结得出结论。内部一体化能够影响外部一体化，反之亦然。物流/生产和物流/营销内部一体化水平之间具有相互促进作用。对于内部一体化对绩效的影响，有必要对物流/营销和物流/生产进行区分。如果公司具有较高的物流市场一体化水平，这种内部一体化水平并不会导致更好的绩效。如果一家公司具有较高的物流生产一体化水平，它对绩效的影响取决于这家公司是否进行了外部整合。在没有外部整合的情况下，物流/生产一体化会导致更好的绩效。然而，如果公司进行了外部整合，外部一体化的水平对绩效具有显著影响，它将消除或降低物流/生产一体化对绩效的影响。供应链成员之间的外部合作有助于降低成本、减少库存、缩短提前期。外部一体化对于公司的物流服务绩效具有最大的影响。

4 最后评价

供应链管理通常包含对抽象概念间关系的分析。通过以上分析，我们已经说明结构方程模型在这类分析中非常有用。通过因素分析和结构模型，它可以对复杂的相互依赖关系进行评估。我们在文中也已经给出了使用结构方程模型时需要遵循的步骤。我们通过供应链管理研究的一个范例显示了使用结构方程模型的过程和步骤。我们相信，对于希望运用结构方程模型来检验理论模型的供应链管理领域的研究人员来说，这篇文章的内容是非常丰富并有着深刻的见解。

5 参考文献

1. Anderson, J., Gerbing, D. (1988）: Structural Equation Modeling in Practice: A Review and Recommended Two-Step Approach, in: Psychological Bulletin, 103(3): 411-423.
2. Armstrong, J. S., Overton, T. S. (1977): Estimating Non-response Bias in Mail Surveys, in: Journal of Marketing Research, 14(3): 396- 402.
3. Autry, C., Daugherty, P. J. (2003): Warehouse Operations Employees: Linking Person - Organization Fit, Job Satisfaction, and Coping Responses, in: Journal of Business Logistics 24(1): 171-198.
4. Austin. J. T., Calderón, R. F. (1996): Theoretical and Technical Contributions to Structural Equation Modeling: An Updated Annotated Bibliography, in: Structural Equation Modeling, 3:

105-175.
5. Austin. J. T., Wolfe, L. M. (1991): Annotated Bibliography of Structural Equation Modeling: Technical Work, in: British Journal of Mathematical and Statistical Psychology, 44: 93-152.
6. Bollen, K. A. (1989): Structural Equations with Latent Variables, A Wiley- Interscience publication.
7. Browne, M. W., Arminger, G. (1995): Specification and estimation of mean- and covariance-structure models, in Arminger, G., Clogg, C. C., Sobel, M. E. (eds.): Handbook of statistical modeling for the social and behavioral sciences, Plenum Press, New York: p.185-241.
8. Byrne, B. M., (2001): Structural Equation Modeling with AMOS—Basic Concepts, Applications and Programming, Lawrence Erlbaum Associates, Mahwah.
9. Christopher, M. (1998): Logistics and Supply Chain Management: Strategies for Reducing Cost and Improving Service, Financial Times Pitman Publishing, London.
10. Cohen, J., Cohen P., (1983): Applied multiple regression/correlation analysis for the behavioral sciences, Lawrence Erlbaum, Hillsdale.
11. Dunn, S., Seaker, R., Waller, M. (1994): Latent Variables in Business Logistics Research: Scale Development and Validation, in: Journal of Business Logistics, 15(2): 145-172.
12. Ellram, L. M., Cooper, M. C. (1990): Supply Chain Management, Partnerships, and the Shipper-Third Party Relationship, in The International Journal of Logistics Management, 1(2): 1-10.
13. Fox, R. J., Crask, M. R., Kim, J. (1988): Mail Survey Response Rate: A Meta-analysis of Selected Techniques for Inducing Response, in: Public Opinion Quarterly, 52(1): 467-491.
14. Garver, M. S., Mentzer, J. T. (1999): Logistics Research Methods: Employing Structural Equation Modelling to Test for Construct Validity, in: Journal of Business Logistics, 20(1): 33-57.
15. Gimenez, C., Ventura, E., (2003): Supply Chain Management as a Competitive Advantage in the Spanish Grocery Sector, in: The International Journal of Logistics Management, 14(1): 77-88.
16. Gimenez, C., Ventura, E. (2005): Logistics-Production, Logistics-Marketing and External Integration: Their Impact on Performance, in: International Journal of Operations & Management, 25(1): 20-38.
17. Gimenez, C. (2004): Supply Chain Management Implementation in the Spanish Grocery Sector: An Exploratory Study, in: International Journal of Integrated Supply Management, 1(1): 98-114.
18. Hair, J. F., Anderson, R. E., Tatham, R. L., Black, W. C. (1992): Multivariate Data Analysis with Readings, Macmillan Publishing Company, New York.
19. Hair, J. F., Anderson, R. E. Tatham, R. L., Black, W. C. (1998): Multivariate Data Analysis, Prentice-Hall International, London.
20. Hayduk, L. A. (1987): Structural Equation Modeling with LISREL—Essentials and Advances, The Johns Hopkins University Press, Baltimore.
21. Hoyle, R. H., Panter, A. T. (1995): Writing about structural equation models, in Hoyle, R.H.

(Ed): Structural equation modeling, Sage, Thousand Oaks, CA: p. 158-176.
22. Jöeskog, K .G. (1973): A General Method for Estimating a Linear Structural Equation System, in Goldberger, A. S. , Duncan, O.D. (Eds.), Structural Equation Models in the Social Sciences, Seminar, New York: 85-112.
23. Jöeskog, K. G. (1993): Testing Structural Equations Models. In K.A. Bollen, J.S. Lang (Eds.): Testing structural equations models, Sage, Newbury Park, CA: p. 294-316.
24. Kaplan, D. (2000): Structural Equation Modeling: Foundations and Extensions, Sage Publications, California.
25. Kaplan, R. M., Sacruzzo, D. P. (1993): Psychological testing, 3rd edition, Brooks/Cole, Pacific Grove, CA.
26. Kline, R. B. (1998): Principles and Practice of Structural Equation Modeling, Guilford Press, New York.
27. Kraljic, P. (1983): Purchasing Must Become Supply Management, in: Harvard Business Review, 61: 109-117.
28. Lambert, D.M., Harrington, T.C. (1990): Measuring Non-Response in Customer Service Mail Surveys, in: Journal of Business Logistics, 11(2): 5-25.
29. Large, R., Giménez, C. (2004): Oral Communication Capabilities of Purchasing Managers, in: International Purchasing & Supply Education & Research Association (ed.): The Purchasing Function: Walking a Tightrope. 13th Annual IPSERA Conference 2004. Catania: p. C-191-C-204.
30. Large, R. (2003): Communication Behavior and Successful Supplier Management, in: Proceedings of the Logistics Research Network Annual Conference, London: p.268-277.
31. Large, R. (2005): Communication Capability and Attitudes towards External Communication of Purchasing Managers in Germany, in: International Journal of Physical Distribution & Logistics Management, forthcoming.
32. Lomax, R.G. (1986): The effect of measurement error in structural equation modeling, in:Journal of Experimental Education, 54: 157-162.
33. McArdle, J.J. (1994): Structural factor analysis experiments with incomplete data, in: Multivariate Behavioral Research, 29: 409-454.
34. MacCallum, R. C., Wegener, D. T., Uchino, B. N., Fabrigar, L. R. (1993): The problem of equivalent models in applications of covariance structure analysis, in: Psychological Bulletin, 114: 185-199.
35. Satorra, A. (1992): Asymptotic Robust Inference in the Analysis of Mean and Covariance Structure Analysis: A Unified Approach, in: Psychometrika, 50: 83-90.
36. Spearman, C. (1904): The Proof and Measurement of Association between Two Things, in: American Journal of Psychology, 15: 72-101.
37. Stank, T. P., Keller, S., Daugherty, P. (2001): Supply Chain Collaboration & Logistical Service Performance, in: Journal of Business Logistics, 22(1): 29-48.
38. Stank, T., Daugherty, P., Ellinger, A. (1999): Marketing/Logistics Integration and Firm Performance, in: The International Journal of Logistics Management, 10(1): 11-25.

39. Stevens, G. C. (1989): Integrating the Supply Chain, in: International Journal of Physical Distribution and Materials Management, 19(8): 3-8.
40. Stine, R. (1990): An Introduction to Bootstrap Methods: Examples and Ideas, in: Sociological Methods and Research, 8: 243-291.
41. Wisner, J. D. (2003): A Structural Equation Model of Supply Chain Management Strategies and Firm performance, in: Journal of Business Logistics, 24(1): 1-26.
42. Wolfe, L. M., (2003): The Introduction of Path Analysis to the Social Sciences, and Some Emergent Themes: An Annotated Bibliography, in: Structural Equation Modeling, 10(1): 1-34.
43. Wright, S. (1921): Correlation and Causation, in: Journal of Agriculture Research, 20: 557-585.
44. Wright, S. (1934): The Method of Path Coefficients, in: Annals of Mathematical Statistics, 5: 161-215.
45. Yung, Y., Bentler, P. M. (1996): Bootstrapping Techniques in Analysis of Mean and Covariance Structure, in: Marcoulides, G. A., Schumacker, R. E. （Eds.）: Advanced Structural Equation Modeling. Issues and Techniques, Erlbaum, Mahwah: 195-226.

6 附录

表 11.1a 变量

II: 内部一体化（1-10）
II1: 非正式团队合作
II2: 共享思想、信息和其他资源
II3: 建立团队合作
II4: 共同进行计划和预测，共同解决执行中的问题
II5: 共同构建目标
II6: 共同制定相关义务
II7: 共同决定如何提高成本效率
EI: 外部一体化（1-10）
EI1: 非正式团队合作
EI2: 共享有关销售预测、销售和库存水平信息
EI3: 共同制定物流流程
EI4: 成立专门团队实施和发展持续补货计划（CRP）和其他 ECR 计划
EI5: 共同进行计划和预测，共同解决执行中的问题
EI6: 共同构建目标
EI7: 共同制定相关义务
EI8: 共同决定如何提高成本效率
AP: 绩效（1-10）
AP1: 公司降低了对该客户的服务成本
AP2: 公司降低了对该客户的运输成本
AP3: 公司降低了对该客户的订单处理成本
AP4: 公司降低了对该客户的产品库存
AP5: 公司缩短了对该客户的提前期

作者简介

➢ Cristina Gimenez 教授、博士
- 1972 年出生
- 1989 年~1996 年，在西班牙巴塞罗那大学（Universitat de Barcelona）攻读工商管理专业
- 2000 年，毕业于英国克兰菲尔德大学（Cranfield University）物流和供应链管理专业，获硕士学位
- 1996 年~2002 年，西班牙巴塞罗那大学助理教授（兼职）
- 2002 年，毕业于西班牙巴塞罗那大学工商管理专业，获博士学位（博士论文题目为《通过供应链管理实现竞争优势》）
- 2002 年~，庞培法布拉大学（Universitat Pompeu Fabra）助理教授（全职）
- GREL（庞培法布拉大学商业物流研究中心）成员
- 主要研究大企业间的联盟合作，特别是快速消费品制造企业和食品杂货零售企业
- 主要研究方向：供应链管理；供应链管理的电子化；电子采购；运营管理
- Departament d'Economia i Empresa, Universitat Pompeu Fabra
  Ramon Trias Fargas 25-27, 08005 Barcelona, Spain
  Tel: +34 935 422 901   Fax: +34 935 421 746
  Email: cristina.gimenez@upf.edu, http://www.econ.upf.edu/~gimenez/

➢ Rudolf Large 教授、博士
- 1962 年出生
- 1984 年~1990 年，攻读物理、工业工程和工商管理专业
- 1990 年~1995 年，德国达姆斯塔特工业大学（Technical University of Darmstadt）研究助理
- 1995 年，获工商管理博士学位
- 在实业界从事过采购管理工作
- 1996 年~2003 年，德国安哈尔特应用科技大学（the Anhalt University of Applied Sciences）教授
- 2003 年~，萨尔兰应用科技大学（HTW Saarland—University of Applied Sciences）教授
- 在芬兰、罗马尼亚、匈牙利和波兰等国均授过课，2003 年在德国达姆斯塔特工业大学获得大学授课资格
- 主要研究方向：采购管理；物流；战略管理
- Department of Business Administration
  HTW Saarland—University of Applied Sciences
  Waldhausweg 14, 66123 Saarbrücken, Germany
  Phone: +49 681 5867 579   Fax: +49 681 5867 504
  Email: rudolf.large@htw-saarland.de, http://www-bw.htw-saarland.de

- ➤ Eva Ventura 教授、博士
  - 1958 年出生
  - 1975 年～1982 年，在西班牙攻读经济和工商管理专业
  - 1989 年，毕业于美国明尼苏达大学（the University of Minnesota）经济学专业，获博士学位
  - 1987 年～1988 年，伊利诺伊大学（the University of Illinois）助理教授
  - 1988 年～1989 年，卡内基梅隆大学（the Carnegie Mellon University）访问教授
  - 1989 年～1991 年，西班牙巴塞罗那自治大学（the Universitat Autònoma de Barcelona）助理教授
  - 1991 年～1999 年，庞培法布拉大学（the Universitat Pompeu Fabra）助理教授
  - 1999 年～，庞培法布拉大学全职教授
  - 部分研究由西班牙财税研究所（the Institute of Fiscal Studies of Spain）和西班牙国家统计研究所（the official statistics institute of Spain）资助
  - GREL（庞培法布拉大学物流研究中心）成员
  - 主要研究方向：供应链管理；结构方程模型；小样本估计；税收；公共支出
  - Departament d'Economia i Empresa, Universitat Pompeu Fabra
    Ramon Trias Fargas 25-27, 08005 Barcelona, Spain
    Tel: +34 935 421 760   Fax: +34 935 421 746
    Email: eva.ventura@upf.edu, http://www.econ.edu/~ventura/

第 12 章　结构方程模型：物流与供应链管理研究理论拓展的基石

Carl Marcus Wallenburg, Jürgen Weber[①]

本章主要内容

1. 导言
2. 结构方程模型在科研中的应用
3. 物流对企业绩效的影响
4. 结论
5. 参考文献

内容摘要

尽管最近在理论上存在一定的争议，但是对于物流和供应链管理的相关研究仍然缺乏对理论拓展的关注。毫无疑问，运用严格的实证方法将有助于研究的快速推进，例如在理论创建中使用结构方程模型。由于结构方程模型可以对结构的有效性和所构建的理论模型进行检验，所以它在许多经济研究领域都是行之有效的方法。本研究主要讨论结构方程模型对理论拓展的贡献，并给出应用结构方程模型分析测量以及结构模型的介绍和说明。本研究还将举例说明如何应用结构方程模型分析物流对公司绩效的影响。该模型以245家德国公司为样本，分析结果表明与物流成本相比，物流服务水平对公司绩效的影响更大。

关键词：结构方程模型；理论拓展；企业绩效；物流服务；物流成本

1　导言

无论是在实业界还是在管理学学术界，物流和供应链管理都赢得了广泛认可。相关的多项研究均显示出这一领域研究方法的广泛性和高度的跨学科性。然而，正如 Mentzer & Kahn（1995：231）所指出的那样：大约在十年前，许多物流和供应链管理的研究在本质上只是实践运营性质的。这一现象即使在今天也是如此。尽管最近在物流理论方面有一些讨论和研究，但是这方面的研究仍然缺乏对方法、理论拓展和数据验证问题的关注。毫无疑问，正如市场营销领域的研究一样，通过严格的经验和实证研究方法，物流和供应链管理领域的相关理论将会得到进一步提升和扩展。

在这种情况下，Bagozzi（1984；1998）将理论构建（theory construction）区分为结构

[①] 本章对德国 WHU 大学 Otto Beisheim 管理学院的 Wolfdieter Keppler 在分析物流对整个公司绩效影响的概念框架这一问题方面所做的贡献表示感谢。

(structure) 和过程 (process) 两个方面。理论构建中的结构是指提出概念、结构、假设、观察值、模型的检验，以及前述各个方面在一个整体研究中的组织架构，而过程则是指逻辑原则和科学方法的应用。结构方程模型 (SEM) 正是因为结构建模而得以提出。同时，结构方程模型能够对理论创建过程的有效性进行验证。

迄今为止，结构方程模型在许多经济研究领域都到了广泛应用。然而，可能是由于结构方程模型的复杂性，只有极少数的物流和供应链管理领域的研究人员采用这种方法（Garver 和 Mentzer, 1999: 33）。然而，随着研究的逐渐成熟，使用结构方程模型将可以使物流研究达到一个更加先进的水平。

为了支持这方面的发展，本章将探讨结构方程模型对理论拓展的贡献并介绍其主要原则。另外，我们给出了结构方程模型应用的综合指导。最后，我们还将举例说明如何应用结构方程模型分析物流对公司整体绩效的影响。我们的模型已经得到验证并在不同程度上得到应用，它说明与物流成本相比，物流服务水平对公司整体绩效的影响更大。

2 结构方程模型在科研中的应用

结构方程模型起源于上个世纪初期。然而，直到 20 世纪 60 年代，社会学家才发现路径分析（path analysis）的广泛应用潜力。在此基础上，Jöeskog（1973）、Keesling（1972）与 Wiley（1973）将结构方程模型发展成为一个通用的范畴，将之应用于所有的因果关系分析。Bagozzi 推动了结构方程模型在经济学上的应用，尤其是在市场营销领域的研究方面，并使之成为目前绝大多数经济学科的经典研究方法之一。

2.1 结构方程模型对理论拓展的贡献

结构方程模型对理论创建的贡献主要表现在对因果关系的实证分析方面。然而，正如 Bagozzi（1984）20 年前所强调的，结构方程模型丰富了模型理论及其结构的可行性。尽管理论创建的过程和结构两方面是相互作用的，但我们将其分开进行描述，因为对理论创建结构的深层次介绍超出了本章的范围。

2.1.1 作为结构的理论创建

理论创建中的结构包含理论的概念、假设、理论中包含的观察结果和测量值，以及包含所有相关要素的整体组织架构（Bagozzi, 1998: 47）。在这方面，结构方程模型提供了一个一体化的方法，其目的是缩短哲学与传统统计学之间的距离。结构方程模型代表了理论与观测条件以及它们之间相应的规则。同时，它能够解释变量和方程中的测量误差。结构方程模型包含可观测到的作为指标的变量，即"显变量"（manifest variables），以及理论层面不可观测的、潜在的或特殊的变量，即"潜变量"，它是由理论创建的。结构与指标间的关系通过测量模型来建模，它表明如何用指标来衡量结构关系。结构间的理论关系通过结构模型中的方程来表示出来。

2.1.2 作为过程的理论创建

模型一旦建立之后，理论模型就需要面临经验数据的验证。在这个过程中，结构方程模型是目前应用于多元统计分析的最先进的技术方法。虽然大多数研究人员认为结构方程模型与协方差结构分析是等同的，但是还有其他类似的方法如偏最小二乘法（Partial Least Squares, PLS）。尽管偏最小二乘法被广泛应用于工业领域，但它在研究领域的应用也只是在近几年才得以开始的（Tobias, 1995: 1; Göz & Liehr-Gobbers, 2004: 1）。

基于协方差的结构方程模型对数据的分析，是建立在所有可观测变量的协方差基础之上。

在这一点上，它与其他方法有着根本的不同，如回归分析仅仅关注于单个变量。用经验协方差矩阵估计模型中的所有自由参数，反复迭代多次可以实现减小经验协方差矩阵与估计参数协方差矩阵间差距的最小化。

基于协方差的结构方程模型可以验证指定的先前所建模型的有效性和可行性。它需要一个理论基础。它对理论创建的贡献在于能够评估测量模型的有效性，以及不同结构的有效性和因果关系的理论有效性。这意味着这种类型的结构方程模型在概念和框架分析之后开始涉及模型创建过程。

偏最小二乘法（PLS）是基于多元回归分析的一种方法，它能够通过迭代过程成功地估计结构和测量模型中的所有自由参数，其目的是最小化变量残差的方差。因而可使得结构模型的解释力最大化（Gotz & Liehr-Gobbers, 2004: 4）。这种方法的重点在于建立预测模型并分析外生变量的预测能力，而不是分析潜在的因果关系（Tobias, 1995: 1）。因此，PLS 是与基于协方差的结构方程模型相辅相成的研究方法。这一类型的结构方程模型主要应用于理论创建的早期，即理论尚未发展或调整到足以提出因果关系的阶段。它是概念工作的起点，旨在应用基于协方差的结构方程模型之前建立一个理论模型。

2.2 结构方程模型的优势与劣势

一般说来，基于回归分析原则的不同的多元统计分析方法适用于分析因果关系。与大多数其他方法相比，基于协方差的结构方程模型和偏最小二乘法具有以下优势：

2.2.1 基于协方差的结构方程模型

基于协方差的结构方程模型不仅可实现通过"潜变量"构成的理论结构的整合，还涵盖了不同外生变量之间的相关度，以及不同内生变量间的因果性和相关度。与多元回归分析需要独立的外生变量，而且每次分析只能包含一个内生变量相比，这是结构方程模型的显著优势。与多元回归分析不同的是，结构方程模型可以实现复杂结构建模，甚至可以包含中间变量。这样，就可以对所有的假设同时进行检验，并且可以区分对内生变量的间接影响和直接影响。另外，基于协方差的结构方程模型有助于明确测量误差，并将其与其他来源的错误（如规范性错误等）区分开来。结构方程模型的另外一个优点在于，可以使用统计检验和各种拟合标准评估模型的拟合度。

基于协方差的结构方程模型的缺点在于它需要大量的样本，大多数情况下需要超过 200 个个体。此外，它还要求所使用的大多数估计函数需要达到测量规模，并且数据要满足多元正态分布。然而，最大似然估计尤其要求满足后一个前提条件（Boomsma, 1982: 157; Bentler & Chou, 1987: 89）。一般来说，基于协方差的结构方程模型允许反映性指标（reflective indicators）和形成性指标（formative indicators）。但是，对如何合作形成性指标的认识和了解却相对较少。

2.2.2 偏最小二乘法（PLS）

偏最小二乘法具有基于协方差结构方程模型的大部分优势。此外，偏最小二乘法不需要考虑数据的分布，而且只需要小样本数据。但是，样本的数量至少要超过最复杂结构中指标数量的十倍，以及加载到单个内生变量上的外生变量的最大数量的十倍（Chin, 1998: 311）。与基于协方差的结构方程模型不同，在偏最小二乘法中不存在处理形成性指标问题。

偏最小二乘法的缺点在于它在估计的一致性和系统测量误差等参数估计方面的劣势。因此，偏最小二乘法仅适用于探索性研究而不是验证性研究。当样本量小、数据不服从正态分布、不存在形成性指标或者最大化预测能力时，偏最小二乘法是一个非常实用而又强大的数据分析方法。

2.3 基于协方差的结构方程模型的使用简介

基于协方差的结构方程模型的高度复杂性,很可能会导致研究人员不恰当地使用这一方法。因此,以下给出一个简单的应用介绍。然而,由于篇幅所限,我们需要参考一些著作,如 Kline(1998)以操作为导向的关于结构方程模型的详细说明、Chin(1998)关于偏最小二乘法的全面介绍。

虽然,结构方程模型可以对验证模型和结构模型两者进行同步分析,Anderson & Gerbing(1988)提出了两阶段方法。

- 第一步,对测量模型进行评估,目标是确保每个指标都是需要验证的(Garver & Mentzer, 1999)。
- 第二步,对结构进行测试。

为了获得有效的测量结果,在进行理论结构建模时需要运用"潜变量"(latent variables),而验证则需要使用"显变量"。在使用基于协方差的结构方程模型时,对这些指标的衡量应该是连续的,或者至少分为五个等级。另外,所有的指标都应该是经过深思熟虑的。许多研究人员忽略了这个前提条件,从而降低了测量模型的有效性(Eggert & Fassot, 2003)。

为了确保所建模型内容的有效性,有必要对相关文献进行全面回顾并介绍相关的研究人员和实业专业人员。根据 Homburg & Giering(1996)的观点,对测量模型的有效性评估应该在第一阶段使用第一代标准(first generation criteria),后面使用第二代标准。如果有必要,可以删除降低有效性的指标。为了确认这一点,他们建议使用探索性因子分析(Exploratory Factor Analysis, EFA),第一步是克朗巴哈 α 系数(cronbach alpha)和分项对总项相关系数(item-to-total-correlation)分析,第二步使用验证性因子分析(Confirmatory Factor Analysis, CFA)。

然而,如果某项指标基于分项对总项相关系数在上述第一步就被淘汰,只需要考虑聚合效度(convergent validity)。因此,我们建议同时使用第二代标准。这样,当决定删除某变量时可以同时考察它的可靠性。

当用探索性因子分析方法(EFA)分析一个结构中的指标时,所有的指标必须是负载在一个单一因子之上的。否则,由于所有的指标测量的变量不同且有不同的尺度,将违背聚合效度。克朗巴哈 α 系数(cronbach alpha)应超过 0.7 或至少是 0.6。否则,显示低可靠性的指标应当被删除。在验证性因子分析(CFA)中,将假定是一个阶乘结构并对它进行分析。文献中给出了许多评估拟合优度(goodness-of-fit)的标准。

为了对模型的拟合有一个更全面的印象,我们建议结合 Homburg & Giering(1996)和 Garver & Mentzer(1999)的观点,并考虑 χ^2/df、TLI 指数(Tucker-Lewis-Index)、拟合优度指数(Goodness-of-Fit-Index, GFI),以及平均近似值误差平方根指标(Root Mean Squared Error of Approximation, RMSEA)等作为一个全面的拟合度指数。可接受的拟合优度要求 χ^2/df 低于 2.5,RMSEA 低于 0.08,TLI 和 GFI 均需超过 0.9。此外,还要考虑局部拟合度,其目标值是组合信度(composite reliability)超过 0.6,变异抽取量(variance extracted)超过 0.5。如果多重指标不满足要求,必须从测量模型中将其删除。

为了验证结构间的区别效度(discriminant validity),我们建议使用 Fornell / Larcker 指标(Fornell & Larcker, 1981)。它给出了所有具有相同方差且低于各自变异抽取量的结构的区别效度。

可以使用上面提到的全局拟合度指标对结构模型的有效性进行评估。此外，平方复相关系数（squared multiple correlation，R2）可以表示每个内生变量的解释程度。它指出在何种程度上，外生变量的方差可以解释内生变量的方差。

当总体拟合优度不充分时，通常是由于数据不足，模型中的规范性错误，以及模型的复杂性过高所导致的。使用 AMOS 或 EQS 软件，可以在修正指数的基础上确认模型的不规范之处。对于每个固定的参数，尤其是模型中没有涵盖所有的关联关系时，在参数可以被自由估计的情况下，这些软件可以估计 χ^2 的变动。通过涵盖不被模拟的关系，有时可以提高模型的拟合优度。然而，只有理论上的理由足够充分时才可以这样做，否则，若模型只是为了拟合数据而不能在以后的研究中被重复使用，这种做法是不科学的。另一种可能性是通过减少结构模型中的结构组成来降低复杂程度，其具体做法是减少内生变量，或者减少对解释内生变量贡献非常小的外生变量。

3　物流对企业绩效的影响

在本章中，我们试通过物流绩效问题来举例说明结构方程模型的使用。正如 Weber（2003）所描述的那样，有很多不同的方法可以提升物流绩效。在传统意义上，绩效是与物流的投入、过程和产出有关的，并且可以用不同的方法测量。然而，当把公司看作一个整体时，分析物流对企业绩效的影响似乎更为合适。

在过去的几年里，有一些研究旨在阐明这一点。然而，Inis & La Londe（1994）、Bowersox（1995）、Daugherty 等（1998）、Bowersox 等（1999），以及 Wisner（2003）、Stank 等（2003）的相关研究结果，仅仅给出了物流对企业绩效影响的模糊介绍，尚未建立起物流与企业绩效之间的具体关系。

为了做到这一点，我们开发了一个二维结构作为一个概念框架来进行进一步讨论。这两个维度构建了一个 2*2 的二维矩阵来表示物流对企业绩效影响的 4 种可能性。

首先，我们可以以生产率为导向来作为研究基础来讨论物流，物流的投入和产出是物流对环境产生影响和作用的两个主要来源。

- 投入的影响。投入直接涉及到资源的消耗，包括人力资源、有形与无形资产以及第三方如 LSPs 提供的服务。物流过程中的资源消耗对周边系统的影响等同于成本。
- 产出的影响。产出代表业务流程的结果，以及产品物流属性或物流目标的改变（例如时间和地点等）。物流的产出对周边系统所引发的某些影响，被称为结果。典型的范例包括促进其他业务运作的发展，以及直接或间接从客户获得收益。

另一方面，我们可以从以下两个角度，通过不确定性来区分物流对公司绩效的影响。

- 运营层面。运营层面是指物流所产生影响的相关信息是全面的、完备的。因此，这一层面的不确定性很低。当物流服务提供之后，这些影响将在短时间内变成现实，并可得到确切的数据。例如，当相应的物流服务得以提供的同时，相应的物流成本和费用亦将发挥出其应有的效用。
- 战略层面。与运营层面相反，战略层面是指对于具体公司而言，物流服务的影响是很难预测的，不确定性非常高。物流在战略层面的影响通常要在较长时间后才能发挥效用，并且可能在很大程度上与最初的期望不同。这方面的一个很好的范例是物流对客户忠诚度和市场表现等其他方面的影响。

3.1 物流投入的影响

从投入角度来分析,物流对企业成功的主要贡献在于其以最少的资源提供预定的物流服务。通过物流减少资源消耗具有运营层面和战略层面的双重影响。

- 运营层面

物流投入在运营层面的一个主要影响是通过降低资源消耗来增加利润,因为这可以转化为成本的降低。在收入既定的基础上,成本减少将直接增加公司的利润。

物流投入在运营层面的另一个影响,是通过增加收入来直接提升利润。若一家企业的产品具有价格弹性,降低成本可以降低价格,这将导致销售数量的增加。结合不变或更高的利润率,这将产生额外的利润。

无论是理论结果(如 Lambert & Stock, 1993: 25)还是实践验证结果,在运营层面上,通过物流降低成本对于公司绩效具有非常显著的影响。因此,我们假设:

H1:物流的成本效益管理有助于企业运营绩效的提升

- 战略层面

物流成本的降低对企业绩效也具有战略层面的影响,尤其是在客户关系管理领域,或者在企业运营成本领先战略的情况下。

在客户关系的设定上,有效的物流成本效益管理有助于促进客户关系的稳定程度。在合作了很长一段时间之后,客户通常非常希望节省成本。尽可能地降低成本,是企业确保其竞争优势的重要手段。然而,由于其他因素对客户忠诚度的影响更加显著(Stank 等, 2003; Wallenburg, 2004: 259-263),这种影响效果就变得非常有限了。

追求全面的成本领先战略意味着在整体成本上超越竞争对手,这就要求积极追求成本的降低(Porter, 1998: 35)。在这种情况下,每一项业务功能的贡献受限于其占总成本的份额。只有少数行业(如零售业)物流才占据较高的成本份额。然而,以价值增加为主体行业的现代经济中,物流占总成本的份额是很低的(Baumgarten & Thoms, 2002: 14)。一般来说,物流对成本领先战略的直接影响是很有限的。

根据前面的讨论我们可以得出以下结论:

H2:物流的成本效益管理对于企业的战略绩效没有显著地影响

3.2 物流产出的影响

物流产出可以通过两方面(运营层面和战略层面)影响一家企业的成本和收入及其竞争地位。

- 运营层面

物流可对企业的短期财务绩效产生多方面的影响,包括成本和收入两个方面。这一观点在相关文献中并不多见(如 Beamon, 1999; Gunasekaran 等, 2001)。

通过满足物流需求,可以避免其他成本的产生。例如,由于运输装卸和仓库管理不力造成的货物损坏或变质而产生的成本。另外,还可以避免来自未满足订单的损失。因为如果不能直接满足客户的需求,客户将会转向其竞争对手。在大多数情况下,由于竞争的日渐激烈,对物流水平的要求越来越高,通常情况下与物流失误有关的成本往往都是可以避免的。因此,在这一国际现状下进一步改善物流服务对财务绩效的潜力提升是很有限的。

通过提供客户目前尚未得到满足的物流需求,可以产生额外的收益。按照服务水平期望将客户细分为不同群体和层次时,物流就可以作为吸引某类新的细分客户群体的手段和措施。然而,这种效果仅限于有限的几个行业。

此外，在没有细分市场分类服务要求的市场上，企业可以依靠优越的物流服务产生额外的利润。较高的服务水平导致客户需求满意度的增加以及较高的支付意愿。这样，溢价将产生额外的收入。然而，除非该公司是一家物流服务供应商，否则来自物流的收入只能发挥有限的作用。

总之，物流优化仅仅对少数产业具有运营层面的影响。因此，我们假设：

H3：物流服务水平对于企业的运营绩效没有显著的影响

- 战略层面

除了运营层面之外，物流产出也会对企业在战略层面产生中长期的影响。

通过提高物流服务水平，并满足客户未能实现的物流需求，可以扩大客户源。这种额外的业务可以很快地提升公司的市场地位。

提供可靠的物流服务，并且物流服务水平能够满足客户的要求，这有助于建立客户的忠诚度。与那些经常得不到满意物流服务的客户相比（比如经常延迟或者运输中有损坏以及不礼貌的服务人员等），得到所承诺质量的物流服务的客户更忠于自己的供应商。在没有具体的物流服务水平标准的市场上，提供优质的物流服务可以进一步提高客户的忠诚度。有时，物流服务功能甚至可以作为重要促进因素（Kano，1979），并以这种方式提高客户忠诚度。

当经过一段时间来观察市场绩效，可得出以下结论：卓越的物流服务支持有助于对市场变化的适应。此外，反应迅速、适应性的物流功能可以极大地缩短企业新产品从构思到实际进入市场所需要的上市时间，从而确保其市场地位。基于上述理由，我们假设：

H4：物流服务水平有助于企业的战略绩效

3.3 物流对企业绩效影响的实证分析

我们利用结构方程模型来模拟我们所设定的概念框架，并且检验先前提出的假设，以便得到物流对企业绩效影响的实证证据。由于这一过程的验证性性质，我们使用本篇第三章（本书第 11 章）中所述的基于协方差的结构方程模型。

- 研究模型

为了得出物流对企业绩效产生各种影响的结论，我们使用在市场营销领域已使用而且已经得到验证的模型（Irving，1995；Ruekert 等，1985）。这种方法将企业绩效区分为不同的组成部分：财务绩效、市场绩效和适应性。

财务绩效是指所产生的利润，是公司绩效的一个短期运营指标。与此相反，市场绩效先于财务绩效，具有战略性。适应性是指公司对环境发展的适应能力，它先于市场绩效。

根据我们所设定的概念框架研究假设可以转化为如下研究模型。作为物流产出的衡量指标，物流服务水平对作为企业战略组成部分的市场绩效和适应性具有积极影响。然而，物流服务水平对于企业绩效运营组成部分的短期财务绩效则没有直接影响。相反，作为物流投入的衡量指标，物流成本水平对适应性和市场绩效都没有影响，却对短期财务绩效有积极的直接影响。

- 实证研究的样本设计

对研究模型的评估是建立在我们的研究中心于 2002 年所进行的一项调查基础之上。这项调查涉及来自不同行业的 7800 家公司（包括食品、化工、塑料、医药、工业机械、汽车、电子、光学、零售及其他行业）。样本来自对德国物流期刊"Logistik Heute"订户的随机抽样。这项调查的对象是物流经理人，他们是这一特殊主题的关键信息提供者。问卷回应率为 3.2%，尽管如此，利用 Armstrong & Overton（1977）测试，使用最后的信息提供者作为非应答反应者的代表,并将其与较早的响应者对比,并没有检验出无应答偏差(non-response bias)。附加分析还表明,此样本具有代表性和公正性(Engelbrecht, 2004: 80-85)。返回的调查问卷共计 245 份,其中有 216 份可以用于检验该模型。

● 研究中的测量量表

此研究中的每个结构都可以被模拟为一个"潜变量",并且通过许多指标的五点李克特尺度(five-point Likert-Scale)来测量,如表 12.1 所示。

表 12.1 项目概览和统计方法

结构	项目（相对于各自的竞争对手）	分项对总项相关系数 (Item-to-Total Correlation)	指标可靠性 (Item Reliability)	t 值 (t-Value)
财务绩效	（FP 1）去年的销售回报率	0.78	0.85	11.10
	（FP 2）近 3 年的销售回报率	0.70	0.99	10.95
	（FP 3）近 3 年销售回报率的变化情况	0.66	0.53	—
市场绩效	（MP 1）客户满意度	0.60	0.51	7.26
	（MP 2）客户价值	0.72	0.81	7.50
	（MP 3）客户忠诚度	0.56	0.41	6.84
	（MP 4）发展新客户	删掉该指标		
	（MP 5）市场占有率增长	0.48	0.27	—
	（MP 6）市场占有率	删掉该指标		
适应性	（RS 1）针对客户需求的产品和服务的采纳情况	0.65	0.50	10.50
	（RS 2）对市场发展的反应	0.79	0.94	10.59
	（RS 3）对市场机会的利用	0.65	0.51	—
物流服务	（LS 1）提前期/周转时间	0.59	0.56	5.35
	（LS 2）交付时间	0.56	0.52	5.34
	（LS 3）交付能力	删掉该指标		
	（LS 4）交付弹性	0.50	0.35	5.03
	（LS 5）物流流程的质量	0.36	0.18	—
物流成本	（LC 1）单位销售收入的物流成本率	0.55	0.66	4.64
	（LC 2）运输总成本	0.51	0.46	5.21
	（LC 3）库存水平	删掉该指标		
	（LC 4）物流中有关人力资源的特定成本	0.36	0.18	—

短期导向的财务绩效可以用销售回报率指标来衡量。被调查者评估销售回报率并与竞争者进行比较。这种主观测量对内部客观数据（Dess & Robinson，1984）和外部二级数据（Venkatraman & Ramanujam，1986）表现出高度一致性。

我们使用 Irving（1995）开发的量表来测量市场绩效,这一量表在德国研究中有着广泛的应用。它描述了一个企业如何在市场上成功运作。最初的六个指标中有两个（MP4 和 MP6）被删掉了,分析时不再考虑这两项指标。这是因为 CFA 验证结果表明其测量误差与其他测量误差之间具有高度相关性。

根据 Ruekert 等（1985）的研究，适应性被理解为公司适应环境变化的能力。它可以通过 3 项指标来测量，包括与各自的竞争对手相比对适应性不同方面的主观评估。

为了衡量作为物流产出的物流服务水平，我们开发了一个包括 5 个指标的量表。他们包括物流服务的不同方面，从客户角度、内部周转时间、过程的稳定性以及就其竞争对手来说公司所处的相对位置。

由于哪些成本属于物流成本在不同的公司间差异很大，我们用 4 个指标来说明这个问题并专注于物流成本的核心。被调查者被要求报告他们如何评估自己的物流成本，并与其竞争对手进行比较。根据前面提到的两步走方法，在分析结构模型之前应对测量模型进行检验。通过计算每个结构的 Cr.Alpha 值以及每项指标的分项对总项相关性（item-to-total correlations）来评估聚合效度。此外，我们使用 AMOS 4.0 在所有的量表上进行验证性因子分析。验证性因子分析的结果显示出高度的可靠性和聚合效度（见表 12.2 所示）。对于所有的规模，不同的拟合优度指标均优于规定要求。另外，根据 Fornell / Larcker 标准，结构也显示了有效的区别效度（discriminant validity）。因此，所有结构均符合测试和评价我们相关假设的要求。

表 12.2 结构的统计检验

组成	Cr.Alpha	χ^2/df	TLI	GFI	RMSEA	组合信度 (composite reliability)	变异抽取量 (variance extracted)
财务绩效	0.85	—	—	—	—	0.99	0.98
市场绩效	0.78	0.68	1.01	1.00	0.00	0.78	0.48
适应性	0.83	—	—	—	—	0.85	0.65
物流服务	0.71	2.44	0.96	0.99	0.08	0.72	0.40
物流成本	0.66	—	—	—	—	0.68	0.42

- 对结构模型和假设的分析

对结构模型的分析建立在上述测量模型的基础之上。图 12.1 所示的所有拟合优度标准表明，研究模型很好地拟合了样本数据。对于每一条路径，我们都计算了路径系数并评估了其统计意义。该模型显示了 3 条非显著的路径以及 3 条显著的路径，一条在 0.01 的水平上，另两条在 0.10 的水平上。

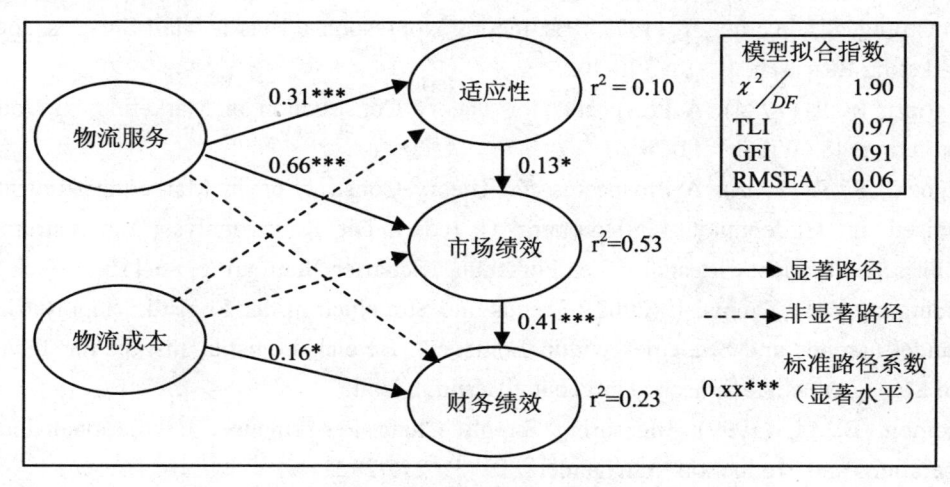

图 12.1 因果模型的结果

物流成本只对短期财务绩效具有显著地直接影响，而对适应性和市场绩效并没有影响。这支持了我们的假设：物流投入仅对企业绩效具有运营层面的影响但没有战略层面的影响。

与此相反，物流服务水平对于适应性和市场绩效具有强烈的直接效应，对短期财务绩效却没有直接影响。这支持了我们的假设，物流产出只具有战略作用，而它对企业绩效实施的影响可以忽略不计。当优质的服务带来更好的市场绩效时，才会在长期影响财政绩效。然而，这种间接的影响具有 0.30 的标准值，它超过了物流成本对财务绩效的直接影响。总的来说，与物流成本相比，物流服务水平对企业绩效具有更大地影响。

对于所得出的结果，大家可能会惊讶于它们的清晰度。从长远来看，与我们研究中心于 1999 年进行的另一项针对于不同研究课题的研究结果相比，这一结果可能更为真实一些。它表明：物流服务与物流成本之间，以及适应性、市场绩效和财务绩效之间具有相同的关系。

4 结论

本章清楚地表明了结构方程模型对理论拓展和测试的全面贡献。结构方程模型提供了一个整体的方法，用方程来代表理论模型的元素和结构。此外，它作为一种统计方法用实证观察来处理理论模型，并在此基础上评估其有效性。在这一过程中，PLS 作为一个探索性的方法得出了因果关系，而基于协方差的结构方程模型则作为一种验证性方法用于概念框架和理论模型建立之后的验证。相对于大多数其他的多元统计方法而言，结构方程模型具有许多优势，尤其是它能够评估复杂结构和因果关系。

此外，本章给出了基于协方差的结构方程模型的详细使用范本，并且通过物流对公司整体绩效影响的范例说明了它的使用方法和过程。一方面是投入和产出的区别，另一方面，运营和战略的角度构成的概念框架是这个范例的分析基础。应用结构方程模型对 216 家德国公司进行研究，其结果表明物流对公司的整体绩效有重大地影响。另外，还表明在这方面物流服务水平比物流成本更具重要性。

5 参考文献

1. Anderson, J., Gerbing, D. (1988): Structural Equation Modeling in Practice: A Review and Recommended Two-Step Approach, Psychological Bulletin, 103 (3): 411-423.
2. Armstrong, S., Overton, T. (1977): Estimating Nonresponse Bias in Mail Surveys, Journal of Marketing Research, 14 (8): 396-402.
3. Bagozzi, R. P. (1984): A Prospectus for Theory Construction in Marketing, in: Journal of Marketing, 48 (Winter): 11-29.
4. Bagozzi, R. P. (1998): A Prospectus for Theory Construction in Marketing: Revisited and Revised, in: Hildebrandt, L.; Homburg, C. (eds.): Die Kausalanalyse: Ein Instrument der empirischen betriebswirtschaftlichen Forschung, Schaffer, Stuttgart: p. 86-115.
5. Baumgarten, H., Thoms, J. (2002): Trends und Strategien in der Logistik: Supply Chains im Wandel (Trends and Strategies within Logistics), Bereich Logistik, Institut für Technologie und Management, Technische Universitat Berlin, Berlin.
6. Beamon, B. M. (1999): Measuring Supply Chain Performance, International Journal of Operations and Production Management, 19 (3): 275-292.
7. Bentler, P. M., Chou, C. P. (1987): Practical Issues in Structural Modeling, in: Sociological

Methods & Research, 16: 78-117.

8. Boomsma, A. (1982): The robustness of LISREL against small sample sizes in factor analysis models, in: Joeskog, K.G.; Wold, H. (eds.): Systems under indirect observation: Causality, structure, prediction, Amsterdam: p. 149-173.
9. Bowersox, D. J. (1995): World Class Logistics: The Challenge of Managing Continuous Change, Council of Logistics Management, Oak Brook, IL.
10. Bowersox, D. J., Closs, D. J., Stank, T. P. (1999): 21st Century Logistics: Making Supply Chain Integration a Reality, Council of Logistics Management, Oak Brook, IL.
11. Chin, W. W. (1998): The partial least squares approach for structural equation modeling, in Marcoulides; G.A. (eds.): Modern methods for business research, Lawrence Erlbaum, Mahwah, NJ: p. 295-336.
12. Daugherty, P. J., Stank, T. P., Ellinger, A. E. (1998): Leveraging Logistics/Distribution Capabilities: The Effect of Logistics Service on Market Share, Journal of Business Logistics, 19 (2): 35-51.
13. Dehler, M. (2001): Entwicklungsstand der Logistik. Messung, Determinanten, Erfolgswirkungen, (Logitics Development—Measurement, Determinants, Success), Gabler / DUV, Wiesbaden.
14. Dess, G., Robinson, R. (1984): Measuring Organizational Performance in the Absence of Objective Measures, Strategic Management Journal, 5 (3): 265-73.
15. Eggert, A., Fassott, G. (2003): Zur Verwendung formativer und reflektiver Indikatoren in Strukturgleichungsmodellen (On the use of formative and reflective indicators in SEM) Paper at the 65. Annual Confernece of the VHB e.V. (Pfingsttagung), Zürich 2003.
16. Engelbrecht, C. (2004): Logistik optimierung durch Outsourcing (Optimizing Logistics through Outsourcing) DUV, Wiesbaden.
17. Fornell, C., Larcker, D. (1981): Evaluating Structural Equation Models with Unobservable Variables and Measurement Error, Journal of Marketing, 45 (2): 39-50.
18. Garver, M. S., Mentzer, J. T. (1999): Logistics Research Methods: Employing Structural Equation Modeling to Test for Construct Validity, Journal of Business Logistics, 20 (1): 33-57.
19. Goz, O., Liehr-Gobbers, K. (2004): Der Partial-Least-Squares (PLS) - Ansatz zur Analyse von Strukturgleichungsmodellen (The Partial Least Squares Approach to SEM), Working paper of the Institute for Marketing at the University of Münster, Nr. 2, March 2004.
20. Gunasekaran, A., Patel, C., Tirtiroglu, E. (2001): Performance Measures and Metrics in a Supply Chain Environment, International Journal of Operations and Production Management, 21 (1): 71-87.
21. Homburg, C.; Giering, A. (1996): Konzepualisierung und Operationalisierung komplexer Konstrukte—Ein Leitfaden für die Marketing forschung (Conceptualisation and Operationalisation of complex constructs—A Guideline), in: Marketing—ZFP, 18 (1): 5-24.
22. Innis, D. E., La Londe, B. J. (1994): Customer Service: The Key to Customer Satisfaction, Customer Loyalty, and Market Share, Journal of Business Logistics, 15 (1): 1-28.
23. Irving, E. (1995): Marketing Quality Practices, Dissertation, University of North Carolina.

24. Jöeskog, K. (1973): A General Method for Estimating a Linear Structural Equation System, in: Goldberger, A. S.; Duncan, O. D. (eds.): Structural Equations in the Social Sciences, Seminar Press, New York.
25. Kano, N. (1979): On M-H Property of Quality, in Nippon QC Gakka, 9th Annual Presentation Meeting, Abstracts, Japanese Society of Quality Control: p. 21-26.
26. Keesling, J.W. (1972): Maximum Likelihood Approaches to Causal Flow Analysis, Dissertation, University of Chicago, Chicago.
27. Kline Rex B. (1998): Principles and Practice of Structural Equation Modeling, Guilford Press, N.Y.
28. Lambert, D. M., Stock, J. R. (1993): Strategic Logistics Management, Irwin, Homewood.
29. Mentzer, J.T.; Kahn, K.B. (1995): A Framework of Logistics Research, in: Journal of Business Logistics, 16 (1): 231-249.
30. Porter, M. E. (1998): Competitive Strategy: Techniques for Analyzing Industries and Competitors, The Free Press, New York.
31. Ruekert, R. W., Walker Jr., O. C., Roering, K. J. (1985): The Organization of Marketing Activities: A Contingency Theory of Structure and Performance, Journal of Marketing, 49 (1): 13-25.
32. Stank, T. P., Goldsby, T. J., Vickery, S. K., Savitskie, K. (2003): Logistics Service Performance: Estimating its Influence on Market Share, Journal of Business Logistics, 24 (1): 27-55.
33. Tobias, R. (1995): An Introduction to Partial Least Squares Regression, in: Proceedings of the 20. Annual SAS Users Group International Conference, Cary, NC: 1250 -1257.
34. Venkatraman, N., Ramanujam, V. (1986): Measurement of Business Performance in the Absence of Objective Measures, Strategic Management Review, 11 (4): 801-814.
35. Wallenburg, C. M. (2004): Kundenbindung in der Logistik - Eine empirische Untersuchung zu ihren Einflussfaktoren (Customer Loyalty within Logisitics—An empirical study on its determinats), Haupt Verlag, Bern et al.
36. Weber, J. (2003): Macht Logistik erfolgreich?—Konzeptionelle Überlegungen und empirische Ergebnisse (Does Logistics make successful? Conceptual thoughts and empirical results), in: Logistik Management, 5 (3): 11-22.
37. Wiley, D. E. (1973): The Identification Problem for Structural Equation Models with Unmeasured Variables, in: Goldberger, A. S.; Duncan, O. D. (eds.) Structural Equation Models in the Social Sciences, Seminar Press, New York: p. 69-83.
38. Wisner, J. D. (2003): A Structural Equation Model of Supply Chain Management Strategies and Firm Performance, Journal of Business Logistics, 24 (1): 1-26.

作者简介

➢ Carl Marcus Wallenburg 博士
  - 1973 年出生
  - 在卡尔斯鲁厄大学和瑞典哥特堡大学（Universities of Karlsruhe and Gothenburg），攻

读工业工程与管理和工商管理专业
- 2000 年～2004 年，研究助理、博士研究生
- 2004 年至今，助理教授，Otto Beisheim 管理学院（Otto Beisheim Graduate School of Management，德国 WHU 大学）
- 主要研究大企业间的联盟合作，特别是物流服务提供商
- 主要研究方向：物流与供应链管理；企业绩效与绩效评估；市场绩效及顾客忠诚度
- Kühne-Center for Logistics Management
  Otto Beisheim Graduate School of Management（WHU）
  56179 Vallendar, Germany
  Tel: +49 261 6509 488　　Fax: +49 261 6509 479
  Email: cmwallen@whu.edu, http://www.whu.edu/control

➢ Jürgen Weber 教授、博士
- 1953 年出生
- 在哥廷根大学（University of Götingen）攻读工商管理专业
- 1978 年～1981 年，多特蒙德大学（University of Dortmund）研究助理、博士研究生
- 1981 年～1986 年，纽伦堡－埃朗根大学（University of Nürnberg-Erlangen）助理教授
- 1986 年至今，奥托 Beisheim 管理学院工商管理学教授
- 1990 年，维也纳大学（University of Vienna）访问教授
- 1999 年，维也纳大学经济与工商管理大学访问教授
- Zeitschrift für Controlling und Management 和 Zeitschrift für Logistik management 期刊的编辑
- 主要研究方向：控制；管理会计；公司治理；物流和通信
- Chair of Controlling and Telecommunications—Deutsche Telekom AG Foundation
  Otto Beisheim Graduate School of Management（WHU）
  56179 Vallendar, Germany
  Tel: +49 261 6509 470　　Fax: +49 261 6509 479
  Email: jweber@whu.edu, http://www.whu.edu/control

第13章 顾客对英国第三方服务供应商服务质量的评价（认识、见解、看法）——验证性因子分析

Harlina Suzana Jaafar, Mohammed Rafiq

本章主要内容

1. 导言
2. 物流服务质量
3. 研究方法
4. 研究结果
5. 讨论
6. 结论
7. 参考文献

内容摘要

作为一种统计工具，涵盖验证性因子分析（Confirmatory Factor Analysis，CFA）的结构方程模型（Structural Equation Modeling，SEM）在物流研究中的运用日益广泛。物流服务质量（Logistics Service Quality，LSQ）等级标准在美国得以发展应用，是由 Mentzer 等（1999）提出的。本研究旨在说明 CFA 在物流研究中，尤其是在检验 LSQ 等级标准性能方面的作用。本研究还提示了 CFA 在部分数据缺失时等级标准发展与检验方面所表现出的优势。本研究立足于对英国不同行业第三方物流服务供应商的顾客进行邮件调查。研究结果表明物流服务质量等级标准通过一定改进后在英国所有产业中具有普遍适用性。

关键词：第三方物流；物流服务质量；验证性因子分析；缺失数据；验证与邮件调查

1 导言

结构方程模型是一种在心理学、市场营销学、教育学、社会学和组织行为学等各种不同学科中得以广泛应用的多变量技术方法（Hair，1998）。结构方程模型的过程遵循两个阶段：（1）验证测量模型；（2）调整结构模型。第一步需要通过验证性因子分析（Confirmatory Factor Analysis，CFA）来完成，而后一步则需通过对潜在的、未观察到的变量（亦即潜变量）进行路径分析（path analysis）才可实现。验证性因子分析在结构方程模型中扮演重要角色，它被用以验证其中的指标是否能够正确有效地测量相应的潜变量，并用因子的形式表示出来。它同时还可以被用以评估测量误差在模型中的影响程度、证实一个多因子模型以及测定群体效应对因子的影响大小。验证性因子分析在物流研究领域的应用愈加广泛（Keller 等，2002），

这是由于结构方程模型能够使有效的、较强解释力的、具普遍意义的测量标准得以发展，从而使其自身的外部有效性得到增强（如 Hubbard & Vetter，1996；Thacker 等，1989）。Joreskog（1974）提出可以尝试对因子结构的复制进行验证性因子分析。根据 Lindsay 与 Ehrenberg（1993：219）的研究结论，除非对那些具有统计显著性的验证性因子进行归纳，否则它们自身将会是"几乎没有意义也没有作用的"。Mentzer 与 Flint（1997）强调，任何一个单一的研究都不能确保结构方程模型的外部有效性。相反，外部有效性只有通过在许多不同时间和地点进行的研究才能得以增强。因此，他们建议，应鼓励其他学者在物流期刊专业论文中对此研究进行复制。

第三方物流（Third Party Logistics，TPL）服务的提供是在 20 世纪 80 年代中期才作为一个重要论题而出现的。英国的服务外包率在全欧洲排名第一，反映出其工业较高的发展水平（无法查找原作者，1999）。在 2002 年，合同物流市场总额达到约 125 亿英镑，是 2000 年市场总额的两倍。尽管物流市场有如此大的增长，用户对英国物流外包的评价问题却并未被学术界所关注和重视。

本研究将阐述物流服务质量等级标准（Mentzer 等，1999）在应用于用户评价英国第三方物流服务时的普遍适用性，考察验证性因子分析在其中所起到的作用。除了 Mentzer 等（2001）的研究，物流服务质量等级标准从未在任何一项现有的研究中被检验过。如果它所测量的是真实的物流服务质量，那么了解顾客对物流服务质量的评价就是一项很迫切的任务。同时，在不同的环境中检验物流服务质量等级标准也会提升这一标准的严谨性和科学性。

本章的主要研究结构如下：首先，讨论物流服务质量等级标准，之后将会对研究方法进行说明，而后将展示对此等级标准的检验结果并进行详细讨论，最后，本章将讨论本研究中使用的方法所带来的启示。

2 物流服务质量

物流服务质量（Logistics Service Quality，LSQ）是一种用来测度物流服务质量的等级标准体系。它是在一家名叫 DLA（Defense Logistics Agency）的美国物流供应商公司被开发、运用并证明有效的物流等级标准体系。DLA 公司主要为美国本土的顾客提供物流服务（Mentzer 等，1999，2001）。Mentzer 等（1999）首先依照 Bienstock 等（1997）所使用的一般方法论建立了实体配送服务质量（Physical Distribution Service Quality，PDSQ）等级标准以评价技术质量，然后将此服务质量的概念延伸到物流领域中，对物流服务的各方面的职能性质量进行整合。根据不同顾客群体（建筑业顾客、电子业顾客、燃料业顾客、工业供应商、药品供应商、纺织业顾客和普通顾客等）都认可的观点，将物流服务整合的职能质量服务标准划分为 9 个相互关联的方面（结构）。这 9 个结构分别为信息质量、订单流程、订单数量、时效性、订单准确性、订单质量、订货条件、订单差错处理和人员沟通质量（Mentzer 等，1999）。Mentzer 等（2001）对 Mentzer 等（1999）的研究进行了拓展，将 LSQ 的 9 个方面定义为 4 种顾客群体（普通顾客、纺织业顾客、电子业顾客和建筑业顾客）对物流服务不同职能模块评价的相互影响并使其最终形成对物流服务不同满意程度的过程。然而，这一研究成果所关注的是对 LSQ 等级标准（Mentzer 等，1999）的初步验证，而不是对 LSQ 过程模型的试验。

3 研究方法

由于 LSQ 并未在除初始背景以外的条件下被验证过，因此需要对初始研究的每一步骤进行深入而详细的检验，这样才能体现出该套等级标准体系是否具有被广泛应用的可能性。这一试验旨在确定外界环境的变化对原实验结果并不会产生较大影响。表 13.1 总结了本研究与 Mentzer（1999）研究的区别与联系。

表 13.1 现有研究与 Mentzer 研究（1999）在研究方法论方面的比较

LSQ—美国（Mentzer 等，1999）	LSQ—英国研究
研究目的：考察一家具有众多细分市场的当地物流企业，从而确定 Bienstock 等（1997）运用的一般性研究方法是否可以得出一套同样有效、可靠的物流服务质量等级标准体系（LSQ）。	研究目的：测试 LSQ 标准体系在英国不同产业部门的适用性和可推广性。
样本：来自被调查的美国物流企业不同细分市场的各类顾客。	样本：全英国各行业第三方物流供应商的顾客。
探索性研究： 主要群体：13 个与主要物流服务购买商进行的讨论会。	探索性研究： 深度采访：7 位来自不同行业并使用第三方物流服务的经理人和 2 位来自大型第三方物流公司的经理人。
预调查：取调查群体十分之一，通过结果来优化最终调查范围与规模。	预调查：在全英国范围内针对 50 位随机抽取的物流相关经理人进行邮件调查。
主调查：DLA 公司对 16920 名 DLA 顾客的调查。 回复率：32.7%（n = 5531）	主调查：在全英国范围内向 1258 名物流相关经理人发送调查邮件。 回复率：16.4%（n = 183）
研究工具：五点李克特量表（5-point Likert scale），包括 25 个问题。	研究工具：七点李克特量表（7-point Likert scale），包括 32 个问题。

3.1 定性研究与研究工具

为了验证 LSQ 质量标准体系的可推广性，需要进行以下步骤的分析。首先，与 7 位来自第三方物流客户公司的物流经理以及两位来自顶尖第三方物流公司的物流经理进行访谈。来自不同领域的专家对研究测量工具进行检验，以确保研究内容的可靠性。这些专家包括 4 位学术界人士、一位物流咨询师和一位拥有 12 年工作经验的第三方物流使用者。然后，这一测量工具需要在 50 个随机选取的公司中进行预测试，获得了 6 份有效的调查问卷。对这一数据进行田野定性调查方法的结论与试验的前期调查相比有了一定的变化。第一，为了改进 LSQ 等级标准，两个只由两个变量组成的结构（信息质量和订单流程）需要进行扩展，尤其是信息质量，这是因为通过调查发现这一结构并不适用于没有目录信息的第三方物流的客户公司。Mentzer 等（1999）提出服务供应商的目录所包含的信息必须可得而且应当具备足够高的质量，使得使用者能够做出决策。这一探索性研究的结果反映出，由于物流操作和组织内部关系的复杂性，物流实践中包含大量用以交换信息的组织内部信息系统，如互联网和 EDI（电子数据互换），因此，需要对信息的质量进行更加严格的评估。本研究发现 Mohr 与 Spekman（1994）建立的信息质量评估等级标准非常适用于进行这一类型的评估，因此采用了这一等级标准（见表 13.2 所示）。

表13.2 对信息质量和订货步骤的定义与操作测量所做改变

美国—LSQ（Mentzer 等，1999）	LSQ—英国的研究
信息质量 顾客在接收目录中的产品时对产品可用性与信息充分性的感知。	信息质量 信息交换的质量包括准时性、及时性、充分度和可靠度。
衡量指标：目录信息可得。 　　　　　目录信息充分。	衡量指标：第三方物流供应商传递的信息是及时的。 　　　　　第三方物流供应商传递的信息是准确的。 　　　　　第三方物流供应商传递的信息是充分的。 　　　　　第三方物流供应商传递的信息是完整的。 　　　　　第三方物流供应商传递的信息是可靠的。
订单流程：指供应商所采用的流程的效率和有效性。	订单流程：顾客关心的不只是流程的效率和有效性，还有采购流程所花费的时间、精力，过程的复杂性，订单的准确度，订货系统的可靠度和对任何订单的变化的灵活度等。
衡量指标：采购流程有效。 　　　　　采购流程简单可行。	衡量指标：采购流程是有效的。 　　　　　采购流程是简单可行的。 　　　　　采购流程是简洁的。 　　　　　采购流程不需花费太多精力。 　　　　　采购流程不需花费太多时间。 　　　　　采购流程具有弹性。

第二个有两个变量的结构是订单流程。在 Mentzer 等（1999）的研究中，订单流程指的是下订单过程的效率和有效性。在一个存在多行业领域的背景下，情况会更加复杂，Mentzer 等（1999）使用的订单流程测量方法已不能全面反映在特定产业的订货步骤。同时，对订单流程的测量指标，如有效性、可行性、简洁性、灵活性方面的等级标准，以及所需要花费的时间和精力等均被认为是十分重要的（Dabholkar，1994）。因此，本研究运用了一个更加广泛的订单流程的概念框架，见表13.2所示。

除了对这些双变量等级标准的修订以外，探索性研究与初期研究（pilot study）还发现，基于在 DLA 公司组织中建立的特定等级标准，完全应用这一等级体系会使结果或研究变得更加复杂化。而且，LSQ 等级标准体系通常认为更适用于内向物流（inbound logistics）。人们希望不同产业的物流实践以及客户使用的独特物流服务的复杂流程，能够有助于这一问题的解决。

本研究认为，相比于 Mentzer 等（1999）所调查的采购经理人，物流经理人能够更好地评价由第三方物流供应商所提供的物流服务，这是因为前者评价的仅仅是由第三方物流供应商所运输的货物及货物提供者的服务，而不涉及第三方物流供应商的服务。虽然要严格地将内向（inbound）物流和外向（outbound）物流的经理人区分开来非常困难，但我们可以确定的是，物流经理人能为本研究提供最佳数据。就像 Mentzer 等（1999）所提出的，有关等级标准回答的数量从五点的李克特"同意/不同意"量表增加到了接受更多不同答案的七点的李克特量表。更多等级标准的评分导致了多样性，从而增强了可靠程度。由于一些填写问卷时可能出现的问题，Mentzer 等（1999）所使用的如"不知道"和"不使用"标准未被设计到问卷中。有专家认为排除这些选项可以揭示更大数量的信息（Malhotra，1998）。

3.2 抽样与调查流程

调查邮件被寄往不同行业领域的 1258 名物流经理人,他们是从物流与运输协会(the Institute of Logistics and Transport,ILT)2000 年的会员名单中被随机挑选出来的。调查采用的是 Dillman(2000)所提出的总体设计方法(total design method)。本研究在联系调查对象时,采用了一封预先通知信,三份调查问卷与一张用于提醒的明信片。共有 336 名(26.7%)经理人回复了邮件。然而,从初始样本范围内除去那些寄错的样本邮件、无效问卷与非第三方物流客户问卷,真正有效的回复比例是 16.4%。这一调查从 2003 年 11 月份开始,至 2004 年 2 月结束,被调查者需要说明他们对第三方物流供应商提供的服务的评价。大多数回复者是从事物流相关行业的经理人(68.8%),绝大多数回复者(70.5%)在现有岗位拥有六年以上的工作经验,并且 62.1%的回复者拥有六年以上与第三方物流供应商合作的经验。这些数据准确地反映出被调查者对研究内容的熟悉程度,从而增强了所获信息的可靠性。超过半数(56.3%)的回复者所在企业是制造业,另外有 27.7%是批发商,9.8%是零售商,其他行业所占比例最低(6.2%)。回复对象中所占比例最高的(27.3%)来自食物、饮料和烟草部门。

为了检验无应答偏倚(non-response bias),需采用 Armstrong 与 Overton(1977)所使用的将前期回复者与后期回复者进行变量比较的研究方法。结果显示,只有两个项目的 p 值小于 0.05 的显著性水平。因此,除了在订货数量这一结构中的两项变量,前期回复者的观点和后期回复者的观点并没有区别,这表示应答偏倚问题并不显著。

4 研究结果

由于 LSQ 物流服务等级标准的问题都针对本章 3.1 部分中所强调的那一家特定企业,因此预计有些被调查者在填写问卷时在部分问题的回答上会遇到一些困难。不出意外的是,有 15.83%的问卷回答是不完整的。受影响最严重的结构是订单质量、订单数量与订单准时性。绝大多数用户中只针对外向物流业务使用第三方物流或使用特定类型物流服务的被调查者反映这些结构并不适用。Enders(2001)认为,数据的缺失是应用研究中的常见问题。McArdle(1994)强调,虽然数据缺失在一定程度上反映出结果不是很乐观,但是数据缺失本身也能带来不少信息,甚至对于结果分析来说也十分有用。学者们曾尝试用各种不同的方法来解决数据不完全这一问题,如成列删除法(listwise deletion),成对删除法(pairwise deletion),以及多元计算方法等。然而,如多重替代法(multiple imputation)、最大似然(maximum likelihood,ML)估计等最先进的方法已被证实能产生对群体值(population value)的无偏估计,从而改善最终结果的准确性和统计显著性。在本研究中所用到的软件 AMOS 5.0 代表了基于最大似然(ML)估计(Byrne,2001;Arbuckle,1996)的一个直接解决方法。Byrne(2001)证明了即使一个样本有 25%的数据缺失,总体 χ^2 和总体拟合优度统计指标如平均近似值误差平方根指标(RMSEA)、比较固定指数(CFI)等的拟合优度统计量变化相对较为接近。这些发现有力地说明直接的最大似然方法对于处理数据值缺失的问题有着较好的效果。

最大似然估计方法的优点在于当未观察到的值是完全随机缺失(Missing Completely At Random,MCAR)时,其估计具有一致性和高效率;当未观察到的值是随机缺失(Missing At Random,MAR)时,最大似然方法能够提供无偏估计;而当缺失值是不可忽视随机缺失(Non-ignorable Missing At Random,NMAR)时,最大似然方法能够提供最小偏差估计值(Byrne,2001;Enders,2001)。然而,如前文所提到的,本研究数据的缺失来自某些等级标准无法适用于特定的被调查对象。因此,从字面上看本研究并不存在数据缺失问题。根据

Schafer & Graham（2002）的观点，如果对其他一些被调查者来说这些测量指标适用的话，那么回答这些问题代表该等级标准适用于其公司，而存在缺失的问卷则被认为是假设该等级标准并不适用其公司。因此，我们可以假设缺失的数据被认为是随机缺失（MAR）。有人认为研究人员不需关注数据的缺失是否来自于那些认为等级标准不适用的回复者，而缺失数据这一问题的引入则仅仅是作为一个数学工具用以简化计算。基于这一观点，本研究中的不完整数据将被认为是随机缺失（MAR），而最大似然估计方法也会因此得出在正态假设下对模型拟合度的精确评估（Enders，2001）。

4.1 评估模型

对估测 LSQ 模型中九个结构的变量进行验证性因子分析（CFA），是为了更深入地检验等级标准所体现的顾客心理属性。这一阶段的分析将 LSQ 的概念定义为由信息质量、订单流程、订单质量、订货条件、订单准确度、订单差错处理、人员沟通质量、订单数量和时效性所组成的二阶结构（second-order construct）。一个二阶因子模型（second order factor model）是一个具有一个或多个潜结构组成的模型，各个潜结构的变量也是潜在的。表 13.3 是本研究测量模型的结果，其单向度、可靠性、收敛有效性和差别有效性会被评估。

表 13.3 测量模型

结构	α 美国 LSQ	α 英国 LSQ	*组合信度（Composite reliability）	*平均变异抽取量（Average Variance Extracted）
信息质量（IQ）	-NA-	0.9586	0.9604	0.8293
订单流程（OP）	-NA-	0.9575	0.9636	0.8161
订单数量（ORQ）	0.7328	0.8149	0.8184	0.6020
及时性（TI）	0.7956	0.8488	0.8743	0.7008
订单准确性（OA）	0.8232	0.8743	0.8856	0.7245
订单质量（OQ）	0.7611	0.6914	0.7257	0.4756
订货条件（OC）	0.8245	0.8695	0.8774	0.7070
订单差错处理（ODH）	0.8851	0.9167	0.9212	0.7965
人员沟通质量（PCQ）	0.8902	0.8876	0.8918	0.7339

	卡方	自由度	RMSEA	CFI	NFI	TLI
美国 LSQ	329.452	266（p = 0.00484）	0.0316	0.977	0.893	Na
英国 LSQ	804.315	428(p<0.001)	0.070	0.918	0.842	0.898

* 在 Mentzer 等（1999）中没有组合信度、平均变异数抽取量和 R^2，故无法比较。

单向度（Unidimensionality）是指存在于一系列测量指标之下的一个独立结构（Gerbing & Anderson，1988）。确保由一系列变量组成的测量工具和指标体系能够进行度量是很重要的。单向度被认为是测量理论最重要和基本的假设，并且需要在多因子结构被评估可信度前进行优先评估（如 Hair 等，1998）。Anderson & Gerbing（1982）在载入 32 个从 0.518 到 0.969 不等的变量时始终强调所有结构的单向度，他们提出运用验证性分析得到的单向度可以有效反映结构的内部和外部一致性。在评估模型的总体拟合优度时，Mentzer 等（1999）所使用的拟合度指标在本研究中被再次使用，从而可以进行清晰的比较分析。

因此，规范拟合指标（Normed Fit Index，NFI）、比较拟合指标（Comparative Fit Index，CFI）、平均近似值误差平方根指标（Root Mean Square Error of Approximation，RMSEA）被用来分析并对结果进行比较。Bentler-Bonett（1980）的 NFI 指标比较所评估模型的卡方值（χ^2）与独立模型的卡方值，从而对估计模型进行评估。由于在小样本情况下拟合度易于被低估，Bentler（1990）修改了 NFI 指标，将样本数量列入考虑范围，并由此提出了比较拟合指标（CFI）。CFI 评估与其他模型相关的拟合度，并且使用了具有非中心参数（noncentrality parameters）的非中心卡方分布（noncentral χ^2 distribution）。他发现，在使用最大似然估计时，比较拟合指标（CFI）在小样本模型中没有系统性偏差。较高的值（大于 0.90），对于 NFI 和 CFI 指标而言，均代表了模型具有较高的拟合优度（Bentler，1990）。因此，他建议应该选择 CFI 指标作为因子。Loehlin（1998）提出，即使 CFI 指标小于 0.9，其数值只要接近 0.9 也可以说明拟合度较高。

平均近似值误差平方根指标（RMSEA）指的是与一个完美的（饱和的）模型相对于所估计模型的拟合度缺失情况（Browne & Cudeck，1993），而且，RMSEA 对样本容量大小的敏感度相对较低（Loehlin，1998）。Browne & Cudeck（1993）提出，当 RMSEA 值小于 0.05 时，证明模型拟合度良好，当 RMSEA 高达 0.08 时，表明模型是合理的，至少大概代表有一个合理的估计错误。

因此，LSQ 模型在本研究中对数据的拟合度比较好，其卡方（chi-square）为 868.318（df = 455，p < 0.001），χ/df <2，RMSEA = 0.071，CFI = 0.910，NFI = 0.83。需要重点注意的是，NFI 值较小很可能代表受到较小样本数量的影响（如 Bollen，1986）。所以，当样本量（N）较小时，NFI 不是一个好的模型评估指标（Hu & Bentler，1995）。TLI 是一个更好的测量标准，它受样本数量的影响相对较小。Hu & Bentler（1999）认为当 TLI 值为 0.895（接近 0.9）时，说明模型有足够的拟合度。

在评估测量模型的各个部分时，任何一个变量都不能被删除，因为原始的 LSQ 结构（Mentzer 等，1999）只有 3 个变量。另外，信息质量和订单流程的所有参数结果都相当好，不需要被删除。Baumgartner & Homburg（1996）建议每个隐变量需要用到至少三到四个指标来进行评价，因为用两个测量指标评价同一个因素可能会产生问题（Bentler & Chou，1987）。而且，如果只有一个测量指标，则会忽视测量指标的不可靠性。

在表 13.4 中，LSQ 二级因子的值比预期的好，只是 LSQ 中的订单数量和订单质量的值都较弱（每个变量都为 0.380）。就像之前说到的，这两个指标正是被顾客认为测量指标并不适用的指标，其值较弱主要受此影响，如那些绝大多数只在外向物流方面使用第三方物流的被调查者。由于 LSQ 最初只是针对内向物流所设计的，LSQ 中值较低的结构可能是被运作外向物流的被调查者比例所影响。与 Mentzer 等（1999）较为一致的是，另外 7 个结构在 LSQ 中的值都不错。因此，作为二级结构，LSQ 的表现很不错。

表 13.4　LSQ 二级因子的值

	IQ	OP	ORQ	TI	OA	OQ	OC	ODH	PCQ
美国LSQ	0.516	0.626	0.551	0.610	0.612	0.671	0.537	0.703	0.621
英国LSQ	0.852	0.836	0.380	0.747	0.615	0.380	0.695	0.765	0.766

4.2　可靠性和有效性

仅仅是单向度指标并不足以保证等级标准的有用性。根据 Gerbing & Anderson（1988）

提出的等级标准发展范例，综合得分的可靠度必须在单向度被完全接受后才可被评估。由于除订单质量（0.69）以外，所有科隆巴赫（Cronbach alpha）系数都大于0.70，所以模型的置信度很高。第二，根据验证性因子的验算结果，所有组合信度都大于0.7，超过了0.60的最小值（Bagozzi & Yi，1988）。由于科隆巴赫系数具有诸如倾向于低估等级标准可靠度等的限制，组合信度比科隆巴赫系数具有更多优越性，它能保证所有变量具有相同的可靠度（如Fornell & Lacker，1981）。

由于每一项指标在统计上均具有较高的显著性（$p < 0.01$），而且平方复相关系数（R^2）大于0.50，只有IQI值是0.268，小于0.50，因此模型的聚合效度（convergent validity）可以得到有效支持。R^2是等级标准中的每个内生变量的方差百分比（Dunn等，1994）。对于每个结构评价所使用的区别效度（discriminant validity）指标可用0.5或更高估计水平下的平均变异抽取量估计值来判断（Fornell & Larker，1981）。结果显示，除了订单质量外，所有结构都超过了估计值0.50，订单质量的估计值为0.47。这一结果表示，每一结构的方差要大于测量误差的方差（Hair等，1998）。各因子之间的内在关联度都小于0.743，说明九个因子都具有区别效度。如果两个因子之间的关联度十分接近1或-1，就说明两者之间几乎不具有区别效度。

在将LSQ与顾客满意度结构相关联时，预测效度（predictive validity）指标也需要进行测试。Mentzer等（2001）所提出的顾客满意度测量指标可以用来验证这一问题。以往的研究（比如Mentzer等，2001；Bienstock等，1997）已经证明了LSQ与顾客满意度存在关系。本研究中相当高的关联度（0.79）显示了预测效度也具有相当高的可靠性。

5 讨论

Lindsay和Ehrenberg（1993）提出，在评估复制性验证的状态时，必须考虑两个研究的区别是否会造成最后结果的差异。对于"相近复制"（close replication）而言，两者的区别不会造成不同结果；而对于"差异性复制"（differentiated replication）而言，两者的差异会导致数据的被影响程度不同于原始实验。当"差异性复制"产生了相似的结果，这就说明理论或模型的可推广性，因为即使两个研究具有较大的差异，仍产生了相同的结果。由于这一研究是为了对不同的运营环境与文化环境进行比较，必须使得两个实验在初次尝试复制LSQ时，其等级标准完全一致（Lindsay & Ehrenberg，1993）。

与Mentzer等（1999）的研究结果相一致的是，通过改进9个LSQ等级标准中两个双变量结构，并准确使用另外7个等级标准，结果显示：对于英国的产业部门来说，LSQ是一套有效、可行的等级标准。7个结构的组合信度波动范围是0.72到0.92，都超过0.70的临界值，而两个改进的结构组合信度都为0.96。虽然订单质量这一结构存在科隆巴赫系数（Cronbach alpha）、平均变异抽取量（average variance extracted）和R^2都比可接受水平略低（0.69、0.47和0.268）的问题，但这一问题并不影响订单质量结构的可行性和有效性，因为其组合信度在0.72的可接受水平上。

在一个拓展性实验中，LSQ被理解为9个相互关联的质量结构所组成的流程，Mentzer等（2001）发现只有订单质量这一结构的组合信度低于0.79。因此，可以认为两个实验中的结果是一致的。这一结果有力地证明了LSQ是一组能有效度量物流服务质量的标准体系。这可能是由于与原始研究中的五级里克特量表相比，本研究使用了七级李克特量表，回答种类的增多就导致了等级标准可靠度的提高（Churchill & Peter，1984）。

众所周知，结构方程模型（SEM）是一个基于大样本的技术方法。Bentler & Chou（1987）提出，在通常的正态分布理论（normal distribution theory）中，样本数量与自由参数数量的比例至少为 5:1，这样才能得到比较可靠的变量估计与最佳的显著性测试结果，而最佳的比例为 10:1。Baumgartner 和 Homburg（1996）在对关于 1975 年至 1994 年市场与顾客环境的研究进行总结后提出，平均的样本量与参数量比例为 6:1，而 86% 的模型中这一比例都小于 10:1。在本研究中，样本量与自由参数量比例达到了 5.71:1，与早期的这一研究相比，相差不大。

拟合度测试决定了被测试的模型是否应该被接受或被拒绝。虽然为了使参数估计与测试数据更加有效，样本容量需要尽可能大，但是从 3 个受样本容量影响最小的指标——CFI, TLI/NNFI 和 RMSEA 的显示结果来看（Fan 等，1999），LSQ 等级标准能够较好、较合理地与研究数据拟合。另外，在其他条件相同的情况下，模型中每个影响因素所对应指标越少，模型拟合度越高。因此，如果仅有 3 个变量用于衡量信息质量与订单流程的话，模型拟合优度会更高（CFI 指标从 0.910 上升到 0.941；NFI 指标从 0.830 上升到 0.871；TLI 指标从 0.895 上升到 0.922，而且 RMSEA 指标从 0.071 下降到 0.062）。

基于以上讨论和分析，通过对 Mentzer 等（1999）的研究中所强调的 LSQ 等级标准某些限制的突破，我们可得出以下结论：在本研究环境中，LSQ 是一个稳健的、有效的、可靠的标准体系。

6 结论

本研究说明了验证性因子分析（CFA）在检验物流服务质量（LSQ）过程中所起到的作用。CFA 分析允许对 LSQ 的单独变量、结构和整体测量指标的可靠性进行估计。研究中通过一个将 LSQ 等级标准应用到英国第三方物流使用者的案例，展示了 LSQ 等级标准的实用性和可推广性。虽然在这一研究中存在着 15.83% 的缺失数据，但在 AMOS 5.0 中的完整信息最大似然估计法（Full Information Maximum Likelihood，FIML）使得所得到不完整数据得以最充分的利用。因此，本研究可通过数据有效证明模型与数据充分吻合。

虽然研究结果显示 LSQ 等级标准能被成功地推广到本研究的各个案例中，但在实际上，有些指标，尤其是跟等级标准中的技术质量相关的指标，比如订单质量、订单数量、订单准确性等，仅仅适用于内向物流操作，而不适用于外向物流。同时，在不同行业中有着多种多样的物流操作也使得有些技术质量指标不能够被完全推广，这是因为第三方物流供应商倾向于为顾客及特定产业提供更为个性化的服务。除这些指标外，测量其他维度的指标，尤其是功能性质量指标、人员沟通质量、订单流程、订单差错控制和信息质量等均能够非常有效地度量物流服务质量。

使用验证性因子分析（CFA）来对 LSQ 的可推广性进行进一步调查需要更深入的讨论和研究，比如详细调查被研究行业的物流操作、内向与外向物流，以及顾客所使用的物流服务的类型。另外，由于外向物流所占比例大于内向物流，所以对外向物流的度量指标的开发对研究而言也显得十分重要。

在将 CFA 作为分析方法的时候，我们需要十分谨慎地对 CFA 的结果进行阐释。这是由于判别拟合优度所使用的指标是相关联的，并且对于测量模型数据的拟合优度并没有标准且清晰的判断数据。模型整体拟合优度良好并不代表模型每一部分都充分拟合。许多类似的模型都能产生同样良好的拟合优度，这是因为拟合优度指标只能剔除拟合程度不佳的模型，但无法说明模型拟合优度是否高于平均水平。

最后，对这一方法有效性的确认使得经理人能够在评估第三方物流服务供应商的服务质量时得到更准确的结果，并对相关服务有更深入的理解。

7 参考文献

1. Anderson, J. C., Gerbing, D. W. (1982): Some Methods for Respecifying Measurement Models to Obtain Unidimensional Construct Measurement, in: Journal of Marketing Research, 19: 453-460.
2. Anonymous (1999): UK Top on Outsourcing, in: Supply Management, 4(14): 13.
3. Arbuckle, J. L. (1996): Full Information Estimation in the Presence of Incomplete Data, in: Marcoulides, G. A. and Schumacker, R. E. (Eds): Advanced Structural Equation Modeling, Mahwah, NJ: p. 243-277.
4. Armstrong, J., Overton, T. (1977): Estimating Non-response Bias in Mail Surveys, in: Journal of Marketing Research, 14: 396-402.
5. Bagozzi, R. P., Yi, Y. (1988): On the Evaluation of Structural Equation Models, in: Journal of Academy of Marketing Science, 16 (Spring): 7-94.
6. Baumgartner, H., Homburg, C. (1996): Applications of Structural Equation Modeling in Marketing and Consumer Research: A Review, in: International Journal of Research in Marketing, 13: 139-161.
7. Bentler, P. M. (1990): Comparative Fit Indexes in Structural Models, in: Psychological Bulletin, 107: 238-246.
8. Bentler, P. M., Bonett, D. G. (1980): Significance Tests and Goodness-of-Fit in the Analysis of Covariance Structures, in: Psychological Bulletin, 88: 588-606.
9. Bentler, P. M., Chou, C. P. (1987): Practical Issues in Structural Modeling, in: Sociological Methods & Research, 16: 78-117.
10. Bienstock, C. C., Mentzer, J. T., Bird, M. M. (1997): Measuring Physical Distribution Service Quality, in: Journal of Academy of Marketing Science, 25(1), 31-44.
11. Bollen, K. A. (1986): Sample Size and Bentler and Bonett's Non-normed Fit Index, in Psychometrika, 51: 375-377.
12. Browne, B. M., Cudeck, R. (1993): Alternative Ways of Assessing Model Fit, in: Bollen, K. S., Long, J. S. (eds): Testing Structural Models, Sage Publications, Newbury Park.
13. Byrne, B. M. (2001): Structural Equation Modeling with AMOS—Basic Concepts, Applications and Programming, Lawrence Erlbaum Associates, Inc., Publishers, New Jersey.
14. Churchill, G. A., Peter, J. P. (1984): Research Design Effects on the Reliability of Rating Scales: A Meta Analysis, in: Journal of Marketing Research, 21(November): 360-75.
15. Dabholkar, P. A. (1994): Incorporating Choice into an Attitudinal Framework: Analysing Models of Mental Comparison Processes, in: Journal of Consumer Research, 21 (June): 100-118.
16. Dillman, D. A. (2000): Mail and Internet Surveys—The Tailored Design Method, John Wiley, New York.
17. Dunn, S. C., Seaker, R. F., Waller, M. A. (1994): Latent Variables in Business Logistics

Research, in: Journal of Business Logistics, 15(2), 145-172.
18. Enders, C. K. (2001): The Impact of Nonnormality on Full Information Maximum- Likelihood Estimation for Structural Equation Models with Missing Data, in: Psychological Methods, 16(4), 352-370.
19. Fan, X., Thompson, B., Wang, L., (1999): Effects of Sample Size, Estimation Methods, and Model Specification on Structural Equation Modeling Fit Indexes, in: Structural Equation Modeling, 6(1), 56-83.
20. Fornell, C., Larcker, D. F. (1981): Evaluating Structural Equation Models with Unobservable Variables and Measurement Error, in: Journal of Marketing Research, 18(3), 39-50.
21. Gerbing, D. W., Anderson, J. C. (1988): An Updated Paradigm for Scale Development Incorporating Unidimensionality and Its Assessment, in: Journal of Marketing Research, 25(May), 186-192.
22. Hair, J. F., Rolph, E. A., Ronald, L. T., William, C. B. (1998): Multivariate Data Analysis, Prentice Hall, Upper Saddle River, NJ.
23. Hu, L. T., Bentler, P. M. (1995): Evaluating Model Fit, in Hoyle, R.H. (Ed): Structural Equation Modeling: Concepts, Issues and Applications, Sage, Thousand Oaks, CA: 76-99.
24. Hu, L. T., Bentler, P. M. (1999): Cutoff Criteria for Fit Indexes in Covariance Structure Analysis: Conventional Criteria Versus New Alternatives, in: Structural Equation Modeling, 6(1), 1-55.
25. Hubbard, R., Vetter, D. E. (1996): An Empirical Comparison of Published Replication Research in Accounting, Economics, Finance, Management and Marketing, in: Journal of Business Research, 35: 153-164.
26. Joreskog, K. G. (1974): Analyzing Psychological Data by Structural Analysis of Covariance Matrices, in: Atkinson, R.C., Krantz, D.H., Luce, R.D., and Suppes, P. (Eds): Contemporary Development in Mathematical Psychology II, Freeman, San Francisco: p. 1-54.
27. Keller, S. B., Savitskie, K, Stank, T. P., Lynch, D. F., Ellinger, A. E. (2002): A Summary and Analysis of Multi-Item Scales Used in Logistics Research, in: Journal of Business Logistics: 23(2), 83-270.
28. Lindsay, R. M., Ehrenberg, A. S. C. (1993): The Design of Replicated Studies, in: The American Statistician, 47 (August), 217-228.
29. Loehlin, J. C. (1998): Latent Variables Models: An Introduction to Factor, Path and Structural Analysis, Lawrence Erlbaum Associates, 3rd Ed. Mahwah, NJ.
30. Malhotra, N. K. (1998): Marketing Research: An Applied Orientation, Prentice Hall, Upper Saddle River, New Jersey.
31. McArdle, J. J. (1994): Structural Factor Analysis Experiments with Incomplete Data, in: Multivariate Behavioral Research, 29: 409-454.
32. Mentzer, J. T., Flint, D. J., Kent, J. L. (1999): Developing A Logistics Service Quality Scale, in: Journal of Business Logistics, 20(1), 9-32.
33. Mentzer, J. T., Flint, D. J. (1997): Validity in Logistics Research, in: Journal of Business Logistics, 18(1), 199-216.

34. Mentzer, J. T., Flint, D. J., Hult, T. M. (2001): Logistics Service Quality as a Segment-Customised Process, in: Journal of Marketing, 65 (October), 82-104.
35. Mohr, J., Spekman, R. (1994): Characteristics of Partnership Success: Partnership Attributes, Communication Behavior and Conflict Resolution, in: Strategic Management Journal, 15: 135-152.
36. Schafer, J. L., Graham, J. W. (2002): Missing Data: Our View of the State of the Art, in: Psychological Methods, 7(2), 147-177.
37. Thacker, J. W., Fields, M. W., Tetrick, L.E., (1989): The Factor Structure of Union Commitment: An Application of Confirmatory Factor Analysis, in: Journal of Applied Psychology, 74(April): 228-232.

作者简介

- Harlina Suzana Jaafar 工商管理学学士（交通专业），交通理学硕士
  - 1966 年出生于马来西亚
  - 1986 年～1990 年，在马来西亚玛拉理工大学（MARA University of Technology）攻读工商管理学院交通专业
  - 1992 年，在英国威尔士的卡迪夫大学（Cardiff University）攻读交通学专业硕士学位
  - 1992 年～，马来西亚玛拉理工大学工商管理学院担任讲师
  - 获马来西亚玛拉理工大学的奖学金资助，在英国拉夫堡大学（Loughborough University）攻读博士学位，将于 2005 年毕业
  - 研究方向：第三方物流关系营销；物流管理；公路与铁路货运
  - The Business School, Loughborough University
    Loughborough, Leicestershire LE11 3TU, United Kingdom
    Tel: +44 (0) 1509 223 239   Fax: +44 (0) 1509 223 960
    Email: H.S.Jaafar@lboro.ac.uk, http://www.lboro.ac.uk

- Mohammed Rafiq 博士，经济学（荣誉）学士，MBA 工商管理硕士
  - 在英国艾塞克斯大学（the University of Essex）获经济学荣誉学士学位
  - 在布拉德福德大学（the University of Bradford）获工商管理硕士学位与博士学位
  - 现在英国拉夫堡大学（Loughborough University）商学院担任零售与市场营销学高级讲师职位，并且是零售管理与（汽车）零售管理专业荣誉学士学位项目的负责人
  - 在进入拉夫堡大学工作以前，曾在英国诺丁汉的特伦特大学（Trent University）担任讲师，在英国华威商学院（Warwick Business School）担任助理研究员
  - 研究方向：零售分类与门店形象管理；民族中心主义与全球化战略；内部营销；第三方物流关系营销
  - The Business School, Loughborough University
    Loughborough, Leicestershire LE11 3TU, United Kingdom
    Tel: +44 (0) 1509 223 397   Fax: +44 (0) 1509 223 960
    Email: M.Rafiq@lboro.ac.uk, http://www.lboro.ac.uk

第 14 章 基于用户角度的泰国第三方物流研究

Pornpen Setthakaset, Chuda Basnet

本章主要内容

1. 导言
2. 文献回顾
3. 调查问题与研究方法
4. 结果与讨论
5. 结论
6. 参考文献

内容摘要

随着全球化发展的不断深入和核心竞争力重要性的日益增强,物流服务外包得到了广泛的应用和发展。所谓的第三方物流(Third-Part Logistics, 3PL),包含了一系列的物流服务,如运输、库存管理、配送、仓储服务、报关及配套供应服务等等。以往已经有文献介绍了美国和西欧广泛应用第三方物流的情况,本研究旨在探索第三方物流(3PL)在发展中国家——泰国的发展和应用状况,并重点从用户角度来分析。我们在泰国对第三方物流用户进行了一项调查,结果表明,第三方物流在泰国已经被广泛接受,而且用户对其服务都比较满意。

关键词:物流服务外包;第三方物流;调查

1 导言

供应链管理是指包括商品和服务供应过程中在所有上游和下游之间多重流动的一个整合过程。通常而言,"供应链管理"(supply chain management)和"物流管理"(logistics management)两个概念之间是可以互相替代使用的,然而,一般后者的概念更为狭窄,其偏重于公司内部的物流整合过程。对于生产企业来讲,物流管理对成本和顾客满意度有重要影响,甚至能够使企业在市场竞争中拥有组织竞争优势。第三方物流(3PL)是委托外部专业物流公司来管理企业物流的过程。随着规模精简化趋势以及外包在全球经济中的重要性日益增长,第三方物流已被诸多企业所采用,这些承接企业物流外包的外部公司被称作第三方物流服务提供商(3PL providers)。通过将物流环节外包,公司可以集中精力于核心业务,而将物流业务交付给第三方物流服务提供商来进行管理。

应用第三方物流服务可以给企业带来诸多优势。首先,第三方物流的应用会使企业获得竞争优势（Daugherty 等，1995）。第二，第三方物流服务提供商具有专业化优势，使企业物流运作更有效率（Troyer 等，1995；Richardson，1993；Byrne，1993；Dillon，1989）。第三，第三方物流服务提供商可以提供更好的流程和运营资源（Byrne，1993；Richardson，1990；Bask，2001）。最后，第三方物流还可以帮助企业节约物流成本（Kasilingam，1998）。

第三方物流在美国、欧洲和澳大利亚已经广泛应用（Lie 1992；Lieb 等，1993；Millen 等，1997）。近来，第三方物流已经逐渐在以工业与制造业为基础的亚洲国家悄然兴起。随着这些国家国际贸易的增长，其对物流服务的需求也日益增强。泰国是一个新兴工业化国家（Newly Industrializing Countries, NIC），也是东南亚的"亚洲五小虎"之一，其出口潜力巨大，而且会继续增长。然而，之前很少有学者对东南亚地区的第三方物流问题进行研究。本研究通过对第三方物流在泰国的发展应用情况进行调查，特别是从用户角度出发，来确定第三方物流在泰国的使用情况，并依据其服务质量对其绩效进行评估。

为了解决调查中遇到的问题，我们通过发放问卷的方法对泰国的企业进行了调查。我们将报告本次调查的主要结论，并首先在下一部分对相关文献进行回顾。在第三部分，将介绍所研究的问题和所使用的研究方法。在第四部分，将讨论调查结果。最后，在第五部分得出最终的研究结论。

2 文献回顾

Lieb（1992）将第三方物流定义为："运用外部企业来负责物流职能的运作，这些物流职能传统上是由企业内部来完成的。第三方所运营的物流职能可以是整体物流流程，也可以是物流流程中的部分功能。"第三方物流服务提供商可以向用户提供一系列增值服务，包括运输、仓储整合、配送、货代、包装、报关、配套供应服务及信息管理活动等。随着物流外包服务的兴起，关于这方面的研究也越来越多。

2.1 物流外包的动因

许多研究人员对第三方物流发展的原因进行了剖析。有的学者认为，全球市场的增长使得企业在减少成本的同时必须提供更好的产品和服务以获得竞争优势。绝大多数学者对此表示认同，认为外包发展的背后动因是经济的全球化发展（Byrne，1993）。

另一个经常被提到的第三方物流发展的动因，是企业为了不断提升核心竞争力，将所有非核心服务外包给合作伙伴（Troyer & Cooper，1995）。第三方物流服务提供商能够给客户提供专业化的、有经验的服务，而这些是客户自身很难掌握的或者需要支付高昂的成本才能获得（Byrne，1993；Dillon，1989）。Richardson（1993）认为，与外包企业合作会使公司掌握更多专业化的技能，运作更具灵活性，并且能降低成本，提升客户服务水平。

通常而言，第三方物流服务提供商不仅具有进行物流操作的各项专业技能，还配有各种必需的物流设施资源。绝大多数第三方物流服务提供商在他们的核心领域拥有更纯熟的物流技术和更丰富的物流专业知识，因而，第三方物流服务提供商能够更加高效地进行物流运作并不断发展和完善自身水平。此外，他们能够对市场变化做出快速响应，从而实现更快的交付和更少的损失（Byrne，1993）。

应用第三方物流的最大好处是降低成本。Kasilingam（1998）提出了物流外包比物流自营成本低的几条原因。第三方物流服务提供商可以将多家公司的业务进行整合，提供高频次地拣选和配送。此外，企业还能减少设施和设备的资本投入。由 Lieb 等于 1993 年进行的调查结果表明：应用第三方物流之后，公司的物流成本比之前降低了约 30% 到 40%。

此外，学者们还认为第三方物流有助于竞争优势的形成，提升产品的增值水平，提高顾客服务水平，并有利于进入新的市场（Daugherty & Pittman，1995）。

2.2 第三方物流服务提供商选择

本调查另一个需要关注的问题，是用户企业如何选择适合自己的第三方物流服务提供商。由 Lieb 等于 1993 年进行的调查结果表明：声誉、经验和价格是用户选择过程中最重要的 3 个因素。因而，他建议用户企业需要在服务和价格之间进行权衡。如果企业希望第三方物流服务提供商拥有很高的声誉和服务质量，那就需要支付更高的价格。Byrne（1993）的调查结果显示，参与者认为声誉是其选择第三方物流服务提供商时的首要因素。另外，Byrne 还为用户在更好地选择第三方物流服务提供商方面，增加了操作方式兼容性、态度和文化、财务能力、弹性，以及用户经验借鉴等选择因素。

然而，Harrington（2000）和 Bradley（1994b）在他们的研究过程中发现，声誉和业务经验在参与者心里只排在第二位，而价格则成为首要因素。其余因素分别为成本或库存水平降低、产品或业务经验、技术能力。另外，Sink 等（1996）认为，可靠性和可信性在第三方物流选择过程中是十分重要的。

2.3 第三方物流成功的关键因素

实施外包过程中以及外包之后需要重点考虑哪些因素？这个问题已得到不少学者的关注。Boyson 等（1999）对专业物流人士进行调查，以研究企业是如何规划和经营第三方物流关系的。他们的结论是：根据专业人士的观点，第三方物流顺利运营的前提条件是对第三方物流服务提供商的无偏确认、成本和绩效评估、完整有效的合同、集权控制，以及对第三方物流活动的适当监控。

Bowman（1995）强调了用户与第三方物流服务提供商之间沟通和协作的重要性。Richardson（1990）和 Maltz（1995）认为培训管理对于合同物流而言是很重要的，它是影响外包能否成功的因素之一。管理者必须承认外包的必要性，并将其作为一项战略活动来对待。公司必须谨慎地选择第三方物流，在建立信任和尊重的基础上对其保持控制（Richardson，1994）。信任是长期合作的基础，相互信任是外包成功的重要因素，因为用户必须为第三方物流服务提供商提供相关信息，以使其能够减少物流总成本（Bowman，1995）。另外，McKeon（1991）强调了理解对方的文化和组织结构的重要性。

2.4 使用第三方物流服务对公司的影响

许多研究人员认为外包对成本、系统绩效、响应时间、运作柔性和顾客满意度等方面有着积极地影响（Sohail & Sohal.，2003；Lieb，1992；Bhatnagar 等，1999）。另外，外包对员工的士气也有着积极影响。但是，也有研究人员不鼓励使用第三方物流，并阐明了原因。Lieb & Randall（1996）对应用第三方物流服务的风险进行了研究，受访者对应用第三方物流服务提出了 3 个方面的质疑：

首先，公司可能对物流服务提供商失去控制（Bowman，1995；Byrne，1993）。

第二，管理者对第三方物流提供商的配送服务缺乏信心，不确定第三方物流服务提供商能否达到顾客的期望值。

第三，他们对使用第三方服务提供商的真实成本提出质疑。

其余的担心还包括：第三方物流服务提供商不能达到顾客期望水平（Lieb 等，1996）；第三方物流服务提供商缺乏先进的技术（Byrne，1993）；第三方物流服务提供商的承诺不能兑现；第三方物流服务提供商缺乏对市场变化的快速响应能力，而且对用户的商业目标缺乏足够的理解等等。

2.5 对第三方物流服务的评估

1999年，Beamon提出了供应链绩效的评估框架，包括对资源用途、供应链产出和柔性的评估。然而，这个框架不仅能够对物流服务进行评估，还能用于对一般供应链绩效的评估。Lai等（2002）构建了运输物流绩效的评估模型，包括对托运人和受托人服务有效性的评估以及对运输提供商绩效的评估。这两个评估方法是由Parasuraman等（1998）SERVQUAL评价工具中的可靠性评估和依赖性评估所衍生出来的。这两个方面可以用于评估第三方物流服务提供商的服务质量。但是，Lai等（2002）的评估方法更关注于服务感知（perceptions of the service），而不是Parasuraman（1988）提到的期望与感知之间的差异。尽管在预先定义服务属性的前提下，Parasuraman等（1998）评估了期望与感知之间的差异，但Mentzer等（1997）主张应该首先了解客户所期望的物流服务，然后直接从客户角度来定义物流服务属性。

2.6 第三方物流产业的区域性研究

许多学者对特定地区的第三方物流应用情况进行了调查，并对不同区域进行了比较。1992年，Lieb对美国第三方物流服务的应用情况进行了研究。在此调查中，受访者被要求对第三方物流服务的满意程度评级，他们大多对第三方物流表示出了积极的感受。Lieb的结论是：第三方物流在美国被广泛接受是因为制造商正在越来越关注于降低物流成本与提高生产效率和服务质量。Lieb等（1993）对美国和西欧长期应用第三方物流服务的企业进行了调查，从实践和经验两方面对这两个地区的企业进行了比较研究。结果表明：欧洲的制造商比美国的同行更致力于使用第三方物流服务提供商。它们之间主要存在以下3方面的差异：

首先，欧洲制造商在国内交易和国际交易中均使用第三方物流。

第二，与美国大型制造商相比，欧洲公司应用了更多的第三方物流服务，并为第三方物流服务提供商分配了更多的物流预算。

第三，欧洲制造商更加倾向于与第三方结成长期联盟，以提高协作关系。

其他学者也对第三方物流的应用进行了各种研究，如Dapiran等（1996）研究了澳大利亚大型的公司应用第三方物流的情况；Millen等（1997）对澳大利亚第三方物流应用情况与美国和西欧进行了对比；Randall（1991）对欧洲第三方物流的应用情况进行了分析和报告。

另外，研究人员也对发展中国家第三方物流的应用情况进行了调查。Goh & Pinaikul（1998）报告了泰国物流管理相关领域发展的总体情况，同时指出了泰国在信息系统、道路设施和物流专业知识方面的不足。与此相类似，Kim（1996）报告了韩国物流管理发展的相关情况。Sohail & Sohal（2003）对马来西亚第三方物流服务提供商的应用情况进行了实证研究。结果显示，马来西亚的公司多年来一直在使用物流外包服务，第三方物流的应用对促进马来西亚制造业发展做出了重要的贡献。然而，这些公司并不是只依赖一家物流服务提供商，而是更倾向于利用多家物流服务提供商以提高他们的服务质量。1999年，Bhatnagar等对新加坡公司进行了类似研究。他们发现，新加坡公司对第三方物流服务提供商的服务很满意，并且认为使用第三方物流服务提供商对公司发展有积极影响，他们认为最大的益处在于成本的降低和服务质量的提高。

3 调查问题与研究方法

上述文献回顾表明，物流管理在当前的许多行业中起到了重要作用。第三方物流产业在美国、欧洲和澳大利亚已得到广泛的研究，而且这一行业处于快速发展的态势。研究人员指出,较早使用第三方物流的欧洲国家是该行业的领导者。此外,第三方物流理念正在向亚洲国家广泛传播。20世纪90年代的金融危机过后,许多亚洲国家逐渐以工业、制造业为基础来发展经济,如新加坡、马来西亚和泰国等。很多公司也开始使用新兴物流技术来提高生产率和企业绩效。所以,"物流"开始在这一领域发挥出越来越重要的作用。然而,只有少数研究人员关注东南亚地区物流发展情况,而且很少有学者从客户角度研究第三方物流问题。本研究的目的旨在填补这一空白。具体而言,本研究报告目的在于:

- 调查第三方物流在泰国制造业中的重要作用
- 从服务质量角度评估泰国第三方物流服务提供商的绩效
- 调查第三方物流对泰国制造业运营的影响
- 分析在泰国组织框架下的第三方物流业发展前景

希望能够通过上述这些探索性的问题引申出一般化的、适用于泰国所有商业组织的理论。有两种研究方法适用于本研究,即调查研究和案例研究。调查研究需要从目标总体中选择大量的样本来收集信息,收集方式包括问卷调查和访谈。案例研究方法有助于研究人员调查现实生活中的现象,致力于在同一环境下理解不断变化的现状,并在某些特定环境下对特殊情况进行更深入地了解。两种方法有其各自的显著特点和研究目的。然而,调查研究比案例研究更适合回答上述研究问题。案例研究之所以不适合,是因为本研究并不对特定环境下不断变化的现状进行调查,相反,本研究需要了解现今泰国第三方物流的整体状况。所以,每个泰国企业都应当参与进来。由于本调查的主题并不是严格的行为和动作,所以不能也不需要观察。因而,总体来讲,调查研究方法更适合于本研究。

综上所述,本章使用了调查研究方法。受访者名单来自于泰国证券交易所,名单上的公司代表了泰国大多数表现卓越的总部仅位于曼谷的公司。这项研究使用"第N项"抽样技术对总体进行了随机选择,每隔三个选择一个,调查问卷通过邮寄方法发放到受访公司。问卷包含了上述研究问题,其它问题也集中围绕本研究的特定主题展开。受访者需按照要求,使用五点李克特量表来表明他们对某些问题的满意程度。另外,为了使管理者能够发表意见,特别设计了一些开放性问题。问卷是用英文设计的,但已经为泰国公司翻译成泰文。并且,作为对第一批问卷调查的补充,为未按期完成的受访者送去了提醒明信片。问卷发放到200家企业中,只有52家完成并寄回问卷,占抽样总体的26%,然而其中只有48份可用,只占抽样总体的24%。

表14.1列示了各行业返还问卷的企业属性情况。

表14.1 回复问卷企业的行业属性

行业	数量	所占百分比
包装制造业	4	8.3%
纺织业	6	12.5%
化工业	2	4.2%
农产品经营业	7	14.6%
食品饮料业	4	8.3%
电子产品	3	6.3%
进出口企业	7	14.6%
其它(如报刊、汽车、零售等)	15	31.3%

这些企业的年度销售收入从 2000 万美元到超过 800 亿美元不等，其中收入超过 100 亿美元的企业超过 39.5%。

4 结果与讨论

4.1 第三方物流在泰国制造业中扮演的角色

整体来讲，第三方物流对泰国企业起到了重要的促进作用。在受访企业中，有 54.2%的企业正在使用第三方物流，而另外的 45.8%没有使用。这些数据说明，多数公司意识到了应用第三方物流的重要性，并利用其获得竞争优势。在这些将物流业务外包的公司中，有 80.8%表示其公司应用第三方物流已经超过两年。这说明泰国有大量的企业使用了第三方物流服务提供商。受访企业中有 70.8%表示，它们仅使用了 1～3 家第三方物流服务提供商。还有 25%表示使用 4～6 家，仅有 4.2%的企业使用 6 家以上的服务提供商。这说明许多公司仅使用少量的第三方物流服务提供商，因为它们希望能够和第三方物流服务提供商之间保持良好的合作关系。如 Goh & Pinaikul（1998）所提到的，泰国公司很注重与服务提供商之间的关系，这使得它们相互之间在组织架构、交流沟通、信息共享和降低物流成本等方面取得了更好的效果。这个结果与 Sohail & Sohal（2003）的结论不同，他们发现：马来西亚公司并不只依靠一两家物流服务提供商，他们更倾向于使用多家物流服务提供商以提升他们的服务水平。

为了确定用户公司使用第三方物流服务提供商的原因，问卷要求受访企业说明其应用第三方物流的原因（见表 14.2 所示）。受访者是使用 5 点李克特量表打分的：从 1＝强烈反对到 5＝非常同意。表中列出了对下列原因表示同意或非常同意的综合百分比。

对用户公司来说，进行物流外包最主要的原因是获得竞争优势和定制化的服务，使用第三方物流服务提供商先进的技术和专业化技能也是很重要的原因。与前期研究不同的是，集中能力发展核心竞争力的重要程度并没有排在前列，节约成本（资金）也不是优先考虑的原因。另一个在其他文献中经常提到的原因——全球化，在本研究中也没有得到很高的分数。

表 14.2 物流职能外包的原因

使用第三方物流的原因	同意/非常同意
获得竞争优势	88%
得到定制化服务	85%
使用先进的技术	85%
利用第三方物流的专业化技能	81%
集中能力发展核心竞争力	81%
应对资源减少（如：资金）	77%
降低库存	73%
在国际航运方面更具竞争力	66%
市场渗透	58%

4.2 泰国第三方物流服务质量的绩效评价

调查结果显示，企业使用第三方物流服务提供商提供各种物流服务。大多数用户企业正在使用第三方物流服务提供商的多种服务，如表 14.3 所示。运输是外包比例最大的一个环节，占 56.8%，运输同时也是美国物流外包占比例最大的环节（Harrington，2000）。随后是包装和仓储业务，分别占 18.2%和 11.4%。外包最少的功能包括：库存管理、信息系统和其它服务（如报关手续等）。

表 14.3 第三方物流服务使用者外包的物流职能

服务	数量	百分比
运输	25	56.8%
包装	8	18.2%
仓储业务	5	11.4%
库存管理	4	9.1%
信息系统	1	2.3%
其他服务（如报关手续等）	1	2.3%

Natejumnong 等（2002）关于泰国第三方物流服务提供商的研究表明，大多数外包物流更关注于实体流程，如库存、物料控制、周期盘点、包装拣选、调度、递送和物料回收等。泰国第三方物流服务提供商可以提供多种物流服务，如仓储、货物装卸、库存管理、搬迁服务、货物搬运等。Bhatnagar 等（1999）发现，在邻国新加坡，企业外包最多的活动是装运整合、订单履约、承运人选择、货款支付、费率协商等。然而，在本研究中，运输是第三方物流使用的最多的基本服务，包装列第二位，仓储业务只排在第三。这或许表明了泰国第三方物流行业的发展状态，即少部分基础物流服务很受欢迎而很多高端性和综合性服务还没有被广泛接受。

在下面的问题中，要求调查对象表明其对第三方物流服务的满意度（1＝强烈反对；5＝非常同意），调查结果如表 14.4 所示。

表 14.4 对第三方物流服务的满意程度

业务属性	同意/非常同意
贵公司的第三方物流服务提供商做事谦和，容易沟通	88%
贵公司的第三方物流服务提供商能够做到守时承诺	85%
贵公司的第三方物流服务提供商有较好的弹性	85%
贵公司对第三方物流服务比较满意	81%
当需要帮助时，贵公司的第三方物流服务提供商能够及时提供服务	81%
贵公司的第三方物流服务提供商具备提供服务所必需的技能和专业知识	77%
贵公司对外包投资所取得的服务质量比较满意	73%
第三方物流的使用对贵公司的发展有积极影响	66%
贵公司对第三方物流的专业技术水平比较满意	58%

本次调查结果表明，调查对象对其第三方物流服务提供商感到满意。而且，还可以看出，80%以上的调查对象认为第三方物流服务提供商容易相处、守信并且具有较高的弹性，对第三方物流服务提供商的服务感到满意。这表明：泰国第三方物流服务提供商为用户公司提供了令人满意的服务。然而，对第三方物流的技术水平满意度比较低，只有 58%。所以，泰国第三方物流服务提供商对此需要予以重视。

4.3 泰国制造企业使用第三方物流的影响

在本调查中，受访者需要对物流外包的影响进行评价和打分，其结果如表 14.5 所示。表 14.5 的结果表明用户公司认为第三方物流的使用确实对公司发展有着积极影响。

表 14.5 使用第三方物流对用户公司的影响

影响的属性	同意/非常同意
提供了更好的送达服务	88%
用户公司可以集中精力于核心业务	77%
使公司的生产率和效率得到提升	70%
提高了公司的服务水平	66%
第三方物流使公司能够使用最新的技术,特别是专业技能	66%
降低了物流成本	62%
增强了公司的弹性	62%
提高了顾客满意度	58%
公司可以更好地利用空间范围	54%
提升了公司自身物流绩效	54%
使公司能够提供新的服务	50%
使公司可以进入新的市场	43%
增加了公司的员工解雇人数	39%
第三方物流的能力不足以达到顾客期望	27%
公司的利润流向第三方物流服务提供商	16%
公司丧失了对第三方物流服务提供商所提供物流活动的直接控制	15%

企业使用第三方物流具有诸多益处,最重要的影响是使用户公司可以为顾客提供更好的配送服务,另外,用户公司还可以集中精力于核心业务。用户公司认为,使用第三方物流服务提供商会提高生产率与效率、提高服务质量、能够使用最新的技术并提升公司的弹性。26家用户公司里的 16 家(50%同意,12%非常同意)表示:第三方物流服务提供商有助于他们降低物流成本。关于提高顾客满意度和自身物流绩效这两方面,受访者表示第三方物流对企业有着积极影响。此外,有些泰国企业应用第三方物流后,还减少了全职员工的数量。

泰国企业似乎并不关心是否会在某些领域对第三方物流服务提供商的物流活动失去控制(42%反对,12%强烈反对)。这与 1996 年 Lieb 和 Randall 的研究结果并不相同,他们认为,使用第三方物流比较担心的问题之一就是对服务提供商失去控制。只有 16%的企业认为本公司使用第三方物流后,利润有所损失,所以这个问题看起来也不足为虑。

4.4 泰国企业第三方物流的接受程度

如前文所述,在受访企业中,第三方物流使用率达到了 54.2%,未使用的企业比率为 45.8%,这仅在整体上表明了泰国企业对第三方物流的接受程度。

问卷要求用户公司对第三方物流的发展前景做出预测。结果显示有 57.7%的公司认为第三方物流行业将会快速增长,有 34.6%认为会稳健增长,而仅有 7.6%认为不会增长或涨幅很小。这一结果表示:在泰国,用户公司对第三方物流服务的发展前景很有信心。

在 22 家没有使用第三方物流的受访企业中,有 19 家对第三方物流有所了解,占 86.4%,只有 3 家表示从未听说过。这些非用户公司中几乎有一半是大型企业,年销售额超过 10 亿泰铢,他们表示对第三方物流的兴趣不大。此外,在非用户企业中,只有 13.6%的企业表示计划在不久以后会使用第三方物流。

综上所述,大型公司一般不采用第三方物流,因为它们有自己的物流部门(占非用户公司的37%），而且不希望对物流业务失去控制。大多使用第三方物流的企业属于中小型企业，他们不想对物流部门进行投资，因此宁愿使用外部有专业技能的物流公司。这与Natejumnong等2002年的研究结果不同，他们发现大型公司使用第三方物流服务提供商的较多。

4.5 总结

虽然有超过一半的受访者正在使用第三方物流，但与美国和欧洲国家相比，泰国的第三方物流仍远远落后。欧洲和美国这两个地区第三方物流已经发展多年，正处于成熟期，而第三方物流在泰国还是新兴产业。在过去的几年内，第三方物流正在泰国的许多行业发挥越来越重要的作用。

在泰国，最常见的外包服务是运输、包装和仓储业务，而库存管理和信息系统是外包最少的服务项目。我们的研究发现，大部分受访者对外包服务感到满意，这说明泰国的第三方物流服务提供商提供了较好的物流服务。

此外，当前第三方物流的使用者认为，使用第三方物流给他们带来了不少益处，对公司的影响利大于弊。另一方面，由于对第三方物流服务非常满意，许多用户公司很可能即将加大外包力度。我们认为，第三方物流在泰国前景广阔。

5 结论

本研究的目的在于调查泰国第三方物流的发展和成就，并选取了从用户角度出发这一独特视角。

研究结果表明，第三方物流在泰国企业中已得到广泛认可，有一半以上的受访企业正在使用第三方物流，并且大多数使用第三方物流已经超过2年。有证据表明，最常见的外包服务是运输、包装和仓储业务；相反，库存管理和信息系统是泰国企业外包最少的。另外，大多数企业指出，第三方物流服务提供商提供了良好的客户服务，他们对此表示满意。

根据第三方物流当前用户的调查结果，使用第三方物流使企业受益匪浅，对企业影响利大于弊。我们对泰国企业的第三方物流使用经历分析结果显示：第三方物流在泰国有较大的发展潜力。许多受访企业计划加大第三方物流使用力度，它们认为，尽管有很多本土企业中没有使用第三方物流，但第三方物流发展前景是很光明的。

关于下一步需要研究的方向，一是用户公司选择第三方物流服务提供商的决策过程，这涉及到选择第三方物流服务提供商时的相关影响因素；另一方面是研究第三方物流所能提供的专业技术和技能，以及用户对这一问题的感知。

6 参考文献

1. Bask, A. H. (2001): Relationships among TPL Providers and Members of Supply Chains: A Strategic Perspective, in: The Journal of Business & Industrial Marketing, 16(6): 470-486.
2. Beamon, B. M. (1999): Measuring Supply Chain Performance, in: International Journal of Operations & Production Management, 19(3): 275-292.
3. Bhatnagar, R., Sohal, A. S., Millen, R. (1999): Third Party Logistics Services: A Singapore Perspective, in: International Journal of Physical Distribution & Logistics Management, 29(9): 569-587.
4. Bowman, R. J. (1995): A High-Wire Act, in: Distribution, 94(13): 36-39.
5. Boyson, S., Corsi, T., Dresner, M., Rabinovich, E. (1999): Managing Effective Third Party

Logistics Relationships: What Does It Take?, in: Journal of Business Logistics, 20(1): 73-100.
6. Bradley, P. (1994b): What Really Matters, in: Purchasing, 117(1): 66-71.
7. Bradley, P. (1994c): Contract Logistics: It's All about Costs, in: Purchasing, 117(6): 56(A3)-A14.
8. Bradley, P. (1995): Third Parties Gain Slow, Cautious Buyer Support, in: Purchasing, 118(8): 51-52.
9. Byrne, P. M. (1993): A New Road Map for Contract Logistics, in: Transportation & Distribution: 34(4): 58-62.
10. Daugherty, P. J., Pittman, P. H. (1995): Utilization of Time-Based Strategies: Creating Distribution Flexibility/Responsiveness, in: International Journal of Operations & Production Management, 15(2): 54-60.
11. Dapiran, P., Lieb, R., Millen, R., Sohal A. (1996): Third Party Logistics Services Usage by Large Australian Firms, in: International Journal of Physical Distribution & Logistics Management, 26(10): 36-45.
12. Dillon, T. F. (1989): Third Party Services—New Route to Transportation Savings, in: Purchasing World, 33(6): 32-33.
13. Goh, M., Pinaikul, P. (1998): Research Paper: Logistics Management Practices and Development in Thailand, in: Logistics Information Management, 11(6): 359-369.
14. Harrington, L. H. (2000): Outsourcing Boom Ahead, in: Industry Week, 249(1): 30-36.
15. Kasilingam, R. G. (1998): Recent Trends in Logistics, in: Logistics and Transportation Design and Planning: London, Kluwer Academic Publishers.
16. Kim, J. I. (1996): Logistics in Korea: Current State and Future Directions, in: International Journal of Physical Distribution and Logistics Management, 26(10): 6-21.
17. Lai, K. H, Ngai, E. W. T., Cheng, T. C. E. (2002): Measures for Evaluating Supply Chain Performance in Transport Logistics, in: Transportation Research Part E, 38(6): 1366-5545.
18. Lieb, R. C. (1992): The Use of Third-Party Logistics Services by Large American Manufacturers, in: Journal of Business Logistics, 13(2): 29-42.
19. Lieb, R. C., Millen, R. A., van Wassenhove, L. N. (1993): Third Party Logistics: A Comparison of Experienced American and European Manufacturers, in: International Journal of Physical Distribution & Logistics Management, 23(6): 35-46.
20. Lieb, R. C., Randall, H. L. (1996): A Comparison of the Use of Third-Party Logistics Service by Large American Manufacturers, 1991, 1994, and 1995, in: Journal of Business Logistics, 17(1): 305-320.
21. Maltz, A. (1995): Why You Outsource Dictates How, in: Transportation & Distribution, 36(3): 73-80.
22. McKeon, J. E. (1991): Outsourcing Begins In-House, in: Transportation & Distribution, 25(8): 24-28.Mentzer, J. T., Rutner, S. M., Matsuno K. (1997): Application of the Means-End Value Hierarchy Model to Understanding Logistics Service Value, in: International Journal of Physical Distribution & Logistics Management, 27(9/10): 630-643.
23. Millen, R., Sohal, A., Dapiran, P., Lieb, R.C., Van Wassenhove, L.N. (1997): Benchmarking

Australian Firms' Usage of Contract Logistics Services—a Comparison with American and Western European Practice, in: Benchmarking for Quality Management & Technology, 4(1): 34-46.
24. Natejumnong, P., Byrne, R., Niruntasukkarat, K. (2002, July 31): 2002 Current Status and Future Prospects of the Third Party Logistics Industry in Thailand from Provider Perspectives, Retrieved August 11, 2003, from www.logisticsbureau.com.
25. Parasuraman, A., Zeithaml, V. A., Berry, L. L. (1994): Reassessment of Expectations as a Comparison Standard in Measuring Service Quality: Implications for Future Research, in: Journal of Marketing 58 (1): 201-230.
26. Randall, H. L. (1991): Outsourcing Logistics in Europe, in: Journal of European Business, 12(6): 21-26.
27. Richardson, H. L. (1990): Explore Outsourcing, in: Transportation & Distribution, 31(7): 17-20.
28. Richardson, H. L. (1993): Why Use Third Parties, in: Transportation & Distribution, 34(1): 29-32.
29. Richardson, H. L. (1994): Building Trust, But Audit Too, in: Transportation & Distribution, 35(3): 17-20.
30. Sink, H. L., Langley, C. J. Jr., Gibson, G. J. (1996): Buyer Observations of the US Third-Party Logistics Market, in: International Journal of Physical Distribution & Logistics management, 26(3): 36-46.
31. Sohail, M. S., Sohal, A. S. (2003): The Use of Third Party Logistics Services: a Malaysian Perspective, in: Technovation, 23(5): 401-408.
32. Troyer, C., Cooper, R. (1995): Smart Moves in Supply Chain Integration, in: Transportation and Distribution, 36(9): 55-62.

作者简介

- Pornpen Setthakaset 学士
  - 泰国曼谷易三仓大学（Assumption University）的会计学学士
  - 管理系统专业硕士，新西兰汉密尔顿市（Hamilton）怀卡托大学（The University of Waikato）怀卡托管理学院，管理系统系管理系统专业研究生
  - 目前在澳大利亚悉尼市的悉尼大学（Sydney University）攻读物流管理硕士学位
  - 主要研究方向：供应链管理；物流管理；第三方物流
  - 6/18-22 Purkis Street, Camperdown, NSW 2050, Australia
    Tel: +61 2 95190152, E-mail: pset4332@mail.usyd.edu.au
- Chuda Basnet 博士
  - 1948 年生于尼泊尔
  - 1973 年获得机械工程专业学士学位
  - 1973 年～1978 年，生产工程师
  - 1978 年～1985 年，航空器维修工程师

- 1985年~1987年，工业工程和管理专业硕士
- 1987年~1991年，美国俄克拉荷马州立大学（Oklahoma State University）博士
- 1991年~，怀卡托大学管理学院高级讲师
- 主要研究方向：制造建模；供应链管理
- Department of Management Systems, The University of Waikato, Private Bag 3105 Hamilton, New Zealand
  Tel: +64 7 838 4562   Fax: +64 7 838 4270
  Email: chuda@waikato.ac.nz, http://www.mngt.waikato.ac.nz/systems/

第15章 市场导向视角下的供应链管理——公共采购过程中的研究标准和工具

Edeltraud Günther, Ines Klauke

本章主要内容

1. 导言
2. 理论背景
3. 调查设计
4. 分析
5. 供应链管理中学术问题相关研究方法的适用性
6. 参考文献

内容摘要

供应链管理理论主要应用于分析以私人公司作为供应商,以私人公司或个人用户作为客户的供应链结构。本研究侧重于分析供应链最终用户是政府当局的特殊供应链情形下的整合分析问题。本研究项目主要是供应链中以政府当局作为特定最终用户、具有高度标准化结构的特定信息流动、政府当局作为最终用户所需要的特定商品和服务流,以及在公共部门控制的特定供应链中公司成功获得竞争优势所依赖的关键影响因素。

关键词:供应链管理;采购标准和工具;环境标准;公共采购

1 导言

供应链管理(Supply Chain Management,SCM)是指"从原材料阶段(包括提炼)开始,一直到到达最终用户手中这一过程中与产品流动和转换有关的所有活动,以及相关的信息流。……供应链管理通过更加完善的供应关系将这些活动整合起来的,以获得可持续的竞争优势"(Handfield & Nichols,1999:2)。

Seuring(2001)在其文献中探讨了供应链管理的三个主要方面:
1. 市场或客户导向:供应链中的所有活动必须以提升客户的利益为原则;
2. 整合方面:在供应链管理中,供应链需作为一个整体来考虑;
3. 效率方面:供应链管理能够使整个供应链达到最优配置(Seuring,2001:19)。

- 政府当局作为客户:本章讨论的第一个方面是将政府当局视为重要客户,并充分考虑其需求。2002年欧盟公共采购(public procurement)总额为15000亿欧元,占欧盟国内生产总值(GDP)的16%。在过去的几年内,这一比例一直稳定在这个水平。

公共采购对各个会员国的重要性存在较大的区别：意大利占国内生产总值的 11.9%，而荷兰占 21.5%。它取决于国民经济统计体系中公共采购的比例（欧盟委员会，EC，2004：4）。

- 重要性：2002 年，德国政府每年用于购买产品、服务和建筑的费用将近 2500 亿欧元，占当年 GDP 的 11%至 12%（德国联邦统计局，Statistisches Bundesamt Deutschland，2003）。其中，44%的份额是市政当局的采购支出（德国联邦金融部，Bundesministerium für Finanzen Deutschland，2002：132）。因此，市政当局的采购及其采购行为对采购市场和潜在供应商有着重要影响，这一点在供应链分析中应当予以考虑。另外，受高度标准化的结构所限，这一特殊的供应链还需要处理特定的法律约束和信息流问题。
- 政府当局的角色：凭借公共权力部门的市场力量，公共权力部门尤其市政当局是供应商重要的利益相关者。因而，公共采购可以促进环境创新的发展和市场渗透。然而，到目前为止，已采取的促进环境创新和可持续采购的相关措施尚未对现有的生产过程和产品产生重大的影响。作者所面对的问题是：是什么在阻碍市政当局和（绿色）产品与服务供应商之间的供应链形成进程？
- 信息流：从作者的角度来看，这一进程中的一个重要因素便是信息流。公共采购和绿色公共采购被阻碍的原因是由于供应商的信息缺乏。供应商并不清楚政府对他们的具体需求。上述定义表明了信息在供应链管理中的重要性。2003 年，Goldbach 解释了信息对于供应链中的各节点公司互相配合的重要性。"信息既是可授权的，又是可分配的资源。一方面，信息是公司知识的一部分，因此是可配置的资源；另一方面，信息还可以授权其他人进行使用和处理"（Goldbach，2003：53）。
- 调查出发点：在这种背景下，我们有必要探讨公共采购是如何组织和进行的，而且，如果市政当局的采购决策已经对环境造成影响的情形下如何处理。跟其他公共部门一样，市政当局的公开采购会受法律和部门规章的约束。如想通过促进供应商之间的竞争来提高经济效率，透明度和可预测的采购流程是相当重要的（欧洲委员会，EC，2004：6）。供应链管理的这一特定问题并没有得到充分考虑。因此，作者认为采取调查方法更适合于本研究。在德国的萨克森州（Saxony），我们选择了 170 个政府部门进行了问卷调查。由于德国 Länder 地区法律和区域上的限制，我们决定只在萨克森州进行实证分析，将分析和研究限定于这一个州，这可以使得研究的同质性设计得以保障。一些特定的产品和服务，如信息技术产品、办公家具、室内照明用具、建筑、电力和清洁服务等，作为欧洲研究项目的主要研究对象，也是我们此次调查的对象。

本章将重点分析对于供应链管理而言市场调查的路径、方法和重要性。

2 理论背景

2.1 公共采购过程

公共采购可以定义为国家及其政府部门为追求公共利益而取得所有必要的商品、工作和服务的供应链系统（Bovis，1998：11；经济合作与发展组织，OECD 2001：16f.，European Commission，EC，2004：3）。

虽然公共采购可以根据所采购产品和服务的不同而以不同的方式进行组织，但总体来讲公共采购流程都可以分成四个步骤：需求管理（demand management）、市场研究（market research）、裁定（award）和采购处理（procurement processing）（德国联邦采购物流协会，BME，2000：7；Günther & Scheibe，2004：5f.），见图15.1所示。

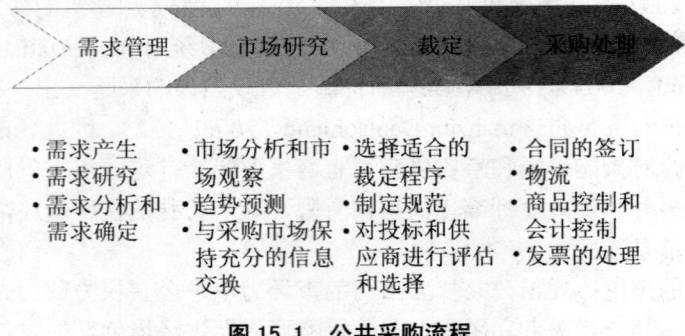

需求管理	市场研究	裁定	采购处理
• 需求产生 • 需求研究 • 需求分析和需求确定	• 市场分析和市场观察 • 趋势预测 • 与采购市场保持充分的信息交换	• 选择适合的裁定程序 • 制定规范 • 对投标和供应商进行评估和选择	• 合同的签订 • 物流 • 商品控制和会计控制 • 发票的处理

图15.1 公共采购流程

资料来源：德国联邦采购物流协会，BME，2000：14。

- 需求管理阶段

在需求管理阶段，政府当局将发掘并确定其对某种产品或服务的需求。采购人员或采购单位会确定采购品种，并尽可能详细地对其进行描述（德国联邦采购物流协会，BME，2000：7；经济合作与发展组织，OECD，2001：41）。

- 市场研究阶段

市场研究阶段包括对采购决策所需相关信息的系统搜寻、收集和准备。该过程对于提高透明度和支持采购决策都很重要。通过市场分析、观察、沟通和管理获得市场数据，市场研究旨在明确市场潜力及其发展趋势（德国联邦采购物流协会，BME，2000：7；Günther & Scheibe，2004：6）。

- 裁定阶段

公共采购过程中最重要的阶段是裁定阶段。这一阶段反映了公共采购的法律框架，可以防止由于公共部门的强势地位而挤压私有企业从而造成的垄断（Barth & Fischer，2003：52；Trionfetti，2003：223）。在这一阶段，必须对合同标的物进行定义（经济合作与发展组织，OECD，2001：43）。

2.2 具体的法律问题

随着欧盟的发展，欧洲公共采购政策的适用范围发生了变化。因此，欧盟规定了一个临界值以区分欧盟采购政策的适用范围，该临界值与相关服务的估计成本一致。高于临界值（20万欧元用于公共采购合同的裁定和500万欧元用于公共工程合约的裁定），适用欧盟采购政策；低于临界值，适用德国公共采购政策。在德国以及欧洲的公共采购法律框架下，存在3种不同的裁定程序：

- 开放程序

开放程序表示任何有利益关系的经济个体都可参加投标。

- 受限程序

受限程序是指任何经济个体均可申请参加投标，但只有被市政当局（签定合同的）邀请的个体可以参加投标。

- 竞争性对话程序

竞争性对话程序亦即任何经济个体都可以申请参加投标,然后订约当局将安排与候选者进行会话,其目标是发掘一个或更多能满足要求的选择,在此基础上选择参与者进行投标(Directive 2004/18/EC Art. 1 (11); BME, 2000: 11; Kosilek & Uhr, 2002: 34f.)。

除了在地区或跨区域信息来源中心公布外,开放程序已经在欧盟官方杂志上刊登(德国联邦采购物流协会,BME, 2001: 12; 2004/18/EC Art. 36)。

采购过程的下一阶段是为投标人确定选择标准,确定中标人后进入交易阶段。采购过程以最后签字并履行合同作为结束(德国联邦采购物流协会,BME, 2000: 1ff; 经济合作与发展组织,OECD, 2001: 43ff.)。

公开进行招标及将最后结果公之于众是欧盟采购市场透明化的重要内容,竞争对手可以通过监测招标程序,并根据监测到的信息提高自身竞标水平(欧盟委员会,EC, 2004: 7)。

以上内容表明,公共当局是供应链中具有特殊性的最终用户。

2.3 现有的实证研究

由于已将市政当局的采购过程作为研究对象进行了分析,下一步需要做的就是对现有的实证研究进行回顾。到目前为止,现有的相关实证研究探讨了采购过程的效率,还特别关注了新公共采购和电子公共采购的发展对采购效率的影响(Kommunale Gemeinschaftsstelle für Verwaltungsvereinfachung, Municipal Community Center for New Public Managemen, KGST, 2003)。在本研究项目中,作者分析了以下利用实证方法研究德国公共采购的文献:

- Hirsch & Gayer Consulting (1998)
- Hirsch & Gayer Consulting (2000)
- Bundesverband für Materialwirtschaft, Einkauf und Logistik e.V.(Federal Association for Material's Management, Purchasing and Logistics), BME in cooperation with Booz, Allen & Hamilton (2000)
- Graßl, S. (2001)
- Kosilek, E.; Uhr, W. (2002)

之所以将德国作为研究重点,是因为欧洲国家之间法律环境变化太大,如果将研究范围扩大到欧洲所有国家,将会导致分析过于笼统,也得不出有关"供应链管理"的任何结论。以上这些研究调查了德国公共部门最先进的采购技术,以期得出改善采购效率的可能途径。为了找到最合适的研究对象,他们分析了与采购相关的各种标准、采购方式、招标方式、投标质量、参与层次、采购效率、采购"辛迪加"行为(syndicates)、集中程度、各项采购费用和媒介等。

3 调查设计

3.1 界定研究问题

本调查旨在得出关于公共采购的方法、战略及采购障碍的概述,以缩小市政当局和绿色产品(服务)供应商之间的信息差距,以利于供应链中的信息得到更有效率地流动。因此,作者决定为本次调查设计一份标准化调查问卷。为了更好地理清这一特定最终用户在供应链管理中的作用,以下问题在该调查问卷设计过程中至关重要:

- 政府当局的公共采购过程结构是如何组织的?
- 在市场研究过程中,政府当局采用了哪些策略和手段?

- 供应商必须要确认哪些需求？如：政府当局认为哪些标准对于招标来说是最重要的？
- 在采购过程中，政府当局认为哪些是应该考虑的生态标准？
- 在采购绿色产品和服务的过程中存在哪些障碍？
- 采购"辛迪加"会鼓励政府当局进行环保采购么？

3.2 建立假设

对于结果的解释，其重点应该在于政府当局采购的创新潜力。此外，以上问题的提出基于这样的假设：以上问题和政府当局规模之间具有统计上的相关性。这样的假设具有一定的必要性，因为后文要对不同类型的政府当局提出不同的发展建议。

3.3 调查对象的构成

本调查将政府当局中心行政管理的决策者视为供应链中的关键人员。他们将被问及关于公共采购的总体情况，特别是特定产品类别和服务的采购情况。为了得到一个可对比的样本总体，本调查仅限于萨克森州，这主要是基于法律和经济方面的考虑。另外，作者所选城市的居民数都在 5000 人以上（依据 2000 年资料）。根据 2000 年的统计年鉴，选定的这 170 个城市可做如表 15.1 所示的分类。

表 15.1 调查对象构成

类别	人口规模	城市数量
第 1 类	5,000～9,999 人	100 个
第 2 类	10,000～19,999 人	41 个
第 3 类	20,000～49,999 人	22 个
第 4 类	50,000～99,999 人	3 个
第 5 类	10 万人及以上	4 个
总计		170

3.4 产品类别的选择

该调查问卷包含关于公共采购总体情况的问题，特别是特定产品和服务类别选择的问题。这些产品类别是：信息技术产品、家具、照明系统、建筑、电力和清洁服务。

这些产品类别和服务的确定是根据欧洲的一项名为 RELIEF 的研究项目，其全称为 environmental relief potential of urban action on avoidance and detoxification of waste streams through green public procurement（绿色公共采购情况下，环境对于避免和减轻公民浪费行为潜在能力的研究）。这一课题项目所研究的产品类别有个人电脑、公共汽车、复印机、家具（木桌）、电力、节水设备和食品。

该项目的研究过程如下：
- 第一步，他们收集了参与研究项目的各城市采购上述产品的支出情况（Stuttgart 和 Hamburg 在德国，Kolding 在丹麦，Malmö 在瑞典，Zurich 在瑞士，Miscolc 在匈牙利）。
- 第二步，参与到项目的城市和评估组，分析了绿色公共采购中各产品类别之间的相关性。

本项目所选产品类别是与 RELIEF 项目进行比较和讨论的结果（Erdmenger, 2003：117）。然而，对于本研究计划中的调查，公共汽车这一产品类别是被排除在外的，因为我们假设大多数与萨克森市类似的城市均拥有独立的运输公司。在 RELIEF 项目的研究中,食物可能与学校有关,但在本研究中,市政当局只有最基本的食堂工作人员,因此将食品这项去掉。此外,作者决定将建筑领域作为调查对象的一个类别,并将室内照明作为这一类别的一部分。对于这一领域,作者予以高度重视,认为研究这一领域具有较高的经济意义,因此需要重点讨论。

3.5 问卷结构

问卷包含 26 个调查项目,7 个部分(从 A 部分到 G 部分)。A 部分(共 3 页)是关于采购问题的总体概述,这部分主要论述各步骤(需求管理、市场研究、裁定)中采购者与供应商之间的信息沟通障碍。B 部分至 G 部分各包含一页,是关于指定的产品和服务潜在的绿色采购规则问题,而且每一页都印在一张彩色纸上,这样做的目的是有助于让收信人将相关部分寄给市政当局的相关专家。

对于受访者意见或看法中的大多数问题,作者选择了四步李克特量表方法。根据问题的内容,其回答从"不重要"到"相当不重要",从"相当重要"到"重要"。

该问卷在之前已经过多位专家的测试,一位是政府当局采购官员,一位是当地企业领导部门的一线采购人员,一位是萨克森市 Städte- und Gemeindetag e. V.(SSG)组织的管理人员,还有一位科学家也参与了前期测试。

调查问卷是在 2003 年 8 月 20 日发送的,受访者寄回问卷的截止日期是 2003 年 9 月 30 日。截止日期的前一个星期,作者会通过电话提醒受访者寄回期限将至。由于萨克森市暑假的原因,一些受访者未能按时完成问卷,作者只能延期收回问卷。

4 分析

4.1 回复率

总体而言,有 77 个城市(占总数的 45.3%)的决策者参加了这次调查。其中第一类城市有 43 个,第二类城市有 22 个,第 3 类城市有 8 个,第 4 类城市有 2 个,第 5 类城市有 2 个,见表 15.2 所示。由于该样本结构与总体结构类似,所以该调查可以看作是总体的一个代表。

表 15.2 调查回复率

	总体数量	回复数量	回复率(%)
第 1 类:(5,000~9,999 人)	100	43	43.0
第 2 类:(10,000~19,999 人)	41	22	53.6
第 3 类:(20,000~49,999 人)	22	8	36.4
第 4 类:(50,000~99,999 人)	3	2	66.6
第 5 类:(100,000 及以上)	4	2	50.0
总计	170	77	45.3

4.2 分析方法

本研究的分析包括 4 个层次:首先,收集城市规模或公共采购支出规模等宏观资料;其次,需要对每一产品类别或服务从需求管理、市场研究、裁定三个采购过程进行分析;第三,在采购产品或服务时考虑有关的环境标准;最后,将环境标准的相关性与裁定标准的相关性进行比较。

在 SPSS 软件中,描述性数据的分析由统计频数表(frequency tables)来体现。为了检验论点（调查的问题与城市规模之间具有可测量的相关性），作者选择斯皮尔曼的等级相关系数（Spearman Rho-coefficient）理论作为衡量工具，因为城市的类别可以用"从"和"到"来表示。因此，数据可以看作是序列表（ordinal-scaled）（Günther & Klauke 2004：12）。每个问题都要进行相关性测试。

4.3 结果

这一部分将通过回答最初的研究问题（见第4部分）来对结果进行简要总结，考察政府当局作为供应链最终用户的供应链的具体特点。

- 市政当局是如何组织公共采购过程的？

正如通常假设的那样，中央集权的组织在过去并不存在（Kosilek/Uhr, 2002：28）。在本次调查中，82%的受访者声称没有建立集中采购部门。研究证实，采购组织以及以居民数量衡量的城市规模之间存在弱相关性（$\rho = 0.295$, Sig. $= 0.011$）。此外，作者要求受访者选定相应的产品类别。对于大多数产品类别来说，所谓的"Hauptamt"（主管部门）和所谓的"Bauamt"（建设部门），或相关类似部门都负有协调采购任务的责任。为鼓励政府当局的绿色采购行为就必须说服这些部门，并为它们提供绿色采购信息能够共享的条件（如绿色产品或服务的市场前景和特点）。

- 在市场调查过程中，市政当局采用了哪些策略和方法？

在德国，有一种机构叫公共采购咨询机构，它是公共采购部门和企业之间的连接纽带，其任务是只要政府当局一经要求就要为其指定足够多的可供选择的采购供应公司，负责告知采购公司投标的特点等，并邀请它们参加投标（Verdingungsordnung für Leistungen，VOL；Teil A, Procurement regulations for public supplies and service contracts, Part A，VOL/A，2002 §4 (2)）。通过以上分析，作者发现大约10%的政府当局设置了代理机构。因此，作者认为政府当局认同代理机构对市场研究的辅助作用。针对调查结果的相关性分析表明，在城市规模与是否对产品类别（如家具）使用咨询代理之间存在显著相关关系（$\rho = -0.283$, Sig. $= 0.018$）。也就是说，城市规模越大，对产品类别（如家具）使用咨询代理的情况越少。

纵观公共采购者为得到采购市场概况而采用的合同类型，萨克森市的采购者更喜欢签订私人合同（电力：40%，清洁：60%，照明和建筑：50%，信息技术产品和办公家具：70%）。也就是说，绿色产品和服务供应商应该主动向政府当局介绍他们的产品和服务。相关性分析表明，只有在信息技术产品类别中，城市规模和所使用的信息资源之间才具有相关性（公开合同：$p = 0.244$；Sig. $= 0.038$；私人合同：$p = -0.231$；Sig. $= 0.049$）。

- 哪些要求供应商必须再次确认？（即市政当局认为哪些标准对于招标最重要？）

《采购法》（The Procurement Law）为公共采购确定了一般准则，如：价格、技术知识、能力和可靠性（VOL/A，2000 §2 no. 3），但并没有指定具体的标准细则。据推测，公共采购者知道他们应该遵循的采购标准。至于目前的分析，作者想考察在产品类别和服务之间是否存在差异。利用前人的研究成果，作者决定对与产品相关的标准展开调查，调查对象包括产品质量、使用寿命、维修、（设备）安全性、运营成本，还有与供应商相关的标准，包括经济投标、供应商的技术知识、期限、供应及时性、安装和维护服务、投诉行为管理、保修服务等。

对于所有的产品类别，经济投标是最重要的标准。对所有的产品类别和服务而言，"最经济的投标"最重要。对于区域性"办公家具"和"室内照明"产品类别来说，政府当局将"较长的使用寿命"作为一条重要的采购标准。我们利用统计工具进行分析，也不能得出城市规模和采购标准之间的相关关系。

- 市政当局在采购时需要考虑哪些生态标准？

调查结果表明，在采购决策时政府当局已经考虑了环境标准，特别是在家具、建筑和照明等产品类别。对于"家具"产品类别，家具的使用寿命是最重要的标准。废物处理成本并未作为需要考虑的重要标准，尽管之后处理成本会增加。在"照明"产品类别中，当计划安装照明系统时能源效率是最重要的标准。当考虑到这方面也有巨大的经济意义时，这一点并不令人惊讶。政府当局可以考虑更先进的技术，如光敏控制开关、电子镇流器等技术。在建筑的使用阶段，能源效率也是重要标准之一，而且能源效率已经成为建设新楼房时的重要标准。随着加热技术、照明和设备管理技术的发展，必将能够满足政府当局采购的要求。

- 在采购环保产品和服务的过程中，存在哪些障碍？

基本上，政府当局对绿色公共采购很感兴趣。但根据所调查的政府采购部门所言，制约政府进行绿色采购最大的难题是政府的财政能力。供应商应该向政府当局指出绿色产品的成本优势（如能源效率），这是整个生命周期都需要关注的成本。

- 采购"辛迪加"能够促进政府当局进行环保采购么？

通过需求捆绑，可以节省15%的费用支出（Gehrmann & Schinzer，2002：19；Schmidt，2002：312）。采购的"辛迪加"行为是受到一定限制的，因为，某些情况下公共当局会拥有左右市场的强大力量，从而威胁较小供应商的生存（KGST，2003：40）。为了成立采购的"辛迪加"，两个或更多的城市通过将其需求集中的方式来进行捆绑。这样做，它们就能增强自身对供应商的谈判能力（Graßl，2002：84）。采购"辛迪加"对绿色采购很感兴趣，因为他们会通过增加政府当局的需求能力来支持环境创新。现有研究还表明，萨克森市（少于5万居民）45%至67%的人口表示，采购"辛迪加"的存在是无益的。"电力"这一产品类别在这一问题上获得了最高的支持率（19.2%）。也就是说，仍然有信息漏洞需要填补。统计分析表明，城市规模和捆绑需求的意愿之间没有显著相关关系。

5 供应链管理中学术问题相关研究方法的适用性

如前所述，本研究的分析对象着重于3部分：第一，作为供应链中特定用户的公共政府当局；第二，与公共采购相关的特定产品类别和服务；第三，作为消费者的政府当局和作为供应链管理中重要因素之一的（绿色）产品和服务供应商之间的信息流动。

通过以上分析，我们可以推断出企业获得竞争优势所依赖的关键因素。该方法的研究结果显示：决定信息问题的大部分标准存在于两个阶段，即市场研究阶段（应用于市场调查的工具）和裁定阶段（裁定标准和环保相关的标准）。

另一个重要问题是政府当局采购者所采取的策略，特别是他们是否对采购的采购量进行"辛迪加"式捆绑。所有的结果和城市规模之间的相关性测试显示：大多数情况下，城市规模与结果并不具有相关性。也就是说以后对不同规模的城市进行处理时，没有必要进行特意区别。

从研究的结果来看，公共采购的具体特点需要予以考虑。公共采购和私有企业采购之间是有差异的，这些差异会影响采购的决策方式。

一个更大的区别表现在，采购行为的决策者（采购经理或代理商）并不是产品的最终用户。在这个组织里，他只是扮演采购代理的角色（经济合作与发展组织，OECD，2000：38）。

另一个问题是：应该有多少人参加到采购的决策制定中来？采购过程中的每一个步骤都

会有不同的外部利益相关者和决策者参加，每一位参加者的行为都会影响决策过程本身和最终的决策结果（Günther & Scheibe，2004：6；经济合作与发展组织，OECD，2000：38）。

最后，公共采购的执行依靠的是高度结构化和规范化的处理程序。这也是本研究的一项重要结果，即法律条件是供应链环境下进行采购的一个障碍。公共权力部门使企业之间相互竞争，因为他们的目标是用最经济有效的方法来满足其自身需求。当然，财政和政策上的限制也比较严格。

为进一步进行 B2G（商家到政府）领域的研究，私营企业应当对公共采购的具体特点进行研究，特别是法律约束，政治限制，涉及的人口数量，高度标准化的结构，以及财务状况等。

6 参考文献

1. Bundesverband für Materialwirtschaft, Einkauf und Logistik e.V. (Federal Association for Material's Management, Purchasing and Logistics) (BME) in Cooperation with Booz, Allen & Hamilton (2000): Chancen und Entwicklungen im Public Procurement. Eine Studie des Bundesverbandes für Materialwirtschaft, Einkauf und Logistik e.V. in Zusammenarbeit mit Booz-Allen & Hamilton (Chances and Development in Public Procurement. A Study of the BME in cooperation with Booz-Allen & Hamilton), Berlin.
2. Bovis, C. (1998): The Liberalisation of Public Procurement and its Effects on the Common Market. Ashgate Publishing Ltd, Aldershot, Brookfield USA, Singapore, Sydney.
3. Directive 2004/18/EC of the European Parliament and of the Council of 31 March 2004 on the coordination of procedures for the award of public works contracts, public supply contracts and public service contracts, published 30th of April 2004 in the Official Journal of the European Union, L 134/114.
4. Erdmenger, C. (2003): The financial power and environmental benefits of green purchasing, in: Erdmenger, C. (ed.): Buying into the environment. Greenleaf Publishing, Sheffield: p. 116-133.
5. European Commission (EC) (2004): A report on the functioning of public procurement markets in the EU: Benefits from application of EU directives and challenges for the future.03/02/2004, Brussels.
6. Handfield, R. B., Nichols E. L. (1999): Introduction to Supply Chain Management, Prentice Hall, Upper Saddle River, NJ.
7. Hirsch & Gayer Consulting (1998): Public Procurement in der Bundesrepublik Deutsch-land. Kaufentscheidende Kriterien institutioneller (öffentlicher) Entscheidungsträger (Public Procurement in the German Federal Republic. Purchase-determining Criteria of Institutional (Public) Decision Maker), Rheinbreitenbach/ Essen.
8. Hirsch & Gayer Consulting (2000): Optimierung der Methode des Einkaufs der öffentlichen Hand. Abschlußbericht. Angefertigt für: Bundesministerium für Wirtschaft und Technologie; Referate I B 3 und I A 2 (Optimizing the purchasing method of the public sector. Final Report. Made for: Federal Ministry of Economy and Technology, Departments IB 3 and IA 2), Rheinbreitenbach/ Essen.

9. Goldbach, M. (2003): Coordinating Interaction in Supply Chains - The Example of Greening Textile Chains, in: Seuring, S., Müller, M., Golbach, M., Schneidewind, U. (eds.): Strategy and Organization in Supply Chains. Physica-Verlag, Heidelberg, New York: p. 47-63.
10. Graßl, S. (2001): Die Auswirkungen des E-Procurement auf die Organisation der Beschaffung der Kommunalverwaltung - Möglichkeiten und Grenzen der Einbindung von E-Procurement in das New Public Management. Diplomarbeit an der Universität Konstanz (Consequences of E-Procurement on Municipality's Procurement Organisation-Potentials and Boundaries of Implementing E-Procurement in New Public Management. Diploma Thesis at the University of Konstanz), Konstanz.
11. Günther, E., Klauke, I. (2004): Umweltfreundliche Beschaffung in sächsischen Kommunen - Auswertung einer Befragung. Dresden 2004. (= Dresdner Beiträge zur Betriebswirtschaftslehre. 82) Parallel als wissenschaftliches elektronisches Dokument veröffentlicht auf dem Hochschulschriftenserver der Sächsischen Landesbibliothek - Staatsund Universitätsbibliothek Dresden (SLUB) unter: http: //hsss. slub-dresden. de/hsss/servlet/hsss. urlmapping.MappingServlet? id = 1080136741765-6190 (Green Procurement in Saxon Municipalities - Analysis of a Survey), Dresden 2004.
12. Günther, E., Scheibe, L. (2004): The Hurdles Analysis - A Method to identify and analyse Hurdles for Green Procurement in Municipalities. Dresden 2004. (= Dresdner Beiträge zur Betriebswirtschaftslehre. 80):Parallel published as a scientific electronic document on the Online Document Server (HSSS) of the Saxon State and Dresden University of Technology Library (SLUB) under: http:// hsss. slub- dresden. de/ hsss/ servlet/ hsss. urlmapping. MappingServlet?id=1074594203546-4130, Dresden 2004.
13. Kommunale Gemeinschaftsstelle für Verwaltungsvereinfachung [Municipal Community's Center for New Public Management] (KGST) 2003: Elektronische Vergabe und Beschaffung in Kommunalverwaltungen - KGSt-Bericht Nr. 4/2003 (Electronic tender and procurement in municipal administration - KGSt-report no. 4/2003), Köln 2003.
14. Kogg, B. (2003): Power and Incentives in Environmental Supply Chain Management. in: Seuring, S., Müller, M., Golbach, M., Schneidewind, U. (eds.): Strategy and Organization in Supply Chains, Physica-Verlag, Heidelberg, New York, p. 65-81.
15. Kosilek, E.; Uhr, W. (2002): Die kommunale elektronische Beschaffung. Bericht zum Forschungsprojekt "KeB" (E-Procurement in Municipalities. Report on the Research Project "KeB"), Dresdner Beiträge zur Wirtschaftsinformatik 37, Dresden.
16. Seuring, S. (2001): Supply Chain Costing—Kostenmanagement in der Wertschöpfungskette mit Target Costing und Prozesskostenrechnung (Supply Chain Costing with Target Costing and Activity Based Costing), Verlag Franz Vahlen, München.
17. Trionfetti, F. (2003): Home-biased Government Procurement and International Trade: Descriptive Statistics and Empirical Evidence, in: Arrowsmith, S.; Trybus, M. (eds.): Public Procurement: The Continuing Revolution, Kluwer Law International, The Hague, p. 223-233.

作者简介

➢ Edeltraud Günther 教授、博士
- 1965 年出生
- 1984 年～1989 年，奥格斯堡大学（the University of Augsburg）工商管理专业
- 1989 年～1994 年，奥格斯堡大学会计和控制学系研究助理，并获得经济博士学位
- 1994 年～1996 年，德国奥格斯堡市巴伐利亚应用研究和技术学院（the Bavarian Institute of Applied Environmental Research and Technology GmbH，BIfA），经济系研究助理和项目负责人
- 1996 年～，德累斯顿工业大学（the Dresden University of Technology）工商管理和环境管理教授
- 2001 年 8 月～2002 年 2 月，美国弗吉尼亚州夏洛茨维尔大学（University of Virginia）麦金太尔商学院，访问教授
- 主要研究方向：可持续采购；环境绩效评估；时间生态衰减战略；排污权交易；环境经济措施
- Department for Business Management and Economics
  Professorship of Business Administration, especially Environmental Management
  Dresden University of Technology, 01062 Dresden
  Email: bu@mailbox.tu-dresden.de
  www.tu-dresden.de/wwbwlbu/homepage.html

➢ Ines Klauke 工商硕士
- 1975 年出生
- 1993 年～2000 年，德累斯顿工业大学（the Dresden University of Technology）工商管理专业
- 2000 年～，德累斯顿工业大学经济和工商管理学系工商管理专业研究助理，主要研究环境管理
- 承担过的研究项目：Multiplier-Effects and Implementation of the Eco-Audit according to EMAS II in Academic Facilities（at the Example of the TU Dresden），Potentials of a Sustainable Procurement and Instruments for Implementation （NaBesI）.
- 主要研究方向：可持续采购；环境管理
- Department for Business Management and Economics
  Professorship of Business Administration especially Environmental Management
  Dresden University of Technology, 01062 Dresden
  Email: bu@mailbox.tu-dresden.de
  www.tu-dresden.de/wwbwlbu/homepage.htm

第三篇
供应链中的案例研究方法
(Case Study Research in Supply Chains)

第16章 供应链中的案例研究方法：研究框架和三个案例

Stefan Seuring

本章主要内容

1. 导言
2. 供应链管理
3. 案例研究
4. 供应链案例研究的三个例子
5. 结论
6. 参考文献

内容摘要

有效的供应链管理，要求企业在为消费者提供产品和服务的同时开展紧密的合作。因此，相关的实证研究应当收集多个供应链环节的数据。目前的相关研究很少能够做到这一点，通常情况下这些研究只对供应链中的一家企业进行调查，因而无法从其他参与者的角度来研究和确定供应链中存在的问题。因此，选择合适的供应链和企业进行供应链管理实证研究十分重要。案例研究就是一种可以避免上述问题的研究方法。这种方法可以灵活地收集用于分析供应链及其管理问题的相关数据。虽然供应链管理方面的研究面临诸多困难，但它可以通过对供应链各环节获得的信息进行三角检验（triangulating）来检验所收集到的数据。本章将介绍案例研究的一些基本问题，并列举三个此类研究的例子。

关键词：供应链管理；案例研究；研究方法；定性研究；有效性；实证研究

1 导言

在过去的几年中，无论是在实践应用方面还是在学术研究领域，供应链管理都获得了长足的发展。作为一个研究领域，供应链管理在实践方面的迅速发展与相关研究方法的发展并不匹配。虽然越来越多的研究方法正在应用于供应链管理研究之中，但案例研究这一方法受到业界更大程度的关注。通常，对供应链及其管理问题中涉及高度非结构化问题的相关分析，可以通过案例研究方法来予以解决（Yin, 2003）。由于案例研究可以有效地识别、描述关键参数和变量，因而 Stuart 等（2002）认为案例研究是适合于供应链管理领域的研究方法。

上述观点是"哪种类型的研究方法才是合适的"这一问题的主要观点，例如，Morgan & Smircich（1980）认为定性研究是一种研究方法而不是一组特定的技术方法，其合理性来源于被发掘的社会现象的本质。Meredith（1993；1998）在经营管理领域支持这一观点，并阐述了案例和领域研究如何应用于相关的理论构建。由于供应链管理是一个崭新的研究领域，因而有必要经常性地强调概念和理论构建的进一步研究（Mouritsen 等，2003）。

在此背景下，本章的主要目的是阐述案例研究在供应链管理中何时可以使用，以及如何进行案例研究。这一方法在收集供应链若干环节的案例相关信息方面应用得尤为广泛。根据所提出的问题，本章结构如下：

第一部分介绍供应链管理的背景，探讨实证研究的必要性和以案例为基础的研究的合理性；

第二部分简单介绍案例研究，主要讨论与供应链管理应用高度相关的若干问题；

第三部分提出进行供应链案例研究的流程（Stuart 等，2002），这些流程将在随后的案例研究中用到。

在此基础上，本章第四部分将通过分析三个作者参与过的案例来对相关流程进行具体介绍（例如，Seuring，2001；2002；Goldbach，2003；Goldbach 等，2004；Morana & Seuring，2003a；2003b）。

在本章的最后，将对主要研究结论进行总结，为日后的进一步研究提供线索。

2 供应链管理

"供应链包含了商品从原料环节到最终用户过程中一切与流动、转化以及信息流相关的活动。物料和信息在供应链上下游之间流动。供应链管理（SCM）通过改善供应链成员关系集成这些活动，带来可持续的竞争优势"（Handfield & Nichols，1999：2）。尽管供应链管理还有其他定义，但上述定义已经得到业界的公认。学者们已经提出许多观点和系统，例如 Bechtel & Jayaram（1997）、Cooper 等（1997）、Ganeshan 等（1998）、Croom 等（2000）、Mentzer 等（2001）、Seuring（2001a）、Otto & Kotzab（2001）、Müller 等（2003）。虽然这些研究成果针对的是不同的定义和概念，但从中至少可以看出两个反复出现的主题：（1）供应链处理物料和信息的流动问题；（2）信息的流动问题应当由供应链成员以合作的方式予以解决。

针对上述相关问题，部分学者甚至认为供应链管理案例研究方法的重点在于确定供应链核心企业（Mouritsen 等，2003；Chen & Paulraj，2004）以及供应链成员在供应链管理过程中所遇到问题（Fawcett & Magnan，2002）。其中，一个主要问题是如何鉴别供应链网络结构中的核心企业，另一个主要问题是确定特定供应链的一体化程度。Frohlich & Westbrook（2001）调查研究后指出，确定供应链核心企业主要是看企业在供应链上下游中所处的地位。除了可以从供应链核心企业入手进行案例研究外，还可以从供应链的其他环节入手，尤其是可以从供应链两个以上环节收集信息，具体案例见 Cooper & Slagmulder（2004）、Seuring（2001；2002）的相关研究。

与上述分析相似，考虑到从业人员的认知水平，Stuart 等（2002：431）强调"以客户为中心"的研究方法在管理研究中的重要性。在这方面，Stuart 等（2002）着重指出，案例研究方法是强大而且有影响力的，这一方法有益于管理实践和理论发展，并且对于提高从业人员认知水平极其有效（Voss 等，2002：195）。供应链管理面临的一些问题可以看作是复杂的、非结构化的，在这种情况下探索主要变量相互间的映射关系（Stuart 等，2002）或者研究理论发展的未知领域（Voss 等，2002）都是可取的研究策略。上述情况是案例研究方法适用的典型情况（Yin，2003；Saunders 等，2003）。因此，相关研究的两个核心问题是：

- 如何鉴别适合作为案例的供应链？
- 如何针对供应链的不同环节收集部分或全部相关环节的数据？

3 案例研究

"案例研究属于实证研究，这种研究是对现实生活中现象进行的调查，尤其是在现象和环境之间的界限不明朗的时候"（Yin，2003：13）。在考虑环境因素的情况下，案例研究是一种常用的研究方法，但同时案例研究方法也限制了分析的范围（Eisenhardt，1989；Voss 等，2002）。这种方法可以深入了解新兴领域（Meredith，1993），帮助理解模糊和混乱问题（Swamidass，1991）。尽管案例研究方法不能催生出新的理论（Weick，1995；Swamidass，1991；Wacker，1998），但案例研究方法的优点源于它对概念发展的捕捉能力（Meredith 等，1989；Meredith，1993），因此，案例研究方法尤其适合应用于新的研究领域（Yin，2003）。案例研究方法的优点在于它能够解决研究过程中"为什么？"和"如何做？"的问题（Yin，2003：1；Ellram，1996：98；Meredith，1998：444）。研究策略灵活，有时甚至是机会主义的（Yin，2003），这是案例研究方法的一个优势，但也可能是它的劣势（Stuart 等，419）。针对案例研究方法这一劣势，在研究过程中有必要对相关研究的目的以及研究流程进行回顾检验。

3.1 研究目的

结合"描述—解释—验证"的研究周期（Meredith，1993），研究人员可以预见到案例研究的结果。很明显，案例研究的对象是现实生活中的具体现象（Yin，2003），存在可以初步了解所研究现象的理论（Swamidass，1991）。案例研究可以用于不同的目的，Yin（2003：3）将案例研究分为三种：

（1）探索性案例研究旨在定义问题、假设后续研究（不一定是案例研究），或者确定研究流程的可行性。

（2）描述性案例研究旨在提供某种现象在其范围内的完整描述。

（3）解释性案例研究具有因果关系的数据，旨在解释事件如何发生。

此外，Yin（2003：40-47）建议基于以下标准选择案例。在以下情况下，一个案例可以作为重要的例子：

（1）如果它极端或者独特，例如，没有太多同类案例；

（2）如果它典型或者具有代表性，可以作为一系列案例的典型代表；

（3）如果它具有启发性，研究人员可以从中观察和分析某些科学研究目前无法解释的现象；

（4）如果它是同时研究两个或多个点的纵向案例；

（5）如果它在多个案例中最具导向性，多个案例通常具有相同的逻辑，可以在一定范围内选择典型案例进行研究（Eisenhardt，1989）。

而且，在特定案例中，可以分析一个或一个以上研究单位（Yin，2003：40），找出其中相同的逻辑，确保对所做的研究有一个合理的分析概括（Eisenhardt，1989）。

关于这一点，Handfield & Melynk（1998：324-325）概述了如何保证研究策略与理论构建相匹配，他们提出的分类表后来被 Voss 等（2002：198）予以改进，Voss 等人归纳出研究的 4 个目标，分别是探索、理论构建、理论验证以及理论扩展和完善。案例研究方法可以为实现这 4 个目标服务，但应用某个研究策略时有必要进行详细评估。

3.2 研究流程

案例研究流程类似于其他经验化的成熟研究（Yin，2003；McCutcheon & Meredith，1993）。Stuart 等（2002）提出了一个包含 5 个阶段的案例研究流程（如图 16.1 所示），并详细解释了每一阶段的实施步骤。由于学者已经提出了更加广泛、详尽的案例研究方法，本章不再赘述（见 Yin，2003；Eisenhardt，1989；Mentzer & Kahn，1995；Ellram，1996；Voss 等，2002）。

阶段1 研究问题 → 阶段2 工具开发 → 阶段3 数据收集 → 阶段4 数据分析 → 阶段5 扩展研究

图 16.1 案例研究流程模型的五个阶段

资料来源：Stuart 等，2002：420。

研究流程之所以十分重要，其中一个主要原因是，研究的质量缺陷往往是由流程缺乏严密性造成的（Stuart 等，420）。因此，本章着重强调了案例研究的质量问题。

3.3 确保案例研究的质量

确保研究的有效性（即依据是否有效）和可靠性（即依据是否正确）可以保证研究质量（Mayring，2002：140；Yin，2003：34）。Mayring（2002：141）强调了确保定性研究和相关测量工作客观性和可靠性的重要性，优秀的定性研究极其需要可靠、有效的研究流程（Stuart 等，2002）。鉴于研究质量的重要性，学术界开展了一场关于影响研究质量因素的讨论（Mayring，2002：144；Maxwell，1992；Mentzer & Flint，1997）。同其他学者类似，Mayring（2002：144）提出了定性研究的六大质量因素，具体包括：（1）流程文件；（2）参数维护说明；（3）依据行为规则构建研究流程；（4）调查研究对象；（5）确认调查有效性；（6）三角检验（triangulation）。

Yin（2003：34）概述了如何保证案例研究的有效性，他提出了三种类型的有效性：结构有效性、内部有效性和外部有效性。上述三种有效性涉及研究流程的不同阶段，可以通过确保研究流程清晰、结构化来保证研究的可靠性和有效性。以下三个案例将结合上述内容详细介绍如何进行案例研究。

4 供应链案例研究的三个例子

在简要介绍案例研究方法之后，本章将强调供应链管理案例研究必须要考虑的一些特殊问题。物流（例如，Mentzer & Kahn，1995；Ellram，1996）和运营管理（例如，McCutcheon & Meredith，1993；Meredith，1998；Stuart 等，2002；Voss 等，2002）领域的相关文献已经简单涉及到了这些问题。虽然这些文献的标题是物流或者运营管理，但其中描述的研究流程也适用于其它管理。此外，正如 Müller 等（2003）所提出的，存在少数从供应链两个或两个以上环节收集案例研究数据的例子。因此，有必要研究一些目前已经公布的案例，从中总结出收集、评价数据的方法。

在上文的供应链管理部分，相关案例研究中存在两个关于供应链管理具体内容的问题，即如何鉴别合适的案例以及如何选择最适合的企业。为了更好地解释上述两个问题，本章将用三个作者亲身参与的供应链研究案例进行详细说明，根据供应链企业（实体）数目对三个案例进行分类，相关数据需要从案例研究启动时开始收集。欧图公司（Otto）的案例仅仅对核心企业的员工进行了调查，而其它两个案例的数据则是从供应链的不同企业或环节进行收集的。而且，上文所介绍的案例研究流程的五个阶段（Stuart 等，2002）将在三个案例中得到具体应用。

4.1 欧图公司（Otto）——有机棉服装项目简介

欧图股份有限公司（Otto GmbH & Co.）于 1949 年成立于德国汉堡，拥有全球最大的邮递订单业务。虽然仍然保留着原来的公司总部，但欧图公司已经今非昔比，公司在 21 个国家下辖 86 家公司，在全球各地雇佣的员工超过 65,000 人，2002 年全球营业额达 19.2 亿欧元。欧图公司的商品贸易范围广泛，包括服装、电子产品和家用电器等。20 多年来，欧图一直致力于环境保护，在此背景下，公司确立了生产有机棉服装的战略决策。

1. 研究问题

需要研究的问题是如何建立有机棉服装生产供应链（Goldbach,2003；Goldbach 等,2004）。商品市场上没有成品有机棉，要获得这种产品，欧图公司需要从原材料产地（即棉花种植农场）开始启动，并运作新的供应链。欧图公司案例是一个极端的案例，因为案例涉及环保产品的开发，并且欧图遇到了企业进入新产品领域时所面临的典型问题，案例具有典型性（Yin, 2003：42）。研究人员通过一个政府资助研究项目进入欧图调查。欧图提供业务案例，研究小组对此提出学术建议。

2. 工具开发

在欧图公司的案例中，在大多数情况下棉花产品的供应链全部在欧洲以外的市场运作，这就意味着直接联系欧图公司在土耳其或者印度的供应商是不可能的。因此，案例研究只能通过接触欧图工作人员、查阅相关文件资料的方式进行。由于需要灵活的研究工具来进入研究领域、熟悉研究对象，同时提供灵活的数据收集模式（Yin，2003：89；Saunders 等，2003：246），研究人员选择了半结构化访谈作为首选的调查模式。鉴于有必要详细了解欧图相关产品，研究人员在随后的研究中采用了另外一种研究方法，针对欧图工作人员开展了文件分析以及联合数据分析。

3. 数据收集

为了收集研究数据，研究人员对欧图公司的工作人员进行了 12 次半结构化访谈，初步了解了相关领域的发展历史。此外，研究人员选择了两种典型产品（T 恤和浴衣），收集了公司在单一生产环节中所涉及的定量数据和费用资料，同样，典型产品的研究数据只能通过欧图工作人员获得。进行案例分析的两种典型产品是欧图一系列相关产品的代表，构成了案例研究的两个嵌入式单位。

4. 数据分析

数据分析包括抄录访谈数据以及检查访谈方案。此外，作为一个完整的研究流程，研究人员需要与欧图公司的工作人员进行讨论，检验研究结果。数据分析的第二种重要方式是将研究结果与处理类似问题的其它研究小组进行比较（参照 Seuring 于 2004 年的案例比较），这些比较可以作为附加的三角检验的一部分（Yin，2003：97；Saunders，2003：99）。

5. 扩展研究

案例研究收集的相关资料与不同的理论基础相关联，可以得到不同的研究结论。由于成本发挥着核心作用，因此成本控制是研究的首选，但是随着研究的深入，研究表明成本问题不仅仅包括报告成本数据，而且关系到所在组织的结构（Goldbach，2002）。另外，与合作以及协调方式相关的交易成本同样发挥着重要作用（Goldbach 等，2004）。由于委托代理理论和结构化理论的发展，可以针对上述问题进行以理论为基础的分析（Goldbach，2003b）。此外，时间和复杂事物管理方面的研究同样符合欧图公司系统化管理方法的目标（Seuring 等，2004）。

本案例提供了一个研究课题，这一课题随后被扩展到理论研究领域。有机棉服装项目开始后，研究人员对影响供应链设计以及运作的因素进行了模糊假设，将现有理论应用于供应链构建，并通过核心企业获得案例研究所需要的材料。

4.2 斯丹曼（Steilmann）公司——聚酯衬里的供应链目标成本

克劳斯斯丹曼股份有限公司（Klaus STEILMANN GmbH & Co. KG）于 1958 年成立于德国鲁尔地区，公司总部至今仍然位于此地。斯丹曼公司的核心业务是服装设计和销售，生产过程由世界各地的供应商负责，主要客户包括马克斯思班塞（Marks & Spencer）和 C&A 公司。在 2001 年，公司营业额超过 7 亿欧元，雇佣员工数量约 14,500 人，其中大约 12,000 名员工（主要是女性）在罗马尼亚工作。公司奉行积极的环境保护策略，主要包括不断提高产品的质量和环保性能。

1. 研究问题

聚酯是一种新型的环境友好型材料，可以应用于容器、安全带以及服装等一系列产品的生产。研究问题是如何将聚酯引入服装生产（Seuring，2001）。斯丹曼公司的案例是供应链背景下新产品引进的典型案例（Seuring，2001）。与欧图案例类似，斯丹曼公司的案例同样与一个政府资助的联合研究项目有关。

2. 工具开发

由于同时涉及到供应链中的三个环节，斯丹曼公司的案例极具研究价值。供应链的三个相关环节分别是二级供应商、一级供应商以及核心公司。二级供应商是一家生产聚酯和纱线的化工企业，一级供应商是一家开展纺织和服装加工业务的纺织企业。案例中接触供应商并且与供应商建立联系的渠道由斯丹曼公司提供。

3. 数据收集

研究人员通过 19 场半结构化访谈收集数据，其中 14 场是与斯丹曼公司工作人员进行的，其余 5 场则是与运作供应链前两环节相关公司工作人员的访谈，进一步的数据收集则是通过实地走访和文件分析实现的。虽然数据收集工作只在项目开始的一段时间进行，但研究人员并没有忽略供应链随着时间的发展变化。

4. 数据分析

在数据分析过程中，可以对从供应链三个环节获得的研究结论进行检验，即对从三家公司获得的信息以及其他资料，如公司网站和有关出版物等次要资料，进行三角检验。同欧图案例的情况类似，访谈资料需要经过转录和受访者检查。

5. 扩展研究

目标成本法为理解收集到的数据提供了思路。通过数据分析可以发现，三家公司采用了一种被称为供应链目标成本的管理方法（Seuring，2002）。虽然没有一家公司使用"目标成本"这个术语，但它们的运作过程却极为关注最终产品的成本，不允许产品成本超过传统的聚酯服装。它们甚至联合起来采取措施降低成本，其中包括直接成本、管理程序（管理成本）以及合作成本（交易成本）（Seuring，2001；2002）。正如上文中提到的，通过同时对供应链的三个（或者全部）环节进行调查可以深入了解企业行为以及企业间的相互作用机理。虽然在激烈的竞争环境下，企业需要在各自特定的市场中竞争成本，但是探讨特定供应链中的企业如何联合采取措施降低成本极具研究价值。虽然供应链目标成本理论早已建立（Cooper &

Slagmulder，2004），但其框架可以通过案例研究进行扩展和检验。

斯丹曼公司的案例处于一个典型的制造业环境中，整个供应链包括三家企业，但是如果消费者处于供应链更下游的环节，上述情况就会发生变化。

4.3 Ecolog 公司——聚酯服装的闭环供应链

Ecolog 公司（Ecolog Recycling Network GmbH）是一家位于德国康斯坦茨湖泰特南地区的服装回收公司，公司于 1994 年由 VAUDE 和 Sympatex Technologie GmbH 两家德国运动和户外服装制造商成立。时至今日，Ecolog 公司的规模仍旧很小，仅仅雇用一名员工。Ecolog 公司在经济生活中扮演着各种角色，包括生产商、零售商、消费者以及聚酯服装回收企业等。供应链合作目标是引进聚酯服装回收项目，项目包括开发、供应聚酯服装，从零售商处回收过时的产品，并将回收的产品制成粒状聚酯材料再利用。Ecolog 公司为所有的聚酯服装提供标签，自 1994 年以来，公司共售出大约 80 万个标签。一旦这些服装退出使用领域，就会被 Ecolog 公司回收，进行再利用，整个闭环供应链的所有环节全部由 Ecolog 公司独立运作（Morana & Seuring，2003a）。

1. 研究问题

消费者是闭环供应链的重要环节，研究问题的重点是探讨闭环供应链运作模式以及 Ecolog 公司没有获得巨大成功的原因。Ecolog 公司建立循环网络的目的是实现环境保护（废弃物回收再利用）与经济发展的有机结合。在 Ecolog 公司引入聚酯服装循环网络及其标签之前，聚酯服装回收再利用的相关技术问题早已解决。Ecolog 案例涉及闭环供应链运作，是服装回收的典型案例（Thierry 等，1995；Guide 等，2003）。Ecolog 案例之所以被作者选中，是因为它是为数不多的尝试闭环供应链运作模式的案例之一。

2. 工具开发

Ecolog 案例中，研究人员对供应链的首次接触是通过联系 Ecolog 公司的循环网络协调人员，联系渠道是由 Ecolog 公司提供的。与欧图和斯丹曼案例类似，半结构化访谈和文件分析被证明是收集数据的最佳途径。

3. 数据收集

从 2002 年 10 月到 2003 年 3 月期间，研究人员通过面对面访谈或者电话联系的方式进行了 58 次半结构化访谈。受访者覆盖了供应链的 4 个环节，包括生产商（4 位受访者）、零售商（23 受访者，其中 7 位与服装回收行业相关）、消费者（21 位受访者）、Ecolog 公司负责协调循环网络和回收工作的员工，以及 9 名相关专家。由于 Ecolog 公司并没有销售对象的相关记录，如何鉴别购买聚酯服装的消费者是案例研究过程中遇到的特殊问题，研究人员通过发送电子邮件寻找购买过聚酯服装并且愿意接受访谈的消费者。供应链不同环节的访谈、文献以及其它服装循环项目的相关数据为检验研究结论提供了基础。

4. 数据分析

由于数据收集覆盖闭环供应链的所有环节，因此可以对单个环节受访者的数据进行三角检验。鉴于访谈后进行了转录，研究人员只检查了与 Ecolog 员工的访谈。而且，由于 Ecolog 员工是闭环供应链的核心协调人员，研究人员多次接触了 Ecolog 员工，共同讨论其它访谈的结论。

5. 扩展研究

Ecolog 公司生产、销售的服装产品，例如户外夹克、职业防护装或者气候防护装，通常只有数年的使用寿命。因此，Ecolog 公司整个供应链存在的一个主要问题就是产品回收利用问题。产品回收利用问题同时发生于个人和团体消费者。对于个人消费者，产品回收利用问题容易得到理解，因为个人消费者很容易忘记在服装使用寿命结束时将其送回经销商处。而且，个人消费者通常会将服装捐赠给慈善机构，安慰良心。有趣的是，团体消费者（例如DaimlerChrysler AG）同样存在产品回收利用问题，因为产品的购买决策和废弃决策由不同的工作人员执行，产品回收方案往往不能获得通过，所以团体消费者同样经常将服装捐赠给慈善机构。

Ecolog案例为"理想"的闭环供应链运作提供了借鉴。Guide & Van Wassenhove（2003：3）通过一系列活动来定义闭环供应链："产品回收、逆向物流、检验和处理（测试、分类和评级）、修复（可能包括再制造）、配送以及销售修复后的产品。"其中闭环供应连的主要方面是产品回收和逆向物流，两者是形成闭环所必需的。正如本章上文中所提到的，Ecolog公司案例中的技术方案是可行的，不过，由于组织或者个人在产品回收过程中的失误，循环网络并没有获得预期的经济效益。这一点在一定程度上可以用交易成本解释，例如，交易的频率不高，而需要的回收措施却极其专业，这导致成本居高不下，Ecolog公司应当引入回收激励机制。

只有将消费者纳入分析的范畴，供应链的蓝图才是完整的，Ecolog公司的案例就是一个典型的例子。然而，消费者的信息却是最难以得到的。而且，Ecolog公司的案例仅对21位消费者进行了访谈，21位消费者只是一个很小的数目。由于消费者访谈不全面，评估访谈结果可以发现，消费者具有相同的见解。

在闭环供应链理论背景下，Ecolog公司的案例是率先考虑从闭环供应链中消费者环节收集数据的案例之一，是完善闭环供应链理论的案例。

4.4 三个案例的研究方法比较

表16.1列出了三个案例的研究概述，并将研究结论联系到本章案例研究方法部分强调的主要问题。案例研究结果表明，数据收集可以采取多种形式，但必须根据单个案例的具体情况确定。在这种情况下，必须牢记每家企业的具体要求，虽然这可能会限制与供应商和消费者的接触，不可避免地影响案例研究的数据收集。

表16.1 三个案例的比较

案例	Otto	Steilmann	Ecolog
行业	纺织/服装	纺织/服装	纺织/服装
案例接触途径	联合项目的核心公司	通过供应商接触联合项目的核心公司	积极寻找案例，联系核心公司
案例选择	极端/典型案例	典型案例	极端案例
供应链数据收集	核心公司	供应链的三个（全部）环节	包括消费者在内的供应链的四个环节
数据收集方法	访谈、文件	访谈、文件	访谈、文件
有效性	多次访谈，选择了两种典型产品进行深入分析	信息来自所有与供应链相关的合作伙伴	信息来自所有与供应链相关的合作伙伴
研究目的	探索和理论构建	理论测试/扩展	理论扩展

本章没有论述的一个问题是如何将研究结论与文献结合，将研究结论与过去发表的著作进行比较、联系（Eisenhardt，1989），这对研究的设计以及研究结论的扩展极为重要。这一

问题适用于任何研究，在供应链管理领域也不例外，因此本章没有详细论述。

5 结论

本章论证了案例研究是供应链管理实证研究的有效方法，其目的不是改写或者重塑案例研究，因为此类研究已经大量存在；相反，本章通过简要介绍三个案例，阐述了如何设计此类项目的研究流程。

上面章节提出过两个问题，这里将以三个案例为背景进行讨论。

- 如何鉴别适合作为案例的供应链？

正如文献中论述的（例如，Yin，2003：21），案例的选择往往具有投机性。Ecolog 公司的例子表明，有时可能很难找到合适的案例，Ecolog 公司只是一个比较适合进行研究的案例，对 Ecolog 公司的研究可以为其它交叉的案例分析提供服务。不过，积极寻找可以了解供应链管理各个环节运作情况的案例非常有意义。

通常情况下，开展案例研究往往要求研究人员与该行业存在某些联系，正如上文中提到的，本章列举的欧图和斯丹曼案例正是如此，这一要求是合理的。除此之外，研究人员还需要评估"案例的有用性"以及"研究的主要目的"，这种方式可以减少甚至避免学者对案例研究进行批评（即案例研究是缺乏严密性的研究方法）。

- 如何对供应链不同环节进行调研，从部分或者全部相关环节收集数据？

供应链调查的一个关键方法是从核心企业入手，从核心企业开始对供应商进行调查。在斯丹曼公司的案例中，研究核心是一种特定产品，该产品只涉及到两个供应商，没有进一步选择的余地。Chivaka 的一篇文章（2005 年合订本）提供了一个不同的案例：首先联系核心公司（同斯丹曼公司的案例的情况相类似），Chivaka 要求核心公司筛选合适的一级供应商；然后在一级供应商处重复相同的操作，Chivaka 接触到了二级供应商；最后，Chivaka 成功地调查了三个不同的三级供应链。

由于研究范围超出单一组织，研究人员往往需要采取更加灵活和机会主义的方法从供应链的不同环节收集数据。

最后，必须承认，一些书面的研究结论试图将案例研究流程理想化，但案例研究的一大优势正是其灵活性（Yin，2003；Stuart 等，2002），正如有效性和可靠性研究中提到的，案例研究的严谨性应当源于流程文件，使用来源多样的数据对研究结论进行三角检验同样是保证研究结论合理的重要措施。供应链管理案例研究有助于深入了解相关领域，对理论构建、验证以及扩展同样有效。

6 参考文献

1. Bechtel, C., Jayaram, J. (1997): Supply Chain Management: A Strategic Perspective, in: The International Journal of Logistics Management, 8(1): 15-34.
2. Chivaka, R. (2005): Cost Management along the Supply Chain: Methodological Implications, in: Kotzab, H., Seuring, S., Müller, M., Reiner, G. (eds.): Research Methodologies in Supply Chain Management, Physica, Heidelberg: p. 299-314.
3. Cooper, M. C., Lambert, D. M., Pagh, J. D. (1997): Supply Chain Management: More than a New Name for Logistics, in: The International Journal of Logistics Management, 8(1): 1-14.
4. Cooper, R., Slagmulder, R. (2004): Interorganizational cost management and relational context,

in: Accounting, Organizations and Society, 29(1): 1-26.
5. Croom, S., Romano, P. Giannakis, M. (2000): Supply Chain Management: An Analytical Framework for Critical Literature Review, in: European Journal of Purchasing & Supply Management, 6(1): 67-83.
6. Eisenhardt, K. M. (1989): Building Theory from Case Study Research, in: Academy of Management Review, 14(4): 532-550.
7. Ellram, L. M. (1996): The Use of the Case Study Method in Logistics Research, in: Journal of Business Logistics, 17(2): 93-138.
8. Fawcett, S. E., Magnan, G. M. (2002): The Rhetoric and Reality of Supply Chain Integration, in: International Journal of Physical Distribution & Logistics Management, 32(5): 339-361.
9. Frohlich, M., Westbrook, R. (2001): Arcs of Integration: An International Study of Supply Chain Strategies, in: Journal of Operations Management, 19(2): 185-200.
10. Ganeshan, R., Jack, E., Magazine, M. J., Stephens, P. (1998): A Taxonomic Review of Supply Chain Management Research, in: Tayur, S., Ganeshan, R., Magazine, M. (eds.): Quantitative Models for Supply Chain Management, Kluwer, Dordrecht, p. 839-879.
11. Goldbach, M. (2003): Coordinating Interaction in Supply Chains—The Example of Greening Textile Chains, in: Seuring, S., Müller, M., Goldbach, M., Schneidewind, U., (eds.): Strategy and Organization in Supply Chains, Physica, Heidelberg: p. 47-63.
12. Goldbach, M. (2003a): Koordination von Wertschöpfungsketten durch Target Costing und Öko-Target Costing: Eine agentur- und strukturationstheoretische Reflexion (Coordination of Supply Chains by Target Costing and Eco-Target Costing: An Principal-agent and Structuration Theory based Reflection), Deutscher Universitäts-Verlag, Wiesbaden.
13. Goldbach, M., Seuring, S., Back, S. (2004): Co-ordinating Sustainable Cotton Chains for the Mass Market: The Case of the German Mail-order Business Otto, in: Greener Management International, Issue 43, forthcoming Autumn 2004.
14. Guide, V. D. R., Harrison, T. P. Van Wassenhove, L. N. (2003): The Challenge of Closed-Loop Supply Chains, in: Interfaces, 33(6): 3-6.
15. Handfield, R. B., Melnyk, S. A. (1998): The Scientific Theory-building Process: A Primer Using the Case of TQM, in: Journal of Operations Management, 16(4): 321-339.
16. Maxwell, J.A. (1992): Understanding and Validity in Qualitative Research, in: Harvard Educational Review, 62(3): 279-300.
17. McCutcheon, D.M., Meredith, J.R. (1993): Conducting Case Study Research in Operations Management, in: Journal of Operations Management, 11(3): 239-256.
18. Mentzer, J. T., Kahn, K. B. (1995): A Framework of Logistics Research, in: Journal of Business Logistics 16(1): 231-250.
19. Mentzer, J. T., DeWitt, W., Keebler, J. S., Min, S., Nix, N. W., Smith, C. D., Zacharia, Z.G. (2001): Defining Supply Chain Management, in: Journal of Business Logistics, 22(2): 1-26.
20. Mentzer, J. T., Flint, D. J. (1997): Validity in Logistics Research, in: Journal of Business Logistics, 18(2): 199-216.
21. Meredith, J. (1993): Theory building through conceptual methods, in: International Journal of

Operations & Production Management, 13(5): 3-11.
22. Meredith, J. (1998): Building operations management theory through case and field research, in: Journal of Operations Management, 16(4): 439-452.
23. Morana, S., Seuring, S. (2003a): Organizing a Closed-loop Supply Chain—The ECOLOG Case Study, in: Seuring, S., Müller, M., Goldbach, M., Schneidewind, U. (Eds.): Strategy and Organization in Supply Chains, Physica, Heidelberg, p. 369-384.
24. Morana, R., Seuring, S. (2003): "Analysing and Comparing Two Subsets of the ECOLOG Closed-Loop Supply Chain", in: Spina, G., Vinelli, A., Cagliano, R., Klachschmidt, M., Romano, P., Salvador, F. (eds.): One World? One View of OM?—The Challenges of Integrating Research & Practice, Proceedings of the 10th International Conference European Operations Management Association, 16-18 June 2003, Como, Italy, Volume II, p. 1035-1044.
25. Morgan, G., Smircich, L. (1980): The Case of Qualitative Research, in: Academy of Management Review, 5(4): 491-500.
26. Mouritsen, J., Skjøtt-Larsen, T., Kotzab, H. (2003): Exploring the Contours of Supply Chain Management, in: Integrated Manufacturing Systems, 14(8): 686-695.
27. Müller, M., Seuring, S., Goldbach, M. (2003): Supply Chain Management—Neues Konzept oder Modetrend? (Supply Chain Management—New Concept or Fashion Trend?, in: Die Betriebswirtschaft, 63(4): 419-439.
28. Otto, A., Kotzab, H. (2001): Der Beitrag des Supply Chain Managements zum Management von Supply Chains—Überlegungen zu einer unpopulären Frage (The Contribution of Supply Chain Management to the Management of Supply Chains—Thoughts on an Unpopular Question), in: Zeitschrift für betriebswirtschaftliche Forschung, 53(3): 157- 176.
29. Saunders, M., Lewis, P., Thornhill, A. (2003): Research Methods for Business Students, Prentice Hall, Harlow.
30. Seuring, S. (2001): Green Supply Chain Costing—Joint Cost Management in the Polyester Linings Supply Chain, in: Greener Management International, Issue 33: 71-80.
31. Seuring, S. (2002): Supply Chain Target Costing—An Apparel Industry Case Study, in: Seuring, S., Goldbach, M. (eds.): Cost Management in Supply Chains, Physica, Heidelberg, p. 111-125.
32. Seuring, S. (2004): Integrated Chain Management and Supply Chain Management—Comparative Analysis and Illustrative Cases, in: Journal of Cleaner Production, 12(8-10): 1059-1071.
33. Seuring, S., Goldbach, M., Koplin, J. (2004): Managing Time and Complexity in Supply Chains—Two Cases from the Textile Industry, in: International Journal of Integrated Supply Management, 1(2): 180-198.
34. Stuart, I., Mc Cutcheon, D., Handfield, R., McLachlin, R., Samson, D. (2002): Effective Case Research in Operations Management: A Process Perspective, in: Journal of Operations Management, 20(5): 419-433.
35. Swamidass, P. M. (1991): Empirical Science: New Frontier in Operations Management
36. Research, in: Academy of Management Review, 16(4), 793-814.

37. Thierry, M., Salomon, M., Nunen, J., Van, Wassenhove, L. (1995): Strategic Issues in Product Recovery Management, in: California Management Review, 37(2): 114-135.
38. Voss, C., Tsikriktsis, N., Frohlich, M. (2002): Case Research in Operations Management, in: International Journal of Operations & Production Management, 22(2): 195-219.
39. Wacker, J. G. (1998): A Definition of Theory: Research Guidelines for Different Theorybuilding Research Methods in Operations Management, in: Journal of Operations Management, 16(4): 359-382.
40. Yin, R. K. (2003): Case Study Research—Design and Methods, 3rd edition, Sage, Thousand Oaks.

作者简介

> Stefan Seuring 教授、博士
> - 1967 年出生
> - 在德国和英国学习工商管理以及环境管理
> - 1995 年～1998 年，任帕德博恩大学（University of Paderborn）环境技术学院研究助理
> - 2001 年，获得奥尔登堡（University of Oldenburg）大学博士学位
> - 1998 年～2001 年，任奥尔登堡大学商业、经济与法律学院生产与环境学系讲师
> - 2001 年 4 月，高级讲师
> - 研究课题与各地主要企业，特别是化工与纺织企业紧密相关
> - 主要研究方向：供应链；成本控制；环境管理
> - Supply Chain Management Center, Institute for Business Administration
>   Carl von Ossietzky University Oldenburg, 26111 Oldenburg, Germany
>   Tel: +49 441 798 4188   Fax: +49 441 798 5852
>   Email: stefan.seuring@uni-oldenburg.de, http://www.uni-oldenburg.de/scmc1

第 17 章 供应链一体化研究中的案例研究方法建议

Teresa M. McCarthy, Susan L. Golicic

本章主要内容

1. 导言
2. 研究目的和问题
3. 理论基础
4. 研究方法
5. 研究价值
6. 参考文献

内容摘要

本章简要介绍了企业与供应链合作伙伴之间开展流程整合业务的动机及方法,并给出了相关的案例研究建议。总结前人的定量研究可以发现,流程整合需要进行管理、协同预测、需求计划等相关活动,从而可以获得竞争优势,改善供应链绩效。本章从多个供应链合作伙伴入手开展定性研究,在真实的供应链中探讨企业间的流程整合需求,填补了相关研究的空白。本章的研究结论将有助于管理领域、理论领域以及方法论领域知识体系的构建和拓展。

关键词:案例研究;供应链管理;需求管理;协同预测;定性研究

1 导言

在实践中,许多企业的供给与需求活动是分开进行计划与执行的(Vokurka & Lummus, 1998)。Shankar(2001:76)曾经断言,"供应链管理通常只关注于企业后端的业务职能,而市场营销则强调企业前端或者面向顾客的职能",两个研究领域之间的差距限制了企业在市场上发挥竞争优势的潜力。随着企业认识到竞争已经不再局限在企业之间,而是扩展到供应链之间,企业依靠贸易伙伴缩小供给与需求之间的差距,发挥竞争优势变得更加重要。因此,贸易伙伴有必要了解如何整合供应和需求活动,提升客户价值。本章的主要目的是为企业与供应链合作伙伴整合业务流程提供合理建议,缩小供应与需求活动间的差距。同时,为了保证研究方法和实践科学严谨,本章的另一个目的是为设计供应链研究项目提供一个可以遵循的详细流程。

Achrol(1997)指出,随着企业由纵向一体化向横向一体化转变以及非核心业务外包,企业正在向更具战略性、更专注于核心业务的方向发展,建立有效的贸易伙伴网络对企业获得外部资源愈加重要。贸易伙伴间的"机会网络"（Achrol，1997：62）属于非对等管理模式（Tsang，2000），在这种管理模式下，每个贸易伙伴具有特定的战略资源，贸易伙伴们在一系列重要活动中开展互利合作。

联合行动（Joint Action，JA）是一种经过公司实践检验的非对等管理模式，其定义是"当事人不是单独行动，而是联合采取行动"（Heide & John，1990：29）。联合行动已经经过测试，在联合行动框架中，生产商和供应商需要在某些对双方都极度重要的活动中开展合作，例如：零部件测试、长期规划以及预测（Heide & John，1990）、市场战略、新产品投放市场及额外费用（Zaheer & Venkatraman，1995）、成本削减、产品改进、新产品研发（Joshi & Stump，1999）。

McCarthy（2003）指出，在跨企业管理模式下联合采取行动的概念远比以往研究描述的复杂。McCarthy 重新构建了联合行动（JA）框架，将跨企业需求整合（Interfirm Demand Integration Process，IDI）定义为由三个子流程组成的更高层次的构架。跨企业需求整合（IDI）是一种非对等管理模式，其定义为"系统性、战略性地协调供应链内部跨企业的、面向顾客的职能及策略，旨在提高单个企业及供应链整体的长期绩效"（McCarthy，2003：9）。跨企业需求整合（IDI）流程由三个不同的子流程组成，包括需求管理（Demand Management，DM）、协同预测（Collaborative Forecasting，CF）以及需求计划（Demand Planning，DP），如图 17.1 所示，每个子流程都需要贸易伙伴间相互协调，并且已经证实有助于提升供应链绩效（McCarthy，2003）。

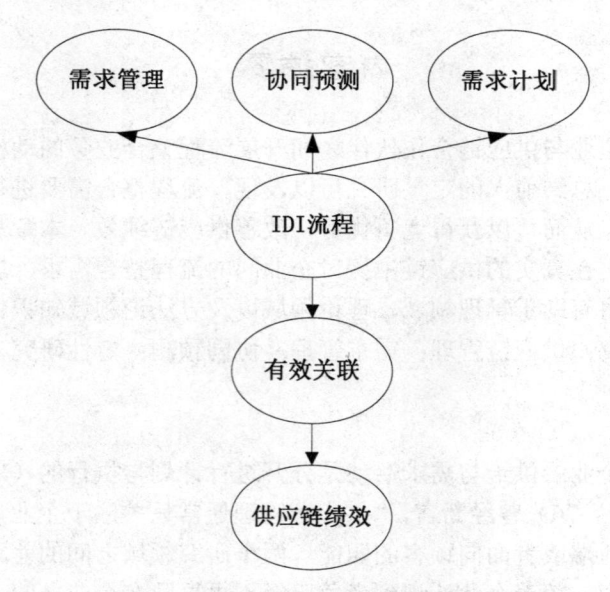

图 17.1 跨企业需求整合（IDI）流程模型图

需求管理（DM）是指供应链内部企业对相互间需求进行调整或创造的行为。需求管理活动通过对需求的调整或创造，从而达到优化供应的目的。调整或创造需求可以采取多种方式，例如独家产品、包装及捆绑方案、联合品牌或贸易品牌促销的性质及时间安排、市场划分及定位决策。上述业务活动表面上与传统营销功能的"4P's"类似，但这些业务活动强调的是跨企业的协调，而不仅仅局限在企业内部。

协同预测（CF）是指贸易伙伴间有目的地交换具体、即时信息（例如，数量、水平、时间范围、位置、新业务可行性等），建立需求共享机制。虽然每个合作伙伴的参与程度不同，但协同预测的最终结果是在合作伙伴授权范围内共同对需求进行预测。

需求计划（DP）是指供应链内部企业对刚性需求流动的协调。刚性需求是指企业对零部件或"材料清单"的需求，企业根据最终用户的需求将其生产为成品，整个过程需要考虑生产和运输提前期。这种流程整合类似于传统的企业内部销售和运作计划（Sales and Operations Planning，S & OP），后者主要是对企业内部的产品流动进行计划，而需求计划则是对供应链内部的跨企业流程进行整合。

McCarthy（2003）对跨企业需求整合（IDI）模型进行了定量检验，调查了包装品行业制造商对制造商与零售商需求管理、协同预测和需求计划一体化的态度。研究结果表明，上述一体化活动产生了积极的作用，在企业高度依赖的情况下，可以有效提升供应链绩效。

不过，Cannon & Perreault（1999）针对买方与卖方关系的研究表明，部分客户企业并不希望或者需要与其全部供应商保持密切联系，当运作要素（例如，信息交流、法律协议、合作规范、业务联系）改变时，企业会采取不同类型的管理模式，管理模式的选择取决于运作要素的类型和水平。跨企业关系不同，需要的一体化类型和程度不同，其结果也不尽相同，上述研究结论是 Cannon & Perreault 基于一项客户对买方与卖方关系认知的调查得出的。Weitz & Jap（1995）在跨企业关系的研究中也强调了企业由单边认知向双边认知转变的重要性。

2 研究目的和问题

许多跨企业管理模式的研究都是针对双边关系中一方进行调查（Cannon & Perrault，1999；Heide & John，1990；Joshi & Stump，1999；McCarthy，2003）。虽然这些研究结论同样重要，但是想要更深入地了解复杂的跨企业整合现象，需要对所有涉及整合活动的贸易伙伴进行调查。因此，本章的研究目的是在真实的供应链中，从供应链各个贸易伙伴入手，研究跨企业需求整合（IDI）流程模型。具体来说，本章的研究主要针对以下问题：

- 为什么企业会选择与其贸易伙伴开展需求管理、协同预测和需求计划整合活动，而不是独立运作？
- 企业如何与其贸易伙伴合作开展需求管理、协同预测和需求计划整合活动？

关于第一个问题，本章希望通过研究了解企业对整合的态度和认知是否由企业在供应链中所扮演的角色（例如，制造商、批发商、零售商等）决定的。此外，本章还希望通过研究了解以下问题：哪些贸易伙伴更倾向于整合？为什么？贸易伙伴是倾向于在跨企业需求整合（IDI）流程涉及的全部三个领域（需求管理、协同预测和需求计划）开展合作还是倾向于其中一个或两个领域的整合程度？

关于第二个问题，本章希望通过研究确定典型的商业周期中上述三种活动（需求管理、协同预测和需求计划）是否存在特定的运作模式，与其他备选模式相比可以更加显著地提升供应链绩效。举例来说，三种活动的整合程度应当相同还是其中部分活动更加适合于企业独立运作？需求管理、协同预测和需求计划整合活动应当顺序、往复还是同时执行？只有对所有相关贸易伙伴的认知进行调查才有可能回答这些复杂的问题。

3 理论基础

跨企业关系形成的相关文献同时涉及到经济和行为理论，其管理结构的形成可以用以下三种理论解释：交易成本分析（经济基础）、关系交换理论（行为基础）以及资源依赖理论或资源基础观（行为基础），上述理论构成了本章研究的框架。表 17.1 总结了与上述理论相关的方法、激励变量以及假设。

表 17.1　跨企业管理理论

理论 （主要贡献者）	方法	激励变量	假设
交易成本经济学 （Coase，1937； Williamson，1985）	● 经济学方法	● 不确定性 ● 资产专用性	● 管理结构变革的驱动力是交易成本最小化 ● 企业会在经济利益驱使下趋向对其有利的机会
关系交换理论 （Granovetter， 1985；Macneil， 1980；Thibaut & Kelley，1959）	● 行为学方法	● 信任 ● 嵌入	● 企业会在能够获得收益的前提下参与特定关系 ● 交易发生在特定的历史和社会背景下 ● 企业嵌入特定关系后对正常管理机制的需求会有所降低
资源依赖理论 （Pfeffer & Salancik，1978） 资源基础观 （Barney，1991）	● 行为学方法	● 资源供给能力的不确定性 ● 依赖性	● 没有组织可以实现自给自足 ● 企业与其他企业发展关系是为了获取所需资源 ● 企业的核心竞争力是建立在价值高、稀缺、独特并且不可替代资源的基础上

交易成本分析（Transaction Cost Analysis，TCA）理论可以用来解释企业组织交易以及选择治理模式的相关决策（Heide，1994；Williamson，1985）。交易成本分析的基本原则是通过选择最高效的管理结构实现交易成本最小化。交易成本分析理论的专家认为管理结构正在由以市场为基础的短期交易向纵向整合转变，研究人员建议出台混合管理结构在短期市场交易与纵向整合之间转变的规范（Macneil，1985）。

根据交易成本分析理论的基本逻辑，不确定性和资产专用性是产生交易成本的两个主要因素，也是企业需要选择管理结构的主要原因。通常情况下接近市场是企业的首选，但是由于存在不确定性或者资产专用性，企业的交易成本会逐渐上升，从而向分工管理模式转变（Williamson，1985）。当资产专用性为中等程度时，适合采取介于两者之间的混合管理模式（Tsang，2000）。TCA 理论的一个关键行为假设是企业会在经济利益驱使下趋向对其有利的机会（Williamson，1985）。

然而，关系交换理论（Relational Exchange Theory，RET）提出了嵌入（embeddedness）的概念（Granovetter，1985），引发了"道德控制"（moral control）（Larson，1992：96），遏制了贸易伙伴间采取机会主义行为的动机。关系交换理论认为企业间交换关系的性质是由其期望收益水平决定的（Thibaut & Kelley，1959）。在社会关系中，嵌入的概念可以用来解释企业为何摒弃"纯经济动机"，因为企业"覆盖的社会内容带有强烈的信任和摒弃机会主义观念"（Granovetter，1985：490）。Hill（1990）认为，缺乏信任的关系会因为必要的机会主义检查浪费精力，从而变得效率低下。由于竞争压力会"剔除效率低下的关系及企业，保留效率更高并且以信任为基础的关系及企业"（Zaheer & Venkatraman，1995：375），因此缺乏信任的关系很难在市场竞争中生存。

Joshi & Stump（1999）认为，二元关系中存在信任，这种信任会让合作伙伴更加关注维持和发展双方现有关系而不是仅仅局限于当前交易。由于存在发展长远关系的可能性，相对于交易性短期关系，企业更倾向于采用合作的管理模式。

第三个解释企业管理模式关系的理论是基于企业对资源的占有和依赖。资源依赖性反映了企业从其他企业获取资源，实现生产目标的重要性（McCann & Galbraith，1981）。资源依赖理论的基本假设是大多数组织难以实现自给自足，为了获取战略资源会依赖于其他企业（Emerson，1962；Hunt & Morgan，1995）。降低环境不确定性和管理依赖性的一种策略是与其他组织有目的地构建双边管理模式，通过协作提高双方的效率（Heide，1994）。

同样，资源基础观（the Resource-Based View，RBV）认为企业需要拥有价值高并且独特的资源，从而获得相对优势，提高绩效（例如，Day，1994；Hunt & Morgan，1995）。资源基础观认为绩效的提升和可持续的竞争优势源于企业核心竞争力（Barney，1991；Hunt & Morgan，1995）。Barney（1991）提出，核心竞争力是建立在价值高、稀缺、独特并且不可替代资源的基础上。

交易成本经济学、关系交换理论以及资源基础理论可以用来解释跨企业管理中的各项决策，本章将详细介绍如何用以经济学或行为学为基础的理论解释整合行为。

4 研究方法

本研究的流程类似于 Miles 和 Huberman（1991）以及 Stuart 等（2002）的研究。具体来说，为了更好地指导研究设计，保证研究的严谨性，本研究主要流程如下：

1. 定义研究问题
2. 研究方法
   a. 选择研究框架
   b. 选择样本
   c. 开发工具
   d. 收集数据
3. 分析数据
4. 扩展研究

研究流程的第一步（定义研究问题）必须在确定研究方法之前完成并提交。本节的其余部分将详细说明研究流程的阶段 2 和阶段 3，即研究方法和数据分析。

4.1 研究框架

设计任何研究方法的第一步都是确定研究框架，选择研究方法框架需要以研究问题为指导。相关研究人员已经提出了保证研究问题与方法相匹配的原则（Ellram，1996；Handfield & Melynk，1998；Stuart 等，2002；Yin，2003）。可以根据研究目的及问题确定合适的研究框架，见表 17.2 所示（改编自 Handfield & Melynk，1998；Stuart 等，2002）。本研究的目的及问题类似于表 17.2 中的关系构建，我们需要确定变量的类别及其联系，更好地理解关系存在的原因。Handfield & Melynk（1998）认为多案例研究或最优案例研究（multiple-case study or best-in-class case study）方法适用于本研究。Näslund（2002）和 Yin（2003）同样建议案例研究方法要能够回答"为什么"以及"如何做"两个问题。因此，本章将选用最优的多案例设计。

表 17.2 研究问题与框架匹配表

目的	研究问题	研究框架
发现：发现研究领域，发展理论	什么事件正在发生？ 事件具有研究价值吗？	横向案例研究（未聚焦特定事件） 纵向案例研究
描述：探索研究领域	那是什么？ 什么是关键问题？	横向案例研究（未聚焦特定事件） 纵向案例研究
映射：鉴别并描述关键变量	什么是关键变量？ 什么是关键模式或类型？	聚焦的案例研究 横向领域研究 多点案例研究 最优案例
关系构建：鉴别变量之间的联系，理解因果关系	变量联系的模式是什么？ 关系的次序可以鉴别吗？ 关系为何存在？	聚焦的案例研究 横向领域研究 多点案例研究 最优案例
理论验证：验证发展中的理论，预测其未来结果	理论是充满活力的吗？ 预测能力有效吗？ 存在不可预料的行为吗？	实验 类比实验 大量抽样 反面案例研究
理论扩展或再定义：扩展理论空间，通过观测结果优化理论框架	理论的接受程度如何？ 理论的制约是什么？	类比实验 大量抽样 相关案例研究

资料来源：Stuart 等，2002：422。

4.2 抽样

对于多案例研究，必须仔细挑选每个案例，这样案例的结论才具有可复制性（Yin，1994）。因此，本章选择了一个示范性研究和三个优先考虑贸易伙伴整合活动的研究作为案例。这样，经过选择的少数案例保证了研究的严谨性，研究结论应当列出多个案例可以复制的共性（Yin，1994）。示范性研究以及其他案例分别代表了不同行业的供应链，供应链的选择应当从选择核心企业开始（例如制造商）。为了获得最优案例，核心企业必须是在供应链整合方面得到诸如贸易期刊、学术期刊或者知名出版物认可的一流企业（Stuart 等，2002）。研究人员要求供应链核心企业选择一个重要的战略供应商（例如，零部件供应商或者已签订合约的制造商）以及两个有意愿参与研究的客户（例如零售商）。供应商将通过供应链向研究涉及的下游零售客户提供产品或者服务，其中一个零售客户具有极其重要的战略意义，而另一个零售客户与核心企业的战略关系则相对较弱。本研究之所以选择两种不同类型客户并且涵盖不同行业供应链是为了确保案例在响应研究问题的模式上存在差异，使研究更具代表性。

4.3 工具开发

在案例研究中，保证研究重点一致以及方法严谨的度量工具是研究方案（Yin，2003；Stuart 等，2002）。研究方案不仅仅是数据收集过程中的一个问题清单，而且是研究人员在整个研究过程中引导研究对象的工具。Yin（2003）认为，案例研究方案应当包括以下四个部分：

4.3.1 案例研究项目概述

案例研究项目概述作为一个参考，可以保证研究人员有针对性地进行案例研究，不偏离主题。它包括概念框架、研究目的以及研究问题，也可以包括相关文献。

4.3.2 实地调查流程

实地调查流程部分应当包括研究中涉及到的所有案例（供应链）的企业清单以及各企业内部应当调查的员工类型清单。在理想情况下，调查对象应当按照职责加以区分，而不是按照头衔或者职位。此外，描述研究项目以及研究过程中参与企业职责的介绍信同样属于实地调查流程部分。本章在研究过程中主要需要三封介绍信，分别提供给供应链不同阶段的贸易伙伴（例如供应商、核心企业以及零售商）。实地调查流程部分还包括实地调查和数据收集过程中的各类数据。在案例研究方法中，基本数据可以通过系统访谈和直接观察形式收集，除此之外，其他数据收集形式还应包括实地调查过程中的文件收集、企业地址、公司网站，以及工厂参观等。

4.3.3 案例研究问题

本章案例研究方案旨在通过深入研究跨企业需求整合（IDI）现象，回答上文提出的一系列研究问题，提高学者对交易成本、关系交换和资源基础等相关理论研究的重视。方案涉及企业在供应链中的地位问题，将分别提供给核心企业、供应商以及客户。跨企业需求整合（IDI）模型构建相关问题包括：

- 如何预测客户需求（协同预测举例）？
- 如何根据客户需求安排产品的生产计划（需求计划举例）？
- 企业可以与客户合作开展哪些类型的市场活动（例如，零售、促销、广告、公共关系）？其中哪些活动最为成功（需求管理举例）？

4.3.4 案例研究报告指南

由于同时研究多个案例，研究涉及大量文件的收集，例如公司报告、备忘录、出版物以及调查记录，这些数据需要进行整理和归档，方便日后检索使用。案例研究报告应当记录企业的组织系统，同时，还应当包括数据收集过程所需的物料清单（例如，录音机、录音带、麦克风、电池以及非披露的研究方案副本）。此外，来往记录必须列出所有与企业相关的信息，包括来往信息、访谈的日期和地点、参与访谈的研究人员等。

4.4 收集数据

在本项目中，一个拥有两名研究人员的小组将会根据研究方案实地走访每家企业，开展预先准备的深度访谈。访谈对象包括供需活动（例如，采购、进出口物流、供应链管理、新产品开发、市场营销、销售、预测、需求计划、补货以及生产）中跨越组织边界的人员。实地走访期间不能开展的访谈将会在实地走访结束后以电话的形式尽快开展。访谈内容会被逐字转录，访谈过程中收集到的任何其他文件也将会根据研究方案的规定提交。

4.5 数据分析

本研究将选择模式匹配逻辑作为数据分析方法（Yin, 1994）。在探索性的多案例研究中，模式匹配逻辑可以确定研究问题的答案是否同时符合多个案例。比较零售商战略重要性相同的供应链案例可以发现各案例在文字上的相似之处，而比较零售商战略重要性不同的案例，则可以发现理论上的相似之处（Yin, 1994）。文字上的相似出现在多个案例存在共同模式的情况下，而理论上的相似则出现在一组案例的结论由于环境因素（例如交易成本、关系交换和资源基础理论中影响管理模式决策的因素）存在差异而不适用于另一组案例的情况下。

转录后的访谈内容将会用 NVivo 软件进行分析。在确定案例模式前，相关研究的概念类型必须进行区分和界定。类型，也可以称之为节点（QSR International, 2002），可以是框架、概念、流程、人员、行为或者其他任何研究相关的内容。举例来说，本研究中的节点包括跨企业需求整合（IDI）模型（如图 17.1）的框架、跨企业管理理论的相关变量（见表 17.1）。在本研究中，研究小组会在数据分析开始之前制定一个节点清单。NVivo 软件的分析包括编码，一种通过联系"文件指定段落与编码类型"来实现"数据与概念连接"的方法（QSR International，2002：64）。编码将由参与访谈的两名研究人员各自独立完成，随后双方进行比较，协商解决分歧，修改完善编码。最后，研究团队的第三名成员会检查转录，鉴别编码的可靠性。完成整个研究后，研究团队会集体讨论节点与主题的连接情况，鉴别主题的模式。模式匹配会在最后三个案例研究的数据分析完成后进行。在多案例研究中，每个案例在进行跨案例分析前都需要在案例主题、模式以及结论内独立分析。

模式的鉴别可以通过重新组织数据排列顺序来实现。例如，供应链中的数据可以划分成三个层次（例如，零售商、制造商以及供应商），每个层次独立进行分析，数据也可以根据战略与非战略关系或者调查对象的职位进行划分。重新组织数据可以使原本难以鉴别的模式显露出来。

4.6 数据质量

设计研究项目时，为了保证研究结论的质量，必须强调 4 个因素（Yin，1994）。

首先，内部有效性在测试因果关系时极为重要，由于本研究属于探索研究，因此内部有效性并不适用于本研究。

其次，结构有效性可以确保研究方法与研究设想相对应。结构有效性可以通过对多个数据来源、一系列证据以及关键调查对象检查进行三角检验实现（Yin，1994）。本研究选择了访谈、参观、实地调查记录、企业文件以及网站作为数据来源。证据则是由独立的观察员通过对原始数据进行分析、编码、主题发展以及模式匹配获得。随后，将由一个不参与访谈或者编码的研究团队独立对证据进行检查。关键调查对象检查，也可以称为成员检查，主要是由参与访谈的研究人员对访谈发言总结进行检查，成员检查涉及所有参与研究的企业。

再次，外部有效性强调对研究结论的归纳概括。外部有效性可以通过复制研究结论实现，复制的逻辑可以通过采用模式匹配方法从多案例设计中获得。通过对案例研究结论进行复制，研究人员可以进行分析概括（不同于统计概括），实现研究的理论价值（Yin，1994）。

质量检验的第四项是可靠性，即在类似情况下重复研究只能获得类似的研究结论（Mentzer & Kahn，1995）。要保证研究的可靠性，需要在访谈过程中严格按照研究方案操作，并且在数据收集和分析的过程中使用公共数据库。此外，研究团队的两名成员结束访谈后应当立即对访谈录音进行转录，尽量减少研究人员的偏见，保证数据的质量和可靠性。

在定性研究设计中有必要引入上述检验，保证数据收集和研究结论的质量。遵循这些研究策略，可以获得可信、有效、可靠的研究结论。

5 研究价值

本研究的结论具备较高的理论和实践价值，对管理人员具有一定的启示作用。虽然供应链整合的重要性已经被业界广泛承认，但大多数企业并不清楚何时以及如何实施流程整合、与哪些贸易伙伴进行整合。Weitz 和 Jap 在 1995 年开展的一项研究可以帮助人们更好地了解企业为了有效管理跨企业关系正在做哪些努力。对于那些希望改善供应链管理现状的贸易伙伴，研究结论揭示了跨企业需求整合的有效方法，可以显著提高供应链绩效。更具体地说，研究结论可以帮助企业了解何时、如何以及与哪些贸易伙伴整合供需活动，更好地实现客户价值，获得差异化优势。

从理论角度来看，多个供应链贸易伙伴的视野了解关系形成的原因可以帮助我们更好地理解管理结构决策及其结果。例如，何时以及如何运用 TCE、RET 和 RBV 理论指导决策，开展供应链流程整合，而不是仅仅与贸易伙伴维持短期交易关系？各贸易伙伴的企业文化如何从行为上或经济上影响管理方法？基于成本的管理方法和基于行为的管理方法是相互排斥还是两者混合的方法更为常见？管理决策必须要由企业统一制定还是不同的部门可以有不同的做法？企业结构（例如，权力集中程度等）对跨企业关系决策有哪些影响？这些都是本研究试图回答的问题。

本研究在研究方法方面同样做出了一定贡献。供应链管理方面的研究大多属于实证范例研究（Mentzer & Kahn，1995；Näslund，2002），很少有严格的供应链管理方面的定性研究公布。为了准确描述、真正了解并且开始解释供应链方面的复杂现象，相关学者们呼吁更多地运用定性方法开展研究（Mentzer & Kahn，1995），特别是案例研究（Näslund，2002 年）。此外，Weitz & Jap（1995）呼吁跨企业关系相关学者更多地采用从多个贸易伙伴收集数据的研究方法。

本研究响应了在供应链背景下开展定性研究的号召，采用了定性的案例研究方法，具体如下：本研究通过对 McCarthy（2003）的定量研究结论进行三角检验，对复杂跨企业需求整合（IDI）现象有了更加深刻的理解，对知识体系的构建做出了一定贡献。最后，本研究带动了假设学说的发展，这些假设会在未来的研究中逐步得到检验，从而深化我们对流程整合（例如，需求管理、协同预测以及需求计划）的理解。

6 参考文献

1. Achrol, R. S. (1997): Changes in the Theory of Interorganizational Relations in Marketing: Toward a Network Paradigm, in: Journal of the Academy of Marketing Science, 25(1): 56-71.
2. Barney, J. (1991): Firm Resources and Sustained Competitive Advantage, in: Journal of Management, 17(1): 99-120.
3. Cannon, J. P., Perreault, W. D. (1999): Buyer-Seller Relationships in Business Markets, in: Journal of Marketing Research, 36 (November): 439-460.
4. Coase, R. H. (1937): The Nature of the Firm, in: Economica N.S., 4: 386-405.
5. Day, G. S. (1994): The Capabilities of Market-Driven Organizations, in: Journal of Marketing, 58 (October): 37-52.
6. Ellram, L. M. (1996): The Use of the Case Study Method in Logistics Research, in: Journal of Business Logistics, 17(2), 193-138.
7. Emerson, R. M. (1962): Power-Dependence Relations, in: American Sociological Review, 27: 31-41.
8. Granovetter, M. (1985): Economic Action and Social Structure: The Problem of Embeddedness, in: American Journal of Sociology, 19 (November): 481-510.
9. Hanfield, R. B., Melnyk, S. A. (1998): The Scientific Theory-Building Process: A Primer Using the Case of TQM, in: Journal of Operations Management, 16, 321-339.
10. Heide, J. B. (1994): Interorganizational Governance in Marketing Channels, in: Journal of Marketing, 58 (January): 71-85.

11. Heide, J. B., John G. (1990): Alliances in Industrial Purchasing: The Determinants of Joint Action in Buyer-Supplier Relationships, in: Journal of Marketing Research, 27(1): 24-36.
12. Hill, C. W. L. (1990): Cooperation. Opportunism, and the Invisible Hand: Implications for Transaction Cost Theory, in: Academy of Management Review, 15, 500-513.
13. Hunt, S D., Morgan R. M. (1995): The Comparative Advantage Theory of Competition, in: Journal of Marketing, 59 (April): 1-15.
14. Joshi, A. W., Stump, R L. (1999): The Contingent Effect of Specific Asset Investments on Joint Action in Manufacturer—Supplier Relationships: An Empirical Test of the Moderating Role of Reciprocal Asset Investments, Uncertainty, and Trust, in: Journal of the Academy of Marketing Science, 27(3): 291-305.
15. Larson, A. (1992): Network Dyads in Entrepreneurial Settings: A Study of the Governance of Exchange Relationships, in: Administrative Science Quarterly, 37: 76-104.
16. Macneil, I. (1980): The New Social Contract. Yale University Press, New Haven, CT.
17. McCann, J., Galbraith, J. R. (1981): Interdepartmental Relations, in: Handbook of Organizational Design, 2: 60-84.
18. McCarthy, T. M. (2003): Interfirm Demand Integration: The Role of Marketing in Bridging the Gap between Demand and Supply Chain Management, Unpublished Doctoral Dissertation, The University of Tennessee.
19. Mentzer, J. T., Kahn, K. B. (1995): A Framework of Logistics Research, in: Journal of Business Logistics, 16(1): 231-250.
20. Miles, M. B., Huberman, A. M. (1984): Qualitative Data Analysis: A Sourcebook of New Methods; Sage, Newbury Park.
21. Näslund, D. (2002): Logistics Needs Qualitative Research—Especially Action Research, in: International Journal of Physical Distribution and Logistics Management: 32(5), 321-338.
22. Pfeffer, J, Salancik G. R. (1978): The External Control of Organizations: A Resource Dependence Perspective; Harper & Row, New York.
23. QSR International (2002): Nvivo Qualitative Data Analysis Program, third edition, Melbourne, Australia.
24. Shankar, V. (2001): Integrating Demand and Supply Chain Management, in: Supply Chain Management Review, (September): 76-81.
25. Stuart, I., McCutcheon, D., Handfiled, R., McLachlin, R., Samson, D. (2002): Effective Case Research in Operations Management: A Process Perspective, in: Journal of Operations Management, 20: 419-433.
26. Thibaut, J. W., Kelley, H. H. (1959): The Social Psychology of Groups, Wiley, New York.
27. Tsang, E. W. K. (2000): Transaction Cost and Resource-Based Explanations of Joint Ventures: A Comparison and Synthesis, in: Organization Studies, 21(1): 215-242.
28. Vokurka, R. J., Lummus, R. R. (1998): Balancing Marketing and Supply Chain Activities, in: Journal of Marketing Theory and Practice, 6(4): 41-50.
29. Weitz, B. A., Jap, S. D. (1995): Relationship Marketing and Distribution Channels, in: Journal of the Academy of Marketing Science, 4: 305-320.

30. Williamson, O. E. (1985): The Economic Institutions of Capitalism: Firms, Markets, and Relational Contracting, The Free Press, New York.
31. Yin, R. K. (2003): Case Study Research: Design and Methods, third edition, Sage Publications, Thousand Oaks.
32. Zaheer, A., Venkatraman N. (1995): Relational Governance as an Interorganizational Strategy: An Empirical Test of the Role of Trust in Economic Exchange, in: Strategic Management Journal, 16: 373-392.

作者简介

➢ Teresa M. McCarthy 教授、博士
- 1961 年出生于美国马萨诸塞州波士顿
- 1979 年～1983 年，攻读马萨诸塞州大学（University of Massachusetts）营销学学士学位
- 1985 年～1998 年，担任博尼特专柜零售柜员以及纽约罗斯店（Ross Stores）库存规划与控制主任
- 1996 年～1998 年，攻读罗德岛大学（University of Rhode Island）人类生态学硕士学位
- 1998 年～2003 年，美国田纳西大学（University of Tennessee）市场营销与物流系博士研究生、研究助理
- 预测与供应链管理论坛（Forecasting and Supply Chain Management Forum）副主席、预测审计组成员
- 研究课题涉及全球多个行业的主要企业
- 主要研究方向：供应链；协同预测；需求管理；需求计划
- Department of Management and Marketing, College of Business and Economics
  Lehigh University, Bethlehem, PA 18049, USA
  Tel: 011 610 758 5882   Fax: 011 610 965 6941
  Email: tem3@lehigh.edu

➢ Susan L. Golicic 教授、博士
- 1967 年出生于美国密歇根州底特律
- 1985 年～1989 年，获得底特律韦恩州立大学（Wayne State University）工学学士学位
- 1990 年～1995 年，担任诺尔斯原子能实验室与科技生态集团（Knolls Atomic Power Laboratory and Scientific Ecology Group）放射工程师
- 1995 年～1997 年，在美国田纳西大学（University of Tennessee）研究物流与运营管理，并获得工商管理硕士学位
- 1997 年～1999 年，担任戴姆勒克莱斯勒（DaimlerChrysler）材料监督员以及物流分析师
- 1999 年～2003 年，担任田纳西大学市场营销与物流学系博士研究生、研究助理
- 预测与供应链管理论坛（Forecasting and Supply Chain Management Forum）副主席、

预测审计组成员
- 研究课题涉及全球多个行业的主要企业
- 主要研究方向：供应链管理；企业间营销模式（B2B）；物流战略
- Department of Marketing, Lundquist College of Business
University of Oregon. Eugene, OR 97403-1208, USA
Tel: 011 541 346 3320   Fax: 011 541 346 3341
Email: sgolicic@uoregon.edu

第 18 章　运用案例研究方法进行供应链研究

Marie Koulikoff-Souviron, Alan Harrison

本章主要内容

1. 导言
2. 供应链案例研究流程
3. 供应关系案例研究的关键决策
4. 结论
5. 参考文献

内容摘要

本章旨在帮助读者更好地理解案例研究方法在供应链研究过程中的应用。为了确定案例研究方法的流程，本章以 Stuart 等运营管理领域研究人员和先辈的成果为出发点（Eisenhardt，1989；Yin，1993；Miles & Huberman，1994），研究其从理论基础到最终研究结果推广的全过程。此外，本章还深入讨论了 6 篇论文，这些论文主要是研究案例分析方法在供应链管理中的应用，明确案例分析法各个阶段的流程。最后，本章通过供应关系（企业间以及企业内部）研究的关键决策和主要难点来具体阐述案例研究方法的流程。

关键词：供应链管理；案例研究；供应关系；合作伙伴关系

1　导言

供应链具有潜在的广度和多功能性，这显而易见地会给相关学者的研究带来困难。对于这些问题的研究可以建立一个更为合理且整合化的知识体系，这一知识体系可以与其他知识体系形成更为紧密的联系。既然供应链管理（SCM）被视为一门学科，"这就需要为其建立清晰的定义和概念架构"（参见 Croom 等，2000）。在一个仍旧模糊的领域进行实证研究和理论构建时，可以选择案例调查研究作为关键的研究策略来研究其中已经被清晰识别和定义的现象。案例研究被定义为"结合当时真实生活的环境来调查同时期现象的实证研究，尤其是当现象和当时环境的界限不是很明显时"（Yin，1993：13）。这样的方法尤其和供应链的研究相关，因为它有助于收集关于供应链的更好的信息，建立更好、更完整的理论（参见 Eisenhardt，1989；Yin，2003）。

本章从一个运营管理部门（Operations Management, OM）的角度来研究供应链管理。很多学者研究了案例分析法在运营管理领域的应用（例如，McCutcheon & Meredith，1993；

Meredith，1998；Stuart 等，2002；Voss 等，2002）。然而，案例分析法不仅局限于运营管理，还能应用于更为广泛意义上的供应链管理（参见 Cigolini 等，2004），其应用范围应当由单一的业务单元或企业扩展到整个供应链。

本章旨在帮助读者更好地理解案例研究方法在供应链管理领域研究过程中的应用。为了确定案例研究方法的流程，本章以 Stuart 等运营管理领域研究人员和先辈的成果为出发点（Eisenhardt，1989；Yin，1993；Miles & Huberman，1994），研究其从理论基础到最终研究结果推广的全过程。此外，本章还查阅了《运营管理》（Journal of Operations Management，JOM）期刊上的六篇论文，这些论文主要是研究案例分析法在供应链管理中的应用，明确案例分析法各个阶段的流程。最后，本章通过供应关系（企业间以及企业内部）研究的关键决策和主要难点来具体阐述案例研究方法流程。

2 供应链案例研究流程

为了更好地描述在供应链研究方面的观点，本章引用了 Stuart 的 5 阶段案例研究流程模型（见图 18.1）。每个阶段都会从案例研究的角度进行讨论，同时强调供应链的环境特征。

阶段1 定义研究问题	→	阶段2 工具开发和案例选择	→	阶段3 数据收集	→	阶段4 数据分析	→	阶段5 研究成果扩展

图 18.1　案例研究流程模型的五阶段

资料来源：Stuart 等，2002。

2.1　阶段一：定义研究问题

在供应链中，根据研究的范围，可以从不同层次的分析中发现研究问题：内部供应链、二元模式供应关系、链和网络（参见 Harland，1996）。从表 18.1 可以看出，引用的 6 篇文章中有 3 篇是关于内部供应链的，由此可以看出，对内部运作的研究在运营管理研究中仍然占主导地位。

一个预先确定的理论架构要在多大限度内引导案例调查，这一点目前还存在争议。Yin（1994）明确提出把发展理论架构作为案例研究设计的内在特征，并且是优先于收集任何资料的必要步骤，这种观点说明了案例和其他相关方法（例如人种论（ethnography theory）或扎根理论（grounded theory））的不同。因此，通过相关文献先验确定理论架构能够为危机理论提供更好的基础（参见 Eisenhardt，1989）。然而"一个牢固的架构设计可能浪费时间"（参见 Miles & Huberman，1994：17），一个扎实的理论架构也会产生一系列问题，因为在这个领域的资料收集有可能被预先决策所限制。即使既没有遵守严格的"无理论的理想"，也没有遵守"强有力的先验解释"，而是在两者之间连续的相互作用，也有可能无形中取到两者的中间位置。

在供应链管理领域中，先验理论仍没有形成一个重要的体系（参见 Croom，2000）。在缺乏理论的情况下，案例研究方法应该作为发展更强大理论的方式得到推广（参见 Stuart 等，2002）。供应链领域的研究吸收了各种体系的文献，Croom 等（2002）对其做了分类，例如：战略管理、物流、销售、合伙企业、最优化，以及组织行为等。表 18.1 说明了应用在最近的文章中的不同理论基础，这些理论基础吸取了运筹学以及其他领域的理论——这证实了在先前工作中已被识别的是运营管理以及非运营管理学术理论的结合体。

表 18.1 供应链管理中案例研究样本[①]

案例研究	目的	理论基础	问题	分析层级	案例数量分析单元
Pagell, 2004	关于理论建立的解释	运筹学和战略	什么是内部整合的驱动器?	内部供应链	11 个不同公司的 11 个制造厂
Salvadord 等, 2002	关于理论验证的解释	设计理论/工程管理	如何减少产品多样性——权衡运作性能?	内部供应链	6 种产品系列
Guide 等, 2003	关于理论建立和验证的解释	运筹学和战略	描述再生产的关键性问题是什么?	内部供应链	3 个关于闭环供应链的例子
Choi & Hong, 2002	关于理论建立的解释		网络是什么?如何运作?	供应网络	3 个不同的产品系列
Heikkila, 2002	理论构建、假设检验	运筹学	运作中需求链的架构是什么?	供应链	诺基亚需求链的 6 个顾客案例
Williams 等, 2002	关于理论验证的介绍	价值链、交易成本和基于资源的理论	战略能力是什么?应该定义在哪里?	供应链	研究飞机工业制造方案的 4 个案例

2.2 阶段二:工具开发和案例选择

在基于案例的研究中,一个重要的因素是从合适的群体中选择尽可能多的案例,以避免不相关的变动(参见 Eisenhardt,1989)。这包括要考虑到工业的潜在效应、组织规模、制造过程和内部组织效应(参见 Stuart 等,2002)。与调查设计不同,案例的选择应该遵循理论而不是数据。因此案例通常并非具备代表性但是可以作为一个典型进行研究。

Pettigrew(1990)提出了选择案例的 3 个标准:(a)寻找极端情况;(b)寻找相反的类型作为反证法;(c)寻找高层级经验。Pettigrew(1990:274)还把在选择和获得研究位置的进程中的可行性描述为"计划机会主义"。由此为选择多样化的案例研究提供了依据,而不仅仅是个案研究(参见 Yin,1994)。在供应链管理领域的研究中,选择个案研究可能是为了研究深入的典型性推广,如 Toyota 模式中买卖双方合作的关系。

从研究表 18.1 中所列举的案例可以发现,所有的研究人员都偏好于多样化的案例设计(从案例 3 到案例 11)。关于此原因的一种解释是多样化案例的结果被认为更具有说服力,并且整个研究过程会更加健全。此外,研究人员可能已经从多样化的案例中寻找出不断增加的共性(参见 Leonard-Barton,1990)。这种抽样的依据被认为是基于以下几个基础:

- 极端类型(参见 Heikkilä,2002)——高或低的性能;
- 比较高或比较低的产品多样性和产量(Salvador 等,2002);
- 典型案例,参见 Choi & Huong(2002)关于 Honda,Acura 和 DaimlerChrysler 公司的案例研究;
- 全部覆盖,参见 Guide Jr. 等(2002)对于 Kodak、Xerox 和美国海军(US Navy)的案例或者综合研究,Williams 等(2002)认为他们的案例几乎覆盖了全部的航空航

[①] 表 1 是从《运营管理》期刊(Journal of Operational Management,JOM)中通过查找关键字"案例研究"和"供应链"而查找的文献所编制的。表中列出的 9 篇文章中,有 3 篇不再使用,因为从 Yin 的方法来看(1989、1994、2003),这些文章是不明确的。之所以特地选择 Journal of Operational Management 期刊作为参考是因为该期刊最近更多地提倡案例研究(Meredith,2002)。

天工业的市场份额；
- "计划机会主义"，唯一用此作为案例选择依据的例子参见 Pagell（2004），选择案例公司的位置坐落于研究人员工作地点 200 公里以内。

由于许多潜在的问题还有待研究，在供应链管理领域的研究中，给所分析的个体下定义，或者说"定义什么是'案例'"很可能是有问题的（参见 Yin，2004）。除了主要分析的个体外，案例中还可以嵌入子单元（参见 Yin，1993：39）。在表 18.1 中所提到的 6 篇文章中，分析的子单元是：不同的组织（参见 Choy and Hong，2002；Heikkilä，2002）、价值链的阶段（参见 Williams，2002；Guide 等，2003）、生产过程（参见 Salvador 等，2002）、独立功能的管理者（参见 Pagell，2004）。

案例研究规则包含工具、程序和所用的其他规则（Yin，1994）。该规则是增强案例研究可靠性的主要方法，并且可以指导研究人员操作每个案例。表 18.1 中的三位研究人员在他们方法论的回顾中特别参照了该研究规则（参见 Pagell，2004；Heikilla，2002；Choi，Huong，2002）。

2.3 阶段三：数据收集

"取样对于后期分析至关重要。虽然每个人都想进行全面的研究，但是由于精力有限，不可能研究每一个人，做每一件事"（参见 Miles & Huberman，1994：27）。案例研究需要记录访谈对象，同时还需要记录其他方面的信息（Yin，1994）。然而，"取样是重复的，随着研究的进展，工作也在不断向前推进"（参见 Miles & Huberman，1994：29）。因此，案例研究的一个特点是灵活的收集资料，这通常需要借鉴多样的资料收集方法（参见 Eisenhardt，1989）从多个方面进行验证（参见 Jick，1979）。Eisenhardt（1989）主张把资料收集和分析进行整合；鉴于研究对象集中于该领域，随后的研究人员可以自由地添加更多的资料。

当和其他公司进行交易时，公司可以选择采取不同形式的关系，这包括组织之间非常少的或多样化的纽带。因此，当收集有关供应链的资料时，考虑被访谈者的数量（一个或几个"关键报告者"）、功能的数量以及每个单一组织内部的层级是非常必要的。此外，对供应链结构的分析需要对组织的数量以及每个组织位置的数量做出鉴定（参见 Rudberg & Olhager，2003）。表 18.2 说明了上文所提及的关于访谈资料收集的不同层级。

表 18.2 供应链中访谈资料收集的层级

案例研究	报告者数量	功能的数量	每个公司内部的等级数量	组织的数量
Pagell，2004	不适用	采购，业务营运，物流	7 至 11 个设备的一些层级	单一组织
Salvador 等，2002	不适用	产品研发，制造，采购，人力资源	中等和高等层级的管理者	单一组织
Guide 等，2003	少于 10 个	不适用	高级经理	单一组织
Choi & Hong，2002	不适用	采购，销售代理，运营	经理	最终装配商，3 个一级和 3 个二级供应商
Heikkila，2002	35 个报告者中 27 人来自 Nokia，8 人来自顾客	不适用：需求链的成员	不适用：需求链的成员	供应商—客户代理
Williams 等，2002	260 人	不同的功能区域	多样化层级	96 个组织

在收集访谈资料时，研究人员需要权衡效率和资料的丰富度（参见 Voss 等，2002）。一个大范围的抽样必须集中而且明确才能保证抽样足够丰富（参见 Jick，1979），但这同样需要大量资源以及耗费很多时间。当达到饱和时，资料收集就停止，在这一饱和点表示增加资料仅仅是增加价值（参见 Eisenhardt，1989）。

尽管进行抽样分析的学者们都就他们的研究设计提供了广泛的信息，但是表 18.2 表明半数没能提供所做访谈的准确数字。这个研究样本显示了其功能区，其中一些局限于物流和业务营运的生产场地，而另外一些拥有更广阔的范围包括产品研发、人力资源或者销售。最后，高级或中层管理人员的输入优势表明了 Miles & Huberman（1994）所提到的"精英偏见"（elite bias）的存在，这些输入优势取决于研究的问题，很可能会影响报告者抽样的代表性。

需要提供给读者的资料包括进行访谈时间的长短、规则，以及研究人员对最初的访谈指南坚持到什么程度，然而，只有两个作者简单地提到详细的访谈过程（参见 Choi & Huong，2002；Pagell，2004），见表 18.3 所示。

表 18.3　供应链中的其他资料收集方法

案例研究	调查	文件记录	观察资料	其他资料
Pagell，2004	无	无	参观工厂	无
Salvador 等，2002	无	公司简介，工业报刊，商务文件	无	关于档案的资料，录像带，信息系统
Guide 等，2003	无	无	无	内部供应链
Choi&Hong，2002	无	原料清单，供应商协议	参观工厂	无
Heikkila，2002	问卷（63 份中有 43 份回复，回复率 63%）	定量资料：预测和送货、订单——交货周期、存货清单	无	无
Williams 等，2002	104 次面对面的访谈	无	无	无

作为一种研究方法，案例研究的强大之处在于它可以帮助研究人员整合多样的资料收集方法，并通过三角验证得到更加稳定的实体结构。在我们抽样里的所有研究人员中，除了访谈外，还关注至少一种其他方法，保证结构的有效性。三角验证的另一个来源是通过多个研究人员进行资料收集，这种方法曾被 Pagell（2004）和 Williams 等（2002）采用。

2.4　阶段四：数据分析

一个重复循环的过程描绘了资料收集和资料分析在三个方面之间的相互作用，资料分析的三个组成部分是：资料整理、资料展示和得出结论（参见 Miles & Huberman，1994）。资料整理是指对书面记录或者抄录中的数据进行选择、集中、简化、提取和转变的过程。这种分析形式通过筛选和组织能更好地为得出结论和验证做准备。资料展示使得研究人员能集中精力于删减过的资料从而研究其含义。这些展示有助于研究人员观察资料的内在模式。随后，形成书面结论过程在资料显示中需要进一步的分析，这反过来又得到进一步的结论。因此，资料显示和文本结论是相互影响的（参见 Miles & Huberman，1994）。

比较研究的目的在于通过识别案例之间的相同点和不同点，以理解、解释和说明研究现象。事实上，"弄清个案的意思并不难……关键在于在一个单一且连贯的架构中，通过把相同点和不同点整合起来，充分理解案例之间的多样性"（参见 Ragin，1987：19）。

表18.4 供应链中的资料分析技术

案例研究	案例内部分析	跨案例分析
Pagell，2004	现场笔记，资料分析和编码。表格整理，编码有效性检查	寻找跨组织模式
Salvador等，2002	编码技术	寻找跨案例模式
Guide等，2003	单一案例调查结果报告 有效性检查	跨案例的结论
Choi & Hong，2002	案例内部分析：关于实际的分析技术没有提供资料 外部有效性检查：抽样	寻找跨案例模式
Heikkila等，2002	详细的案例研究记录：由报告者和调查资料显示 可靠性和构造有效性检查	搜索跨案例模式：相同点和不同点在最初的小组内的案例比较
Williams等，2002	定性分析软件包。等级结构	没有跨案例分析

比较研究的一个特征表现在案例需要被认为是"特征的组合"（combinations of characteristics），并且需要作为一个整体进行调查（参见 Ragin，1987）。这同样涉及到要理解和比较案例前后关系的元素，即 Pettigrew 所描述的围绕包括上层与下层的分析"垂直层级"（vertical level），以及包含时间维度的分析，这被标记为"水平层级"（horizontal level）（Pettigrew，1990）。

大多数研究人员都关注 Miles & Huberman（1994）的研究，以此作为案例内部和跨案例分析的主要参考文献之一，然而对于多样化案例运用的复制逻辑方法（参见 Yin，1993；Eisenhardt，1989）却没有提供细节的描述。表 18.4 的相关信息表明大多数研究人员都运用跨案例模式作为一种研究工具来建立更扎实的理论。

2.5 阶段五：研究成果扩展

Miles & Huberman（1994）强调了与定量研究中的"质量"相关的多角度问题，这包括"怎么知道最后形成的结论是好是坏？这种情况有很多可能的解释，如可能是真的、可靠的、有效的、可信赖的、合理的、可以确定的、可信的、有用的、有说服力的、授权的等等……"（1994：277）。

案例研究的一个主要关注点是设计的严谨性。Yin（1994：23）介绍了四个测验来保证案例研究的质量和全面有效性。

- 建立有效性需要调查人员开发"一系列完整的可操作的措施"去消除"主观判断"（Yin，2003：35）。聚合效度（convergent validity）来源于资料收集，它收敛于单一的明确定义的结构，然而差别有效性（discriminant validity）起源于两个结构之间概念差别的建立（参见 Leonard-Barton，1990）。
- 内部有效性需要调查者证实原因和结果之间的正确关系是否被建立。一种方法存在于通过"匹配模式"（pattern matching）证实的有效结论中，模式匹配是指理论模式和实证模式进行比较。这需要把"逻辑学"作为一种测试（参见 McCutcheon & Meredith，1993）。
- 外部有效性针对的是研究中的成果在研究范围之外的更大群体中的适用性问题。Yin（1994）主张通过比较研究成果，基于更广泛的理论进行解析归纳。这一点可以基于相同的理论基础,以文献复制研究的方式加以扩展,相同的结论将有希望适用于跨案例的范围;或者以理论为基础进行理论复制,但可能会得出不同的结论。
- 可靠性的提高可以通过在某一程度上记录研究过程的途径来实现,在这一程度上无论何时或何人收集的资料,都可以复制。在通过运用案例研究规则来保证证据被详细的记录,并且通过案例资料基础来保证所记资料的可追溯性(Yin,1994)之后,这更为便利。

表 18.4 的相关资料显示出在以上参考的 6 篇文章中,Yin(1994)所提出的四步质量测量方法没有被任何一位研究人员系统地阐述,但是正如我们看到的研究过程中的其他 4 个阶段,他们对于自身研究中其他特征的描述是相当详细的。

3 供应关系案例研究的关键决策

这一部分强调了和研究设计相关的方法论问题,我们所开发出的研究设计是为了支持二元供应关系的跨案例比较。第一个案例是关于在英国(公司间)化学工业行业的两个合伙人,第二个案例是关于一家制药公司,它在法国和英国均设有工厂,它们分别在一种药剂的制造过程中(公司内部)处于不同的阶段。因此,我们选择把研究定位在两个案例范围内而不是基于更广泛的供应关系上。

Yin(1994,55)认为进行案例研究并不容易,因为它所需要的个人智力、自尊和激情比其他任何研究策略都要高。本部分研究的目标是识别和反映与案例研究相关的难点。按照 Stuart 等(2002)的逻辑,我们列出了在设计决策和研究设计中的难点问题,以便分享在研究设计中遇到的关于田野调查(fieldwork)工作和潜在偏见的相关困难。对于每个因素,我们都提供了解决这些易犯错误的可能方法,这些方法对于进行案例研究的其他研究人员可能具有参考价值。

3.1 设计决策一:先验的理论构架

本研究致力于把"关系"作为研究公司间和公司内部联系的概念性架构。文献资料中一系列维度和与其相关的人力资源(Human Resources,HR)问题,均是以运营层面中企业内部和外部环境供应关系管理为特征的。这些维度包含智力的"百宝箱"(参见 Miles & Huberman,1994)可以指导研究人员清楚确定所需要收集和分析的资料。

从概念框架到研究问题有一个直接的步骤(参见 Miles & Huberman,1994:22)。研究过程中常见问题包括:(1)供应关系中在哪些方面显示了双赢的供应关系,以及相关人力资源问题"特定"的特点?(2)人力资源实践在哪些方面会影响到供应关系?(3)企业间和企业内部环境是如何影响供应关系的?

概念框架受到这些需要研究的问题的影响,而且概念框架的目标是考察企业内和企业间的关系、特征和人力资源因素。上述第一个问题侧重于演绎推理,因为它需要比较实践中供应关系的特征和文献中提到的"特定"特征。第二个问题和第三个问题侧重于探索性,因为在文献中,关系之间的人力资源问题仍不全面,而且关于企业内部的采购和供应关系,几乎没有进行过定性研究。

难点 1:资料收集可能过于局限和片面

与构建一个强大的概念框架相关的问题,包括调查者信息不完全或者不包括在框架的事实,从而导致结论可能仅仅是一个自我服务过程的结果。

我们的研究具有探索性特征,首先因为很少有研究试图比较企业间和企业内部的关系,其次是因为缺乏供应关系内对于人力资源问题的研究。因此，这种概念框架（在以往文献的基础上发展而来）为结构提供了第一个列表，该列表可以用以指导资料收集过程。最初的架构是基于第一个研究（企业间），并基于第二个研究（企业内部）的实证资料进行反复修改和完善。其中，一个例子是把作为结构之一的"人力资源哲学"移除，因为它作为内部结构并没有反映在供应关系运作体系之中。

3.2 设计决策二："关系"作为案例的核心

为了降低外部变化的影响，本研究挑选了具有战略性合作的供应商和制造商关系，包括选取与化学工业（参见 Wheatco & Chemco）和制药工业（Tyrenco）有密切联系的大型跨国公司作为案例。第二个案例是在和第一个案例进行比照的基础上筛选的：例如企业内部代替企业之间，位置独立而不是地理上接近。"关系"是每个案例的分析单位。此外，位置的选择采用了"计划机会主义"（参见 Pettigrew，1990）。由于我们团队成员之一曾是 Wheatco 公司的员工，因此可以很方便的对第一个案例展开研究；同时，大学管理学院和 Tyrenco 公司之间有合作协议，这一条件为进行第二个案例研究提供了便利。

研究关系包括对分析单元的概念（"关系"的定义）、其社会规模（哪些个体参与关系）、其物理位置（属于关系的活动发生的位置），以及其时间范围（参见 Miles & Huberman，1994）进行准确的描述。分析单元的界限是以主要物料和产品的流动为基础的，与作为关系核心的战略产品线相关。以"关系"的物料流定性抽样为目的可以为排除其他流程（如对研究不太重要的二次流动）提供逻辑依据。

难点 2：分析子单元的侧面跟踪

"嵌入式设计……经常出现易犯的错误，其中一个表现在案例研究仅仅关注于子单元的层级却未能返回到重要分析单元"（参见 Yin，1994：44）。致力于"关系"的研究并将其作为主要分析单元是研究设计的主要特征。然而，其他嵌入式分析单元同样需要考虑，如合作组织、接触的具体单位（制造业单位）以及个体雇员等。这暗含着把分析的重点从主单元转为子单元存在着风险。

这一难点在企业内部的研究中表现出来，使得前三个月的研究方向发生偏离。例如，在针对一个制药企业在法国和英国选址的关系的研究中，将重点从站点之间的关系转移到英国子单元。起初的目的是为了让研究人员熟悉整个公司的背景和文化，并且更好地理解位置和制造单元的环境，然而无论是在过程绩效还是在人员管理上，都经历了一定的困难。这种"侧面追踪"的研究会引起一个短暂的总结性分析，而这个分析并不是供应关系的最终报告的一部分。Leonard Barton（1990）认为这一缺乏判断力的行为归因于操作的缺陷。

3.3 设计决策三：大量抽样

本研究着重于四种资料收集方法：最主要的是半结构化访谈、补充文件和档案资料、观察，以及对于个案的问卷调查。

我们试图从多视角出发，并且通过吸收关系研究中不同层级报告者的观点来避免"精英偏见"问题。挑选报告者的原因是为了使得在参与到供应关系中的每个单位都有大量的被访谈者，这同样使得各层级（制造、质量、物流）都有广泛的功能性代表人员，从操作间到现场，再到企业管理层面。在研究两阶段的过程中共有 66 人参加了访谈，还有一些人员在其他场合参与了访谈。因此访谈者总数达到了 84 人。在每一个案例研究中，关系双方的个人都被认为是"关键的报告者"并构成整个研究的组成部分，他们提供数据来源或在出现的问题上帮我们获取反馈信息。由于可以进行比较分析，公司间的抽样调查是验证和三角验证的数据来源。

Wheatco 公司与 Chemco 公司之间的关系以操作人员的高度参与为特征，这些操作人员必须保持紧密联系，从而实现连续地进行联合生产。考虑到人员规模（43 名操作人员），并鉴于三角验证来源于定性资料，因此可以调查这些员工对于其他厂房位置的看法。这种调查对于证实一些跨公司工作的关键 HR 的需求提供了非常有效的方法。

因此，该研究的一个优势在于：通过广泛的抽样和时间视角，收集各种资料，从而应用三角验证，这些资料包括人员、时间、地点以及三角验证的方法（访谈、调查、记录、观察）。

难点 3：资料过多

定性研究的一个主要难题是要大量的亟需处理的资料（参见 Miles & Huberman，1994）。事实上，正如 Leonard-Barton（1990）所主张的"当研究人员处于研究过程之中，他很难识别出什么是实时研究所最需要的关键资料"。

当资料数量相当大时，最合适的方法是应用软件。进行了 84 次访谈，每一次持续一至三小时，从这些访谈中收集了一百多份其他电子版的文件。因此，从资料管理的观点来看，最好的方法是使用软件包。在本项研究中，将计算机辅助定性分析软件（CAQDAS）作为工具。此外 N'Vivo® 软件可以实现定性资料的存储和检索、编码、备忘录记录、资料分类和搜索。

3.4 设计决策四：应用相似的规则讨论各项研究

根据 Miles 和 Huberman 的观点，在该项研究中，矩阵作为减少数据和明确其意义的方式被广泛地运用。其目的在于在描述中遵循解析进程，该描述的目的是通过解释（这些解释在于说明概念结合的方式，由此出现理论性解释）以对现象进行清晰的说明（参见 Miles & Huberman，1994）。从原始数据开始，例如 NVivo（从编码文本中）的节点。产生了中介表以减少节点并对节点主题进行分类（根据 Miles & Huberman 的集中策略，248-252）。在显示最终的结果之前，需要反复申明。矩阵数据被尽可能地和实际文字保持一致，为的是能更好地解释上下文。

两个案例中都运用了短期案例报告，并递送给主要的资料提供人员。Wheatco 公司和 Chemco 公司的早期案例研究报告现已经成为一个教学案例，它对于提供一个综合性案例是很有益的。案例研究报告的草稿包括相关文献的回顾，以匹配所调查得出的结果。同样的方法也被用于 Tyrenco 公司的案例。

难点 4：寻找资料来论证自身观点

所选择的设计中存在一个潜在弱点，那就是它依靠于定性研究，而定性研究取决于研究人员的观察能力。因此，研究结论有可能受到研究人员个人偏见的影响。事实上，研究的质量取决于研究设计是否能够避免调查人员有意识或无意识地寻找和收集数据来证实他们自身观点。这需要拥有关于调查执行方式的详细信息，以及证明这些调查论证的论据。

企业之间的访谈指导原则是经过反复修改而成的，原始版本相对较长且结构紧密，但是缺乏约束力。因此，我们采用了提问以及排列问题等更灵活的方法，并对于不同的资料提供人员进行了合适的分类。访谈以介绍阶段开场，在这一阶段陈述研究的关键性目标。随后，在相关关系中资料提供人员的角色，会同他与其他企业联系的紧密程度一起予以讨论。这些初始的相当广泛且开放式的问题旨在鼓励资料提供人员尽可能多地讨论供应关系，而并不受研究人员的影响。随后再讨论由概念框架衍生出的结构确定性问题。虽然在供应关系中，与人力资源管理相关的问题经常与其他问题一同出现，但关于人力资源管理的解释性问题我们安排在访谈快结束时进行提问。

这一访谈指导原则随后会稍作修改以运用于企业之间的访谈。关于词汇"人力资源"的使用，有人提出了具体的问题，因为在企业之间的案例中，它常常指一家企业的人力资源职能问题，而这并不是研究重点。因此，所有的问题集中于讨论"人员管理"上来，而这正好与发生在内部供应关系中的非正式的过程相对应。

3.5 基于案例研究方法的严谨性

这一部分通过应用一个实例来说明案例分析的有效性，以提高研究的质量。

有效性的建立需要调查人员开发出能避免"主观判断"的"一套可有效运作的措施"（Yin, 2003：35）。这项研究的目的之一是为了更好地理解供应关系的不同特征。其中一种策略是"共享关系的目标"，实践中的表现是"战略目标"（企业层面）与"操作目标"（局部层面）。相对于"主观"措施（例如，个人对"双赢"的感知等比较"含蓄"的目标），多样化措施包括更多的"客观"措施（例如：对于共享的目标是否能够提供书面沟通方式）。企业之间和企业内部案例研究的对比显示了两者的不同之处。据此，企业内部目标与企业整体战略层面的目标是一致的，但具体到操作层面就比较分散。企业之间的关系则正好相反，在战略层面上并没有明确的联合目标，但是在操作层面上却有着非常清晰的可测量的目标。此外，"共享关系目标"的措施显然和单一单元或者企业的"内部目标"是不同的，它属于单位或企业独立运营的结果。这种区别的一个有趣结果是在企业内部的案例研究中，由于其中一个合伙人的关系目标与其内部目标一致，从而造成了不均衡（其他合伙人却没有参与）。因此，研究论证了该项措施收敛和发散的有效性。而且，正如 Leonard-Barton（1990）所认为的，相应措施随着时间而发生变化，并且和不同的被访谈人员有关。

4 结论

本章旨在为供应链中案例研究的地位和角色提供一个比较清晰地说明。根据五阶段研究过程模型，文章说明了案例研究方法的特征。同时，本章还通过对《运营管理》期刊（the Journal of Operations Management）中的六篇文章进行比较深入的回顾和研究，对上述特征进行一一阐述。这使得我们能够把案例研究实践中的一些结论应用到供应链领域的研究中去。为了证明案例研究的严谨性，研究人员需要对所使用的方法提供完全信息。

我们对供应链合作关系研究在本章予以具体说明，并细述了所遇到的关键性问题。我们相信本研究的经验值得其他研究人员借鉴。

5 参考文献

1. Choi, T., Huong, Y. (2002): Unveiling the structure of supply networks: Case studies of Honda, Acura, and Daimler Chrysler, in: Journal of Operations Management, 20: 469-493.
2. Cigolini, R., Cozzi, M., Perona, M. (2004): A new framework for supply chain management: Conceptual model and empirical test, in: International Journal of Physical Distribution and Logistics Management, 24(1): 7-41.
3. Croom, S., Romano, P., Giannakis, M. (2000): Supply Chain Management: An Analytical Framework for Critical Literature Review, in: European Journal of Purchasing and Supply Management, 6(1): 67-83.
4. Eisenhardt, K. M. (1989): Building Theories from Case Study Research, in: Academy of Management Review, 14(5): 532-50.

5. Guide Jr., V. D. R., Jayaraman, V., Linton, J. (2003): Building contingency planning for closed-looped supply chains with product recovery, in: Journal of Operations Management, 21: 259-79.
6. Harland, C. M. (1996): Supply chain management: relationships, chains and networks, in: British Journal of Management, 7 (Special Issue): S63-S80.
7. Heikkilä, J. (2002): From supply to demand chain management: Efficiency and customer satisfaction, in: Journal of Operations Management, 20: 747-67.
8. Jick, T. (1979): Mixing Qualitative and Quantitative Methods: Triangulation in Action, in: Administrative Science Quarterly, 24: 602-11.
9. McCutcheon, D., Meredith, J. (1993): Conducting case study research in Operations Management, in: Journal of Operations Management, 11: 239-56.
10. Meredith, J. (1998): Building Operations Management theory through case and field research, in: Journal of Operations Management, 16: 441-54.
11. Miles, M., Huberman, A. (1994): Qualitative data analysis: An expanded sourcebook, SAGE, Thousand Oaks, Ca.
12. Pagell, M. (2004): Understanding the factors that enable and inhibit the integration of operations, purchasing and logistics, in: Journal of Operations Management, 22: 459-487.
13. Pettigrew, A. (1990): Longitudinal field research on change: Theory and practice, in: Organization Science, 1(3): 267-292.
14. Salvador, F., Forza, C., Rungtuséannatham, M. (2002): Modularity, product variety, production volume, and component sourcing: Theorizing beyond generic prescriptions, in: Journal of Operations Management, 20: 549-75.
15. Stuart, I., McCutcheon, D., Handfield, R., McLachlin, R., Samson, D. (2002): Effective Case Research in Operations Management: A Process Perspective, in: Journal of Operations Management, 20: 419-33.
16. Voss, C., Tsikriktsis, N., Frohlich, M. (2002): Case research in Operations Management, in: International Journal of Physical Distribution and Logistics Management, 22(2): 195-219.
17. Williams, T., Maull, R., Ellis, B. (2002): Demand chain management theory constraints development from global aerospace supply webs, in: Journal of Operations Management, 20: 691-706.
18. Yin, R. K. (1994): Case study research: Design and methods, Sage, Thousand Oaks, CA.

作者简介

➢ Marie Koulikoff-Souviron 教授、博士
  - 1982 年，获得尼斯大学（Université de Nice）英语文学硕士学位
  - 1984 年，获得法国索菲亚——安提波利斯高等商学院（CERAM Sophia Antipolis）商学学位
  - 1984 年~1999 年，法国索菲亚——安提波利斯大学的欧洲道——康宁（Dow Corning）保健商业中心，最终职位是生产线、供应链经理

- 2003年1月，获得克兰菲尔德管理学院（Cranfield School of Management）供应链关系以及人力资源管理博士学位
- 2003年~，索菲亚——安提波利斯高等商学院物流与供应链管理专业副教授
- 先后担任众多机构的供应链管理和研究方法的客座学者
- 主要研究方向：供应链关系以及人员管理；案例研究
- CERAM Sophia Antipolis European School of Business
  Rue Dostoïevski BP085, 06902 Sophia Antipolis Cedex, France
  Tel: +33.493.953217   Fax: +33493.953217
  Email: marie.koulikoff@ceram.fr, http://www.ceram.edu

➢ Alan Harrison 教授、博士
- 1944年出生
- 牛津大学（Oxford University）化学专业毕业，之后在宝洁（Procter & Gamble）、BL公司以及通用电气（GEC）从事制造业相关工作
- 1986年，华威商学院（Warwick Business School）资深研究员，研究日本管理模式在英国制造业的应用
- 1996年，进入克兰菲尔德管理学院（Cranfield School of Management）学习，博士论文研究领域为"物流的驱动和抑制因子"
- 研究涉及汽车、航空航天以及食品行业供应链，研究课题涵盖准时制生产（JIT）的应用以及局限
- 近年来主要研究如何提高客户响应能力，出版了《创建敏捷供应链》（物流与交通运输协会（Institute of Logistics and Transport），1999），并在克兰菲尔德成立了敏捷供应链研究机构。
- 主要研究方向：客户响应型供应链；供应链一体化（包括技术）；行为与关键指标测量
- Supply Chain Research Centre, Cranfield School of Management
  Cranfield, MK43 0AL, United Kingdom
  Tel: +44 1234 754121   Fax: +44 1234 751712
  Email: a.harrison@cranfield.ac.uk

第 19 章 供应链管理中的多层次分析问题

Marian Oosterhuis, Eric Molleman, Taco van der Vaart

本章主要内容

1. 导言
2. 供应链管理中的行为问题
3. 层次及其相关性问题详述
4. 不同层级中的概念差异化与属性识别问题
5. 数据结构和数据分析
6. 结论
7. 参考文献

内容摘要

本章重点讨论多层次分析方法在供应链管理研究中的积极作用。供应链由多层组织构成，各层组织又由不同部门构成，而每一部门又由组织内与组织间相互作用的人员组成。因此，各层级因素会以不同的方式对供应链产生影响。此外，多层次方法揭示出在不同的层级同一概念可能有不同的或相似的含义。最后，多层次方法使得嵌套的数据结构（例如采购部的十家采购商的数据）更加明晰且更具可分析性。多层次方法至少可以在 3 个层面对供应链管理产生积极影响：（1）概念和理论层面；（2）方法论层面；（3）分析模式层面。本章将详细阐述此类问题，并将其应用于供应链中对人员行为的研究。

关键词：供应链管理；多层次理论；组织行为

1 导言

在很早之前，多层次分析方法就已在组织研究领域中得以广泛应用，它曾经被运用于教育研究领域，以寻求某些问题的答案，例如，为孩子选择学校是否事关紧要？班级大小对学生个人的表现会产生怎样的影响？以及教师的教学风格会对学生的学习成绩产生怎样的影响（Bursteins 等，1980）等等。很明显，学生的表现不仅仅依赖于自身的性格（例如智力），还依赖于他们所在的班级和学校。这就意味着在相同的学校或班级中，至少有一部分学生的表现取决于他们所处的共同的环境背景。从统计学视角来看，这意味着同一班级或学校的学生绩效并不是相互独立的，这种假设是利用传统的方法来分析和解释变量的差异性，例如学校的绩效。多层次分析方法并不支持此类假设，而是充分考虑了观测值之间的相互依赖性。

后来，多层次方法被用于组织问题的研究中，诸如团队对内部成员的个人动机产生什么影响？奖励政策对个人动机产生什么影响（Klein & Kozlowski，2000）？这推动了多层次方法应用领域的发展，使其拓展到供应链管理领域。为此，本章将专注于供应链管理中行为问题的研究。文中将包含一些案例，取材于我们近期在大型制造企业进行的案例研究。

如上文所述，多层次方法提供了分析实证材料的方式。然而，多层次方法的含义决不仅仅局限于此类分析结论。它也会影响到理论构建、研究设计、概念定义以及识别工具的构成（Chan，1998；Klein & Kozlowski，2000）。因此，多层次研究引发了对几个关键问题的思考。以下三个问题即标示出多层次研究领域的关键问题（Hox 等，2002）：

（1）规范水平及其相互关系；
（2）不同层级的概念以及计量问题；
（3）数据结构和分析。

本章将突出说明以上三个问题。但在说明之前，文章将简要介绍一下我们的研究课题，即供应链管理中行为问题和相关案例研究。

2 供应链管理中的行为问题

研究结果表明，供应链中的紧密合作能够改善绩效，例如降低资本投资、改进质量、降低风险（Lado 等，2004）、优化技术应用（Johnston & Linton，2004）等。然而，现在的供应链研究似乎极少关注供应链合作的方式以及影响合作的相关员工行为问题。现有的少数研究似乎主要专注于某些概念，诸如信任或承诺，而并不重视实施这一行为的个人。本章将研究不同类型的供应链如何激发员工行为，从而对供应链的整体绩效产生影响。例如，当采购部经理试图从寻求供应商中得到最大价值的回报时，他的行为可能是不利的，这将会阻碍公司与供应商长期合作关系的建立和发展（Beth 等，2003）。

在本研究中，我们区分了两种供应链类型：创新导向型供应链和成本导向型供应链（Darr & Talmud，2003）。创新导向型供应链能够创造出具有独特性的产品，与最新的科学技术发展保持一致（Kumpe & Bolwijn，1994）。创新性活动是非常规和非重复性的，通常是在跨学科的前沿科学团队中得以实现。成本导向型供应链的特征表现在以大规模的生产设施、较长的生产提前期、较大的批量、较少的产品种类、标准化的生产流程等几个方面（Randall 等，2003；Kumpe & Bolwijn，1994）。在创新导向型供应链中，买卖双方不明确产品设计及应用情况，同时双方将发生互动行为，从而达成产品及最终发展的共识（Darr & Talmud，2003）。

Darr 和 Talmud（2003）还证明了在创新导向型供应链销售过程中的互动行为主要发生于工作现场的技术专家之间，并不包括经销商和销售代表。然而，在成本导向型供应链中，产品的性能非常清晰，同时，在买卖双方组织的战略层面上，销售过程具有正规的销售合同。为了更好地交易产品，并不需要太多的互动活动，在此类供应链中，互动行为主要通过正式的形式发生，而这些行为都是基于销售合同条款中严格的文字与协议基础。

我们希望创新导向型与成本导向型这两种供应链之间的差异能够改变不同层级的行为问题对供应链绩效的影响，同时改变相关企业的行为方向（自上而下或自下而上）。根据 Darr & Talmud（2003）的研究，我们认为在供应链伙伴间的创新导向型供应链交互活动主要发生在操作层面，因此，操作层面的员工行为将会影响到供应链绩效。另一方面，基于 Darr & Talmud（2003）的研究，成本导向型供应链中的交互活动主要发生于战略层面，因此员工行为将影响战略层面的绩效表现。

此外，我们希望在创新导向型供应链中，操作层面的员工行为能够影响更高层面的决策，这种影响将远远的显著于其他方式。换言之，操作层面供应商与采购商之间的行为问题将影响到买卖双方战术和战略层面的决策。例如，如果一个创新导向型供应链的采购助理能够在采购行为中获得快速的回报，这将影响供应商技术专家的决策，因此会影响到供应商产品开发过程的战略决策。比较而言，我们希望在成本导向型供应链中，战略决策能够影响到操作层面的行为。

图 19.1 提出了多层次的观点：一方面是采购商与供应商之间的交互活动，以及员工行为问题在每一层面上如何影响绩效表现（见水平箭头所示）；另一方面是跨越了采购商与供应商之间交互活动的公司内部跨层级过程（见垂直箭头所示）。当然，在大多数情况下交互活动也会发生在其他层面，这就可能同时具有两个自上而下或自下而上的过程，但这将会降低优势，因此用灰色箭头标注。我们将在以下三部分详细阐述该概念模型，并探讨上述三类多层次的问题。

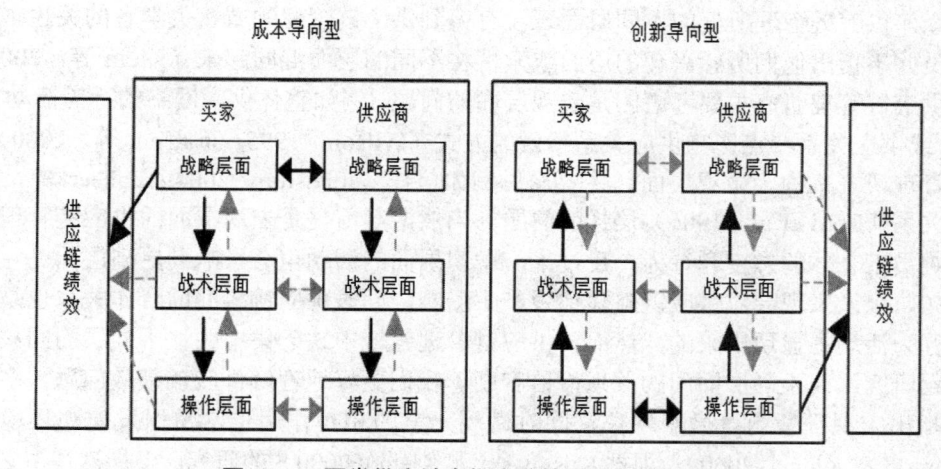

图 19.1　两类供应链中供应链管理的多层次模型

我们的小规模案例包含了供应商及客户遍及世界各地的一家大型制造企业。我们之所以选择研究该公司是因为它包含了两类供应链：具备成熟产品制造能力的成本导向型供应链和具备新产品开发能力的创新导向型供应链。目前，我们对于此类供应链的研究仍处于早期阶段，只能提供集中于成本导向型供应链的数据报告。在成本导向型供应链中，我们对于供应链管理者进行了五次半结构化（semi-structured）的访谈，请他们指出员工行为会对供应链的绩效表现产生怎样的影响。在以下部分中，我们将从这个小规模案例中提供范例，同时针对每一个多层次问题，我们将指定这一问题在案例中是以何种方式、何种程度对供应链产生影响的。

3　层次及其相关性问题详述

供应链基本上是由几家跨企业合作的公司组成，并且有专门的员工负责处理跨企业的业务。在不同层次的供应链中，这些员工实施行为并制定决策。例如，在战略层面上，采购管理人员需要针对供应市场制定特定的目标和发展安排（Kraljic, 1983）。在战术层面上，高级采购员将实现这些战略，选择合适的供应商，洽谈并起草相关供应安排。这些决策的制定与战略层面目标与方针的设立相一致，嵌套于其中。在供应链的操作层面上，物料计划人员或采购助理下达限制一定交货期限的具体订单，这些决策将根据更高层次的安排来制定。

> 在我们的这一案例中，供应链协调通过使用长期合同来实现战术与战略层面上的安排。在这些合同中，物料的大致数量和价格是确定的。对于大型的供应商，工厂的管理人员是第一个接触他们的人。在战术层面上，高级采购员将等待工厂管理经理的批准，进而开始洽谈并起草合同。签订合同后，交互活动便主要发生在供应商与采购助理之间的操作层面。采购经理将依据严格的合同条款明确采购助理的行为界限。他们不能修改价格或洽谈产品规格。如果采购助理发现问题，则必须在战术层面同高级采购员进行沟通。高级采购员随后会与供应商联络并设法解决问题。
>
> 显然，在这一供应链中，重要的决策发生在战略层面，这些决策减少了较低层面员工自由操作的空间。制造商与其供应商之间的关系主要由战略、战术层面上的交互活动，以及这些层面与操作层面之间自上而下的过程所决定。

如今，供应链管理所处的不同层面还没有得到供应链管理领域相关学者的关注。通常，研究人员并不指出他们所感兴趣的层面或索性将不同的层面混同起来（Klein 等，2000）。大部分的供应链管理研究主要考虑的是宏观层面的问题，例如整体供应网络的行为活动（Uzzi，1997），或供应关系特点影响供应关系绩效的方式（Wilson，1995，in Klein 等，2000）。少数供应链管理研究集中于微观层面，主要探讨例如信任（Johnston，2004；Zaheer 等，1998）和个人关系（Ford et al，1986）这样的问题。当然，其前提是宏观层面的供应链管理实践活动会影响员工个体的态度和行为，反过来，微观层面的活动也会影响到更高层面。

例如，个人表现会对供应链整体绩效产生影响，同时供应链之间的合作关系也是从员工个体的行为活动中显现出来的。然而，供应链管理领域中缺乏集中关注不同层面间关系的多层次问题研究，而不同层面间的关系恰恰有助于我们更好地理解供应链绩效问题。多层次方法明确指出宏观环境内含微观现象，同时微观元素的相互作用也常常引发宏观环境的变化（Kozlowski & Klein，2000）。根据 Koslowski 和 Klein（2000）的研究，多层次模型必须指明多个层面间的变量是如何相互影响的。因此，在我们的研究中，为了解员工行为如何影响供应链绩效水平，我们必须明确员工行为在哪一决策层面（战略、战术、操作）影响供应链绩效，以及不同层面之间的相互关系。这种关系既可能是自上而下的，也可能是自下而上的。

在自上而下的关系中，较高层面的因素会影响到较低层面因素所处的环境。例如，战略层面供应链合作伙伴之间的活动安排将会影响到操作层面上采购助理的日常采购行为。如果在战略层面上已经决定高效率和低成本是衡量供应链绩效的主要指标，那么采购助理将不必关注有关新产品开发的问题。

在自下而上的关系中，较低层面的活动会影响到较高层面因素所处的环境。相互作用的员工个体行为、认知和特点形成了诸多的团体和组织现象（Kozlowski & Klein，2000）。员工个体之间的相互关系是集体行为模式产生的基础，例如团体规范，这种模式已超越了原本创造它的个体行为。集体行为模式形成了集体现象产生的基础（Morgeson & Hofmann，1999）。例如，如果物料计划员需要频繁地处理一些延误的交货计划，那么便会出台相关的处理此类供应商的规则和程序。又如，采购助理提示有更低价位的供应商，并将其告知高级采购员，这将会影响到战术层面的供应商选择决策问题。再如，当对采购助理团队进行关于有效沟通方面的培训时，这将会影响更高层面上整体采购绩效的结构。

在概念模型中（如图 19.1 所示），我们区分了跨层级过程的三类决策层面，其中对供应链绩效水平产生决定性影响的是成本导向型供应链中的战略层面和创新导向型供应链中的操作层面。此外,我们有理由相信,不同的决策层面需要不同的人员参与。日常操作决策通常由采购助理制定,战术决策通常由高级采购人员制定,而战略决策则多由采购经理制定。从适当的理论和研究方向来衡量供应链各层面的构建是重要的。在我们的研究中,最重要的是,不仅需要了解员工行为将影响到哪一层面的供应链绩效水平,而且还需要明确在自上而下和自下而上的两类关系中,哪一类是具有决定性的。这不仅将影响到数据的采集方式,更重要的是还会影响到数据采集的地点。如果明确了只有战略层面上的正式合约协调买卖双方关系,其他层面上很少发生互动活动,那么,收集战略层面上员工信息将变得愈加重要,例如采购经理或物料经理。相比较而言,如果买卖双方关系由专业技术人员的日常操作方法所协调,那么我们有理由相信,操作层面上的员工行为会影响到供应链绩效,因此收集此层面的相关信息是明智的。在接下来的内容中,我们将会继续探讨此类识别问题。

4 不同层级中的概念差异化与属性识别问题

多层次理论认为:在不同层级上,同一概念具有不同的涵义。因此,同一供应链管理概念,在学者关注的不同层面上,将具有不同的内涵。诸如绩效、信任和权力等此类概念,对于战略层面的人员和操作层面的人员,将具有截然不同的涵义。例如,绩效这一概念,在战略层面上指的是供应链效率、利润或营业收入,而在操作层面上指的是供应商准时交付。这表明,供应链管理研究中的概念可能依据所研究的不同层面而指定完全不同的变量,从而具有不同的含义(例如上文中的供应链效率与按时交付)。更重要的是,Boyer 和 McDermott(1999)指出人们关于营运战略的认知观念将随着所处公司层面的不同而发生变化。例如,在操作层面的员工认为制造具有优先重要性,这不同于战略层面上经理的认知和观点。

> 在我们案例中,通过与相关经理的谈话,我们发现信任这一概念在所讨论的不同决策层面被明显赋予了不同的意义。信任概念在战略层面上被提及两次,指的是信任供应商组织或反过来赢得客户组织的信任,这需要做出一定程度的适应。例如,为了增加与大型的重要买方组织的合作,我们案例研究中的制造企业必须增加其灵活性。在战略层面上,旺季时为了满足客户的需求,企业需要保证生产能力被完全得以利用。供应链管理者指出这是赢得信任的一种途径,否则合作很难继续进行下去。在操作层面上,另一种完全不同的信任也发挥着作用。在这一层面,为了赢得信任和完成工作,沟通能力以及对联系人的了解是十分必要的。物料经理提出一种很挑剔的情况,要求供应商在极短的时间内提供大量的额外物料。虽然采购助理了解供应商现实的能力情况,但他仍然会联络供应商组织中的人员。采购助理十分熟悉其相关联系人,并逐渐开始谈论个人和家庭问题。一段时间后,采购助理便可以提出额外交货的要求,并且可以得到额外物料在限定交货期内送达的保证。
>
> 上述关于信任的案例说明,同一概念是如何依据于学者所关注的不同层面而产生不同含义的。在战略层面上,信任被定义为购买关系:当组织愿意做出一定的战略适应时,信任便得到提升。然而,在制定日常决策的操作层面上,虽然信任同样被认为是十分重要的,但物料经理认为信任具有另一种完全不同的含义。沟通能力、相互之间的了解或喜欢都被认为是信任的重要方面。

在 Klein 和 Kowzlowski(2000)研究成果的基础上,我们将下一步的研究重点放在不同层面概念差异化的问题上。Klein 和 Kowzlowski(2000)区分了多层次模型中的三种基本结构类型：整体属性、共享属性、构成属性。在以下的内容中我们将强调这三类属性，同时阐述每一结构实证研究方面的内涵。

● 整体属性（global characteristics）

整体属性通常处在较高层级之中，这种概念一般包含供应商的数量、组织的规模、各部门的职能（例如销售部），以及各单位的详细地址等等。具有这一属性的概念通常很容易就能观察出来，而且它们一般都是十分客观且非常可靠的信息。

本研究将针对供应链种类（创新导向型或成本导向型）的整体属性进行深入地探讨和分析。为了进一步区分清楚供应链的种类是更偏重于技术革新还是成本控制，我们采用更为客观的数据来予以分析。例如，我们可以通过观察投资人在创新项目上的资金投入、研发部门在公司内的地位及规模，以及产品的多样性（Fisher，1997）等，来确定创新的程度。同样，我们也可以通过考察产品生命周期的长短或者对产品生产的标准化、自动化的投资数额，来判断其成本控制水平。

整体属性相对容易被辨别出来，因为它通常不会出现在较低层级的行为活动中（如个体行为）。整体属性是一种显著的高层级现象属性。因此，具有这种属性的数据通常只有单一来源，例如来自主管或者管理信息系统，也正因如此，这种整体属性的数据没有到低层级中索取的必要（Klein & Kozlowski，2000）。

● 共享属性（shared properties）

共享属性来源于较低层级部门，主要指员工个人的感知和属性，这些属性普遍适用于低层级部门，具有共享性（Klein & Kozlowski，2000），通常在部门内部有着相关协定。共享属性一般包括所涉及的组织部门员工的经验、态度、价值观、行为模式、认知或者行为举止等。企业标识以及团队凝聚力被认为是典型的具有共享属性的代表。一个企业的产品，如果更多地销售给大型组织或者大型公司的采购部门，而非个人，那么这个企业的产品商标将更为知名，企业的团队凝聚力将更为强大。企业标识和团队凝聚力在供应链管理中起到了至关重要的作用，因为员工在更为严格的约束下更愿意展示他们的团队协作能力（Mullen & Copper，1994）。再举一个关于共享属性的例子，采购企业的管理人员会共同地信任他们的战略供应商。Klein 等（2000）建议当企业与其供应商合作十分密切又非常成功时，相互的管理人员之间应当加强沟通，使他们的认识、态度或者行为保持一致性。当合作不密切时，他们可以各自持有不同观点，对供应商只是部分信任。

与整体属性有所区别的是，共享属性更多地是出现在个人的行为活动中。对于这种类型的结构，员工之间必须达成一致的认知，只有这样才能方便结构的共享使用。Chan（1998）提出"指示物一致性模型"（referent-shift consensus model），该模型涉及在较低层面（员工个体层面）上可识别出的结构，然而结构本身以及项目的措辞都涉及更高的层级。这些结构的属性识别通常是将较高层级作为参考点，例如，我们通常会说"我们采购部很信任供应商"，而非"我很信任供应商"。根据以上所阐述的内容，我们可以假定成员之前已经达成一致性的意见。因此，在实际情况中，我们必须将众多的个人观点整合到一起，使所达成的共识可以代表更高一层级的共同利益。当我们十分确定部门内只存在很小的差异时，那么这个综合的意见就可以代表较高一层级的观点。然而，部门内的微小差异不能排除部门之间存在的很大的差异，因此，对于相似的结构，不同组织的部门之间可能存在很大的分歧。如果较高层级是企业的采购部门或者高级管理团队，那么很有可能会出现同词异义的情况（以上所述结果见 Boyer & McDermott（1999）的研究）。

- 构成属性

与共享属性相似，构成属性也来源于较低层级。不同的是，这种结构不具备在部门内达成一致的条件（Klein & Kozlowski，2000：217）。例如，如果这些结构涉及到员工个人的年龄、技能或者性格特质，那么这些结构是必然存在差异的。供应链绩效问题就是一个构成属性的结构，供应链绩效是不能简单地归功于某个组织或员工的，因为单个组织或员工对供应链绩效的影响是通过一个复杂的方式来发挥作用的。因此，这类结构不能被整合归一化（正如共享属性概念中所提及的案例）。在构成属性概念中，最为重要的是引导较高层级结构方向的理论，以及什么样的技术对准确捕捉构成属性结构更有帮助。Kozlowski 和 Klein（2000）提出一系列的数据整合技术，如指数偏差方法、最大最小值方法、多维尺度分析方法、网格分析方法、神经网络方法、系统动力学方法等等。举例而言，为了衡量供应链绩效，研究人员需要针对最弱的组织贡献作为衡量标准和评价对象，在这种情形下，我们可以得出合理地假设：供应链绩效取决于其自身最弱的环节。

本章所提及的这三种属性结构是相对独立的。Chan（1998）讨论了各种结构经过一段时间可以从一种类型转化为另一种类型。例如，企业与供应商在初步合作时期，相互存在着不信任感，随着合作的加深，这种信任由构成属性结构转变为共享属性结构。同样的情况也可能出现在员工的工作规范或相关供应流程上：当员工刚开始工作时，这两个结构处于个人层级，然而当采购助理遇到了需要他们共同应对的问题时，这两个结构便成为了共享属性问题。

5 数据结构和数据分析

嵌套数据或分层式数据结构的一个显著特征在于，个体单位的集合包含在较高的层级之中，例如，采购部门的采购助理人员、组织中的各种部门以及供应链中的不同组织。正如员工有时会嵌套于上一层级一样，其它因素同样可能嵌套于更高的层级中。一个企业的所有供应商都可以认为嵌套于该企业。举另外一个例子，正如我们之前所提到的，一个决策同样可以如此嵌套：日常的采购决策就必须服从于上一层级如公司与供应商制定的战术合同中关于产品价格、数量等问题的采购时间表。这些关于价格和产量的战术性决策往往又服从于企业长期的战略规划，例如降低成本或者优化产品配送弹性等长期发展目标。总之，日常决策是不会独立于战术和战略决策之外的，因为日常决策的制定会受到它们所服从的长期规划的影响。

> 在我们所研究的小案例中，并没有收集具体的定量数据，而是通过大量的定性材料来表明嵌套现象的存在。
>
> 采购经理和物料经理所提及的问题表明了嵌套数据结构的存在性。最近，企业在与供应商的沟通上出现了问题。采购助理和高级采购员分别有着不同的业绩目标，这就导致高级采购员更关注于价格因素，而采购助理更注重综合指标以及产品弹性因素。这种情况说明采购助理很少与高级采购员接触。采购助理只与采购部门内部的其它同事合作，而高级采购员则只与供应商部门的人员联系，这直接导致了采购助理和高级采购员形成与供应商不同的沟通方式，而这也正是受企业中现有部门的影响。以上所阐述的事例很好地揭示了企业员工是如何受到其所属的较高层级的影响。由此可推知，这种情况有可能直接影响整个供应链的绩效。

然而，嵌套数据结构也是存在争议的，因为它违背了统计测试中的一个关键性假设，即所观测值必须具有独立性。然而，在嵌套数据结构中，这种假设似乎已经被打破，因为在较低层级部门（包含于较高层级部门）的群或组之间，普遍存在着相似的反应、观点或者行为，即使这些较低层级的部门是被随机选取的（Jones & Duncan, 1998; Snijders & Bosker, 1999）。如果观测值包含了许多企业的所有供应商，那么这些属于同一家采购公司的不同供应商也并非是相互独立的，因此，在某种程度上讲，它们有着相同的环境背景。再举一个例子，对于同一供应部门的不同员工来说，他们工作在相同的环境中，很有可能会产生相互影响，并且有着同一个上级主管，因此它们也不属于相互独立的。由于观测值的相对独立性，这种结果存在组层面上的随机误差成分，并且是自相关的（Bryk & Raudenbush, 1992）。当采用忽略分层式数据结构的传统单一层次分析方法对变量之间的关系进行测算时，结果有可能会出现伪关键值（Snijders & Bosker, 1999）。多层次分析技术明确地模拟并考虑了嵌套数据结构的作用效果，与此同时对设计效应进行了校正（Jones & Duncan, 1998; Snijders & Bosker, 1999; Hox, 2002）。

在多层次分析技术中，我们对回归模型进行了测试，这种回归模型实质上是多元回归模型的多级版本，它们的区别在于，多级回归模型包含了对应于每一个较高层级单元的独立方程（Hox, 2002; Snijders & Bosker, 1999）。针对多层次分析模型的测试，有专业的处理软件，如 MLwiN（Goldstein 等, 1998）。多层次分析的过程主要包括两个步骤（Hox, 2002; Snijders & Bosker, 1999）。第一步，先对不包含任何解释变量或独立变量的基本模型进行测试。假设我们对预测采购人员和物料计划人员对供应商的信任程度感兴趣。如果我们已经收集到一些公司的资料，并且这些资料已被分为三个层级（员工个体层级、部门层级、公司层级），那么第一步就是将信任的解释变量分解为公司层级的、部分层级的、员工个体层级的。第二步将进行第二个模型的模拟，这一步主要通过增加预测因子对基本模型进行详细阐述。在多层级分析中，很有可能会对不同层级的同一变量进行同步解释。例如，供应链类型是公司层级的影响因子，专业规划软件就属于部分层级的因子，而专业技能则是员工个体层级的因子。当然，第二步的进行取决于理论模型试图测试的内容。为进一步了解多层级分析方法，我们借鉴了 Hox（2002）的研究内容。

6 结论

本章重点讨论了供应链管理研究中运用多层次分析方法的三种情况。首先，供应链是由多个层面组成的，这些层面经跨层面过程产生相互联系。为了研究供应链绩效问题，应该界定多层次问题中相关的结构和过程，并将其吸纳于供应链管理研究的理论模型中。其次，诸如信任、绩效和能力这类概念的内涵会依据其所在的层级而发生改变。多层次方法考虑了以上情况，并同时区分了三种结构类型，这三类结构含义会发生改变，同时也会影响实证工作的开展。再次，供应链是一个嵌套的系统。员工行为或日常决策无法脱离其处的环境背景。多层次分析方法模拟了这些嵌套的数据结构，同时考察了数据结构的统计效果。

通过供应链中员工行为的研究，我们试图证明供应链管理研究可以通过整合或对多层次结构、过程的认识而得以提升与突破。当然，几乎不可能将所有问题均囊括在一种研究范式中，我们也并不打算这样做。然而，通过案例中所体现的员工行为影响供应链绩效这种多层次现象，我们明确了建立供应链管理模型中所存在的难题。我们相信，随着多层次问题逐步得以认知以及多层次方法的广泛运用，供应链管理中的理论构建和实证研究将会取得长足的进步。

7 参考文献

1. Beth, S., Burt, D. N., Copacino, W., Gopal, C., Lee, H. L., Lynch, R. P., Morris, S. (2003): Supply Chain Challenges: Building Relationships, in: Harvard Business Review, 81(7): 64-73.
2. Boyer, K. K., McDermott, C. (1999): Strategic Consensus in Operations Strategy, in: Journal of Operations Management, 17(3): 289-305.
3. Bryk, A. S., Raudenbush, S. W. (1992): Hierarchical Linear Models, Sage, Newbury Park, CA.
4. Burstein, L. (1980): The Analysis of Multilevel Data in Educational Research in Evaluation, in: Review of Research in Education, 8(1): 158-233.
5. Chan, D. (1998): Functional Relations among Constructs in the Same Content Domain at Different Levels of Analysis: a Typology of Composition Models, in: Journal of Applied Psychology, 83(2): 234-246.
6. Cronbach, L. J., Webb, N. (1979): Between Class and Within Class Effects in a Reported Aptitude by Treatment Interaction, in: Journal of Educational Psychology, 67(6): 717-724.
7. Darr, A., Talmud, I. (2003): The Structure of Knowledge and Seller-Buyer Networks in Markets for Emergent Technologies, in: Organization Studies, 24(3): 443-461.
8. Fisher, M. L. (1997): What is the Right Supply Chain for your Product?, in: Harvard Business Review, 75(2): 105-117.
9. Ford, D., Hakansson, H., Johanson, J. (1986): How Do Companies Interact?, in: Industrial Marketing and Purchasing, 1(1): 26-41.
10. Goldstein, H., Rasbash, J., Plewis, I., Draper, D., Browne, W., Yang, M., Woodhouse, G., Healy, M. (1998): A User's Guide to MlwiN, Version 1.0.: January.
11. Hox, J. J. (2002): Multilevel Analysis: Techniques and Applications, Lawrence Erlbaum, Mahwah.
12. Johnston, D. A., McCutcheon, D. M., Stuart, F. I., Kerwood, H. (2004): Effects of Supplier Trust on Performance of Cooperative Supplier Relationships, in: Journal of Operations Management, 22(1): 23-28.
13. Jones, K., Duncan, C. (1998): Modelling Context and Heterogeneity: Applying Multilevel Models, in: Scarbrough, E., Tannenbaum, E. (eds.): Research Strategies in the Social Sciences, Oxford University Press, New York.
14. Klein, K. J., Palmer, S. L., Conn, A. B. (2000): Interorganizational Relationships: A Multilevel Perspective, in: Klein, K. J., Kozlowski, W. J. (eds.): Multilevel Theory, Research, and Methods in Organizations: Foundations, Extensions and New Directions, Jossey-Bass, San Francisco: p. 267-307.
15. Klein, K. J., Kozlowski, W. J. (2000): From Micro to Meso: Critical Steps in Conceptualizing and Conducting Multilevel Research, in: Organizational Research Methods, 3(3): 211-236.
16. Kozlowski, S. W. J., Klein, K. J. (2000): A Multilevel Approach to Theory and Research in Organizations: Contextual, Temporal, and Emergent Processes, in: Klein, K. J., Kozlowski, W. J. (eds.): Multilevel Theory, Research, and Methods in Organizations: Foundations, Extensions and New Directions, Jossey-Bass, San Francisco: p. 3-90.

17. Kraljic, P. (1983): Purchasing Must Become Supply Management, in: Harvard Business Review, 61(5): 109-117.
18. Kumpe, T., Bolwijn, P. T. (1994): Toward the Innovative Firm: Challenge for R&D Management, in: Research Technology Management, 37(1): 38-45.
19. Lamming, R., Johnsen, T., Zheng, J., Harland, C. M. (2000): An Initial Classification of Supply Networks, in: International Journal of Operations & Production Management, 20(6): 675-691.
20. Morgeson, F. P., Hofmann, D. A. (1999): The Structure and Function of Collective Constructs: Implications for Multilevel Research and Theory Development, in: Academy of Management Review, 24(2), 249-265.
21. Mullen, B., Copper, C. (1994): The Relation between Group Cohesiveness and Performance: An Integration, in: Psychological Bulletin, 115(2): 210-227.
22. Radenbush, S. W., Bryk, A. S. (1986): A Hierarchical Model of Studying School Effects, in: Sociology of Education, 59(1): 1-17.
23. Randall, T. R., Morgan, R. M., Morton, A. R. (2003): Efficient Versus Responsive Supply Chain Choice: an Empirical Examination of Influential Factors, in: Journal of Product Innovation Management, 20(6): 430-443.
24. Snijders, T. A. B. Bosker, R. J. (1999): Multilevel Analysis: an Introduction to Basic and Advanced Modelling, Sage Publications, London.
25. Uzzi, B. (1997): Social Structure and Competition in Interfirm Networks: The Paradox of Embeddedness, in: Administrative Science Quarterly, 42(1): 35-67.
26. Zaheer, A., McEvily, B., Perrone, V. (1998): Does Trust Matter? Exploring the Effects of Interorganizational and Interpersonal Trust on Performance, in: Organization Science, 9(2), 141-159.

作者简介

- Marian Oosterhuis 硕士
  - 出生于 1979 年
  - 1997 年~2002 年，荷兰罗格宁根大学（University of Groningen）攻读工商管理本科
  - 2002 年~2003 年，荷兰罗格宁根大学医学中心任初级研究员，从事荷兰公共卫生部的研究工作
  - 2003 年 11 月至今，在荷兰罗格宁根大学管理和组织学院攻读博士研究生，博士研究的领域是供应链管理的行为边界
  - 研究方向：供应链管理；组织行为学
  - Faculty of Management and Organization, University of Groningen
    P.O. box 800, 9700 AV Groningen, The Netherlands
    Tel: +31 50 363 4783   Fax: +31 50 363 2032
    Email: m.j.oosterhuis@bdk.rug.nl

> Eric Molleman 教授、博士
  - 出生于 1956 年
  - 1974 年~1980 年，攻读社会与组织心理学本科
  - 1980 年~1990 年，在荷兰罗格宁根医疗中心担任支援人员
  - 1990 年，博士毕业于马斯特里赫特大学（University of Maastricht）
  - 1990 年~1997 年，在荷兰罗格宁根大学（University of Groningen）管理和组织学院担任人力资源管理助理教授
  - 1997 年~2000 年，在荷兰罗格宁根大学管理和组织学院担任人力资源管理副教授
  - 2000 年以来，在荷兰罗格宁根大学组织管理和组织学院担任人力资源管理教授
  - 研究方向：工作设计；团队合作；相关性
  - Faculty of Management and Organization, University of Groningen
    P.O. Box 800, 9700 AV Groningen, The Netherlands
    Tel: +31 50 363 3846   Fax: +31 50 363 2032
    Email: h.b.m.molleman@bdk.rug.nl

> Taco van der Vaart 副教授
  - 出生于 1965 年
  - 1983 年~1989 年，攻读数学本科
  - 2000 年，博士毕业于荷兰罗格宁根大学（University of Groningen）
  - 1997 年以来，在荷兰罗格宁根大学管理和组织学院担任生产管理领域助理教授
  - 研究方向：供应链管理；一体化实践
  - Faculty of Management and Organization, University of Groningen
    P.O. Box 800, 9700 AV Groningen, The Netherlands
    Tel: +31 50 363 7020   Fax: +31 50 363 2032
    Email: j.t.van.der.vaart@bdk.rug.nl

第 20 章　供应链中的成本管理——方法论意义

Richard Chivaka

本章主要内容

1. 导言
2. 研究方法
3. 研究结果
4. 重要发现
5. 研究意义
6. 结论
7. 参考文献

内容摘要

供应链管理的价值创造这一战略重要性吸引了实业界和学术界的高度关注。其中，战略成本管理对于相关价值创造的支持潜力问题成为焦点话题。然而，到目前为止，几乎没有一个案例研究能够清晰地阐述成本管理是如何在供应链中发挥作用的。只有极个别的学者研究了成本管理在供应链中的应用，而这些研究也只是针对两个供应链成员之间相互关系的这种单一情况。此外，关于发展中国家供应链关系的研究也寥寥无几。本章采用了发展中国家——南非的数个研究案例，用以探究战略成本管理是如何应用于包括一级供应商、制造商和零售商在内的产品供应链之中。

关键词：供应链管理；成本管理；高级管理会计；案例研究；发展中国家

1　导言

一方面，一些研究人员强调了供应链管理的战略重要性（Johnson & Lawrence，1988；Harland，1996；Margretta，1998；Chandra & Kumar，2000；Bagchi & Skjoett-Larsen，2002），另一方面，也有一些研究人员认为战略成本管理在供应链管理中起到了关键性作用（Bromwich & Bhimani，1989；Shank & Govindarajan，1989；Cooper & Slagmulder，1998；Seuring，2002）。然而，只有少数研究采用多案例的方法来论证成本管理是如何沿着供应链并超越二元关系来实施的。此外，在供应链关系中，关于成本管理在发展中国家应用的研究也是极少的。除了 Choi & Hong（2003）以及 Cooper & Slagmulder（2004）的研究以外，其它少数有关成本管理应用的研究主要关注那些只有两个供应链成员之间关系的单一情况

（Cooper & Yoshikawa, 1994; Dekker, 2003; Hakansson & Lind, 2004）。以上研究忽略了一个事实，亦即供应链管理是超越法定组织（企业）边界的管理流程，因此需要更加明确地考虑组织网络中行为的整合问题（Hopwood, 1996）。本章采用多案例研究的方法，分析在南非这一发展中国家，战略成本管理在包含一级供应商、制造商以及零售商的产品供应链中实施的方式。

- 文献回顾

虽然很多学者都认为，传统管理会计不能支持战略决策过程，但战略成本管理能够支持战略决策以及企业间业务，且其潜力已经得到广泛的认可（Bromwich & Bhimani, 1989; Shank, 1989; Shank & Govindarajan, 1989; Cooper & Slagmulder, 1998）。此外，一部分学者已经强调了供应链管理的战略重要性（Johnson & Lawrence, 1988; Harland, 1996; Margretta, 1998; Chandra & Kumar, 2000; Bagchi & Skjoett-Larsen, 2002）。供应链管理被视为一种可以使企业更好地响应客户需求的方式（Dekker & van Goor, 2000; Bommer 等，2001; Bagchi 等，2002）。

尽管成本管理与供应链管理两者之间有着共同点，即对成本的管理，然而，针对成本管理概念与供应链管理手段之间的转换及相关应用所做的实证研究是很少的。成本管理概念中包含预防性成本管理，这种成本管理会影响成本结构与成本行为，涵盖供应链的评估、规划、控制以及成本估算（Seuring, 2002）。在供应链中，通常认为成本管理是通过使用管理会计工具而实现的，诸如目标成本法（target costing）（Lockamy III & Smith, 2000; Axelsson 等，2002）、作业成本管理（activity-based costing/management）（Shank, 1989; Lin 等，2001; Axelsson 等，2002; Dekker, 2003）、平衡计分卡（balanced scorecard）（Kaplan & Norton, 1992; Axelsson 等，2002）、准时制（just-in-time，JIT）（Agrawal & Mehra, 1998; Blocher 等，1999）和全面质量管理（Total Quality Management, TQM）（Agrawal & Mehra, 1998; Blocher 等，1999）。

以上管理工具被视为供应链成本管理的有效支持手段，因为它们面向过程且发生于跨越传统公司界限的组织之间。同时，成本管理也在诸多实践活动中得到应用，诸如高层管理支持（top management support）（Agrawal & Mehra, 1998）、开簿会计（open book accounting）（Cullen 等，1999; Seal 等，1999）、公司内部多功能团队、协同计划、信任（Tomkins, 2001; Dekker, 2003），以及成本与效益的共享等等。以上实践活动创造了一种环境，使得供应链合作伙伴可以基于一体化供应链的视角开展成本管理活动（Hopwood, 1996; Axelsson 等，2002; Cooper & Slagmulder, 2004）。

正如 Seuring（2002）所述："如果要降低成本，那么越来越多的公司会将注意力转向他们的供应链合作伙伴，以提升竞争力和盈利能力。然而，目前很难找到合适的途径在供应链中有效实施成本管理。"

本章采用多案例研究的方法解决了以下问题：成本管理在供应链合作伙伴之间是如何实施的？这也是本研究的主要贡献所在。本章的组织结构如下：首先将探讨数据采集与分析的方法选择；而后提出多案例研究的主要成果；接下来探讨运用此研究方法的意义；最后，本章总结并提出了关于世界上发展中国家供应链成本管理未来研究方法的应用问题。

2 研究方法

本章重点研究在包含两家公司以上的产品供应链中，成本管理是如何应用的。这意味着所研究的公司处于一种复杂的网络关系之中，并且在供应链成本管理中需要进行协同合作

(Hakansson & Lind, 2004)。通过供应链结构, 公司之间可以建立起一种在知识、决策制定以及集体回报等方面进行一定程度共享的的伙伴关系 (Tomkins, 2004)。鉴于上文所述的研究重点与供应链的特征, 本章采用案例研究方法主要基于以下原因: 首先, 当提出诸如"如何"与"为什么"的问题以及在调查人员不能控制现实情况中行为事件的情况下, 采用案例研究是首选策略 (Yin, 1989)。其次, 如 Tomkins (2001) 所述, 案例研究方法可以使得对外部世界"不可观察"现象 (例如社会关系) 的认知成为可能。再次, 案例研究方法还能够采用管理实践中隐含的、环境敏感型的数据和知识 (Keating, 1995)。

本章重点研究发展中国家供应链成本管理的应用问题, 之前的实证研究几乎没有涉及过这一问题。因此, 在这一新兴的研究领域实现突破是很困难的, 其原因表现在缺乏现有的范式规则、缺乏既定或公认的原则和结构 (Perry, 1998)。案例研究领域在当代才逐步得以使用 (Yin, 1989; Perry, 1998), 因此, 鉴于以往研究的匮乏, 探索性的案例研究方法可以被视为一种适当的研究设计 (Yin, 1989; Dekker, 2003; Cooper & Slagmulder, 2004)。最后, 通过对多个供应链案例的研究, 我们可以得到产品供应链中成本管理的更好方式, 同时也可以识别这些案例中所表现出的供应链管理模式 (Yin, 1989; Eisenhardt, 1989; Nieto & Perez, 2000)。

2.1 样本规模

通过运用"雪球"的方式 (Dewhurst 等, 2003), 拥有南非 80%市场份额的三家零售商深入分析了在供应链中如何应用成本管理从而达到创造价值的目的。每个零售商需要选择一家关键的制造商, 该制造商依次需要选择一家关键的供应商 (即一级供应商, 以下简称供应商)。供应商、制造商和零售商共选择了九家公司, 构成了一个具有三条独立供应链的样本。供应链Ⅰ描述的是纺织业。在供应方面包含了供应商Ⅰ (裁剪商) 和制造商Ⅰ。供应链Ⅱ由供应商Ⅱ (成衣制造商, 即"剪裁、制作和后整理"企业, 亦即 cut-make-and-trim, CMT)、制造商Ⅱ (服装设计与供应企业) 和零售商Ⅱ组成。供应链Ⅱ的结构具有独特性, 因为制造商Ⅱ隶属于零售商Ⅱ的集团公司, 同时又负责成衣设计和外包制造。制造商Ⅱ为位于供应链零售端的三个姊妹公司提供成衣, 而零售商Ⅱ正是其中之一。此外, 制造商Ⅱ并不参与实际成衣的制造过程, 而是将重点放在研究当前海外趋势 (与零售商Ⅱ合作) 和成衣样品的制造上。供应商Ⅲ (关键供应商)、制造商Ⅲ和零售商Ⅲ共同构成了供应链Ⅲ。零售商对该供应链中的活动和流程具有强大的影响力, 因为所生产和销售的产品承载着集团的品牌形象。据一项南非零售行业供应链管理实践的调查研究结果显示, 供应链关系由相互独立越来越趋向于共同合作 (Chivaka, 2003)。

2.2 数据收集

有关以上三条供应链的数据采集工作开始于 2002 年 10 月, 结束于 2003 年 4 月。数据收集主要通过访谈、个人观察及参考相关公司档案的方式来完成。为了从供应链的需求与供给双方来研究成本管理问题, 访谈是基于一家关键企业 (制造商), 然后延伸到该制造商的供应商及客户 (零售商)。这种特制的访谈框架能够促进与成本管理方法和实践运营相关的各主要功能的信息采集 (例如财务、销售、采购、物流和生产)。每个调查对象所花费的标准时间为 1.5 小时。该访谈框架包含一些半结构化问题, 使调查对象能够谈论访问框架外的相关问题, 从而使访谈得到更广泛的响应, 同时增加了研究人员收集有关此调查问题数据的机会 (Abernethy 等, 1999)。该访谈框架分为如下部分: 第一部分涵盖一般公司信息、调查对象在该公司的工作时间、调查对象的职能以及在该职位的工作时间; 随后的部分包含具有特定功能的成本管理信息，该信息分别从面向供应商、内部职能和面向顾客这三方面视角中探寻。问题集中在促成价值创造方面，在各个公司中，具有特定功能的成本管理方法及实践分别为：(1) 自身运营；(2) 面向供应商；(3) 面向零售商。以上三条供应链中调查对象的访谈细节如表 20.1 所示。

表 20.1 被调查对象的具体情况

公司	行业	公司类别	被调查人员数量	被调查人员职位	任职时间
供应商Ⅰ	纺织	供应商	2	部门经理	2 年
				会计人员	5 年
供应商Ⅱ	纺织	供应商	2	管理总监	14 年
				会计人员	7 年
供应商Ⅲ	食品	供应商	2	生产经理	8 年
				会计人员	4 年
制造商Ⅰ	纺织	制造商	4	采购经理	9 年
				运营总监	20 年
				销售经理	4 年
				财务经理	11 年
制造商Ⅱ	纺织	制造商	4	采购总监	5 年
				高级物流经理	10 年
				高级生产经理	7 年
				高级财务经理	22 年
制造商Ⅲ	食品	制造商	3	采购总监	6 年
				运营总监	11 年
				财务经理	6 年
零售商Ⅰ	纺织	零售商	4	供应链经理	4 年
				总会计师	7 年
				高级经理	9 年
				技术部经理	10 年
零售商Ⅱ	纺织	零售商	2	设计部经理	3 年
				高级财务经理	22 年
零售商Ⅲ	食品	零售商	2	供应链经理	4 年
				总会计师	9 年
9			25		

以上访谈设计的目的是确保涵盖所有的重要问题，同时避免研究人员的主观偏见。为了减少访谈中无计划、非中立的问题，每一部分的问题都具有非指向性（Lillis, 1999）。然而，当该访谈以一种合理而灵活的方式被执行时，从被调查对象一方得到的关于成本管理的信息反馈却是充足而又杂乱的。

所有的访谈均进行了录音，同时抄录了笔记，相关资料交由相关被调查人员审查并提出意见（Cooper & Slagmulder, 2004）。修改更正后的抄录笔记随后被作为供应链成本管理应用研究的依据。个人观察的内容包括参观访问零售商经营的店铺与物流分配中心。每次参观持续半天，这意味着可以为研究人员提供贯穿供应链的产品交易实物证据，从厂家接受成品过程中的关键流程细节以及有关退货给厂家的过程。同时，也对制造商及其供应工厂进行了参观，在各个案例中的时间均持续了一天。参观活动在工厂管理人员和工程师的引导下进行，这使研究人员能够更好地观察企业内部及企业间的以下过程：(1) 产品设计；(2) 原料进货；(3) 产品生产；(4) 成品交付。

2.3 案例分析

针对访谈过程所采集到的数据，我们使用了行为战略分析模式（Eisenhardt，1989；Nieto & Perez，2000），该分析模式包括：(1) 通过个案分析确定各个公司的成本管理方法；(2) 通过跨公司分析确定同一供应链中跨公司边界的成本管理方法；(3) 通过跨公司分析确定常见的多家公司通用的以及适用于供应链的成本管理方法与实践模式（Choi & Hong，2002；Cooper & Slagmulder，2004）。该研究的主要分析单元（Nieto & Perez，2000；Rowley，2002）是整个包含三个上下游成员的供应链，而不只是供应链中某一个成员。在相应供应链中，所研究的每家公司均是分析的中间单元，因为它被视为"一系列特有因素（在某一职能下或综合领域中的方法与实践）结合而产生的领域，同时也与主要单元相关"（Nieto & Perez，2000：726）。综合以上分析可以得到供应链中关于企业应用的成本管理方法与实践的全面认识（Rowley，2002）。

3 研究结果

表 20.2～表 20.4 总结了三条供应链所应用的成本管理方法和实践情况，相关方法和实践是按照侧重于公司内部还是公司之间来进行分别说明的。

表 20.2 供应链 I 中的成本管理方法和实践

	供应商		制造商		零售商	
	方法	实践	方法	实践	方法	实践
公司内部	预算控制法 差异分析法		预算控制法 差异分析法 效率研究法		预算控制法 差异分析法	
公司之间	目标成本法 持续改进法	质量导向 产品交付排程 成本节约共享 培训及协助	目标成本法 持续改进法	质量导向 团队协作 培训及协助 顾客认可的供应商 交付计划 成本节约共享 联合产品设计	目标成本法 持续改进法	质量导向 团队协作 交付计划 成本节约共享 联合产品设计

表 20.3　供应链Ⅱ中的成本管理方法和实践

	供应商		制造商		零售商	
	方法	实践	方法	实践	方法	实践
公司内部	预算控制法 收益分析法		预算控制法 差异分析法 效率研究法	大宗订单	预算控制法 差异分析法	
公司之间	目标成本法 持续改进法	质量导向 团队协作 开放政策 产品交付计划 联合产品设计 成本节约共享 培训及协助	目标成本法 持续改进法	质量导向 团队协作 培训及协助 联合产品设计 交付计划 开放政策 成本节约共享	目标成本法 持续改进法	质量导向 团队协作 联合产品设计 开放政策 交付计划 成本节约共享

表 20.4　供应链Ⅲ中的成本管理方法和实践

	供应商		制造商		零售商	
	方法	实践	方法	实践	方法	实践
公司内部	预算控制法 收益分析法		预算控制法 收益分析法		预算控制法 差异分析法	大宗订单
公司之间	目标成本法 持续改进法	质量导向 团队协作 产品交付计划 联合产品设计 成本节约共享 开放政策 培训及协助	目标成本法 持续改进法	质量导向 团队协作 培训及协助 共享运输 顾客认可的供应商 开放政策 成本节约共享	目标成本法 持续改进法	质量导向 团队协作 成本节约共享 开放政策 交付计划 联合产品设计

3.1　讨论

以上三个案例研究均显示出成本管理方法正在供应链研究中得以应用和实施。表 20.2 至表 20.4 的相关资料表明：

（1）在三类供应链中，预算控制方法和差异分析方法是常见的公司内部成本管理方法；
（2）在三类供应链中，目标成本方法和持续改进方法是常见的公司间成本管理方法；
（3）先进的管理会计方法并没有得到广泛应用；
（4）实现以上三类供应链成本管理的手段似乎是通过实践而并非是通过工具方法。

相关管理会计的文献资料建议使用先进的管理会计方法（如 ABC、JIT、TQM、生命周期成本法），而案例研究所发现的结果却与以上建议相背。然而，通过分析以上结果，我们会得到某些有趣的见解。

第一，在以上三种供应链的成本管理实践之间，以及供应链本身不同的发展阶段之间存在着某种联系。正如之前所提及的，南非的零售商、供应商及制造商之间由原来的正常贸易关系发展为亲密的合作伙伴关系。当供应链各环节企业之间的关系更为密切，或者说当他们的目标都旨在提高整个供应链的竞争力时，企业之间的环境将发生改变。目前的研究表明，这种变化确实存在，尤其当公司之间通过开放政策、联合产品设计、跨公司团队以及成本节约共享等实践做法来共享商业信息时。这种变化催生了一种能够很好支撑成本管理方法得以应用的新环境，而这些方法包括像作业成本法这样的通用工具，这样就避免了由于不同会计系统导致的不同企业的统计数据的差异性（Dekker & van Goor, 2000）。同样地，适用于公司间的常用工具也应该被供应链各环节的负责人所熟知。又如，在供应链发展的较早阶段，如果将用于公司内部的成本管理方法直接应用于跨公司领域中，结果往往不会很成功。只有当供应链成员之间的合作十分密切时，成本管理方法才更容易被应用到供应链中。本章的研究认为，供应链中的公司更多地关注成本管理实践的应用，而这些管理实践作为更大范围内高级管理会计方法应用的前提，将各公司紧密联系起来。正如 Goldbach（2002）的研究所讨论的，成本管理方法的应用以及供应链中各成员的参与需要融入到供应链的组织环境中。供应链成员借助合作性实践以改变组织间的环境，从而可以让组织间的成本管理方法得以发挥作用。

第二，对所用供应链管理方法的分析揭示了成本管理方法的应用情况，这些方法与高级管理会计方法有很多相似之处，或者说至少在某些方面非常类似。以下将列举一些相关方法。

- 工作研究和作业成本法（ABC）

供应链Ⅰ和供应链Ⅱ中的服装成本以作业活动为导向进行管理，这两个供应链中的工作研究部门提供了大量的作业信息，这些信息用于改善作业进行的方式，最终达到缩减服装成本的目的。目标成本法是广泛应用于供应链研究领域的方法之一，它需要在充分了解实施作业的基础上促进产品的再设计，以使目标成本低于实际成本。作业分析方法用于服装成本管理，它和作业成本方法十分相似，它们都是通过工作研究部门获取作业信息，并且通过减少无价值的作业及过程来缩减成本。作业成本法涉及到作业的管理问题，如提高顾客认可度的途径（Maccarrone, 1998）。服装的劳动力成本是由必须实施的作业所决定的，即以单一作业所需的劳动时间计算，并将这一时间转换成劳动力成本。作业成本系统包含了生产过程中所消耗的劳动时间及资源，以及劳动时间对劳动力成本的转换数据（Driver, 2001）。

- 交付计划和实时生产系统（JIT）

交付计划与实时生产系统方法有着本质上的相似性。实时生产系统旨在将供应链上各企业的操作环节同步起来，保证供应商提供正确质量、准确数量的产品以及在规定的时间内完成交付任务（Agrawal & Mehra, 1998; Drury, 2000）。它更注重通过寻求 100% 的按时交付率来缩减无价值附加成本，并达到零库存、零缺陷、零故障的目标（Drury, 2000）。例如，在供应链Ⅲ中，供应商记录着对制造商的详细供货时间及次数。制造商也掌握着对各零售商的准确供货次数（每个制造商都有 15 分钟时间将货物运送到零售商并完成货物卸载）。在供应链Ⅱ中，当服装被运送到零售商店铺时，零售商和制造商按照交付日程表进行交付，表中规定了详细的日期及次数。

- "质量至上"和全面质量管理（TQM）

应用于供应链Ⅰ、供应链Ⅱ和供应链Ⅲ中的"质量至上"实践与全面质量管理在本质上是很相似的。全面质量管理主要针对于质量有关成本的识别和缩减（Agrawal & Mehra, 1998;

Drury，2000）。它更注重预防性措施，因此，相比"质量检测"来说，其目的更倾向于"产品质量的设计与创建"（Drury，2000：901）。全面质量管理旨在满足客户需求和不断提升服务质量而进行不懈的努力，包括所有的公司员工、主动技术支持，以及高层管理、清晰的目标和为提升产品质量而进行的持续培训（Blocher等，2002）。这种整个供应链的质量管理更侧重于产品质量的预防性措施（对原料质量的检测），而非发现并校正质量问题。这种方法的运用要求主要供应商必须有产品质量意识，并且有能力生产出质量优良的原料及产品。制造商需要从零售商所认可的质量有保证的供应商那里获得原材料。为增强员工的产品质量意识，企业付出了很多努力。在供应链Ⅰ和供应链Ⅱ中，这些都通过员工培训得以完成，正如企业通过人员的战略配置以鼓励员工形成"首次即做好"的意识。此外，对于由质量问题而召回的产品，负责生产的部门需要进行认真的分析来找出原因。从而员工开始有了对质量有关问题以及伴随成本的意识。因此，"质量至上"跨跃了横向（从供应商到零售商）及纵向（从店员工到高层管理层），也包含了团队协作（公司内部及公司间的团队），从而使得这种方法与全面质量管理十分相似。

- 其他措施和生命周期成本法（life cycle costing）

生命周期成本法正在以某种形式被应用于所研究的供应链案例中。生命周期成本法主要是对某种产品在其整个生命周期内的总成本进行核算和控制（Drury，2000）。这一总成本又可以分为上游成本（研发成本、设计成本）、生产成本（原料采购成本、直接生产成本、间接生产成本）和下游成本（市场营销与配送成本、服务与质量保证成本，如召回、维修、产品质量责任、客户服务支持等），见Blocher等（2002）的相关研究。制造商与供应商之间的合作形式主要是培训和协助、联合产品设计，制造商与零售商之间的合作形式主要是交付计划、共享运输，这些合作分别促进了上游成本和下游成本的管理与控制。同样，生命周期成本法的另一个目的是减少由终端客户带来的产品售后成本。售后成本越低，企业的竞争力越强。在供应链Ⅰ和供应链Ⅱ中，生命周期成本法对服装的布料进行检测，以评估布料在水洗（冷水或热水）、熨烫、漂白情况下的反应情况。根据测试，商家会在服装上帖有"使用须知标签"以帮助终端客户更好地对他们的服装进行保养。在供应链Ⅲ中，生命周期成本法对产品进行保质期检测，并在产品上标有生产日期、有效日期以及是否需要冷藏，以避免造成客户的不必要浪费。这些有关质量保证的方法在零售业中尤为重要，因为零售业的上游成本和下游成本在其产品的整个生命周期成本中所处地位非常重要（Bloecher等，2002）。

4 重要发现

供应链成员之间合作的实践早于管理会计工具的应用，正是这些合作实践创造了一个环境，从而使得一些常用的流程工具得以定义和理解，它们还为需要通用语言的成本管理方法提供了架构支持。通过进一步对应用于所研究的三种供应链的方法进行检验后，结果表明这些方法与高级管理会计方法具有很大的相似性。这些方法包括类似于作为成本法的作业分析法（通过工作研究）、类似于全面质量管理的"质量至上"管理、与实时生产系统相似的交付计划法，以及类似于生命周期成本法的召回事件分析和质量导向法等。相关研究表明，一些从业者会直接采用高级管理会计方法，而并不涉及任何管理会计文献中常用工具方法。研究同样表明，专业工具（如作业成本法）适用于分析这种方法的现状和应用情况，而方法本身可能不会被采用。然而，如果我们把更多的关注放在从业人员所使用的工具方法特征上，并将这些特征与管理会计文献中的工具方法特征进行比较，相信会有更好的结论。

5 研究意义

本研究的主要贡献在于所采用的实证研究方法。第一，针对成本管理应用的实证研究主要通过采纳三种供应链上不同参与者的整体数据得以进行，而并非只采用供应链上某一阶段的数据。通过多案例研究以及行为模拟法，本章研究结果显示：一些从业者并不会使用规范的工具方法，而是直接采用高级管理会计方法以达到成本管理的目的。第二，本案例研究有助于增强对供应链成员之间隐性的、环境敏感性的合作模式的理解，如开放政策、联合产品设计、培训与协助等。第三，案例研究有助于更好地观察真实的成本管理实践，因此我们可以针对这些正在显现而且非常重要的、具有不确定性的研究领域进行分析和考察。

6 结论

多案例研究有助于从工具方法特征的角度对成本管理在供应链中的应用进行理解。同样，管理会计方法在发展中国家供应链成本管理中的应用方式需要用供应链演变阶段的工具加以解释，如为增强合作关系而进行的实践部署等。本研究本质上是探索性的，因此，需要更多的案例研究以扩大研究成果的适用范围。此外，重点关注诸如权力影响（例如权力对供应链各参与者之间合作性的影响的研究）的案例研究，及其如何影响成本管理的实施方式等都有待于进一步的研究。

7 参考文献

1. Abernethy, M. A., Chua, W. F., Luckett, P. F, Selto, F. H. (1999): Research in Managerial Accounting: Learning from others' experiences, in: Accounting and Finance 39: 1-27.
2. Agrawal, S. P., Mehra, S. (1998): Cost Management System: An Operational Overview, in: Managerial Finance, 24(1): 60-78.
3. Axelsson, B., Laage-Hellman, J., Nilsson, U. (2002): Modern Management Accounting for Modern Purchasing, in: European Journal of Purchasing & Supply Management (8): 53-62.
4. Bagchi, P. K., Skjoett-Larsen, T. (2002): Organizational Integration in Supply Chains: A Contingency Approach, in: Global Journal of Flexible Systems Management, 3 (1): 1-10.
5. Blocher, E.J., Chen. K. H., Lin, T.W. (2002): Cost Management—A Strategic Emphasis, Second Edition, McGraw-Hill, Boston.
6. Bommer, M., O'Neil, B., Treat, S. (2001): Strategic assessment of the supply chain interface: A beverage industry case study, in International Journal of Physical Distribution and Logistics Management, 31(1): 11-25.
7. Chandra, C., Kumar, S. (2000): Supply chain management in theory and practice: A passing fad or a fundamental change? in: Industrial Management and Data Systems, 100(3): 100-114.
8. Chivaka, R. (2003): Value Creation Through Strategic Cost Management along the Supply Chain: Ph.D. thesis, University of Cape Town, South Africa.
9. Choi, T. Y., Hong, Y. (2003): Unveiling the structure of supply networks: Case studies in Honda, Acura, and DaimlerChrysler, in Journal of Operations Management, 20: 469-493.
10. Cooper, R., Slagmulder, R. (2004): Inter-organizational cost management and relational context, in: Accounting, Organizations and Society, 29 (1): 1-26.

11. Cooper, R., Slagmulder, R. (1998): Strategic Cost Management, in: Management Accounting, February: 16-18.
12. Cooper, R., Yoshikawa, T. (1994): Inter-organizational cost management systems: The case of the Tokyo-Yokohama-Kamakura supplier chain, in: International Journal of Production Economics 37: 51-62.
13. Cullen, J., Berry, A. J., Seal, W., Dunlop, A., Ahmed, M., Marson, J. (1999): Interfirm Supply Chains—the Contribution of Management Accounting, in: Management Accounting, 77(6): 30-32.
14. Dekker, H. C. (2004): Control of inter-organizational relationships: Evidence on appropriation concerns and coordination requirements, in: Accounting, Organizations and Society, 29(1): 27-49.
15. Dekker, H. C., van Goor, A. R. (2000): Supply Chain Management and Management Accounting: A Case Study of Activity-Based Costing, in: International Journal of Logistics and Applications, 3(1): 41-52.
16. Dekker, H. C. (2003): Value chain analysis in interfirm relationships: A filed study, in: Management Accounting Research, 14: 1-23.
17. Dewhurst, F. W., Martinez-Lorente, A. R., Sanchez-Rodriguez, C. (2003): An initial assessment of the influence of IT on TQM: A multiple case study, in: International Journal of Operations & Production Management, 23(4): 348-374.
18. Driver, M. (2001): Activity-based costing: A tool for adaptive and generative organizational learning? in: The Learning Organization, 8(3): 94-105.
19. Drury, C. (2000): Management and Cost Accounting, Fifth Edition, Business Press, Thompson Learning, UK.
20. Eisenhardt, K. (1989): Building theories from case study research, in: Academy of Management Review, 14(4): 532-550.
21. Ezzamel, M. Hoskin, K., Macve, R. (1990): Managing It All By numbers: A Review of Johnson and Kaplan's 'Relevance Lost', in: Accounting and Business Research, 20(78): 153-166.
22. Goldbach, M. (2002): Organizational Settings in Supply Chain Costing: in Seuring, S., Goldbach, M. (eds.): Cost Management in Supply Chains, Physica, Heidelberg: p. 89-108.
23. Hakansson, H., Lind, J. (2004): Accounting and network coordination, in: Accounting, Organizations and Society, 29(1): 51-72.
24. Hansen, D. R., Mowen, M. M. (2000): Management Accounting, 5th Edition, South-Western College Publishing.
25. Harland, C. (1996): Supply Chain Management: Relationships, Chains and Networks, in: British Journal of Management, 7(Special Issue): S63-S80.
26. Hopwood, A. G. (1996): Looking across rather than up and down: On the need to explore the lateral processing of information, in: Accounting, Organizations and Society, 21(6): 589-590.
27. Johnson, H. T., Kaplan, R. S., (1987): The Rise and Fall of Management Accounting, in: Management Accounting, January, p. 22-30.
28. Johnston, R., and Lawrence, P. R. (1988): Beyond Vertical Integration—the Rise of the

Value-Adding Partnership, in: Harvard Business Review, July and August, 66(4): 94-104.
29. Kaplan, R. S., Norton, D. P. (1992): The Balanced Scorecard—Measures that Drive Performance, in: Harvard Business Review, January-February: 71-79.
30. Kaplan, R. S. (1984): Yesterday's Accounting Undermines Production, in: Harvard Business Review, July-August, 62(4): 95-101.
31. Keating, P. J. (1995): A framework for classifying and evaluating theoretical contributions of case research in management accounting, in: Journal of Management Accounting Research, Fall: 65-86.
32. Lillis, M. A. (1999): A framework for the Analysis of Interview Data from multiple field research sites, in: Accounting and Finance 39(1): 79-105.
33. Lin, B., Collins, J., Su, R. K. (2001): Supply chain costing: An activity-based perspective, in: International Journal of Physical Distribution & Logistics Management, 31(10): 702-713.
34. Lockamy III, A., Smith, I. W. (2000): Target costing for supply chain management: Criteria and selection, in: Industrial Management & Data Systems, 100(5): 210-218.
35. Maccarrone, P. (1998): Activity-based management and the product development process, in: European Journal of Innovation Management, 1(3): 148-156.
36. Margretta, J. (1998): Fast, Global, and Entrepreneurial: Supply Chain Management, Hong Kong Style. An Interview with Victor Fung, in: Harvard Business Review, September-October 76(5): 103-114.
37. Nieto, M., Perez, W. (2000): The development of theories from the analysis of the organization: case studies by patterns of behavior, in: Management Decision 38(10): 723-733.
38. Perry, C. (1998): Processes of a case study methodology for postgraduate research in marketing, in: European Journal of Marketing, 32(9/10): 785-802.
39. Rowley, J. (2002): Using Case Studies in Research, in: Management Research News, 25(1): 16-27.
40. Seal, W., Cullen, J., Dunlop, A., Berry, T. and Ahmed, M. (1999): Enacting a European supply chain: A case study on the role of management accounting, in: Management Accounting Research, 10: 303-322.
41. Seuring, S. (2002a): Cost Management in Supply Chains—Different Research Approaches, in: Cost Management in Supply Chains, Physica-Verlag, Heidelberg, p. 1-11.
42. Seuring, S. (2002b): Supply Chain Costing—A Conceptual Framework, in: Cost Management in Supply Chains, Physica-Verlag, Heidelberg, p. 16-30.
43. Shank, J. K., Govindarajan, V. (1992): The Strategic Cost Management: The Value Chain Perspective, in: Journal of Management Accounting Research, Fall 1992, 4: 179-197.
44. Tomkins, C. (2001): Interdependencies, trust and information in relationships, alliances and networks, Accounting, Organizations and Society, 26(2):161-191.
45. Yin, R. K. (1989): Case Study Research: Design and Methods, Applied Social Research Methods Series, 5, Sage Publications, Thousand Oaks.

作者简介

➢ Richard Chivaka
- 出生于 1972 年
- 在津巴布韦（Zimbabwe）获商业学学士学位
- 在英国曼彻斯特（Manchester）获会计与金融学硕士学位
- 1997 年~2000 年，在津巴布韦国家理工大学（National University of Science & Technology）授课
- 2000 年，加入南非开普敦大学（University of Cape Town）
- 2000 年~2002 年，在开普敦大学商学院会计系担任讲师
- 2003 年，在开普敦大学获得博士学位
- 从 2003 年 1 月起，在开普敦大学商学院会计系担任高级讲师
- 主要研究方向：成本管理；供应链管理
- Department of Accounting, Faculty of Commerce
  University of Cape Town, Private Bag Rondebosch, Cape Town, South Africa
  Tel: +27 21 650 4391   Fax: +27 21 689 7582
  Email: rchivaka@commerce.uct.ac.z

第 21 章 供应链管理中的案例研究和调查研究方法
——两个互补的研究方法

Cristina Gimenez

本章主要内容

1. 导言
2. 案例研究和调查研究：互补的研究方法
3. 供应链管理研究项目："供应链管理是否能够提高绩效？"
4. 案例研究和调查研究：两种研究方法的优势和劣势比较
5. 结论
6. 参考文献

内容摘要

本章旨在为供应链管理领域的研究人员提供如何运用两种不同的研究方法（案例研究和调查研究）进行实证分析的范例。本章讨论了供应链管理绩效关系相关领域的研究方法。本章不仅总体介绍了供应链管理领域的研究方法，而且还据此阐述了如何将案例研究和调查研究作为互为补充的两种研究方法进行研究。本章将从案例研究方法和调查研究方法在研究中的角色和作用出发对其进行阐述。此外，本章还将对案例研究和调查研究方法的主要优缺点进行总结。

关键词：供应链管理；案例研究；调查研究；百货业

1 导言

对于物流经理和研究人员来说，供应链管理是一个有趣而且十分重要的话题，这是因为它已经成为企业竞争优势的源泉（Christopher，1998：4；Gimenez & Ventura，2003：84）。近些年来，虽然供应链管理领域得到快速发展，但是尚未涉及如何对供应链管理进行实证研究的范畴。

在供应链管理及其相关领域（如物流、运营管理领域）中，部分文献是关于如何运用案例研究方法进行实证研究的（McCutcheon & Meredith，1993；Ellram，1996；Meredith，1998；Beach 等，2001；Stuart 等，2002；Voss 等，2002）。此外，还有部分文献对调查研究方法的使用提供了指导（Dunn 等，1994；Mentzer & Flint，1997；Williams Walton，1997；Malhotra & Grover，1998；Meredith，1998；Forza，2002）。余下的一些文献构建了物流领域研究的框架（Mentzer & Kahn，1995）。然而，现有的研究中还没有关于将两种不同的研究方法（案例研究和调查研究）作为互补性工具进行研究的文献。现有的相关研究文献汇总见表 21.1 所示。

表 21.1 供应链研究方法文献综述

论文	摘要	研究方法
物流/供应链管理期刊		
Dunn 等（1994）	建议了一种用于科学分析和潜变量验证的物流研究方法	调查研究
Mentzer & Kahn（1995）	针对物流研究提供了一个研究框架	一般框架性研究
Ellram（1996）	集中于采购和物流研究领域，阐述如何将案例研究用于工商管理的研究	案例研究
Mentzer & Flint（1997）	介绍提高物流研究精确性的方法	案例研究/调查研究
Williams Walton（1997）	详细阐述电话调查方法在物流研究中的适合性	调查研究
运营管理期刊		
McCutcheon & Meredith（1993）	案例研究方法的内容介绍，及其主要步骤	案例研究
Malhotra & Grover（1998）	作者提出作为优秀调查研究方法应用的标准	调查研究
Meredith（1998）	详细阐述提高案例研究和实地研究方法普遍性的方式	案例研究/调查研究
Beach 等（2001）	介绍案例研究方法在一个复杂且难以理解的研究项目中的地位，以及该方法对调查的作用	案例研究
Forza（2002）	指导运作管理中市场调查的设计和执行	调查研究
Stuart 等（2002）	作者详细阐明了进行案例研究的具体步骤：从理论基础到最终的研究结果，并对每一步骤提出指导性建议	案例研究
Voss 等（2002）	论文针对运营管理领域致力于设计、拓展和进行案例研究的学者们提供了框架和指引。	案例研究

本章旨在为供应链管理领域的研究人员提供如何运用两种不同的研究方法（案例研究和调查研究）进行实证分析的范例。本章讨论了供应链管理绩效关系相关领域的研究方法。本章不仅总体介绍了供应链管理领域的研究方法，而且还据此阐述如何将案例研究和调查研究作为互为补充的两种研究方法进行研究。本章将从案例研究方法和调查研究方法在研究中的角色和作用出发对其进行阐述。此外，本章还将对案例研究和调查研究方法的主要优缺点进行总结。

对于现有的供应链管理领域文献而言，本研究的贡献体现在提供如何运用两种不同但互补的研究方法（案例研究和调查研究）进行实证研究的范例。我们相信，对于供应链管理领域的研究人员来说，本章的内容既有借鉴价值同时又富有新的见解。

本章其他部分的结构如下：第二部分简要阐述案例研究和调查研究方法的主要特点；第三部分阐述专门的供应链管理研究领域的研究方法；第四部分是案例研究和调查研究方法的主要优缺点；第五部分是结论。

2 案例研究和调查研究：互补的研究方法

案例研究是一种实证研究方法，它通过一个或多个直接观察人员，针对所研究问题所处的自然环境背景下，在不使用实验控制等操作手段的前提下，运用多种方法和工具从大量的经济体中采集数据。案例研究中所使用的方法和工具涉及到定量和定性的研究方法两个方面，具体包括财务数据、访谈、档案记录、问卷、组织结构图等（Meredith，1998：442）。案例研究的目标就是通过"感性预期"来理解现实生活中的现象（Bonoma, 1985: 203）。

另一方面，调查研究方法需要采取包括电子邮件问卷调查、电话、访谈等在内的多种手段，以固定的格式来获取单个个体或其所属社会部门的信息。调查研究通常属于定量研究方法，需要标准化的信息，来定义、描述变量，或者研究变量之间的关系（Malhotra & Grover, 1998: 409）。调查研究方法中的信息通过样本（部分总体）信息汇集而成。

案例研究和调查研究通常都是在商业背景下，基于实地数据整合的研究方法，但二者之间也存在着不同之处（见表 21.2 所示）。

表 21.2　案例研究和调查研究的主要区别

	案例研究	调查研究
原则	通常以定性研究为导向	通常以定量研究为导向
变量	通常没有事先确定	事先确定
数据采集	固定或非固定格式（财务数据、访谈、档案记录、问卷调查、组织结构图）	固定结构格式（问卷调查）
结果	深入研究某一现象，研究结果不具有普遍性	从样本到总体，研究结果通常具有普遍性

案例研究和调查研究在研究中的目标也不尽相同。案例研究适用于开拓性研究，用于研究新的领域并且形成相应理论假设，而调查研究则是"假设检验"阶段十分重要的研究方法。案例研究适用于未曾涉及过的领域的研究（理论探索），或者用于确定关键变量以及变量之间关系的研究（理论建立）。这是因为从案例研究中所获得的知识，仅仅通过调查问卷的统计分析是不能获得的。另一方面，调查研究在检验先前研究阶段基础上有所进展的任一理论方面，具有重要作用。因此，案例研究和调查研究可以作为互补工具来使用。它们之间并不是互相排斥的；相反地，如果将二者结合在一起运用到研究中，其在理论创新方面的潜能，要远远超过两者中任一研究方法的能力。

Eisenhardt（1989）、Jick（1979）以及 Campbell & Fiske（1959）建议使用多样化的研究方法（定性研究和定量研究），因为多样化研究方法能够较好地保障变量间是性质相关而不是方法相关。Dunn 等（1994）建议在从事物流领域的研究时，应该采用多样化的研究方法（定量研究和定性研究）。我们呼吁这样的多样化研究方法也应该在供应链管理领域得到广泛应用。

在下一部分中，我们将通过一个研究项目的范例，来解释如何将案例研究和调查研究两种方法应用到供应链管理领域的实证研究中。

3　供应链管理研究项目："供应链管理是否能够提高绩效？"

3.1　研究目标

供应链管理是"为消费者及其它利益相关者带来有价值的产品、服务以及信息，从源头供应商到最终消费者的一体化业务流程"（Cooper 等, 1997: 2）。也就是说，供应链管理涵盖着整个供应链流程的内部和外部一体化。内部一体化指的是供应链中各组织内部不同职能部门间的协调、合作和整合，而外部一体化指的是不同供应链成员之间业务活动的整合。

研究项目的目标如下：
- 分析外部一体化水平和内部一体化水平之间的关系
- 研究内部一体化水平和外部一体化水平对绩效的影响

我们决定将这一研究集中在某一行业（百货业），这是因为其它不同供应链管理发展水平的行业都与之相关联。例如，在设计研究项目时（1999 年春），汽车行业在供应链管理方面是领先的，这是因为 JIT（及时生产）哲学理念（与供应链管理方法有很多共性）在汽车行业已经存在数十年的历史。另一方面，西班牙的百货业在供应链管理方面是落后的，这是因为 ECR（有效客户反应）理念（与供应链管理有很多共性）才刚刚在西班牙百货业得到体现（第一个试点项目始于 1997 年 4 月，见 http://www.ecr-spain.com，访问时间 1999 年 4 月 19 日）。

3.2 研究方法和研究目的

实证研究在分析某研究项目目标时，通常可分为两个阶段。第一个阶段是基于案例研究方法的探索性研究（Yin，1994）。探索性阶段的目标包括：（1）深入了解供应链管理在西班牙百货业的应用情况；（2）探寻一体化的步骤；（3）确定供应链管理实施过程中的主要益处和障碍。最终，利用探索阶段的研究结果，构建理论模型。

第二个阶段是基于调查研究结果的解释性研究。第二个阶段的目的就是检验探索性研究阶段建立的模型。调查研究含有参考文献中关于一体化和绩效的变量以及探索性研究中所定义的变量。第二个阶段的研究目标是发现一体化结构之间（内部一体化和外部一体化）的因果关系及其与绩效结构的因果关系。图 21.1 是我们所要分析的因果关系的总结。

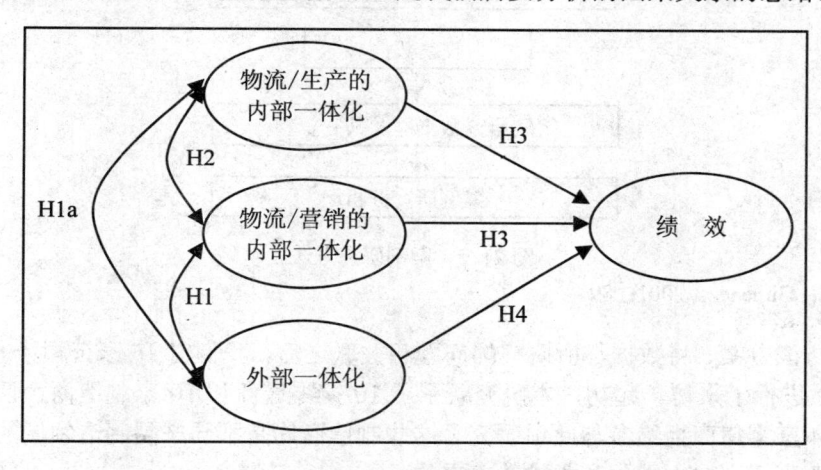

图 21.1　理论模型

资料来源：Gimenez 和 Ventura，2003b：7。

3.3 探索性多案例研究

探索性多案例研究阶段始于 1999 年春夏之际。Yin（1994）采用如下步骤设计、运用探索性多案例研究方法，如图 21.2 所示。

案例研究方法的第一步是确定所需要研究的问题。正如前面所陈述的，探索阶段的研究目标是：（1）判断西班牙百货业供应链管理的发展程度；（2）探寻一体化的步骤；（3）确定供应链管理实施过程中的主要益处和障碍。

接下来的步骤是确定进行分析的单元。由于供应链管理涉及整个供应链的一体化，所以在对供应链管理进行研究时，最佳的研究方法应该充分考虑供应链中的所有成员，比如零售商、第三方物流服务供应商、食品生产商、批发商、采购中心和制造商的供应商等。然而，由于本研究规模的限制，我们主要研究制造商和零售商之间的关系。因此，本案例研究所确定的研究单元是西班牙百货业中的制造商与零售商之间的关系，在本案例研究中分析上述关系的最佳方法就变成了分析特定的零售商和制造商之间的二元关系。但是，由于零售商和制造商不愿透露与他们合作的供应链上其他成员的情况，因此这种方法是不现实的。

为了增加案例研究分析的可靠性，我们需要建立访谈方案和案例研究数据库。关于"将数据与所研究的问题相关联"，需要建立起一系列的数据资料，使得外部观察者能够探寻原始问题的任一数据资料的来源，以得出最终结论。

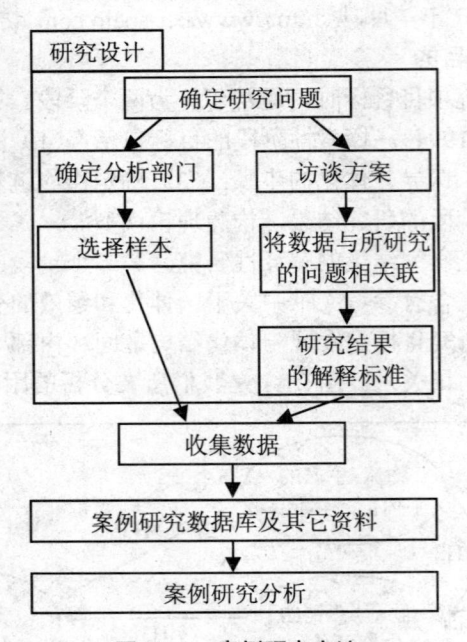

图 21.2　案例研究方法

资料来源：Gimenez, 2001：89。

在制定访谈方案、将数据与所研究的问题相关联之后，我们对 15 家公司（9 家制造商和 6 家零售商）进行了采访。起初，本研究联系了 10 家零售商和 10 家制造商，但是其中有一家制造商和 4 家零售商拒绝参与此项研究。这些制造商均是不同产品制造领域的领先者，零售商则是从西班牙十二大零售商中挑选出来的。

采集到的数据被收录到案例研究数据库中，以此分析获得研究结论。其它来源的资料，比如报纸、文章等，作为印证和补充资料来使用。

探索性研究的结果（见表 21.3 所示）用于建立如图 21.1 所示的理论模型和设计用于检验模型的调查问卷。有关多案例研究结果的更多内容请参见 Gimenez（2004）的研究。

表 21.3　探索性案例研究结果及其对第二阶段研究的意义

案例研究结果	对第二阶段研究的意义
多案例研究结果表明：所分析的十五家公司中只有一家没有经历内部一体化就直接开始了外部一体化。	假设内部一体化水平和外部一体化水平之间具有正相关关系。
现有研究没有考虑不同部门间的相互作用，而是认定一个一般化的内部一体化水平（例如，Vargas 等，2000；Stank 等，2001）。结果表明：不同的内部相互关系下，公司可以有不同的内部一体化水平。	在本模型中，为了分析内部一体化水平，我们考虑了不同的内部相互关系：物流/营销和物流/生产相互关系。

案例研究结果	对第二阶段研究的意义
现有研究为每一家公司认定了一个一般化的外部一体化水平（例如，Stank 等，2001）。正如 Kraljic（1983）所提出的，我们发现这些公司战略性的划分他们的关系。	我们决定分析供应链中特定关系的一体化水平。在调查问卷中，每个制造商被问及两个制造商/零售商关系的相关问题。
以前的文献表明较高的一体化水平与较高的绩效水平相关。我们的案例研究表明：公司通过实施供应链管理，获得的最大好处是成本的降低和服务质量的提高。	我们的调查问卷涵盖对被采访公司服务和成本的考量。

3.4 探索性调查研究

这一阶段的研究是在 2001 年春夏之际进行的。这一阶段包括探索性调查，以探寻如图 21.1 所示的供应链一体化和绩效之间的因果关系。在此第二阶段中，我们设计并且实施了调查研究分析，其步骤如图 21.3 所示。

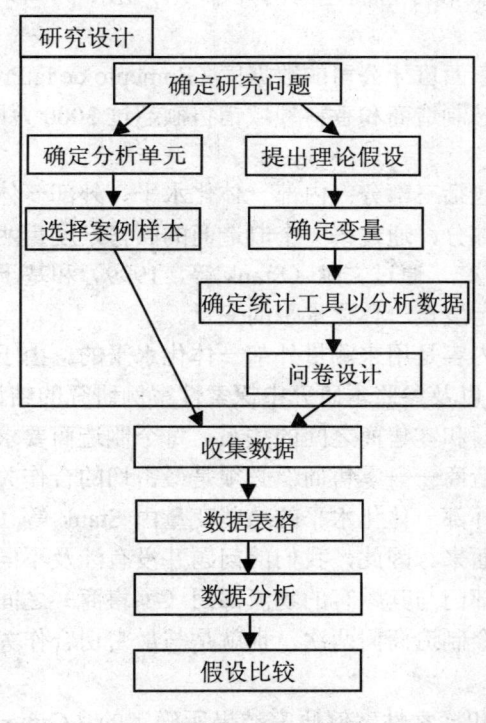

图 21.3 调查研究步骤

资料来源：Gimenez, 2001: 9。

调查研究方法的第一步就是确定所需要研究的问题。如前文所述，这一阶段的研究问题如下：

1. 内部和外部一体化水平之间是否存在某种关系？
2. 物流/生产相互关系的内部一体化水平，与物流/营销相互关系的内部一体化水平之间是否存在某种关系？
3. 一个公司的内部一体化水平与其物流绩效之间是否存在某种关系？
4. 供应链关系中的外部一体化水平与在此关系中的某公司绩效之间是否存在某种关

系？

以下是与每一个研究问题（如表 21.1 所示）相关联的假设：
- 假设 H1a：物流/生产相互关系的内部一体化水平和外部一体化水平正相关。
- 假设 H1b：物流/营销相互关系的内部一体化水平和外部一体化水平正相关。
- 假设 H2：物流/生产相互关系的内部一体化水平和物流/营销相互关系的内部一体化水平正相关。
- 假设 H3a：物流/营销相互关系的内部一体化水平对物流绩效具有正面影响。
- 假设 H3b：物流/生产相互关系的内部一体化水平对物流绩效具有正面影响。
- 假设 H4：外部一体化水平对于物流绩效具有正面影响。

第二阶段的分析单元是制造商和零售商。然而，问卷设计只要求制造商回答调查研究中的问题。零售商之所以没有被问及，是因为零售行业公司数量的减少，而在此高度集中的行业中，会使得样本数量很少。西班牙百货业的制造商被问及的问题包括：两组内部相互关系的内部一体化水平，制造商和零售商之间的外部一体化水平，以及制造商和零售商之间的绩效。

潜在的参与者来自一家西班牙公司的数据库（Fomento de la Produccion），包含 25,000 家企业的数据。从中选择食品制造商和香料领域销售额超过 3000 万欧元的公司组成样本（199 家公司）。

调查问卷涉及的内容包括三部分：内部一体化水平、外部一体化水平和总体绩效。在调查问卷的内部一体化问题部分，通过每一个制造商的回答，度量两组内部相互关系的一体化水平：物流/营销和物流/生产。通过文献（Stank 等，1999）和基于使被采访者的问题能够通俗易懂的专家意见，来确定度量一体化水平的变量。

调查问卷的第二部分内容是用来测量外部一体化水平的。由于公司经常战略性地划分他们的关系（Kaljic，1983，以及参照本研究中探索性案例研究的结论），我们决定衡量他们的一体化水平，尤其是制造商和零售商之间的关系。每个制造商要求选择两个"制造商——零售商"关系。第一个"制造商——零售商"必须是最密切的合作关系，而第二个必须是最松散的合作关系。用于衡量外部一体化水平的这些变量由 Stank 等（1999）在供应链关系中使用的内部一体化变量改编而来。因此，我们的问题并没有涉及不同职能部门间合作的问题，而是关于一个公司的物流部门与其顾客的物流部门（零售商）之间合作的问题。有关外部一体化的八个问题，向每一个制造商问两次，也就是与最密切合作关系的问一次，与最松散合作关系的再问一次。

绩效变量是根据文献和探索性案例研究结果所确定的（Gimeneze，2004），相关结果表明与供应链管理相关联的益处包括服务质量的提高以及成本和缺货的减少。由于研究中的参与者不会透露有关商业秘密的数据，所以获得绩效数据是十分困难的，因此本研究中绩效数据采用的是高级管理层对绩效提升的感知。为了分析一体化与绩效之间的关系，绩效应该与每组关系中的外部一体化水平相关。因此，与绩效有关的五个问题是关于关系 1（最密切合作关系）和关系 2（最松散合作关系）的问题。

问卷的设计采用了十点李克特量表方法（Likert scale）。初步的问卷要先经过三个物流专家和五个物流经理的检验，他们会对问卷的措辞、内容和效用进行评价。最终将重新措辞和重新定位后的意见融入到最终的问卷中。

考虑到事先通知能够增加回复率（Fox 等，1988），所以在对作为样本的公司进行邮件调查和问卷调查之前，我们都事先电话联系了这些公司。我们向每一家公司的物流或供应链部门经理发布这次调查的通知并且希望得到他们的积极参与。在这些接到通知的公司中，只有一家公司拒绝参与此次调查。

在 2001 年春，我们将调查问卷发送给每一家公司的供应链或物流部门经理。我们邮寄的材料还包括用于寄回调查问卷的邮票和带有大学印刷字体的信笺，这些材料有助于提高调查问卷的回复率（Fox 等，1998）。共计有 64 家公司回复了调查问卷，达到了 32.3%（64/198）的回复率。这一回复率令人相当满意，因为潜在的参与者由于被要求提供关于其绩效的敏感性和机密性数据，而放弃回复问卷。

我们对基于 Armstrong & Overton（1977）和 Lambert & Harrington（1990）描述的非反应偏差问题进行了分析。通过对问卷回复按时间先后进行排序，利用 t 检验比较早期回复和后期回复中的变量。结果表明在变量中并没有发现明显的形式可以显示非反应偏差的存在。

图 21.1 所阐释的理论模型要经过结构方程模型（SEM）的分析。结构方程模型属于一般线性模型，统计技术如因子分析、回归分析和其它检测方法都可以视为结构方程模型的特例。本研究所构建的模型有四个潜变量或结构：物流/生产相互关系的内部一体化，物流/营销相互关系的内部一体化，外部一体化，以及公司绩效。这些潜变量并不能直接观察出来，而是需要通过工具变量有误差地测量出来。非常典型的是，一个结构方程模型含有两个互相区别但又同时被分析的部分：测量部分和结构部分。测量部分集中于所观察到的测量值与潜在的结构之间的关系，而结构部分集中于潜变量之间的关系。

我们所构建模型的测量部分表明：变量能够很好地解释结构，同时结构部分表明潜变量之间有着显著的关系（模型的拟合优度[①]非常好：大于 0.9，通过了比较拟合优度检验）。第二阶段相关分析的更多信息见 Gimenez & Ventura（2003b）。

本研究的主要结论如下：

（1）内部一体化会影响外部合作，反之亦然。

（2）物流/生产和物流/营销相互关系之间的内部一体化水平具有正相关关系。

（3）较高的物流/营销相互关系间的内部一体化水平并不能带来较好的总体绩效。

（4）当没有进行外部一体化时，较高的物流/生产相互关系间的内部一体化水平能够带来较好的总体绩效。当公司实现外部一体化时，外部一体化水平对绩效的影响重要到可以取代或减少物流/生产一体化对绩效的影响这一程度。

（5）供应链成员之间的外部合作有助于降低成本、减少缺货、缩短提前期。

4　案例研究和调查研究：两种研究方法的优势和劣势比较

表 21.4 和表 21.5 总结了我们在研究中发现的案例研究方法和调查研究方法的优缺点，从中可以了解到：一种方法的劣势可以通过其互补方法的使用来达到最小化。例如，在案例研究中，虽然我们获得了研究项目的完备信息，但是由于样本容量太小，并不能使研究结果具有普遍意义；然而，在调查研究中，由于模型的限制，我们所获得信息有限，但是样本容量足够大，从而使得研究结果具有普遍意义。

---

① 我们对图 1 所示的理论模型估计两次，第一次的数据来自于最密切合作关系的数据，然后又利用最松散合作关系中的数据进行估计。

表 21.4　案例研究方法的优缺点

优点	缺点
● 由于数据采集不受调查问卷的严格限制，可以获得完备的信息 ● 引领新颖的和创造性的见解 ● 能够探索相互关系 ● 可对研究对象（一体化和绩效）的相互关系有深入的理解 ● 增加了与现实生活的联系 ● 参与者表现出很高的可靠性[①]	● 由于样本数量的减少，难以从中得出具有普遍意义的结论 ● 案例研究方法常常因其具有主观性而遭到批评。我们通过数据分布降低了主观性限制。 ● 大量的时间和资金的耗费（由于需要在整个西班牙范围内进行访问）

表 21.5　调查研究方法的优缺点

优点	缺点
● 具有更高的准确性和可靠性 ● 因为样本容量足够大，可以使研究结论具有普遍意义 ● 具有客观性 ● 能够证实或拒绝结构间的相互关系 ● 与案例研究方法相比费用较低 ● 由于在设计调查问卷时充分考虑了探索性研究阶段的结论，所以能够获得所需要的数据	● 因为询问了他人的看法，所以没有因为主观性而遭到质疑 ● 获得的信息受到模型的限制 ● 这种方法的回复率一般较低。但与其它研究的相比，本研究的回复率是比较高的。如此高回复率的原因包括：事前通知，附寄回调查问卷的邮票，以及研究主题的受欢迎性（在我们进行此项研究时，供应链管理在西班牙的百货业是一个十分热门的话题）

5　结论

通过本章的研究，我们呼吁供应链管理领域的实证研究应当采用多样化的研究方法。本章建议通过运用多样化的研究方法（即定量研究和定性研究）进行供应链管理领域的实证分析。采用多样化研究方法的原因体现在两个方面：首先，多样化研究方法能够更好地保障变量之间是性质相关而不是方法相关；其次，每一种研究方法适用于不同的研究目的。例如，案例研究更适合于拓展性或探索性"设定假设"的研究阶段。

我们已经阐述了供应链管理研究项目中所涉及的研究方法，以解释如何运用多样化研究方法来建立和检验模型。案例研究和调查研究方法的内在关系表现在：案例研究方法适用于建立模型，而调查研究方法适用于检验模型。

本章旨在面向供应链管理的研究人员推荐运用多样化的研究方法进行实证研究，因为多样化的研究方法可以提高研究结果的质量和严谨性（Mentzer & Flint，1997），而这对创建理论知识是相当重要的。

6　参考文献

1. Armstrong, J. S., Overton, T. S. (1977): Estimating Non-response Bias in Mail Surveys, in: Journal of Marketing Research, 14(3):396-402.

[①] 参与本研究的所有公司收到了汇总的研究结论，一些公司甚至再度联系我们，并提供了更深入的信息。

2. Beach, R., Muhlemann, A. P., Price, D. H. R., Paterson, A., Sharp, J. A.(2001): The Role of Qualitative Methods in Production Management, in: International Journal of Production Economics, 74(1-3): 201-212.
3. Bonoma, T.V.(1985): Case Research in Marketing: Opportunities,Problems,and a Process, in: Journal Marketing Research, 22(2):199-208.
4. Cambell, D., Fiske, D.(1959): Convergent and Discriminant Validation by the Multitrait Multimethod Matrix, in: Psychological Bulletin 56:81-105.
5. Christopher, M.(1998): Logistics and Supply Chain Management:Strategies for reducing cost and improving service, Financial Times Pitman Publishing, UK.
6. Cooper, M. C., Lambert, D. M., Pagh, J. D.(1997): Supply Chain Management: More than a New Name for Logistics,in:The International Journal of Logistics Management, 8(1):1-13.
7. Dunn, S. C., Seaker, R. F., Waller, M. A.(1994): Latent Variables in Business Logistics Research:Scale Development and Validation,in:Journal of Business Logistics, 15(2): 145-172.
8. Eisenhardt, K. M.(1991): Building Theories from Case Study Research, in: Academy of Management Review, 16(3):532-550.
9. Ellram, L. M.(1996): The Use of the Case Study Method in Logistics Research, in: Journal of Business Logistics, 17(2):93-137.
10. Forza, C.(2002): Survey Research in Operations Management:A Process-Based Perspec- tive, in: International Journal of Operations&Production Management, 22(2):152-194.
11. Fox, R. J., Crask, M. R., Kim, J.(1988): Mail Survey Response Rate:A Metaanalysis of Selected Techniques for Inducing Response, in: Public Opinion Quarterly, 52(1): 467-491.
12. Frohlich, M., Westbrook, R.(2001): Arcs of integration:an international study of supply chain strategies, in: Journal of Operations Management, 19(2):185-200.
13. Gimenez, C.(2001): Competitive Advantage Through Supply Chain Management, PhD Thesis, Universitat de Barcelona, Spain.
14. Gimenez, C.(2004): Supply Chain Management Implementation in the Spanish Grocery Sector: An Exploratory Study, in: International Journal of Integrated Supply Management, 1(1): 98-114.
15. Gimenez, C., Ventura, E.,(2003): Supply Chain Management as a Competitive Advantage in the Spanish Grocery Sector, in: The International Journal of Logistics Management, 14(1):77-88.
16. Gimenez, C., Ventura, E.(2003b): Logistics-Production, Logistics-Marketing and External Integration: Their Impact on Performance, UPF Working Paper#657.
17. Jick, T.(1979): Nixing Qualitative and Quantitative Methods:Triangulation in Action, in: Administrative Science Quarterly, 24:602-611.
18. Kraljic, P.(1983): Purchasing Must Become Supply Management, in: Harvard Business Review, 61:109-117.
19. Lambert, D. M., Harrington, T. C.(1990): Measuring Non-Response in Customer Service Mail Surveys, in: Journal of Business Logistics, 11(2):5-25.
20. Malhotra, M. K., Grover, V.(1998): An Assessment of Survey Research in POM:From

Constructs to Theory, in: Journal of Operations Management, 16(4):407-425.
21. McCutcheon, D. M., Meredith, J. R.(1993): Conducting Case Study Research in Operations Management, in: Journal of Operations Management, 11(3):239-256.
22. Mentzer, J. T., Flint, D. J.(1997): Validity in Logistics Research, in: Journal of Business Logistics, 18(1): 199-216.
23. Mentzer, J. T., Kahn, K. B.(1995): A Framework of Logistics Research, in: Journal of Business Logistics, 16(1):231-249.
24. Meredith, J.(1998): Building Operations Management Theory through Case and Field Research, in: Journal of Operations Management, 16(4):441-454.
25. Stank, T., Daugherty, P., Ellinger, A.(1999): Marketing/Logistics Integration and Firm Performance, in: The International Journal of Logistics Management, 10(1):11-25.
26. Stank, T., Keller, S., Daugherty, P.(2001): Supply Chain Collaboration and Logistical Service Performance, in: Journal of Business Logistics, 22(1):29-48.
27. Stevens, G. C.(1989): Integrating the Supply Chain, in: International Journal of Physical Distribution and Materials Management, 19(8):3-8.
28. Stuart, I., McCutcheon, R., Handfield, R., McLachlin, R., Samson, D.(2002): Effective Case Research in Operations Management:A Process Perspective, in: Journal of Operations Management, 20(5):419-433.
29. Vargas, G., Cardenas, L., Matarranz, L.(2000): Internal and External Integration of As- sembly Manufacturing Activities, in: International Journal of Operations and Production Management, 20(7):809-822.
30. Voss, C., Tsikriktsis, N., Frolich, M.(2002): Case Research in Operations Management, in: International Journal of Operations&Production Management, 22(2):195-219.
31. Willians Walton, L.(1997): Telephone Survey:Answering the Seven Rs to Logistics Research, in: Journal of Business Logistics, 18(1):217-231.
32. Yin, R. K.(1994): Case Study Research:Design and Methods, Sage Publications, USA.

作者简介

➢ Cristina Gimenez 教授、博士
- 1972 年出生
- 1989 年～1996 年，在西班牙巴塞罗那大学（Universitat de Barcelona）攻读工商管理专业
- 1996 年～2002 年，西班牙巴塞罗那大学助理教授（兼职）
- 2000 年，毕业于英国克兰菲尔德大学（Cranfield University）物流和供应链管理专业，获硕士学位
- 2002 年，毕业于西班牙巴塞罗那大学工商管理专业，获博士学位（博士论文题目为 "Competitive Advantage through Supply Chain Management"，通过供应链管理获得竞争优势）
- 2002 年～，庞培法布拉大学（Universitat Pompeu Fabra）助理教授（全职）

第21章 供应链管理中的案例研究和调查研究方法——两个互补的研究方法

- GREL（Research Group in Business Logistics,庞培法布拉大学商业物流研究团队）成员，主要研究大企业间的联盟合作，特别是快速消费品制造企业和食品杂货零售企业
- 主要研究方向：供应链管理；供应链管理的电子化；电子采购；运营管理
- Departament d'Economia i Empresa, Universitat Pompeu Fabra
  Ramon Trias Fargas 25-27, 08005 Barcelona, Spain
  Tel: +34 935 422 901　　Fax: +34 935 421 746
  Email: cristina.gimenez@upf.edu, http://www.econ.upf.edu/~gimenez/

第 22 章　供应链管理中多种研究方法的组合运用

Ozlem Bak

本章主要内容

1. 导言
2. 扎根理论（Grounded Theory）概述
3. 结论
4. 参考文献

内容摘要

供应链关系受互联网应用及其技术变革的影响（Bak，2004）。尽管供应链管理问题越来越受到关注，但尚未有涉及互联网影响以及如何使创建供应链的不同方法满足各种供应链需求的研究（Pant 等，2003）。与 Macpherson 等（1993）和 Sherif & Vinze（2003）的研究相似，本章运用了基于扎根理论（grounded theory）的案例研究方法。案例研究的结论（阶段 A），即所谓的派生理论（derived theory），使得研究人员能够在相似背景下的更广范围内设计完成下一研究阶段（阶段 B）的调查问卷。在此研究过程中，扎根理论融入到了案例研究中，这不仅对得出具有争议性的结论有很大帮助，而且可以视为一个重要的文献来源。

关键词：互联网；供应链管理；转型；案例研究；扎根理论；研究方法的组合运用

1　导言

电子商务技术在供应链中的兴起，使得企业面向"基于因特网的供应链"（Internet-enabled supply chain），即"电子供应链"（e-supply chain）的方向进行，而且转变了公司传统的组织模式（Bak，2003）。数位研究人员归纳出公司成功转型的方式主要是基于以下几个方面：行为模式变革和长期财务绩效（Ross & Beath，2002）；经济价值、股东价值和组织能力（Beer & Nohria，2000）；历史经验和历史绩效水平（Venkatraman，1994；Prahalad & Oosterveld，1999）；以及跨组织项目的管理监督水平（Sharma，2000）。对于上述任一指标而言，不同的公司可能是不同的，比如一些公司可能以市场份额为标准来判断是否转型成功，而其它公司则以质量或者创新来判断是否转型成功（Bak，2004）。因此，公司成功转型是从上述指标中某一指标的角度来说的。

让我们重新回到转型问题上来，如果公司转型的成功有赖于各个组织或业务部门的目标，而各个组织或业务部门的目标又不相同时，我们应该如何进行此项研究？为了找到所研究问题的答案，本章运用了案例研究方法，同时在案例研究中运用了扎根理论，并且将扎根理论融入到调查问卷中，以此作为三角验证的依据。因此，本章的第一部分将探讨扎根理论及其在供应链管理领域的应用。接下来的部分是分析问题，即为什么需要专门采用多种研究方法的整合，来检验、验证相似背景下的这一现象研究中所获得的结论。

2 扎根理论（Grounded Theory）概述

扎根理论的主旨是基于某一现象得出新的理论和概念（Glaser & Strauss, 1967; Goulding, 1999; Lee, 1999）。扎根理论研究需要阐释以下问题：

1. 研究结论是如何得出的；
2. 如何提炼出核心概念；
3. 如何获得核心概念间的实际关联关系。

扎根理论的主要研究步骤如下：

1. 开放式编码（open coding）：研究人员针对所研究的现象，确定出"自然形成"的范畴，以便于经验数据能够进行归类、诠释、定义到这些范畴中；
2. 主轴编码（axial coding）：将经验数据归入到各范畴之中，检验数据是否与所选择的范畴相匹配，以及不同的范畴间是否存在某种联系（此过程将一直持续，直到所有的数据都已被检验、归类（Lee, 1999: 48））；
3. 选择性编码（selective coding）：将各范畴依其重要性进行排序。挑选出最具影响和最重要的核心范畴，同时保证核心范畴与其他范畴相联系。这一过程将不断重复，直至所有的数据都已被归类（Lee, 1999: 48-49），而且很难从进一步的数据采集中获得更深入的了解（理论性饱和）（Lee, 1999: 49-50）。

在这一背景下，研究人员的经验性观察结果发挥着重要的作用。当运用不同版本的扎根理论时，研究人员的角色是不同的。不同版本的扎根理论从 Glaser & Strauss（1967）的初创，发展到 Strauss & Corbin（1990）的修正，随后 Glaser（1987, 1992）又进行进一步的解释。不同版本扎根理论的关键不同点在于研究人员的角色不同。Strauss（1987）将研究人员定义为"组合解释人员"（imposer of interpretations）的积极角色，即"基于从经验或文献中获得的知识，进行理论上的对比的人"（Straus & Corbin, 1988: 95）。另一方面，Glaser（1987, 1992）将研究人员定义为被动的解释人员（passive interpreter），其研究只是基于从收集到的数据中所能解释的信息，而不是基于文献资料或其先前的知识中所获得的信息（Lee, 1999: 45-46）。

关于扎根理论一直持续的相关争议表明"此问题至今还没有解决方案"，它仍然是一个"个人偏好问题"（Lee, 1999: 45-46）。争议部分并不是本章的研究范围，有很多研究人员已经对其进行了广泛的研究，如 Charmaz（1983）、Glaser（1987, 1992）、Strauss & Corbin（1998）、Douglas（2003）、Goulding（1998, 1999），以及 Lee（1999）等。因此，在文献资料以及作者研究的基础上，本章旨在探究供应链管理背景下将扎根理论应用于其他研究方法的优势和困难，在这方面对于如何融入扎根理论并没有严格规定的准则。

2.1 供应链管理以及扎根理论的应用

通过研究供应链管理方面的相关文献，我们可以得出如下结论，亦即供应链管理领域的研究通常主要采用的三种方法：

1. 整体性研究：基于从供应商到最终消费者的整条供应链（Houlihan, 1984; Narsimhan

& Jayrum, 1998);

2. 个体性研究：基于某一业务部门或特定部分（Hakansson & Johansson, 1993；Emberson 等, 2001）；

3. 特定技术研究：基于某种具体技术进行研究，比如基于因特网的 ERP 技术（Ash & Burn, 2003）、EDI 技术（Johnston & Mak, 2000）和 B2B 技术（Golilic 等, 2002）等。

上述三种研究视角或方法的选择取决于所研究的问题以及所调查的现象。比如，如果要研究最近发生的某一现象与文献资料中所描述的差异，需要研究人员深入到可观测出该现象的背景中进行研究（Golilic 等, 2002）。对于将互联网应用到供应链方面的现有研究，需要消耗大量的资源、时间和精力，这是因为这条供应链从供应商一直延伸到相关的合作伙伴，而且并不存在适用于所有供应链的"全能"方法，不同的供应链具有不同的需求和环境背景（Pant 等, 2003）。在这种情况下，我们不得不明确定义界限、确定分析单元。但是，在实践中这种做法从一开始就是不可能的，可是扎根理论恰好对构建分析非结构化数据集的结构框架以及明确研究背景和分析界限等问题具有很大的帮助。

当针对互联网影响及其应用问题进行探索性研究时，扎根理论在某些案例中的使用是受限制的。Golilic 等（2002）在研究中遇到过这种问题，该研究是运用扎根理论方法针对 8 家电子商务公司，来分析和探索电子商务对供应链关系影响的定性研究。现实中也有这样的实例，检验扎根理论是否适用于这些实例是很重要的，其中一个实例就是互联网的应用对公司组织结构的影响，以及分析一些业务伙伴愿意采用电子供应链系统而其他的业务伙伴不愿采用的原因（Pant 等, 2003）。Lancioni 等（2000）研究了公司如何以及在何种程度上将互联网运用到供应链中的相关问题。当检验"人们处理、回应、改变所处环境的流程"（Golilic 等, 2002）时，扎根理论方法是适用的。因此，在当前研究中，扎根理论的作用在于它充分考虑了研究中供应链环境条件下的各种复杂因素，而没有摒弃、忽视相关变量或者假定相关变量不存在。

然而，进行供应链管理研究的复杂性仍然是值得我们思考的问题。对于结合了理论检验、三角验证、数据验证的研究体现了一个过程，即所谓的研究方法整合（Lee, 1999）。然而，如何以及何时进行研究方法整合仍然是一个悬而未决的问题。接下来的部分将简要阐述研究方法整合方面的文献，而后阐述将扎根理论融入到供应链管理方面的调查问卷中的研究范例。

2.2 研究方法整合

把数据根植于现象发生所处的某一特定背景时，受时间、资源以及此类研究复杂性的影响，可能会排除其他具有相似现象的相似背景。在这种情况下，我们就需要运用额外的数据资料来验证、检验、证实所得出的相关结论，其目的是使得相关结论也适用于其他背景环境。这就需要组合多种方法进行研究，比如将市场调查、问卷调查和访谈组合使用进行研究。

在一些研究背景下，为了检查扎根过程的质量，需要两个甚至更多的研究人员负责编码过程，以发现其中是否存在着矛盾，如果存在，则需要检验这一矛盾达到了何种程度。还有另外一种验证方法，也就是另一位研究人员负责对研究过程和调查过程中的文书和记录资料进行检查并且验证其可靠性（Golilic 等, 2002）。因此，本章将阐述如何运用扎根理论并且将其融入其他方法的案例研究。

2.3 案例研究概述

案例研究与其他实证研究方法的重要区别是，其所关注的需要解释现象的变量并非在研究前就已事先确定。这些变量及其相互之间的关系是随着数据的不断采集和分析而逐渐形成的。本案例研究是对两个案例进行的研究,一个是企业内部应用情况研究,另一个是企业与企业之间(B2B)的应用情况研究,研究对象是汽车制造供应链。本研究同时通过各种方法来采集数据,这些方法包括半结构式访谈、会议纪要、文件审查、参与式观察。

数据采集技术的多样化有助于理论的形成,因为多样化的技术不仅提供了研究问题的多样化视角,而且阐释了更多的有关理论形成的信息,同时也提高了相互校验以及三角验证的可能性(附表 C 列示了本研究中所采用的质量标准)(Orlikowski, 1993; Glaser & Strauss, 1967)。因此,与 Macpherson 等(1993)和 Sherif & Vinze(2003)的研究相似,本章运用了融入扎根理论的案例研究方法。案例研究的结论(阶段 A),即所谓的派生理论,使得研究人员能够在相似背景下、在更广范围内设计完成下一研究阶段(阶段 B)的调查问卷。

文献回顾主要涉及参与研究项目之前、之中或之后的全过程。根据文献回顾以及参与观察的结果,最终确定并形成研究方法。本案例研究主要是在 Straus 和 Corbin(1989)以及 Eisenhardt(1989)的扎根理论方法基础上,来进行数据分析,进而构建研究模型,见附表 B 所示。

- 研究方法:扎根理论方法

在运用扎根理论方法的过程中,第一步就是创建概念性范畴并且建立相应背景。这些范畴是从有关转型的文献尤其是涉及基于 IT 相应变革的研究文献中挑选的。然而,需要注意的是基于以往研究的结构进行分析可能带来导入性偏差,在理论发展进程上,经常性地阅读最新文献资料了解最新的理论是十分重要的(Strauss & Corbin, 1989: 135)。当查询、回顾相关理论时,要充分考虑"所讨论的现象的变化幅度和范围"(Strauss & Corbin, 1989: 135),发现其相似处、不同点以及相应的原因(Eisenhardt, 1989)。根据有关转型改变的相关文献,可以从 Vollman(1996)的相关研究得出一个矩阵网络。转型的程度包括挑战、战略目标、战略对策、竞争力和企业能力、流程、资源、产出等,还有 Graham & Hardaker(Graham & Hardaker, 2000; 基于 Rayport & Svioklia, 1994)所提出的因特网驱动型供应链维度,包括内容、背景和基础设施,从而所启发的内容可以被细分为含有子范畴的 24 类范畴。同时,还需要有意识地寻找有可能矛盾的相关数据,很快我们就会发现基于文献所形成的原始概念与从数据中获得的某些结论并不相符。因此,需要融合不同的经验观点,使得新形成的理论框架更加精细和明确,以引起研究人员的再度思考。扎根理论恰好能够满足研究人员的这一需求,这表现为扎根理论研究方法在研究过程中能够吸纳各种独特的见解,Eisenhardt(1989: 539)将此定义为"可控的机会主义"(controlled opportunism),在这种情况下,"研究人员能够很好地利用具体情况的特殊性和新出现的研究主题,以完善理论结果"。

在研究的过程中,需要通过参与人员和多样化方法的检验来验证新概念的代表性。此外,贯穿着数据来源和数据采集方法(访谈、参与观察和文档调查)的三角验证法,也有助于新概念的形成和解释。研究结果表明:一些因素间具有矛盾或共同的模式,这预示着一些因素对于转型而言在某一方面的影响可能会比在其它方面的影响要大。

- 定性资料

本研究中,应用扎根理论方法的数据采集和数据分析过程,在两个项目上共包括历时四个半月左右的参与式观察、10 个小时的半结构化访谈、30 份个人会议记录、文献分析,以及分发调查问卷。

案例研究不仅涵盖了对某一业务部门在开始阶段引入具有组织性影响的主要因特网媒介工具的研究,同时包含了集中于跨部门业务活动的研究。正式的半结构化访谈中有 8 位受访者，我们与每一位受访者的访谈时间持续 1 到 2 个小时。访谈的内容经过录音和转录后，被输入到 N6 数据定性分析软件中，以协助我们进行研究分析。访谈是在参与式观察期间或之后进行的。半结构化访谈的内容包括了对当时所发生的，同时属于所关注现象中的事件的解释。在研究的过程中，理论抽样与数据分析同时进行。这也就意味着研究人员要随着各类范畴的形成，不断对有关范畴的观点进行理论推断和详细记录（Straus & Corbin，1989，1994）。会议纪要的记录过程发生在访谈过程中，然后再将其内容输入到 N6 这一软件定性研究和解决方案软件包（Qualitative Research and Solutions，QSR，2002）中。N6 软件有助于索引、搜索以及创建理论，其主要适用于：

（a）储存资料，将访谈记录、人员会议纪要以及其他文件资料进行分类；
（b）建立范畴，通过电脑辅助编码将数据进行转移或链接；
（c）进行与所分析内容有关的搜索；
（d）创建初级编码模型。

● 定量数据

本研究中另外一个数据来源是定量的问卷调查。同时，在问卷调查中含有定性分析的结论。邮寄问卷被分发到了 4 家跨国公司的业务部门，总共发送出 120 份调查问卷，初始回复率达到了 37.5%。这些调查问卷中，在所寄送的问卷包裹中附有贴着邮票的回信信封的问卷都得到了回复。

本研究之所以在定性数据中运用定量工具，是因为这样能够对研究的现象从多个角度有更深入的了解。定性数据与调查问卷的整合使研究人员不仅能够发觉其中的相似之处，同时可以比较相似背景下的不同之处。问卷调查的结果对扎根理论在某些情况应该包含哪些内容提出了建议，如相似的现象和背景，以及可提高研究结论严谨性和解释性的技术手段等。随着理论性的饱和，在进一步的研究阶段 B 中，技术的整合应该能够增加或修订现有的观点和看法。上述这种对数据进行的三角验证被描述为运用"多样化方法"（multiple methods）（Denzin，1970）。与此相似，Bryman（1988）指出如果多样化方法之间可以形成相互校验，那么三角验证法就可以提高所获得信息的质量。此外，利用调查问卷补充定性数据分析，被视为获得三角验证所需数据的有效途径。

2.4 分析

定性数据的分析需要经过数次迭代，来确定各范畴之间的关系，也就是会有大量的编码"族群"（families）存在（Glaser，1978）。在对数据提问下述问题、寻找相应答案的过程中，需要不断地比较所提炼出的范畴，直到所有的范畴都已经饱和。也就是说，不存在与已形成的核心范畴或主要议题相关的新范畴。这些问题包括：各范畴与其推论的关系是什么；现象中的这些事件是否明显；一个范畴能否独立地包含另一个范畴（Strauss & Corbin，1990）；各范畴之间是否存在协方差（一个范畴变化时另外一个范畴也跟着变化，反映独立性和非独立性）。

2.5 研究结果

下述的初步研究结果仅仅代表着融入扎根理论的案例研究结果和问卷调查结果的争议性问题。

● 相矛盾的问卷调查结果：变革与转型

在分析的开始阶段，有一个非常有意思的发现，那就是当与访谈和观察所获数据的定性分析研究结果相比较时，调查问卷数据的研究结果具有矛盾性。如果仅仅对调查问卷数据进行分析，得到的结论是电子商务的广泛应用带来了产业供应链的变革。与此相矛盾的是，如果我们仅仅利用定性数据来分析，结论是产业供应链的变革只与某种特定技术的应用有关，而与其它的无关。

例如，业务部门将变革定义为转型："它是转型的本质，这是由于我们有一个完整的新系统……它对我们如何处理周围的事情有直接的影响……包括结构改变……对该系统的使用进行员工培训……新工作任务的定义和分工……一些员工将其视为额外的工作量而另外一些员工则将其视为竞争中所必需的……"一位分销商在评论使用新系统的过程中谈及改变程度时指出："它将会影响推销员的业务活动，推销员只需将自己的笔记本电脑连接到网络中，就可以介绍相关产品，回答各种问题了，这种做法也得到了我们的大力支持……它是一种无纸化环境……没有目录……价格表……只需点击一下……就可获得所需的全部信息。"然而，另一位受访者则表示：同样地运用电子商务技术，"我们并没有改变周围的业务活动方式……它仅仅是一个工具……我们仍然采用以往的程序和步骤"。

这样的矛盾性研究结果使得我们必须进行进一步的迭代分析，深入了解理论编码和理论抽样的原则。另外一个例子是在考虑改变境况的解决方案时，某一团队领导指出："电子商务解决方案是很注重个性化问题的，因为我们所要解决的大量问题就是单个员工如何运用好电子商务技术。"在一些问卷调查中所记录的类似评论也强化了这一争议。由此，从研究中我们发现平均频率较高，标准差相对较大。尽管有较大偏差的存在，但这对于包含个性化考虑的问题来说，也是情理之中的。

- 在较高的抽象水平下形成范畴

在编码程序初期，会出现大量的低层级范畴，其中一个表现就是低层级范畴的集合代表了高层级的范畴，并形成了对变革的阻力。在编码的过程中，我们发现各范畴之间在现象发生的原因和结果方面具有相似的特征。由此，我们发现了另一个高层级范畴（我们将其定义为"压力"），它与其它高层级的范畴具有相同的角色，同时能够促进变革的发生。事实上，新兴的议题尚未涉及到压力范畴，更不会体现在革新变化方面。上述那些较高层级的范畴在变革的背景下都经过了简单的检验。

- 压力范畴——近似核心范畴

随后发现的另一个高层级范畴是"角色定义"。克服压力的影响需要一个转变，以此来增加对变革的理解与支持。在采访的过程中，一位受访者将压力评述为"对预算负有责任，可以使得电子商务应用成功以及员工满意"。另外一位受访者则很遗憾地表示目前正处在"高层管理的压力"中，同时工作之外还有几项其他的任务。

- 定量数据

随着定性数据分析的进行，我们从基于影响转型的因素比初始研究中涉及的因素多的这一观点的有利数据中逐步获取议题。因此，也可以说这些议题是从问卷调查数据的定性分析中产生的。

研究结果表明：高层管理者在工作范围和工作量方面，尚没有很好地掌握变革的理念。从绝对意义上来分析，样本的总体均值仍然是很低的（0.9），影响因素是可信的（$a=0.9$）。问卷调查中的回答反映了这种两难的问题。问卷调查中的评论不仅表明了受访者的见解，而且表明了系统是如何阻止或压制变革的发生。例如，针对"这一问题的评论"，一位受访者写到："即使是团队领导做出的决定，也会被否决。因此我们只有等高层管理者的决议下达之后，再继续进行。"其实我们对这些书面评论的理解过程，就是运用扎根理论进行数据分析的核心过程。其中，较高的标准差因子（0-5 的范围内为 0.98）表明：问卷调查回复内容的差异性比较大，尽管此时总体的均值水平已相对较低。由此可见，组织的实施过程仍然是高度程序化的。

问卷调查和案例研究数据，在复杂多变的组织环境下，阐释了有关转型的差异性观点。这也只有通过定性研究与其它方法相结合使用才能获得。

- 多重变革——转型实践——近似核心范畴

与流程的识别一样，研究中两个案例变革过程的实质是不同的，这一点在研究分析的中期阶段也逐渐变得明确。外联网的变革是一个渐进的过程，而 B2B 的变革则是在同一行业业务部门进行的突然的根本性转变。由此可见，了解外联网和 B2B 的多重实践情况，对于充分理解研究调查中的转型现象具有重要的作用。因此，在问卷调查中我们调查了在组织性变革和转型背景下二者的相互关系。

受访者的评论表明在管理的过程中缺乏相互了解。比如，经常有这样的评论"……我不知道他们是否了解该问题的严重程度"，再比如说，外部员工所关注的问题总是遭到强烈的反对。尽管团队间有相同的目标，但是一个团队对另一团队问题的理解是受限的或漠视的。沟通中的挑战是与多样化的现实相联系的，对其见解以本研究为代表，即"关于组织性变革的从上至下的交流沟通是不一致的"。另一位采访者表示："尚不存在涉及管理的讨论。"来自业务部门内部的变革阻力，也在抑制着公司的长远发展和合作，而且注意到这一点是很重要的。事实上，它们之间的关系是相互的，此外，两个范畴（即沟通和压力）之间存在着较高的协方差。纵观这些变革和转型过程，员工不仅要出色地完成任务，而且要加强对新技术的使用，其目标是使得正向促进效果最大化。

识别悖论也标志着一个基本的社会化过程，这是因为悖论识别在各种各样的条件下随时都有可能发生（Glaser & Strauss, 1967）。这一进程要求要么使悖论逐步趋于协调，要么使其正当化。此外，不同的团队会产生分歧这一现实情况以及随之而来的变革更可能被视为具有负面影响。变革的参与者则认为组织性变革既可能有积极作用也可能有消极作用。因而，依据人们所感知到的变革的方式，变革所带来的将是多样化的结果和实践。

3 结论

本研究阐释了组织转型的意义，针对本研究的目标，我们有针对性地对这些含义和意义进行阐述。本章的第一个研究目标就是理解为什么整合的研究方法在本研究中如此重要。供应链管理方面的主流研究方法倾向于控制变量以保证和实证主义的传统做法相一致。与此相比，扎根理论以及新兴的抽象概念，依惯例是很难通过主流研究方法的检验的。在研究中使用整合的研究方法对数据进行三角验证，有助于研究人员形成比较复杂和更具解释性的见解。因此，获得研究结论并描述和评估研究过程的有价值信息的来源是相当重要的。特别地，定性和定量数据研究结果的不同使得研究人员不得不解释这一差异和区别的本质及其含义。

本研究的第二个目标就是对转型有更好的理解。作为本研究中理论抽样的一部分，各个层级的员工都接受过正式地访谈、观察和调查。本研究中反复出现的一个议题就是，在组织环境中，管理者具有较大的影响潜力和改革潜力。另一个同样反复出现的议题则是，这种潜力受组织内外部环境和社会因素的制约。管理者对于消极变化的抵制，有时却会导致管理者不断地重复相同的步骤，使得改革停滞不前。此外，对于研究来讲，仅仅阐述需要更多的工作实践、受欢迎的企业文化以及管理者应当更具前瞻性和奉献性是远远不够的。

本研究的第三个目标就是确定基本的社会化进程。仅仅反映出矛盾点的存在并不能提供有效变革或转型的所有准则。但是，它确实明确地识别出了当前组织问题产生的根本性原因，而且从积极和消极的双重视角对变革的效果提出了深入的见解，并促进了对组织中亚文化动态的了解。

本研究结果表明[①]：整合的研究方法对于从另一种视角形成新的见解是相当重要的。我们在案例分析过程中首先运用了扎根理论，随后又融入了调查问卷方法。此外，进一步的研究需要在当前理论性研究的基础上展开，进而将当前的研究结果推广到其他领域。

附表A　半结构化访谈中的介绍性问题

与在关键事件中运用电子商务技术发生的改变有关的问题
● 发生的主要变化是什么？
● 什么正在改变，同时改变程度有多大？
● 你如何描述这些改变（激进的还是渐进的）？
● 这些改变对你的工作有怎样的影响？
● 在促使这些改变发生方面，谁的影响最大？
● 它们是如何产生影响的？
● 你对于这些改变有哪些影响？
● 是什么激起了这一改变？
● 这一改变是如何影响你所在的业务部门的？
● 其他有哪些业务部门受到了你所在组织的影响？
● 你是如何经历这一改变过程的？
● 进一步阐述并详细叙述与其他业务部门相比，你所在业务部门的改变事件、改变程序以及改变所带来的影响。
● 详细列举你所在的业务部门和组织的人员角色。
针对相关理论及其影响的问题
● 革新对于你来说，意味着什么？
● 在组织或业务部门中，你看到了这样的革新或转型了吗？
● 请比较组织中与电子商务有关的两个革新成果。
● 假使你正在操控着组织中的革新或转型，你会下达哪些指令？

附表B　研究的资料、质量和相关标准

过程	研究过程中的相应阶段		
	扎根理论 （Strauss & Corbin，1990）	案例研究人员的职责 （Stake，1994）	通过案例研究进行理论推断 （Eisenhardt，1989）
所研究的问题	根据以往的研究确定问题		确定研究问题和推断可能的结构
文献回顾	与先前的理论对比	根据先前的研究进行验证	文献中相矛盾的和相似的先前研究
案例选择		将所探索的现象、议题或问题概念化	先前的结构和可能的研究问题
数据采集	熟悉数据以首创观念		涉及领域：数据采集
研究方法	定义重要的概念和因素		工具方法和协议：数据采集方法

---

① 确切的措辞以及访谈期间问题和补充问题的措辞，由访谈的内容范围和受访者的回答决定。

	研究过程中的相应阶段		
系统性数据分析	范畴化，在数据中寻找模式	对关键的观察和理解进行三角验证	对两个案例的内部数据或贯穿两个案例的数据进行分析
实施研究结论和验证	联系、连接和识别矛盾之处	对模式进行解释和评估，扩展研究结果	先前研究：冲突之处和相似之处

附表C 研究的资料、质量和相关标准

	质量标准	研究中的质量检验
结构效度	不断地迭代比较（Strauss & Corbin，1994；Eisenhardt，1989） 在研究问题、证据和结论之间的证据链（Yin，1994；Eisenhardt，1989）	受访者（提供回馈）回顾案例、审查研究结果 使用多样化的数据来源和采集方法 与相矛盾的理论进行对比
内部效度	建立因果关系（Yin，1994） 模式匹配，形成解释（Yin，1994） 与相矛盾的文献对比（Strauss & Corbin，1994；Eisenhardt，1989）	基于参与观察、访谈和调查问卷，将数据与结构相匹配 与相矛盾的理论进行比较（Strauss & Corbin，1994；Eisenhardt，1989）
外部效度	对初步研究结果提出专家意见，使研究结果具有普遍意义 与相似文献相比较（Eisenhardt，1989） 综合描述读者自己的评判（Stake，1994）	对文献中所包含反映的内容进行分析概括 将案例设计嵌入到主要的分析单元中（Yin，1994） 考虑到读者自己的评判，准确并且全面的描述案例
可信度	研究方法及技术的准确性 采用案例研究协议（Yin，1994）	表明数据采集程序可以重复 N6数据库包括本研究中所使用的数据
解释效度	表明概念观点可以通过相同的方式得到确定、观测和检验（Mason，2002：39）	与内外部效度的过程相似
与现象的距离	指出研究中不清晰之处，作为研究人员的研究目标（Mason，2002：120）	在案例公司中参与观察四个半月
弹性	研究中的弹性（Mason，2002：120）	研究中现象的客观性优势（Mason，2002：120）
数据	从不同的资料来源采集数据（Eisenhardt，1989；Yin，1994）	多样化的数据来源和采集方法

4 参考文献

1. Bak, O.(2003): A framework for Transformation of Supply Chain Management: A just in time investigation in organizations, in: Pawar, K.S., Muffatto, M.(eds.): Proceedings of 8th International Symposium on Logistics, Published by the Centre for Concurrent Enterprise—University of Notthingham, UK, p. 59-63.
2. Bak, O.(2004): Performance measurement in the transformation context: A case from the automotive supply chain, in: Neely, A., Kennerly, M., Walters, A(eds.): Performance Measurement and Management: Public and Private, The fourth international conferenceon theory and practice in performance measurement, Edinburgh, UK, p. 67-73.
3. Beer, M., Nohria, N.(2000): Cracking the Code of Change,in:Harvard Business Review,

May-June: 133-141.
4. Blumenthal, B., Haspeslag, P.(1994): Toward a Definition of Corporate Transformation, in: Sloan Management Review, Spring: 101-106.
5. Boyson, S., Corsi, T., Verbraeck, A.(2003): The e-supply chain portal: A core business model, in: Transportation Research Part E: 175-192.
6. Bryman, A.(1988): Quality and quantity in social research, Hyman, London.
7. Charmaz, K.(2000): Grounded Theory: Objectivist and constructivist methods, in: Denzin, N., Lincoln, Y.(eds.) The Handbook of qualitative research, Sage Publications, p. 509-535.
8. Denzin, N.K.(1970): The research act in sociology: A theoretical introduction to sociological methods, Aldine Press, Chicago.
9. Easterby-Smith, M., R. Thorpe, A. Lowe(1991): Management Research: An Introduction, Sage, London, UK.
10. Eisenhardt, K.(1989): Building theories from Case Study research, in: Academy of Management Review, 14(4): 532-550.
11. Eisenhardt, K.(1989b): Making fast strategic decisions in high-velocity environments, in: Academy of Management Journal, 14(4): 543-576.
12. Fisher, M.L.(1997): What is the Right Supply Chain for your Product, in: Harvard Business Review, March-April: 105-116.
13. Glaser, B.G., Strauss, A. L.(1967): The discovery of grounded theory, Aldine Press, Chicago.
14. Glaser, B.G.(1978): Theoretical sensitivity, Sociology Press, Mill Valley, CA.
15. Glaser, B.G.(1992): Basics of grounded theory analysis, Sociology Press, Mill Valley, CA.
16. Golilic, S.L., Davis, D. F., McCarthy, T., Mentzer, J. T.(2002): The impact on e-commerce on supply chain relationships, in: International Journal of Physical distribution and logistics management, 32 (10): 851-871.
17. Graham, G., Hardaker, G.(2000): Supply-Chain management across the Internet, in: International Journal of Physical Distribution&Logistics Management, 30(3/4): 286-295.
18. Jick, T. D.(1979): Mixing Qualitative and Quantitative Methods: Triangulation in Action, in: Administrative Science Quarterly, 24(4): 602-611.
19. Lancioni, R. A., Smith, M. F., Olivia, T. A.(2000): The Role of the Internet in Supply Chain Management, in: Industrial Marketing Management, 29: 45-56.
20. N6 Reference Guide(2002): 1st Edition, QSR International Pty. Ltd., Melbourne.
21. MacPherson, S. J., Kelly. J. R., Webb, R. S.(1993): How designs develop: Insights from case studies in building engineering services, Construction Management and Economics, 11: 475-485.
22. Miles, M.B., Huberman, A. M(1994): Qualitative Data Analysis: An Expanded Source Book, Sage, Thousand Oaks, California.
23. Pant, S., Sethi, R., Bhandari, M.(2003): Making sense of the e-supply chain landscape: an implementation framework, in: International Journal of Information Management, 23: 201-221.
24. Parkhe, A.(1993): Messy Research, Methodological Predispositions and Theory Development

in International Joint Ventures, in: Academy of Management Review, 18(2): 227-68.
25. Prahalad, C. K., Oosterveld, J. P.(1999): Transforming Internal Governance: The challenge for multinationals, in: Sloan Management Review, Spring: 31-39.
26. Rayport, J. F., Sviokla, J. J.(1994): Managing in the Marketspace, in: Harvard Business Review, November-December: 141-150.
27. Ross, J. W., Beath, C. M.(2002): Beyond the Business Case: New Approaches to IT Investment, in: Sloan Management Review, Winter:51-59.
28. Sherif, K., Vinze, A.(2003): Barriers to adoption of software reuse: A qualitative study, in: Information and Management, 41: 159-175.
29. Strauss A., Corbin J.(1990): Basics of Qualitative Research—Grounded Theory Procedures and Techniques, Sage, London.
30. Strauss, A., Corbin, J.(1994): Grounded Theory Methodology: in Denzin, N., Lincoln, Y.(eds.): The Handbook of qualitative research, Sage Publications, Thousand Oaks: p. 273-285.
31. Venkatraman, N.(1994): IT-Enabled Business Transformation: From Automation to Business Scope Redefinition, Sloan Management Review, Winter:73-87.
32. Vollmann, T. E.(1996): The Transformation Imperative, Harvard Business School Press, Boston, Massachusetts.
33. Weick, K. E.(1989): Theory construction as disciplined imagination, in: Academy of Management Review, 14(4): 516-531.
34. Yin. R. K.(1994): Case Study Research: Design and Methods, Sage Publications, Thousand Oaks.

作者简介

- Ozlem Bak 工商管理硕士
  - 1973 年出生
  - 在欧盟经济方向获硕士学位，基于德国和英国的欧洲管理项目获工商管理硕士学位
  - 1996 年～2002 年，工作于跨国汽车公司，负责专业领域的项目管理
  - 东安格利亚大学（University of East Anglia）战略运营管理中心成员，讲授经营策略与管理课程
  - 目前在英国的格林威治大学（University of Greenwich）授课
  - 主要研究制造商运营管理，特别是汽车产业供应链的价值转移问题
  - 市场营销和运营管理方向的讲师
  - 主要研究方向：供应链管理；价值创造；市场空间；转型
  - Business School, University of Greenwich
    Maritime Greenwich Campus, Park Row, Greenwich
    London SE10 9LS United Kingdom
    Tel: +44 (0)20 8331 9106   Fax: +44 (0)20 8331 9005
    Email: O.Bak@greenwich.ac.uk, http://www.gre.ac.uk/schools/business/index.html

第四篇
供应链中的行动研究方法
(Action Research in Supply Chains)

第 23 章　供应链管理中的行动研究简介

Martin Müller

本章主要内容

1. 导言
2. 行动研究的发展简史
3. 行动研究的基本要素
4. 行动研究的问题及展望
5. 总结
6. 参考文献

内容摘要

本章将简要介绍有关行动研究的一些基本问题，以便于读者了解行动研究方法的发展概况。在此背景下，有关行动研究科学原理的讨论便显得至关重要。相对于其他方法而言，行动研究方法在供应链管理研究中使用较少。针对此情况，我们也将讨论行动研究方法解决问题时的各种途径及其在供应链管理中的应用前景。行动研究方法具有特殊的科学和哲学背景，亦即在供应链管理或运营管理中，它并不是首选的科学哲学方法。同其它研究方法一样，行动研究方法也会产生诸多问题。因此，通过采用行动研究方法，我们有机会发掘并创造出更多的知识理论。

关键词：供应链管理；行动研究；研究方法

1　导言

供应链管理研究在实业界与学术界中迅速发展。在此背景下，学者使用了更加广泛的研究方法，诸如调查、建模和案例研究都是文献中常常运用的方法。相比上述方法，行动研究（Action Research，AR）却较少使用。至于运营管理领域，情况也并无变化。回顾 1985 年～1995 年期间 Scudder & Hill（1998）的实证运营管理文献，并且从 1992 年～1997 年期间担任校稿工作的 Pannirselvam 等（1999）处得知，行动研究在此期间并没有被明确地涉及。回顾最近三次由 Coughlan & Coghlan（2002）举办的年会会议议程，我们发现行动研究方法的使用率虽然很低，但却保持着持续增长态势。总之，Coughlan & Coghlan（2002）发现"在已发表的运营管理实证研究中，鲜有证据表明行动研究（AR）被作为一种方法加以应用，但却有证据表明这种应用正在进行中"。毋庸置疑，有关行动研究的应用情况在供应链管理领域要好得多,但是在学术界也经常讨论行动研究是否有助于促进知识的创造和实践的发展(例如 Kaplan,1998;Coughlan & Coghlan,2002)。Wood-Harper（1985）认为行动研究是促进技术发展和理论构建的最有效的方法,同时 Westbrook(1995)阐述了行动研究这一方法能够避免传统研究方法存在的主要缺陷。

基于此背景,本章将主要讨论在供应链管理中运用行动研究可能产生的问题以及应用前景。本文按照以下结构展开：第一部分将详细阐述行动研究方法的发展历史。在这一方面,有关科学哲学的基础知识发挥了重要作用。第二部分将简要介绍行动研究的基本要素。在此基础上,第三部分将探讨文献中有关行动研究最具争议的评述,它将在供应链管理概念中体现出来,以上探讨的目的是为了对行动研究及其在供应链管理中的应用问题进行展望。最后,我们将对以上全部研究成果进行总结。

2 行动研究的发展简史

科学通过范式（paradigms）来解释现实。"范式"是指在学术实践、理论、模型和应用等领域中被认可的实例。这已成为学术研究界比较公认的惯例传统(Kuhn,1967)。范式的核心要素包括被科学界所公认的含义、价值和技术。从这个意义上说,从20世纪70年代起,行动研究就已经被贴上了范式的标签(Moser,1977;Hron,1979)。因此,行动研究意味着一种对社会研究的崭新理解,它以一种独特的切入点来研究现实。

一方面,行动研究起源于美国人际关系趋势研究,Kurt Lewin（1963）被认为是行动研究的鼻祖。另一方面,行动研究植根于实证科学（positivistic science）（Popper,1971）和批判理论(critical theory)（Apel,1973;Habermas,1965)之间的"实证冲突（positivistic conflict）"。在这种背景下,行动研究被视为对实证科学范例的部分批评性回答。为了深入理解这一科学理论,我们有必要简要的介绍实证科学的主要假设。

实证研究是从提出基于理论的假设开始的,而这些假设正是在与现实情况的博弈中得以证明的。现实情况通常依赖于事实和事件,这就意味着知识的得出是源于对事实的观察,即知识的标准。通过这一过程便能去伪存真。然而,任何科学理论都是暂时的并且随时可以被修正的。换句话说,同一实际现象可以被不同的科学理论解释。根据相对原理,与现实相一致的往往不是标准,而是方法的透明度。实证科学的方法论假定是可靠性,有效性和客观性。这意味着（Friedrichs,1973：6）：

- 使用的方法不影响研究对象；
- 研究领域是固定的；
- 使用的方法能够明确研究范围内各变量间的关系；
- 使用的方法必须产生主体间可修改的结果。

当满足以下要求时研究方法才会达到预期效果（Friedrichs,1973：6）：

- 研究人员和活动都是确定的,而且研究对象之间的关系也是可控的；
- 研究设计思路清晰,而且测试人员对其不产生影响；
- 为了确定单个变量的影响,研究人员可对研究进程作出适当改变。

只有严格地区分研究的客体（object）和主体（subject）才能达到以上的要求。同时,现实情况的变化并不作为研究过程的一部分。

Lewin(1963)阐述了不同于以上观点的场论（field theory）。在他的理论中,个体所处的环境直接决定个体行动。个体动机的改变是研究领域动态变化的动因。这些动态变化应该在实验项目中加以研究。为了研究相应变化（行动）而进行的实验将会带来新的研究经验。研究人员对社会进程和观测结果具有影响力。此处，变化均在研究过程中发生。由此我们认为，"行动"应作为研究的一个重要方面。所以，Lewin 提出的概念不同于实证科学。显然，这里强调的不再是主客体之间的关系。新范例的特征是强调主体与主体间的关系。除此之外，新方法的另一重要内容是认为研究人员的行动将会对研究对象产生积极影响。此处，理论和行动之间并没有区别。然而，正如 Coughlan & Coghlan（2002）指出的那样，这是十分重要的，"行动研究人员不得不面临这样的挑战，那就是他们既要使行动发生，又得避免参与到行动过程中，同时为了对原有知识体系创造新的理论贡献，研究人员还要反馈这些行动是如何发生的"。

在这方面，Sievers（1979）指出，与传统的社会科学相比，行动研究方法是一种范式改变，具体体现在以下三个方面：
- 实现了理论与实践的强有力的结合；
- 为实证数据的搜集、使用及有效性判定提供了新条件；
- 对科学过程进行了重新设计及战略替代。

在 20 世纪 60 年代的德国，在实证科学（Popper，1971）和批判理论（Apel，1973；Habermas，1965）针对实证主义的争论中，行动研究逐渐流行起来。初始点是对实证主义立场的批判，尤其是以下几个方面：
- 没有能够反映科学对社会进程的影响；
- 缺乏对那些确定和证明规则以及制定方向的行动的理解；
- 缺乏相关领域的研究人员；
- 变量之间缺乏联系；
- 缺乏对实证工具的认知。

基于这一背景，Moser（1975）提出了一种与经验研究相反的、以论述为导向（discourse-oriented）的研究方法，这种方法被纳入到了行动研究之中。由于理论和实践认知均会影响研究进程，所以论述是必要的。在研究过程中，搜集信息和讨论这两个阶段循环往复。

行动研究的另一个重要特征是研究者和研究对象之间能够良好合作。行动研究具有互动性，同时以论述为导向。其背后的科学哲学并不是机械的，而是具有反身性，因为它包涵了实施过程。主客体关系研究对实证社会科学而言并不是典型的，但主体与主体间的关系对行动研究而言却是典型的。通过相关人员的合作，行动研究得出的结论是直接行动（Sievers，1979）。

科学理论中实用主义方面和行动研究方法之间存在着紧密的联系（Oquist，1975）。实用主义的一个重要方面认为现实不是一成不变的，知识不仅存在于当前，而且会随着行动的发生而不断产生（Dewey，1920）。Dewey 看到了知识和行动之间的紧密联系。实用主义理论认为知识建立于积极行动之上。假若如此，理论和实践的先后顺序便无关紧要了；知识只是人类行动的结果。由此而论，新知识的产生是源于一个实际的问题，而研究便成为一系列的实践行动。知识的唯一作用是解决问题。知识就其自身而言是没有特定目标的，它只是达成目的的一种手段，问题的产生是源于实践过程（James，1994）。

行动研究是以解决现实问题为出发点的，而且现实情况的改变是实用主义研究的主要方面。在行动研究方法中，最根本的是研究企业中的变化是如何规划并实现的。

行动研究的核心是对实践行动的整合，使其作为社会科学研究构成要素之一，详情请参见 Krüger 等（1975：8）的相关研究。行动研究方法在科学过程中实现了研究成果，最终得到的科学知识将被应用到实践中去（Gunz，1986）。

行动研究的过程重点关注的是实际情况。首先，必须清晰界定研究问题，同时对实践目标进行讨论，这是研究人员跟实际工作人员合作的基础（Kemmis & McTaggart，2000）。接下来的项目过程以信息积累、讨论以及实践行动之间的相互交替活动为特征。信息是讨论的基础（Moser，1977：12）。当现实问题发生变化时，行动研究仍具有很强的适用性（Mayring，2002：53）。

从关于科学的哲学视角来看，实用主义是行动研究的科学理论。换句话说，实用主义的方法论是行动研究方法。实证主义的科学家认为在研究中现实情况不应发生改变，研究对象同样也不应发生改变。表 23.1 列出了实证科学和实用主义之间的主要区别。

表 23.1 实证主义和实用主义的对比

	实证科学	实用主义（行动研究）
研究目的	通用性知识 理论构建和检验	有关行动的知识 有关行动的理论构建和检验
获得的知识类型	一般性 覆盖性	特殊性 适用相关具体实践
数据验证的性质	独立并具有逻辑性 运用测量手段 同预测与控制具有一致性	相互关联 经验性
研究人员角色	观察者	行动者 变革推动者
研究人员关系设置	分离的，中立的	参与式（immersed）

资料来源：Coughlan & Coghlan，2002：224。

总结 Coghlan（1994）、Argyris 等（1985）、Greenwood & Levin（1998）、Gummesson（2000）和 McDonagh & Coghlan（2001）的相关研究成果，行动研究的主要特征可以做出以下总结：

- 行动研究的出发点是现实问题。
- 行动研究过程需采取相关行动。
- 行动研究是以论述为导向。
- 行动研究根植于所研究领域的现场。
- 研究人员推动变化发生。
- 行动研究基于一种辨证理论。

下一部分我们将阐述进行行动研究项目的基本内容。

3 行动研究的基本要素

行动研究方法适用于那些能够运用探索性研究方法框架予以解决的高度非结构化问题。Coughlan & Coghlan（2002：227）介绍行动研究的应用时提到，当研究的问题涉及到在给定的团体、社区或组织中，随着时间的变化而发生着一系列的行动时；涉及到理解个体成员的行动为何以及如何能够改变或者提高系统的工作效率时；以及涉及到对改变或提高过程的理解是为了从中获取知识时（see also Coghlan & Brannick，2001），行动研究方法是有效的。

图 23.1 阐明了开展行动研究应该遵循的循环过程。

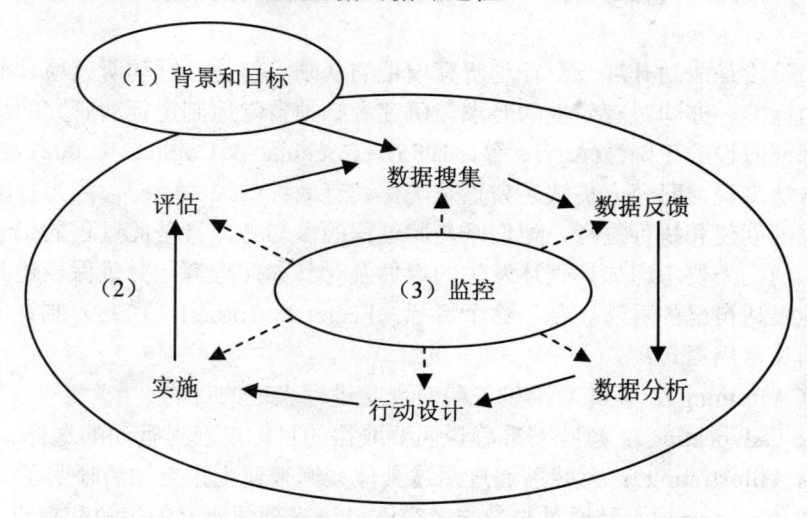

图 23.1　行动研究的循环过程

资料来源：Coughlan & Coghlan，2002：230。

行动研究一个周期由三个基本阶段构成（参见 Coughlan & Coghlan，2002：230）：

（1）准备阶段：在这一阶段，有两个问题十分重要：第一个是行动和研究各自的基本原理是什么？对于第一个问题，一方面我们有必要考虑数据来源、系统的潜能和需求，同时重视分析促使行动发生的有关经济、政治、社会、技术等相关因素的力量。第二个问题是采取怎样的适当方法，以及分析产生知识的相关项目的价值。

（2）主要阶段又可以分为六个步骤：

- 数据收集：通过不同的途径来收集数据。在企业中，财务报表是数据的一个重要来源，然而，观测、讨论和访谈也是获取数据的重要途径。对行动研究方法而言，能够直接观测到的行动是最重要的。通过观察沟通模式以及团体或文化层面中权利应用情况，我们能够了解基本假设及其对团体工作的影响（Schein，1999）。
- 数据反馈：研究者对收集到的数据进行初步加工，然后再把这些数据反馈给企业员工。这一环节中，以谈论为导向的过程发挥了重要作用。
- 数据分析：研究人员和企业员工共同对数据进行分析。这种协同分析方式是基于行动研究方法参与式的特点，由于双方都是行动研究的参与者，采取这种合作方式可以让所有的参与人员各尽所能。
- 行动规划：Beckhard & Harris（1987）提出了对于行动规划必须明确的六个关键问题：需要改变的是什么？处于组织中的哪一部分？需要的是何种类型的改变？需要谁的支持？实施的过程如何保证？如何应对实施过程中的不利因素？以上这些问题都需要在行动规划这一步骤中得到解答。
- 实施：组织成员贯彻实施制订的行动计划。
- 评估：这阶段包括对行动产生的影响的反应。评估的目的在于通过总结上一轮的经验教训，为下一轮的行动规划提供有益的指导和建议。要想在行动研究的过程中有所收获，就必须对行动结果进行评估。

（3）最后一个阶段是进行监控。在所有循环周期中均应当进行监控，而且对全部行动研究循环过程的监控均应具有持续性。由于对项目的监控是研究的核心，所以此过程主要由研究人员参与。

以上三个阶段是成功开展一个行动研究项目的基础。但是，行动研究项目质量的好坏也取决于研究的标准，亦即对有效性的要求。研究者必须自觉地制定行动研究的周期，同时不断地测试以保证假设的正确性（Agyris 等，1985）。Coughlan & Coghlan（2002：237）曾指出：对行动研究方法来说，研究人员缺乏公正是确保其有效性的最大障碍。因为行动研究人员同时参与了研究的创建和执行过程，他们既是此过程的参与者，又是此过程的记录者，在某种程度上来说，他们需要考虑如何表述发生的事件及对其如何理解，并确保表述具有有效性，而不是过多地表达自己的看法。基于这个目标，Fisher & Torbert（1995）制订了有助于行动研究表述的四类常用语句：

- 定位（framing）：意味着准确说明对现状进行表述的目的。
- 主张（advocating）：意味着准确说明要取得的目标以及对行动的选择、认识和建议。
- 举例（illustrating）：意味着通过阐述具体案例来使主张更加清晰明了。
- 探究（inquiring）：是通过与参与者交流讨论来理解研究的视角和观点。

行动研究结果质量的好坏主要受整体行动研究过程透明度的影响（Moser，1977；Sievers，1979）。这是其他研究者能够重现研究过程，从而使反映行动研究项目的解决方案真实可行的保证。

在这一部分中，我们只讨论了行动研究方法的基本特征。下一部分我们将阐述有关供应链管理的问题和前景。在这里，供应链管理的相关基础是事先给定的。

4 行动研究的问题及展望

很多文章都对供应链管理的基本要素进行了不同的分析。在本章的供应链管理中，将重点关注研究目标及实现目标的手段。供应链管理目标的提出建立在 Boutellier（1999）、Otto & Kotzab（2001）、Wildemann（2001）和 Seuring（2001）调查的基础上。表 23.2 是供应链管理目标一览表。

表 23.2 供应链管理的目标

作者	供应链特征
Boutellier（1999）	伙伴关系，个性化，需求拉动，延迟策略，计划
Otto/Kotzab（2001）	紧凑，高效，合作，整合，最优化，个性化，模块化，层次化，延迟策略
Wildemann（2001）	缩短周期，个性化，核心竞争力，减少信息不对称
Seuring（2001）	个性化，整合，高效

由于存在许多重叠的目标，供应链管理分析的一般特征可以总结如下：
- 供应链的目标是为了满足不同顾客的需求。
- 在供应链中存在着合作

为了实现供应链管理的第一个目标（即与顾客有关的问题），将会出现以下情况：掌握顾客的需求是一个复杂的非结构化的问题，所以在这种情况下我们需要一个主要的变量。例如，在供应链中，我们可以对新产品或者产品服务组合进行测试，并尽可能与合作伙伴一起共同对其进行扩展。以上是适合应用行动研究方法的典型情况。

在整条供应链中，第二个有所重叠的目标是关于合作的。关于合作这个目标，我们不是要讨论供应链中的某些企业或者是应该达到怎样的一体化程度。我们关注的是在供应链管理中，应该采用什么样的合作形式。Seuring（2001：13）的分析发现许多研究文章都是基于一些常用的工具和方法，而这些工具和方法只适用于具体的业务情况。例如，Vollmann 等（1998：379）提出了基于合作的 ABC 分析方法，用以解决供应链中合作问题。结果得出：在供应链管理的合作方式上存在理论缺口，同时也缺乏实证根据（Croom 等，2000：74）。考虑到这一点，我们认为在这种情况下采用行动研究方法是最合适的。

通过对供应链管理的简单介绍可以看出，在对供应链管理的研究中，行动研究方法是普遍适用的。然而，为什么在供应链管理中行动研究的方法使用较少呢？

正如我们在前一部分所指出的那样，行动研究方法采用的是另一套不同于其他方法的研究范式。但这是否是行动研究方法并不常用的原因呢？在这一部分中，我们将讨论文献中经常被提到的其他行动研究问题，见表 23.3 所示。

在文献中（Heinze，2001；König，1983），不断被讨论的第一个问题是行动研究中主体与主体之间的关系，例如，有学者认为行动研究的过程是被扭曲的。行动研究项目往往是由研究人员发起的。因为这个原因，行动研究的出发点可能就不是实际问题或者研究对象本身，行动取而代之的是预先设想的分析结果和研究人员已存在的对研究问题的某种解释，这是很危险的（König，1985）。在这里，就会存在研究者对研究过程的无意识的控制（Heinze，2001：81）。

这是一个很严重的问题，所以研究人员必须牢记：研究项目的改善并不是源于他们自身，而是来自那些行动者。对于在供应链管理中成功的行动研究项目而言，必须实现理论认知和实际执行情况的紧密结合。换句话来说，行动研究方法能否被认可（尤其是在供应链管理方面）通常取决于研究人员是否能够将时刻变化的行动反馈给委托方。

对行动研究的第二个批判是关于与委托人之间对话、沟通和反馈的问题。根据这一理论，对话是发生在没有层级或权力变化的情况下（Heinze，2001：85），但这是对对话情景的理想化的认识（König，1985）。供应链管理是在组织内部和组织之间发生的，而且不能将它从受外力影响的环境中剥离出来，例如，认为权力结构在组织之间是不重要的这种想法是过于理想化的。这种批判与实证科学中一种不考虑社会背景的理论有着密切的联系。所以我们建议供应链管理领域的行动研究人员不要期待达成共识。层级和权力结构是行动研究项目的一部分。同时，我们也必须承认它们是根植于社会过程中的一部分。对交流进行监测，然后把结果反馈给委托人，这是十分重要的。

对行动研究方法的第三个批判是认为此类项目不是由反馈决定而是由行动决定的（Heinze，2001：86），比如，在一个项目中，相对于研究而言，我们更关注行动。为了避免这种情况的出现，在开始供应链研究项目之前，有必要对研究过程中的合作问题进行讨论。同样，在研究人员和委托人之间进行一次关于研究目标和研究内容的公开讨论也是非常有必要的。讨论必须明确研究人员和委托人所具备的能力以及为项目带来的利益。进行交流的目的在于，通过交流，委托方可以学习与实践相关的理论知识，同时研究人员能够对研究的问题和复杂程度有深入的了解。

这一问题与以下观点密切相关，即认为行动研究只是一种咨询过程而与研究毫无关系。委托人只有兴趣去咨询如何去解决他们的问题。在高度关注知识在实践中应用的供应链管理新领域中，这是一个很重要的问题。针对这种说法有几条论据（Westbrook，1995：10；Gummesson，2000；Coughlan & Coghlan，2002）：

- 纳入咨询只是为了解决问题以及为委托人提供研究结果和建议，而行动研究人员的目标是发现新知识，这体现在行动研究过程中。研究人员对研究过程持一种开放的心态，而并不是仅仅关注结果。
- 与研究人员相比，在询问和文档方面，咨询的要求更加严格。
- 在具有咨询性质的项目中，时间表、成本和出勤的天数都已进行严格规定，顾问在严格的时间和预算约束下开展工作。然而，在行动研究项目中，这些问题虽然必要但是并不如上述问题那样严格。
- 咨询过程应用的是现有的知识和技术，并不鼓励拓展新知识。相比而言，行动研究者更着重于发现和尝试新知识和新方法。
- 咨询需要实证依据，而行动研究人员需要的是理论上的依据。
- 咨询的过程往往是有着明确观点和固定结论的线性过程，而行动研究过程是循环过程。

综上所述，咨询过程和行动研究项目之间有着重要的区别，总结如表 23.3 所示。

表 23.3 行动研究项目的问题以及可能的解决方案

行动研究项目的问题	供应链管理项目问题的可能解决方案
在现有背景下的研究对象或实际问题	将理论知识和实际实施情况结合起来
不考虑层级和权力变化的对话过程	对交流进行监测，然后将结果反馈给委托人
研究项目由行动而不是反馈决定	在研究人员和委托人之间进行一次关于研究目标和研究内容的公开讨论
行动研究只不过是一种咨询过程	研究人员对研究过程持一种开放的心态，而不是仅仅关注结果 行动研究者着重发现和尝试新方法 行动研究者需要理论依据 行动研究是循环过程

总体而言，供应链管理是比较新的研究领域，迫切需要进行更深入的概念和理论构建方面的研究（Croom 等，2000；Müller 等，2003；Otto & Kotzab，2001）。行动研究项目有助于创造新知识。

行动研究的过程关注现实的情况。首先必须明确研究问题，同时还要对目标的实际变化进行讨论，这是研究者和实践者进行合作的基础（Kemmis & McTaggart，2000）。在这个方面，能否运用供应链管理相关知识是至关重要的。供应链管理这一概念相对比较新颖，而且在供应链中较少得以实施（Müller 等，2003）。供应链管理是基于实际存在的现实问题，比如供应链中合作的低效率问题。因此，对供应链管理概念的研究迫切需要运用行动研究的方法。相关调查或者个案研究设计方法的使用表明供应链管理在组织之间已经开始应用和实施，这些方法将有助于发展下一步相关的概念。行动研究项目过程的主要特征是其在信息收集、讨论和实际行动等环节之间交替进行。信息是讨论的基础（Moser，1977：12）。当实际问题发生变化时，行动研究方法依然是非常适用的（Mayring，2002：53）。供应链管理的应用需要雇主和雇员在工作流程上进行改变，因此有必要参与到他们的工作中，并将它们纳入到研究过程中来。也许通过与供应链中相关人员的多次讨论可以找到解决问题的最佳方法。总之，在关于供应链管理的行动研究项目中存在着多种有意义的视角。我们需要注意的是，这是在新的研究领域中的一个非结构化的问题，而且应该根据实际情况的变化而改变。

5 总结

尽管行动研究方法遭到了诸多批判，但以上这些批判主要是基于不同科学理论理解上的分歧。大多数研究运营管理和物流的学者遵循的是实证主义范式。这也许就是为什么在运营管理和供应链管理研究中很少运用行动研究方法的主要原因。针对其他批判，我们在上文中已经阐述了相关避免和应对措施。对于一个成功的行动研究项目而言，重要的一点是做到与委托人之间就研究目标达成一致从而避免产生分歧和误解。一个成功的行动研究项目的核心在于信息搜集、讨论和实际行动之间的交替过程，以及本章最后一部分所提到的对整体循环过程的监控。供应链管理是一个崭新的研究领域，同样也是一个适合应用行动研究方法的适合领域。

6 参考文献

1. Apel, K. O. (1973): Szientistik, Hermeneutik, Ideologiekritik, (szientitic, hermeneutic, critic of ideology) in: Apel, K. O. (ed.): Transformation der Philosophie (transformation of philosophy), Band II, Suhrkamp, Frankfurt: p. 96-127.
2. Argyris, C., Putnam, R., Smith, D. (1985): Action Science, Jossey-Bass, SanFrancisco.
3. Beckhard, R., Harris, R. (1987): Organizational Transitions: Managing Complex Change, second edition, Addison-Wesley, Reading, MA.
4. Bichou, K., Gray, R. (2004): A Logistics and Supply Chain Approach to Seaport Efficiency: An Inquiry Based on Action Research Methodology, in: Kotzab, H., Seuring, S., Müller, M., Rainer, G (eds.): Research Methodologies for Supply Chain Management, Physica, Heidelberg, p. 413-428.
5. Coghlan, D. (1994): Research as a process of change: action science in organizations, in: Irish Business and Administrative Research, 15: 119-130.
6. Coghlan, D., Brannick, T. (2001): Doing Action Research in Your Own Organisation, Sage, London.
7. Coughlan, P., Coghlan, D. (2002): Action research for operations management, in: International Journal of Operations & Production Management, 22(2): 220-240.
8. Croom, S., Romano, P. Giannakis, M. (2000): Supply chain management: An analytical Framework for Critical Literature Review, in: European Journal of Purchasing & Supply Management, 6(1): 67-83.
9. Dewey, J. (1920): Reconstruction in Philosophy, Southern Illinois University Press, NewYork.
10. Fisher, D., Torbert, W. (1995): Personal and Organizational Transformation: The True Challenge of Continual Quality Improvement, McGraw-Hill, London.
11. Friedrichs, J. (1973): Methoden der empirischen Sozialforschung (Methods of Empirical Research in Social Sciences), Reinbeck.
12. Greenwood, D., Levin, M. (1998): Introduction in Action Research, Sage, Thousand Oaks.
13. Gummeson, E. (2000): Qualitative Methods in Management Research, second edition, Sage, Tausand Oaks, CA.
14. Gunz, J. (1986): Handlungsforschung: Vom Wandel der distanzierten zur engagierten

Sozialforschung (Action Research: The change from distances to involved research in social sciences), Braumüller, Wien.
15. Habermas, J. (1965): Erkenntnis and Interesse (Perception and concern), Suhrkamp, Frank-furt.
16. Heinze, T. (2001): Qualitative Sozialforschung, Einführung (Qualitative Social Science, Introduction), Opladen, München, Wien.
17. Hron, A. (1979): Aktionsforschung zur Entwicklung eines Paradigmas (Action research as a development to paradigm), in: Hron. A., Kompe, H., Otto, K.-P., Wächter, H. (eds.): Aktionsforschung in der Ökonomie (Action Research in Economics), Campus Verlag, Frankfurt, New York, p. 14-48.
18. James, W. (1994): Was ist Pragmatismus? (What is pragmatismn?), Beltz, Frankfurt.
19. Kemmis, S., McTaggart, R. (2000): Participatory Action Research, in: Denzin, N. K., Lincoln, Y. S. (Ed.): Handbook of Qualitative Research, second edition, Sage Thousand Oaks: p. 567-605.
20. König, E. (1983): Methodenprobleme der Handlungsforschung (methodic problems of action research), in: Zedler, P., Mosewre, H. (eds.): Aspekte qualitativer Sozialforschung (Aspects of Qualitative Research), Leske/Budrich, Opladen: p. 79-93.
21. Krüger, H., Klüver, J. Haag, F. (1975): Aktionsforschung in der Diskussion, (action research in discussion), Suhrkamp, Frankfurt.
22. Kuhn, T. S. (1967): Die Struktur wissenschaftlicher Revolution (The structure of science revolution), Suhrkamp, Frankfurt.
23. Lewin, K. (1963): Feldtheorie in den Sozialwissenschaften (Field theory in social science), Huber, Bern.
24. Mayring, P. (2002): Einführung in die Qualitative Sozialforschung (Introduction to qualitative social science research), 5. Auflage, Beltz, Weinheim und Basel.
25. McDonagh, J., Coghlan, D. (2001): The art of clinical inquiry in information technology-related organizational research, in: Reason, P., Bradbury, H. (Eds.): Handbook of Action Research, London, p. 372-378.
26. Middel, R., Brennan, L., Coghlan, D., Coughlan, P. (2004): The application of Action Learning and Action Research in Collaborative Improvement within the Extend Manufacturing Enterprise, in: Seuring, S., Müller, M., Kotzab, H., Rainer, G.: Research Methodologies for Supply Chain Management (eds.), Physica, Heidelberg, p. 365-380.
27. Moser, H. (1977): Methoden der Aktionsforschung (Methods of action research), Kösel, München.
28. Müller, M., Seuring, S., Goldbach, M. (2003): Supply Chain Management—Neues Konzeptoder Modetrend? (Supply Chain Management—New Concept or Fashion Trend?), in: Die Betriebswirtschaft, 63(4): 419-439.
29. Oquist, P. (1975): Erkenntnistheoretische Grundlagen der Aktionsforschung (science theoretical basics of action research), in: Moser, H., Ornauer, H. (eds.): Internationale Aspekte der Aktionsforschung (International aspects of action research), Kösel, München: p. 25-50.

30. Otto, A., Kotzab, H. (2001): Der Beitrag des Supply Chain Managements zum Management von Supply Chains—Überlegungen zu einer unpopulären Frage (The Contribution of Supply Chain Management to the Management of Supply Chains—Thoughts on an unpopular Question), in: Zeitschrift für betriebswirtschaftliche Forschung, 53(3): 157-176.
31. Pannirselvam, G. P., Ferguson, L. A., Ash, R. C., Siferd, S. P. (1999): Operations Management Research—An Update for the 1990s, in: Journal of Operations Management, 18: 95-112.
32. Popper, K. R. (1971): Logik der Forschung (Logic of Research), fourth edition, Mohr, Tübingen.
33. Schein, E. H. (1999): Process Consultation Revisited, Building the Helping Relationship, Addison-Wesley, Reading, MA.
34. Scudder, G. D., Hill, C. A. (1998): A review and classification of empirical research in operations management, in: Journal of Operations Management, 16: 91-101.
35. Seuring, S. (2001): Supply Chain Costing—Kostenmanagement in der Wertschöpfungskette mit Target Costing und Prozesskostenrechnung (Supply Chain Costing—Cost Management in Supply Chains with Target Costing and Activity-based Costing) Vahlen Verlag, München.
36. Sievers, B. (1979): Organisationsentwicklung als Aktionsforschung. Zu einer sozialwissenschaftlichen Neuorientierung der betriebswirtschaftlichen Organisationsforschung (Organisational development as action research), in: Hron, A., Kompe, H., Otto, K.-P., Wächter, H.: Aktionsforschung in der Ökonomie (action research in economy), Campus-Verlag, Frankfurt/Main, New York: p.111-133.
37. Vollmann, T. E., Cordon, C. and Raabe, H. (1998): "Das Management von Lieferketten"(The Management of Supply Chains), International Institute for Management Development, London Business School, Wharton Business School (Eds.), The MBA-book: Mastering Management, Schäffer-Poeschel, Stuttgart: p. 374-381.
38. Westbrook, R. (1995): Action research: A new paradigm for research in production and operations management, in: International Journal of Operations & Production Management, 15 (12): 6-20.
39. Wood-Harper, T. (1985): Research methods in information systems: Using action research, in: Mumsford, E., Hirschheim, E. (eds.): Research Methods in Information Systems, Elsevier, Amsterdam: p. 169-191.

作者简介

➤ Martin Müller 博士
- 出生于 1969 年
- 1990 年～1995 年，在法兰克福大学（University of Frankfurt）攻读工商管理（Business Administration）本科
- 1995 年～2000 年，在维滕贝格大学（University of Halle-Wittenberg）工商管理学院担任研究助理
- 2000 年完成博士学位论文

- 2001年开始，在奥尔登堡大学（University of Oldenburg）商学、经济学和法学院（Faculty of Business, Economics and Law）的生产与环境系（Department of Production and the Environment）担任高级讲师
- 2000年，在哈雷商业管理学院（Institute of Business Management Halle）被授予L.V. Kantorovic-Research奖
- 主要研究方向：组织理论；环境管理；供应链管理
- Supply Chain Management Center, Institute for Business Administration, Carl von Ossietzky University Oldenburg, 26111 Oldenburg, Germany
  Tel: +49 441 798 4187   Fax: +49 441 798 5852
  Email: martin.mueller@uni-oldenburg.de, http://www.uni-oldenburg.de/scmc

第 24 章 行动学习和行动研究方法的应用：联盟型制造企业中协同关系的改进

Rick Middel, Louis Brennan, David Coghlan, Paul Coughlan

本章主要内容

1. 导言
2. 联盟型制造企业
3. 行动学习
4. 行动研究
5. 研究基础
6. 行动学习和行动研究在联盟型制造企业中的应用
7. 讨论
8. 结论
9. 参考文献

内容摘要

近年来，越来越多的组织认识到，在跨组织环境下必须采取一定措施来改进组织间的协同关系。组织在采用协同改进措施改进组织间协同关系过程中面临很多困难，这些困难涉及到组织内和组织间工作问题和工作方法改变的诸多方面。为了克服这些困难，组织应该明确关注知识的积累与发展、学习能力的长期开发以及组织间合作关系的持续改进。本章阐述了行动学习和行动研究方法在荷兰联盟型制造企业间协同关系改进中的应用。

关键词：行动学习；行动研究；协同改进；联盟型制造企业

1 导言

随着国际竞争的日益激烈、市场的不断细分、需求的多样化，以及技术的快速革新（Teece 等，1997），市场逐渐形成了新的竞争规则，市场竞争逐步从单个企业之间的竞争转变为不同企业联盟之间的竞争。在此背景下，联盟内部的企业必须更加注重协同措施的实施，使得企业能够对当前流程和工作方法持续改进，以便于适应外部动态的商业环境。在跨组织的环境下，由于单个企业在实施改进措施方面存在不足（Harland 等，1999），需要多个企业共同实施改进措施来适应外部环境，由此便产生了"协同改进"的概念。

在新的环境中，企业越来越有必要在跨企业的层面上了解改进的相关知识，并对学习过程进行开发与探索（Boer 等，2000）。因此，根深蒂固于单个企业环境下的"持续改进"的概念已经转变为"协同"持续改进层面上来，这就产生了"协同改进"的概念。协同改进（Collaborative Improvement，CoI）被定义为："为了提高联盟型制造企业的整体绩效而在企业间进行的关注于持续渐进式创新且目标明确的相互作用过程（Cagliano 等，2002）。"

协同改进的关键在于学习与发展（Boer 等，2000）。然而，在由截然不同的企业所组成的企业联盟之间采取协同改进措施存在很多困难，这些困难涉及到组织内和组织间工作问题和工作方法改变的诸多方面。因此，企业必须运用一定的方法来解决企业间关系变革中所存在的这些困难。

"行动学习"（Action Learning，AL）就是一种可以帮助企业应对实际问题，开发学习能力的有效方法。作为一种在企业内部已被管理者广泛采用的方法，行动学习对于企业间关系的改善也非常有效（Coughlan 和 Coghlan，2004）。在企业及其管理者致力于行动学习方法运用的同时，研究人员也在运用行动研究方法来探索可用于联盟型制造企业间协同关系改进的相关方法。

本章主要研究行动学习和行动研究方法在联盟型制造企业间协同改进中的应用，所研究的企业均参与了协同改进项目（the CO-IMPROVE Project）。行动学习与行动研究共同构成了欧盟的协同改进研究项目（联盟型制造企业协同改进的方法研究，GIRD—CT2000—00299）的基础。2001年，协同改进项目以开发一个可被基于网络的软件系统支持的商业模型为目标开始启动，并采用基于实施指导方针的行动学习方法来支持模型的开发、实施、以及模型在联盟型制造企业间协同改进和持续学习方面的应用。

本章首先介绍了联盟型制造企业的概念，然后讨论了行动学习和行动研究的概念，以及二者在联盟型制造企业中的应用，最后详细阐述了行动学习和行动研究的过程以及研究人员的相关经验。此外，本研究在行动学习和行动研究方法在联盟型制造企业中的应用方面的研究文献中是首创的，对于行动学习和行动研究方法在未来联盟型制造企业中的应用具有一定的指导意义。

2 联盟型制造企业

随着市场需求的不断变化和竞争的日益激烈，单个企业逐渐认识到，企业必须专注于核心业务才能保持竞争优势；与此同时，与其它具有互补竞争优势的企业建立合作伙伴关系显得越来越重要（Rockhart 和 Short，1990；Nohria 和 Eccles，1992）。为了适应当前市场变化，并在市场环境变化中保持竞争优势，企业必须和其他企业进行合作，采取相应改进措施。当今市场的竞争不仅表现在单个企业之间竞争，更表现在供应链与供应链之间的竞争（Christopher，1992；Fine，1998）。

联盟型制造企业（Extend Manufacturing Enterprise，EME）的概念来源于供应链管理文献之中。这与核心企业的"供应网络"中的各种关系密切相关（Lamming，1993；Harland，1996）。其中，供应网络是指以核心企业与其有限的供应商共同采取的整合战略与管理策略为特征的高级关系的主体（Bartezzaghi 和 Sassatelli，2001）。联盟型制造企业（Busby 和 Fan，1993）是指为了实现所开展业务的利润最大化而进行紧密合作的制造企业。在这里，供应商被看作核心企业（即所谓的"系统集成商"）的一部分。供应网络和联盟型制造企业的概念都是以企业间的协同概念为基础的，即为了彼此间利益而进行的长期合作（Ring 和 Van de Ven，1992）。

3 行动学习

持续改进与协同改进的关键在于学习与发展（Boer 等，2000）。二者相互关联，且都涉及到学习：持续改进涉及到核心知识库（即核心竞争力）的积累与开发，核心知识库是企业区别于其他企业的关键所在，并为企业获取竞争优势提供了可能（Bessant 等，2003）。竞争优势的获取不单是知识资产的购买或交易的问题，还涉及对知识库进行系统性和目的性的学习与构建（Teece，1998；Prahalad 和 Hamel，1994）。协同改进是在整个组织范围内进行学习与持续改进能力的长期开发过程（Bessant 等，2003）。由于这种学习过程不局限于单个组织，所以整个组织中的所有企业在学习和能力开发方面都是相互关联的。该观点更加强调企业之间的协同改进与学习能力的长期开发。因此，作为协同改进的一部分，行动学习可以为学习能力的开发提供有用的方法。尽管行动学习（Action Learning，AL）的概念最初是从人与人之间的活动提出来的，但是很显然，它也可应用于企业之间的学习与协同改进（参见 Bessant 和 Tsekouras，2001）。

行动学习为组织之间人员的发展与学习提供了方法和工具（Pedler，1996；Revans，1998；Weinstein，1999；Yorks 等，1999）。行动学习的起点是行动，通过采取行动并反馈结果，从而实现在行动中学习。行动学习包含六个相互联系而又彼此不同的组成要素（Marquardt，1999），分别是：问题、项目组、质疑与反馈的过程、承诺采取行动、承诺学习和推动者。

4 行动研究

行动研究（Action Research，AR）是由诊断、行动计划、行动实施、结果评价和指定学习等环节组成的循环过程（Lau，1999）。行动研究的重点在于在行动中进行研究，而不是对行动进行研究；同时，在研究中，学习系统中的成员都要积极地加入到这个循环过程。行动研究可以用一些宽泛的特征来进行定义（Eden 和 Huxham，1996；Coghlan 和 Brannick，2001；Coughlan 和 Coghlan，2002），比如：
- 在行动中进行研究，而不是对行动进行研究；
- 积极参与；
- 与行动并行；
- 一系列的事件和解决问题的方法。

本研究所运用的方法是行动研究，这种方法既可以用于项目管理，也可以用于学术研究（Coghlan 和 Brannick，2001；Coughlan 和 Coghlan，2002）。当企业处于行动学习过程中时，行动研究方法与行动学习方法的同时使用，可以使研究人员与联盟型制造企业进行互动研究。

行动研究方法在联盟型制造企业中的应用促进和激励了学习过程和改进能力的发展。正如 Westbrook（1995）所言，行动研究对学习而言具有其他方法不具备的优势：当参与者处于变化实验过程中时，彼此之间是非竞争的学习，他们认真思考在实验中的做法。

5 研究基础

本章研究的重点在于行动学习和行动研究在荷兰的一个联盟型制造企业中的应用，该联盟型制造企业是由一个系统集成商（System Integrator，SI）及其三个供应商组成。系统集成商是一个专门从事汽车、卡车、海运、医药和农业等多个市场运作控制系统的企业。该企业自我定位于一个汽车和卡车方面的利基市场中。

系统集成商选择供应商参与协同改进项目（CO-IMPROVE project），被选择的供应商都代表了不同种类的企业间关系，并且它们供应不同种类的产品。这意味着信息可以在所有参与者之间自由流动，同时消除了敏感信息泄露给竞争对手的风险。系统集成商选择这些供应商的潜在原因在于这些供应商被看作是积极参与协同关系构建的企业，并且它们是支持系统集成商建立该集成系统的忠诚合作伙伴。

在一年半的时间里，系统集成商与供应商在质量管理、订单管理和生产管理环节采取了五项协同改进措施，这些协同改进措施涉及到多个方面，需要所有企业的多个职能部门共同参与，比如采购部门、工程部门、销售部门、质量部门和生产部门。

系统集成商和其中一个供应商采取了一项针对一种产品质量问题（下文称为"SUP"）的特定的协同改进措施，这种产品是由该供应商向系统集成商供应的。由于 SUP 会造成产品功能的下降，其在最终产品中的应用使得系统集成商的最终产品发生了严重问题。该项目组是由采购、销售、工程和质量等部门的人员共同组成的。项目组意识到该供应商不能从技术层面上对其工序进行优化以杜绝 SUP 造成的问题。因此，参与者投入到了解决问题的系统性过程之中，以便于获取有用信息，提出解决 SUP 问题的相关建议。为了找到导致问题的潜在原因和相应问题解决方法，该项目组采取了一种开放性的、有建设性的方法开展工作。项目组共同制定改进计划，在改进计划中规定了项目组成员的任务与相关任务的完成日期。在改进计划实施过程中，需要定期召开面对面会议来共享信息，讨论改进措施的实施进展，并对现状进行思考和评价，同时组织全体成员进行综合学习。这些会议的召开为协同改进措施的实施提供了动力，同时为参与人员创造了一种直接坦诚交流的良好氛围，并增强人们对协同改进措施和学习所带来的益处的认识。该过程的公开性方便了研究人员了解协同改进的整个过程。该项目的产出与学习成果如下：

- SUP 采用了新材料，降低了系统集成商的成本，同时提高了其产品的质量，并使供应商内部的废品率降低了 33%；
- 作为协同改进过程的一部分，信息共享与信息交流受到了更高的重视；
- 意识到开放、信任、目标共享和相互理解是采取协同改进措施，并取得有效结果的必要条件。

6 行动学习和行动研究在联盟型制造企业中的应用

6.1 行动学习在联盟型制造企业中的应用

行动学习在协同改进项目中的应用被看作是在学习网络中执行的一系列整合行动的集合。基于行动学习设计的程序（Marquardt，1999）可以在常规专题研讨会上构建出结构。在研讨会上，参与者将聚在一起，讨论和反馈特定措施的实施进展情况，并运用会上所学的知识和方法来解决日常工作中所遇到的问题。

简言之，行动学习在联盟型制造企业中的应用是通过一个由 15 次研讨会组成的、跨期 18 个月的学习周期实现的。这些研讨会是以月为单位进行组织的，目的在于使企业充分参与到协同改进活动中去，这些活动包括问题诊断过程、实情调查、改进行动的实施与评价。此外，行动学习过程在于强调联盟型制造企业中结构化质疑和反馈过程的重要性。从日程安排上可以看出，研讨会的召开日期是确定的，协同改进措施在联盟型制造企业中的实施安排在其他时间里。安排这些时间的目的在于：刺激和带动讨论的开展和行动的实施，识别和选择协同改进项目，向该项目其他参与人员学习经验，以及将这些会议联系在一起来促进改进措施的实施和综合学习的开展。

具体而言，在 Marquardt 框架中，协同改进措施包括如下 6 个主要组成部分：

I. 问题

问题集中关注的是针对产品和过程改进的直接运营问题，积极主动地创造改进机会，以及改进系统集成商与供应商之间的协同关系。

II. 项目组

行动学习的项目组是由系统集成商和三个供应商共同组成的。在过去的 18 个月里，项目组召开了 15 次会议。每次会议要求系统集成商至少有两名代表到会，每个供应商至少有一名代表到会，并且要求与会者在公开小组讨论会中要积极参与。

III. 质疑与反馈过程

每个月召开的联盟型制造企业研讨会的目的在于反馈和监控每项改进措施的实施进程。研讨会旨在使所有公司都充分参与协同改进行动，包括初步判断、寻找事实、执行以及改进行为的评价等。合作改进的成果在各方都出席时进行评价，并对其过程和进展进行思考，以积累经验和数据进行学习。

每次思考的记录用于组织改进的过程，使企业之间合作改进项目的过程和进展状况的思考更加方便，以达到积累经验和进一步学习的目的。评价和思考在改进的过程中并不是必需的，因此，参与者或公司可以忽略评价或思考的过程，而直接执行立项之初的每天的行为（优先）。思考记录和行动学习的过程重点在于强调结构化质疑和思考过程的重要性。在拥有这些记录的情况下，联盟型制造企业中的各个参与方开始注意到评价和思考的重要性以及其带来的利益。

通过研讨会的反复召开，行动学习过程实施的结果就开始显现出来。在合作改进项目实施之初，讨论和思考是按计划进行的，这是由于在之前的改进项目中评价不是工作方法的构成部分。系统集成商（SI）直接强调评价与思考的必要性和重要性，并与联盟型制造企业中的其他成员共同分享所学成果。随着项目的进展，参与各方开始意识到质疑和思考过程带来的利益，质疑和思考也就成为合作改进行动中必需的组成部分。

扩展的 PDCA 循环是合作改进措施的基础。改进措施和质疑与思考过程和 PDCA 周期有机结合，共同使用。在联盟型制造企业中，还运用公司拜访和工程巡视来提高对新事物的关注程度。

IV. 行动承诺

行动学习小组有义务采取必要的战略和运行步骤来保证改进措施的顺利实施。做出该承诺的前提是只有在采取行动时，实际意义上的学习才会开始。承诺采取行动体现在会议的安排中，目的在于使质疑和反馈过程变得更方便易行。每次会议都会对每一项改进措施的实施进展给予明确关注：

- 协同改进行为的计划与评价；
- 项目实施进展的描述与反馈；
- 对改进行为中出现的问题进行的实用性、反馈性和挑战性讨论。

V. 学习承诺

在会上需要对学习给予明确的关注。学习作为协同改进活动的组成部分，是通过知识、经验和教训的介绍与讨论来开展的。对学习的关注是通过反馈性质疑过程体现的，目的在于增强对协同改进与学习的结构化过程概念及其带来的效益的认识。

Ⅵ. 推动者

在行动学习项目组中，来自特温特大学（University of Twente）和都柏林三一学院（Trinity College Dublin）的项目组成员对行动学习过程起到了推动作用。这些推动者首先担当学习教练，参与了协调会议工作，并不断学习，始终处在日常工作的最前线。

6.2 行动研究在联盟型制造企业中的应用

● 研究和行动的组织

正如行动学习和行动研究的定义所显示的那样，这两种方法具有相同特征。二者拥有共同的价值标准，即二者基于同一学习周期，且集中关注于在行动中学习（Coghlan 和 Coughlan，2003）。然而，行动学习和行动研究是不同的研究方法，二者的不同之处主要体现在关注的焦点和结果上。行动研究关注的焦点不局限于学习，还致力于对理论的贡献（Coghlan 和 Coughlan，2003）。

总体来说，协同改进项目包括三个联盟型制造企业（其中之一是荷兰的联盟型制造企业）和四个科研院所。因此，行动研究过程是以三个地点为中心并行开展的。行动研究专注于行动学习方法是如何确定的，以及如何通过采取一系列的跨企业行动来保障商业模型和技术模型的有用性和可用性（Coghlan 等，2004）。对于行动研究人员而言，该目标是通过一系列的行动研究周期实现的（Coghlan 和 Brannick，2001；Coughlan 和 Coghlan，2002）。每一个周期都涉及问题诊断、计划和采取行动等环节，采取行动后需要对行动的结果进行实情调查，以便于进行计划和进一步采取行动。由于学习系统强调的是积极主动的参与，而不是简单地反馈性调整，因此，协同改进项目运用行动研究方法来构建和维持学习网络（Chisholm，1998）。

在协同改进项目中，参与企业之外的研究人员组织在一起，促进了每个企业学习网络成果的取得。这些研究人员被组织成一个学习网络，通过应用他们所收集到的持续改进的相关知识来开发协同改进方法。来自项目组外对该领域有研究的咨询顾问、专业研究人员和企业管理人员对这些研究人员的相关研究进行补充。

研究人员学习网络可分为三个层次（Coghlan 等，2004）：

1. 区域研究人员所在国家的网络

地区性研究人员网络致力于研究地区公司网络中的行动学习，从地区的角度对项目的开发进行行动研究。

2. 工作任务包研究人员网络

对于商业与技术模型以及行动学习过程的持续开发与应用等问题，各个机构均有其相应的责任。这些机构领导相关组织和网络来处理工作任务包。

3. 项目研究人员网络

项目研究人员网络包括三个地方性研究人员网络和三个工作模块的研究人员网络。

在合作改进项目行动学习阶段开始之前五个月内，研究人员学习网络召开三次会议。前两次会议中，都柏林研究人员在整个研讨会中对于行动研究和行动学习起引导作用，使参与者对行动学习和行动研究形成共识。第三次会议的重点是对每个公司网络设计细节和对每个公司学习网络的跟踪细节的准备。

● 数据收集、记录和反馈

在行动学习过程期间，荷兰学习网络和其他两个地方性学习网络一起收集、记录和研究与其研究领域相关的数据。资料、数据收集的渠道包括以下几个：

1. 记录工具（设计说明书）

2. 公司网络会议记录

3. 研究人员会议记录

4. 研究人员日志（指的是研究人员在该过程中的观察、反馈、想法与感受以及个人学习所得所做的记录）

研究人员收集、记录、反馈用于研究的数据是由各种企业团队共同提供的，这些团队对各自负责的领域的进展情况保持了全面而高度的关注。

● 沟通结构

与研究人员学习网络的三个层次相对应，交流沟通包括三种不同的结构（Coghlan 等, 2004）：

1. 地区性研究人员网络

在各个公司网络会议之前和之后都会有地区性的研究人员会议，这些研究人员会议致力于行动研究周期，包括初步判断、行动计划、采取行动和行动评价等，这些步骤的执行和研究都是以三种主题为基础：商业模型、技术系统和公司行动学习过程。这些会议的目的在于：

（1）在行动学习过程中，收集、记录和理解研究相关的数据以及与其相关的公司学习网络的数据。

（2）重新审视每个公司学习网络中实践和绩效评估产生的反馈意见。

（3）开发并概括用于改变行动的集合和交流的过程，这个过程是为了对网络中的搭档进行管理并思考他们补仓限制条件的水平。

（4）开发并概括从一个阶段向下一阶段过渡的转换过程，目的是为了使公司绩效、公司积极性和研究数据质量的恶化降到最低程度。

（5）解决可能会发生的问题。

（6）合理定位开发和应用的过程，以及商业模型、技术模型和行动学习方法在各个公司学习网络中的有用性和可用性。

正如之前概括的那样，这些地方性团队的工作进步是通过公司网络会议对于工作的开发、定制和应用，公司网络会议记录，各个研究人员的在线会议记录与公司学习网络会议记录实现的。

2. 工作任务包研究人员网络

各个工作任务包的研究人员在网络会议上进行讨论，致力于周期性的行动研究，包括初步判断、行动计划、采取行动和行动评价，这四个步骤在三种不同的公司学习网络中是不同的。每个工作任务包的研究人员网络的工作也是通过公司网络会议对工作的开发与设计和会议记录，各个研究人员对于与公司学习网络的其他成员是通过在线会议记录来实现的

3. 项目研究人员网络

项目研究人员网络通过参与会议进行碰面和讨论，在会议上地方性研究人员网络和工作模块研究人员网络对于各自对三类公司网络的行动研究的进展以及对于商业模型、技术模型和行动学习过程的开发进行汇报。项目研究人员网络的工作部分是通过撰写关于各个公司学习网络的行动学习方法的定位文件进行的。

7 讨论

根据本文的描述，该工作的核心要素是合作改进、行动学习和行动研究。接下来，本文将集中讨论后两个因素。

7.1 行动学习

大体而言，联盟型制造企业给实施和验证行动学习方法在不同的公司组成的集合中的作用提供了机会。行动学习方法的设计是以定期会议为基础进行的。联盟型制造企业中的公司通过行动学习方法更加重视合作改进的概念及其带来的利益，意识到以合作改进和学习为方向的结构化过程，提供了一系列以高度开放和信任为基础的思考和评价体系。

联盟型制造企业关注每天实际发生的事情，这些事情是已经被意识到的，通过这些事情行动学习法使公司致力于学习合作改进措施。在每次会议中，与会代表都会对合作改进措施的进展与过程进行汇报，其他人员进行讨论与学习。作为合作改进措施的一部分，知识、经验和教训的广泛学习也需要给予高度关注。该学习过程涵盖的范围极广——包括所用工具本身的评估、会议记录与会议代表、以及其他参与者的反馈意见，以及工厂内部的实地调研和培训。行动学习过程推动者的组织方式以及其在该过程中承担的不同角色促使公司在安排日程开始之前就必须进行学习。

由于联盟型制造企业中运营的优先性，在行动学习开始之前，思考和评价是无法进行的。因此，在行动学习方法开始之初，学习不是合作关系和合作改进措施的必须组成部分。随着时间的推进，这种状况会逐步得到改善，但是行动研究者需要意识到，联盟型制造企业中的参与者需要合理处理平衡运营优先权与作为合作改进一部分的学习之间的关系。

最初，理论界没有形成对合作改进概念的统一理解，这对于公司之间的开放水平产生了不利影响，还产生了供应商对系统集成商（SI）的争抢行为。这是由于供应商认为这是降低成本、保证质量水平的另一种方法。行动学习方法最初还需要特别关注对于愿景和方向的共同理解。

此外，参与者面临的挑战还包括学习在与联盟型制造企业其他成员之间的盲目扩散和企业内部的盲目扩散。

7.2 行动研究

荷兰的联盟型制造企业运用行动研究方法得到了明显利益，这是由于运用该方法有效识别和综合了经历、评论和学习三者的成果。联盟型制造企业的成员开发并改善了各自进行公司间合作的能力，这不仅仅是通过合作改进项目措施实现的，而且他们本身也有意愿进行合作、交流与信息共享，以及相互理解各自的处境，开发共同的目标。在联盟型制造企业中并不是所有成员都对改进过程进行思考与评价，主要原因在于运营行为的高度优先权。行动研究者推动合作改进措施实施的过程，对其评价和思考成果进行积累，从联盟型制造企业的角度进行学习，从而增加行动的理论知识，进一步开发合作改进和学习的能力。

公司将行动研究方法作为问题解决的工具，便开始系统地解决问题。该方法允许研究者作为合作改进措施的一部分去得到大量细节性的信息。这种方法可以使研究者从更深的视角进行研究，对合作改进项目的管理和组织的理解进行更深的开发。由于对合作改进项目开发过程理解的限制性，管理和组织是从一些视角进行的，其他一些视角并未显现出来：

- 企业之间需要理解彼此的处境，形成共同的目标方向。
- 创造一种开放的、交流的、信息共享的以及各个公司都可以并能够参与的学习环境。
- 作为合作关系及合作改进措施的组成部分，公司之间需要相互信任和切实履行承诺。
- 系统集成商（SI）需要积极致力于合作改进措施与学习的角色。
- 评估工具有助于协同改进措施的确定和实施。
- 项目管理工具和频繁的研讨会有助于合作改进措施的执行与进展，有助于创造紧迫

第 24 章　行动学习和行动研究方法的应用：联盟型制造企业中协同关系的改进　281

的环境。
- 在合作改进的过程和学习中，行动研究者的推动作用是必需的。

CO-IMPROVE 项目中的研究人员网络需要同时致力于行动学习和行动研究。在行动学习方面，他们的任务是在公司学习网络中运用商业模型和技术系统完成行动学习工作模块。这些任务是通过对研究所之间、国家之间和不同程序之间的工作进行质疑与反馈来完成的。

很显然，正如在更广泛的合作改进项目中一样，在对单个联盟型制造企业进行行动研究的情形下，并没有对多元并发的研究人员网络进行组织。尽管如此，在这种情形下，在行动学习过程中，致力于开发可行动知识的行动与反馈周期的制定仍然处于核心位置。诸如记录事件、撰写和介绍心得，以及联合探索解释的共同点和不同点等活动在行动知识的开发中仍然是必不可少的。

8　结论

学习能力的开发是协同改进过程的组成部分，行动学习为学习能力的开发提供了有效的方法。作为一系列行动的集合，行动学习在联盟型制造企业中的应用促进了跨组织实践中学习和反馈过程的持续进行。

行动研究通过结构化周期过程支持和促进了跨组织过程和联盟型制造企业的整体改进。这种研究方法对于研究人员和企业而言都是有效的。从研究人员的角度来看，行动研究使得研究人员对协同改进过程能够进行深刻了解，以便形成可行动的知识。从企业的角度来看，行动研究使得企业能够感受到对跨组织活动进行反馈和评价的相关性。

Nasland（2002）在一个具体的物流案例中指出，由于行动研究力图推动科学和实践的同时发展，因此它适用于应用领域。然而，他在涉及物流和行动研究问题的许多观察结果同样适用于供应链管理（Supply Chain Management，SCM）。供应链管理领域的问题通常是非结构化的现实问题。作为一种研究方法，行动研究致力于解决现实世界的组织和管理方面的问题，比如供应链管理方面的问题（Nasland，2002）。它对研究和实践都具有价值。行动研究是理解解释关系的基础（Nasland，2002），在供应链管理各种关系中处于关键地位，它特别符合供应链管理协同改进的需求。行动研究的应用能够洞察和增强供应链管理中的各种关系。

在本研究中，行动研究被应用于联盟型制造企业中。这样的网络对于组织供应链越来越重要。考虑到这种网络在技术、组织和管理方面的情况，有必要了解和发展供应链实体交易之外的相关知识，以涵盖包括目标设定和关系方面的行动知识。在物流咨询方面，Halldorsson 和 Aastrup（2003）曾强调过这种需求。与物流一样，每一项供应链方面的法令都是在特定的环境下制定并实施的。正如 Halldorsson 和 Aastrup（2003）在物流案例中所提到的那样，为了理解和解释供应链，我们必须应对它们的特殊情况。综上所述，行动研究完全满足这些要求。

9　参考文献

1. Bartezzaghi, E., Sassatelli, M. (2001): Migliorare le reti di fornitura: sviluppo delle competenzee delle opportunità tecnologiche (Improving supply networks: Development of competences and technological opportunities), Franco Angeli editore.
2. Bessant, J., Kaplinsky, R., Lamming, R. (2003): Putting supply chain learning into practice, in: International Journal of Operations & Production Management, 23 (2): 167-184.

3. Bessant, J., Tsekouras, G. (2001): Developing learning networks, in: AI and Society, 15: 82-98.
4. Boer, H., Nielsen. L. B., Nørretranders, T., Gertsen, F. (2000): CI changes: from suggestion box to organisational learning, Continuous Improvement in Europe and Australia, Aldershot, Ashgate Publishing Ltd.
5. Busby, J. S., Fan, I. S. (1993): The extended manufacturing enterprise: its nature and its needs, International journal of technology management, 8 (3,4,5): 294-308.
6. Cagliano, R., Caniato, F., Corso, M., Spina, G. (2002): "Fostering Collaborative Improvement in Extended Manufacturing Enterprises: A Preliminary Theory", in Smeds, R.(ed.): Continuous Innovation in Business—Processes and Networks, Espoo, Finland, Helsinki University of Technology: p. 131-143.
7. Chisholm, R. (1998). Developing Network Organizations: Learning form Practice and Theory, Addison-Wesley, Reading.
8. Christopher, M. (1992): Logistics and Supply Chain Management, Pitman Publishing, London.
9. Coghlan, D., Brannick, T. (2001): Doing Action Research in Your Own Organization, Sage, London.
10. Coughlan, P., Coghlan, D. (2002): Action Research for Operations Management, in: International Journal of Operations & Production Management, 22 (2): 220-240.
11. Coughlan, P., Coghlan, D., Brennan, L. (2004): Organizing for Research and Action: Implementing Action Researcher Networks, in: Systemic Practice and Action Research, 17 (1): 37-49.
12. Coughlan, P., Coghlan, D. (2004): Action Learning: towards a framework in interorganizational settings, in: Action Learning: Research and Practice, 1 (1): 43-61.
13. Dotlich, D., Noel, J. (1998): Action Learning, Jossey-Bass, San Francisco. Eden, C., Huxham, C. (1996): Action Research for the study of organizations, in: Clegg, S., Hardy, C., Nord, W. (eds.): Handbook of Organization Studies, Sage Publications, London, p. 526-542.
14. Fine, C. (1998): Clockspeed: Winning Industry Control in the Age of Temporary Advantage, Perseus Books, Reading, Mass. Halldorsson, A., Aastrup, J. (2003): Quality criteria for qualitative inquiries in logistics, in: European Journal of Operational Research, 144: 321-332.
15. Harland, C. M. (1996): Supply chain management: Relationships, chains and networks, in: British Journal of management, 7, Special Issue, Mar: S63-S81.
16. Harland, C. M., Lamming, R. C., Cousins, P. D. (1999): Developing the Concept of Supply Strategy, in: International Journal of Operations & Production Management, 19(7): 650-673.
17. Lamming, R. C. (1993): Beyond Partnership: Strategies for Innovation and Lean Supply, London, Prentice Hall.
18. Lau, F. (1999), Toward a framework for action research in information systems studies, in: Information Technology & People, 12(2): 148-175.
19. Marquardt, M. (1999): Action learning in action, Palo Alto, CA, Davies-Black.
20. Näslund, D., (2002): Logistics needs qualitative research—especially action research, in: International Journal of Physical Distribution and & Logistics Management, 32 (5): 321-338.

21. Nohria, N., Eccles, R.G. (1992): Networks and Organizations: Structure, Form and Action, Harvard Business School Press, Boston.
22. Pedler, M. (1996): Action learning for managers, Lemos & Crane, London.
23. Prahalad, C., Hamel, G. (1994): Competing for future survival, Harvard Business Press, Boston, MA.
24. Revans, R. (1998): ABC of Action Learning, Lemos & Crane, London. Ring, P. S., Van De Ven, A. H., (1992): Structuring cooperative relationships between organizations, in: Strategic Management Journal 13 (7): 483-498.
25. Rockhart, J, Short, J. (1990): The networked organization and the management of interdependence,in: Scott-Morton, M. (ed.): The Corporation of the 1990s, Oxford University Press, New York: p. 189-220.
26. Teece, D. J., Pisano, G., Shuen, A. (1997): Dynamic Capabilities and Strategic Management, in: Strategic Management Journal, 18: 509-533.
27. Teece, D. (1998): Capturing value from knowledge assets: the new economy, markets for know-how, and tangible assets, in: California Management Review, 40 (3): 55-79.
28. Weinstein, K. (1999): Action Learning: A Practical Guide. Gower, London. Westbrook, R. (1995): Action Research: A new paradigm for research in production and operations management, in: International Journal of Operations & Production Management, 15 (12): 6-20.
29. Yorks, L., O'Neil, J., Marsick, V. (1999): Action Learning: Successful Strategies for Individual, Team and Organizational Development, Berrett-Koehler, San Francisco.

作者简介

➢ Rick Middel
- 荷兰特文特大学（University of Twente，NL）商学院公共管理和技术专业的博士在读研究生
- 曾在特文特大学攻读工业工程和管理专业
- 2002 年～2003 年，担任荷兰特文特大学技术和组织部研究助理
- 主要研究方向：持续改进；协同改善；行动学习；行动研究
- Department of Technology and Organisation, Faculty of Business
  Public Administration, and Technology, University of Twente
  P.O. Box 217, Enschede, The Netherlands
  Tel: +31 53 4894537   Email: h.g.a.middel@bbt.utwente.nl
  http://www.bbt.utwente.nl/leerstoelen/OB

➢ Louis Brennan 博士
- 都柏林大学三一学院（University of Dublin, Trinity College）商学院教师，讲授国际商务和运营策略课程
- 在亚洲、欧洲和美国的很多学校拥有学术职位
- 研究成果已在大量期刊、书籍和会议录中发表

- 主要研究方向：供应链管理；国际商务与技术管理；文化与运营管理
- School of Business Studies
  University of Dublin, Trinity College, Dublin 2, Ireland
  Tel: +353 1 6081993   Email: brennaml@tcd.ie
  http://www.tcd.ie/Business_Studies/

➢ David Coghlan 博士
- 都柏林大学三一学院（University of Dublin, Trinity College）商学院教师，讲授组织发展和行动研究课程
- 已发表和出版了 60 余篇文章和书刊篇章
- 出版的著作包括：
- Addison-Wesley 出版社系列丛书中的《组织水平的动态性》（the Dynamics of Organizational Levels，与 Nicholas Rashford 合著，1994）
- 《在您的公司进行行动研究》（Doing Action Research in Your Own Organization，与 Teresa Brannick 合著），第二版，Sage 出版社：伦敦，2005（第 1 版，2001）
- 《医疗机构变革》（Changing Healthcare Organisations，与 Eilish Mc Auliffe 合著），Blackhall 出版社：都柏林，2003
- 《经理层的行动学习》（Managers Learning in Action，与 T. Dromgoole, P. Joynt, & P. Sorensen 合著），Routledge 出版社：伦敦，2004
- 主要研究方向：组织发展；行动研究；临床调查；反思性实践；行动学习；从业者研究；组织行为研究
- School of Business Studies
  University of Dublin, Trinity College
  Dublin 2, Ireland   Tel: +353 1 6082323
  Email: dcoghlan@tcd.ie, http://www.tcd.ie/Business_Studies/

➢ Paul Coughlan 副教授，MBA
- 爱尔兰都柏林大学三一学院（University of Dublin, Trinity College）商学院运营管理副教授
- 1993 年~，一直从事运营管理和产品开发领域的研究和教学
- 2004 年 6 月，在三一学院主持第十一届国际产品开发管理会议（the 11th International Product Development Management Conference）
- 高级管理研究欧洲研究所理事会主席，欧洲运营管理协会理事会代表
- Magnetic Solutions 公司的执行董事，这家公司起初是三一学院的校办企业公司，逐步发展成为一家总部位于都柏林的工艺设备制造商
- 主要研究方向：产品开发和制造业务中的行为规范和绩效的持续改进；行动研究；行动学习
- School of Business Studies
  University of Dublin, Trinity College, Dublin 2, Ireland
  Tel: +353 1 6082327   Email: coughlnp@tcd.ie
  http://www.tcd.ie/Business_Studies/

第25章 将环境和社会标准纳入供应管理：一个行动研究项目

Julia Koplin

本章主要内容

1. 导言
2. 行动研究方法
3. 研究项目概要
4. 行动研究在项目中的应用
5. 结论
6. 参考文献

内容摘要

人们逐渐认识到，企业在推进可持续发展中扮演着重要角色。基于这一点，由于不同利益相关群体对可持续性需求的日益增加，企业开始研究自身供应链，以提高供应链的整体可持续性。导致上述重大问题的原因可以概括为以下两点：一是核心企业需要对其供应商带来的环境和社会问题承担责任，并且由于第二点原因的存在，这一点变得更为重要；二是供应商所创造的价值份额不断增加。针对不同利益相关群体对可持续性的需求，企业必须寻求将环境和社会问题纳入其供应链管理之中的有效方法。因此，通过修改采购流程，企业可以在供应管理中建立环境和社会标准，从而来满足这种需求。本章介绍了一种如何将社会和环境标准广泛地整合到核心企业供应管理中的研究方法——行动研究方法。采用行动研究方法可以确定企业采购结构所需要发生的变化，并为企业实现这种变化提供可能的选择。

关键词：可持续发展；环境与社会标准；采购；行动研究

1 导言

当前企业面临着国际化的发展趋势，国际化使得许多不同供应商为了获取原料和初步产品而相互竞争（水平供应商结构），同时，每一层供应商的产品销售往往依赖多条供应链（垂直供应结构）。这种结构使得一个企业很难控制整个供应商网络，从而增加了采购的复杂性（Monczka 等，2002；Harland 等，1999）。

此外，在可持续发展的大背景下，企业对整个世界环境和社会的发展发挥着重要作用（Ulrich，1977：1ff；Schaltegger 和 Sturm，1994：11）。因此，企业必须将环境与社会标准纳入到企业管理策略之中（European Commission，2002：5）。核心企业必须确保其产品的制造不会造成环境污染、劳动条件的恶化，或供应链中的其他社会问题（Myers 和 Stolton，1999；Seuring 和 Goldbach，2005）。

由于企业必须在媒体和非政府组织面前为其供应商承担责任，这使得它们在公众信誉和销售市场吸引力方面面临着重大威胁（Scherer 等，2002）。与这些变化密切相关的是，非人道主义的社会条件经常成为讨论的焦点，这在发展中国家尤为明显（Kraus，1997；Lal，1998）。因此，事先将环境和社会标准整合到供应商关系中是非常必要的（European Commission，2002：5）。企业必须重新考虑供应商的选择和评价标准、标准的实施手段、环境和社会必要条件的实现，以及控制机制和激励措施。

这种情况造成的问题是：将环境和社会标准纳入汽车制造商的供应管理中并对其进行控制的潜在战略如何实现？

在此背景下，本研究首先给出了一些有关行动研究含义的理论基础；然后描述了应用行动研究将环境和社会需求整合到供应管理中这一概念的设计流程；第三部分阐述了如何在项目中将理论基础转化为实际应用；第四部分分析了行动研究在项目中应用的最终结果和应用过程中存在的问题；文章最后给出了一些研究结论。

2 行动研究方法

由 Kurt Lewin（1963）开发的学习模式可以被看作是行动研究的基础。分析社会系统需要一种适合该系统独创性的特殊方法，这一理念推动了行动研究的产生。这里，我们讨论的是有形的社会需求、社会问题及其解决方案。因此，相对于抽象出一些可测变量而言，理解整体情况变的更为重要（Westbrock，1995：9）。与传统的（实证）研究相比，行动研究有以下几点关系上的变化（Coughlan 和 Coghlan，2002：224）：（1）理论与实践之间关系的变化；（2）理论与经验主义之间关系的变化；（3）研究人员与研究对象之间关系的变化。接下来的部分将对这些差异进行分析与说明。

2.1 目标与具体内容

过程结果的实际应用以及科学实践的不断变化是行动研究方法的基础（Coughlan 和 Coghlan，2002：220）。因此，行动研究具有双重目的，不仅关注理论认知的核查与搜索，而且以解决社会需求问题为导向。行动研究的主要目的在于为企业改革寻找科学基础（Lewin，1963：204）。研究结果不仅要满足科学系统内外的双重合法约束，而且要面临不同的关联标准和价值取向（Sievers，1979：120）。研究人员和研究对象的共同学习过程在整天的工作、学习和自我反省过程中处于核心阶段（Haag 等，1972：42）。对社会改革产生实际影响是本研究的前提条件。

行动研究过程具有一些具体的特点。首先，科学与实践之间的新的集体操作系统具有明确的时间界限（Clark，1976；Miles，1968）。在这个系统中，研究人员扮演的是主持人的角色，他们负责收集想法，提出问题并要求进行集体论证。在此过程中，透明度是保证每个人都了解所有参与者的知识和能力产生结果的过程以及正在进行的集体学习过程的重要条件（Kompe，1979：60）。因此，必须打破研究人员与研究对象间的传统距离（第二个特点），并增加两者间的互动。研究人员为了成为系统中的积极参与者，他需要与研究对象长期地工作和生活在一起，与此同时，他还不能完全丧失作为一名科学家的身份（Johnson 等，1999），这是发展接近社会现实的实际行动观点唯一可行的方法（Moser，1975：169）。另一个特点是，行动研究需要为理论的产生创造非权威的交流情境。因此，目标、一致性、行动过程以及所用工具必须由所有参与者共同决定，并在控制和调制过程中不断进行修改。表25.1总结了与传统研究相比，行动研究所具有的特点。

表25.1 行动研究与传统研究的比较

特征	传统研究	行动研究
目标	对现实的描述与解释	改变现实的行动导向→学习过程
研究人员的角色	外部观察者，没有参与到研究事件中	知识生产（科学）与知识执行（设计）的逻辑分离→参与
研究人员与研究对象的关系	主观与对象的关系：外部客观的观察者定义情境的含义	学科与学科的关系：所有相关人员共同定义意识取向和情境反应（消除距离）→互动
理论形成	基于数据基础的理论评价	数据是行动导向话语权的基础（非权威对话）→交流
设计与研究过程	流程：调查、评估与解释	循环、迭代的学习过程：问题与目标的定义，行动计划的形成、实现、评估和必要的修改（修订）→论述

2.2 研究过程

每一个行动研究项目都需要进行专门的实验，实验主要关注两个重点内容，即实际的预期变化和研究人员与研究对象间的合作过程（Coughlan和Coghlan，2002：224）。首先，研究人员面临某一实际问题，该问题必须用特定的方法来解决。这是依据现状进行流程设计的关键因素（Mayring，2002：51）。由于过程参与者的情况不同（沟通、背景、对问题的理解和兴趣），在项目的主体部分开始之前（进入），需要对接下来的合作所做的预先决策进行检查（调查）。随后，将进行变量的收集、评价和准备工作，同时进行结构和进程访问（数据收集，数据反馈和诊断）。这些活动为论述过程中相关内容的解释与理解提供了基础，有助于研究人员找到适宜的行动建议。然后，需要对具体行动方案的开发、责任的确定以及评价方法（行动计划）的定义实施变动策略（实施）。最后，需要对得到的结果和变化进行测量与分析（Sievers，1976：10）。

表25.2对整个过程的步骤进行了总结，它显示了行动研究阶段模型的概念。根据具体的项目和作者，过程中可能会有一些小小的变动。

表25.2 行动研究的阶段模型

研究步骤	占主导地位的……	内容
调查	研究	对接下来的合作进行预先决策
进入	行动	共同的工作关系和合同的发展 首要问题导向 选择数据收集和反馈的方法
数据收集	研究	分析组织变量和过程
数据反馈	行动	向用户系统返回准备的数据以便讨论和诊断
诊断	研究	研究情况，系统的问题和不足
行动计划	行动	具体行动计划的开发，包括决定谁将实现计划以及如何测量成果
实施	研究	对战略转变的管理
评估	行动	评估实施的有效性/无效性—项目的延续是可能的

资料来源：Sievers，1979：124。

尽管存在这些结构，但由于单个步骤可能循环进行，所以研究过程仍具有一定的灵活性。这就意味着，如果研究过程中出现问题，可以返回到已经完成的初始阶段，并从这一点重新开始。从这一点来看，该模型具有高度的复杂性（Sievers，1979：125）。因此，行动研究主要包括三个部分：信息收集，论述和实际行动。以上研究步骤每个都与这三部分的其中之一相关。

2.3 质量标准

对于定性研究而言，有必要采用一定的质量标准来评价其研究过程。为此，研究人员开发了一套具体的标准来衡量研究结果的质量。行动研究的质量标准与传统定量研究的质量标准（客观性、有效性、可靠性）有所不同，并且与 Mayring 提出的定性研究的质量标准（Mayring，2002：144）存在差异。行动研究的质量标准适于评价参与者之间的沟通方法和论述过程中对结果进行解释的相关方法。在这种情况下，可以将行动研究质量标准划分为四种不同的情形：与理解相关的沟通、与影响相关的干预、与监测相关的透明度，以及与异常相关的关联性（Gruschka，1976：147）。每种情形都具有三个不同的质量标准，如表 25.3 所示。

表 25.3 行为研究的质量标准

情形	质量标准	内容
沟通	移情	了解基本情形，理解他人的想法
	相互关系	接受交流和相互依存的情况（重要的事物）
	合理性	决定的合法性及正当理由
干预	干预能力	参与到实际情境中以及我们职责的有效性
	反馈	快速反馈相关信息并向所有参与者进行解释
	识别	基于交流过程结果的有效性和可接受性
透明度	可控性	对科学理论的理解、交流和解释
	易理解性	发布的方法、规则、途径及各个步骤
	可变性	修改现有观点的可能性
关联性	情境的关联性	各方的理论观点，沟通和解释
	目标的关联性	与实现目标系统相关联的科学定位
	实践的关联性	运用科学方法将其转化为目标观点的能力

资料来源：Gruschka，1976：147。

语言沟通在行动研究中起着非常重要的作用。语言沟通由四个步骤组成，在为预期改变选择操作策略之前，需要完成这四个步骤。只有这样，才能为结论提供依据。第一步（相互了解）包括交换意见、收集信息和问题。当双方对案例的理解有争议时，彼此需要相互了解，并通过对争议进行讨论以达成共识。第四步，即最后一步，是制定系统决策以确保研究的行动导向。最后一步是针对社会形势和解释说明的变化而进行的战略选择。但是，确保研究人员不对研究过程产生扭曲影响非常重要，这一点必须在论述过程中得以反映。在研究过程中，所有参与者均需要对不同质量标准的满足情况进行检查和评价（Gruschka，1976：154）。

2.4 研究方法

信息收集和论述过程之间的紧密联系使得研究方法在行动研究过程中发挥了新的功能。由于系统的论证对发现现实具有很大帮助，因此，研究人员通过利用研究方法来满足参与者的需求，同时提高了企业的经营能力。为了更好地探究研究方法的组成，研究人员可以更深地参与到研究过程之中（Moser，1977：25）。对于行动研究而言，可以将所有的研究方法划分为三类，分别是：情境的创造、现有行动的获取，以及决策因素的整修和同代人的操作流程。方法的划分和该方法与其定义对象之间的关系有关（Moser，1977：28）。

Moser（1977）用一个二维矩阵展示了一些可用的信息收集方法。垂直方向表示事实、具体事件以及作为不同类型信息的规划或规则，水平方向表示研究人员可能采取的三种不同的立场：（a）研究人员脱离小组，运用适当的手段记录数据（询问工具）；（b）研究人员是小组的成员（物理参与）；（c）研究人员已经接触到小组内的成员，但不参与事件（小组调查）。表 25.4 显示了按不同维度组合得到的各种适用的研究方法（Moser，1977：24）。

表 25.4　行动研究的研究方法

		包含的种类		
		脱离小组	小组存在	小组调查
知识的来源	事实	● 社会—经济数据的统计调查 ● 标准化/开放式问卷 ● 内容分析 ● 准实验 ● 非正式测验	● 准实验 ● 结构化/非结构化观察	● 标准化/开放式访谈 ● 专家调查 ● 内容分析 ● 文献分析 ● 来源分析 ● 文件分析
	事件	● 重复事件的内容分析 ● 通过自我/外部评估，对采访事件进行评级	● 录制过程，以便观察 ● 协议 ● 书面形式的过程反映 ● 危机实验	● 调查受影响人的评估 ● 专家调查 ● 文件分析 ● 文献分析 ● 来源的诠释
	规范/规则	● 社会计量 ● 内容分析 ● 准实验 ● 标准化/开放式问卷 ● 语义差异	● 结构化/非结构化观察 ● 准实验 ● 危机实验 ● 集团动态反射 ● 角色扮演	● 标准化/开放式访谈 ● 专家打分 ● 角色扮演 ● 文献分析 ● 来源诠释 ● 文件分析

资料来源：Moser，1977：26。

有些方法并不是新的方法，却也被应用于传统实证研究，如：问卷调查法、访谈法等。这是因为这些方法都不是建立在特定的学科之上的。相反，它们代表的行动框架与所有日常运作密切相关。出于这个原因，将科学方法论还原成无限多的方法是不可能的。但是，根据研究方法的基本假设，当把日常行动框架作为研究方法时，它们将具有不同的意义（Moser，1977：26）。总而言之，根据项目目标和内容，运用具有相互控制功能的不同方法是很重要的。

3　研究项目概要

本研究项目是奥尔登堡大学（the University of Oldenburg）（两个人组成的研究团队）与一个跨国公司（整个集团的不同部门）之间的合作项目。在共同工作过程中，合作双方的地位是平等的。来自公司和研究小组的三个人组成的核心项目团队举行了非正式会议，所有当事人都出席了会议。

本研究主要关注的是一个可实现的解决方案的开发过程。目标、过程和解决方案都依赖于整体研究情况（参与者等）。过程的设计对结果具有很大影响，反之亦然。问题和客观的定义，包括由此产生的必要的操作规范，一直处于持续变化之中。为了应对这一挑战，将所有的个人研究部分记录好非常重要。只有详细的记录才有可能说明变化的过程以及它们对整个研究最终结果的影响。

总之，该项目耗时 18 个月，由四个不同的研究单元组成，分别为：
- 初步分析（文献回顾）；
- 六次专题讨论；
- 现行采购结构的回顾（内部访谈）；
- 第一层供应商的参与（问卷调查/供应商讨论会）。

在项目的主体部分开始之前，需要进行初步调查分析。调查的主题包括以下三点：一是与供应链可持续性相关的环境和社会问题给全球代理公司带来的挑战（机会/风险）；二是现有环境和社会标准的内容、地位和使用范围，以及公认标准的实施状况；三是其他企业和行业的最佳做法与反面例子。在上面分析的基础上，对供应链可持续发展的研究现状进行综述成为了第一次内部研讨会的出发点。

六次研讨会聚集了项目的所有相关人员。第一次研讨会的目的在于使参与者了解项目主题，并展示了初步分析的结果。每一次研讨都会对正在进行研究的当前状况进行讨论，从而确定更进一步的行动。通过运用实际工作者的专门技能和相关研究方法，决策过程的参与者需要开发一个可变现的实施概念，来确保开发方案的可用性。

首先需要对企业现状进行审查，以便了解企业的采购结构和流程，从而找出企业中与环境和社会标准相关的不足和缺陷。整个供应链管理系统包括四个不同的阶段，即规范水平，早期发现，采购流程以及监控和供应商开发。研究人员与企业各部门的专家进行了九次会谈，每次会谈的信息都被收集起来并进行了分析，以便确定变化的可能性和必要性。由此可产生作为规范策略的不同解决方案，这些方案需要在研讨会上进行讨论，以便确定一个更为合适的解决方案。

研究人员以书面形式对汽车供应商的整合进行了调查，并选取了 5 家供应商直接参与供应商研讨会。对 378 家供应商（主要位于德国）进行的调查涉及到企业对可持续发展的认知与对其重要性的理解，以及如何在他们企业和供应链上实施环境与社会标准方面的问题。本次调查回收了 111 份完整的问卷，调查结果显示了汽车供应行业目前的形势。这有助于使人产生一种印象，即将环境和社会方面的要求纳入到外包过程中是有必要的（Koplin 等，2004）。为讨论这一临时观点，研究人员选取了五家供应商参与供应商研讨会，以便获得计划变动的反馈结果，并讨论企业的解决方案。

本章下面的内容将从科学的视角来反映该项目的进程，并将阐述如何将行动研究的问题、结构和质量标准纳入到项目之中。

4 行动研究在项目中的应用

本研究项目建立在对构成社会系统的跨国公司组织结构进行分析的基础之上。奥尔登堡大学的研究团队（科学家）与其企业合作伙伴（实践者）在合作运营系统中的关系是平等的。该项目的主要目标是通过将要求和标准纳入到跨国公司的采购结构中，来减少全球供应链中的环境和社会问题。在研究的初步阶段，该问题反映了一种切实的社会需求。可持续发展、采购和供应链管理等概念是期望供应链中环境和社会状况发生变化的科学基础。

为了在社会系统中实现这些实际变化,本研究对现存的采购结构进行了分析,并指出了当前采购结构中存在的不足。该项目试图找到一种将环境和社会要求与标准融入到采购结构中的有效方法,这些要求与标准的融入使系统发生了如下变化:

- 供应商选择的附加标准的制定
- 新的供应商评价体系的设置
- 采购过程中新的责任和任务
- 早期检测系统向社会因素的延伸
- 环境和社会类别的额外审计
- 供应链内部信息系统的实施

4.1 过程的单个阶段

行动研究的三个部分在本章的研究项目中均予以了考虑。第一部分,即信息的收集,发生在初步分析和正式分析之间,包括研究企业在过去多年来在全球化背景下所面临的挑战,建立世界范围内的环境和社会标准以实现其(有关内容方面的)要求的透明性,以及研究最佳做法和那些由于供应链中缺乏指导准则而违反环境和社会规定,进而受到控告的企业。另一方面,企业自身状况与现有的采购结构和流程(包括供应商的违约)方面的相关信息会通过对企业部门专家进行访谈的方式加以收集。

第二部分,即论述,是对关于规范意识和事实的关键问题进行科学处理的主要步骤。由于知识储备可以使得在研究过程中进行合适、有益的论证,因此,它对于研究而言是必要的。知识储备有不同的来源,包括日常工作知识、机构运营知识、理论(学术和哲学)知识和针对实证研究而进行系统调查所获得的知识(Moser, 1977: 66)。所有这些知识形式在项目中都有所应用。其中,日常工作知识来自于企业不同部门员工的工作经验,机构运营知识来自于与所研究企业而进行的接触活动,理论知识包括研究人员对文献中现有模型和概念进行研究而获取的学术知识,而系统调查所得到的知识将在项目中加以收集,例如对企业供应商进行调查所获得的知识。

作为实际行动的结果,供应商网上平台得到了扩展,同时,环境和社会方面的相关信息成为了供应商选择的标准之一。每一个供应商都必须填写相关文件进行自我披露,从而显示其自身运营状况。为了对供应商进行评价,企业设立了一套新的分类标准。此外,在工作说明过程中,项目组将新的职责和工作分配给了几个人,同时成立了一个针对特别的环境和社会审计的特定专家团队。当前我们使企业运营发生了一些根本性的变化,这些变化直接来自于项目之中。整个研究过程可以安排在行动研究的阶段模型中,如表25.5所示。

表25.5 行动研究过程结构的项目分类

研究步骤	主要行为	研究项目
调查	研究	会议:开发一个有共同目标的项目说明
登记	行动	会议:项目计划的重新制定——几个步骤的详述,适当的研究方法和反馈周期的明确,第一次研讨会的准备
数据采集	研究	初步分析:环境和社会标准,公司的机会和风险,最佳实践概念
数据反馈	行动	第一次研讨会:项目介绍、问题和目标的定义、内部情况的评论,以及下一步行动方案的讨论
诊断	研究	访谈:就采购结构、采购流程、当前的不足和解决方案选择与专家进行内部讨论

续表

研究步骤	主要行为	研究项目
行动计划	行动	会议：当前形势的评估、薄弱点分析、可能目标范围的规划，以及解决方案策略的选择
执行	研究	第二次研讨会：数据反馈的回馈、薄弱点的讨论、目标范围和解决策略的讨论，对受影响员工对于实现未来行动计划的接受性和积极性的后续投入
评估	行动	

4.2 所采用的研究方法

在研究方法方面，并非 2.4 中所提到的所有研究方法在该项目中都有所应用。正如前面提到的，根据行动的特点可以将行动研究的研究方法分为三类，即情境创造、现有行动的获取，以及同龄人操作流程和决定因素的整修。对于第一个类别，研究方法被用于构建情境，从而使得行动成为了项目信息的主要来源。这里至少需要满足两个条件：一是研究人员必须就分析结果与有关人员进行讨论（反馈）；二是研究人员必须诚实，不允许利用研究方法欺骗研究对象（可靠性的威胁）。在本项目中，由于特定的情景已经存在，并且可以从中获取相关行动，所以没有必要运用这些研究方法来建立一个新情境。

对于第二个类别，即现有行动的获取，最重要的一点是在谈话中获取研究对象的自然表现。在此过程中，在假定研究对象具有决策能力和承担义务的前提下，获取调查对象的自我评价非常重要。这一类别包括多种方法，其中一些方法也包括在项目之中。在包括研讨会和项目小组会议在内的整个项目期间里，研究人员都进行了结构化或非结构化观察。为了对结构和流程能有充分的了解，研究人员对企业的不同部门和供应商进行了非标准化访谈，并对专家进行了问卷调查。研究人员需要草拟每次会议的流程文件，并且需要以固定的书面形式对流程进行反映。

对于第三个类别，即同龄人的操作流程和决定因素的整修，通过直接观察和访谈无法获得数据，获取的经验和知识都是二手资料。此时研究人员主要专注于对研究人们行为的参考资料进行分析。可以将参考资料分为两个维度，即空间维度和时间维度。空间维度包含发生在其他地方类似事件的相关信息，时间维度涵盖了过去发生事件的相关信息。第三个类别所包含的研究方法包括：文献分析、来源分析和文档分析。这些研究方法在此项目中扮演着重要角色，它们对科学基础和概念的整修和对企业结构和流程的整体了解起到了重要作用。在协议中，内容分析对个人观点的形成起到了很大作用。

4.3 质量标准的一致性

对于一个研究项目而言，运用质量标准来对项目结果进行评估非常重要。表 25.6 显示了行动研究质量标准在所描述项目范围的实现过程。

表 25.6 该项目质量标准的实现

情境	质量标准	研究项目
沟通	移情	由研究者和参与者共同组建项目的核心团队
	相互关系	与所有参与者持续研讨
	合理性	研究者与研究合作伙伴的集体决策
干预	干预能力	分析现存的外包结构
	反馈	与所有参与者持续研讨
	识别	对内部研究结果的思考

续表

情境	质量标准	研究项目
透明度	可控性	解释所有已用的研究方法
	易理解性	与研究中的合作伙伴讨论项目的每个步骤
	可变性	将研讨会作为改变建议和新想法的平台
关联性	情境的关联性	研究目标受结构变化影响
	目标的关联性	整合概念的链接
	实践的关联性	在发展概念时寻求实用性

5 结论

本研究表明，将行动研究作为一种适用方法用于供应管理方面的实证研究是可行的。在此背景下，项目研究人员的作用与企业管理领域的咨询活动有相似之处。改变当前的社会状况比对已有概念进行新的科学内涵阐释更受关注。因此，保证二者之间的平衡非常重要。尽管研究人员可能对企业有一定的依赖，但其必须尽量保持研究对象的平等性。由于实践往往具有时间限制，并且不太关注反馈过程，所以，激励所有参与者在讨论过程中贡献力量同样重要。在项目的开始阶段需要克服许多障碍，唯一有效的方法是通过学习使双方获得信任和理解。

这个项目也显示了过程中发生的一些问题，这些问题可能会导致项目的失败。我们应该注意这些问题，以便进行进一步的行动研究设计。研究过程的不断修改使得在行动研究的最初阶段不可能为研究项目制定精确的计划时间表。与研究对象进行的讨论是促使研究过程发生变化的主要原因。他们共同尝试最适当的过程结构，以找到所期望的解决方案。除此之外，关于项目结果的相对长期的不确定性影响着整个过程。因此，将调查结果持续反馈给受影响的人员的想法是可靠的，由此带来的变化将存在于整个项目之中，直至项目结束才会消除。此外，在整个过程中，照顾到所有的研究对象是非常重要的。如果项目研究过程中漏掉了某些对象，那么需要对结果进行重新审查，同时有必要对已经确定的部分结果进行重新讨论，这种情况将占用参与人员的宝贵时间。最后，对于研究人员而言，小组进入问题的思考也是非常重要的一点。必须考虑的是，如何深入地对研究对象（过程和人员）进行分析？对于行动研究来说，这一点是很重要的。只有当研究人员与研究对象相互了解，彼此忠诚，两者之间存在建设性的关系，他们之间才可能进行密切的合作。

6 参考文献

1. Clark, A. W. (1976): The Client-Practitioner Relationship as an Inter-System Engagement, in Clark, A. W. (ed.): Experimenting with Organizational Life. The Action Research Approach, Plenum, New York, London: 119-133.
2. European Commission (2002): Communication From The Commission concerning Corporate Social Responsibility: A Business Contribution to Sustainable Development, COM (2002) 347/1 of 02/07/2002, Brussels.
3. Coughlan, P., Coghlan, D. (2002): Action Research for Operations Management, in: International Journal of Operations & Production Management, 22(2): 220-240.
4. Gruschka, A. (1976): Ein Schulversuch wird überprüft—Das Evaluationsdesign für

Kollegstufe NW als Konzept Handlungsorientierter Begleitforschung (The Design of Evaluation for Colleges NW as a Concept of Action-Orientated Accompanying Research), Athenäum, Kronberg.

5. Haag, F., Krüger, H., Schwärzel, W., Wildt, J. (eds.) (1972): Aktionsforschung: Forschungsstrategien,Forschungsfelder und Forschungspläne (Action Research: Research Strategies, Research Fields and Research Plans, Juventa, München.

6. Harland, C. M., Lamming, R. C., Cousins, P. D. (1999): Developing the Concept of Supply Strategy, in: International Journal of Operations & Production Management, 19(7):650-673.

7. Johnson, P., Duberly, J., Close, P., Cassell, C. (1999): Negotiating field roles in manufacturing management research—The need for reflexivity, in: International Journal of Operations & Production Management, 19(12): 1234-1254.

8. Kompe, H. (1979): Kritischer Rationalismus versus Aktionsforschung: eine wissenschaftstheoretische Einschätzung (Critical Rationalism versus Action Research: A Scientific Theoretical Assessment); in: Hron, A., Kompe, H., Otto, K.-P., Wächter, H.: Aktionsforschung in der ökonomie, Campus, Frankfurt a.M., New York: p. 49-75.

9. Koplin, J., Beske, P., Seuring, S. (2004): Zur Umsetzung von Umwelt- und Sozialstandards in der Automobilindustrie - Ergebnisse einer Umfrage (Implementation of Environmental and Social Standards in the Automotive Industry), in: Dangelmaier, W., Kaschula,D., Neumann, J. (eds.): Supply Chain Management in der Automobil- und Zulieferindustrie, ALB-HNI-Verlagsschriftenreihe, Paderborn: p. 391-400.

10. Krüger, H., Klüver, J., Haag, F. (1975): Aktionsforschung in der Diskussion (Discussion of Action Research); in: Soziale Welt: 1-30.

11. Kurz, R. (1997): Unternehmen und Nachhaltigkeit (Enterprises and Sustainability); in: ökonomie und Gesellschaft, Jahrbuch 14: Nachhaltigkeit in der ökonomischen Theorie,Campus, Frankfurt a.M.: p. 78-99.

12. Lal, D. (1998): Social Standards and Social Dumping; in Giersch, H. (ed.): Merits and Limits of Markets, Springer, Heidelberg: p. 255-274.

13. Lewin, K. (1963): Field Theory in Social Science, Tavistock, London.

14. Mayring. P. (2002): Einführung in die qualitative Sozialforschung (Introduction to the Qualitative Social Research), 5. überarbeitete und neu ausgestattete Auflage, Beltz,Weinheim, Basel.

15. Miles, M. B. (1964): On Temporary Systems, in: Miles, M. B. (ed.): Innovation in Education, Bureau of Publication, Teachers College, Columbia University, New York: p. 437-490.

16. Monczka, R., Trent, R., Handfield, R. (2002): Purchasing and Supply Chain Management, South-Western, Cinsinnati.

17. Moser, H. (1975): Aktionsforschung als kritische Theorie der Sozialwissenschaften (Action Research as a Critical Theory of Social Science), Kösel, München.

18. Moser, H. (1977): Methoden der Aktionsforschung. Eine Einführung (Methods of Action Research. An Introduction), Kösel, München.

19. Myers, D., Stolton, S. (eds.) (1999): Organic Cotton—From Field to Final Product,

Intermediate Technology, London.

20. Schaltegger, S./ Sturm, A. (1994): ökologieorientierte Entscheidungen im Unternehmen (Ecological orientated Decisions at Business), Haupt, Bern et al.
21. Scherer, A. G., Blicke, K.-H., Dietzfelbinger, D., Hütter G. (2002): Globalisierung und Sozialstandards: Problemtatbestände, Positionen und Lösungsansätze (Globalisation and Social Standards: Problems, Positions and Solutions); in Scherer, A.G., Blicke, K.-H., Dietzfelbinger, D., Hütter G. (eds.): Globalisierung und Sozialstandards, Hampp, München, Mering: p. 11-21.
22. Seuring, S., Goldbach, M. (2005): Managing Sustainability Performance in the Textile Chain, in: Schaltegger, S., Wagner, M. (eds.): Sustainable Performance and Business Competitiveness, Greenleaf Publishing, Sheffield, forthcoming Spring 2005.
23. Sievers, B. (1979): Organisationsentwicklung als Aktionsforschung. Zu einer sozialwissenschaftlichen Neuorientierung der betriebswirtschaftlichen Organisationsforschung (Organizational Development as Action Research. For a social scientific Reorientation of the Business Organizational Research); in: Hron, A., Kompe, H., Otto, K.-P., Wächter,H. (ed): Aktionsforschung in der ökonomie, Campus, Frankfurt a. M., New York: p.111-133.
24. Ulrich, P.(1977): Die Großunternehmung als quasi-öffentliche Institution : eine politische Theorie der Unternehmung (The Large-Scale Enterprise as a Quasi-Public Institution—a Political Theory of Enterprises), Schäffer-Poeschel, Stuttgart.
25. Westbrock, R. (1995): Action research: A new paradigm for research in production and operations management, in: International Journal for Operations & Production Management, 15(12): 6-20.

作者简介

➢ Julia Koplin 硕士、工程师
- 1978 年出生于德国诺德豪森
- 1997 年～2002 年，在奥尔登堡大学（University of Oldenburg (D)）攻读工商管理与经济学专业
- 2000 年～2001 年，在美国北科罗纳多大学（University of Northern Colorado）攻读工商管理专业
- 2001 年～2002 年，在奥尔登堡大学与 IKW（德国洗涤剂制造商协会）的一个合作项目中担任学生研究助理
- 2002 年～2004 年，奥尔登堡大学，商业、经济与法律学院，生产与环境部研究助理
- 2004 年至今，大众汽车公司博士研究员
- 主要研究方向：可持续发展；采购及供应链管理；利益相关者理论
- Volkswagen AG, Group Research, Environmental Strategy
  Letter box 1774/3, 38436 Wolfsburg, Germany
  Tel：+49 5361 9-38728   Fax: +49 5361 9-72960
  Email: julia.koplin@volkswagen.de

第 26 章 理论和实践相比较的供应链诊断：对供应链管理核心的再探究

Günter Prockl

本章主要内容

1. 供应链理论核心和业界实践
2. 对供应链管理系列假设的探讨
3. 数据获取——涉及利益相关者
4. 参考文献

内容摘要

本章阐释了供应链诊断工具的基本方法、结构和发展路径，该诊断工具整合了供应链管理现有的系统化和结构化的方法，从而对供应链管理（Supply Chain Management，SCM）的核心进行了详细阐述。这种计算机辅助工具的主要用途在于快速指出供应链企业内部的弱点，但这种自我诊断并不是本章所讨论的重点。本章所关注的是从诊断会议中获得反馈的副效应。当回答诊断问题时，用户将系统地面对供应链管理的具体挑战和原则。他们所处的行业、供应链阶段以及对诊断问题所作的回答会以标准化的数据记录方式进行记录。因此，该诊断工具可以提供有关其应用状况和不同供应链中不同参与者所面临不同的关键挑战方面的有用数据。关于供应链管理原则的应用潜力和应用障碍的独立研究、关于设计原则的现有科学出版物、对行业专家进行的访谈，以及涉及该领域的咨询机构和研究机构的相关经验都已经被用作自我诊断工具开发程序中的信息输入。

关键词：供应链诊断；引导程序（Boot-Strapping）；原则；关键挑战；根本原因

1 供应链理论核心和业界实践

1.1 供应链不是供应链，参与者不是参与者

自从 Oliver 和 Webber（1982）提出了供应链管理这一概念和名词术语以来，特别是近几年，供应链管理得到了迅猛发展。当前，供应链管理已经成为了科学界和业界普遍接受的概念。作为成功商业管理的一种元胜任力，供应链管理概念、潜力和技术支持方面的相关文献已经大量发表。这些文献大部分都是大众化文献，除此之外，对于供应链管理的多数模型、设计建议和单一化原则的系统化收集、关键性整合和分类方面的工作却很少完成，从而提出了供应链管理的新的核心问题。虽然对供应链的概念、有价值的观点和国际德尔菲方法

（Delphi）研究[①]的初始结果有了一些初步的分类和系统化的收集，但仍然缺少理论和实践之间关键性和系统化的对应。

另外，关于供应链管理的大多数建议是从整体上对其进行论述的。针对区分什么是正确的供应链这一需要，越来越多的学者提供了令人信服的观点。Fisher（1997）将产品划分为功能性产品和创新性产品，并根据这两类产品的差别将供应链划分为两种不同的类型：有效性供应链和反应性供应链；每一种供应链都面临着一组不同的挑战。Fine（1998）根据产品体系结构将供应链划分为模块化供应链和集成化供应链；Christopher（1998）根据需求的稳定性将供应链划分为精益供应链和敏捷供应链。Lee（2002）和Sheffi（2004）结合了不同的观点，提倡综合运用不同的方法来划分供应链。所有的划分方法共同说明了一点，即并不存在"一条完美的供应链"，有关供应链设计的理论应该反映这一点。

此外，甚至来自于同一条供应链的不同参与者对于什么是适合他们的正确的供应链也可能持有不同的观点。快速消费品供应链上的参与者主要专注于从生产商到零售商的下游部分。到目前为止，上游部分尚未得到重视（Prockl，2000：57）。当中型企业被问及从供应链管理或有效客户反应中所获得的效益时，它们的回答与大型企业不同。研究表明，并非所有的供应链参与者都会获得所期望的结果（Heckmann等，2003；Prockl等，2004：32-33）。尽管供应链管理基本理论的核心要素可能因此逐渐显现，但有关不同类型供应链和不同参与者对于供应链管理概念进行区别的问题，几乎完全没有解决；并且对不同供应链位置、不同供应链类型和不同参与者所面临的不同挑战的重要程度缺乏深入了解。

1.2 对假设和来自实践的经验数据的需要

将理论的严谨性和现实的相关性加以区分的危险是显而易见的（Anderson等，2001；Nicolai，2004）。如果供应链管理的研究对严谨性和相关性都有所要求，那么试图缩小理论的严谨性和现实的针对性之间这种差距的方法似乎需要满足两个要求（Weick，2001：72，74；Starkey和Madan，2001：3-4）：第一，需要理论和实践以一种直接的、系统化的方法进行对照，这种方法本身是值得关注的，并且对实际工作人员而言也是有益的；第二，供应链管理实践不应被视为一个均匀的整体，供应链管理理论也不能只反映个别案例的特性。相反，供应链管理理论需要对包括不同供应链层次和不同供应链参与者类型的不同供应链加以区分。

正如本章所述，一个由大学研究人员和商业咨询顾问合作开展的项目为这种方法的产生提供了机会，该项目的目的在于开发一个供应链管理的快速诊断工具。这个计算机辅助工具的主要目的在于快速诊断并指出供应链中企业内部的弱点。这样的诊断会议由各自企业的管理人员举行，而第一次会议通常在企业与所涉及的研究人员和咨询顾问之间进行。

然而，诊断本身并不是本章所讨论的重点。理论与实践的对照和从诊断会议中获得经验反馈是本章所关注的两方面内容。通过回答诊断问题，用户提供了探究性获取供应链挑战和原则方面的经验反馈。通过询问企业所处的行业和供应链阶段以及记录诊断问题答案的标准化文档，诊断工具能够提供有关其在供应链中的应用状况和不同供应链中不同参与者所面临的不同关键挑战方面的有用经验数据。

下面两个部分首先描述了用于探讨供应链管理假设的方法，该方法已被纳入了诊断工具之中；然后介绍了该工具的结构和典型的诊断会议流程，以阐明诊断工具是如何从实践中获得相关反馈数据的。

[①] 案例请参照 http://legacy.csom.umn.edu/AHill/SCMtenR2。

2 对供应链管理系列假设的探讨

2.1 "自上而下"和"自下而上"方法的结合——理论和实践经验的引导方法

该项目的主要挑战之一是需要以科学和实践经验为基础创建一种诊断工具，该工具本身是值得关注的，并且是有用和易于使用的。因此，从一开始就必须大力强调这种工具的基本结构，以便于该工具以后可以考虑到不同行业的具体情况。而且，该工具并不针对具体的措施，而是试图针对用户企业或供应链中的相关热点问题提供更定性的指标体系。对于尚未给出详细答案的这类隐藏性问题而言（如在面试中），为了更好地获得它们的指标，围绕疑问提出大量不同诊断问题显得更为合适，由于这些问题关注的是一个疑问的不同方面，所以可能会显得有些冗余。对这些问题进行的详细阐述和围绕供应链管理核心问题对其进行结构优化在该项目中扮演了最重要的角色之一。对于这项任务，一个"自上而下"和"自下而上"分析相结合的方法似乎最为合适（如图 26.1 所示）。

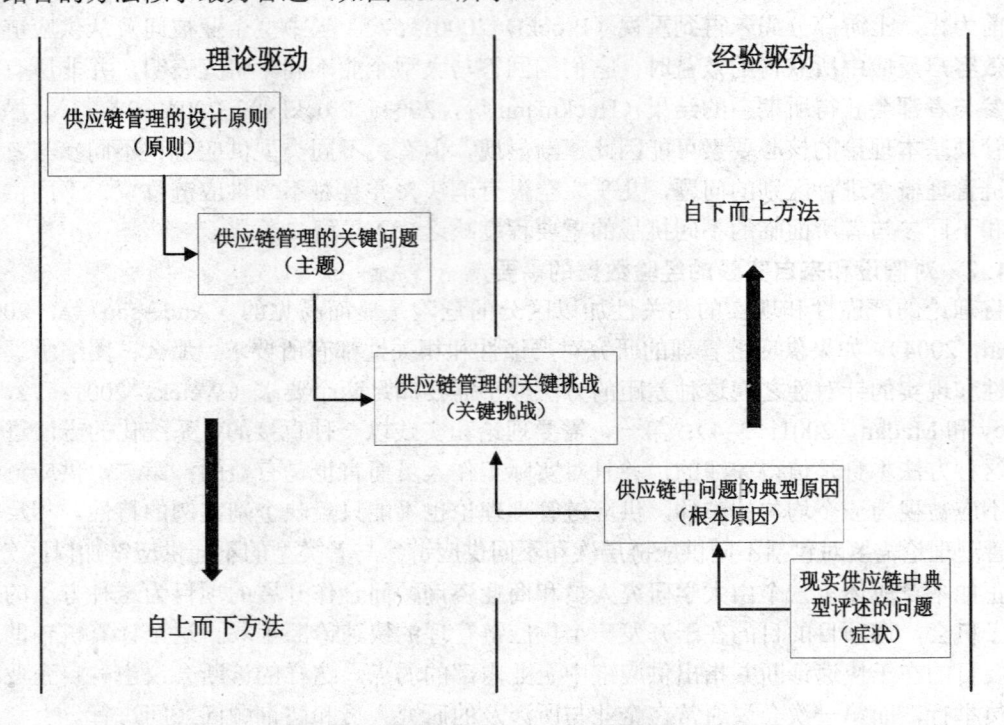

图 26.1 理论和实践相结合的"引导"方法

- **"自上而下"：原则驱动**

一方面，供应链管理的相关原则，尤其是流程体系设计原则，可能是对供应链内部隐藏性问题所进行的指标研究的基础。尽管这些原则和建议分布于相关文献的各个部分，但它们能够被找到。随后的任务是对这些原则进行识别、提炼和评价，并将其转化为诊断问题。此外，为了给供应链组织问题，所谓的主题必须明确，以便于简洁地表达相关原则的一致性和不一致性。

- **"自下而上"：经验驱动**

另一方面，除了基于理论原则的方法以外，有关指标的研究可能也与日常实践中所观察到的实际问题以及处理这些问题的相关典型解决方案有关。通过探究这些典型问题的潜在根本原因，核心问题（从供应链管理中必须掌握的关键挑战的意义上讲）能够得到明确。

正如可参照的"引导程序"这样一种统计方法，该方法独特的步骤将在下面进行概述。在此之前，将会详细介绍"自上而下"和"自下而上"的基本路径。

2.2 "自上而下"——理论上正确的供应链

近年来，供应链管理受到了足够的重视，并成为了科学探讨的主题。供应链管理的基本目标和基本手段似乎得到了科学界的广泛认同。典型的、经常被提及的目标包括通过缩短提前期（lead times）和降低成本来增加客户价值（Bhattacharya等，1996：39-48；Cavinato，1991：10-15；Towill，1996），从而使供应链中所有企业实现共赢（Stevens，1989：3；Cooper等，1997：2；Bechtel和Jayaram，1997：16；Christopher，1998；Klaus，1998：23；Kotzab，2000：34；Brewer，Speh，2000：75）。整条供应链上所有活动的设计和整合被看作是实现客户（消费者）导向这一最终目标的主要手段（例如跨企业边界）（Jones和Riley，1985：17；Stevens，1989：3；Bowersox，1997：181-189；Christopher，1998：23ff；Klaus，1998；Prockl，2001）。与此密切相关的是这样一种信念，即通过在整条供应链上实现数据共享和共同计划，成员企业可以实现各项活动全面的、更好的协调，从而提高企业的经营绩效和运作效率（例如Bowersox，1996：102）。对整条供应链的目标和跨组织环境下实现这些目标所必需的方法要有必要的联合意识。除此之外，下面列出的供应链管理主要任务似乎正在显现出来（Prockl，2001：42；Delfmann，1998：71；Klaus，1998：434ff；Fine，1998：105ff）：

- 供应方面有效配置。将供应链中所有的活动、任务、职能、流程和能力分解并分配给链条上不同的参与者，从而利用其在区位、专业化、集中化和核心竞争力的目标导向捆绑等方面的优势来开拓竞争优势。
- 参与者之间有关转移、控制和沟通流程的协同决策的有效设计。供应链必须动员参与者不断地朝着总目标努力，同时需要将地理上和组织上分散的参与者整合进一个完全"优化"的综合体中。这项集成任务基本上是通过正式的组织手段、（信息）技术应用以及针对组织日常活动的社会导向干预来完成的。
- 对供应链既定结构持续改进以维持当前的竞争优势，从而获得供应链的可持续竞争力。因此，对供应链的设计和再设计成为了成员企业一种持续性的"核心能力"（Prockl，2001：43；Fine，1998：221）。除了供应链的配置/分配和协同/集成外，供应链的适应/发展是供应链管理的第三个主要任务。

然而，供应链管理同样包含了许多旧的思想观念（Klaus，1998：436）。这使得在确定（超越这些基本思想）哪些元素和设计建议真正代表了供应链管理的核心以及哪些元素为企业的成功做出了重大贡献方面面临着更大的困难。Prockl（2001）通过修改Giddens（1984）的结构化理论，并尝试采用供应链管理的"结构属性"（structural properties），即使用推荐的典型的标准解决方案以及相关的行为模式，来描绘其现象[①]，为供应链管理核心的确定提供一种方法。这项工作为供应链管理提供了来自不同领域的大约900条设计建议，并围绕供应链管理的基本思想和任务将这些建议整理成了一系列的结构化原则（Prockl，2001）。通过对供应链管理结构进行稍微修改和完善，供应链管理原则和思想的系统收集可以成为逐步确定供应链管理关键问题的理论出发点。

表26.1摘录了这项工作的一些内容。在第三列中列出了一些关键问题的基本建议。这些

[①] 对于"结构属性"的概念和理论构建思想见Prockl（2001:16-20）和Giddens（1984）。

问题反映了从业者的经验和需求（见2.3"自下而上"），并且被分步提炼成了供应链管理相关关键问题的假设[①]。

表26.1 供应链管理中的核心任务、基本概念和主题

供应链管理的核心任务	供应链管理的基本概念[②]	对供应链管理中一些主题的说明
任务1：配置/分配	● 流量导向的差异化和细分 ● 模块化 ● 外包 ● 延迟 ● 大规模定制化 ● 容量协调	● 根据顾客和需求要求对供应链进行细分 ● 分类管理 ● 产品和服务策略的结合 ● 面向订单生产与根据购买生产 ● 网络战略评估 ● 战略决策结构；联合构想 ● 供应链技术战略 ● 战略网络规划 ● （越库作业，转运） ● 相关活动封装（重点工厂；模块化生产） ● 模块化/整体产品结构 ● 临近采购，本地采购 ● "接口"减少（单一/模块化采购） ● "接口"设计（系统供应商；一站式购物） ● 加工所有权和交付安排 ● 非核心竞争业务的外包（第三方/第四方物流） ● 延迟制造，装配和组合 ● 延迟运输（直达运输） ● 容量/库存协调；联合计划能力；同步生产
任务2：协调/集成	● 供应链的压缩和推进 ● 水平和容量调整 ● 信息和数据的提早共享 ● 协作，建立伙伴关系，信任 ● 足够的正式组织，尤其是合同设计 ● 联合监控 ● 永久的和早期的错误预防	● 跨公司的计划和控制 ● 技术标准，EDI，CPFR等 ● 加工/操作标准 ● 信息共享和监测 ● 数据完整性（主要数据调整） ● ERP/供应链计划软件 ● 集成的实时处理（追踪）警报，事件管理 ● 跨职能团队；特设小组；交叉培训 ● 协同产品开发（协作工程） ● 契约、合同的力量 ● 经校正的测量系统，利润分成，一目了然的激励系统，奖金/罚款 ● 计分卡，性能测试/管理 ● 自我管理/组织，职责 ● 建立伙伴关系，双赢，文化接近 ● 供应链内部和跨供应链承诺 ● 来源导向的成本核算 ● 准时生产，拉动，补货

[①] 通过规则设定来定义供应链管理的核心这样一个类似的方法在德尔菲方法研究中也得以采用，见 http://legacy.csom.umn.edu AHill/Scmten/R2。
[②] 对于这些改进概念中的大多数，如想对其深入讨论可参见 Prockl（2001：101ff）。

续表

供应链管理的核心任务	供应链管理的基本概念	对供应链管理中一些主题的说明
任务3：适应/发展	● 发展和可扩展性 ● 开放的标准 ● 敏捷性	● 公开的可扩展技术 ● 适合的业务流程 ● 供应商发展计划 ● 标杆学习和技术交流

2.3 "自下而上"——实践中出现的问题

"自上而下"的方法以较为规范的方式系统地阐述了目标、任务和原则，这些目标、任务和原则在实施过程中应该确保供应链的"正确性"。与此相比，"自下而上"的方法以对实践中典型的弱点和问题进行识别和描述为起点，在另一个方面发挥作用。通过"自下而上"系统地询问这些问题的根本原因，关键问题可能会被确定。采用个体分析的方法来发现问题，并基于过去经验对这些具有标准根本原因和标准解决方案的问题进行分类，是传统咨询公司的核心业务。图26.2（取自 Booz Allen Hamilton 的公司演示文稿）清楚地介绍了这种方法。

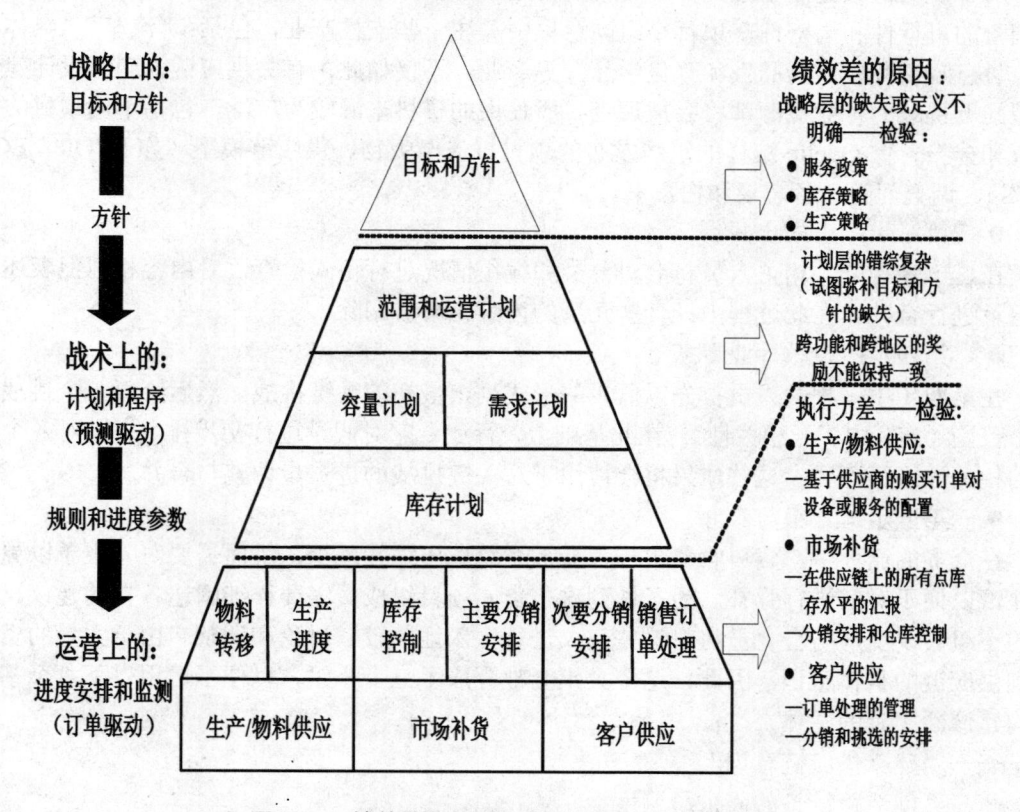

图 26.2 绩效差的问题和典型的原因与咨询问题

本研究和其他研究（如 Heckmann，2003；也可见 Prockl 等，2004）共同证实，从实际工作人员的角度看[①]，咨询顾问的筹备工作可以看作为第二个起点。这些筹备工作主要包括识别企业的典型弱点、寻求导致这些弱点的根本原因，以及根据项目中问题的典型根本原因

---

① 学术研究中咨询顾问的作用也可参见 Robey & Markus (1998)。

对这些弱点进行分组。

2.4 原则、关键挑战、根本原因和症状的结构化

所概述的引导方法会在由一些基本步骤组成的部分迭代过程中得以实现,这些基本步骤将在接下来的段落中予以详细说明。这些单个的步骤可以进一步被划分为准备阶段和实现阶段(见第三章)。在本章所讨论的准备阶段中,对于具有不同来源资料的识别、确认、收集、分类和整合将处于显著位置。简洁的 Excel 界面将在该阶段中提供技术支持。在此过程中,将会执行以下步骤:

- 第一步:定义基本结构和相关组成部分

首先,这两种方法("自上而下"和"自下而上")的组成部分会被组合成一个整体结构,在某些迭代中会完成对供应链管理主题的归纳推理和对实践者面临根本问题的演绎推理的第一次匹配。这两个方向上的结构连接是通过一系列关于针对当前供应链管理而言什么是重要的、什么是相关的假设来实现的,这些假设就是所谓的"关键挑战"。

- 第二步:收集和整理第一手资料和第二手资料

所开发的框架充满了进一步的资料。在这个阶段,冗余和差距仍会被自觉接受。为了保证调查的可行性和周密性,项目小组同意集中关注一些支柱产业,包括:"汽车""媒体与通信""快速消费品""药品"和"化学品"等产业。不仅如此,有关供应链管理的设计建议和典型问题挑战的行业资源都将会被调查。所使用的资料来源较为广泛,包括不同项目的自我调查和报告、像 Odette 这样的组织发布的项目报告出版物、供应链模型(如 SCOR,ECR,VICS)、调查问卷、备忘录和白皮书。

- 第三步:正式合并

在这一步骤中,相关人员将会对分类和编组情况进行正式检查,对内容相似但表述不同的记录进行合并。在此过程中,一些冗余的内容将会被删除。

- 第四步:请教行业专家

在第四步中,相关人员首先以假设的形式列出最初的关键挑战,然后给每一个挑战附上一个范围(高、中、低相关性)。在此基础上,行业专家对假设进行初步排名,并对各个挑战间的相关性进行评估。这些成果将会被用于对关键挑战的进一步调整与合并。

- 第五步:分组与合并

在众多的循环中,资料收集工作都会被系统地压缩和减少,进而需要对差距予以更多的关注,以便于对其进行弥补。为了做到这一点,项目组成员需要详细阐述各自的建议。在之后的小组会议上,与会人员将对这些建议进行深入地比较、讨论和调整。由于大量的资料涉及到供应链的整体意识,因此,这个大组会被分成了三个小组,以便于运用以下六个基本原则构建诊断工具的主体[①]。

——"建立供应链意识"
——"创造跨链条的需求透明度"
——"供应链与产品及消费者相匹配"
——"配置网络(结构)"
——"集成操作(流程)"
——"发展供应链(适应)"

[①] 也可见 2.2 章节,对于原则结构、挑战和问题见章节 3.1。

- 第六步：为规划做准备

在准备阶段的最后一步，结果将会被录入到数据库中，从而为后续规划，即广泛独立的运行系统提供基础。在这个数据库中，单个元素是通过一个分层的数字系统进行识别的。每个数据记录代表一个问句形式的可能问题的一个症状。每一个这样的问题与所涉及的根本原因和关键挑战相联系，此外也与诊断会议中的评估相关联。诊断会议主要关于它是怎样与战略、战术和运作水平，以及怎样与"产品和创新""人和软性因素""技术和投资""组织和流程""绩效测量和监测"这另外五个因子分析观点相联系的。

3 数据获取——涉及利益相关者

3.1 通知、质疑和询问

诊断工具的主要目的在于对供应链进行诊断，而这个目的对调查问卷提出了一些要求。一方面，如一条典型供应链的长度、所涉及的不同领域，或者战略和业务方面的混合应涉及尽可能多的问题。此外，提问这些问题应该尽可能准确，尽可能减少暗示性。另一方面，问题的数量和长度应该限制在最小限度之内，保持回答问题所需要的时间较短。由于在规划设计中需要考虑这些要求，所以在问卷的措辞方面要投入大量精力。

然而，结构的设计比措辞更为重要，在设计结构时需要灵活地使用户参与到数据的生成过程中。用户不仅应该得到诊断的承诺和会议后所做的评价，而且应该在应答会议期间被告知供应链管理的理论核心，并应对这方面存在的挑战。因此，用户应该在观念上了解供应链的挑战，并且对接下来的问题保持好奇。正如图 26.3 所示，两个重要的目标在这种方法中被结合在了一起。选择关键挑战作为中心主题，不仅有助于结合"自上而下"和"自下而上"方法开发这个工具，而且能够支持这个工具的实际应用，以满足询问事实和问题与通知用户和保持其好奇之间的必要平衡。

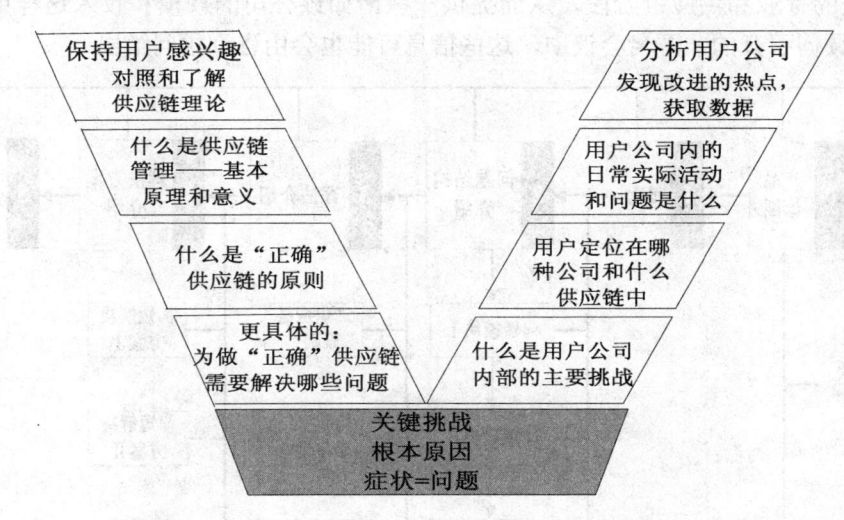

图 26.3 关于诊断工具结构的基本思路

上一思路在诊断工具中的应用依赖于对 90 个问题进行的编录，这些问题会围绕根本原因、关键挑战和供应链的六项基本原则进行分组（如图 26.4 所示）。在诊断会议中，一组中的三个问题始终与同一个根本原因相关联，并在一个屏幕上同时显示。问题本身会以简洁的方式表述出来，但用户依然能够获取同一页上与关键行动和共同风险相关的一些信息，而这些关键行动和共同风险与根本原因密切相关，从而在更多细节上解释通过疑问处理的问题背景。

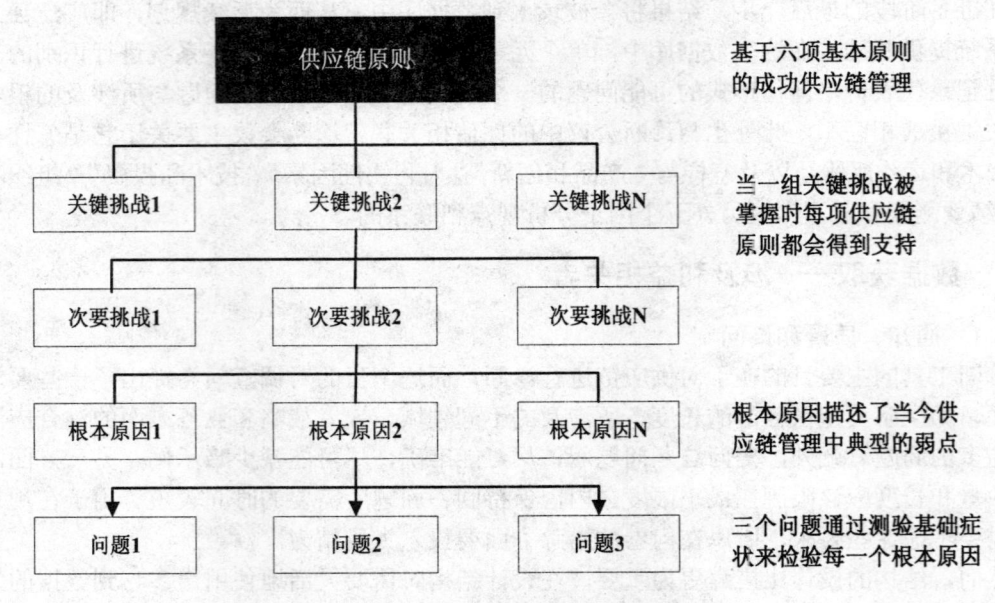

图 26.4　诊断工具的基本结构

3.2　诊断会议的基本流程

诊断会议流程包括五个基本步骤，如图 26.5 所示。诊断的第一步是用户的识别。通过选择一个名称，用户可以选择中断和重新恢复诊断会议以保留其会议记录。来自同一公司的不同用户也可以进行不同的会议，并对个人的结果进行比较。在识别过程中，用户也被鼓励选择他/她所处的行业和供应链阶段，从而提供一些诸如该公司的规模和收入这样更具体的数据。在咨询顾问召开的非匿名会议中，这些信息可能也会由咨询顾问给出。

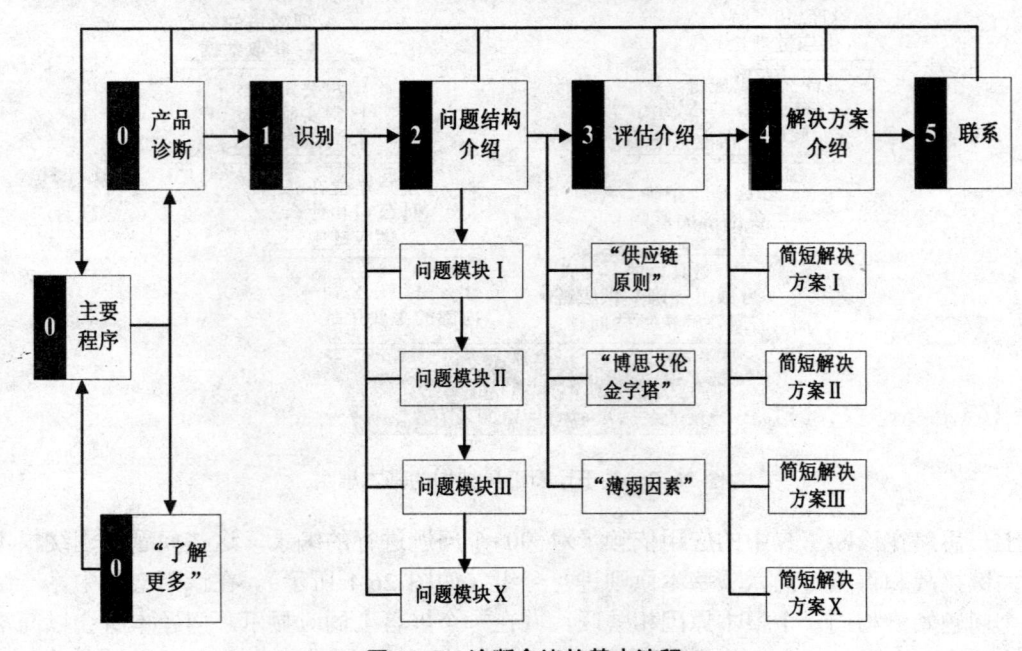

图 26.5　诊断会议的基本流程

在识别之后，用户对有关问题和相继地回答每一个问题模块或者回答选定的单个问题模块的机会有了更全面的了解。当不同的用户如采购、生产、销售分担回答任务时，后者也许特别令人关注。在回答完问题后，用户可以进行评价。对诊断的评价不是本章所关注的重点，所以这里只简单介绍了其基本功能。对关键挑战而言，可以从三个不同的视角对其进行分析。首先，对关键挑战的评价显示了在这些关键挑战中哪些会由用户公司所掌握，哪些可能存在风险。第二种视角是从战略、战术和操作三个层面对关键挑战进行划分，最终检查具体的企业因素如产品、人力资源、组织技术或绩效监测等是否满足要求。对可能的解决方案的介绍和与工具提供者的接触是最后一个视角，但并不是本章所关注的内容。

3.3 使用数据

"学术工作就是要了解一个特定的个别领域是如何被看作一个具有普遍意义的一般领域的，以及这一普遍性的定义是如何被表达的。"（Weick，2001：74）。从偏向于方法论的角度来看，该诊断工具不仅为研究人员进行自我反思提供了支持，同时也包含了来自实际工作人员的真实反映，进而使研究人员和实际工作人员的关系更为密切（Weick，1999）：

- 由于研究人员和研究中的其他利益相关者（Starkey 和 Madan，2001）（实际工作人员）都积极地参与到研究过程之中。因此，将供应链管理理论核心的详细阐述与实践中的现实需求相对照可以产生关键性的反馈（不只是收集到的），这有助于巩固这个核心。
- 另一方面，实际工作人员的参与为其所在组提供了直接帮助。对于重要供应链问题的系统分组和陈述有助于实际工作人员发现差距和未来的机遇，从而超越对他们当前面临的典型问题的简单反映，进入未开发的领域。

在本文的上下文中特别值得关注的是，如何区分不同行业和参与者的供应链这个仍然自由讨论的问题，对此不同行业和不同供应链阶段会提供怎样有趣见解，本文有机会对其答案进行了评估。用户直接对他们的供应链行业和阶段进行了识别，提供了他们实际热点问题和未解决问题领域的反馈。这个工具较新的版本可以使用"微观"输入来分步区分竞争，这更接近于不同行业或不同类型公司的需要。对此的结构要求早已在嵌入到该工具中。

4 参考文献

1. Anderson, N., Herriot, P., Hodgkinson, G. (2001): The practitioner-researcher divide in Industrial, Work and Organizational (IWO) psychology: Where are we now, and where do we go from here? in: Journal of Occupational and Organizational Psychology, 74: 391-411.
2. Bechtel, C., Jayaram, J. (1997): Supply Chain Management: A Strategic Perspective, in: The International Journal of Logistics Management, 8(1): 15-34.
3. Bhattacharya, A., Coleman, J. L., Brace, G. (1996): The Structure Conundrum in Supply Chain Management, in: International Journal of Logistics Management, 7(1): 39-48.
4. Bowersox, D. (1997): Integrated Supply Chain Management: A Strategic Imperative, in: Council of Logistics Management (CLM) (ed.): Annual Conference Proceedings, Oakwood: p. 181-189.
5. Bowersox, D., Closs, D. (1996): Logistical Management—The Integrated Supply Chain Process, McGrawHill, New York.
6. Brewer, P. C., Speh, T. W. (2000): Using the Balanced Scorecard to Measure Supply Chain Performance, in: Journal of Business Logistics, 21(1): 75-94.

7. Cavinato, J. L (1991): Identifying interfirm total cost advantages for supply chain competitiveness, in: International Journal of Purchasing and Materials Management, 27(4): 10-15.
8. Christopher, M. (1998): Logistics and Supply Chain Management, second edition, Financial Times, Harlow.
9. Cooper, M. C., Lambert, D. M., Pagh, J. D. (1997): Supply Chain Management: More than a New Name for Logistics, in: The International Journal of Logistics Management 8(1): 1-14.
10. Croom, S., Romano, P., Giannakis, M. (2000): Supply chain management: An analytical framework for critical literature review, in: European Journal of Purchasing & Supply Management, 6(1): 67-83.
11. Delfmann, W. (1998): Organisation globaler Versorgungsketten (Organization of global Supply Chains), in: Glaser, Horst (ed.): Organisation im Wandel Märkte, Gabler, Wiesbaden: 61-89.
12. Fine, C. (1998): Clockspeed—Winning Industry Control in the Age of Temporary Advantage, Perseus Books, Reading.
13. Fisher, M. (1997): What is the Right Supply Chain for Your Product, in: Harvard Business Review, 75(2): 105-116.
14. Giddens, A. (1984): The Constitution of Society, Polity Press, Cambridge.
15. Heckmann, P., Shorten, D., Engel, H. (2003): Supply Chain Management at 21—The Hard Road to Adulthood, Booz Allen Hamilton, New York.
16. Jones, T. C., Riley, D. W. (1985): Using Inventory for Competitive Advantage through Supply Chain Management, in: International Journal of Physical Distribution & Logistics Management, 15(5): 16-26.
17. Klaus P. (1998): Supply chain management, in: Gabler Lexikon Logistik, Gabler, Wiesbaden: p. 434-441.
18. Kotzab, H. (2000): Zum Wesen von Supply chain management vor dem Hintergrund der betriebswirtschaftlichen Logistikkonzeption—erweiterte überlegungen, (To the character of Supply chain management on the background of the business logistics conception—extended thoughts) in: Wildemann, H. (ed.): Supply chain management, TCW Verlag, München: p. 21-47.
19. Lee, H. L. (2002): Aligning Supply Chain Strategies with Product Uncertainties, in: California Management Review, 44(3): 105-119.
20. Nicolai, A. T. (2004): Der "trade-off" zwischen "rigour" und "relevance" und seine Konsequenzen für die Managementwissenschaften (The tradeoff between rigour and relevance and the consequences on management science), in Zeitschrift für Betriebswirtschaft 74(2): 99-118.
21. Oliver, R. K., Webber, M. D. (1982): Supply chain management: Logistics catches up with strategy, Reprint in: Christopher, M. (eds.): Logistics—The strategic issues, Chapman & Hall, London: p. 63-75.
22. Prockl, G. (2001): Supply Chain Management als Gestaltung überbetrieblicher

Versorgungsnetzwerke—Eine Verdichtung von Prinzipien zur, Strukturation and Ansätze zur theoretischen Hinterfragung (Designing of extended Supply Chains—Consolidation of principles for the structuration and approaches for a theoretical re-questioning), Hamburg. Prockl, G., Reinhold, A., Buss, D. (2004): Supply Chain Diagnostics, in: Logistik Management, 5(4): 27-40.
23. Robey, D., Markus, M. L. (1998): Beyond Rigor and Relevance: Producing Consumable Research about Information Systems, in: Information Resources Management Journal, 11(1): 7-15.
24. Sheffi, Y. (2004): Demand Variability and Supply Chain Flexibility, in: Prockl G., Bauer, A., Pflaum, A. (ed).: Entwicklungspfade und Meilensteine moderner Logistik—Skizzen einer Roadmap (Developmentpaths and milestones of modern logistics—drafts of a roadmap), Gabler, Wiesbaden: p. 85-117.
25. Starkey, K., Madan, P. (2001): Bridging the Relevance Gap: Aligning Stakeholders in the Future of Management Research, in: British Journal of Management 12(Special Issue): p. 3-26.
26. Stevens, G. C. (1989): Integrating the Supply Chain, in: International Journal of Physical Distribution and Logistics Management, 19(8): 3-8.
27. Towill, D. R. (1996): Time compression and supply chain management—A guided tour, in: Logistics Information Management, 9(6): 41-53.
28. Weick, K. E. (1999): Theory Construction as Disciplined Reflexivity: Tradeoffs in the 90s, in: Academy of Management Review 24(4): 797-806.
29. Weick, K. E. (2001): Gapping the Relevance Bridge: Fashion Meet Fundamentals in Management Research, in: British Journal of Management, 12(Special Issue): 71-75.

作者简介

> Günter Prockl 博士，教授
> - 1967 年出生
> - 在德国攻读工商管理专业，在美国攻读经济学专业
> - 1996 年～2001 年，任职于弗劳恩霍夫（Fraunhofer）运输物流和通信技术应用中心
> - 1997 年～，供应链管理专业教授
> - 2000 年，完成供应链管理博士论文
> - 2001 年～，物流管理科学期刊编辑委员会助理
> - 2002 年～，埃尔朗根—纽伦堡弗里德里希·亚历山大大学（Friedrich—Alexander University Erlangen—Nürnberg）商务物流系高级讲师，致力于物流服务行业技术应用研究的弗劳恩霍夫（Fraunhofer）中心供应链管理教授
> - 主要研究方向：供应链管理；信息技术；创新
> - Institute for Business Administration, esp. Logistics
>   Friedrich-Alexander-University, 90403 Nuremberg, Germany
>   Tel: +49 911 5302 454   Fax: +49 911 5302 460
>   Email: guenter.prockl@logistik.uni—erlangen.de, prockl@atl.fraunhofer.de
>   http://www.logistik.wiso.uni-erlangen.de, http://www.atl.fraunhofer.de

第27章 物流与供应链视角下的港口效率：基于行动研究方法的调查研究

Khalid Bichou, Richard Gray

本章主要内容

1. 导言
2. 有关港口和物流方面的行动研究：相关性与应用
3. 行动研究项目：描述、方法与分析
4. 结论：方法的严谨性和检验标准
5. 参考文献

内容摘要

用于测度港口效率的大多数理论和实际方法都可归纳为三大类，即实物指标、要素生产率指标和经济财务指标。虽然供应链整合方面的变革在实践中正在不断发生，对新的适当的绩效评估方法的需求也存在，但综合的供应链方法却很少被应用。这一变革过程需要实际工作者和研究人员的密切合作，行动研究法使得研究人员能够参与到这一变革之中。本章描述的技术方法为港口管理人员和其他专家提供了一个港口效率模型，该模型非常适合应用于物流和供应链环境下的港口绩效评估。

关键词：供应链管理；港口；行动研究；绩效评估；标杆管理

1 导言

随着经济的发展和社会的不断进步，越来越多的人认识到可以将港口视作物流中心，也意识到需要从物流和供应链管理的角度对港口进行概念化。物流和供应链管理的本质在于对从企业内部到组织网络的不同职能和业务流程进行优化，以实现降低成本和提高顾客满意度的经营目标（Stank等，2001）。现代港口所扮演的角色已经从在海陆交界处为船舶和货物提供传统服务，延伸至为其提供增值物流服务的理想地点，并成为了不同供应链成员交会的完美网络节点。然而，尽管港口在物流和供应链方面的潜力巨大，但是有关港口物流和渠道管理的有效课程尚未开设与成功应用。

从物流和供应链的角度已经证明，港口的概念化对其多机构与跨职能特点的认识和整合等层面都具有建设性，这一点在衡量港口效率方面尤为明显。通常在港口的不同职能、流程甚至供应链之间采用成本权衡分析法（Rushton等，2000）来对其相关增值物流服务业务进行分析和指导，以提高港口效率。与之类似，在国际物流业务中，港口成员和其他市场参与者之间的供应链伙伴关系表明,绩效和竞争性标杆管理的问题应该从供应渠道而不是企业或行业的层面来衡量。在衡量港口绩效方面存在多种技术,尽管衡量指标很多,但是当人们试图将其应用于多港口作业或跨港口作业时,问题便产生了。有关港口的现有文献尚未讨论集成化物流方法在衡量港口效率方面的应用,更未谈及集成化供应链方法在这方面的应用。

然而,针对这种集成的变革过程在现实情形下一直在发生,并且需要新的绩效衡量方法。本研究试图通过行动研究(Action Research,AR)过程提出一种新的港口效率衡量方法,这种方法将包含现有的港口效率衡量方法,同时考虑了物流和供应链管理与港口的密切联系,并可以对港口的物流和供应链效率进行有效的衡量。本研究的目的在于从物流和供应链的角度对港口进行定义,进而提出一个港口绩效评估相关框架。本章的大部分内容都强调了行动研究方法在克服实施有关一般供应链研究、港口物流以及渠道管理过程面临的障碍方面的实用性与合理性。

2 有关港口和物流方面的行动研究:相关性与应用

2.1 行动研究的基础与特征

行动研究起源于美国,20世纪40年代,美国社会心理学家Lewin在研究应用社会科学知识解决战时群体之间冲突等社会问题时率先使用这种技术(Lewin,1946)。随后很多人将这种方法应用到其他领域,如企业生产领域(Swe和Kleiner,1998)、教育领域(Cohen和Manion,1980;Howell,1994)、护理领域(Smith等,2000),以及更近一些的管理和组织发展领域(Edmondson,1996;Ellis和Kiely,2000)。

研究与干预相结合是行动研究的基础,行动研究的目的在于改善实际操作并创造相关的理论知识。理论与实践之间的相互影响是行动研究方法的一个关键要素(Peters和Robinson,1984)。批判理论的影响构成了行动研究的另一特征,行动研究将变化作为主要研究主题,并且研究人员必须参与变化过程(Checkland和Scholes,1999)。与传统调查方法相比,行动研究的另一优势在于传统调查方法往往是面向过去的(Näslund,2002),而行动研究是一个超越当前项目的前瞻性过程,所以,概括性分析在行动研究中非常重要。因此,与应用于假设检验方面相比,该方法更适合应用于技术开发或理论构建方面(Westbrook,1995)。

行动研究的有效性源于计划、行动、观察和反馈的循环递进过程,这一特点将其与经验分析和解释研究方法区别开来(Carr和Kemmis,1983;Kemmis和Taggard,1988)。文献中通常用识别问题、计划干预、明确实施、评价行动和追溯反馈这五个步骤的循环来表示行动研究过程。(Carson等,2001)。

行动研究究竟是一种途径还是一种方法仍然是一个有争议的问题,但围绕行动研究的争论主要集中于对这一术语的多种不同表述方面,例如行动研究、行动科学、研究行动等等(Coghlan和Brannick,2001)。Suojanen(2001)确定了行动研究的四个趋势:教育导向型注重学习的改进;项目导向型注重研究对象的指导;研究导向型寻求理论的形成;行动导向型强调科学理论的实际应用。Gummesson(2000)将商业研究领域中的行动研究分为四种类型,即社会型、管理型、实时型和追溯型。在市场营销领域,Perry和Gummesson(2004)提出了行动研究的三种形式,即工程行动、行动学习和案例研究。然而,行动研究的理论体系和实践体系之间广泛的相互作用使得针对不同问题情境可以进行灵活解释,并且可以提供有效的解决途径。行动研究最典型的特征是其程序使用的多样化,因此,行动研究被称为一种途径,而不仅仅是一种方法。

2.2 港口物流和供应链管理研究中的未知问题

关于港口效率的文献几乎全是定量的,并且研究范围非常宽广。虽然存在许多分析工具和手段,但是当人们试图将其应用到多港口和多终端时,问题便产生了。同样,虽然在解决物流与供应链管理领域的理论和实际问题方面已有大量的文献,但是在针对绩效评估,特别是在多企业和跨职能范围内与运营、设计和战略相关的绩效评估方面缺少相关文献。Bichou 和 Gray(2004)对港口效率、物流和供应链管理测评进行了详细的文献回顾。

一方面,港口各不相同,甚至在同一个港口,其当前或潜在的活动范围较广,种类较多,以至于选择一个合适的分析工具也是很困难的。组织的差异性对用什么来衡量效率以及怎样来衡量构成了▽系列的限制。此外,效率的概念很模糊,很难应用到涉及不同行业和服务的典型港口组织中。采用有效的、概括性的方法来测量港口绩效的主要障碍或许在于多层次港口业务的复杂性,即:

- 组织结构差异:所有权问题(公有或私有)、社会性安排(劳工和人力)和组织状况(港口拥有和建设基础设施,并将其租赁给私营部门的所有者/租赁模式,或是港口的角色范围从简单的所有者扩展到开展货物装卸和多式联运业务的商业经营者的服务模式)等。
- 运营差异:货物处理、维修船和操作终端等的类型。
- 物理和空间差异:位置、入口、连通性和容量等。
- 法律和监管差异:贸易和运输政策、管理程序、安全和治安条例、环境等。

另一方面,涉及物流与供应链管理的调查常常面临渠道设计和识别的障碍。供应链管理的相关问题通常是在企业层面被感知的,这样就产生了一个问题:应该从谁的角度或利益出发考虑问题?供应链管理倡导所有供应链伙伴为了共同利益进行密切合作,但这在典型的供应链研究中并不明显。同样的思路可获得不同的结论,甚至有时带来冲突;当冲突发生时,供应链成员有时不能得到保护,对收集到的信息和数据的精确性和可靠性几乎没有信心,更不用说关于这些信息的解释和分析了。

物流和港口研究的另一个共同特征是受实证主义范式的影响,其中,问卷调查、仿真和建模等定量技术是最主要的方法。各种研究已证实了这一趋势,并强调了基于案例研究和行动研究方法的物流相关出版物的缺乏(Mentzer 和 Kahn,1995;Ellram,1996)。很多人批评物流研究人员所用的研究方法较少,并且是"一维的"(Monieson,1981;Hopper 和 Powell 1985)。然而,跨学科性、多功能性和跨机构性是物流与供应链管理的主要特点。实证定量研究并不总是与物流和供应链问题相关(Näslund,2002),也不总是与多组织港口总体效率相关。主要的批评源于对定量技术所提供的结果难以理解和解释(Van Maanen,1982),而这些结果大多以过去为导向或是过去事实的"快照"。这就解释了为什么在包括物流及供应链管理在内的众多研究领域中,学术界总是追随而非领导商界(Cooper 等,1997)。这也证明了供应链管理领域中理论与实践之间存在的差距,而实际工作者对将传统定量技术应用到实际项目中没有兴趣。在港口和供应链绩效的相关研究中,这一现象更加明显,其中,大多数测评技术源于实际工作中的创新而非学术研究。

因此,在港口效率和供应链绩效方面进行有效和可靠的研究似乎存在着方法上的困难。尤其是在港口、供应链管理和绩效评估综合研究方面,很可能存在着一些研究限制,其中已经得到确认的主要困难有:

- 多企业层面:识别和接触在港口和贯穿港口的整条供应链工作的所有人员(货主、

海运承运人、港口运营商、物流服务商、货运代理人和公共机构等)。
- 多功能层面：在传统的港口环境中，识别并尽量减少操作和战略观念上的差异，经常被看作是渠道控制和管理引发的冲突以及体制分割的代表。
- 多学科层面：理解港口研究和供应链管理的跨学科性，首先，它们涵盖了制造业、贸易和服务业，其次它们涉及了范围广阔的交叉学科，除此之外，还包括工程和业务研究，以及营销和质量管理。

行动研究将提升业绩的实际需要和集体意向学习结合在一起，从而达到可以同时应用于实践发展和科学研究的效果。同时，行动研究采用了系统思维方法，从而可以客观地看待跨域管理和动态问题情境。这正像供应链中多机构和跨职能间相互作用的同步性那样，对实践和理论不能很明显结合的物流与供应链研究领域尤其有益。在有关港口效率、港口物流和供应链绩效的相关研究方面，有许多证据可以证明这一点。

2.3 行动研究及其与港口物流和供应链绩效的相关性

港口和航运方面的传统应用型研究通常集中在纯理论分析方面，很少或根本没有企业参与。大多数传统运营管理项目和航运政策的相关研究并没有采用行动研究方法，而是一直采用独立建模、调查和访谈式研究等方法开展研究，并且在调查和分析过程中没有实际工作者的参与(NRC, 1983; Walton and Gaffney, 1991)。这种研究的结果通常被企业忽视，我们对此丝毫不必感到惊奇；更具戏剧性的是，这导致了各企业集团(海运承运人、港口、中介机构和国际物流供应商等)在学术界中关系的疏远和分化。然而，令人信服的是，航运和港口行业为行动研究方法的应用提供了最佳案例。文化方面的交流、外部扩散和实践创新是海运业务的主要特点，这为理论和实践之间的相互联系提供了可能。在过去二十年左右的时间里，通过从单纯的应用型研究项目向促进参与性行动研究的转移，这种意识逐渐得以产生，例如人员创新、组织变革、港口战略规划等(Roggema and Smith, 1981; UNCTAD, 1995)。

与之类似，有关港口绩效和标杆管理的研究需要不同的方法来替代或补充偏重于体制分割、外部解体和纯理论知识的传统定量研究方法。传统定量研究方法仅限于对物流与供应链绩效的研究，往往缺乏有效的事实证据和业界的认同。行动研究是一种可替代传统定量研究方法的分析方法，它能从理论和实践两个方面响应实际工作者和研究人员的需求。Näslund(2002)认为，行动研究方法对物流等应用领域研究的开展是有益的，并且可以帮助实际工作者解决很多现实中存在的问题。因此，行动研究人员努力推动科学与实践的共同前进(Foote, 1991)。此外，在方法严谨性的主要判定标准方面，内部有效性、外部有效性和可靠性等判定指标要求在行动研究方法中可以得到很好地满足(Gill and Johnson, 1991)。

Yasin(2002)在对大量相关文献回顾的基础上指出，标杆管理的焦点集中在实际工作者的实践知识上，这些知识不是从其他人的杰出表现中学得的，就是与其他人一起创造而来的。因此，标杆管理和绩效评估的基本目标看起来和行动研究的基本目标是一样的。外部层面是行动研究和标杆管理分析的另一类似之处。一方面，内外层面之间的相互作用被嵌入到行动研究方法的基础之中。另一方面，标杆管理试图评估现实客观世界中完成部分的绩效，而不是仅仅指向内部的理想化(理论)效率，例如前沿分析和最佳效率。这两种方法的另一相似之处涉及批判性反思方面，该领域的很多研究表明，行动研究的评估和学习循环周期与持续学习和改进的标杆管理阶段之间存在着交集(Zairi and Whymark, 2000a, b; Kyrö, 2004)。此外，行动研究是一种未来导向的方法，这一特性在克服传统的过去导向研究方法存在的主要障碍方面被证明是有用的。在绩效评估方面，这一特性在指导未来绩效的研究途径和研究方法方面也是有益的。

将行动研究应用于物流和供应链问题的另一个重要原因是这一系统方法在两种情形中都具有优势。行动研究与系统性思维紧密相连,研究人员应首先寻找行为关系模式,而不仅仅是实证结果中的因果关系模式(Checkland,1993)。Senge(1990)指出,系统性思维能够帮助组织机构更好的理解相关性和变化,从而更有效的处理影响我们行动结果的各种因素。现代物流以整体性和系统性思维为基础,并采用多学科和跨职能的方法来处理各项业务。供应链管理将渠道视为单一的实体而不是零碎的部分或职能的简单组合,从而采用系统方法处理各项业务。其目的在于实现供应链企业内部与企业间业务和战略能力的集中和整合(Holmberg,2000)。这一系统方法与管理方法不同,它允许采取中立和客观的视角对问题进行定义和研究。强有力的证据表明,这一方法也与国际航运和物流的操作问题相关联(Taylor,1976;Robinson,1976;Evans 和 Marlow,1990)。如果这一系统性方法能够克服港口业务中的渠道识别障碍和处理众多参与人员之间的相互矛盾,那么该方法对于港口运营和管理而言颇具价值。

3 行动研究项目:描述、方法与分析

在前面部分我们强调,在港口效率、物流和供应链管理方面需要一个研究和行动的参与式框架。本研究所采用的方法属于行动研究范式,如上所述,许多证据证明,港口物流环境中的行动研究方法和供应链绩效具有相关性。行动研究方法通过应用类似于实验的适当干预技术(Argyris,1993),要求实际工作者和研究人员之间密切联系。当本章中的一位作者接受了世界银行的短期任命之后,本章所描述的研究才成为可能。

在此背景下,研究人员不仅充当协调人,同时还负责监控整个项目。该项目的最终目标在于制定一个港口绩效评估的有效框架,来克服港口中跨职能和多机构的复杂性,特别是在典型的港口供应链结构中存在的运作观点冲突问题。世界银行的角色和地位确保了研究人员客观地开展问题识别、研究和行动方面的工作。

此外,除了港口的主要研究课题之外,利益群体的广泛参与在确保概括性分析和知识创造方面尤为重要。由于整体性研究较为宽泛,所以在本章中并没有完全地讲述,这就限制了研究中对行动研究要素的讨论。完整的研究结果可以在 Bichou 和 Gray(2004)的研究中找到。下面我们将介绍在研究对象(港口)及其与其他选定的焦点小组相关联的情境下,行动研究是如何规划和实施的。

3.1 研究设计与研究步骤

行动研究是一种研究策略,即方法论,我们需要将其与数据收集和分析方法以及后续阶段的检验和测量区分开来。本研究所采用的技术目的在于为港口管理者和专家学者小组提供一个用于港口绩效考察和评估的临时模型(参见图 27.1),最终目的在于得到一个改进模型。

为了研究港口管理者对物流概念的理解与他们在衡量港口绩效和效率所采用的方法,研究人员专门为他们设计了网上问卷调查,对调查结果的诊断得到了初始模型。在某些情况下,调查是通过面对面访谈或电话询问的方式进行的。图 27.1 描述了本研究所采用的行动研究方法的各个步骤,同时介绍了一个成功的行动研究项目是如何实现持续学习和创造专业知识的,以及最终如何实现概括性分析和理论构建的。

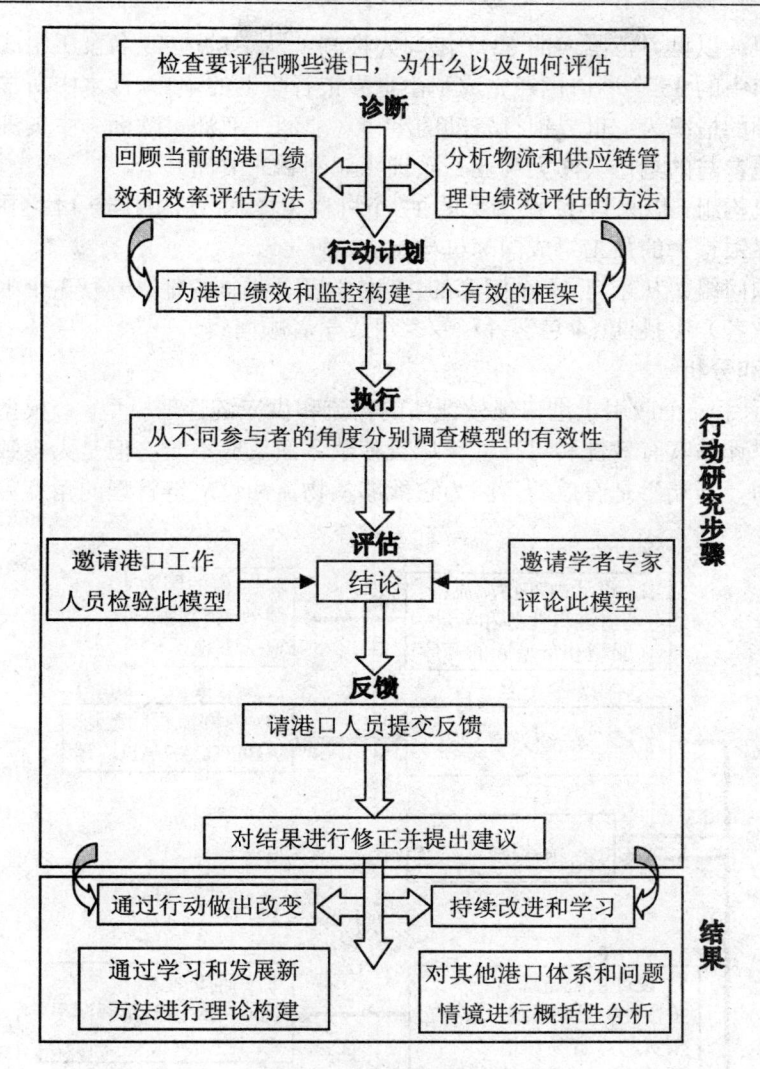

第 27 章 物流与供应链视角下的港口效率：基于行动研究方法的调查研究

```
                ┌─────────────────────────────┐
                │ 检查要评估哪些港口，为什么以及如何评估 │
                └─────────────────────────────┘
                            诊断
         ┌──────────────┐  ↕  ┌──────────────┐
         │回顾当前的港口绩效│    │分析物流和供应链管│
         │和效率评估方法  │↔  │理中绩效评估的方法│
         └──────────────┘    └──────────────┘
                         行动计划
                ┌─────────────────────────┐
                │为港口绩效和监控构建一个有效的框架│
                └─────────────────────────┘
                            执行
                ┌─────────────────────────┐
                │从不同参与者的角度分别调查模型的有效性│
                └─────────────────────────┘
                            评估
         ┌──────────────┐       ┌──────────────┐
         │邀请港口工作   │  结论  │邀请学者专家   │
         │人员检验此模型 │ ↔   ↔ │评论此模型     │
         └──────────────┘       └──────────────┘
                            反馈
                ┌─────────────────┐
                │请港口人员提交反馈│
                └─────────────────┘
                ┌─────────────────┐
                │对结果进行修正并提出建议│
                └─────────────────┘
         ┌──────────────┐       ┌──────────────┐
         │通过行动做出改变│  ↔    │持续改进和学习│
         └──────────────┘       └──────────────┘
         ┌──────────────┐       ┌──────────────┐
         │通过学习和发展新│       │对其他港口体系和问题│
         │方法进行理论构建│       │情境进行概括性分析 │
         └──────────────┘       └──────────────┘
```

图 27.1 分析框架和研究步骤

在典型的行动研究过程中，模型构建以及将其提交给港口管理人员进行检验分别与行动计划阶段和采取行动（或履行）阶段相互关联，此时，诊断工作相当于问题识别阶段。在这一阶段，研究过程得到了扩展，包含了其他利益相关者，并将他们划分为两个主要的讨论小组，以便对模型的相关性和可行性进行评价。得到的改进模型将在第二个行动研究循环周期（包括实施、评价和反馈）中重新提交给港口管理者（25 个港口），从而得到最终模型。初始模型和改进模型都被嵌入到了行动/改进相关联周期，此周期围绕实施、评价和反馈循环演进。后面的阶段对行动研究过程中的学习至关重要。

时间和预算约束决定了研究的范围和性质，包括行动研究的循环次数和港口参与者的规模。后者与世界银行和研究人员之间的伙伴关系一起，引起了人们对该方法伦理视角的关注，但是利益相关群体的广泛参与克服了这些困难。实际上，小组成员是经过精心挑选确定的，以便于不仅能够反映世界港口在组织、运作和管理方面特征的广泛变化，同时能够实现理论界和实业界之间的合作互动。虽然港口参与者是调查对象的主体，然而为了能够对数据进行收集、分析，并得到结果，本研究对调查对象进行了分组：

- 港口组：以世界范围内的 60 个港口为样本，从中挑选 45 名员工组成了港口组，60 个港口中的 35 个港口已经完成了由世界银行资助的项目。样本中所描述的港口所属各大洲的情况为：世界银行资助的港口（非洲、亚洲、欧洲、中美洲和拉丁美洲）和其他参与的港口（澳大利亚、欧洲、亚洲和北美洲）。
- 国际机构组：以来自 11 个国家的 17 个机构为样本，从中挑选 14 名国际机构（主要是世界银行）的员工组成国际机构组。
- 学者顾问组：从来自 11 个国家的 17 名学者、3 个咨询公司和 3 个独立的顾问（自由职业者）中挑选 14 名学者和专家组成学者顾问组。

3.2 结果和分析

图 27.2 展示了一个应用于港口绩效评估的物流和供应链管理模型。该模型被呈递给港口参与者讨论，以评估其有效性和可行性。尽管各个方面反应不一，但是大多数港口参与者认为以该模型作为"开端"是有效的，因为它能够从物流和供应链管理的角度审视港口效率。

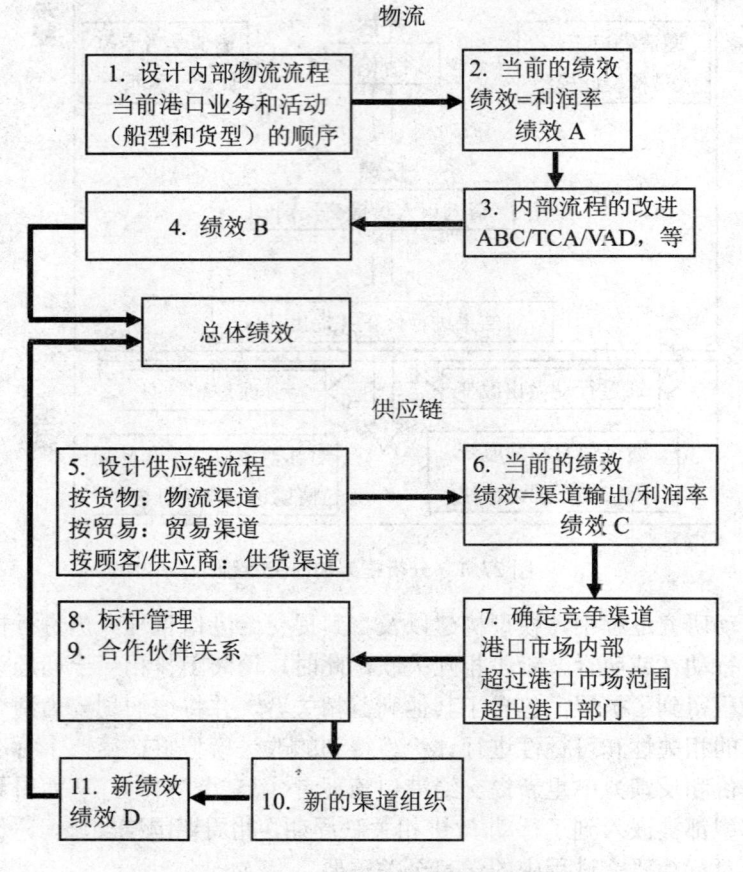

图 27.2　港口绩效评估的过渡模型

几乎所有的港口参与者所采用的效率衡量方法都与模型中 A 的绩效评估方法相类似。但是，大约一半（53%）的参与者提到了绩效监测方面的责任制和流程连续性的问题。港口组的成员不同意由公司承担收集数据、对整个高口绩效进行衡量和评估方面的职责。一些港口不知道他们的物流流程（或活动排序）的起点和终点，仅仅是因为许多活动是在港口区域和外部环境（如工业园区）的交接点进行的。为了进一步实现绩效监测，不断改进内部流程，通过对大部分港口进行总成本和权衡分析,尤其是应用 TCA/ABC 综合法来评估港口的总效率。

87%的参与者承认渠道组织(图 27.2 中的阶段 6 至 11)很难做到渠道定位,在大多数情况下,他们不参与渠道设计和管理。一些港口将这些局限归因于缺少可靠的数据和信息,其他人认为这与渠道分类的复杂性和混乱性有关。然而,几乎所有的港口都赞成渠道整合以及与其他成员密切合作。

通过供应链管理进行绩效评估更加难以理解和应用。大多数参与者不能定量的计算出整体渠道输出(绩效 C 和 D),也不能应用已有的流程标杆管理等分析技术。在他们关于供应链绩效评估的评论中,19 个(42%)港口认可此方法,9 个(20%)港口认为此方法不可行或者很难实施,17 个(38%)港口仍然不能判定这些技术的有效性和实用性。如此高的不确定响应比例表明,许多港口对供应链管理的概念并不熟悉。

如此看来,大多数港口已经了解他们自身的物流和供应链潜力,但是他们缺乏对这些概念和技术的正确认识以及如何将它们应用到绩效评估之中。在行动研究的第二次循环中,25 个港口应用改进模型证明了这些结论。最终模型,即行动研究的结果及其对理论产生的贡献在 Bichou 和 Gary (2004)的研究中以及世界银行的报告(2003)中都有叙述。国际机构组和学者顾问组的应用目的在于将外部环境考虑进来,在第一次行动研究循环的计划和实施中完成初始模型的诊断工作。

在国际机构组中,所有的受访者都支持将物流和供应链方法应用到港口中以提高港口效率。他们特别重视行动顺序(或内部流程图)的概念(步骤 1 至 4),认为它是港口运作效率方面的创新。同样,几乎所有的参与者(93%)都是活跃人员,他们建议设计、管理和改善港口供应链流程,只有一位参与者对整个方法的相关性表示了质疑。这也反映了对传统财务指标的经常性批评,例如,对 1950 年至 1990 年间开展的大多数世界银行港口项目的成本和收益所作的估计都比预期的低。与通过港口作业排序(绩效 A)和持续改进(绩效 B)的手段来计算实际绩效相比,本研究所提出的框架更有优势。参与者建议加强援助和指导,在应用绩效模型前持续学习和持续改进部分流程,但强调了对"量"的需要,并向所有类型的船舶运输推广该技术。

学者顾问组的反馈率较低,一半以上的反馈评论的是其他方面而并非主要要求的方面,例如,模型的设计和描述。大部分调查对象(83%)支持该模型的内容和目标,但该模型的应用和推广存在两个前提条件。一是绩效评估技术必须能够量化。为了评估绩效 C 和 D,有必要为港口管理者提供量化可视的比率和公式,以能够设计、关联和计算个体和集合渠道输出的贡献。另一方面,该模型中介绍的不同的概念和步骤应该进一步详细和简化。港口管理者对物流和供应链管理概念不是非常熟悉,他们也不希望在对物流和供应链管理概念没有明确而详细的说明前应用它们。

国际机构组和学者顾问组的反馈对改善最初模型十分有用,特别是提出了在应用和进一步推广该模型之前,应量化和简化技术和流程这一先决条件。这两个小组的参与者还呼吁进行批判反思,以及通过参与研究和行动对这一模型进行持续改进。

4 结论:方法的严谨性和检验标准

物流和供应链管理中的实证研究主要面临着情境定义、跨学科范围和难以达到目标等问题。这些问题在港口研究案例中尤为明显,经常表现为态度的分歧和运作观点的冲突。本章的研究主题在于从物流和供应链管理的角度对港口体系进行定义,并且提出一个绩效评估的有效框架，以反映港口运作和管理的物流范围。本章描述了行动研究方法在港口研究方面，特别是在有关参与性研究和理论生成方面的成功应用，项目参与者的高响应率和许多研究成果的采用证明了这一点。

然而，行动研究方法在港口供应链方面的应用也产生了许多与该方法有效性和可靠性相关的问题。行动研究方法中最具争议性的问题是研究人员作为观察者还是积极参与者的参与程度问题和作为一个公正的还是有偏见的角色的风险承担程度问题。虽然许多作者试图将行动研究的研究人员的角色和顾问任务分离开来，但是在两种角色之间，尤其是港口和物流研究方面，并不存在明显的区别。在行动研究背景下，理论产生的逻辑和检验同样重要，只应用行动研究一种研究方法并不总是能够实现给定目标。

另一个重要问题是特定行动研究样本中产生的理论和概念对其他情况下的适用性和应用的普遍性，为其他研究问题提供有效的基准。行动研究的基础是理论和实践的结合以及普遍性的优势，但是这一优势在世界性港口方面并不明显，经营管理方面的差异可能会阻碍将这一特定的行动研究导向的港口概念输出到其他港口的一切尝试。物流与供应链管理和港口效率的结合创造了一系列的优先权（与渠道冲突和分裂等相对比的渠道设计和管理、整体绩效评估和协同安排），这些优先权能够将其与先前的传统的行动研究背景（如制造、护理和教育等）取得的成果区分开来；因此，需要重新考虑相关的行动研究方法和步骤。在供应链和港口与供应链管理相结合的研究领域中并不存在应用和检验行动研究方法的一贯传统，由于研究存在诸多限制性因素，作者采用了围绕行动研究方法建立的结构性方法，由于这一方法涉及到广泛的利益群体，所以可以确保调查的有效性和可靠性。本章在港口物流和供应链管理方面的研究只是个开端，还需要对行动研究方法进行进一步的研究和检验。

5 参考文献

1. Argyris, C. (1993): Knowledge for Action: Changing the Status Quo, San Francisco: Jossey-Bass.
2. Bichou, K., Gray, R. (2004): A Logistics and Supply Chain Management Approach to Port Performance Measurement, in: Maritime Policy and Management, 31(1): 47-67.
3. Carr, W., Kemmis, S. (1983): Becoming Critical: Education, Knowledge and Action Research, Deakin University Press, New York.
4. Carson, D., Gilmore, A., Gronhaug, K., Perry, C. (2001): Qualitative Research in Marketing, Sage Publications, London.
5. Checkland, P. (1993): Systems Thinking, Systems Practice, John Wiley & Sons, New York.
6. Checkland, P., Scholes, J. (1999): Soft Systems Methodology in Action, Wiley, London.
7. Coghlan, D., Brannick, T. (2001): Doing Action Research in Your Own Organization, Sage Publications, London.
8. Cohen, L., Manion, L. (1980): Research Methods in Education, Croom Helm, London
9. Cooper, M., Lambert, D., Pagh, J. (1997): Supply Chain Management: More than a New Name for Logistics, in: The International Journal of Logistics Management, 8(1): 1-14.
10. Edmondson, A. (1996): Three Faces of Eden: The Persistence of Competing Theories and Multiple Diagnoses in Organizational Intervention Research, in: Human Relations, 49(5): 571-95.

11. Ellis, J., Kiely, J. (2000): Action Inquiry Strategies: Taking Stock and Moving Forward, in: Journal of Applied Management Studies, 9(1): 83-94.
12. Ellram, L. (1996): The Use of the Case Study Method in Logistics Research, in: Journal of Business Logistics, 17(8): 93-138.
13. Evans, J., Marlow, P. B. (1990): Quantitative Methods in Maritime Economics, Fairplay, London.
14. Foote, W. (1991): Participatory Action Research, London: Sage Publications.
15. Gill, J., Johnson, P. (eds.) (1991): Research Methods for Managers, Paul Chapman Publishing, London.
16. Gummesson, E. (2000): Qualitative Methods in Management Research, Sage, Thousand Oaks.
17. Holmberg, S. (2000): A Systems Perspective on Supply Chain Measurements, in: International Journal of Physical Distribution and Logistics Management, 30(10): 47-68.
18. Hopper, T., Powell, A. (1985): Making Sense of Research into the Organizational & Social Aspects of Management Accounting: A Review of its Underlying Assumptions, in: Journal of Management Studies, 25(5): 429-65.
19. Howell, F. (1994): Action Learning and AR in Management Education and Development: A Case Study, in: The Learning Organization, 1(2): 15-22.
20. Kemmis, S., Taggart, M.R. (1988): The Action Research Planner, Deakin University, Victoria.
21. Kyrö, P. (2004): Benchmarking as an Action Research Process, in: Benchmarking: An International Journal, 11: 52-73.
22. Lewin, K. (1946): Action Research and Minority Problems, in: Journal of Social Issues, 2(4): 34-46.
23. Mentzer, J. T, Kahn, K. (1995): A Framework of Logistics Research, in: Journal of Business Logistics, 6(1): 231-250.
24. Monieson, D. (1981): What Constitutes Usable Knowledge in Macro-Marketing? in: Journal of Macro-marketing, 1, Spring: 14-22.
25. Näslund, D. (2002): Logistics Needs Qualitative Research—Especially Action Research, in: International Journal of Physical Distribution & Logistics Management, 32(5): 321-338.
26. National Research Council -NRC- (1983): Requirements for a Ship Operations Program, National Academy Press: Washington D.C.
27. Perry, C., Gummesson, E. (2004): Commentary: Action research in marketing, in: European Journal of Marketing, 34(3/4): 310-320.
28. Peters, M., Robinson, V. (1984): The Origin and Status of AR, in: Journal of Behavioral Science, (20)2: 113-24.
29. Robinson, R. (1976): Modeling the Port as an Operational System: A Perspective for Research, in: Economic Geography, 52(1): 71-86.
30. Roggema, J., Smith, M. H. (1981): On the Process of Organizational Change in Shipping, in: Proceedings of Ergo-sea 81, Nautical Institute, London.
31. Rushton, A., Oxley, J., Croucher, P. (2000): The Handbook of Logistics and Distribution Management, London: the Institute of Logistics and Transport, Kogan Page, London.

32. Senge, P. (1990): The Fifth Discipline—The Art and Practice of the Learning Organization, Currency Doubleday, London.
33. Smith, P., Masterson, A., Basford, L., Boddy, G., Costello, S., Marvell, G., Redding, M., Wallis, B. (2000): AR: A Suitable Method for Promoting Change in Nurse Education, in: Nurse Education Today, 20(7): 563-70.
34. Stank, T. P., Keller, S. B., Closs, D. J. (2001): Performance Benefits of Supply Chain Logistical Integration, in: Transportation Journal, 41(2/3): 32-46.
35. Suojanen, U. (2001): Action research, also available at: www.metodix.com, 31.01.2005.
36. Swe, V., Kleiner, B. (1998): Managing and Changing Mistrustful Cultures, in: Industrial and Commercial Training, 30(2): 66-70.
37. Taylor, A. (1976): System Dynamic in Shipping, in: Operational Research Quarterly, 27: 41-45.
38. United Nations Conference on Trade and Development -UNCTAD- (1995): Strategic Port Pricing, UNCTAD, Geneva.
39. Van Maanen, J. (1982): Introduction in Varieties of Qualitative Research, Sage Publications, London.
40. Walton, R. E., Gaffney, M. E. (1991): Research, Action, and Participation: The Merchant Shipping Case, in: Whyte, W. F. (ed.): Participatory Action Research, London: Sage Publications, p. 99-126.
41. Westbrook, R. (1995): Action Research: New Paradigm for Research in Production and Operations, in: International Journal of Operations & Production Management, 15(12): 6-20.
42. The World Bank (2003), Logistics Port Performance: Guidelines and Recommendations, available at http://www.worldbank.org/transport.
43. Yasin, M. M. (2002): The Theory and Practice of Benchmarking: Then and Now, in: Benchmarking: An International Journal, 9(3): 217-243.
44. Zairi, M., Whymark, J. (2000a): The Transfer of Best Practices: How to Build a Culture of Benchmarking and Continuous Learning—Part 1, in: Benchmarking: An International Journal, (1): 62-78.
45. Zairi, M., Whymark, J. (2000b): The Transfer of Best Practices: How to Build a Culture of Benchmarking and Continuous Learning—Part 2, in: Benchmarking: An International Journal, 7(2): 146-167.

作者简介

- Khalid Bichou 理学硕士（西密歇根大学、普利茅斯大学），理学学士（法国行政学院）
  - 1974 年出生，曾在国立行政学院（摩洛哥/法国）学习公共经济学和财政学
  - 1993 年～2002 年，从事于摩洛哥的海运和港口行业，做过多种工作
  - 1999 年，获得西密歇根大学的港口运营和管理硕士
  - 2001 年～2004 年，被联合国贸易和发展会议以及世界银行委派到欧洲和北美，从事研究和咨询工作

- 2002 年，获得英国普利茅斯大学的国际物流硕士
- 2004 年～，在伦敦帝国理工学院运输研究中心任职，在港口业务和技术中心担任助理研究员
- 主要研究方向：港口功能和战略标杆管理；港口物流和供应链应用；航运及多式联运业务
- Centre for Transport Studies
  Imperial College London, London SW7 2AZ, United Kingdom
  Tel: +44 020 7594 6111　　Fax: +44 020 7594 6102
  Khalid.bichou@imperial.ac.uk, http://www.ic.ac.uk/cts

➢ Richard Gray 理科硕士
- 1943 年出生
- 克兰菲尔德大学硕士，1981 年获得克兰菲尔德大学（欧洲物流）博士学位
- 1999 年，英国特许运输协会会员，物流运输协会会员
- 1979 年～2004 年，历任普利茅斯大学讲师，高级讲师，首席讲师
- 1990 年～1996 年，普利茅斯大学航运和运输部负责人
- 四部著作的作者，两部著作的编者之一，发表过多篇论文
- 普利茅斯当代航运和物流系列研究丛书的编辑
- 政府和物流行业的顾问，学术生涯开始前曾从事国际货运代理及出口配送方面的工作
- 主要研究方向：国际物流；供应链管理
- Centre for International Shipping and Logistics
  Faculty of Social Sciences and Business
  University of Plymouth, Drake Circus, PL4 8AA Plymouth, UK
  Tel: +44 (0) 1752 232442　　Fax: +44 (0)1752 232853
  Email: rgray@plymouth.ac.uk

第五篇
供应链建模
(Modelling Supply Chains)

第28章 基于经验数据的供应链管理定量模型研究方法

Gerald Reiner

本章主要内容

1. 导言
2. 供应链管理领域的研究
3. 定量模型的发展
4. 定量研究中的离散事件仿真模型
5. 组合研究方法的应用
6. 基于经验数据的定量模型在学术研究中的应用
7. 结论
8. 参考文献

内容摘要

学术界发表了很多不同类型的研究论文，对运营管理理论发展的要求予以界定，并尝试将不同研究路线所得出的结论进行融合。在本研究中，我们界定了供应链管理研究的范围及其与运营管理的关系。我们将要说明的是，定量模型驱动型的研究，特别是在考虑了经验数据和仿真模型的情况下，是可以应用于供应链管理领域的研究之中的，这是因为这一类型的研究对于推动理论的发展具有巨大潜力。此外，我们还将通过一些挑选出的研究案例来阐述这一思想。

关键词：供应链管理；定量模型；经验数据；仿真模型

1 导言

在供应链管理研究领域，其研究方法论方面存在的一个主要难题，就是在运用经验数据构建定量模型来进行实证研究方面仍然只处于起步阶段。因此，在什么是"好的"定量实证研究方面，学者之间存在不同的见解。有鉴于此，在本章中将提出一些思想和概念来解决这个问题，同时还将深入说明如何进行基于经验数据的定量模型驱动型研究，以推动供应链管理理论的扩展。

在本章的第二部分，我们将定义供应链管理研究的范围及其与运营管理研究的关系。在本章的第三部分，我们将总体描述供应链管理领域中关于定量模型驱动型研究的方法。一般而言，以定量模型为基础的研究（quantitative model-based research）还可以细分为实证

(empirical) 研究和公理化 (axiomatic) 研究，或者分为描述性 (descriptive) 研究和规范性 (normative) 研究。需要特别指出的是，针对每种研究类型我们都会述及相关参考文献。

此外，本章还会讨论离散事件仿真模型的重要性（第四部分）和混合模型方面的研究（第五部分）。在第六部分将会描述如何去实施"好的"基于经验数据的定量模型驱动型研究。最后，在第七部分总结主要结论，并指出有待进一步研究的方向。

2 供应链管理领域的研究

近年来，供应链管理在管理和科技类文献中被广泛讨论。但是，在理论和实践方面，供应链管理能否被确立为一个具有长远影响的管理概念，这一点还尚无定论。根据已有的研究文献，Müller 等（2003）曾总结了如下所述的三条供应链管理标准：

- 供应链流程必须满足客户的需求。
- 供应链管理的重点是对商品流动性的管理、对信息流的管理，以及对从原材料（采购）阶段到最终用户的资金流的管理（Handfield，2002）。
- 供应链流程是跨公司的。

接下来将阐述我们对供应链管理研究的观点，相关观点与定量模型驱动型研究的相关结论相一致，这也是本研究的主旨所在。

在供应链管理中，需要解决的主要问题之一是减少不确定性。例如，不确定性产生的因素包括预测范围（即不确定性与预测时期的长短有关）、输入数据（即输入数据的偏差与误差）、管理和决策过程，以及内在的不确定性（Van der Vorst 等，1998）。在供应链管理方面，供应链合作成员之间的交流和信息沟通十分重要。例如供应商管理库存（Vendor-Managed Inventory, VMI）、连续库存补充计划（Continuous Replenishment Program, CRP），以及协同规划、预测和补给（Collaborative Planning, Forecasting, and Replenishment, CPFR）等各种管理理念，均考虑了这些情况。在整个供应链的识别方面，这些方法各不相同（Barratt & Oliveira, 2000）。问题在于：集中管理计划并不总是可行的或适宜的，而采取分散管理的供应链管理会产生协调问题，进而会导致诸多困难。有专门的研究对周期时间缩短和信息共享两种情况所引致的效益进行比较分析。得到的结果表明：在一些供应链管理中，周期时间的缩短对于供应链绩效的影响比信息共享所引致的绩效影响更大（Cachon & Fisher, 2000）。从运营管理中我们可以了解到，一个流程的周期是由功能、使用和变化等因素组成的（Hopp & Spearman, 1996）。周期时间的变动是由于流程次数的增减或者流程的变动所造成的。从管理角度看，作为影响流程参数变量的主要因素的变动是极为重要的，例如如何正确使用才能满足顾客的需求等。原则上，有一套杠杆会引起这些变化，亦即：

- 减少需求的波动，例如，通过优化预测方法、每天的低价策略（并非频繁的变动价格）、实施激励性措施等以影响未来的需求。
- 缩减交货周期，如增加安全库存以提升总量和交货速度。
- 缩减交货时间周期的变动，如标准化的作业程序、更好的培训，以及同步流动等。
- 减少供应的变动，例如选择可信赖的供应商、更精准的预测，以及预定制度等。

一般而言，通过信息共享、缩短交货时间等措施可以降低不确定性，但是并不能消除不确定性。在这方面，一个重要的管理杠杆是库存管理。一方面，不同类型的库存对减少需求波动、操作和供应的不确定性是十分必要的。但是，在另一方面，库存也可看作是供应链管理效率低下的结果。因此，库存管理是供应链流程管理中的一个焦点问题。

传统上，在供应链流程的管理过程中，库存管理是非常具有挑战性的，因为它会直接影响到成本水平和服务水平。具有不确定性的需求、供给和生产周期，使得在供应链中将库存设定在足够高的水平以便于为客户提供较高水平的服务，这在传统上是十分必要的。因此，提高供应链流程中的库存水平将会提高顾客服务水平和收入水平，然而，这同时也会带来更高的成本。供应链流程管理必须确定这个杠杆比率以解决这一取舍的问题，才能在减少库存的同时提高客户服务水平。在这一领域，一个著名的管理反应杠杆是不同类型的集中化或标准化所带来的风险库，例如中央仓库、产品标准化、延迟和模块化战略。通过这些方法和概念的组合，通常可以在很大程度上降低库存成本。

供应链管理研究的核心是对跨公司流程的管理，跨公司流程管理能够为流程改进提供替代选择。此外，顾客需求和顾客满意度在这方面也扮演着关键的角色。从传统上来讲，从营销的角度上对以顾客为中心（导向）的理念的研究已经有很多，但是在运营和供应链管理领域尚未得到必要的关注。现存的问题主要表现在，在市场营销领域现有研究的重点放在了对顾客的需求和满意度的甄别和测量方面，而实质上并未触及流程的具体环节。从供应链管理的背景来看这是不够的。将以顾客为中心的理念扩展到跨公司流程（供应链流程）中也是非常有必要的。商品流、信息流和资金流的优化并非仅仅局限于本公司一个组织，而应该扩展到包括顾客订单涉及的每一家公司。

3 定量模型的发展

在本部分，我们将以 Bertrand 和 Fransoo（2002）的论文为主要基础，具体讨论定量模型的发展情况。最初，运筹学中的定量模型只是面向解决运营管理中的实际生活问题，其目标并非是拓展科学知识。在 19 世纪 60 年代，一个引人注目的、致力于解决更加理想化的问题的学术研究路线出现了。此类研究致力于积极构建运营管理方面的科学知识，但是，在此后的 30 多年里，这些知识大部分都失去了其实证基础。近年来，发展解释性理论和预测理论的需求走到了前台。

定量模型驱动型的研究可以分为两种不同的类型。第一类模型主要由理想化模型自身驱动的，被称为公理化研究方法。此类方法依靠严格的定理和逻辑证明（例如数学模型）（Meredith 等，1989）。在此类型中，一个有趣的问题是应用仿真模型的公理化定量研究，因为它通过捕捉经验数据（可能没有解析解）以获得其科学意义。而且，仿真模型是第一类定量模型驱动型研究与第二类研究的结合点。

第二类模型驱动型研究是由实证结果和测量方法所决定的。在这一点上，研究人员的首要任务是要确保现实中的观察和行为之间有一个模型拟合。此类模型或多或少不够理想化。Betrand 和 Fransoo（2002）指出，此类实证的定量模型驱动型研究方法为推动未来理论的发展提供了巨大的机遇。目前，实证型定量研究仍然处于初级阶段。因此，相比于公理化的定量研究而言，什么是好的实证型定量研究，在这一点上仍然存在不同的意见。这尤其表现在以定量模型为基础的实证研究导致了控制变量（control variables）和绩效变量（performance variables）之间的因果关系模型的产生。这种合乎逻辑的实证主义/经验主义方法将现象从逻辑分析的内容中分离出来，然后将此类模型应用于分析或预测。

这种研究类型能够被描述或标准化。描述性的实证研究主要用于创建描述因果关系的模型，这种因果关系通常在现实中存在，可以提高对过程机理的理解，如系统动力学（systems dynamics）机制研究（Forrester，1961）、工业系统中脉动速度（clockspeed）（Fine，1998）。

从这个意义上讲，仿真方法不仅仅是公理化定量研究的一个分支，它也可以应用于第二类以模型为基础的研究中。

另外一种类型是规范实证的定量式研究，这类研究主要应用于制定政策、策略和行动计划等方面。在这个方面的文献范围相当宽泛，主要是关于模型有效性和验证的问题。到目前为止，这种类型研究存在的问题主要表现在验证过程并不是足够有说服力。很难确定哪种绩效的改变是由于某一具体变量改进所导致的，哪一种改变又是由于其他变量的变化所导致的。然而，此类研究形式是最完善的研究形式（Bertrand & Fransoo，2002），而且研究过程周期也是完整的（Mitroff等，1974），如下所述：

- 概念化
- 建模
- 模型求解
- 实施

在许多案例中，此类型的研究是以早期的已经发表的研究文献为基础，这些文献属于公理化定量研究类型，其中的建模和模型求解部分所采用的科学知识都是已经非常成熟的。

此外，运营管理和供应链管理研究所面对的对象问题所涉及的有关方法论体系正在消失，这些体系是用来验证和衡量实际流程（并非理想化的流程）相关特征的。这是由于目前尚没有客观、独立和公认的流程。当然，每项研究工作都会以某种方式处理这个问题，但是总是以一种主观的、环境依赖式的方法来处理，而且所采用的方法总是不能够予以明确的描述。其结果就是，很难判断它对推进理论发展的科学价值（Bertrand & Fransoo，2002）。

在实证的定量模型驱动型研究中，衡量和评价方法具有很重要的作用。其中一个问题表现在：在供应链管理领域，应用的主要测量和评价方法或多或少来自于运营管理领域。其结果就是，这些衡量总是仅仅集中于一家公司而并不会考虑到跨公司的领域。因此，供应链管理领域所应用的衡量和评价方法必须满足此类的相关需求，例如牛鞭效应问题（the bullwhip effect）（请参阅 Reiner，2004）。

3.1 示例：描述性的实证定量研究

Sterman（1989）报告了一个关于模拟库存分配制度的实验（亦即著名的"啤酒游戏"），这个实验中包括多种角色、反馈、非线性和时间延迟问题。在啤酒游戏中，每个人都会做出关于公司结构的决策，这些决策的相互作用所产生的合力机制会系统化地与最优行为分离。Sterman 描述并解释了所谓的"牛鞭效应"（即供应链动力机制第一法则），其内容是：若一家公司面对的需求具有不稳定性，其需求波动性会随着供应链向上游传导并逐级扩大。

Fine（2000）也提出了供应链管理领域中另一个关于描述性定量研究的优秀案例。在过去的十年间，他研究了高度脉动行业（fast-clockspeed industries，例如因特网服务、个人电脑服务）的供应链动力机制，他的主要研究目标是确定供应链设计中的稳健性原则。他指出，供应链设计是一个组织的核心竞争力。动速扩增假说（the clockspeed amplification hypothesis，供应链动力机制第二法则）可以定义为：在同一条供应链中，一个公司所面临的行业脉动加速，会导致其下游公司同时加速。为了更好地理解这一问题，他分析了供应链的不同阶段。例如，在个人电脑行业，他研究了电脑制造商、半导体制造商和半导体设备制造商。这些观点有助于我们理解经济运行中空前的速度感，这种速度感从过去的十年间到现在再到未来一直存在。需要特别指出的是，这些见解可以告诉我们如何确认和理解行业脉动加速器和减速器。

3.2 示例：规范的实证型定量研究

Bertrand & Fransoo（2002）描述了标准化的实证式定量研究中的不同案例，这些案例都与运营管理问题有关。Jammernegg & Reiner（2004）阐述了一个三阶段供应链（供应商网络）的例子。该研究通过库存管理和能力管理的协调适用性来处理各种机会和挑战，其目的是提高供应链流程的绩效。研究还列举了通信和汽车行业的供应商网络问题，以解释这种方法。这一研究应用了离散事件过程仿真模型，证明了库存管理和能力管理的协调应用如何导致了组织内（成本）和组织间（服务水平）目标的优化。

4 定量研究中的离散事件仿真模型

我们在上述内容中已经讨论过规范的实证型定量研究所存在的难点，其最大的难点是我们很难确定哪一种绩效的改变是由于具体的改进措施所导致的、哪一种改变是由于其他变化导致的。实证型定量研究必须能够用以衡量定量理论模型的有效性，或者是有关实际生活数据的问题解决方案的有效性。实证的模型驱动型研究需要使用已经发表的公理化定量研究项目中的成果和结论。经验观察的基础是以早期已经成熟的理论基础作为假设，这些理论主要涉及公理化研究方面。因此，仿真模型（即离散事件仿真模型）可以用于支持此类型的研究。在供应链管理仿真领域，也存在处理供应链管理研究中的高度复杂性问题，这些复杂性是由多阶段分析所造成的。

Kleijnen 和 Smits（2003）在其研究中提到，离散事件仿真在供应链管理研究领域十分重要，他们也例举了在供应链管理研究领域中应用这种仿真类型的论文。

这种类型的仿真用于分析个别事件，并包涵了不确定性问题。具体来说，应用离散事件仿真模型，一个系统可以通过定义系统内发生的事件、描述当时主要的逻辑而被模拟出来。按照时间先后顺序处理这些事件并且先发生的事件具有优先性。库存排队、加工、业务流程和供应链流程分析的问题也属于上述所提及的情况（Evans & Olson, 2002）。

对于现有流程设计的评估，以及可选配置的比较，要求获得各种绩效测量的具体值。对于现有流程，所需值可以从供应链合作商的绩效测量系统中获取。但是，在许多情况下，这些系统并不能提供我们希望得到的绩效测量数据。如果面对的是可更改的流程配置，绩效测量值绝不会像现有数据一样具有可用性。如果不具有可用性，这些值就不能用来计算、估计或通过仿真得到。由于这一问题的存在，精确计算的可能性受到较大的限制，所得的估计值通常也不是很精确。因此，动态随机的计算机仿真能够用来为供应链评测提供所需的输入数据。如前所述，对于供应链流程评测而言，风险是一个重要因素。随机模拟能够处理随机变量，不仅会生成绩效测量的平均值，而且能够为概率分布提供有用的信息。上述即为 Wyland 等（2000）针对供应链管理领域中的仿真应用问题所提出的观点。

学者们普遍存在一个共识，即离散事件仿真模型中能够应用图 28.1 中所提到的流程。Law 和 Kelton（2000）定义了这一典型的仿真流程。

步骤 1：明确问题，然后制定研究目标，确定要考虑的具体问题。

步骤 2：如果存在数据，在研究目标的基础上收集数据。

步骤 3：验证数据。

步骤 4：基于概念模型的计算机建模。

步骤 5：执行试运行程序。

步骤 6：检验并确认。

步骤7到10：包括实验设计、程序试运行以提供关于系统效果的绩效数据，输出考虑了统计因素的分析结果，实施最佳选择。

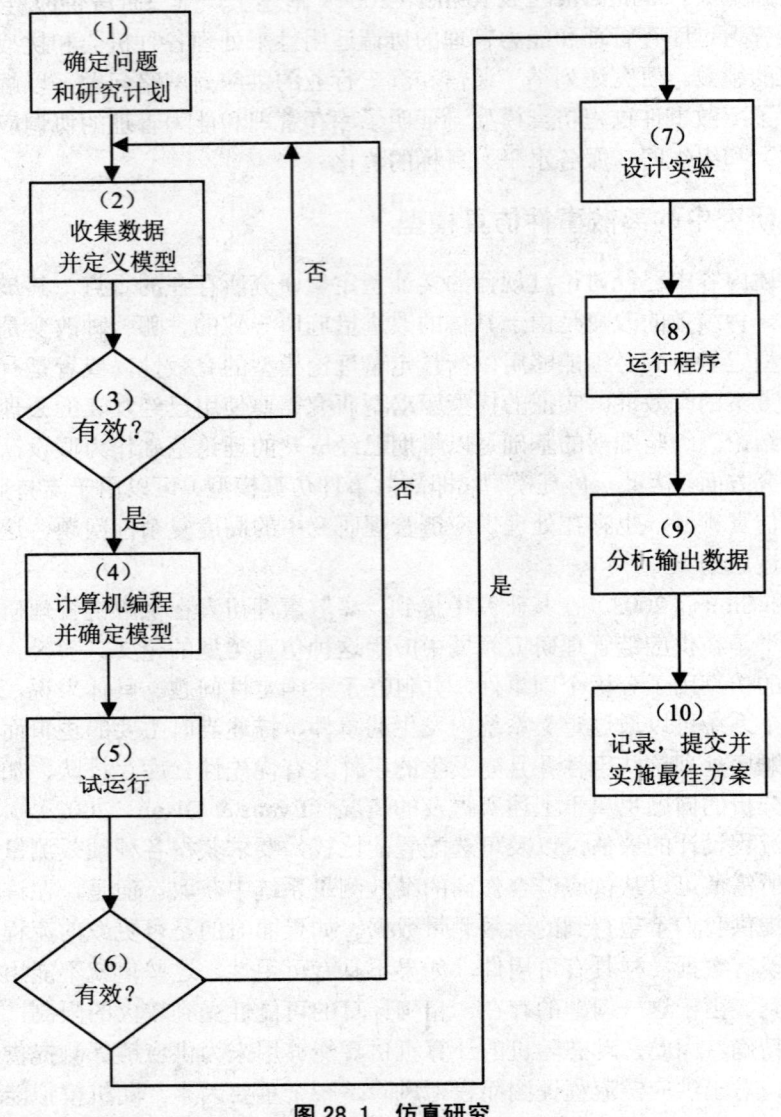

图 28.1　仿真研究

资料来源：Law & Kelton，2000。

此类方法最主要的特征是收集具体数据以取得基于连续性过程的具体结果（Eldabi 等，2002）。因此，离散事件仿真法是一种典型的定量研究方法。但是，在特定情况下，这种方法也能够应用于定性研究，Eldabi 等（2002）提到这一问题并进行了更详尽的讨论。

在下面的例子中，我们将介绍一个流程模型，此模型应用了离散事件仿真建模方法，能够用于优化顾客化的供应链设计（Reiner & Trcka，2004）。对现有供应链分析的出发点是供应链策略的改变，或者是供应链合作企业策略的改变，或者是一个持续的循环性改变（例如每年）。为了分析不同的优化方案，有必要建立供应链评测的目标系统。在此分析水平上，最为重要的是保证整个供应链网络的所有数据都是可用的。对供应链设计的分析可以基于历史数据进行（例如去年的数据），包括收集到的逻辑数据（例如工艺流程图）、销售点（POS）数据，也包括订单策略（参数变量：订货点、服务水平、安全库存）、生产战略（按库存生产、按订单生产、批量大小、服务水平），以及供应链成员节点的数量。如果供应链中的某家企业有严格的信息共享政策，它在信息共享方面若出现问题，则相关分析可在历史数据的基础上进行。

下一步是建立整个供应链的仿真模型，它包括一个基本的流程模型（逻辑数据）和数值数据、不确定性指标的随机行为和随机扰动事件，以及信息流。模型验证生效之后，仿真环境可以用来评估不同的供应链设计方案。因此，下一步即确定设计方案，包括试验设计（Design of Experiments，DoE），即每个决策变量的范围（例如供应链成员的数量变化、批量、再订货点，以及目标服务水平）和公司的具体流程，以及供应链流程的备选方案（例如流程模型）。应用仿真法进行这些试验之后（重复足够的次数），流程中特定产品供应链设计的改变对整体格局的影响、服务水平、牛鞭效应的测度，以及时间（例如周期时间）等，这些因素中哪些是行业供应链的关键指标，都将能够得到详细的研究结果。显然，这些关键的供应链因素和其他绩效措施（成本、质量、弹性）之间存在依赖性。只有从这一整套绩效措施中选择出最适合的，才会成为市场上的成功者。市场上成功企业的绩效措施会引起对供应链设计方案的评估，继而应该进行决策以支持对供应链流程的重组。如果得到的结果不理想，必须要改进设计方案然后重新模拟。

5　组合研究方法的应用

Krajewski（2002）提出，学术应当走在实践的前面，并引领未来实践操作优化、效率提升的方向。实现这一目标，需要定量研究和定性研究的配合使用。

在这里，所谓的组合方法，是指将理论研究和定性、定量等研究工具相结合，整合应用于一个具体的研究项目之中（Rocco等，2003）。此研究类型广泛应用于社会科学和行为科学领域。但是，它也可应用于运营管理和供应链管理领域的研究中。例如，在过去50年中，运营管理领域被赋予了实证主义认识论的特点，而其他的学科领域（例如市场营销学、组织行为学和财务学等）已经经历了科学理论体系构建阶段而处于比较成熟的阶段。

Voss等（2002）提出，案例研究法可以应用于不同类型的研究，例如探索、理论构建、理论检验和理论扩展、深化等。组合研究方法中一个好的用处是用于探索性研究。在许多研究项目中（例如以经验数据为基础的定量模型），基于案例方法的探索性研究可用来拓展研究思路和问题。另一个用途是理论检验，当案例研究方法应用于理论检验时，通常被应用于以调查为基础的研究，以此来实现交叉测量（即综合应用不同的方法来研究相同的现象，以避免同一个弱点的发生）。

6　基于经验数据的定量模型在学术研究中的应用

基于定量模型的实证式供应链管理研究项目应当包括能够解决下列问题（Bertrand & Fransoo，2002；Kleijnen & Smits，2003；Eldabi等，2002）的相关内容：

- 一个高质量的研究项目应该以一个"好"的研究问题为开端。基于案例研究方法的探索性研究应当可以支持此步骤。
- 第二，有必要回顾相关研究文献（例如公理化研究）。文献回顾的必然结果是得知所研究问题的现有成果。
- 下一步骤是依据理论模型或问题，确定有关供应链流程的基本假设。

- 研究应该确定供应链流程的种类和有关流程的决策类型，其基本假设是假定是可用的。可供研究的供应链流程的案例是按订单装配与按订单制造的比较（Jammernegg & Reiner，2004）、供应链最终产品的买方市场与卖方市场的比较等。
- 必须制定客观标准以确定现实生活中的供应链流程是否属于所考虑的流程类别，还需要确定供应链流程中能够解释所研究问题的决策系统。
- 从基本假设来看，这一步骤来自于有关流程行为的假设。流程行为（process behavior）指的是在供应链流程中，可被客观测度和观察的现象。
- 有必要制定一种客观的方法应用于测量或观察。此时的问题是没有与变量对应的正式的结构存在。而且，在基于经验数据的定量模型研究中，研究人员必须制定他们自己的测量方法并需要详细说明。特别需要指出的是，有必要知道如何来影响和测量流程中的有关特征。因此，有必要制定概念模型以定义所研究系统中的相关变量，以及变量之间关系的性质和测量方法。

  在这方面，一种选择是设计仿真模型以解释供应链绩效指标，这些指标能够反映环境和管理的控制因素。仿真类型（例如系统动力机制、离散事件仿真）取决于被模型回答的问题的种类，即在本章第三部分所给出的例子。
- 下一步是测量方法和观察系统的应用、文件的收集和对结果的统计学解释。所应用的实验设计不能以随意的方式决定。实验的结果由所观察的真实系统获得，这些系统中的变量不能随意操纵。因此，只有基于实践的数据或选择对实施实验才是适合的。

  如果使用仿真模型来进行分析，首先必须验证这个模型。其次，此仿真模型可以用于提升对供应链行为的考察，并提供关键的控制变量。在基于定量模型的研究中，经验数据的限制（参阅前文）已经纳入考虑范围。因此，不可能优化关键的控制因素。与此相反，如果能够找到基于实践的其他替代选择，这对于有效的解决方案是非常重要而且可行的。
- 在基于经验数据的定量模型研究中，最后一个步骤是对研究结果的解释，这些结果与理论模型和所检验的问题有关。这些结果是针对与决策问题和所考虑流程有关的理论模型的确认、拒绝或建议，其目的是优化这些理论模型。

7 结论

我们已经说明了在供应链管理研究中定量模型驱动型研究是如何被应用的，尤其是在考虑了经验数据和仿真模型的情况下。而且，我们还应用一些研究案例阐述了我们的观点。

在供应链管理研究领域中，管理的相关性越来越重要。实证的定量模型驱动型研究可以处理实际数据以及背景环境，因此，这一类型的研究也可潜在地提供实现相关管理需求的解决方案。具体而言，对于更实际的需要解决的相关问题（例如复杂性问题），实证的定量模型驱动型研究具备很大的潜力。此外，这种研究类型能够用来验证现实世界供应链流程中的经验公理化（运筹学）模型。

学术研究最完整的模式是基于经验数据的、规范的定量模型驱动型研究。该领域的问题在于验证流程并不是很强大。而且，很难确定哪种绩效的改变是由于具体的变量改进所导致的，以及难以明晰哪一种改变是由于其他因素所导致的。离散事件仿真模型的应用可有助于解决相关问题，因为这种方法能够充分考虑到不确定性问题。

在本章中，我们还讨论了一些组合研究方法。这些方法在供应链研究中具备潜在价值吗？

这个问题同样是今后方法论研究发展过程中的一个重要问题。

对于学术界来说，供应链管理领域中实证的定量模型驱动型研究已经或多或少地得到认可。一些顶级的学术刊物（例如 Management Science，Journal of Operations Management，International Journal of Production Economics, Production and Operations Management 等）均认可此种类型的学术研究文章。但是，为了应对仍然存在的各种批评和质疑，研究方法的不断改进依然是十分必要的。

8 参考文献

1. Barratt, M., Oliveira, A. (2000): Exploring the enablers and inhibitors of collaborative planning, forecasting and replenishment (CPFR), e-Supply Chain Research Forum, Cranfield Centre for Logistics and Transportation, Cranfield School of Management.
2. Betrand J. W. M., Fransoo J. C. (2002): Modelling and simulation: Operations management research methodologies using quantitative modeling, in: International Journal of Operations & Production Management, 22(2): 241-264.
3. Cachon, G. P., Fisher, M. (2000): Supply chain inventory management and the value of shared information, in: Management Science, 46(8): 1032-1048.
4. Eldabi, T., Irani, Z., Paul, R. J., Love, P. E. D. (2002): Quantitative and qualitative decision-making methods in simulation modeling, in: Management Decision, 40(1/2): 64-73.
5. Evans, J. R., Olson, D. L. (2002): Introduction to Simulation and Risk Analysis, 2nd edition, Prentice Hall, Upper Saddle River, New Jersey.
6. Fine C. H. (1998): Clockspeed: Winning Industry Control in the Age of Temporary Advantage, Perseus Books, Cambridge.
7. Fine C. H. (2000): Clockspeed-based strategies for supply chain design, in: Production and Operations Management, 9(3): 213-221.Forrester J. W. (1961): Industrial Dynamics, MIT Press, Cambridge.
8. Handfield, R. (2002): Writing the ideal paper for JOM: A new editor's perspective, in: Journal of Operations Management, 20(1): 10-18.
9. Hopp, W. J., Spearman, M. L. (1996): Factory Physics - Foundations of Manufacturing Management, Irwin, Chicago.
10. Jammernegg, W., Reiner, G. (2004): Performance management of supply chain processes by coordinated inventory and capacity management, Proceedings of the 13th International Symposium on Inventories (ISIR), Budapest.
11. Kleijnen, J. P. C., Smits, M. T. (2003): Performance metrics in supply chain management, in: Journal of the Operational Research Society, 54(5): 507-514.
12. Krajewski, L. (2002): Reflections on operations management research, in: Journal of Operations Management, 20(1): 2-5.
13. Law, A. M., Kelton, W. D. (2000): Simulation Modeling and Analysis, third edition, McGraw-Hill, Boston.
14. Meredith J. R., Raturi A., Amoako-Gyampah K., Kaplan B. (1989): Alternative research paradigms in operations, in: Journal of Operations Management, 8(4): 297-326.

15. Mitroff, I., Betz, F., Pondy, L. Sagasti, F. (1974): On managing science in the systems age: Two schemas for the study of science as whole systems phenomenon, in: Interfaces, 4(3): 46-58.
16. Müller, M., Seuring, S., Goldbach, M. (2003): Supply Chain Management—Neues Konzept oder Modetrend (Supply Chain Management—New Concept or Fashion Trend?), in: Die Betriebswirtschaft, 63(4): 419-439.
17. Reiner, G. (2004): Supply chain performance measurement with customer satisfaction and uncertainties, in: Spengler, T., Voß, S., Kopfer, H. (eds.): Logistik Management—Prozesse, Systeme, Ausbildung (Logistics Management—Processes, Systems, Education), Physika-Verlag, Heidelberg: p. 217-234.
18. Reiner, G., Trcka, M. (2004): Customized supply chain design: Problems and alternatives for a production company in the food industry—A simulation based analysis, in: International Journal of Production Economics, 89(2): 217-229.
19. Rocco, T. S., Bliss, L. A., Gallagher, S., Perez-Prado, A. (2003): Taking the Next Step: Mixed Methods Research in Organizational Systems, in: Information Technology, Learning and Performance Journal, 21(1): 19-29.
20. Sterman, J. D. (1989): Modeling Managerial Behavior: Misperceptions of Feedback in a Dynamic Decision Making Experiment, in: Management Science, 35(3): 321-339.
21. Van der Vorst, J. G. A. J., Beulens, A. J. M., De Wit, W., Van Beek, P. (1998): Supply Chain Management in Food Chains: Improving Performance by Reducing Uncertainty, in: International Transactions in Operational Research, 5(6): 487-499.
22. Voss, C., Tsikriktsis, N., Frohlich M. (2002): Case Research in operations management, in: International Journal of Operations & Production Management, 22(2): 195-219.
23. Wyland, B., Buxton, K., Fuqua, B. (2000): Simulating the supply chain, in: IIE Solutions, 32(1): 37-42.

作者简介

> Gerald Reiner 博士
> - 1970年出生，在维也纳（Vienna）攻读工商管理专业
> - 1996年～1998年，在维也纳经济与工商管理大学工业信息处理系（the Department of Industrial Information Processing, Vienna University of Economics and Business Administration）担任研究助理
> - 1999年～，维也纳经济与工商管理大学生产管理系担任研究助理
> - 主要研究方向：供应链管理；质量管理；运营管理；绩效测量
> - Department of Production Management
>   Vienna University of Economics and Business Administration
>   Pappenheimgasse 35/3/5, 1200 Wien, Austria
>   Tel：+43 1 31336 5631   Fax: +43 1 31336 5610
>   Email: gerald.reiner@wu-wien.ac.at, http://prodman.wu-wien.ac.at

第29章 存量、流量、agents 和规则——供应链研究中的"战略"仿真

Andreas Größler, Nadine Schieritz

本章主要内容

1. 战略仿真的应用和作用
2. 存量或流量？还是 agents[*]或规则？
3. ……或者两者都适用？
4. 参考文献

内容摘要

研究供应链中的战略问题，可以应用纯模型法、经验观察法和实验法等各种方法，仿真法则是介于几种方法之间的一种方法。虽然仿真模型方法的应用一般都有着严格的要求，但并不仅仅局限于可解方程组的分析方面。此外，针对难以测量的"软"性要素，仿真方法也可用来对其进行估计。通过纳入这些变量，可以提高仿真研究与现实世界的关联程度，这与实证调查更加相似。因此，战略仿真实验试图达到的目标是将数学模型的一般性和清晰性，与实证研究的现实关联性和外部有效性整合于一起。

实现这一目标的方法是将系统动力学与基于 agent 的仿真方法结合起来，从而构建高显著性的数学模型，并对社会经济体系进行仿真模拟。在仿真原型的协助下，我们可以在各种不确定性水平下针对未来事件（尤其是不断变化的需求情况）测度供应链结构的稳定性。

关键词：供应链管理；仿真；系统动力学；基于 agent 建模

1 战略仿真的应用和作用

1.1 建模和仿真研究方法

供应链管理（SCM）是当今最流行的管理学概念之一。但是，有关这个领域的研究大多处理的是纯粹的技术问题，或是集中在概念性的文献和报告上，例如关于各种供应链管理技

---

[*] 译者注：本章中重点之一是讨论 agent-based modelling 这一方法在供应链管理研究领域的应用。Agent-Based Model（ABM）被称为基于行动的模型、或基于主体的模型、基于代理的模型等，与此相对应，Agent-Based Simulation（ABS）被称为基于行动的仿真、基于主体的仿真、基于代理的仿真等。它是一种计算模型用来模拟独立存在的个体（一个个体，或者一个群体）的行为或者个体间的互动。这种模拟仿真方式的特点是通过个体活动可以了解个体对整体的影响，它综合了一些其他思想，如博弈论、复杂系统、突现、计算社会学、多主体系统和进化编程等。agent 一词在我国有时被译为代理，有时被译为主体或个体等，我国学术界在表述上通常对 agent 这一术语并不翻译，直接使用其英文原文，事实上翻译后更难于解释。因而，本文通常直接使用 agent 这一英文术语，对其不做翻译。

术和工具应用情况的说明。方法论上的困难通常会导致解决战略问题的供应链研究相对比较缺乏。例如，实证研究一般难以应用于供应链管理领域，因为这意味着要观察和测量供应链上的所有公司；由于供货商与顾客的二元关系，数学模型法经常被严格限制，或者由于日益增长的数学复杂性，使得模型增加了许多不切实际的假设。很少有文献应用实验法来研究供应链中的人类行为模式，这是因为在实验中很难对大多数人的行为（供应链管理通常包括此类行为）进行控制[①]。

仿真方法属于纯模型法、经验观察法和实验法之间的中间地带（或者称之为"第三条路"；Axelrod，1997）。从方法论上讲，它们具有与经典实验相似的显著特征，亦即改变一个变量并且保持其他变量不变的可能性（Conway 等，1959，将仿真理解为统计性实验）。虽然仿真模型具有严格的要求，但是并不需要具体的可解的数学形式。例如，对供应链中的关系建模，不需要关注诸如方程组是否可解、最优解决方案是否存在这些问题，因为建模步骤是应用数学近似法一步一步进行的。此外，对于难以衡量的、"软"因素的估计，一些仿真方法提供了可能。仿真方法的这一特点允许将重要参数列入模型中，这些参数往往是基于现实世界的数据或者是对供应链内部角色的估计而得来的。

在本章内容中，我们将战略仿真的特征定义如下：
- 细节的高度复杂性（许多高度互相关联的变量）；
- 高度动态复杂性（稀释了因果关系的非线性和时间延迟）；
- 基于决策者心理模型的决策（即感觉、判断、启发和简单化）；
- 包含许多"软"性因素（例如图像、政策）。

虽然上述四方面的特征使得战略决策十分困难，但同时这些决策通常又都是非常重要的。因此，应用试错法来做决策具有较大的风险。在战略领域，应用仿真方法来做决策的途径被称为"战略仿真"。战略仿真方法试图将数学建模的清晰性、普遍性与实证研究的实践关联性和外部有效性结合起来。其缺点是战略仿真不一定能提供最优解决方案，或者不一定能很容易地找到最优方案。因此，战略仿真模型的开发和分析仍然（至少在部分上）更像一门艺术而非技术，更加倚重于建模者的能力、经验和创造力。

原则上，建模和仿真方法使得检验供应链的动态行为成为可能。反馈回路、时间延迟和累计等问题是系统动态行为最主要的结构原因。即使是相对简单的供应链结构，也会由于供应链的固有反馈回路（例如订单和进货之间）和时间延迟（例如订单处理时间）而导致个体做出系统性的次优决策。反馈回路和延迟对决策者表现的消极影响已经在各种文献中得到证明（Brehmer，1992；Dörner，1996）。对由于空间和时间障隔、极端条件、成本或风险问题而在现实中不能观察到的情况等产生的因果关系，仿真实验会进行系统性的研究和分析。使用仿真方法的另一个原因是复制初始情况的可能性（Pidd，1993）。最后，由于现实问题的固有复杂性，有时并不能通过实证观察而直接得出结论。因此，建模和仿真方法有时会被视为推动科学进步的主要方式（McKelvey，1999）。

1.2 系统动力学和基于 agent 的仿真方法

根据 Parunak 等（1998）的观点，系统动力学（System Dynamics，SD）是一种基于常微

[①] 一些文献报告虽然采用了具有供应链背景的实验方法，但是其目的并不是发现供应链管理的相关问题。在这些案例中，应用这些供应链知识是为了帮助人们在复杂的环境中做决策时，能够做出具有更一般性意义的调查研究（例如 Sterman，1989；Senge，1990）。本章中我们将不对这些研究进行讨论。在 Steckel 等（2004）的文章中，他们应用一个仿真环境下的实验方法来研究供应链方面的问题，诸如周期时间长短或信息分享的影响。

分方程，应用于建模和仿真系统的方法。在供应链管理领域，许多基于计算机的建模运用了系统动力学方法。但是，基于 agent 的仿真（Agent-Based Simulation，ABS）已经引起了越来越多的关注，这种关注来自于各个不同领域的研究人员，并在其他应用领域产生了大量基于 agent 的供应链模型。在下一部分重点讨论供应链的相关文献之前，本节将对仿真方法、系统动力学和基于 agent 的仿真等几类方法做大体的描述。

系统动力学是一种对连续性时间处理的方法，以一个总体的视角，对动态的社会经济系统进行建模和分析。系统动力学的许多基本概念源自于工程反馈控制理论，其数学模型的表述依赖于一个或多个常微分方程。根据 Richardson（1991：299）的观点，"系统动力学方法的目标在于理解某个系统的反馈结构是如何引起它的动态行为结果的"。系统由多个相互作用的反馈回路构成，这些回路构成了系统动力学模型的基本结构单元。这些反馈回路代表了政策以及离散事件背后的连续进程（Forrester，1961）。反馈回路包括存量（形态）和流量（变化）变量。除了反馈回路，聚合和延迟是系统动力学模型的主要构成特征（Forrester，1968）。通过精确的制图技术，系统动力学模型能够轻松地实现跨个体交流和组群开发（Vennix，1996）。

在系统动力学方法中，供应链建模与仿真和这个学科本身一样古老。1958 年，此学科的创始人 Jay W. Forrester 建立了一个四级的下游供应链模型（Forrester，1958）。利用该模型进行模拟和分析之后，Forrester 解释说："……供应链管理领域目前存在的许多问题[……]，包括需求扩张、库存波动、广告策略对产量变化的影响、取消集中控制，以及应用信息技术对管理流程带来的影响。"（Angerhofer & Angelides，2000：342）注重对延迟和反馈回路的研究使得系统动力学方法成为供应链领域研究的重要工具。由于系统动力学结构使得系统行为变得透明，所以系统动力学方法的优势之一便是能够推导出某个具体行为的产生。在供应链领域的研究中，应用传统系统动力学模型的缺点是必须在进行仿真之前确定结构。例如，如果对一个弹性结构建模，每个可能的参与者都必须包括在模型之内，并且与其潜在的交易伙伴建立关联，这样就增加了模型的复杂性。

基于 agent 的仿真方法是将系统看作是由多个异质的 agent 组成，"……表面上，任何系统内大多数复杂的聚合行为是由 agent 相对简单的本地化活动所引起的"（Phelan，1999：240）。换句话说，某一现象所产生的根源在于隐藏于现象下一层 agent 的行为，并不存在全球性的系统控制（Jennings 等，1998）。因此，一个系统的基本构成单元是独立的 agent，在供应链案例中，它通常是指一个公司。与系统动力学方法不同，基于 agent 的仿真是一种自下而上的方法（Bonabeau，2002）。系统的动态性来自于 agents 之间的相互作用，agent 的行为由它的"认知"结构所决定。"不同的 agent 可能表现出相同或不同的形态，其形态可能会也可能不会随着时间推移而变化。在建模时，agents 的形态经常被模拟为一套规则，但对形态的阐释方式往往非常灵活"（Anderson，1999：219）。

对基于 agent 的仿真方法，目前学术界并不存在对其概念和假设条件的统一认识。系统动力学方法则相反，在 Forrester 的早期研究中，系统动力学就有明确的起始条件。因此，更难得到对基于 agent 的仿真方法的普适性定义。例如，"agency"的概念就没有明确的定义（Rocha，1999）。但是，学者们至少在某些特征上已经达成共识，例如一个 agent 应该具备的条件包括：位于环境之中、对环境做出反应、自主性行为、尝试实现某些目标，以及与社会上其他 agents 发生相互作用等。基于 agent 的模型可以被假定为一种供应链的合理检验方法，因为在供应链中，大多数个体公司采用特定的内部决策机制与其他公司进行交流。基于

agent 的仿真方法结构非常灵活,能够适应不断变化的环境,这就是在大多数情况下基于 agent 的模型的优势。利用这一特征,我们就能够对供应链结构进行动态仿真。基于 agent 的模型缺点在于,由于很多 agents 进行暗箱操作,或者在"不透明"形态下解释 agents 的行为(例如运用遗传算法、人工神经网络等等),因此 agents 的行为经常不能够得到详细的解释。

由于系统动力学方法和基于 agent 的仿真方法具有相对的互补性,关于二者结合使用的方法已经得到了发展(例,Scholl,2001;Schieritz & Milling,2003)。一些应用基于 agent 方法的学者也含蓄地建议了二者结合使用的方法,如 Phelan 声称应用算法对 agents 的规则进行建模,可以使得 agent 随着时间的推移通过反馈规则来适应环境(Phelan,2001)。更具体地说,在解释 agent 的内部架构时,Choi 等(2001)将其与心智模型(mental models)概念进行了比较分析,这包括个体的一整套规范、价值、信念和假设等(Senge,1990)。

1.3 供应链管理相关文献中的仿真研究

本部分内容将重点回顾供应链管理领域中一些关于仿真研究的例子。我们首先研究使用系统动力学模型的文献,其后对应用基于 agent 的方法的案例展开讨论,最后探讨结合应用了两种方法的文章。

Angerhofer & Angelides(2000)发表了关于在供应链建模中应用系统动力学方法的文献回顾。他们对研究内容进行了分类,一种分类是按论文范畴(理论、实践和方法)进行分类,另一种分类方法是按所研究的领域进行分类。在应用系统动力学方法的供应链管理研究领域,他们按如下内容进行分类:库存管理、需求放大(例如牛鞭效应;Lee 等,1997)、供应链设计与流程再造、跨国供应链管理。

Towill(1996)重点研究了供应链流程再造时系统动力学模型的支持作用。他提出了多种类型的图表结构,这些图表结构在供应链建模和再造时都被成功地使用过。他对系统动力学模型和传统的业务流程再造方法进行了整合。

Akkermans 等(1999)利用定性的系统动力学技术(因果关系图)来研究跨国供应链管理中存在的问题。他们遵循系统动力学方法的流程,重点研究了供应链领域中变量的反馈回路。论文的重点之一在于对连接这些变量的良性和恶性循环进行确认。

Anderson 等(2000)应用系统动力学模型研究了机床行业的上游波动问题,或者称为牛鞭效应。通过一系列的仿真实验,他们检验了关于牛鞭效应性质的几条假定,例如生产周期是如何影响整条供应链的。

Milling & Größler(2001)建立了著名的"啤酒游戏"(Jarmain,1963)的系统动力学模型。在这个四级供应链中,他们进行了仿真实验,研究供应链的不同阶段上缩短信息延迟时间的影响,以及销售时点(point-of-sales)信息的应用。

Parunak(1998)应用基于 agent 的仿真模型来解释供应链中的动态效应。他基于一个四级供应链模型,对各种供应链管理的课题进行研究,例如需求放大问题。对仿真运行的过程和结果,论文都提供了丰富的定性细节信息。

Van der Pol & Akkermans(2000)以基于 agent 的模型为应用基础,研究了供应链问题。他们通过观察得出结论:大多数现实世界的供应链并没有中央控制环节。因此,基于 agent 的仿真方法可以用来发现供应链成员之间的交流是如何产生良性行为的,在不需要中央控制的情况下,它可以促进整条供应链的成功。

Parunak 等(1998)运用一个供应链管理案例来对基于 agent 的模型和系统动力学模型进行比较研究。他们描述了供应链中基于 agent 的模型和系统动力学模型,然后讨论了两个模型都能够得出的结论。这一研究的目的在于寻求如何在两种仿真方法中进行选择的原则。

Akkermans（2001）用基于agent建模这一方法的相关术语来描述系统动力学仿真环境中的供应链网络。独立agents的特殊性在于"在何种程度上建立对客户和供货商的相对偏好，或者主要基于有问题的agents的短期表现，或者主要基于长期关系的强度，或者基于两者"（Akkermans，2001：9）。他认为在一般情况下，基于短期表现选择客户和供货商的agents会得到更好的结果。而且，随着时间的推移，对特定客户和供货商的相对偏好变得具有弹性，即会形成一个稳定的供应网络。

Schieritz & Größler（2003）综合使用系统动力学和基于agent的仿真这两种方法来研究及时制和出货量之间的联系，以及稳定的供货商和客户关系的发展情况。然而，该论文所关注的重点是系统动力学和基于agent的仿真联合使用的方法论，以及对一个工作原型的介绍。

2 存量或流量？还是agents或规则？

2.1 锤子和钉子：使用正确的工具解决正确的问题

在本章1.1和1.2部分的讨论以及1.3部分的案例已经表明，两种方法（系统动力学和基于agent的仿真）中的任何一种都具有自己的特性，并且适用于不同类型问题的研究。而且，这两种方法都已经被应用于解决供应链管理领域的各种问题。

但是，关于何种问题需要应用何种方法这一问题，在文献中通常都被忽视了。如上所述，对于一个给定的供应链管理问题，Parunak等（1998）为了找到关于如何选择合适方法的标准，对系统动力学和基于agent的仿真方法进行了对比研究。但是，他们的结论看起来明显有失偏颇，进行基于agent的仿真方法研究的许多学者能够得到这个结论，也可能他们在试图建立相对较新的方法（Schieritz，2004），其具体结论如下：

"ABMs（基于agent的模型）更适合应用于可进行分解的自然个体单元领域，而不是应用于可观测量或数学方程领域，在跨部门的物流领域也是适用的。EBMs（数学模型）则相反，它更适合于可观测量或数学方程式，并不适用于个体……ABM最适合的应用领域的特征是高度本地化和配送，并且离散决策占主导地位。应用EBM的系统大多数能集中建模，并且其动力机制由物理定律而不是信息进程控制。"（Parunak等，1998：12）

如果这个结论被接受的话，那么系统动力学方法不仅在研究供应链战略问题方面变得多余，而且在大多数社会经济问题的研究上也将毫无用处。当然，虽然这个结论如此具有争议，但是这也不能成为否定Parunak等得出这一结论的依据。但是，如果考虑到这一点，他们的见解也与系统动力学模型在供应链管理领域和许多其他社会管理领域中各种成功应用的例子相背离。这也违背了Forrester（1961）对这种方法的定义，Forrester认为社会经济结构是一种信息反馈系统，系统动力学是用来对这些系统建模的一种方法。Forrester文章中介绍的供应链案例既不集中于模型，也不集中于由物理定律所控制的动力学系统。相反，其动力是由供应链参与者之间信息交换的延迟和扭曲所引起的。

随着更进一步的验证，通过可选领域内"分解的自然单元"来选择仿真方法，对于这种做法的争论似乎正在逐渐减弱。"分解的自然单元"由模型制定者针对所给问题选择的聚集程度来决定。从面向应用或面向问题的角度出发，每一个问题都能够从聚合的角度来进行分析，当然也能够从非聚合的角度来进行分析。然而，很难提前判断这两种分析哪一种会得出更好的结论（Sawyer，2001）。因此，对分解的"自然"单元的初步理解看起来却并不"自然"。

从方法论的角度来看，人们可以辩解称"自然单元（natural unit）"是基于agent的仿真方法中的 agent（Jennings 等，1998），或者是系统动力学方法中的反馈回路（Forrester，1968），就像基于 agent 的模型总是由个体组成（也可能是公司）一样，系统动力学模型也总是由反馈回路组成。与 agent 相似，反馈回路由众多变量组成，这即是 Parunak 等所称的"可观测量（observables）"。组配一个系统的系统动力学方法是侧重政策的结果，并不是个体决策的结果。与基于 agent 的模型相比，不同程度的抽象经常带来系统动力学模型上更高水平的聚合。

系统动力学模型中更高水平的聚合只是一种趋势（Parunak（1998）也提到这一问题），而不是固定不变的规则，这一现实加剧了相关问题的质疑。再次考虑 Forrester（1961）所提出的牛鞭效应的案例，他通过对每一个供应链成员和每一个公司建模，建立了四级供应链模型，其结论是整个系统的行为是四级成员相互作用的结果——模型的 agent 形式很可能有同种程度的聚合。所选的聚合水平完全是对问题及其成因的解释，因此对模型的分解只会增加模型的细节，进而增加复杂性，还会妨碍用户得出新的见解。

由于很难确定绝对的选择标准，选择合适的仿真方法仍然依靠建模者以往所积累的大量经验，由他们直观来决定。在本章接下来的两节内容中，我们将对我们所"认为"的系统动力学和基于 agent 的仿真方法应用领域的差异性进行讨论，而不是像 Parunak 等所说的应用两种方法对同一问题建模（在这样的例子中，所选的问题更适合于某一种模型，而应用另一种模型会导致更糟糕的表现）。我们所提供的例子是两种方法的结合应用，每种方法都适用于该问题的一部分，在每一个部分中，我们认为所选方法具有优势，能够提供最好的表述。

2.2 agent 和规则：形成模型结构

系统动力学和基于 agent 的两种仿真方法的综合应用能够为问题分析提供有效的帮助，这方面所存在的问题表现在部分原本独立的公司会使得在对供应网络结构的调查中产生相互影响。按照这种综合的方法，可以通过两级聚合对供应链进行仿真（如图 29.1 所示），在宏观层面分析上与基于 agent 的方法相关，微观层面上主要应用系统动力学方法进行建模。

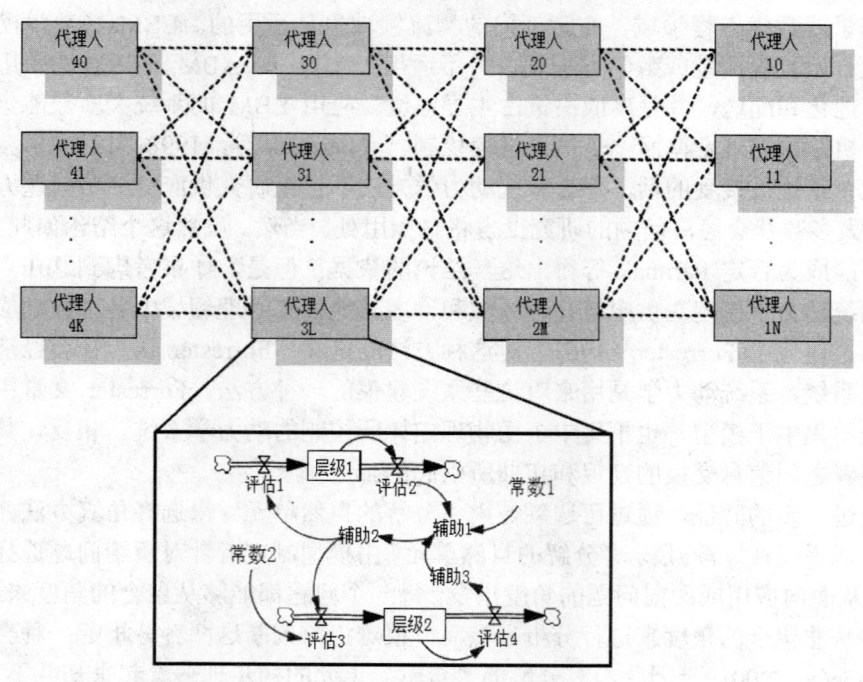

图 29.1 供应链的宏观层面和微观层面

图 29.1 所示的宏观层面显示出了 agents 的网络结构，它们是潜在的供应链参与者。两个 agents 之间的关系可以解释为潜在的顾客和供货商的关系。在仿真模型运行的过程中，可以看出哪些关系变得活跃。在仿真运行过程中的任何特定点，供应链的结构由 agents 之间的相互影响所决定，反过来，agents 之间的行为是 agents 政策（宏观层面上的）实施的后果，也与环境状况有关。

作为摆脱参与公司之间相互影响的一种现象（不是以宏观方程的形式表达），对供应链网络结构应用基于 agent 的模型分析，这样结构变化将会得以非常有效地体现，尤其是有大量的 agents 参与的情况下。系统动力学模型在宏观层面上的代表性将包含以下两种含义（这两者都使得我们选择这一层级的 agents）：

（1）如图 29.1 所描述的那样，当决定了应用分散的表示方法（意味着对每家公司分别进行明确性的建模），随着供应链网络中公司数量的增加，模型的复杂程度将会以更大的比例增加，因为每个公司都需要事先与每个潜在的合作伙伴建立联系。而且，在仿真运行的过程中模型结构不会发生改变，这意味着公司不能够进入或者退出市场。

（2）应用聚合的表示方法要求具有宏观层面的知识，以表述网络结构的发展。在此情况下，网络结构以包含大量的变量为特点（例如稳定性、大量的交流伙伴），对这些变量和其他影响因素（例如外部需求、订货政策）之间的相互关系进行建模仿真。如果已知宏观方程，这样的模型会导致非常清晰的、易于理解和交流的问题表示方法的产生。但是，如果个体公司的政策对整体网络结构的影响效果是不可知的，不能由案例研究等发现，应用聚合的表示方法很难得到有效的结果[①]。

2.3 存量还是流量：模型复杂性决策

一个公司的政策反映了该公司的内部结构或其构架，这主要是在微观层面的实施（agent 层面），并对宏观层面的结构性变化负责。在我们的研究方法中，系统动力学方法是用来模拟更为复杂的政策，而离散规则用简单、机械的方式来进行模拟。一旦政策达到复杂的临界水平，并且决策的制定不是仅仅以简单规则为基础，结构上的因果关系以及对反馈回路和延迟的关注反映出系统动力学对决策模型的适应性。政策不仅仅会因为外界因素的触发而改变，也可能随着 agents 的认知模式发生持续的变化而改变。系统动力学即是用来模拟这种不断变化的决策过程（Forrester, 1961）。

在下面所描述的仿真模型中，agent 的内部结构可以大致分为四个子结构：采购、生产、运输和评估。前三个结构可以使用基于 agent 的仿真方法，最后一个由于它的复杂性，我们采取系统动力学模型分析。

采购部门。每家公司使用相同的订货策略——当库存低于安全库存水平时，订单就会被下达到选定的供应商处。采购数量的大小取决于库存水平（在库材料加上已经采购尚未到达的材料）、安全库存水平以及一个固定的最大库存水平。安全库存水平并不固定，它随着客户订单预测量的改变而改变。

生产部门。假设生产过程非常简单。每当客户订单未能满足或者储存的产成品低于一个固定水平（这同样是受客户订单预测量的影响），公司就会生产所需数额的产品以满足订单，并将产成品库存恢复到其安全水平。在生产过程中，不会精确考虑不同生产阶段和生产结果的变化，但能够通过应用第三方生产配送时间来代表。当存货量降低的时候，一旦客户订单

[①] 根据结果得出结论：与分散模型相比，针对同一模型结构聚合模型往往更加简单。

出现积压，生产能力就会被最大化利用。

运输部门。该公司只对完整订单进行运输。他们准时地将货物运送给顾客，在库存充足的情况下，可以立即满足任何订单。运输不是采取先到者先服务的方式，而是最好的客户（即大批量运输的客户）享受优先服务。

评估部门。与前三个部门应用相对简单的决策规则不同，选择一个合适的供货商的政策是较为复杂的。该政策涉及相互关联的参数较多，还有很多"软"性因素。该评估部门可以被视为公司供货商的智力模型，这些供货商的表现是被连续评估的。它由一些类似于图 29.2 所示的评估模型组成，一个公司使用的评估模型与其潜在的供货商数量相当。

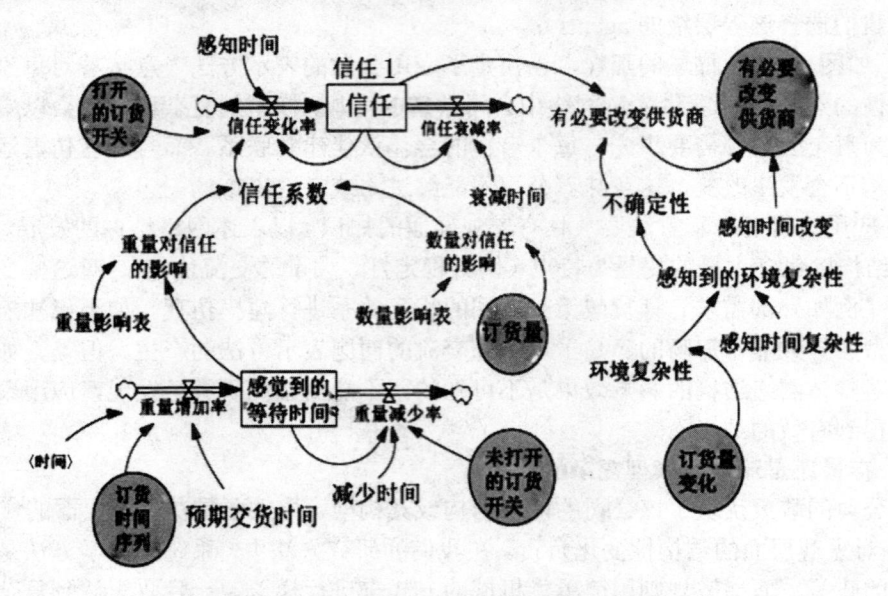

图 29.2 应用系统动力学符号的潜在评估部门

agent 对最终供货商的选择标准是信任，信任是一个基于层级变量、综合考虑流出量和流入量差异的模型（该层级变量以图 29.2 中的一个矩形图表示）。信任变量的取值范围是[-1, 1]。信任衰减率（trust decay rate）反映了 agent 重视其供货商以往表现的程度。与外向物流不同，内向物流的信任变化率是由两个子标准决定的：订货量和订货时间序列。采购变化与两个开关（打开的订货开关和未打开的订货开关）都是模型的输入数据（输入和输出数据标有灰色圆圈）。为了使两个不同供货商之间的评估标准（等待时间和订货量）具有可比性，借助于两个函数（重量影响表和数量影响表），这两个变量的重要性可以被转化成吸引力指标。从一个供货商那里得到的供应数量越多，在其他变量维持常量的情况下，这个供货商信任系数绝对值就会越高。交货时间则正好相反：交货时间越长，信任系数（trust coefficient）的绝对值越低。只要交货时间超过某一临界值，其效用便为负，从而导致负的信任系数。信任系数反映信任情况的变化率，信任系数的大小取决于当前信任状态。信任系数比实际信任度高将导致信任变化率的正向变化，从而导致了信任水平的提高。然而，信任评估只发生在公司正在等待订单的时候（1 是打开的订货开关）。在所有其他情况下，信任水平的流出才是活跃的。

第二个层次的变量是感觉到的等待时间，它代表着一个公司获得交货延迟的方式：每一次实际交货时间与预期交货时间偏差的聚合。通过这一点，可以对延迟导致的呈指数规律增加的繁琐性进行仿真。只要客户在等待其订单的到达，未打开的订货开关即为零，只有当所有的订单都送达了，繁琐性才开始下降。但是，只要感觉到的等待时间不为零，下一步的交付延迟就会由于早期运送仍然处于繁琐之中而更加严重。

一个公司可以根据其现有的环境条件来评价其信任关系的重要性。一个拥有较高复杂性的外部环境（对一个更大的订单量进行仿真）会导致更大的不确定性，从而降低了公司改变其供货商的积极性。然而，只要感觉到有必要重新选择供货商，就可以通过改变供货商来平衡延迟情况，即当延迟超过了一个限度，该公司愿意重新选择其供货商。

然而，是否重新选择其供货商，取决于公司对市场上其他供货商的看法。评估部门中信任量持续流出，公司才感觉有必要重新选择供货商。

上述结构代表了所有未处于供应链终端的 agent 的内部结构，他们被称为下一个流程的生产者。最终用户和原材料供货商的结构类似，但最终客户缺少一个生产和运输部门，原料供货商不包含采购和评估部门。

3　……或者两者都适用？

在本章最后这一部分，重点是讨论如何从系统动力学和基于 agent 的仿真两种方法的特征中，推断出各自适合的应用领域，其目的在于确定最适合综合使用两种方法的领域。下面的段落将介绍我们认为可能需要用综合方法来解决的问题的类型。它介绍了一些上述模型的仿真结果，并且继续讨论了可能存在的供应链问题，这些问题都能用此类模型进行分析。

仿真建模需要使用软件 AnyLogic[①]，该软件是一个多功能仿真工具，可提供许多不同的建模工具，例如存量和流量图、图表函数、离散和连续的说明表，以及各种算法等，具有联合使用系统动力学和基于 agent 的仿真两种方法建模的功能。图 29.3 所给出的是一个仿真结果的屏幕截图，从中可以看到 AnyLogic 软件的用户界面。

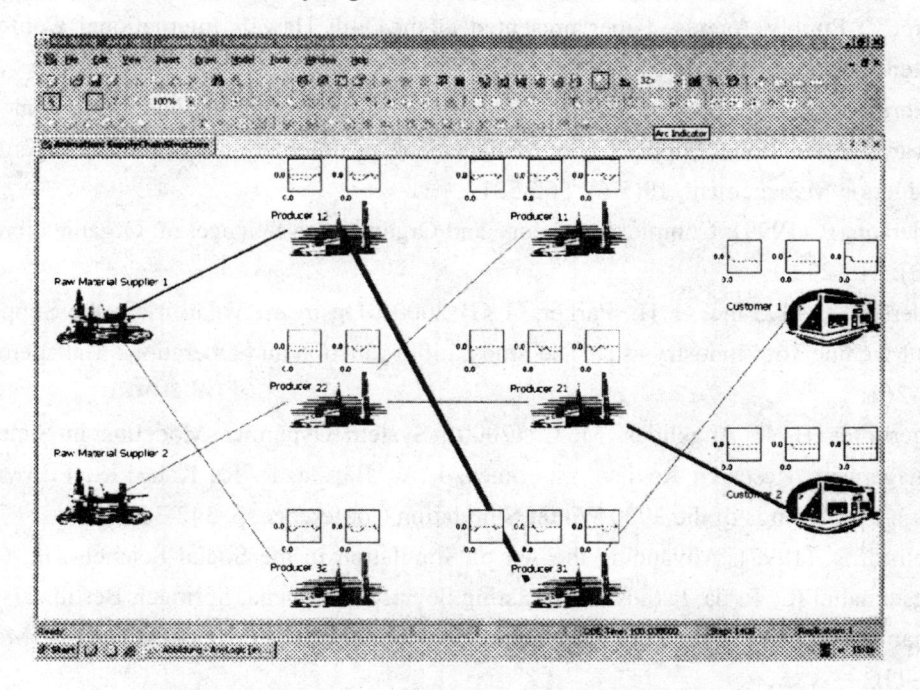

图 29.3　应用 AnyLogic 软件的一体化供应链仿真截屏

[①] 在网站 www.xjtek.com/anylogic/上，可以找到关于软件特点、缺陷和计算要求的说明书。方程由作者确定。

图 29.3 中显示的供应链原型是由四个层级和十个组织所组成。市场的外部需求（环境的复杂性）设定为 50 单位/仿真期的常值。小方框中的行为图描述了与 agents 的潜在供货商联系的可信变量。通过上述的公司模型，可信变量对供货商和买家之间的关系产生影响。供应链成员之间的线条表示稳定性：线条越粗表明两者之间的关系越稳定。因此，在给定市场需求的环境下，通过对供应链成员的个体政策进行仿真，可产生整个供应链结构。通过图中所示的实验设置，可以研究得出环境复杂性对可信变量发展以及对最终供应链结构的影响。更具体来讲，通过这种联合方法，能够对很多自我规范的 agents 的动态性进行仿真，也能够观察到受它们相互作用而发生变化的供应链结构。

AnyLogic 软件允许 agents 做简单的重复行为。因此，能够很容易地增加供应链中潜在的成员数量。软件甚至可以进行动态地仿真，例如，当购买者和供应链中的供货商交易时，如果都要忍受很长的交货时间，他们可以寻找后来进入的新的合作者。同样，当某个供货商不被任何顾客所信任的时候，就可能完全离开供应链。而且，agents 的图示会发生变化，以便研究不同评估政策的影响效果。例如，研究宽容的买家和机会主义的卖家，这样一个交易组合会造成什么样的影响是一个十分有趣的问题。

另外一个未来研究方向在本章只是稍微有所触及，亦即外部复杂性（例如需求波动所造成的影响）对供应链结构稳定性和活跃度会造成什么样的影响。最后需要说明的是，上文中的分析自然也可以应用更复杂的 agents 图示，例如，除可信任变量以外，更多的标准都可以纳入到供货商选择的考虑范围。

4 参考文献

1. Akkermans, H. A. (2001): Emergent Supply Networks: System Dynamics Simulation of Adaptive Supply Agents, Paper presented at the 34th Hawaii International Conference on System Sciences, Hawaii.
2. Akkermans, H. A., Bogerd, P., Vos, B. (1999): Virtuous and Vicious Circles on the Road Towards International Supply Chain Management, in: International Journal of Operations and Production Management, 19(5/6): 565-581.
3. Anderson, P. (1999): Complexity Theory and Organization Science, in: Organization Science, 10(3): 219-232.
4. Anderson, E. G., Fine, C. H., Parker, G. G. (2000): Upstream Volatility in the Supply Chain: The Machine Tool Industry as a Case Study, in: Production and Operations Management, 9(3): 239-261.
5. Angerhofer, B. J., Angelides, M. C. (2000): System Dynamics Modeling in Supply Chain Management: Research Review, in: Joines, J. A., Barton, R. R., Kang, K., Fishwick, P. A. (eds.): Proceedings of the 2000 Winter Simulation Conference: p. 342-351.
6. Axelrod, R. (1997): Advancing the Art of Simulation in the Social Sciences, in: Conte, R., Hegselmann, R., Terna, P. (eds.): Simulating Social Phenomena, Springer, Berlin: 21-40.
7. Bonabeau, E. (2002): Predicting the Unpredictable, in: Harvard Business Review, March 2002: 109-116.
8. Brehmer, B. (1992): Dynamic Decision Making: Human Control of Complex Systems, in: Acta Psychologica, 81: 211–241.

9. Choi, T. Y., Dooley, K. J., Rungtusanatham, M. (2001): Supply Networks and Complex Adaptive Systems: Control versus Emergence, in: Journal of Operations Management, 19(3): 351-366.
10. Conway, R. W., Johnson, B. M., Maxwell, M. L. (1959): Some Problems of Digital Systems Simulation, in: Management Science, 6(1): 92-110.
11. Dörner, D. (1996): The Logic of Failure, Metropolitan Books/Henry Holt, New York. Forrester, J. W. (1958): Industrial Dynamics: A Major Breakthrough for Decision Makers, in: Harvard Business Review, 36(4): 37-66.
12. Forrester, J. W. (1961): Industrial Dynamics, MIT Press, Cambridge.
13. Forrester, J. W. (1968): Principles of Systems, MIT Press, Cambridge.
14. Jarmain, W. E. (ed.) (1963): Problems in Industrial Dynamics, MIT Press, Cambridge.
15. Jennings, N. R., Sycara, K., Wooldridge, M. (1998): A Roadmap of Agent Research and Development, in: Autonomous Agents and Multi-Agent Systems, 1: 7-38.
16. Lee, H. L., Padmanabhan, V., Whang, S. (1997): Information Distortion in a Supply Chain: The Bullwhip Effect, in: Management Science, 43(4): 546-558.
17. McKelvey, B. (1999): Complexity Theory in Organization Science: Seizing the Promise or Becoming a Fad?, in: Emergence, 1(1): 5-32.
18. Milling, P., Größler, A. (2001): Management von Material- und Informationsflüssen in Supply Chains: System-Dynamics-basierte Analysen (Management of Material and Information Flows in Supply Chains: System Dynamics-based Analyses), Working Paper Series, Faculty of Business Administration, Mannheim University, No. 2001-01.
19. Parunak, H. V. D. (1998): The DASCh Experience: How to Model a Supply Chain, in: Proceedings of the Second International Conference on Complex Systems.
20. Parunak, H. V. D., Savit, R., Riolo, R. L. (1998): Agent-Based Modeling vs. Equation- Based Modeling: A Case Study and Users' Guide, Proceedings of Multi-agent Systems and Agent-based Simulation: 10-25.
21. Phelan, S. E. (1999): A Note on the Correspondence between Complexity and Systems Theory, in: Systemic Practice and Action Research, 12(3): 237-246.
22. Phelan, S. E. (2001): What is complexity science, really?, in: Emergence, 3(1): 120-136. Pidd, M. (1993): Computer Simulation in Management Science, 3rd edition, John Wiley, Chichester.
23. Richardson, G. P. (1991): Feedback Thought in Social Science and Systems Theory, University of Pennsylvania Press, Philadephia.
24. Rocha, L. M. (1999): From Artificial Life to Semiotic Agent Models—Review and Research Directions, Los Alamos, http://www.c3.lanl.gov/~rocha/ps/agent_review.pdf, 13/07/2004.
25. Schieritz, N., Größler, A. (2003): Emergent Structures in Supply Chains—A Study Integrating Agent-Based and System Dynamics Modeling, in: Sprague, R. H. (ed.): Proceedings of the 36th Annual Hawaii International Conference on System Sciences, IEEE Computer Society, Los Alamitos.
26. Schieritz, N., Milling, P. M. (2003): Modeling the Forest or Modeling the Trees—A Comparison of System Dynamics and Agent-Based Simulation, in: Eberlein, R. L. et al. (eds.):

Proceedings of the 21st International Conference of the System Dynamics Society, New York.
27. Scholl, H. J. (2001): Agent-based and System Dynamics Modeling: A Call for Cross Study and Joint Research, Paper presented at the 34th Hawaii International Conference on System Sciences, Hawaii.
28. Senge, P. M. (1990): The Fifth Discipline—The Art and Practice of the Learning Organization, Currency & Doubleday, New York.
29. Steckel, J. H., Gupta, S., Banerji, A. (2004): Supply Chain Decision Making: Will Shorter Cycle Times and Shared Point-of-Sales Information Necessarily Help?, in: Management Science, 50(4): 458–464.
30. Sterman, J. D. (1989): Misperceptions of Feedback in a Dynamic Decision Making Experiment, in: Management Science, 35(3): 321-339.
31. Towill, D. R. (1996): Industrial Dynamics Modelling of Supply Chains, in: Logistics Information Management, 9(4): 43-56.
32. Van der Pol, J. M., Akkermans, H. A. (2000): "No one in the driver's seat": An Agentbased Modeling Approach to Decentralised Behaviour in Supply Chain Co-ordination, Pre-Prints 11th International Working Seminar on Production Economics, 3: 621-643.
33. Vennix, J. A. M. (1996): Group Model Building: Facilitating Team Learning Using System Dynamics, Wiley, Chichester.

作者简介

> Andreas Größler 博士
> - 1967 年出生，在德国和希腊管理信息系统专业毕业
> - 1995 年～2000 年，在德国曼海姆大学（Mannheim University）工商管理学院担任研究助理
> - 2000 年，完成了关于博弈论仿真有效性的博士论文
> - 2000 年 10 月以来，在德国曼海姆大学工商管理学院工业管理系担任副教授
> - 在挪威的卑尔根（Bergen）和荷兰的奈梅亨（Nijmegen）等多所大学做过访问学者
> - 国际系统动力学协会政策分协会（the Policy Council of the International System Dynamics Society）成员
> - 主要研究方向：理性与成功；生产策略；复杂性；系统动力学
> - Industrieseminar der Universität Mannheim, Schloss
>   68131 Mannheim, Germany
>   Tel: +49 621 181 1583   Fax: +49 621 181 1579
>   Email: agroe@is.bwl.uni-mannheim.de, http://is.bwl.uni-mannheim.de

> Nadine Schieritz 工商管理硕士
> - 1975 年出生
> - 1994 年～2001 年，就读于德国卡尔斯鲁厄大学（Karlsruhe University）工业工程专业，2001 年获得学位
> - 1998 年～1999 年，在美国中央康涅狄格州立大学（Central Connecticut State

University）学习工商管理，1999年获工商管理硕士（MBA）学位
- 2001年8月～，在德国曼海姆大学工商管理学院工业管理系担任研究助理
- 主要研究方向：供应链管理；基于主体的仿真；系统动力学
- Industrieseminar der Universität Mannheim, Schloss,
68131 Mannheim, Germany
Tel: +49 621 181 1585　　Fax: +49 621 181 1579
Email: nadines@is.bwl.uni-mannheim.de, http://is.bwl.uni-mannheim.de

第30章 基于面向对象仿真的供应链动态性分析

Francesco Casella, Giovanni Miragliotta, Luigi Uglietti

本章主要内容

1. 导言
2. 牛鞭效应：决定因素和触发因素
3. 面向对象建模与Modelica语言
4. "供应链"Modelica语言库
5. 基于Modelica语言供应链建模的第一证据
6. 结语
7. 附录："供应链"Modelica语言库
8. 参考文献

内容摘要

本研究源自跨领域的研究项目，旨在探索适用于工程领域的、可用于解决相关管理问题的建模方法和工具。Modelica语言是广泛应用于这些领域的一种面向对象的建模语言。本章对Modelica语言进行了详细的介绍，并对其最具创新性的属性进行了讨论。此外，本章还分析了一个需求管理问题，即对供应链动态性的理解和牛鞭效应的控制。文章给出了Modelica语言的原型应用以评估该语言在供应链动态性分析领域的应用。

关键词：Modelica语言；牛鞭效应；供应链动态性；面向对象仿真

1 导言

供应链动态性这一课题已经有了较多的前期研究。1961年，供应链动态性的概念由J. W. Forrester提出，用于处理复杂供应链和供应链中由于非线性关系引发的问题。供应链动态性中一个众所周知的效应是牛鞭效应（Bullwhip Effect，BE），许多学者对这个问题做过深入研究，主要见于相关分析模型或仿真模型。尽管已经有较多的相关研究，但牛鞭效应问题依然难以得到有效解决。其原因在于：一方面，现有的分析和研究均存在着一定的局限性；另一方面，关于所提出的管理杠杆的有效性问题尚未达成共识。为了推动这个领域的研究，本章将介绍和阐述一种新的模拟仿真工具，这种方法来源于物理学和传统的工程科学，可能会有助于这一领域的创新型研究。

本章的第二部分将主要介绍有关牛鞭效应问题的最新发展，通过提出一个框架来更好地解释这一问题和现象，这对新介入该领域的人员、相关学者和管理人员都会有所帮助。第三部分将介绍一种新的可应用于复杂系统分析的建模和仿真工具，这种工具源自于物理学和传统的工程科学，它是基于 Modelica 这种创新型的语言，该部分还将详细讨论其主要功能。第四部分将专门介绍 Modelica 语言在供应链仿真中的应用，包括模型的体系结构、对象、链接和功能，以便于读者理解这种语言的应用。第五部分描述样本供应链的一个实验结果。最后，第六部分将会对该模型的有效性及其未来发展的可行性给出一些结论性的意见。

2 牛鞭效应：决定因素和触发因素

1961 年，Forrester 第一次对牛鞭效应这一现象进行了学术性的描述和分析，他对需求波动放大的创新性研究后来被收录于《生产计划和控制》（production planning and control）这一经典教材中（Buffa & Miller, 1979）。通过扩展 1984 年 Burbidge 对牛鞭效应的原有定义，现在我们可以将牛鞭效应定义为：在供应链中，从零售商到供应商的传送过程中，需求信号[①]变动幅度的扩大。这一课题引起了全世界研究人员和从业人员的广泛关注。根据 Miragliotta 在 2004 年给出的分类标准，牛鞭效应的整体知识框架可以被划分为三个主要的分支。

第一个分支具有很强的实证性，它非常注重观察和实验的结果，旨在测量和给出数据以表明真实的供应链中确实存在牛鞭效应这一现象。很多指标被用于检测和衡量牛鞭效应，其中变化率（the variance ratio）是最为常用的指标之一。变化率是指供应链的下游阶段和上游阶段需求变化差异的比例，如果这个比例大于 1，我们就认为存在牛鞭效应。若读者需要完备的指标体系列表，请参阅 El-Beheiry 等（2004）的相关研究。经验数据表明，不管是从汽车行业到化学工业、还是从杂货店到电子消费产业，牛鞭效应确实存在于多个行业中。据一些行业权威估计，仅在美国牛鞭效应的价值就达到 1000 亿美元（1997 年的数据，参 Lee 等，1977b）。这可能只是一个比较保守的估计，因为需求变动性对盈利能力的影响体现在多方面，而且其中有许多情况往往会被忽视。实际上，从某种意义上说，这个研究分支已经丧失了其重要性，因为世界范围内的管理者和研究人员都已经意识到牛鞭效应的存在，不再需要证据来证明这一点。

第二个学术分支的研究主要集中在引发牛鞭效应的原因上，这又可以划分为两个思想流派。第一个流派主要是受学术力量的推动，具有很强的系统理论背景，集中研究供应链的系统性质，对牛鞭效应的成因给出了一个综合性的观点。恰恰相反，第二个学派更加注重形成牛鞭效应的单方面原因，更接近业务运营经理的观点。

在第一个学派中，最具代表性的人物是 J. W. Forrester，从他的著作中可以看出，他将反馈信息和供应链的非线性性质作为导致牛鞭效应的主要因素。Sterman（1989）和 Senge（1990）也持有相同的观点，他们将牛鞭效应归咎于缺乏一个系统的思想。因此，第一个学派青睐于将牛鞭效应归咎于决策者的非理性，在这里理性被定义为决策者的一种能力：（1）执行完整和正确的备选方案；（2）采用适当的效用函数，对备选方案进行正确的评估。

相反，第二个学派则是将注意力放在导致牛鞭效应的单一要素上。许多研究人员曾试图对牛鞭效应做出解释，例如时间延迟、错误的需求预测等。1997 年，Lee 等发表的一篇文章给出了最终的解释。文中重点突出了四个原因：需求过程（以及较长的提前期）、批量订货、价格波动以及（定量配给和短缺）博弈。Lee 等（1997b）对这一领域的研究做出了另一个具

[①] 其他指标（如季节性系数、变动系数等）已很少被使用。

有重大意义的贡献。他们指出，除了以上四个原因外，两个理性的供应链参与者之间的战略互动也可能会导致牛鞭效应的产生。由此可见，第二个学派的观点与第一个学派的观点有显著的不同，他们认为牛鞭效应并不是由复杂的、不被完全理解的系统所导致的，而是对可感知因素的合理反应。

第三个学术分支致力于研究牛鞭效应的补救措施，不同的补救措施也反映出前面所讨论的两重性。一方面，根据系统学派的观点，一些学者建议投资于培训项目以增强管理者的察觉能力、理解能力和对供应链的非线性、反馈导向性做出妥善反应的能力。另一方面，结合业务运营经理的观点，一些学者给出了一个更加准时的补救措施列表。例如，Lee 等（1997a）提出了一套杠杆，用于阻止牛鞭效应的发生。这套杠杆被划分为三个主要的方面：信息共享、渠道联盟和经营效率。这些补救措施听起来很有意思，学术界已经进行了大量的研究来衡量其有效性。然而，正如 Miragliotta（2004）所强调的那样，这些情形还根本没有被统一起来，例如，用不同的方法测试截然不同的商业环境，会采取不同的反应措施。研究最多的杠杆即信息共享，然而在其操作化（基于销售数据、零售商的库存数据等）方面各方尚未达成共识。因此，没有确切的路线方针可以用来指导经理人的行为，没有公平比较，不同的杠杆之间没有决定优先权，也没有关于投资回报的显著结论，关于这一理论的学术争论仍在继续。

最近，关于牛鞭效应原因的争论再次展开。Miragliotta（2004）对 Lee 等（1997a）所提出的四个原因产生了质疑。Miragliotta 认为，这些原因之间存在着一定的异质性，这表现在延误和短缺博弈可能会引发牛鞭效应，然而这两个原因并不在同一水平上起作用。比如，延误策略依赖于生产过程的固有性质，而短缺博弈是管理决策的结果。在这些原因引发牛鞭效应的机制中，也存在类似的相关问题。有些因素（如价格波动）仅仅会导致最终需求的变动，而另一些（如批量订货）会导致需求变动的增加。因此，Miragliotta 建议将牛鞭效应的产生区分为不同的层次和不同的机制。关于层次，他是这样区分的：

- 第一层：包括供应链的物理结构（生产、运输等）模型、供应链的状态变量和环境变量模型；
- 第二层：包括管理人员使用用以改善其经营状况的系统（预测、结算和绩效评估）模型；
- 第三层：包括可用于管理供应链库存、生产活动等的规则、探索方法、算法等。

以上每一层都包含能够引起或者是扩大需求波动的因素，我们应该对每一层予以单独考虑。另外，作者还介绍了以下区别：

- 触发因素：这些因素导致需求信号的变动。例如，价格促销是一个触发因素，因为它往往会创造突发的需求高峰，但是如果赋予供应链适当的控制机制，价格促销并不一定能够引发牛鞭效应；
- 决定因素：由于需求信号的某些变动特性，随着需求信号在供应链上的传播，这些因素放大了信号的变动。例如，批量订货就是一个决定因素。

通过以上两种模式的混合可得到表 30.1 中所示的分类。在这一分类中，决定因素和触发因素分别与每一个层次相关联，这对牛鞭效应这一现象进行了更加严格的描述。此外，这一分类包含了协调两个学派思想的元素，并赋予对牛鞭效应原因的学术争论以新的活力。

表 30.1 牛鞭效应决定因素和触发因素的分类

	决定因素	触发因素
物理层	（线性增益） 批量订货 延迟+反馈	外生需求的冲击 过程的不确定性
重构层	延迟和错误： ——预测 ——测量	
控制层	批量决策 ——数量 ——频率 延迟（控制模型中） 不合理决策的制定	价格促销 短缺博弈

资料来源：Miragliotta，2004。

为了探索 Modelica 语言是否适用于复杂供应链的建模，我们应当首先解决牛鞭效应这一课题，因此我们设计一个供应链的模型来再现牛鞭效应。在这一过程中，上述的分类决定了模型中应该包含哪些因素，并最终建立试验平台，这有助于进一步确认和完善上述分类。

3 面向对象建模与 Modelica 语言

3.1 Modelica 语言简介

在科学和工程的许多领域，尤其当需要理解现有系统的性能或者需要设计其最佳性能时，复杂动态系统的建模和仿真起着关键的作用。控制系统是一个典型的例子，系统整体的性能取决于机械子系统和控制系统动态之间的复杂交互作用。通常情况下，这类系统的动态可以用代数、微分及差分方程来描述：

- $F(x, dx/dt, y, z) = 0$
- when <event> then $g(x, y, z, old(z)) = 0$

其中，x 是连续型状态变量；
　　　z 是离散型状态变量；
　　　y 代表模型中的其余变量；
　　　f 和 g 是向量函数。

模块化方法通常是建立总体的系统方程，即通过简单子系统的集成来描述复杂系统。

1997 年，Modelica 语言被（Fritzson，2003；Modelica Association，2003）引进到科学和工程领域，主要用于复杂动态系统的建模，Modelica 语言遵循面向对象的原则。目前，Modelica 语言主要应用于工程领域，然而其创始人认为在处理其他动态系统的学科中，Modelica 语言同样具有广阔的应用前景，比如管理学。下面我们来总结一下涉及这一领域的面向对象方法以及 Modelica 语言的特点。

- 声明方法

大多数的建模语言（和一般的模拟环境）遵循一个程序上的规范，即每个子系统具有一定的投入和产出，子系统模型基本上是一个根据投入计算产出的算法。与此不同，Modelica

语言采用了如下声明方法：每个子系统都通过与其相关联的内部和边界变量的方程来描述。我们不必担心如何解出这些方程：Modelica 语言的编译程序或者是解释程序可以分析由子系统聚集生成的复杂系统模型，确定如何解出这些方程（用数字表示或符号表示），并自动产生相应的模拟代码。这是 Modelica 语言的一个非常重要的特性，它使我们将精力集中于模型的建立上，而不是集中在如何在每一个时间步长内计算模型中的变量，这使得系统的描述更加简明和紧凑。举个例子，电阻器的 Modelica 语言模型仅有一个方程：V=R*I，这个方程给出了电压和电流的关系。根据电阻器连接到其他组件的不同方式，可将电流视为电压的函数，反之亦然。

- 封装

这是面向对象方法的一个关键概念。其含义是：不同的对象，无论其内部细节如何，都只能通过严格定义的接口进行交互。在动态系统建模方面，这意味着不同的对象必须通过标准接口或连接器进行连接。并且，只要具有物理意义，就可以用兼容的接口连接任意两个对象。两个对象的连接通常是物理连接，例如电路系统中的电子元件的接触、机械系统中的焊接、供应链中的客户—供货商关系。

在 Modelica 语言中，连接器被定义为一组变量，每个变量都具有一定的属性特征，它们要么是流变量要么是势变量。例如，在电路系统中，连接器包含电压和电流，电压是一个势变量，当连接两个或更多的对象时，所有组件的电压是相等的。电流是一个流变量，当连接两个或更多的对象时，总电流（进入该组件时为正）之和为 $0^{①}$。实际上，连接的对象越多意味着方程越多，这些方程都被包含在子系统的方程组中。

模型方程中的边界条件是连接器变量（例如，电阻器模型中的电压 V 是两个连接器的电压变量之间的差值）。因此，根据 Modelica 语言的声明方法，连接器变量既不是输入变量也不是输出变量。要为物理系统建模提供真正的面向对象方法，这一特性是必不可少的，因为它允许以独立于它所连接的特殊模型的方式书写每一个模型。仍以电阻器为例，无论将电阻器连接到电流源、电压源或任何通用电路，模型 V=R*I 是不变的。当然，也可以将连接器变量声明为输入或输出变量。例如，控制系统具有明确界定的输入和输出信号。

- 复杂模型结构化

基于面向对象的方法，我们首先用确定的基本实体来描述复杂的系统，然后通过模块化和继承机制将它们组成更加复杂的系统。

模块功能允许使用简单的积木模型。例如，市场模型是公司模型的集合体，各公司之间通过"客户—供货商"的关系连接在一起。反过来，每一个公司又可以通过其他模型（如流水线、仓库等）来描述。相反，对于具有相同特征的一组模型，我们可以用继承机制对它们进行有效的描述。首先需要定义一个母模型，母模型中包含所有通用的属性，然后通过继承母模型的特征并添加具体的特点来定义子模型。比如，首先定义一个基本的公司模型，它包含所有的基本要素和部分仓库模型。然后通过继承机制得到两个子模型，分别用于描述作为供货商和不作供货商的公司，每一个子模型都具有自己特定的方程，而前者只是增加了供货商所需的原材料仓库模型。

- 文本建模

Modelica 语言是一个纯文本的建模语言，任何 Modelica 语言模型都是一个纯文本文件，

---

① 这里给出更多连接器的例子。机械力学：位移（势变量）、力（流变量），水力学：压力（势变量）、流量（流变量），经济学：价格（势变量）、交换商品的数量（流变量）。

便于人员和计算机识读。建立复杂模型时，可能有必要添加图形层，但模型的性能完全取决于文本层。在其他模拟环境下也可以对 Modelica 语言模型进行检验和共享，不必担心模型晦涩难懂，也不会受到文件格式的困扰。

3.2 使用 Modelica 语言进行供应链建模的原因

Modelica 语言主要应用于工程领域，用 Modelica 语言进行供应链建模是它在产品经济和商业管理领域的首次应用。为什么使用 Modelica 语言进行供应链建模？很多因素决定了 Modelica 语言在这一领域具有很强的应用性。

Disney 等（2004）列出了到目前为止应用于供应链动态性研究的所有研究方法：管理游戏（如啤酒游戏）、分析模型、统计模型、仿真研究和控制论模型（S 和 Z 的变换）。事实上，建立供应链的定量分析模型需要很强的分析能力。例如，APIOBPCS 模型（Disney & Towill，2003）是一个基于差分方程的仿真模型，因此模型很难被识读。此外，在商业软件和定制应用中选择适当的仿真语言和模拟工具是一项艰巨的任务，而 Modelica 语言很好地解决了这些问题。

首先，Modelica 语言的定义不是私有的（它是由非营利组织——Modelica 语言协会进行维护的）。而且，Modelica 语言非常的稳定，自它首次发布以来并没有进行过大幅度地修改，目前已进入成熟状态。当前，软件包可以将 Modelica 语言模型转换为仿真代码（例如，Dymola、MathModelica、OpenModelica 等），其中一些是商业性的，而有些则是免费的，未来也可能会出现更多类似的软件包。除了作为自动生成的代码直接使用外，Modelica 语言也是一种可以应用于复杂动态系统的高水平规范化语言，编程语言和仿真工具可以将相应的模拟器代码转化为手工编码。

用声明的方式书写模型使得模型更加紧凑和清晰。事实上，因为本章所介绍的模型和相应的连接器之间基本上是具有因果关系的，即很容易识别输入和输出变量，也很容易重新书写方程，所以本章的讨论并没有充分地利用这种潜能。未来，它可能会发挥更大的优势。例如，它可能以非常完美的方式展现价格形成机制。市场的每一个参与者都具有自己的"价格—需求"曲线，或"价格—供给"曲线，每一条曲线都可以表示为一个方程，其他参与者的连接器包括交换商品的数量（流变量）和价格（势变量），联立两个或更多参与者的方程得到方程组，这个方程组就可以确定市场交易价格。

从下一部分的介绍也可以看出，基于模块化和继承机制，面向对象的特性使得复杂模型的组织显得格外清晰。同时，发表应用于仿真案例研究的模型非常容易，从而也便于同行对结果进行验证或验伪。

4 "供应链" Modelica 语言库

4.1 导言

公司是供应链语言库中的重点对象。本节将主要说明其组成部分的功能和结构，读者可以参阅附录中的代码，从而对 Modelica 语言有一个整体的感知，也便于读者理解模型的细节。

通常情况下，公司使用不同的原材料（Raw Materials，RMs）生产各种各样的既定产品（Finite Products，FPs）。公司必须为每一种产品和原材料建立单独的仓库，以便于检查存货和可用性水平。每个仓库需要配备一名管理人员，他需要根据交货订单、生产线的生产订单以及原材料供应商的购买订单来决定提供和补充多少产品或原材料。一条生产线往往由不同的产品所共享，并且每一种原材料都具有多家供应商。以下内容将详细地描述各个组成部分。

有一点是非常明显的,亦即物理层的元素(如生产延迟和批量作业→生产线)和控制层的元素(如订单水平→管理者)之间是完全脱钩的。这里所提及的所有模型都是离散时间动态系统,用时间表作为事件发生器,能够触发所有其他模型的状态转换。

如果要想建立供应链,必须将各个公司联系在一起,以便于交换信息(预测和订单数据)和货物。作为买方的原材料仓库和作为卖方的产品仓库是通过一个叫做 ProdStream 的标准连接器来实现连接的,相应的信息流和货物流由管理者决定。因为势变量携带信息信号(预测+订单),而流变量描述货物的流通,所以在每一个时间步长内离开和进入公司的物料的代数和均为零。为了生成预测并获得产品零售商的实际订单,我们创建了一个消费者模型,这个模型连接两个信号发生器,并且添加了新的特性以便于记录供应链的服务水平(如延迟交货)。

4.2 公司

公司是构建供应链模型的基本对象。每家公司都可以处理多种既定的产品和多种原材料,这在数量上没有任何限制,但只能是单一水平的原料账单。基本的公司模型包含参数和变量、一系列的产品仓库和生产线模型(每种产品类型一个模型)、那些用于连接各个组成部分(如生产线的产品仓库)的方程,除此之外,模型不包含任何其他方程。

这里,公司可以被划分为两种类型:有供货商型和无供货商型。这一区别主要体现在供应链的上游公司,对于它们来说,原材料的供应方面没有任何限制。此外,有供货商型的公司具有一系列的供给指标,每一种原材料都可以按照给定的百分比向不同的供货商购买。有供应商的企业(CompanyWithSuppliers)和无供应商的企业(CompanyWithoutSuppliers)这两个子模型继承了母模型的所有变量、参数、对象和方程,并添加了属于自己的内容。专业化公司模型包含所有的方程,通过考虑生产批量的大小、不同产品争夺现有生产能力和原材料的能力,这些方程可以满足多个产品管理者的要求。利用这些信息,可以将管理者的要求转化为产品订单(模型中的 ProdStart 变量),并且跟踪产品的积压情况。

4.3 生产线

生产线对象是用于模拟制造过程的。它包含两个参数:固定的加工时间以及实际的废品率(和管理人员发出产品订单时使用的估计量可能会有所不同)。这个部分仅仅是再现了真实的生产功能。我们用一系列的流水线生产项目来监督在制品及其完成情况,所以从开始到完成的整个过程,生产订单都是透明的。为了便于读者理解模型代码,请注意这里的所有变量都是离散的,也就是说,只有当触发器被激活时,才能改变变量的值,并且会事先返回变量 X 的值。

4.4 产品和原材料仓库及其管理者

为简便起见,这里我们只介绍产品仓库及其管理者,对原材料仓库及其管理者的情况不予讨论。

产品仓库对象负责控制和监管产品库存,并向公司发送生产订单。存货控制机制实施标准的"秩序行动"政策,将订单间隔固定为一期,可以很容易实施其他政策。我们可以用一组方程来计算库存和供应水平,这需要考虑手头存货、过去的订单以及检验预测误差。在这些信息的基础上加上其他参数,如能达到的最高水平和生产过程中的废品率估计量,产品仓库对象就能计算该产品的生产订单并提交给公司,再由公司决定是否以及何时将订单传送到生产线。产品管理者的主要任务有:对于同一种产品,需要汇总不同客户的需求,计算实际订单总额,决定提供给每一位客户的产品数量,并监督产品积压情况。

原材料仓库及其管理者依据同样的方式设定。它们的模型也有自己的特点,主要体现在库存、供应水平、积压产品的计算，原材料的消耗以及根据市场份额制定采购订单等方面。

4.5 构建一个公司实例

通过指定公司的 ProdStream 接口和相应的产品管理者和原材料管理者之间的连接，以上介绍的几个对象允许公司建立任意数量的供货商、客户、产品和原材料对象。例如，C2（见附录所示）模拟了一个非常简单的公司：没有供货商，仅生产一种产品，并只出售给一个客户。该模型可以扩展为无供应商的企业模型和 Interface0S1C 目标对象（附录中没有提及），它提供了图形层和一个名为客户 1 的 ProdStream 连接器。然后添加管理者模型，最后，通过将仓库的客户端连接器和客户 1 连接器连接到相应的产品管理者接口上，来模拟仓库和客户接口之间的货物和信息流动。如果存在供货商，可以通过扩展无供应商的企业模型，用类似的方法建立模型。同一种产品出售给多个客户时，通过将同一个管理者连接到每一个客户接口，可以模拟基于优先级的调度政策。具体细节，这里不再赘述。

5 基于 Modelica 语言供应链建模的第一证据

图 30.1 给出了一个用 Modelica 语言建立的简单供应链模型，在这里用 Dymola 软件编译该模型，并执行模拟过程。

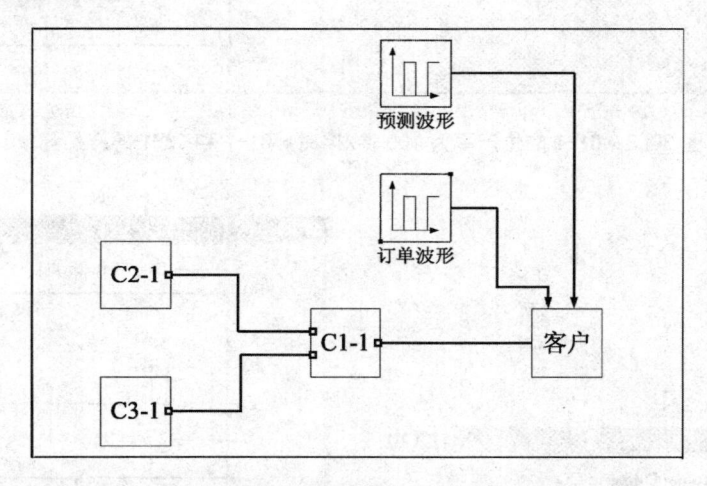

图 30.1 模拟供应链：一个零售商、两个供货商、一个客户

零售商 C1-1 公司生产单一的产品并出售给单一的客户，客户的需求是未知的，并且其交货提前期为零。因此，为减少产品库存必须进行产品需求预测。C1-1 公司有两个供货商 C2-1 公司和 C3-1 公司，这两个公司为 C1-1 公司提供两种不同的原材料，都是 C1-1 公司进行生产所必需的。通过"固定时间间隔、秩序行动"的策略来拉动原材料库存。C1-1 公司的处理时间为一期，它的供货商 C2-1 公司和 C3-1 公司的处理时间为两期，而批量大小均设为 10。

如图 30.2 所示，最终需求的微小变动并不影响 C1-1 公司的最高生产率（设置为 100 件/期），而需求高峰对每家公司的生产订单和生产过程会产生强烈的扰动。当 C1-1 公司的生产率下降到 40 件/期时，便产生了牛鞭效应，如图 30.3 所示。

尽管只进行了有限次的测试，我们仍认为 Modelica 语言是适用于供应链模拟仿真的。请注意，附录中的 Modelica 语言库，包括图形部分，需要大约 5 天的时间来开发。

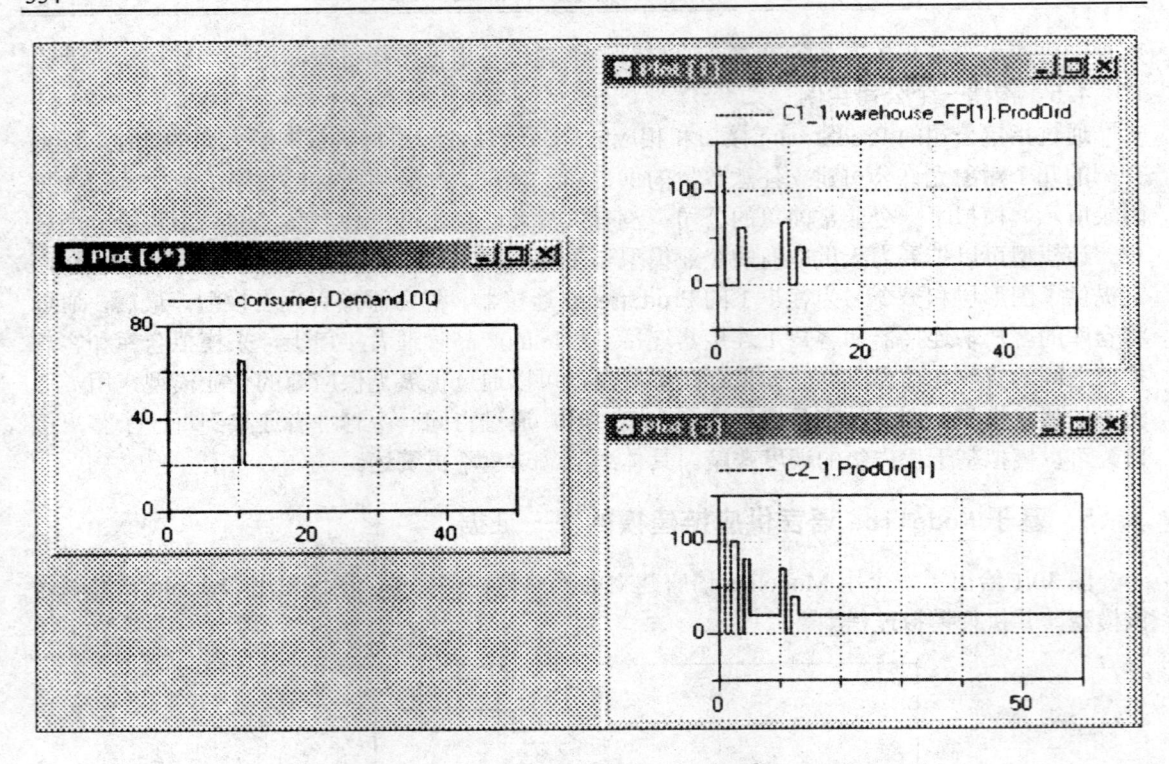

图 30.2　C1-1 的生产率为 100 件/期时，C1-1 和 C2-1 的产品订单

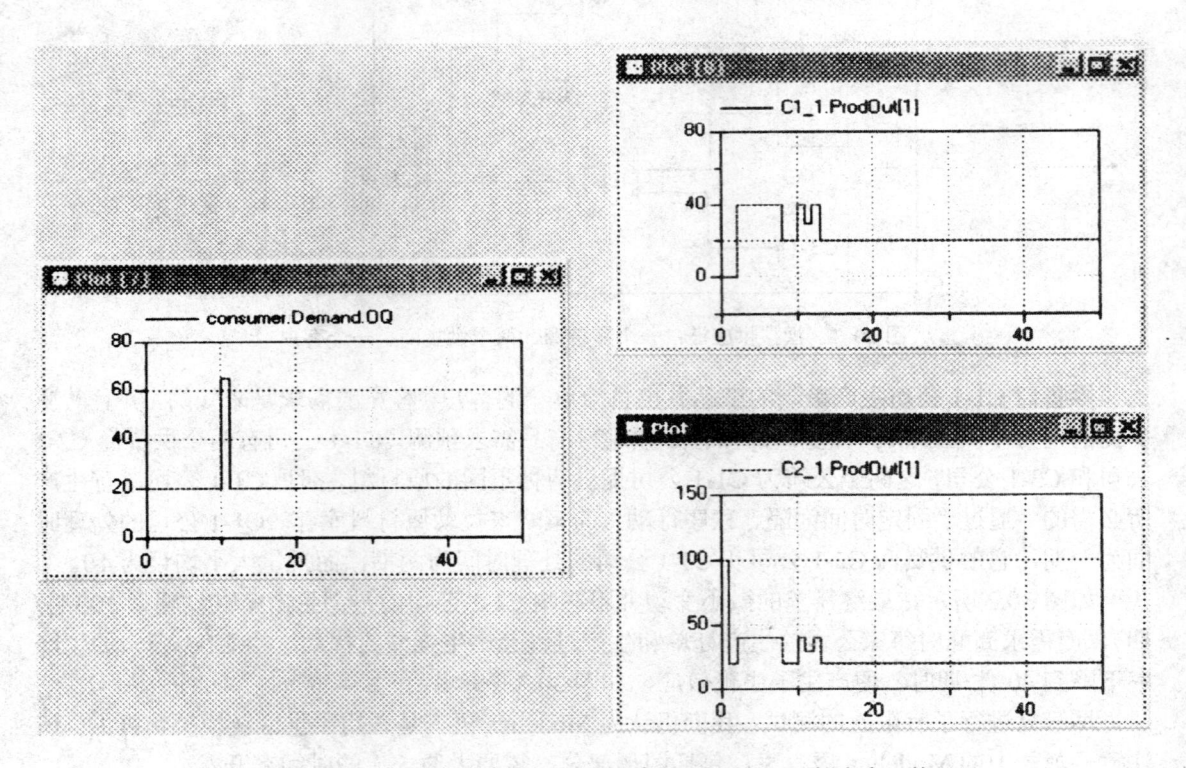

图 30.3　C1-1 的生产率为 40 件/期时，C1-1 和 C2-1 的生产订单

6 结语

本章介绍了如何将传统工程领域中广泛应用的建模语言（Modelica 语言）有效地应用于供应链动态性的研究。从文中的介绍可以看出，Modelica 语言简单易学，并且具有强大和独特的特征，有利于创新研究的发展和共享。本章详细描述了如何将 Modelica 语言应用于复杂供应链的动态研究，以便于首次接触该语言的人员理解和熟悉它的用法。这一语言的应用，主要在于研究牛鞭效应。本章对一个非常简单的供应链进行了模拟，并且详细介绍了建立复杂模型所需的所有对象。因为模型的建立相对简单，并且能够迅速模拟和观察牛鞭倾向的环境，所以 Modelica 语言的应用结果相当鼓舞人心。这一领域的未来研究主要集中在以下两个方面：检验本章第二部分所讨论的分类，以便从实证的角度评估其有效性；添加更多的模型属性。此外，可将该模型缩编为服务于教育目的的模式，这项工作正在评估当中。

7 附录："供应链" Modelica 语言库

```
package SupplyChain
model TimeFrame
  parameter Real startTime=0;
  inner parameter Real clockPeriod=1.0;
  inner output Boolean clock "Clock for the model";
equation
  clock = sample(startTime, clockPeriod);
end TimeFrame;
connector ProdStream
  Real FQ "Forecasted Quantity";
  Integer DLT " Delivery Lead Time";
  Real OQ "Ordered Quantity";
  flow Real SQ "Supplied Quantity";
end ProdStream;
model Consumer "Consumer Model"
  extends InterfaceIcon;
  parameter Integer DLT "Delivery Lead Time";
  discrete Real stockout "Stockout";
  outer Boolean clock;
  outer Real clockPeriod;
equation
  when clock then
    Demand.OQ = OQ.signal[1];
    Demand.FQ = FQ.signal[1];
    Demand.LT = LT;
    stockout = pre(stockout) + Demand.SQ -
      Demand.OQ;
```

```
    end when;
  end Consumer;
  partial model Company "Base company model"
    parameter Integer n_FP=1 "Number of finite parts warehouses";
    parameter Real SR_est[n_FP]=ones(n_FP)
        "Estimated scrap rates";
    parameter Real SR_act[n_FP]=ones(n_FP)
        "Actual scrap rates";
    parameter Integer PLT[n_FP](min=ones(n_FP))
       "Processing Lead Times";
    parameter Real OL_FP[n_FP]
       "Finite Part Order Levels";
    parameter Real BS[n_FP] "Batch size";
    parameter Real PC "Production Capacity";
    parameter Real CC[n_FP] "Capacity consumption";
    discrete Real ProdOut[n_FP] "Production Output";
    discrete Real ProdStart[n_FP] "Production started now";
    discrete Real ProdOrd[n_FP] "Production Order";
    discrete Real backlog[n_FP] "Production Backlog";
    Warehouse_FP warehouse_FP[n_FP](
      PLT=PLT,
      OL=OL_FP,
      SR_est=SR_est) "Finite part warehouses";
    AssemblyLine assemblyLine[n_FP](PLT=PLT, SR_act=SR_act);
    outer Boolean clock;
    outer Real clockPeriod;
  equation
    ProdOut = warehouse_FP.ProdOut;
    ProdOut = assemblyLine.ProdOut;
    ProdOrd = warehouse_FP.ProdOrd;
    ProdStart = assemblyLine.ProdStart;
  end Company;
  partial model CompanyWithoutSuppliers
    extends Company;
    discrete Real PO[n_FP] "Production order
       (auxiliary variable)";
    discrete Real PS[n_FP] "Production started now
       (auxiliary variable)";
    discrete Real BL[n_FP] "Production backlog
       (auxiliary variable)";
```

```
  discrete Real PC_AV "Available production
    capacity";
algorithm
  when clock then
    PO := ProdOrd;
    BL := pre(backlog);
    PC_AV := PC;
    for k in 1:n_FP loop
      PS[k] := ceil((PO[k] + BL[k])/BS[k])*BS[k];
      PS[k] := min(PS[k], PC_AV/CC[k]);
      PS[k] := floor(PS[k]/BS[k])*BS[k];
      PC_AV := PC_AV - PS[k]*CC[k];
      BL[k] := max(0, BL[k] + PO[k] - PS[k]);
    end for;
    ProdStart := PS;
    backlog := BL;
  end when;
end CompanyWithoutSuppliers;
partial model CompanyWithSuppliers
  extends Company;
  parameter Integer n_RM=1 "Number of raw
    material warehouses";
  Warehouse_RM warehouse_RM[n_RM](OL=OL_RM)
    "Raw material warehouses";
  parameter Real OL_RM[n_RM] "Raw Material
    Order Levels";
  parameter Real UC[n_RM, n_FP] "Utilisation coefficients (RM x FP)";
  discrete Real RMCons[n_RM] "Raw material consumption";
  discrete Real RMInv[n_RM] "Raw material
    inventories";
  discrete Real PO[n_FP] "Production order
    (auxiliary variable)";
  discrete Real PS[n_FP] "Production started now (auxiliary variable)";
  discrete Real BL[n_FP] "Production backlog
    (auxiliary variable)";
  discrete Real PC_AV "Available production
    capacity";
  discrete Real Inv_AV[n_RM] "Available raw material inventory";
  discrete Real PP[n_RM] "Potential production given every RM";
```

```
equation
  RMCons = warehouse_RM.RMCons;
  RMInv = warehouse_RM.Inv;
algorithm
  when clock then
    PO := ProdOrd;
    BL := pre(backlog);
    PC_AV := PC;
    Inv_AV := pre(RMInv);
    for k in 1:n_FP loop
      PS[k] := ceil((PO[k] + BL[k])/BS[k])*BS[k];
      for n in 1:n_RM loop
        PP[n] := Inv_AV[n]/UC[n, k];
      end for;
      PS[k] := min(PS[k], min(PC_AV/CC[k],
        min(PP)));
      PS[k] := floor(PS[k]/BS[k])*BS[k];
      PC_AV := PC_AV - PS[k]*CC[k];
      Inv_AV := Inv_AV - PS[k]*UC[:, k];
      BL[k] := max(0, BL[k] + PO[k] - PS[k]);
    end for;
    ProdStart := PS;
    backlog := BL;
    RMCons := UC*PS;
  end when;
end CompanyWithSuppliers;
model AssemblyLine "Assembly line model"
  parameter Integer PLT(min=1)
      "Processing Lead Time";
  parameter Real SR_act "Scrap rate (actual)";
  discrete Real ProdStart "Production starting now";
  discrete Real ProdOut "Production output";
  discrete Real PipeLine[PLT - 1] "Production pipeline";
  outer Boolean clock;
equation
  when clock then
    if PLT == 1 then
      ProdOut = ProdStart*SR_act;
    else
      ProdOut = SR_act*pre(PipeLine[PLT - 1]);
```

```
      PipeLine[1] = ProdStart;
      PipeLine[2:PLT - 1] = pre(PipeLine[1:PLT - 2]);
    end if;
  end when;
end AssemblyLine;
```
model Warehouse_FP
```
  discrete Real Inv "Inventory";
  discrete Real Avail "Availability";
  discrete Real ProdOrd "Production Order";
  discrete Real ProdOut "Production Output";
  discrete Real HistoryOfProdOrd "History of Production Orders";
  discrete Real HistoryOfProdOut "History of ProductionOutputs";
  parameter Integer PLT(min=1) "Processing Lead Time";
  parameter Real OL "Order level";
  parameter Real SR_est "Estimated Scrap rate";
```
  ProdStream CustomerSide;
```
  outer Boolean clock;
  outer Real clockPeriod;
```
equation
```
  when clock then
    HistoryOfProdOrd = pre(HistoryOfProdOrd) + pre(ProdOrd);
    HistoryOfProdOut = pre(HistoryOfProdOut) +pre(ProdOut);
    Avail = pre(Inv) + HistoryOfProdOrd - HistoryOfProdOut;
    ProdOrd = max(0, OL - (Avail - Customer-Side.FQ))/SR_est;
    CustomerSide.SQ = min(pre(Inv) + ProdOut,
        CustomerSide.OQ);
    Inv = pre(Inv) + ProdOut - CustomerSide.SQ;
  end when;
end Warehouse_FP;
```
model FPManager "Finite Part Manager"
```
  parameter Boolean LastOne=true "True if there are no
      further downstream FPManagers";
  parameter Integer PLT(min=1)
    "Processing Lead Time (should be equal to the corresponding value in the WarehousePF
      model)";
  discrete Real backlog "Dispatching backlog";
  outer Boolean clock;
  outer Real clockPeriod;
```
  ProdStream CustomerSide;
  ProdStream InputSide;

```
    ProdStream ResidualSide;
equation
    when clock then
        InputSide.OQ = CustomerSide.OQ + pre(backlog) + ResidualSide.OQ;
        InputSide.LT = 0;
        CustomerSide.SQ = min(CustomerSide.OQ + pre(backlog), InputSide.SQ);
        backlog = pre(backlog) + CustomerSide.SQ + CustomerSide.OQ;
        InputSide.FQ = ResidualSide.FQ +
            delay(CustomerSide.FQ, (CustomerSide.LT - PLT + 1)*clockPeriod);
        if LastOne then
            ResidualSide.OQ = 0;
            ResidualSide.LT = 0;
            ResidualSide.FQ = 0;
        else
        InputSide.SQ + ResidualSide.SQ +
            CustomerSide.SQ = 0;
        end if;
    end when;
end FPManager;
model Warehouse_RM
    parameter Real OL "Order level";
    discrete Real Inv "Inventory";
    discrete Real Avail "Availabilty";
    discrete Real RMCons "Raw material consumption";
    discrete Real BackRM "Raw material backlog";
    ProdStream SupplierSide;
    outer Boolean clock;
    outer Real clockPeriod;
equation
    when clock then
        Inv = pre(Inv) + SupplierSide.SQ - RMCons;
        Avail = pre(Inv) + BackRM;
            BackRM = pre(BackRM) + pre(SupplierSide.OQ) - pre(SupplierSide.SQ);
        SupplierSide.OQ = max(OL - Avail, 0);
        SupplierSide.FQ = SupplierSide.OQ;
        SupplierSide.LT = 0;
    end when;
end Warehouse_RM;
model RMManager "Raw Material Manager"
    parameter Real PurchaseShare(min=0, max=1)
```

"Note: sum of PurchaseShares for the same product should be 1";
equation
　　SupplierSide.SQ + WarehouseSide.SQ = 0;
　　SupplierSide.LT = WarehouseSide.LT;
　　SupplierSide.FQ = WarehouseSide.FQ*
　　　　PurchaseShare;
　　SupplierSide.OQ = WarehouseSide.OQ*
　　　　PurchaseShare;
end RMManager;
model C2
　extends CompanyWithoutSuppliers(n_FP=1);
extends Interface0S1C;
FPManager ManagerP2(LastOne=true,PLT=PLT[1]);
　equation
　　connect(ManagerP2.InputSide,
　　　　warehouse_FP[1].CustomerSide);
　　connect(ManagerP2.CustomerSide, customer1);
　end C2;
　　end SupplyChain;

8　参考文献

1. Buffa, E. S., Miller, J. (1979): Production-Inventory system: Planning and control, 3rd ed., Irwin, Boston: p. 411-418.
2. Burbidge, J. L. (1984): Automated Production control with a simulation capability, Proceedings of IFIP Conference, WG 5-7, Copenhagen: p. 1-14.
3. Disney, S. M., Naim M. M., Potter A. (2004): Assessing the impact of e-business on supply chain dynamics, in: International Journal of Production Economics, 89: 109-118.
4. Disney, S. M., Towill D. R. (2003): The effect of Vendor Managed Inventory dynamics on the Bullwhip Effect in supply chains, in: International Journal of Production Economics,85: 199-215.
5. El-Beheiry, M., Wong, C. Y, El-Kharbotly, A. (2004): Empirical quantification of the bullwhip effect, in: Proceedings of the Thirteenth Working Seminar on Production Economics, 3: 259-274.
6. Forrester, J. W. (1961): Industrial dynamics, MIT Press, Cambridge.
7. Fritzson, P. (2003): Principles of Object-Oriented Modeling and Simulation with Modelica 2.1., Wiley, London.
8. Lee, H. L., Padmanabhan, V., Whang, S. (1997a): The Bullwhip Effect in Supply Chains,in: Sloan Management Review, 38(3), 93-102.
9. Lee, H. L., Padmanabhan, V., Whang, S. (1997b): Information distortion in a supply chain: The Bullwhip Effect, in: Management Science, 43(4): 546-558.

10. Miragliotta, G. (2004): The Bullwhip Effect: A survey on available knowledge and a new taxonomy of inherent determinants and external triggers, in: Proceedings of the Thirteenth Working Seminar on Production Economics, Igls, (Austria), 3: 259-274.
11. Modelica Association (2003): Modelica Language Specification, ver. 2.1. Available on http://www.modelica.org/.
12. Sterman, J. D. (1989): Modeling managerial behavior: Misperception of feedback in a dynamic decision making experiment, in: Management Science, 35: 321-339.
13. Senge, P. M. (1990):The Fifth Discipline, Doubleday, New York.
14. Senge, P. M., Sterman, J. D. (1992): System Thinking and Organisational Learning, in: European Journal of Operational Research, 59 (3): 137-145.

作者简介

➢ Francesco Casella 教授、博士
- 1969 年出生
- 1988 年~1994 年，在米兰理工大学（Politecnico di Milano）攻读电子工程专业
- 1996 年~1999 年，米兰理工大学电子与信息科学学院控制系统专业博士生
- 1999 年~2001 年，博士后研究人员
- 2001 年~，米兰理工大学助理教授
- 主要研究方向：电厂建模；控制与管理；面向对象建模和工业系统仿真
- Dipartimento di Elettronica e Informazione
  Politecnico di Milano
  Via Ponzio 34/5, 20133 Milano—Italy
  Tel: +39 02 2399 3465   Fax: +39 02 2399 3412
  Email: francesco.casella@polimi.it

➢ Giovanni Miragliotta 博士
- 1973 年出生
- 在意大利米兰理工大学（Politecnico di Milano）攻读工业经济管理、生产和工厂工程专业
- 1998 年~，为意大利的主要企业和跨国企业做了许多经营管理领域的咨询工作
- 1998 年~2002 年，在多家教育机构为大学生和公司员工授过课
- 2003 年，获管理工程专业博士学位
- 2003 年 1 月~，米兰理工大学管理部，经济与工业工程专业高级讲师
- 主要研究方向：供应链管理和供应链成本；库存管理；生产计划和调度；工业动力学
- Department of Management, Economics and Industrial Engineering,
  Politecnico di Milano, Via Giuseppe Colombo, 40, 20133 Milano, Italy
  Tel: +39 02 2399 2785   Fax: +39 02 2399 2700
  Email: giovanni.miragliotta@polimi.it

- ➢ Luigi Uglietti 博士
  - 1974 年出生
  - 在意大利米兰理工大学（Politecnico di Milano）工业经济管理、生产和工厂工程部从事科研工作
  - 2002 年～，管理工程博士生
  - 2001 年～2004 年，担任多家教育机构的讲师，主要从事本科阶段的教学工作
  - 主要研究方向：人力资源管理；生产计划和调度；仿真
  - Department of Management, Economics and Industrial Engineering, Politecnico di Milano
    Via Giuseppe Colombo, 40, 20133 Milan, Italy
    Tel: +39 02 2399 2814　　Fax: +39 02 2399 2700
    Email: luigi.uglietti@polimi.it

第 31 章 合作博弈理论在供应链管理领域的应用前景

Jörn-Henrik Thun

本章主要内容

1. 供应链管理的稳定性、信任和合理性的关系
2. 基于博弈论的供应链管理研究
3. 基于合作博弈理论的供应链结构研究
4. 结语
5. 参考文献
6. 附录

内容摘要

本研究将从博弈论的角度出发研究供应链管理问题，其目的在于探讨合作博弈理论在供应链研究中的应用。供应链的主要特征是合作，合作的可持续性和成功与否取决于供应链各组成要素的稳定性。本研究用合作博弈理论研究合作关系，用沙普利值算法分配合作伙伴之间的利润。对于供应链来说，结构是非常重要的。在制定具体的分配规则时，迈尔森值考虑了博弈的结构这一问题。合作博弈理论应用于供应链管理问题的研究，为其提供了一种分配算法。

关键词：供应链管理；合作；合作博弈理论（Cooperative Game Theory）；沙普利值（Shapley-Value）；迈尔森值（Myerson Value）

1 供应链管理的稳定性、信任和合理性的关系

近年来，供应链管理已经发展成为运营管理中最为重要的领域之一。供应链管理是协调企业之间信息和物料的一个概念，在创造企业竞争优势方面具有巨大的潜力和优势。供应链管理的竞争潜力常常在文献（例如，Chopra & Meindl, 2001）中被提及。通过选择合适的供应链，我们获得的最大优势是提高效率，例如，高库存周转率或者市场应变能力的增强，可以通过缩短提前期予以解决和实现（参见 Fisher, 1997：108）。另一个优势是可以通过企业间的合作对抗被称为"牛鞭效应"的现象，这一现象由生产纸尿裤的宝洁公司的物流管理人员首次发现（参见牛鞭效应 Lee 等，1997：93-102；Forrester, 1958）。通过共享整条供应链的信息可以缓解牛鞭效应。

目前，供应链管理是学术界讨论的主要问题之一。供应链管理的不同学派对供应链管理

的性质持有不同的观点，即"信息学派""未来学派"或"整合学派"（对不同学派的讨论请参见 Bechtel & Jayaram（1997）的相关研究）。因此，对"供应链"和"供应链管理"这两个词有很多不同的定义和理解。

Christopher 是这样定义供应链的："通过上下游之间的联系，在不同的过程和阶段为最终消费者手中的产品和服务创造价值的所有组织所形成的网络（Christopher，1998：15）。"Chopra 和 Meindl 对供应链管理给出了如下的定义："供应链管理涉及供应链各阶段之间的'流'的管理，以实现总收益的最大化（Chopra & Meindl，2001：6）。"Handfield 和 Nichols 将供应链管理定义为"通过改善供应链关系将各项活动进行整合，以实现可持续的竞争优势"（Handfield & Nichols，1992：2）。所有的定义都或多或少有一个共同点，那就是供应链建立在合作的基础上以获得竞争优势。一些学者指出，未来的竞争将不再是个别公司之间的竞争，而是供应链之间的竞争。为了形成竞争优势，应在供应链内部建立纵向合作联盟。

本章中合作被视为供应链的一个构成要素。可以说，作为市场和等级这一连续统一体的可能解决方案，纵向合作为供应链管理打下了基础。合作是协调代理商之间目标和行动的过程。合作通过参与公司之间的协调活动发挥作用，例如应对牛鞭效应。

一般来说，信任是合作的驱动力（如 Handfield & Bechtel，2002），在供应链管理的框架内，信任在改善供应链方面具有巨大的潜力。一些学者认为，信任是公司之间合作的关键因素（例如，见 Poirer，1999：46ff）。然而，基于信任的合作问题在于有些基本条件必须得到满足，参与公司不能因为自由裁量范围的存在而通过机会主义滥用这种信任。因此，在理性的基础上提出另外的条件似乎是合理的（Vob & Schneidereit，2002）。

2 基于博弈论的供应链管理研究

2.1 博弈论简介

尽管学术界已经对供应链管理进行了广泛的讨论，但该领域仍然缺乏合理的应用性分析方法。利润分配概念的缺失对供应链的可持续性是至关重要的。虽然合作博弈理论已被广泛地讨论，但很少有学者从战略的高度进行研究（Stuart，2001：189）。接下来，我们将讨论合作博弈理论作为战略供应链管理的理性基础的巨大潜力。"合作博弈理论在供应链管理应用方面具有巨大的潜力，因为基于合作来改善供应链绩效是供应链应用中的关键问题"（Cachon & Netessine，2004）。

在通常情况下，博弈论是指非合作博弈理论，其中有一个广为人知的概念——纳什均衡（Nash's equilibrium）。在非合作博弈中，参与者最大化自己的支付，而不顾博弈的整体结果。但是，在供应链管理领域，不同的参与者集体努力以最大限度地提高整体利益。鉴于以上分析，产生了不同的观点，即合作博弈理论。与非合作博弈理论不同，在合作博弈理论中，参与者可以通过签订具有约束力的协议联合起来。

在合作博弈理论中，稳定性和合作利润的分配是密切相关的。奇怪的是，尚没有合适的算法来分配供应链管理所获得的利润，因此我们非常需要一个能够对合作的具体性质进行分析的分配算法。这个分配算法必须满足几个条件。例如，它能够提供一个稳定的解决方案，合作的稳定性主要取决于每个参与者的支付，因此不应该存在让供应链合作伙伴放弃合作的诱导因素。再者，这个分配算法在计算支付时应充分考虑供应链合作伙伴的议价能力。此外，它必须建立在公理的基础之上，以满足合理的前提条件。

沙普利值是建立在不证自明的公理框架下的解决方案，它根据每个参与者对联盟成功的贡献程度不同，赋予每个合作博弈一个确定的分配方案。沙普利值适用于供应链的合作属性，为供应链管理确定了分配算法。

这里需要探讨一下博弈论能否作为供应链管理的理性基础。应用博弈论，我们能够分析几个参与者的决策问题。"可以将博弈论定义为对理性决策者之间冲突与合作的数学模型的研究。博弈论为两个或更多的个体制定决策的情形提供了一般的数学分析方法，这些决策往往会对其他人的福利造成影响"（Myerson，1991：1）。

博弈论的基本原理是由 Neumann 和 Morgenstern（1947）提出的。由于参与者的背叛，通常情况下，非合作博弈理论中的博弈均衡点并没有实现帕累托最优化（见 Nash，1951；Axelrod，1984），著名的囚徒困境（prisoner's dilemma）就是一个典型的例子（见 Luce & Raiffa，1957：95）。在某些假设下，个体可以通过合作创造优势。因此，尽管存在个体理性的假设，合作仍被看作是合理的（见 Axelrod，1984）。这里不对合作的演变过程进行详细的讨论，而集中讨论供应链的利润分配问题。对于这一问题的分析，联盟理论似乎是一个合适的方法，下面将对其进行详细介绍。

联盟理论（coalition theory）是合作博弈理论的一部分。联盟理论主要用来研究两个或更多参与者合作以达到他们目标的情形，联盟可以被定义为参与者的非空集合（见 Myerson，1991：418）。与非合作博弈理论不同，在合作博弈理论中，由于存在外生机制，例如具有约束力的契约协议，参与者可以对自己的具体行动和策略做出承诺，这是合作博弈理论的典型特点。因此，可以假设个体的合作行为。区分合作博弈与非合作博弈的关键假设是参与者可以进行有效的谈判（Myerson，1991：419）。纳什（Nash）首次提出了合作博弈理论与非合作博弈理论的区别，他按照参与者能否沟通以达成共识，即能否进行有效的谈判来区分博弈（见 Nash，1951：286）。这不是一个具有限制性的假设，因为它可以被看作是供应链管理的常见程序，例如以契约的形式。此外，在许多合作博弈中，参与者之间可以通过网络支付转让他们的利润，而不会产生任何交易损失。这类博弈被称为 TU 博弈。同样，这个假设对供应链管理来说是成立的。总之，对于 TU 博弈，联盟理论有两个基本的假设：

- 存在有约束力的协定
- 参与者之间可以转移支付

供应链管理的目标是为参与合作的企业创造附加价值，Christopher 尤其强调这一点。他将供应链管理定义为"通过关系管理使供应链中的各方获得更多的利益"（Christopher，1998：18）。Chopra 和 Meindl 指出，供应链管理的目标是"最大化整体价值"（Chopra & Meindl，2001：5）。如何在参与企业之间分配合作所获得的利润是供应链管理的重要问题，这就需要一个合理的分配算法。通过联合所有参与者，联盟理论提供了一个解决方案以使参与者接受有效和合理的利润分配。为此，方案必须满足几个条件。

2.2 合作博弈的形式化描述

下面将介绍合作博弈理论的基本形式。首先，N 表示所有参与者的集合。第二，v（{i}）表示参与者 i 自己所能创造的价值。因此，参与者 i 至少获得 v（{i}）。这项要求是与超聚合特性联系在一起的，根据超聚合特性，联盟创造的价值大于构成这个联盟的所有子联盟创造的价值的总和。N 的两个不相交的子联盟 S、T 满足下面的公式：

$v(T \cup S) \geqslant v(S) + v(T)$

根据超聚合特性，不能将联盟分裂为两个不相交的子联盟来增加它的利润。对于特殊的例子，必须满足下面的公式：

$v(S) = v(T) = 0$

但是，$v(T \cup S) \geqslant 0$。

相应地，两个子联盟的联合支付至少应与每个联盟的支付之和相等。从供应链管理的角度来看，价值链创造的价值至少应满足系统的创建并维持系统的稳定性。

在某些情况下，公司的顺序是至关重要的。通常，可以说，两个相互联系的公司的合作比任何其他的合作对供应链的贡献都大，因为这些公司之间的合作更有效。例如，在制造商和它的一级供应商之间可以建立 JIT 关系。在联盟由逻辑限制决定的情况下，例如供应链中原材料的单向流动，针对链的规则是有意义的。链规则适用于联盟博弈的特征函数（Thun，2003），这是一个必须满足的附加条件。以三个公司为例，可以表述如下：

$v(\{i;j\}) \geqslant v(\{i;k\}) \wedge v(\{j;k\}) \geqslant v(\{i;k\}), \forall j = i+1, i < j < k \in N$

链规则表明直接关联的公司组成的联盟比其他形式的联盟创造的价值更高。由于被包含在特征函数中，沙普利值本身的计算仍然是可行的，但对于一些特殊的公司可能不可行。

2.3 沙普利值及其公理

沙普利值是合作博弈理论中的概念，它赋予每个联盟博弈以建立在公理基础上的唯一的解决方案（见 Shapley，1953：307-317；Myerson，1991：436ff；Roth，1988：1-27）。沙普利值满足四个公理，也被称为公平公理（fairness axioms），下面将对其进行详细的介绍以讨论它们在供应链管理领域的适用性（for the axioms Myerson，1991：437f）。

所谓帕累托公理（pareto-axiom），是指联盟创造的价值等于所有参与者获得的支付之和。总价值的分配与在核心框架下的分配相同（见 Gillies，1953；Shapley，1990）。基于沙普利值的分配一定是帕累托有效的。假设帕累托有效是核心的标准条件，类似地，可以建立沙普利值的基本原理。

对称性公理要求收益的分配不依赖于参与者的身份，而取决于他们为联盟创造的价值。两个参与者 i 和 j，如果他们为联盟 K 创造了相同的价值，那么他们必须获得相同的支付。对供应链管理来说这是合理的，因为利润的分配必须与公司的贡献相关。必须指出，其他因素也可能对分配产生影响，然而，虽然精确地确认每个公司的贡献并且定义不同子联盟的价值非常困难，但是出于理性分析，每个参与者的贡献似乎是最合理的分配标准。

虚设人公理要求对联盟没有任何贡献的参与者，即所谓的"虚拟"参与者，在利润分配时将不予考虑。若参与人对联盟的贡献和他单干时创造的价值相等，那么他所获得的收益也不变。对供应链管理来说，考虑一个对联盟没有贡献的公司是毫无意义的。

在聚合公理中，沙普利值具有这样的特性，即，参与者参加多个博弈，其收益为在多个博弈中的分别收益之和。这个公理表明，公司从特定联盟获得的收益与他从这个联盟的两个子联盟中获得的收益相等。基本上，可以说，沙普利值的上述公理在供应链管理中是成立的，并且具有合理的基础。因此，它们可以作为一种分配算法应用于供应链中。

沙普利值是满足上述公理的唯一分配算法。沙普利值 Φ 考察的是参与者 i 对由集合 N 生成的所有联盟的贡献 $[v(K) - v\{K - \{i\}\}]$，按照下列公式计算：

$$\Phi_i(v) = \sum_{K \subseteq N-i} \frac{(K-1)!(N-K)!}{N!} [v(K) - v\{K - \{i\}\}]$$

方程的第一项被看作是参与者 i 进入的可能性，第二项是参与者 i 的加入所带来的附加价值。Osbourne 和 Rubinstein 将第二项定义为参与者 i 的边际贡献（见 Osbourne & Rubinstein，

1994)。因此，整个方程就像是参与者 i 的一个先验期望，并且体现了参与者 i 的平均议价能力。参与者 i 的沙普利值的计算来源于联盟的附加价值的测定，这里附加价值是指联盟通过加入该参与者遍及 n!的排列获得的价值，附加价值的总和构成了参与者 i 的沙普利值。

沙普利值并不一定在联盟博弈的核心内，因此，它并不一定是稳定的。但是，对于凸博弈来说，沙普利值总在核心内（见 Myerson，1991：436ff）。根据沙普利的方法进行分配，可以保证子联盟不会背叛联盟，根据帕累托公理，联盟不会受到授予联盟的阻止和封锁。

接下来，我们用一个例子来说明沙普利值在供应链管理领域的应用。有三家公司，U1、U2 和 U3。三家公司联合起来可以创造 100 美元的联盟价值，U1 和 U2 合作可以获取 70 美元的联盟价值，U1 和 U3 合作仅能获得 60 美元，U2 和 U3 合作可获得 80 美元。此外，三家公司单干均不会获得任何收益。以下为合作博弈的特征函数，该特征函数包括所有的联盟，并指定每个联盟创造的价值，但并没有对联盟内部的参与者进行利润分配。

$v(\{1;2;3\}) = 100$，$v(\{1;2\}) = 70$，$v(\{1;3\}) = 60$，
$v(\{2;3\}) = 80$，$v(\{i\}) = 0$，$i \in \{1;2;3\}$

在这里，v 代表联盟的利润。

合作博弈满足超聚合特性，即 $v(S) = v(T) = 0$，但 $v(T \cup S) \geq 0$。

对于上述例子，如何分配联盟利润是一个重要问题。表 31.1 给出了供应链上的这三家公司的所有排列以及相应的沙普利值。表 31.1 第一行的沙普利值计算如下：公司 U1 不能创造任何利润，公司 U2 加入后，联盟利润升至 70 美元，即 U2 的加入创造了 70 美元的利润。如果 U3 也加入该联盟，公司 U3 可以创造 30 美元的利润，总利润达到 100 美元。如果公司 U3 先与 U1 结成联盟，U2 再加入，U3 创造的价值为 60 美元，U2 创造的价值为 40 美元（见表 31.1 第二行）。

表 31.1 沙普利值的计算

排列	对联盟的贡献		
	U1	U2	U3
U1；U2；U3	0	70	30
U1；U3；U2	0	40	60
U2；U1；U3	70	0	30
U2；U3；U1	20	0	80
U3；U2；U1	20	80	0
U3；U1；U2	60	40	0
Σ	170	230	200
$\Phi_i(v)$	28.33	38.33	33.33

沙普利值表明，公司 U2 应该比其他两家公司得到更多的联盟利润，U1 获得 $28.\bar{3}$ 美元，U3 获得 $33.\bar{3}$ 美元。沙普利值如图 31.1 所示。

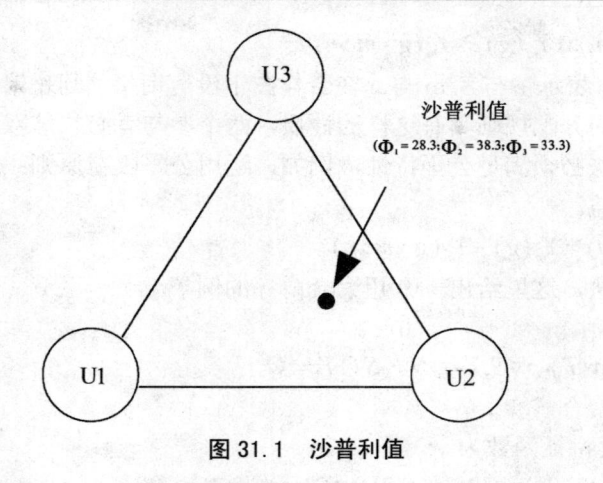

图 31.1 沙普利值
(Φ₁ = 28.3; Φ₂ = 38.3; Φ₃ = 33.3)

3 基于合作博弈理论的供应链结构研究

在供应链管理领域，尽管精确地确定供应链联盟的整体价值以及每家公司的实际贡献是非常困难的，博弈论在为合作提供理性基础方面仍然具有很大的潜力（Cachon & Netessine, 2004）。基于博弈论的概念，它对供应链管理产生了重要的影响，并为如何设计合作提供了重要启示。

如果我们将供应链视为一项合作，只要充分考虑链特性，就可以计算沙普利值。由于在建立特征函数时已考虑了公司间的特定关系，某一公司在供应链中的位置并不重要。例如，在一个 n 阶的供应链中，某一公司处于该供应链的上游还是下游并不会产生什么影响。特征函数要考虑供应链中公司间的关系。根据对称性公理，和沙普利值的计算相关的是公司对供应链的贡献。有时，将某个公司融入供应链活动可能是不合理的。根据虚设人公理，在计算分配算法时将不考虑这类公司。

博弈论中的许多博弈表明所有参与者要么不合作，要么完全配合。在供应链管理领域的某些情况下，这个假设是至关重要的。如果涉及原料流动，采取普遍合作的方式是不恰当的。迈尔森提出了一个部分合作的结构框架（Myerson, 1977: 225-229）。在他的研究中，给出了参与者的集合 N 以及衔接的集合，所谓衔接是指 N 中不同参与者构成的无序对，n: m 表示参与者 m 与 n 的双边协议。任何合作结构都可以由这些衔接来表示。

与沙普利的方法不同，在这一研究中，并不是所有的衔接都必须存在。这是基于这样一种想法：没有直接接触的两个参与者，可以通过与共同的参与者合作或者是被合作曲线连接在一起进行有效的合作（Myerson, 1977: 226）。问题是，合作的结构是如何决定博弈的结果的？它是通过将合作曲线映射到分配向量来实现的。

在这里，$Y_n(g)$ 代表参与者 n 的支付，曲线 g 决定了每个参与者将获得的价值。依据分配规则，由于参与者 2 可能在 g_a 中发挥更加重要的作用，参与者 2 从 $g_a = \{1:2, 2:3\}$ 中获得的收益可能多于他从 $g_b = \{1:3, 2:3\}$ 中获得的收益。

但是，应当保证

$$\sum_{1-3} Y_n(g_a) = v\{1,2,3\} = \sum_{1-3} Y_n(g_b)$$

也就是说，所有的利润都将在参与者之间进行分配。

如果

$$Y_n(g) \geqslant Y_n(g \setminus m:n) \wedge Y_m(g) \geqslant Y_m(g \setminus m:n)$$

在这里,"\m:n"表示参与者 m 与 n 在合作图中没有衔接,则超聚合博弈的分配规则是稳定的。因此,稳定的分配规则具有这样的性质,两个参与者必须从双边协议中受益。

下面假设分配算法必须满足公平特性,例如,运用公平收益原则:通过相互合作两位参与者将获得相同的利益。

$$Y_n(g) - Y_n(g \setminus m:n) = Y_m(g) - Y_m(g \setminus m:n)$$

根据这一分配算法,这里给出一个超聚合博弈的例子。

如果

$$v(S \cup T) \geqslant v(S) + v(T), \quad \forall S, T \subseteq N \wedge S \cap T = \emptyset$$

则称该博弈为超聚合博弈。

设 $N = \{1,2,3\}$,其特征函数为 v:

$v(\{1;2;3\}) = 100$, $v(\{1;2\}) = 70$, $v(\{1;3\}) = 60$, $v(\{2;3\}) = 80$,

$v(\{i\}) = 0$; $i \in \{1;2;3\}$

最后一个式子表明,任何一个参与者单独行动都不会产生任何附加价值(参见详细的例子 Aumann & Myerson,1988:179)。不同的联盟结构如图 31.2 所示。

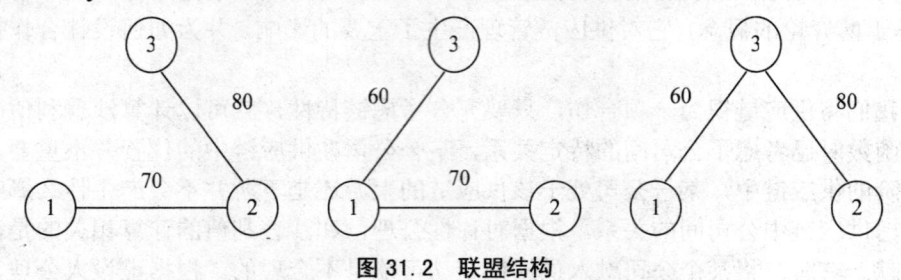

图 31.2 联盟结构

此合作博弈的分配规则 Y 如下:

$Y(\emptyset) = (0,0,0)$, $Y(\{1:2\}) = (35,35,0)$, $Y(\{1:3\}) = (30,0,30)$,

$Y(\{2:3\}) = (0,40,40)$, $Y(\{1:2,1:3\}) = (55,25,20)$,

$Y(\{1:2,2:3\}) = (18.\overline{3}, 58.\overline{3}, 23.\overline{3})$, $Y(\{1:3,2:3\}) = (16.\overline{6}, 26.\overline{6}, 56.\overline{6})$,

$Y(\{1:2,1:3,2:3\}) = (28.\overline{3}, 38.\overline{3}, 33.\overline{3})$

以上结果表明,由于其他参与者之间缺少衔接,与每个参与者均有衔接的参与者作为"核心"参与者获得最高的价值。他在该博弈中独特的定位对博弈的最终结果起到至关重要的作用。

如果所有可能的衔接均被建立,$Y(g^N)$ 将导致与沙普利值相同的结果。因此,可以将迈尔森的方法看作是对沙普利值的完善,它处理特定的合作结构,将缺少的衔接考虑在内。相关研究见 Slikker & Von den Nouweland(2000)的名为 "a model based on the Myerson-value which considers the cost of establishing links" 的文献。

下面,将讨论四人博弈的的两个特定结果,假设这两个链结构具有相同的特征函数。

$v(\{i\}) = 0$, $v(\{i:j\}) = 40 | j = i+1 \wedge v(\{i:j\}) = 0 | j \neq i+1$,

$$v(\{i, j, k\}) = \begin{cases} 60, & j = i+1, \ k = j+1 \\ 40, & 其他 \end{cases},$$

$$v(\{i;\ j;\ k;l\}) = 80 \forall i < j < k < 1 \in \{1;2;3;4\}$$

对于 $Y_1(1:2;2:3;3:4)$ 将得到如图 31.3 情形：

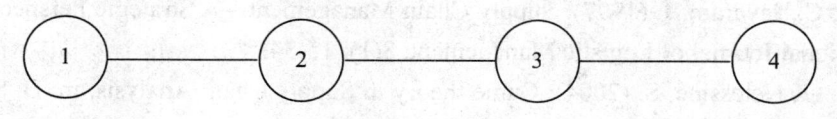

图 31.3 链结构 Ⅰ

对于 $Y_2(2:3;2^*:3;3:4)$ 得到如图 31.4 情形，这里参与者 2* 与参与者 2 相似。

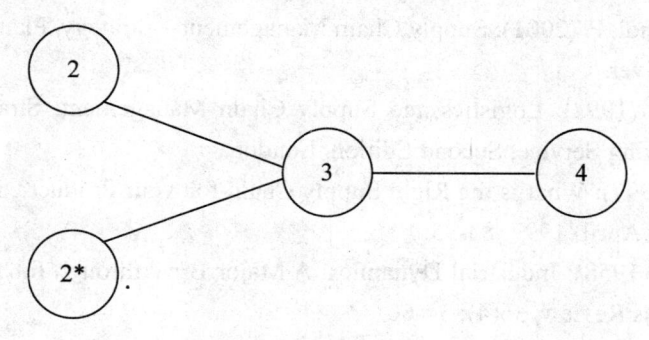

图 31.4 链结构 Ⅱ

分配规则分配联盟创造的利润方式：

在链结构 Ⅰ 中，$Y_1 = (10.8\bar{3}, 29.1\bar{6}, 29.1\bar{6}, 10.8\bar{3})$

链结构 Ⅱ 中，$Y_2 = (10.8\bar{3}, 10.8\bar{3}, 41.\bar{6}, 16.\bar{6})$

迈尔森值反映了链结构 Ⅰ 中参与者的对称性。中间的参与者获得相同的分配利润，外部的参与者也获得相同的分配利润。此外，按照分配规则，由于中间参与者具有衔接特性而外部参与者只是附属衔接，即中间的参与者与其他参与者具有更多的直接联系，因此他们将比其他参与者获得更多的分配利润。在结构 Ⅱ 中，更加突出地体现了这一点。由于参与者 3 的主要衔接特性，他获得的利润超过了其他参与者的利润总和。这是因为参与者 3 的能力促进了链结构的实现。而且，链结构 Ⅰ 中的外部参与者与链结构 Ⅱ 中的相应参与者获得相同的分配。但是，应用合作博弈理论的研究不仅限于这些结构，运用本章中介绍的供应链结构的分配规则，可以研究许多其他链结构的利润分配问题。

4 结语

本章以博弈论的视角讨论和研究了供应链管理领域的利润分配问题。文中详细介绍了沙普利值并分析了它作为一种分配算法对供应链管理的贡献。这些研究表明，合作博弈理论在探索供应链管理的合作方面具有巨大的潜力。为了考虑供应链内部的直接衔接，本章将链公理添加到沙普利值的公理框架下。为了充分考虑供应链的特性，即供应链的结构，文中以迈尔森的建立在现有衔接基础上的分配规则丰富和完善了沙普利值的计算。

5 参考文献

1. Aumann, R. J., Myerson, R. B. (1988): Endogenous formation of links between players and of coalitions. An application of the Shapley value, in: Roth, A. E. (ed.): The Shapley value:

Essays in honor of Lloyed S. Shapley, Cambridge et al.: p. 175-194.
2. Axelrod, R. (1984): The Evolution of Cooperation, New York.
3. Bechtel, C., Jayaram, J. (1997): Supply Chain Management—A Strategic Perspective, in: The International Journal of Logistic Management, 8(1): 15-34.
4. Cachon, G., Netessine, S. (2004): Game theory in Supply Chain Analysis, in: D. Simchi-Levi, S. D. Wu and Z.-J. Shen (eds.): Handbook of Quantitative Supply Chain Analysis: Modeling in the eBusiness Era: International Series in Operations Research and Management Science. Kluwer: p. 13-66.
5. Chopra, S., Meindl, P. (2001): Supply Chain Management—Strategy, Planning, and Operation, Upper Saddle River.
6. Christopher, M. (1998): Logistics and Supply Chain Management: Strategies for Reducing Cost and Improving Service, Second Edition, London.
7. Fisher, M. L. (1997): What is the Right Supply Chain for Your Product?, in: Harvard Business Review, (March-April) 1997: 83-93.
8. Forrester, J. W. (1958): Industrial Dynamics: A Major Breakthrough for Decision Makers, in: Harvard Business Review, 36(4): 34-66.
9. Gilles, D. B. (1959): Solutions to general non-zero-sum games, in: Tucker, A. W. and Duncan, R. Luce (eds.): Contributions to the Theory of Games: Volume IV, Princeton: p. 47-85.
10. Handfield, R. B., Bechtel, C. (2002): The role of trust and relationship structure in improving supply chain responsiveness, in: Industrial Marketing Management, 31(4): 367-382.
11. Handfield, R. B., Nichols, E. L. (1999): Introduction to Supply Chain Management, Upper Saddle River.
12. Lee, H. L., Padmanabhan, V., Whang, S. (1997): The Bullwhip Effect in Supply Chains, in: Sloan Management Review, 38(3): 93-102.
13. Luce, D. R., Raiffa, H. (1957): Games and Decisions: Introduction and Critical Survey, New York.
14. Myerson, R. B. (1977): Graphs and Cooperation in Games, in: Mathematics of Operations Research, 2(3): 225-229.
15. Myerson, R. B. (1991): Game Theory—Analysis of Conflict, Cambridge und London.
16. Nash, J. F. (1947): Equilibrium Points in n-Person Games, in: Proceedings of the National Academy of Sciences, 36: 48-49.
17. Nash, J. F. (1951): Noncooperative Games, in: Annals of Mathematics, 54: 286-295.
18. Osbourne, M. J., Rubinstein, A. (1994): A Course in Game Theory, 4th ed., Cambridge/MA and London.
19. Poirer, C. C. (1999): Advanced Supply Chain Management, San Francisco.
20. Roth, A. E. (1988): Introduction to the Shapley value, in: Roth, A. E. (ed.): The Shapley value: Essays in honor of Lloyed S. Shapley, Cambridge et al.: p. 1-27.
21. Shapley, L. S. (1953): A value for n-persons games, in: H. W. Kuhn, Tucker, A. W. (eds.):Contributions to the Theory of Games II, Annals of Mathematics Studies, Vol. 28,Princeton University Press, Princeton/NJ: p. 307-317.

22. Shapley, L. S. (1990): On Balanced Sets and Cores, in: Ariel Rubinstein (eds.): Game Theory in economics, New York: 453-460.
23. Slikker, M., von den Nouweland, A. (2000): Network formation models with costs for establishing links, in: Review of Economic Design, 5: 333-362.
24. Stuart, H. W. Jr. (2001): Cooperative Games and Business Strategy, in: Chatterjee, K., Samuelson, W.F. (eds.): Game Theory and Business Applications, New York et al.: p.189-211.
25. Thun, J.-H. (2003): Analysis of cooperation in supply chains using game theory, in: Spina, G. et al. (eds.): One World—One View of OM? The Challenges of Integrating Research& Practice, Vol. II, Padova: p. 323-332.
26. Von Neumann, J., Morgenstern, O. (1947): Theory of Games and Economic Behavior, Princeton.
27. Voß, S., Schneidereit, G. (2002): Interdependencies between Supply Contracts and Transaction Costs, in: Seuring, S., Goldbach, M. (eds.): Cost Management in Supply Chains. Springer, Berlin: p. 225-274.

6 附录

	$Y(1:2;2:3)$			$Y(1:2;1:3)$			$Y(1:3;2:3)$		
	1	2	3	1	2	3	1	2	3
123	35	50	15	50	35	15	10	20	70
132	10	75	15	50	20	30	30	20	50
213	35	50	15	50	35	15	10	20	70
231	10	50	40	65	20	15	10	40	50
312	10	75	15	50	20	30	30	20	50
321	10	50	40	65	20	15	10	40	50
Σ	110	350	140	330	150	120	100	160	340
Y	18.3	58.3	23.3	55	25	20	16.6	26.6	56.6

	$Y_1(1:2;2:3;3:4)$				$Y_2(2:3;2^*:3;3:4)$			
	1	2	3	4	1	2	3	4
1 2 3 4	20	30	20	10	10	10	40	20
1 2 4 3	20	20	40	0	10	10	40	10
1 3 2 4	10	40	20	10	20	0	40	20
1 3 4 2	0	40	20	20	20	10	40	10
1 4 2 3	20	20	40	0	10	10	40	20
1 4 3 2	0	40	20	20	10	10	50	10
2 1 3 4	20	30	20	10	10	10	40	20
2 1 4 3	20	20	40	0	10	10	40	20
2 3 1 4	10	30	30	10	0	20	40	20
2 3 4 1	10	30	30	10	10	20	40	10
2 4 1 3	20	20	40	0	10	10	40	20

2 4 3 1	10	20	40	10	10	10	50	10
3 1 2 4	10	40	20	10	20	0	40	20
3 1 4 2	0	40	20	20	20	10	40	10
3 2 1 4	10	30	30	10	0	20	40	20
3 2 4 1	10	30	30	10	10	20	40	10
3 4 1 2	0	40	20	20	10	10	40	20
3 4 2 1	10	20	30	20	10	10	40	20
4 1 2 3	20	20	40	0	10	10	40	20
4 1 3 2	0	40	20	20	10	10	50	10
4 2 1 3	20	20	40	0	10	10	40	20
4 2 3 1	10	20	40	10	10	10	50	10
4 3 1 2	0	40	20	20	10	10	40	20
4 3 2 1	10	20	30	20	10	10	40	20

$$Y_1 = (10.8\bar{3}, 29.1\bar{6}, 29.1\bar{6}, 10.8\bar{3}) \quad Y_2 = (10.8\bar{3}, 10.8\bar{3}, 41.\bar{6}, 16.\bar{6})$$

作者简介

> Jörn-Henrik Thun 博士
> - 1973 年出生
> - 1993 年~1998 年，在德国曼海姆大学（Mannheim University）攻读工商管理专业
> - 1998 年~2002 年，德国曼海姆大学工商管理学院研究助理、讲师
> - 1999 年，美国内布拉斯加州奥马哈克莱顿大学（Creighton University）访问学者
> - 2002 年，毕业于曼海姆大学，获博士学位
> - 2003 年 4 月~，曼海姆大学工商管理学院工业及运营管理学系高级讲师
> - 致力于国际"高绩效制造业"（High Performance Manufacturing）项目的研究
> - 主要研究方向：运营管理；供应链管理；高绩效制造业
> - Industrieseminar der Universit Mannheim
>   Schloss S 212, 68131 Mannheim, Germany
>   Tel: +49 621 181 15 84　　Fax: +49 621 181 15 79
>   Email: thun@is.bwl.uni-mannheim.de, http://is.bwl.uni-mannheim.de

第 32 章 供应链中产品结构模块化影响的模型分析

Juliana H. Mikkola

本章主要内容

1. 导言
2. 研究方法：数学建模
3. 产品结构模块化
4. 供应链层面上的模块化
5. 核心企业层面上的模块化
6. 结论与展望
7. 参考文献

内容摘要

本研究提出，可以采用数学建模的方法分析产业结构模块化这一复杂系统。建立数学模型的过程需要详细分析供应链中产品结构模块化的复杂性。本研究分别针对供应链和核心企业两个层面建立了模型，并进行了分析。在供应链层面上，本研究采用了"模块化特征曲线"估计了供需双方之间的相互依赖程度对模块化水平高低的影响；在核心企业层面上，本研究采用了"模块化函数"衡量了产品结构设计中模块化水平的高低。在此基础上，本研究运用了克莱斯勒吉普雨刷（Chrysler Jeep's windshield wipers controllers, Chrysler Jeep WIPERs）的案例对模型的具体应用进行了说明。

关键词：供应链管理；产品结构模块化；建模方法

1 导言

近年来，随着供应链成员（即供应商、核心企业和客户）对灵活性、敏捷性和成本效率的重视，供应链的集成和一体化受到了越来越多的关注。与传统供应链相比，集成化供应链增加了市场上产品的供应渠道，从而使供应网络变得更加复杂。然而，供应链的高度集成并非在所有的情形下都是必要的和可取的（Bagchi 和 Skjoett Larsen, 2003），诸如供需关系、零部件的外包以及产品结构设计等众多因素，都会对企业供应链战略决策和技术管理产生重大影响。这就需要对不同情况下供应链管理的运作方式进行更加深入和广泛的研究（Mouritsen 等，2003）。

很多学者指出，对于"供应链管理"这一术语的使用尚未达成一致，对于其分类和意义也尚未达成共识（Harland，1996；Ellram，1991；Otto 和 Kotzab，1999）。然而，也有少数学者试图使"供应链管理"的定义更加准确。比如，为了使学术界和业界中供应链管理的概念更加一致，Otto 和 Kotzab（1999）用精简、速度、协同、合作、集成、优化、差异化、定制、模块化以及延迟等词语作为识别管理供应链的一般准则。此外，Harland（1996）区分了"供应链管理"这一术语所包含的四方面主要内容：一是内部供应管理，其贯穿于原材料和信息从开始进入企业到最终流出企业的整个过程；二是供应关系的管理；三是内部商业链的管理；四是内部商业网络的战略管理。

本章介绍了建模方法，同时使用该方法分析了供应链管理中产品结构模块化的影响，并从供应链和核心企业两个层面对该影响进行了分析与评估。在供应链层面上，由于对产品结构模块化这一复杂系统的集成依赖于多级供应商，因此供需双方的相互依赖程度被看作是一个重要的影响因素；同时，"模块化特征曲线"（Hsuan，1999a）这一概念函数成为了数据收集的基础。模块化特征曲线由两个变量组成，分别为模块化机会和系统接口的规定参数。模块化机会是指将零部件进行不同配置和组合，以生产出产品种类的可能性。系统接口的规定参数是指接口的兼容性、零部件的专用化、价值投入以及供需双方之间的依赖程度产生的总效应。该函数为分析供应链中供需双方之间相互依赖程度对产品结构模块化的影响奠定了基础。在核心企业层面上，产品结构模块化与零部件及其接口之间的基本关系相关联，对该层面的研究最早使用了"模块化函数"（Mikkola 和 Gassmann，2003）这一数学模型，该模型分析了产品结构在给定情况下的模块化水平；该函数包括以下几个变量：零部件、接口、耦合度和在产品簇中新产品（new-to-the-firm，NTF）零部件的可替代性。

此外，本章还重点介绍了模型的设计过程，以便于确切地阐述不同的模型，了解产品结构设计的复杂性以及如何运用这些模型分析供应链管理中产品结构模块化的含义。本章的组织结构如下：首先介绍了建立数学模型的基本原理，其次对产品结构模块化的相关研究文献进行了回顾，然后从供应链和核心企业两个层面对模块化的相关研究方法进行了讨论，之后运用克莱斯勒吉普雨刷的案例对如何运用两种模型分析产品结构模块化对供应链和新产品开发管理的影响进行了具体说明，最后对全章进行了总结，并提出了未来可能的研究方向。

2 研究方法：数学建模

数学建模是工程学和自然科学中解决问题的主流方法，其经过扩展还可以用于解释商业现象。数学模型可以使我们对某一行为的结果进行预测，同时可以对复杂问题的动态性进行理论上的评估。与现场研究相比，数学模型在节约成本和时间方面具有显著优势。模型一旦建立，仿真、敏感度分析、最优化和权衡分析便很容易进行。随着数学模型的发展，人们必须对变量进行明确地定义，这就为经验数据的正确收集提供了框架。

商学、经济学以及生命科学中的许多问题都涉及诸多事物的聚集，而这些事物实际上更多的是离散的，而不是连续的。尽管仿真和微分方程只对连续型变量有意义，但在某些情况下，如果只能取离散值的函数且函数满足仿真和微分方程的要求，那么这类函数的变量也可以看作连续型变量来处理。这种方法是否合理仅取决于对问题的数学公式化解决方案能在多大程度上解释所研究的现象。如果观察到的数据能够很好地满足数学解决方案的要求，并且根据解决方案所预测的结果可以被进一步的实验所证实，那么对问题的数学公式化就变成了一个可接受的解决实际问题的数学模型。否则，该数学模型要么被舍弃，要么向更加合理的方向改进（Wylie 和 Barrett，1982）。

数学建模同样也具有局限性，缺点之一就是仅限于对函数所包含的有限变量的分析，如果其他变量也被添加到函数公示中，数学模型就会变得极其复杂，从而变量的选取与估计将成为最困难的工作之一，并且在变量处理过程中必须认真谨慎。在得出解决方案后，必须返回到原始问题所在的环境中对其进行解释。衡量产品结构模块化水平的数学模型的研究设计过程如图 32.1 所示。

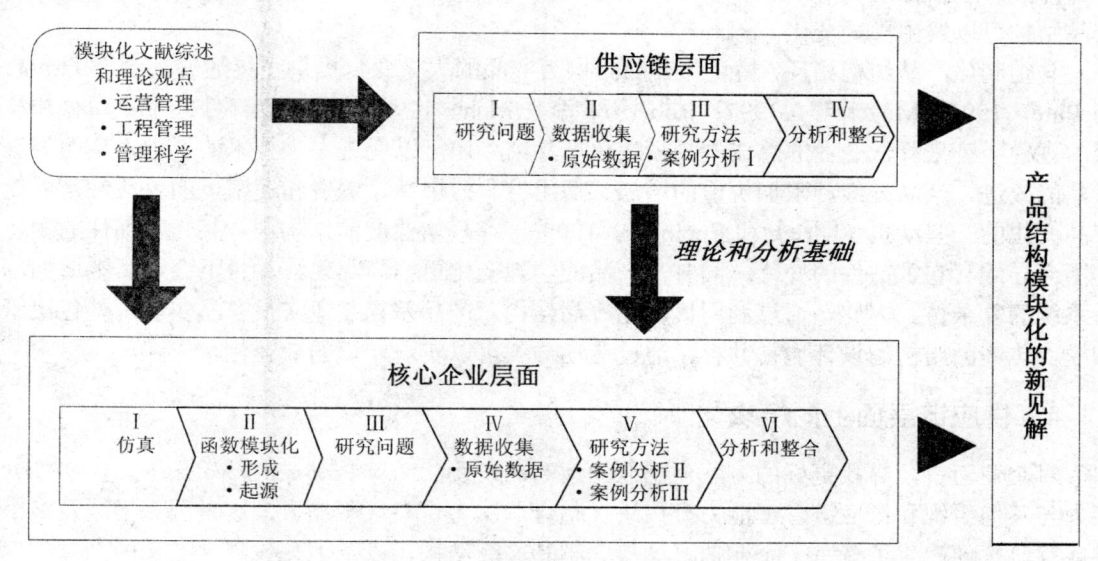

图 32.1 数学模型的研究设计过程

人们对产品结构模块化现象的研究始于一篇关于模块化、运营管理、工程管理和管理科学的文献综述。在供应链层面上，其研究的重点在于供求关系与模块化是如何相互影响的。这一科学研究引出了最初的一系列研究问题，其探索性的研究始于克莱斯勒吉普雨刷原始数据的收集。在原始数据收集的基础上，通过对数据进行分析和说明，研究人员从理论上和经验上得出了新的见解。在核心企业层面上，该研究是对模块化进行分析的基础。

为了更好地理解在考虑供需双方之间相互依赖程度的情况下产品结构模块化的动态问题，研究人员对其进行了仿真（Hsuan，1996b）。在仿真过程中，为了得到能够解释模块化非线性特征的最佳函数，研究人员对一些可能的数学函数（即线性方程、指数函数和对数函数）进行了检验。同时，研究人员通过仿真对零部件和与供需无关的各个接口的影响进行了分析。直到建模实验得到验证后才推导出了模块化函数。该过程在克莱斯勒吉普雨刷和辛德勒电梯（Schindler Elevators）的案例中得到了验证，案例详情见 Mikkola 和 Gassmann（2003）。

3 产品结构模块化

模块化是一种针对复杂产品组装和复杂工序安排的有效方法（Baldwin 和 Clark，1997），它将复杂的任务分解成简单的部分以便对各个部分进行独立管理，并从整体上进行管理和控制。借助零部件接口的标准化，模块化使得各个零部件可以独立生产，或"松联接"（Orton 和 Weick，1990；Sanchez 和 Mahoney，1996），使其在不破坏系统整体性的前提下在不同的结构之间交互使用（Flamm，1988；Garud 和 Kumaraswamy，1993，1995；Garud 和 Kotha，1994）。从零部件的构成以及彼此间的连接方式来看，模块化战略与产品结构选择是紧密相联的。

产品结构既可能是定制化的，也可能是模块化的。定制化结构以产品的性能最佳作为设计目标，在产品结构设计过程中，由于团队成员依赖于彼此的专业技能，因此成员之间需要互相学习，加强知识共享。尽管定制化零部件通常会比标准化零部件成本高，但是有了定制化产品结构，企业就可以实现产品的定制化以满足每一位顾客的特定需求。随着定制化产品零部件接口逐渐标准化，其成本得到了明显降低。在其他零部件成本变化不是很高的情况下，产品结构可以发生部分变化。

与定制化产品结构相反，模块化产品结构为产品的大量变化提供了灵活的平台（Gilmore和Pine，1997；Meyer等，1997；Robertson和Ulrich，1998），通过零部件共享、库存和物流的规模经济来降低企业的总成本。模块化产品结构还可以促进先进技术的引进，从而促进产品的改进。产品升级、附加价值的增加、适用性、耐用性、消费和使用上的灵活性是促使产品变化的一些动机（Ulrich和Eppinger，1995）。在模块化产品结构中，某一零部件的变化并不会导致其它零部件的变化，同时，产品的物理变化更容易实现，并且不会显著地增加制造系统的复杂性。因此，通过利用模块化产品结构，产品差异化通常很容易实现。外包决策和模块化产品结构的设计通常并存，通过劳动分工可以实现知识的专业化。

4 供应链层面上的模块化

对企业而言，寻找更好的方法使企业的新产品研发（New Product Development，NPD）能力与其他组织和供应链管理能力直接进行整合的压力也在逐渐加大。这是因为当涉及多个供应商时，便产生了竞争。企业选择如何分解其产品结构，以及下一代产品结构的创新程度在全球供应商数量减少的趋势中起到了至关重要的作用。此外，由于产品零部件技术水平的提高和程序的复杂化，供应商的议价能力也在逐渐提高。在供应商基数减少和商品化战略加强并存的情况下，一些企业在全球范围内增加产品平台上的零部件共享，以便于对产品簇和设计的灵活性与响应性进行管理。然而，通过模块化产品结构来实现产品多样化和快速生产是否是最佳的方法还有待讨论（McCutcheon等，1994）。

4.1 供应链层面上的模型构建

在供应链层面上进行分析，其重点在于明确压力是如何影响供应链不同层面（即零部件层面、模块层面、子系统层面和系统层面）上的模块化机会，以及供需双方之间的相互依赖程度是如何影响零部件的外包的。产品结构模块化通过"模块化特征曲线"（Hsuan，1999a）来衡量，该曲线由两个变量组成，即模块化机会（y轴）和接口约束（x轴），如图32.2所示。接口约束表示接口兼容性、零部件的定制化、价值投入和供需双方相互依赖程度的总体影响：

MOD=f（接口约束）=f（COMP；CUST；VALUE；SBINTERD）

- 模块化机会（MOD）表示零部件的混合搭配所能创造产品种类的机会。从系统的观点来看，系统对接口的约束的规定导致了模块化机会的差异，而接口的约束表示的是兼容性、零部件的定制化、价值投入和供需双方之间的相互依赖程度的总体影响。
- 接口兼容性影响（COMP）是指零件专用化和标准化的程度。当零部件兼容性影响达到最小时，零部件之间的混合搭配就成为了可能。
- 零部件定制化（CUST）是指零部件接口定制化的程度。与标准化的零部件相反，定制化的零部件通常有特定的用途。因此，这些零部件的通用性和替代性通常有所限制。零部件的定制化阻碍了零部件之间混合搭配的潜在可能性。
- 价值投入（VALUE）是指为了将买方的最终系统与竞争者的系统加以区别而增加的

价值投入。增加的价值与供应链的结构和层级数目相关。第一级供应商在创造价值投入过程中起到了较为突出的作用，这是因为这一级供应商更愿意投资于产品和工艺过程开发，也更愿意在协调第二级供应商和最后一级供应商对必要供应投入方面承担责任。由关键供应商提供的部分通常具有较高的战略价值。

- 供需双方之间的相互依赖程度（SBINTERD）是指在产品开发过程中，供应商参与程度的高低所带来的标杆学习能力、相互信任程度和企业间知识的创造等方面发生的变化。产品开发过程中供应商参与程度的高低是指供应商作为独立的个体所应具有的功能和承担的责任，该功能和责任是由零部件的专利敏感性和供应商在设计生产中的参与程度决定的（Mikkola，2003b）。很大程度上来讲，合作伙伴关系与相互独立关系是不同的，合作伙伴关系甚至可以说是一种战略合作关系。

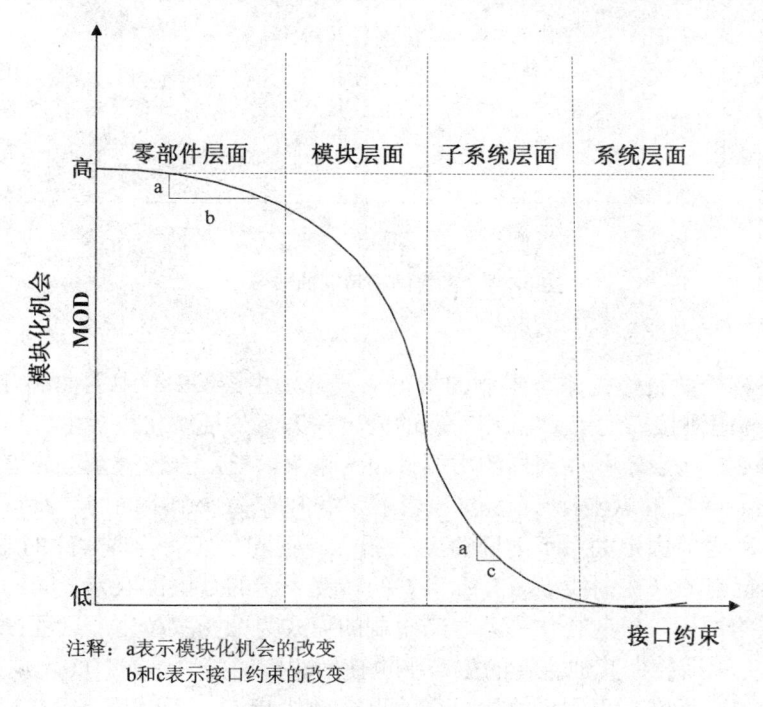

注释：a表示模块化机会的改变
b和c表示接口约束的改变

图 32.2　模块化特征曲线

4.2　克莱斯勒吉普雨刷案例

本案例对雨刷的两种产品结构方案进行了对比，这两种方案是第一代克莱斯勒吉普大切诺基（Grand Cherokee）在 1993 年问世时使用的，分别被称作固定关系（solid-state）和松散合作关系（silent-relay）。其中，数据收集的过程从 1991 年产品开始研发开始到 1993 年产品全面生产为止。在本次分析中，变量 COMP、CUST 和 VALUE 是始终不变的，而变量 SUBINTERD 在相互独立关系（f_0）和战略合作关系（f_n）之间的范围内发生变化。图 32.3 对该分析进行了总结。

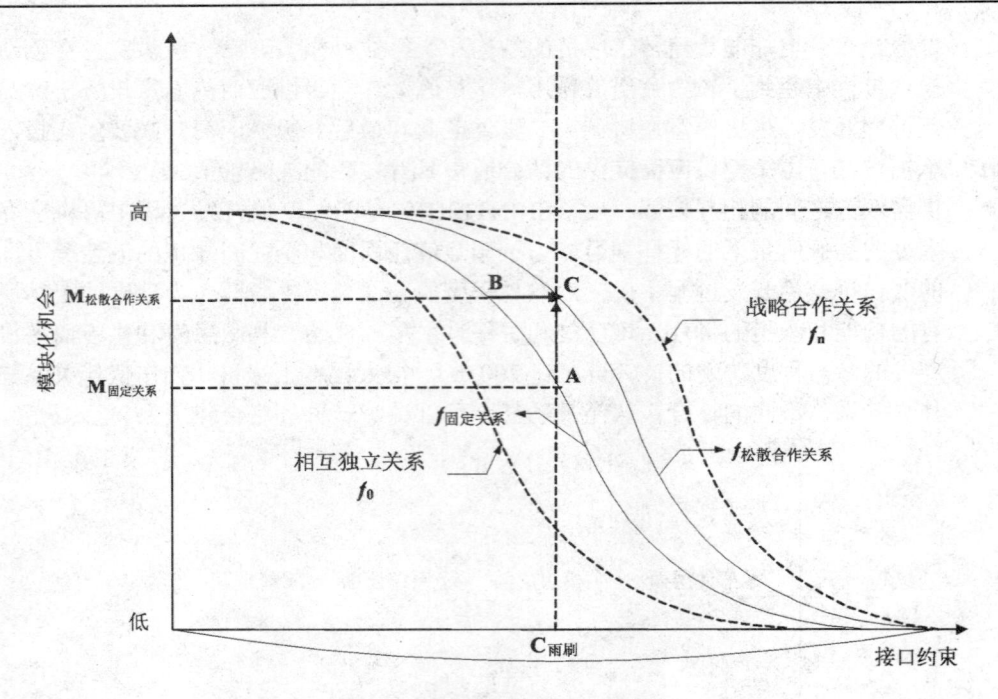

图 32.3 吉普雨刷特征曲线分析

资料来源：Hsuan，1999a：207。

固定关系下和松散合作关系下雨刷的特征曲线分别由图 32.3 中的曲线 $f_{固定关系}$ 和曲线 $f_{松散合作关系}$ 表示。与雨刷接口约束 $C_{雨刷}$ 相对应的固定关系下的模块化机会由特征曲线 $f_{固定关系}$ 上点 A 的纵坐标 $M_{固定关系}$ 表示；在同样的雨刷接口约束下，松散合作关系下的模块化机会由特征曲线 $f_{松散合作关系}$ 上点 C 的纵坐标 $M_{松散合作关系}$ 表示。点 B 作为一个中间的过渡点，表示的是在松散合作关系实现之前固定关系下雨刷的生产/投入特征和供应商管理实践的变化。点 B（在曲线 $f_{固定关系}$ 上）向点 C（在曲线 $f_{松散合作关系}$ 上）的转变表示的是供需双方之间的合作关系向战略合作关系改进的过程。松散合作关系生产雨刷的模式为摩托罗拉生产过程提供了较高的模块化机会，并使克莱斯勒在其他吉普的生产中也使用相同的模块单元。点 A 向点 C 的转变表示的是松散合作关系所带来雨刷模块化机会的提高（从 $M_{固定关系}$ 到 $M_{松散合作关系}$）。

在构造特征曲线之前需要构建一个模型，该模型能够用数学方法表示，同时能够表示供应链不同层面上模块化的非线性关系，并且能够使研究人员从理论上检验和推测上述变量的模块化动态。对雨刷案例的探索性研究引发了人们去研究在核心企业中，零部件和接口是如何影响产品结构配置的。比如，对各种数学函数进行仿真，以便于得到与特征曲线的非线性特性拟合最好的函数。只有从仿真实验中得到验证之后，模块化函数才能被构建出来。

5 核心企业层面上的模块化

在核心企业层面上进行分析，产品结构模块化与产品结构设计策略是紧密联系的。如果想要了解为什么有些产品结构相对于其他产品显得更加标准或不可或缺，那么首先应了解各自的零部件及其接口是如何排列的。产品结构及其多样性由产品结构设计决定，而零部件的分解以及在维持原有功能和性能的情况下重新组成新结构的方式则是由产品结构的模块化水平决定的。构成新产品的零部件可能是标准的或独特的，这些零部件以及它们与其他零部件的连接方式决定了当前和未来产品结构的性能和成本收益。标准化组件的使用能使投资降到最低,从不同产量中实现规模经济,并能维持其在组织中的核心地位。此外,新产品零部件也具有使产品性能最大化、产品体积或质量以及生产可变成本最小化的潜力(Ulrich 和 Ellison,1999)。将新产品零部件整合到产品结构中还能够有效预防竞争者的模仿,至少在短期内为企业创造出竞争优势。然而,过多的新产品零部件可能会延长新产品开发的提前期,加大产品结构的技术难度。

5.1 核心企业层面上的模型构建

迄今为止,关于模块化的大多数研究都属于探索性的,将不同维度转化成可测量的假设过程中所存在的困难是模块化研究中所面临的挑战之一。衡量产品结构模块化的定量研究方法仍然很少(Ulrich 和 Pearson,1998;Fisher 等,1999;Collier,1981),在许多经济组织和战略方面的文献中,统计方法似乎是首选方法。然而,在模块化水平的测量中,统计方法并不能完全涵盖产品结构的本质特征,产品结构通常因企业的不同而不同。由于产品结构通常是企业的私有信息,所以相关数据的收集与获取成为了研究中所面临的一个难题。因为产品结构是企业所特有的,所以可以根据产品结构的差异来区分不同企业的产品,而对于理解为什么存在这种差异以及这种差异是如何体现的也很有意义。模块化函数(等式 1)是一个用来衡量产品结构中模块化程度的数学模型:

$$M(u) = e^{-u^2/2Ns\delta} \qquad (等式\ 1)$$

在该模型中,模块化程度 $M(u)$ 是关于给定产品结构中新产品零部件数量 u 的函数,影响 $M(u)$ 的其他关键因素包括零部件 N 或 n、关联强度 δ 和可替代性 s。关于模块化函数来源的详细描述可参见 Mikkola 和 Gassmann(2003)。

零部件 N 或 n:零部件的选择反映了企业的战略决策。尽管零部件的分类方式有很多,但企业主要区分两类典型的零部件,即标准化零部件 n_{STD} 和新产品零部件 u。在给定产品结构的条件下,零部件总量为 N。零部件的分类以及诸如成本和数量等信息通常记录在物料清单(bill-of-materials,BOM)中。标准化零部件是指在企业之前或当前结构设计中使用的零部件(即已经使用过的零部件),或企业的零部件库中可用的零部件(即合格零部件),由标准化零部件构成的产品结构通常被视为模块化产品结构。新产品零部件是指首次引进企业的零部件,企业一旦将新产品零部件整合到产品结构中,就使竞争者难以模仿,至少在短期内为该企业赢得竞争优势,因此,新产品零部件的使用具有战略意义。然而,过多的新产品零部件可能会延长产品开发提前期,加大产品结构的技术难度,因为需要依靠零部件之间较强的相互依赖关系,系统才能实现更高的效益(Schilling,2000)。

接口 k:接口是指产品结构中零部件之间相互连接的部分。零部件接口的标准化程度和规格决定了零部件的兼容性,进而决定了模块化程度。标准化零部件具有详细的规格和标准的接口。相反,新产品零部件与其它零部件之间的接口说明及其兼容性则很难表达清楚。因此,产品结构中引入新产品零部件降低了模块化的自由度。此外,新产品零部件的接口规格还取决于市场上技术创新是否可用或企业生产这些零部件是否可行。

关联强度 $\delta(n;k)$:关联强度是指零部件之间关联的紧密程度。若某一零部件在功能属性上依赖于许多其他零部件(比如许多接口),那么其关联强度就高,关联强度高的产品结构通常很难被分解。在零部件中,关联强度高的产品结构通常显示出较高的协作性特征(Schilling,2000;Schilling 和 Steensma,2001),而零部件之间较强的依赖性常常阻碍其被重组、分解和替代,进而增加了该结构升级到更高模块水平的难度。

可替代性因素 s（产品簇;k）:可替代性因素是指产品簇中新产品零部件的可替代性。Garud 和 Kumaraswamy（1995）使用"替代"这一术语指出,通过替代技术系统中某些零部件而保持其它零部件继续使用可以实现技术进步,从而利用了"替代经济"所带来的优势。这对于技术系统的模块化升级具有较强的指导意义。当通过保留部分现有零部件来设计性能更高的系统比设计一个全新的系统成本更低时,替代经济就出现了（Garud 和 Kumaraswamy,1993）。可替代性的另一方面是零部件共享（即在多种产品中使用同种零部件）,这是一种以产品为基础的策略,该策略的实施依赖于相似产品簇使用相似零部件这一事实基础（Fisher 等,1999）。

下面对模块化函数进行解释。在给定的产品结构中有 N 个零部件,它是标准化零部件数 n_{STD} 或 $N-u$ 和新产品零部件数 u 之和。零部件通过接口 k 相连接的具体方式生成了某种关联强度 δ,其以每个零部件的平均接口数量来近似表示。产品结构模块化中新产品零部件可替代性的影响由"可替代性因素 s"来表示,s 是指使用新产品零部件的产品簇的总数量除以实现相应功能所需要接口的平均数 k_{NTF}。完全的模块化产品结构（$M(u)=1.0$）不含有任何新产品零部件。相对于只用于某一具体产品簇中的新产品零部件而言,能通用于产品簇的新产品零部件具有较高的可替代性（得益于替代经济、重复利用性和共享性）,因此能提高模块化程度。从模块化函数可以看出,新产品零部件集合连同其他自变量以指数函数的形式对因变量产生影响,一旦其构成发生变化（比如应用新发明）,模块化水平也随之改变。许多情况下,新产品零部件的引入也需要产品结构中其他部分发生变化,从而改变 N 值和 δ 值。如果只基于零部件（标准化的或新产品的）的数量而忽略接口的影响（通过 δ 和 s 体现）来估计模块化程度的高低,我们就忽视了接口对于模块化程度的影响。对给定系统中产品结构模块化的系统分析具体步骤如下所示:

1. 定义产品结构与边界。
2. 将产品结构分解成次级结构,以方便对每一次级结构进行独立评估。
3. 估计新产品零部件的可替代性因素 s,即使用同一新产品零部件的产品簇总数除以实现相应功能所需接口的平均数。
4. 计算组成产品结构的零部件总数 N,N 可以利用产品的物料清单来获取。
5. 计算新产品零部件的总数 u。
6. 计算关联强度 δ,即每一零部件接口的平均数。
7. 将上述变量代入模块化函数（等式 1）中,计算产品结构的内在模块化程度。

5.2 克莱斯勒雨刷案例（续）

本案例对模块和雨刷系统两个层面的集成进行分析。在以细节设计（模块层面）为开端的评估中,案例对图表、物料清单和其他私有数据进行了分析,在此过程中确定了零部件的总数 N、新产品零部件数 u 和关联强度 δ。然后在雨刷系统层面上进行相同的分析,此处将可替代性因素 s 带入到最终的模块化机会 $M(u)$ 的计算公式中,分析结果如下所示:

雨刷功能的实现需要三种接口,即雨刷开关、洗涤泵和电动机。固定关系下生产的雨刷只适用于大切诺基吉普（可替代性因素 $s=1/3=0.33$）,而松散合作关系下生产的雨刷（$s=3/3=1$）可以适用于所有的吉普（大切诺基、切诺基和牧马人）。固定关系下生产的雨刷需要 60 个零部件（$N=60$）,其中 19 个是新产品零部件（$u=19$）。与之类似,松散合作关系下生产的雨刷需要 57 个零部件,其中 17 个是新产品零部件。这两种雨刷的模块化函数对比如图 32.4

所示。

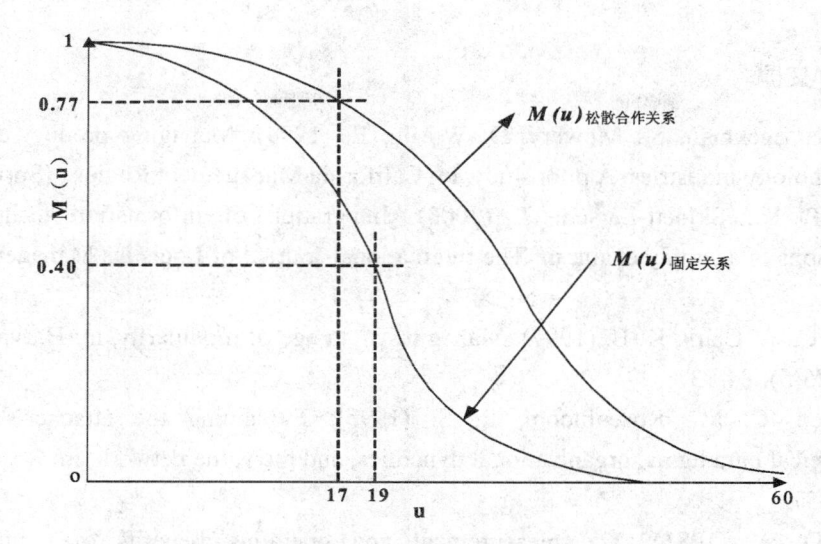

图 32.4　固定关系和松散合作关系下雨刷的模块化机会 M（u）

相对于固定关系下雨刷的模块化程度 M$_{固定关系}$ =0.4 而言，松散合作关系下雨刷具有较高的模块化程度 M$_{松散合作关系}$ =0.77。在接口关联强度值大致相同的情况下（δ$_{固定关系}$ =9.85；δ$_{松散合作关系}$ =9.94），模块含有较高的可替代性因素和较少的新产品零部件是使其在松散合作关系下模块化程度较高的关键因素。随着新产品零部件数量的增加，模块化的差距将逐渐增大，这意味着通过减少新产品零部件的数量可以提高模块化程度。同样，模块化程度的提高还可以通过增加产品设计中的可替代性因素来实现，前提是新产品零部件的组成保持不变。

6　结论与展望

本章从供应链和核心企业两个层面对供应链中产品结构模块化影响的建模方法进行了介绍。在供应链层面上，本章运用了"模块化特征曲线"分析了供需双方之间的依赖关系对模块化水平的影响。在核心企业层面上，本章运用了"模块化函数"衡量了产品结构的模块化程度。这两个模型的运用都是通过克莱斯勒吉普雨刷的案例加以说明的。

本章所使用的两个模型也可以作为供应链中与产品结构管理相关的其它问题的研究工具。比如，随着人们对供应链集成关注的增强，许多高科技企业提高了其活动的外包程度，外包的范围不仅包括服务和产品，还包括新产品的开发。当前文献经常强调新产品开发的最初阶段对开发项目绩效的整体影响（Khurana 和 Rosenthal，1998；Wheelwright 和 Clark，1992；Bacon 等，1994；Ulrich 和 Eppinger，1995）。最初阶段包括计划、概念开发和系统层面设计，该阶段通常需要制定设计平台策略和相关资源策略。某系统能够在多大程度上分解成精确规格和标准化的接口，通常对零部件外包是否可行起决定作用，而在新产品开发过程中，零部件外包对于决定何时与供应商合作有着重大影响（Mikkola，2003b）。

随着顾客在成本允许的范围内对产品的个性化和定制化要求愈加强烈，供应商外包面临的挑战更加严峻。许多高科技企业在保留其核心能力的基础上，通常设计平台策略来更好地满足顾客需求。企业不得不谨慎决定新产品开发的哪一活动可以外包给供应商。由于新产品开发活动技术复杂性的不同，企业还需要考虑其与可选供应商建立哪种类型的生产关系。其他值得研究的领域包括与大批量定制化和延迟战略相关的产品结构模块化的应用对供应链的影响。

7 参考文献

1. Bacon, G., Beckman, S., Mowery, D. Wilson, E. (1994): Managing product definition in high-technology industries: A pilot study, in: California Management Review, (Spring): 32-56.
2. Bagchi, P. K., Skjoett-Larsen, T. (2003): Integration of information technology and organizations in a supply chain, in: The International Journal of Logistics Management, 14(1): 89-108.
3. Baldwin, C. Y., Clark, K. B. (1997): Managing in an age of modularity, in: Harvard Business Review, 75(5): 84-93.
4. Christensen, C. M., Rosenbloom, R. S. (1995): Explaining the attacker's advantage: Technological paradigms, organizational dynamics, and the value network, in: Research Policy, 24: 233-257.
5. Collier, D. A. (1981): The measurement and operating benefits of component part commonality, in: Decision Sciences, 12(1): 85.
6. Ellram, L. M. (1991): Supply chain management: The industrial organization perspective, in: International Journal of Physical Distribution & Logistics Management, 21(1): 13-22.
7. Fisher, M., Ramdas, K., Ulrich, K. (1999): Component sharing in the management of product variety: A study of automotive braking systems, in: Management Science, 45(3): 297-315.
8. Flamm, K. (1988): Creating the Computer: Government, Industry and High Technology, Bookings Institution, Washington, DC.
9. Garud, R, Kotha, S. (1994): Using the brain as a metaphor to model flexible production systems, in: Academy of Management Review, 19: 671-698.
10. Garud, R., Kumaraswamy, A. (1993): Changing competitive dynamics in network industries: An exploration of Sun Microsystem's open systems strategy, in: Strategic Management Journal, 14: 351-369.
11. Garud, R., Kumaraswamy, A. (1995): Technological and organizational designs for realizing economies of substitution, in: Strategic Management Journal, 16: 93-109.
12. Gilmore, J. H., Pine, B. J. (1997): The four faces of mass customization, in: Harvard Business Review, 75(1): 91-101.
13. Harland, C. M. (1996): Supply chain management: Relationships, chains and networks, in: British Journal of Management, 7(Special Issue): 63-80.
14. Hsuan, J. (1999a): Impacts of supplier-buyer relationships on modularization in new product development, in: European Journal of Purchasing and Supply Management, 5: 197-209.
15. Hsuan, J. (1999b): Modularization in New Product Development: A Mathematical Modeling Approach, in: Working Paper 99-4, Copenhagen Business School Press, Department of Industrial Economics and Strategy.
16. Khurana, A., Rosenthal, S. R. (1998): Towards holistic "front ends" in new product development, in: Journal of Product Innovation Management, 15: 57-74.
17. McCutcheon, D. M., Raturi, A. S., Meredith, J. R. (1994): The customization responsiveness

squeeze, in: Sloan Management Review, 35(4): 89-99.
18. Meyer, M. H., Tertzakian, P., Utterback, J. M. (1997): Metrics for managing research and development in the context of the product family, in: Management Science, 43(1):88-111.
19. Mikkola, J. H. (2003a): Modularization in New Product Development: Implications for Product Architectures, Supply Chain Management, and Industry Structures, Ph.D. Thesis, Copenhagen Business School: Samfundslitteratur, Copenhagen..
20. Mikkola, J. H. (2003b): Modularity, component outsourcing, and inter-firm learning, in: R&D Management, 33(4): 439-454.
21. Mikkola, J. H., Gassmann, O. (2003): Managing modularity of product architectures: Towards an integrated theory, in: IEEE Transactions on Engineering Management, 50(2): 204-218.
22. Mouritsen, J., SkjΦt-Larsen, T., Kotzab, H. (2003): Exploring the contours of supply chain management, in: Integrated Manufacturing Systems, 14(8): 686-695.
23. Orton, J. D., Weick, K. E. (1990): Loosely coupled systems: A re-conceptualization, in: Academy of Management Review, 15: 203-223.
24. Otto, A., Kotzab, H. (1999): How supply chain management contributes to the management of supply chains, in: Larsson, E., Paulsson, U. (eds.): Proceedings of the 11th Annual Conference for Nordic Researchers in Logistics: p. 213-236.
25. Robertson, D., Ulrich, K. (1998): Planning for product platforms, in: Sloan Management Review, (Summer): 19-31.
26. Sanchez, R., Mahoney, J. T. (1996): Modularity, flexibility, and knowledge management in product and organisation design, in: Strategic Management Journal, 17(Winter Special Issue): 63-76.
27. Schilling, M. A. (2000): Toward a general modular systems theory and its application to interfirm product modularity, in: Academy of Management Review, 25(2): 312-334.
28. Schilling, M. A., Steensma, H. K. (2001): The use of modular organizational forms: An industry-level analysis, in: Academy of Management Journal, 44(6): 1149-1168.
29. Trienekens, J. H., Hvollby, H. H. (2001): Models for supply chain reengineering, in: Production Planning & Control, 12(3): 254-264.
30. Ulrich, K. T., Ellison, D. (1999): Holistic customer requirements and the design-select decision, in: Management Science, 45(5): 641-658.
31. Ulrich, K. T., Eppinger, S. D. (1995): Product Design and Development, McGraw-Hill, New York.
32. Ulrich, K. T., Pearson, S. (1998): Assessing the importance of design through product archeology, in: Management Science, 44(3): 352-369.
33. Wheelwright, S. C., Clark, K. B. (1992): Revolutionizing Product Development: Quantum Leaps in Speed, Efficiency, and Quality, The Free Press, New York.
34. Wylie, C. R., Barrett, L. C. (1982): Advanced Engineering Mathematics, McGraw-Hill, New York.

作者简介

➢ Juliana H. Mikkola 教授、博士
- 1963 年出生
- 1982 年~1987 年，在美国休斯敦大学（University of Houston）攻读电力工程专业
- 1991 年~1993 年，在美国圣玛丽大学（St. Mary's University）攻读 MBA
- 1987 年~1993 年，摩托罗拉自动工业电子团队（Motorola's Automotive and Industrial Electronics Group）设计工程师和团队领导
- 1993 年~1994 年，摩托罗拉公司办公室（Motorola's Corporate Office）接受培训
- 1995 年~1998 年，赫尔辛基商学院（Helsinki School of Economics，HSE）研究助理
- 1998 年，毕业于赫尔辛基商学院（HSE），获得硕士学位
- 2003 年，毕业于哥本哈根商学院（Copenhagen Business School，CBS），获得博士学位
- 2003 年~，哥本哈根商学院运营管理系副教授
- 主要研究方向：供应链管理；新产品开发；模块化和平台管理；大规模定制化；研发项目的组合管理
- Dept. of Operations Management, SCM-Group, Copenhagen Business School, Solbjerg Plads 3,2000 Frederiksberg, Denmark
  Tel: +45 3815 2441　　Fax: +45 3815 2440
  Email: jh.com@cbs.dk

第33章 启发式方法在多点转运库存系统中的应用

Lars Magne Nonås, Kurt Jörnsten

本章主要内容

1. 导言
2. 模型构建
3. 求解方法
4. 数值结果
5. 结论
6. 参考文献

内容摘要

当对多地点库存系统进行管理时,需求的内在不确定性经常会导致某些地点出现库存短缺,而其他地点存在库存积压。解决货物供不应求或供过于求最常用的方法是对位于不同地点的货物进行转运。本章所研究的是多点转运库存系统。转运是在需求发生后且必须在被满足之前发生的一种行为(目的在于降低库存缺货成本和积压成本)。本章基于贪婪转运策略(greedy transshipment policy)研究了订货策略对预期利润的影响。贪婪转运策略对两个或三个地点的库存系统而言是最优的,然而数值结果显示:对于中等规模的仓库系统而言,该策略也是接近最优的。与基于最优转运策略的订货策略相比,该策略的主要优势在于其计算的复杂程度得以明显降低,且在实践中更容易得以实施。

关键词:库存系统;转运;启发式贪婪算法

1 导言

亨利·福特著名的T型车之所以如此成功,主要原因之一在于他深知如何有效地管理供应链。然而,他在汽车供应方面的理念是"不管你需要哪种颜色的汽车,我们只提供黑色汽车",这一理念与当今竞争市场的经营理念形成了鲜明的对比。随着当今全球市场竞争的日益激烈,供应链不但需要实现成本的降低,而且需要满足顾客对产品提前期和多样性的要求。在刚刚过去的几十年间,市场上产品的供应数量在不断增加,与此同时,产品的生命周期也在明显缩短。这两种趋势的融合加剧了需求预测的不准确性,从而增加了企业所面临需求的不确定性。此外,为了应对越来越大的成本压力,企业更趋向于从成本较低的国家(比如远东地区的那些国家)采购原材料,这进一步延长了产品提前期。相应的,许多产业面临的主要挑战在于如何使供给能够有效满足需求（参见 Fisher 等，1994），为此，越来越多的企业开始采取一些策略和创新举措来应对这一挑战。本章所研究的就是这样一种策略，即转运策略。

转运可以定义为供应链库存的水平转移，即库存在供应链同一层次不同地点之间进行转移。Herer 等（2002）将转运看作是面向精益供应链和敏捷供应链的一种战术性解决方案。通过转运可以从网络中其它仓库获取货物，这种能力降低了各个仓库的最佳安全库存；同时，由于分销网络中不同地点仓库之间合作不断紧密，转运比正常的补货速度要快很多，这就减少了在发生缺货时顾客的等待时间。由于转运通常发生在下一个订货周期开始之前，从而可以降低缺货成本和库存积压成本，因而对于定期盘点的库存系统而言，转运的作用尤其明显。对于库存为什么既能降低成本又能提高服务水平，Tagaras（1989）对此做出了解释。

最初对转运进行研究的是 Krishnan 和 Rao（1965），他们分析了多点库存模型（multi-location model），在其模型中，各地点的成本参数和需求都是相同的。Robinson（1990）将该模型扩展成了成本参数不同的两地点库存模型，此外，他还提出了一种基于线性规划的启发式方法，用于求解成本参数和需求不同的多点库存模型。Tagaras（1989）针对多点库存的联合经营提出了一系列假设，这些假设实现了多点库存完全分摊的最优化（参见 2.2）。Herer 和 Rashit（1999a，b）研究了非传统成本结构下的两点库存模型。与 Robinson（1990）的研究相比，Rudi 等（2001）采用了更为简洁直观的方法求解了成本参数和需求不同的两点库存模型，此外，他们还研究了非合作转运模型。Nonås 和 Jörnsten（2004）介绍了如何用解析方法求解三点和四点库存模型。Herer 等（2001）采用了基于无穷小扰动分析（Infinitesimal Perturbation Analysis，IPA）的梯度搜索启发式方法求解了成本参数和需求不同的多点库存模型。近期对于转运问题的研究还包括 Dong 和 Rudi（2000）、Tagaras（1999）、Tagaras 和 Vlachos（2002）、Diks 和 de Kok（1996），以及 Evers（2001）。

Tagaras 和 Cohen（1992）认为，"今后转运领域的研究将集中于两个以上地点完全分摊的库存模型"，并且"对于实际应用而言，提供接近最优解决方法的简单启发式方法将更具有吸引力"。本章所使用的是贪婪转运策略，贪婪配置的简易性使其很容易被应用到实践中，而不用消耗管理人员太多的时间和成本。本章的完成主要受到了 Nonås 和 Jörnsten（2004）的激励，他们指出，对于两点和三点库存而言，贪婪转运策略是最优的；另外，他们还分析了多点库存模型的成本结构特征，指出在多点库存模型中，贪婪转运策略也是最优的解决策略。本章的主要贡献在于提供了一种简单启发式方法，该方法得到了数值结果的验证与支持。尽管最优转运策略能够较好地发挥作用（前提是正确地运用该策略），但是随着分销网络中仓库地点数量的增加，计算的复杂性问题将难以解决。因此，只有在最优转运策略变得极为复杂时，使用贪婪转运策略才是合适的。

2 模型构建

2.1 符号说明

考虑下列现实生活问题：假设有 n 个商店销售某季节性商品，在热销季节开始之前的很长一段时间内，该季节的商品需求是已知的，商店 i 需要订购较大数量 Q_i 的产品来填满仓库以满足即将到来的需求 D_i。假定需求的联合分布是已知且连续的。

商店 i 每单位商品的销售收入为 r_i，订货成本为 c_i（$r_i>c_i$）。如果商店 i 在热销季节结束时没将商品全部卖出（$D_i<Q_i$），其过多的库存每单位的剩余价值为 s_i（$s_i>0$）。商店既可以将产品退回给生产厂商，也可以在热销季节结束后以低于成本的价格（$s_i<c_i$）售出。这将会导

致库存成本的增加，其费用应包含在每单位商品的剩余价值之中。当热销季节开始时，商店 j 将其仓库中的产品全部售出（$D_j > Q_j$），而商 i 的商品没能全部售出（$D_i < Q_i$），为了满足商店 j 的顾客需求，商店 i 可以将其商品转运给商店 j，每单位商品的转运成本为 τ_{ij}。假定顾客愿意等待的转运时间为 T_{ij}，即提前期可忽略不计。另外，由于延迟造成的信誉损失将包含在转运成本之中。此外，假定在模型公式中转运的固定成本是忽略不计的。若要了解固定成本对两地点库存模型的影响，请参考 Herer 和 Rasgit（1999a）。转运是在需求发生之后而未被满足之前发生的一种调整行为，为了使利润最大化，相应需求必须得到满足。

2.2 参数假定

在模型中，我们将采用完全分摊的转运策略。该转运策略可以被描述为（Herer 和 Rashit, 1999b）：从库存积压的发出地点 a 到库存短缺的接受地点 b 转运的商品数量将是最小的。因此，直到所有地点都存在库存过剩或库存短缺时，转运才会发生。完全分摊策略的最优化条件可以用三角不等式（1）～（3）来表示（我们将其作为完全分摊假定）。

$$r_j - \tau_{ij} \geq s_i \quad i, j = 1, \dots, n \tag{1}$$

$$r_i \geq r_j - \tau_{ij} \quad i, j = 1, \dots, n \tag{2}$$

$$s_i \geq s_j - \tau_{ij} \quad i, j = 1, \dots, n \tag{3}$$

不等式（1）表示从库存过剩的地点向库存短缺的地点转运总是有利的。这是因为接受地点的收入减去转运成本即 $r_j - \tau_{ij}$ 大于发出地点的回收价值 s_i。不等式（2）和（3）分别表示当两地库存同时过剩和同时短缺时，则不会在两仓库之间发生转运。此外，为了保证从第三方（非生产商）间接订货是无益的，我们假定以下条件成立：

$$c_i + \tau_{ij} \geq c_j \quad i, j = 1, \dots, n \tag{4}$$

相似的假定经常出现在有关转运的文献中（比如 Tagaras, 1989；Robinson, 1990；Herer 和 Rashit, 1999a），其在实践中也很常见。

2.3 模型的建立

本节我们将使转运问题模型化。我们假定各地点的库存选择是集中协调的。如果零售商参与合作（比如因为它们都同属于一家企业），则实现整体利润最大化将会成为各个零售商的共同目标。我们将 n 个地点最大化预期总利润表示为：

$$\max_Q \pi = \max_Q \left(\sum_{i=1}^n -c_i Q_i + E\overline{K}(Q, D) \right) \tag{5}$$

在公式中，$\overline{K}(Q, D)$ 表示在给定订单数量和实际需求的情况下的最大收入。由于在热销季节到来之前实际需求是未知的，为此我们需要对其进行预测。为了便于解释，我们将 T_{ii} 定义为地点 i 的库存在地点 i 实际销售的商品数量。基于完全分摊策略，所有转运商品都是在接收地售出的。因此，我们可以将最大收入描述为：

$$\overline{K}(Q, D) = \max \sum_{i=j}^n \left[\sum_{j=1}^n r_j T_{ij} - \sum_{j=1}^n \tau_{ij} T_{ij} + s_i \left(Q_i - \sum_{j=1}^n T_{ij} \right) \right] \tag{6}$$

约束条件：

$$\sum_{j=1}^n T_{ij} \leq Q_i \quad i = 1, \dots, n \tag{7}$$

$$\sum_{j=1}^{n} T_{ji} \leq D_i \qquad i=1,\ldots,n \tag{8}$$

$$Q_i \geq 0, \quad T_{ij} \geq 0 \qquad i,j=1,\ldots,n \tag{9}$$

等式（6）等号右边第一部分表示从地点 j 售出的来自地点 i 的商品的所有收入，第二部分表示相应的转运成本，第三部分表示地点 i 过剩商品的回收价值。约束条件（7）和（8）表示售出的数量不能大于拥有的数量，并且不能大于当地的需求数量。从 $\overline{K}$ 中提出 $s_i Q_i$，等式（5）可以重新表示为：

$$\max \pi = \max_{Q} \pi \left(\sum_{i=1}^{n} -(c_i - s_i) Q_i + E_{Q} K(Q, D) \right)$$

其中：

$$K(Q,D) = \max_{T_{ij}} \sum_{i=j}^{n} \sum_{j=1}^{n} \left(r_j - \tau_{i_j} - s_i \right) T_{ij}$$

约束条件：

$$\sum_{j=1}^{n} T_{ij} \leq Q_i \qquad i=1,\ldots,n$$

$$\sum_{j=1}^{n} T_{ji} \leq D_i \qquad i=1,\ldots,n$$

$$Q_i \geq 0, \quad T_{ij} \geq 0 \qquad i,j=1,\ldots,n$$

在决策变量中，随机变量 π 是凹的（参见 Robinson，1990）。因此，第一个订货条件给出了最优解，并能借此决定最佳订货量。

3 求解方法

为了描述库存系统的最佳状态，我们必须了解最优订货策略和转运策略。最优订货策略是订货量最多为 S 的策略（对于我们的单周期问题而言只有一个订货周期），S 的确定取决于转运策略。然而，多于四个地址的最优转运策略并不能使用一般的成本结构。本章提出的贪婪转运策略简单且方便计算，贪婪配置的简单性使其很容易在实践中实施，而不用消耗管理人员太多的时间和成本。同时，我们的数值结果也说明了这一策略的效果近乎最优。

"贪婪"这一术语指的是在分销网络中获益最大的转运数量 T_{ij}，也就是使相应价值 $r_j - \tau_{ij} - s_i$ 最大的运转数量。对于需要重复决策的贪婪转运策略而言，为了实现 K 的最大化，通常假定要么过剩库存已被消除，要么短缺库存已被满足（原因在于完全分摊假定）。

Nonås 和 Jörnsten（2004）的研究结果显示，在库存系统的地点数量小于四的分销网络中，贪婪转运策略总是最优的。他们还给出了对于 n 个地点而言贪婪转运策略仍是最优策略时成本结构的充分必要条件。

当库存系统的地点数量增加时，π 的复杂性也在明显增加。由于地点数量大于四时的最优转运策略是未知的，因此需要运用启发式方法。Herer 等（2001）报告了他们用启发式方法解决问题所用的时间，他们在两到三个小时之间解决了多达七个地点的库存转运问题。启发式方法是一种基于梯度搜索的探索性方法，该方法运用了无穷小扰动分析法来估计每一步的梯度。这意味着在每一步上他们都在解决一系列的转运问题（与 K 相对应）。贪婪配置的使用使求解时间显著缩短了。事实上，一旦对成本参数进行正确分类，转运问题每一梯度步骤都能在很短的时间内解决。对于如何用无穷小扰动分析法来估计梯度的细节问题请参见 Herer 等（2001）。

本章接下来将介绍基于转运贪婪配置的一些新策略。为了便于比较，我们会对报童策略和最优策略进行定义（分别是策略 1 和策略 5）。需要特别注意的是，在我们的算例中，这些策略将随着计算复杂程度的增加而逐个被使用。

策略 1：在不考虑转运可能的情况下确定订货量。因此，需要将问题分解成 n 个报童问题。

策略 2：在不考虑转运可能的情况下确定订货量（事前的）。将最终订货量与转运策略结合起来，以满足最终的实际需求（事后的）。

策略 3：在考虑贪婪转运策略的情况下确定订货量（事前的）。将最终订货量与贪婪转运策略结合起来，以满足最终的实际需求（事后的）。

策略 4：在考虑贪婪转运策略的情况下确定订货量（事前的）。将最终订货量与最优转运策略结合起来，以满足最终的实际需求（事后的）。

策略 5：在考虑最优转运策略的情况下确定订货量（事前的）。将最终订货量与最优转运策略结合起来，以满足最终的实际需求（事后的）。

为了评价不同的策略，我们将实际订货量与最优订货量进行对比。由于策略 1 和策略 2 仅仅在满足实际需求量的方式上不同，因此这两种策略使用相同的订货量，这对策略 3 和策略 4 同样适用。对不同策略得到的预期利润进行比较将更为合适。用 π_i 表示在策略 i 下得到的利润。

命题 1. $\pi_5 > \pi_4 > \pi_3 > \pi_2 > \pi_1$。

证明：从完全合并假定可以得出所有的转运策略都是有利的。这意味着，纵然只使用贪婪转运策略来满足实际需求，也可以得出 $\pi_2 > \pi_1$。由于利润函数的第一个订货条件使得策略 1 没有考虑转运的可能性，因此这些条件将只能是次优的。相应的条件使得策略 3 的订货量在贪婪转运策略下是最优的，因此 $\pi_3 > \pi_2$ 成立。由于策略 3 和策略 4 使用相同的订货量，为了满足实际需求，最优转运策略总比贪婪转运策略要好，因此 $\pi_4 > \pi_3$ 成立，$\pi_5 > \pi_4$ 成立。证毕。

定义策略 i 与 j 之间利润偏差百分比为：100

$$P_{ij} = \frac{(\pi_j - \pi_i)100}{\pi_j}$$

由于当库存地点数量大于四时无法得出策略 5 的预期利润，因此必须对其利润进行估计。本章的算例使用了 Tayur（1995）在研究类似问题时所提出的基于梯度的方法。由于计算梯度的成本很高，因此这种方法的应用效果并不太好。Tayur 将无穷小扰动分析法和解决收入最大化的有效方法相结合，大大降低了计算成本（参见 Fu 和 Hu，1997）。尽管解决收入最大化的转运策略不是最优的，但只要能维持成本函数的连续性，Tayur 的方法仍然是可用的（Herer 等，2001）。因此本章使用了 Tayur 的方法来选择合适的利润值 π_i，其中 i=1,…5。这些估计方法同样适用于利润偏差百分比 P_{ij} 的计算。我们用 $\pi_i(m)$ 表示对需求值进行 m 次观察时对利润 π_i 进行的估计。

4 数值结果

本节案例中使用的需求观察值服从均值为 500、标准差为 150 的正态分布。尽管我们将相关系数设定为 0，但是使用基于梯度的方法来估计利润仍然需要知道需求分布的协方差。这些数值结果的目的在于衡量不同策略的使用效果，而我们最为关注的是在计算最大收入 K 时，与最优转运策略相比贪婪转运策略的使用效果如何。尽管 Tayur 的方法降低了计算梯度时的计算成本，但是当库存地点数量较大时，计算成本仍然较高。Tayur（1995）指出，他在计算零部件最优库存水平相关问题时所采用的方法可以应用于不同的商品中，但只有针对中等规模的问题时，他的方法才能在合理的时间内解决相应的问题。尽管 Herer 等（2001）声称他们可以用 Tayur 所提出的方法来解决大规模的问题，但是计算时间非常长。

- 离散型需求分布

无论我们用哪种方法来估计最优订货量，估计结果都将取决于我们对需求分布估计的准确程度，运用离散型需求分布将不可避免地出现误差。然而根据 Tayur（1995）的研究结果，迄今尚没有理论结果显示在给定最优解决方案允许的误差范围内，离散化需求数量与其是相关的。为了得到随需求的观察次数增加时精确度的差异变化，表 33.1 比较了利润 π_5（30000）与 $\pi_5(m)$，其中 $m \in \{100; 1000; 10,000\}$。

表 33.1 利润 $\pi_5(m)$ 与 π_5（30000）相比的平均百分比

n	需求观察次数（m）		
	100	1000	10,000
2	0.3065	0.0605	0.0047
3	0.2909	0.1595	0.0011
4	0.6139	0.1209	-0.0003
5	0.2913	0.2155	0.0030
6	0.1390	0.0804	0.0027
7	0.1195	0.0750	0.0023
8	0.1521	0.0436	0.0008
9	0.3461	0.0537	0.0011
10	0.1055	0.1244	0.0013

表 33.1 中的数值表示的是运用 500 个具有不同成本结构的问题实例得出的平均数。除两个实例以外，其它实例都说明，预期利润将随着需求观察值的增大而增加。这说明好的离散化可以产生接近最优的解决方案。由于对 30000 次需求观察的求解需要的时间太长，因此除非有特别说明，本节的结果均是进行 10000 次需求观察所得到的。

- 成本参数

启发式贪婪算法的使用效果对成本参数具有很强的依赖性，因此，我们想要衡量出基于贪婪转运策略的最坏结果。然而，模拟出现最坏结果的成本结构并不是一项简单的工作，原因在于 n 个地点的最优解决方案尚且未知，更何况是最坏的。为了了解成本参数如何影响贪婪转运策略，我们对策略 3 进行了更为深入的研究，因为该策略是"完全贪婪"的。表 33.2 和表 33.3 比较了策略 3 和策略 5，揭示了 $n=4$ 时，成本参数 r_i、s_i 和 τ_{ij} 变大带来的不同影响。表中的数值是 2000 个具有不同成本结构的实例得出的 P_{35} 的平均值。每个地址的成本参数是在给定间距的表格中随机选取的。表 33.2 与成本结构相关,其预期订货总量小于预期总需求,即 r_i-c_i << c_i-s_i。在这些成本结构中,由于售出一件商品的收益远低于积压一件商品损失,因此商店没有太大的动力去订购太多的货物。表 33.3 同样也与成本结构相关,在这种成本结构中,预期订单总量大于预期总需求,即 r_i-c_i >> c_i-s_i。由于成本参数 c_i 不是最大收入 K 的影响因素,订货成本的不同不会影响启发式贪婪算法,因此未对其进行研究。

正如预期的那样,从表 33.2 和表 33.3 中可以看出,当不同转运地之间的转运成本相同时,P_{35}=0,即启发式贪婪算法在这些实例中是最优的。表 33.2 和表 33.3 还显示,成本参数 r_i、s_i 和 τ_{ij} 的差异增大将会导致 P_{35} 的增大。相对于转运成本 T_{ii} 而言,从转运成本 T_{ij}($i \neq j$)得出的预期利润越高,启发式贪婪算法的使用效果越差。这是由于在求最大收入时,启发式贪婪算法导致的误差被放大了。这种"放大效应"可以从表 33.2 中的 P_{35} 比表 33.3 中的 P_{35} 大得多这一点看出。这就意味着,当成本结构为 r_i-c_i ≥ c_i-s_i 时,启发式贪婪算法比成本结构为 r_i-c_i ≤ c_i-s_i 时有更好的使用效果。

表 33.2 当 r_i-c_i ≤ c_i-s_i 时,策略 3 与策略 5 利润偏差的平均百分比 P_{35}

P_{35}, n=4, c=100		τ		
r	s	30~30	25~35	20~40
120~120	10~10	0	0.0066	0.0130
	5~15	0	0.0089	0.0151
	0~20	0	0.0107	0.0171
115~125	10~10	0	0.0094	0.0156
	5~15	0	0.0136	0.0181
	0~20	0	0.0177	0.0219
110~130	10~10	0	0.0119	0.0205
	5~15	0	0.0199	0.0248
	0~20	0	0.0259	0.0301

表 33.3 当 r_i-c_i ≥ c_i-s_i 时,策略 3 与策略 5 利润偏差的平均百分比 P_{35}

P_{35}, n=4, c=100		τ		
r	s	30~30	25~35	20~40
190~190	80~80	0	0.0011	0.0022
	75~85	0	0.0016	0.0027
	70~90	0	0.0021	0.0033
185~195	80~80	0	0.0015	0.0025
	75~85	0	0.0024	0.0031
	70~90	0	0.0033	0.0041
180~200	80~80	0	0.0018	0.0031
	75~85	0	0.0032	0.0040
	70~90	0	0.0045	0.0052

- 策略的使用效果

为了衡量第 3 节中策略的使用效果,表 33.4 给出了用策略 5 代替策略 1、2、3 和 4 时利润偏差的平均百分比。各个策略的利润都是从 500 个实例得到的平均值,这 500 个实例的成本参数都是不同的。出于对成本参数的考虑，我们选择了表 33.2 中的成本结构，在此，最优总订货数量低于预期总需求（$r_i - c_i \leq c_i - s_i$）。我们在表 33.2 中选择间距最大的成本参数 r_i、s_i 和 τ_{ij}，运用这些参数来模拟启发式贪婪算法的最坏使用效果。需要特别注意的是，这样得到的成本结构完全是不真实的，但之所以这样选择是因为在最大收入 K 的问题中，任何误差都被放大了。

表 33.4 策略 5 代替策略 i 带来的利润偏差的平均百分比，P_{i5}（i=1,…,4）

n	P_{15}	P_{25}	P_{35}	P_{45}
2	13.9135	2.1276	0	0
3	19.1728	4.3179	0	0
4	21.8171	5.8939	0.0330	0.0012
5	23.6305	7.2642	0.0722	0.0014
6	24.8359	8.2312	0.1277	0.0169
7	25.8250	9.0976	0.1496	0.0038
8	26.5822	9.7600	0.1861	0.0026
9	27.2658	10.5169	0.2188	0.0054
10	27.7060	10.9394	0.2550	0.0102

正如本章第 3 节中所指出的，策略 i（i=1,…,5）的计算复杂性随 i 的变大而增加。从命题 1 中我们可以得出，当 i<j 时，$\pi_i < \pi_j$，这就意味着策略的复杂性与其使用效果是相关的。由于策略 5 的计算复杂程度非常高，因此其使用效果也应更明显，以符合其投入的巨大计算量。运用策略 5 代替报童模型（策略 1），其效果也得到了明显改善，在地点数量大于四时利润增加超过了 20%（从表 33.4 中的 P_{15} 可以看出）。尽管策略 2 中转运在实际需求发生后仍然是允许的，其使用效果与策略 5 相比效果仍然较差。然而，策略 3 和策略 4 的使用效果相对较好。当库存地点数在十以内时，与策略 5 相比，策略 3 的使用效果平均低 0.3%，策略 4 的使用效果平均低 0.02%。因此这些策略的使用效果可以被分为两类：一类是在决定订货量时不存在转运的可能性，另一类则存在转运的可能性，这与 Tagaras（1995）的研究结果是一致的。Tagaras 指出，在决定订货策略时，将转运考虑在内将会带来很大的收益；他还指出，转运策略的种类"不会对系统的运行结果造成很大影响"。

需要注意的是，随着仓库地点数量 n 的增加，与策略 5 相比，策略 1、2 和 3 的利润偏差严格增大了（见表 33.4）。尽管从策略 4 中可以看出相似的结果，但并不能得出二者之间存在密切的关系。为了进一步研究策略 4 的使用效果，我们需要进行更多的需求观察。然而，问题规模的限制也阻碍了我们进行需求观察。无论如何都要记住，我们是在运用启发式贪婪算法对虚拟的最坏情形进行仿真，因此策略 4 得到的结果是令人信服的。对于两地点和三地点模型而言，策略 4 甚至是最优的。对于小规模或中等规模的实例而言，运用 Tayur 所提出的方法进行梯度研究时，贪婪转运策略可以作为最初的策略。对于大规模的实例而言，如果使用 Tayur 的估计方法耗用时间太长，可以使用策略 4 来解决问题。需要注意的是，在解决大规模的转运问题时需要使用梯度研究步骤，在每一梯度步骤中，大量的转运问题都将得到解决。因此，在贪婪配置将是最优的成本结构中，如果某一问题满足必要条件，那么求解时间将明显缩短。这是因为通过对成本矩阵进行一次分类，每一梯度步骤中的转运问题都可以在线性时间内得到解决。尽管成本结构不满足贪婪转运策略最优的必要条件，但是我们的数值结果仍然体现了启发式贪婪算法得出的令人信服的运行结果。

采用上述参数,运用具有 180MHz MIPS 处理器的 Origin 200 来解决十个地点的转运问题时,策略 4 和策略 5 的平均计算时间分别为三分钟和三十分钟。然而,随着仓库地点数量的增加,使用策略 5 来解决大规模线性问题得到的可行解的数量也会增加。相反,在对成本参数进行初始分类的情况下,与策略 4 相对应的贪婪问题可以在线性时间内解决。因此,随着仓库地点数量的增加,节省的计算量也在相应增加。

- 风险分摊的影响

为了进一步促进启发式方法的有效运用,表 33.5 给出了当地点数量 n 增加时每一地点的平均利润 $\pi_5(30000)/n$ 和相应的平均订货量 $\sum_{i=1}^{n} Q_i / n$。与预期的一样,当 n 变大时,$\pi_5(30000)/n$ 也相应变大(与每一地点单独考虑的报童模型相反),这就是风险分摊带来的影响。地点 i 由于库存短缺或库存积压所造成成本的增加会对与其分摊风险的其它地点产生影响。风险分摊的收益促使大企业考虑转运的可能性,并且集中决策订货量。从经济角度看,使用启发式方法在合理的时间内解决大规模模型问题具有经济效益。然而,由于风险分摊的影响,随着 n 的增加,$\pi_5(30000)/n$ 的边际收益将降低。这是因为随着 n 的增加,每一地点的最优订货量将会趋于需求分布的平均值。当 n 增加时,风险分摊对库存积压或短缺的影响将会变大,这使得最优订货量更接近需求分布的平均值(原因在于每一地点的安全库存将下降)。由于最优订货量的最高限制,$\pi_5(30000)/n$ 也将趋向于一点。表 33.5 是在使平均订货量小于预期需求(即 $\sum_{i=1}^{n} Q_i / n \langle E(D)$)的成本结构下得到的,这就是随着 n 增加,$\sum_{i=1}^{n} Q_i / n$ 将增加到预期需求的原因。当成本结构造成的订货量大于预期需求时,即 $\sum_{i=1}^{n} Q_i / n \rangle E(D)$ 时,随着 n 的增加,$\sum_{i=1}^{n} Q_i / n$ 将减少到预期需求。

表 33.5 $\sum_{i=1}^{n} Q_i / n$ 与 $\pi_5(30000)/n$ 的关系

n	$\sum_{i=1}^{n} Q_i / n$	$\pi_5(30000)/n$
2	394.42	6071.92
3	408.88	6266.15
4	419.16	6375.66
5	425.44	6450.09
6	431.37	6497.04
7	434.53	6535.56
8	438.22	6562.88
9	441.47	6589.42
10	444.04	6608.37

5 结论

本章提出采用贪婪转运策略来解决多点转运库存系统中的问题。贪婪配置的简易性使其在实践中更容易被实施,而不需要花费管理人员太多的时间与费用。本章的算例显示了运用启发式方法得出的接近最优的运行结果,而运行时间却显著缩短了。因此,我们建议在计算特别复杂的大规模问题时使用基于贪婪转运策略的订货策略。为了使研究更加有效,贪婪转运策略还可以用于系统最初运行时最优订货量的选择。同样,在保持系统最优运行结果的条件下,考虑满足贪婪转运策略最优的必要条件的成本结构(可以提前进行检测,参见 Nonås 和 Jörnsten,2004)可以大大减少计算量。

6 参考文献

1. Diks, E. B., de Kok, A. G. (1996): Controlling a divergent 2-echelon network with transshipments using the consistent appropriate share rationing policy, in: International Journal of Production Economics, 45: 369-379.
2. Dong, L., Rudi, N. (2000): Supply Chain Interaction under Transshipments, Working paper, University of Rochester, Rochester, NY 14627, U.S.A.
3. Evers, P. T. (2001): Heuristics for assessing emergency transshipments, in: European Journal of Operational Research, 129: 311-316.
4. Fisher, M. L., Hammond, J. H., Obermeyer, W. R., Raman, A. (1994): Making supply meet demand in an uncertain world, in: Harvard Business Review, 72(3): 83-93.
5. Fu, M. C., Hu, J. Q. (1997): Conditional Monte Carlo: Gradient Estimation and Optimization Applications, Kluwer Academic Publishers, Dordrecht.
6. Herer, Y., Rashit, A. (1999a): Lateral Stock Transshipments in a Two-Location Inventory System with Fixed Replenishment Costs, Department of Industrial Engineering, Tel Aviv University.
7. Herer, Y., Rashit, A. (1999b): Policies in a general two-location infinite horizon inventory system with lateral stock transshipments. Department of Industrial Engineering, Tel Aviv University.
8. Herer, Y., Tzur, M., Yücesan, E. (2001): The Multi-Location Transshipment Problem. Faculty of Industrial Engineering and Management, Technion, Haifa 32000, Israel.
9. Herer, Y., Tzur, M., Yücesan, E. (2002): Transshipments: An emerging inventory recourse to achieve supply chain leagility, in: International Journal of Production Economics, 80: 201-212.
10. Krishnan, K., Rao, V. (1965): Inventory Control in N Warehouses, in: Journal of Industrial Engineering, 16: 212-215.
11. Nonås, L. M., Jörnsten, K. (2004): Optimal Solutions in the Multi-Location Inventory System with Transshipments. Working Paper, Norwegian School of Economics and Business Administration, Bergen.
12. Robinson, L. W. (1990): Optimal and approximate policies in multiperiod, multilocation inventory models with transshipments, in: Operations Research, 38: 278-295.
13. Rudi, N., Kapur, S., Pyke, D. (2001): A Two-Location Inventory Model with Transshipment

and Local Decision Making, in: Management Science, 47: 1668-1680.
14. Tagaras, G. (1989): Effects of Pooling on the Optimization and Service Levels of Two-Location Inventory Systems, in: IIE Transactions, 21: 250-257.
15. Tagaras, G. (1999): Pooling in multi-location periodic inventory distribution systems, in: Omega, 27: 39-59.
16. Tagaras, G., Cohen, M. (1992): Pooling in Two-Location Inventory Systems with Non-Negligible Replenishment Lead Times, in: Management Science, 38: 1067-1083.
17. Tagras, G., Vlachos, D. (2002): Effectiveness of stock transshipment under various demand distributions and non-negligible lead times, in: Production and Operations Management 11 (2):183-198.
18. Tayur, S. (1995): Computing optimal stock levels for common components in an assembly system. Working paper, Carnegie Mellon University, Pittsburgh.

作者简介

> Lars Magne Nonås 科学硕士
> - 1974 年出生于挪威卑尔根（Bergen，Norway）
> - 1994 年～2001 年，就读于卑尔根大学（University of Bergen）数学与自然科学系
> - 2002 年，毕业于挪威经济管理学院（Norwegian School of Economics and Business Administration）金融与管理科学系，获博士学位
> - 2000 年～2001 年，挪威信息技术学院（Norwegian School of Information Technology）任学生助理
> - 主要研究方向：供应链管理；库存管理；转运
> - Department of Finance and Management Science,
>   Norwegian School of Economics and Business Administration
>   Helleveien 30, 5045 Bergen, Norway
>   Tel: +47 5595 9286　　FAX: +47 5595 9650
>   Email: lars.nonas@nhh.no

> Kurt Jörnsten 教授、博士
> - 1948 年出生于瑞典松德比贝里（Sundbyberg，Sweden）
> - 1980年，毕业于瑞典林雪平优化技术研究院（Optimization Linköping Institute of Technology），获博士学位
> - 1983 年，林雪平优化技术研究院讲师
> - 2001年，获瑞典斯德哥尔摩经济学院（Stockholm School of Economics）荣誉博士学位
> - 曾任职位：瑞典林雪平优化技术研究院数学系副教授，1983 年成为教授；1985 年～1988 年，克里斯蒂安·米切尔森研究院（Christian Michelsen Institute）研究科学与思维自由的高级研究员；1990 年，挪威莫尔德学院（Molde College）兼职教授；2001 年～，丹麦奥尔胡斯大学（Aarhus University）数学系兼职教授。
> - 主要研究方向：供应链管理的数量研究方法；合作与非合作博弈论；非管制市场的

定价问题
- Dept. of Finance and Management Science,
  The Norwegian School of Economics and Business Administration
  Helleveien 30, 5045 Bergen, Norway
  Tel: +47 5595 9552
  Email: Kurt.Jornsten.@nhh.no

第34章　供应链管理研究方法：契约类型学

Alejandra Gomez-Padilla, Jeanne Duvallet, Daniel Llerena

本章主要内容

1. 导言
2. 研究变量
3. 应用案例
4. 结论
5. 参考文献

内容摘要

本章介绍的研究方法是我们开展研究工作的基础，我们的主要目的在于研究契约关系，这也是我们论述以契约为导向的研究方法的原因。通过文献研究以及与工厂的接触，我们确定了理解和描述契约关系的基本因素。在对选择这些因素的原因进行解释之后，我们将对这些因素及其特征进行描述。此外，我们对如何描述上下游企业之间的关系进行了说明，并给出了这一关系的数学模型。

关键词：契约类型学；供应链管理；经济模型

1　导言

1.1　背景介绍

本章介绍了如何用以契约为导向的研究方法来分析供应链上下游企业之间的关系。上游企业是下游企业的产品供应商，而下游企业则根据最终需求市场上的消费状况来订购一定数量的产品。

对契约的研究可以从多个角度来进行，根据决策周期长短对契约进行研究是其中的一个角度。根据决策周期的长短可以将企业所做的决策分为三类，分别是战略性决策、战术性决策和操作性决策。战略性决策影响企业的长期发展，因而对于一份契约而言，首先需要决定的是是否建立契约关系。期货购买、交易投资管理、交易成本分析、人才储备、转售许可证、商业协议、动态合作、技术改进、变化率波动、法律事件和相关交换等决策都属于战略性决策。在谈判过程中，上述事项都需要被界定。然而，本章所关注的重点不在于此，而在于研究准确描述战术性契约决策的因素，这些战术性决策将影响企业的操作性决策。

在研究契约之初，建立根据不同情形来区分不同契约类型的框架以及合理定位我们的工作是非常必要的。本章确定并分析了描述契约关系的基本因素,并根据这些因素对不同的契约情形进行了建模。这些因素都是通过文献研究(以文献为导向的理论研究和案例研究)、研讨班、会议协助以及与工厂接触而得到的,它们最终都成为了模型变量。

所研究的因素包括:
(1) 分析的时间范围;
(2) 不同产品的交换数量;
(3) 信息,即上下游企业之间共享的信息;
(4) 下游企业面临的需求特征;
(5) 资金流的产生方式,即企业为适应其产品交易所采用的契约类型;
(6) 考虑到的成本;
(7) 企业之间的实物流,即相互交换的产品数量;
(8) 产品的交付频率或分批交付频率;
(9) 实物流中交付数量的弹性。

1.2 本章结构

本章第2节对确定的因素进行了分析,并介绍了这些因素的定义及其可能出现的不同情形。由契约类型决定的资金流是本章研究的主要问题,因此对其进行了特别关注。

第3节对类型学成为描述研究开展环境的起点的原因进行了论证,同时应用类型学对一些契约进行了描述,并运用了三个实例介绍了契约对供应链绩效的重要影响。该节随后对如何将描述转化为模型进行了举例说明,同时对变量作为重要的参考背景的原因进行了解释,并对供应链中的动态关系进行了描述。本节还对契约类型学作为分析供应链、描述供应链和对不同情形进行建模的方法论的原因进行了说明。本章第4节对研究结论和作者观点进行了介绍。

2 研究变量

2.1 时间范围

时间范围是指研究中所考虑的周期数。本章将时间范围分成了两类,即单周期和多周期。当只涉及一个周期时,相应问题被称为"报童问题"(news vendor problem)。当涉及多个周期时,相应问题既可能是确定的(有限的),也可能是不确定的。

时间范围决定了所采取的决策能在多长时间内影响企业的发展。单周期问题的典型特点是没有存货,因此前一周期没有产品剩余,而未售出的产品不能在将来销售(但最终可以被回收),Cachon(2004)和Larivière(2002)曾对这种情形进行过研究。多周期情形可能具有确定的周期数,也可能没有确定的周期数。当周期数确定时,通常是为了完成某一具体目标,Anupindi和Bassok(2002)以及Bassok和Anupindi(1997)对这种情形进行过研究。当周期数不确定时,这种情形被称为稳定状态情形,比如Tsay(1999)对其所进行的研究。在模型中,多周期情形被称作k周期。

2.2 产品数量

产品数量是指两个企业之间进行交易的不同产品的总数量,其中,不同产品是指具有不同特质的产品。当某一产品可以被另一产品替代时,则交换中的产品数量具有弹性,相应契约既可以是单一产品的,也可以是多种产品的,相应的方法通常是单一产品方法。Anupindi和Bassok(2002)曾经对多产品方法进行过研究。产品数量作为模型中的变量,将其加总是为了实现一定的目标。

2.3 信息共享

信息被定义为有价值的数据。有些信息是由上游企业所掌握的,有些信息是由下游企业所掌握的,所要研究的问题在于哪些信息是可以共享的,或者说哪个企业必须共享其相关信息?由此可以看到两种情形:

(1) 两个企业都将其信息进行共享;
(2) 两个企业中至少有一个企业将其信息进行共享。

第一种情形中两个企业是对等的,第二种情形中两个企业是不对等的。由于每个企业根据其得到的有价值的信息进行决策,所以得到的有价值的信息越多,企业所做的决策对实现其目标越有利。

信息是一个非常复杂问题,一些研究人员曾对其进行过研究。Chen(2004)对上下游企业的信息进行了研究和分类。Lee 和 Whang(2000)对信息共享的类型进行了回顾。Gallego 和 Ozer(2002)提出了针对需求信息和库存策略使用的不同模型。Lee 等(2000)证明了信息共享能够明显地降低厂商的库存水平,从而降低库存成本。Jacot(1996)对信息对于企业的重要性进行了回顾。信息是一种情境问题,因此应该在具体实例中对其进行研究。

2.4 需求

需求是指对特定产品或零部件的需要(美国生产与库存管理协会,1998)。通过文献回顾,根据需求是否确定将其分成了两类:

(1) 需求是确定的(对需求的预测不存在不确定性);
(2) 需求是随机的(将不确定性考虑在内)。

确定性需求被赋予了一个常量,而随机性需求需要用分布函数来表示。由于需求是供应链管理中重要方面,因此研究供应链管理的大多数学者都对需求进行了研究(Corbett 和 Tang,2002;Gallego 和 Ozer,2002;Weng,1999)。

2.5 契约类型

契约是规定交易各方权利和义务的协议(企鹅经济学词典,2003),交易中所涉及的各方就履行或不履行某些具体行为或服务达成一致。契约可以是口头的,也可以是书面的。相对于交易价格和交易原因而言,资金流是非常活跃的,因此本章将焦点集中在与资金流密切相关的契约上。本章确定了七种不同类型的契约,分别为:

- 批发价格契约:单位产品的价格是预先确定的,并且不会改变。
- 数量折扣契约:单位产品的价格随着产品交易数量的变化而变化。
- 回购契约:下游企业对单位产品支付确定的价格,而上游企业对未售出的产品补偿一定的金额。
- 收益共享契约:下游企业对单位产品支付确定的价格,但必须将其收益按一定百分比支付给上游企业,其中收益是指下游企业将产品卖给最终顾客所得的收入。
- 弹性数量契约:下游企业对单位产品支付确定的价格,在产品售出之后,上游企业选取下游企业购买产品数量的一定百分比(由契约确定)和未售出的产品数量这二者中较低的数量,对下游企业给予一定的补偿。
- 销售折扣契约:下游企业对单位产品支付确定的价格,当下游企业购进产品数量超过契约中规定的某一数量时,上游企业需要为相应产品数量给予一定的价格折扣。
- 预定数量契约:下游企业向上游企业约定购进一定数量的产品,上游企业同意为其提供相应数量的产品。如果最终订货量小于约定产品数量,下游企业有责任按约定产品数量进行支付。如果最终订货量大于约定产品数量,上游企业得到的价格将会上升。

产品的最终价格取决于契约的类型,而契约决定了企业之间资金的流动或转移。一些研究人员给出了不同的契约模型,包括 Anupindi 和 Bassok(2002)、Cachon(2004)、Harland(1996)、Lariviere(2002)、Reve(1990)和 Tsay(1999)。在模型中,契约用产品交易数量的函数表示。

2.6 成本

成本是指企业为顾客提供一定产品而发生的费用支出,包括未能提供相应产品而带来的损失。依照本章所研究的两个企业的情形,可将成本描述为两个企业之间或企业与第三方之间的资金流。在分析中我们需要确定是否考虑成本,如果考虑成本,我们必须确定应该考虑哪些成本。根据研究情形的不同,所考虑的成本既可能用模型中的参数表示,也可能用模型中的函数表示。Cachon 和 Zipkin(1999)、Lariviere(2002)以及 Tsay(1999)在其相关分析中考虑了成本。本章所确定的成本包括:

- 库存成本:持有库存所造成的成本。
- 缺货成本:库存不能满足需求所造成的成本。企业的信誉成本和积压成本存在时,也被视为缺货成本。
- 生产成本:为了使最终产品与顾客的具体需求相一致,生产商对产品或零部件进行改进所造成的成本。
- 回收成本:对未售出的产品进行移动、出售、废弃或其它处理所造成的成本(或收益),这些产品不能作为存货在将来出售。
- 能力创造成本:保留资源以生产一定数量产品所造成的成本。

2.7 每次订货量

每次订货量是指下游企业每次订购产品的数量。每次订货量存在 3 种可能:
1)常量:下游企业每次订购的产品数量是相同的;
2)最小数量:下游企业按照契约规定订购一定数量的产品(以实物流或资金流来计量);
3)任意数量:下游企业可以订购任意数量的产品,而没有任何限制。

每次订货量对产品交付频率、分批交付、运输路径、运输能力、库存控制和生产系统等物流服务都有影响。第 2.9 小节涉及了与协议订货量相关的数量弹性。本小节连同接下来的两个小节都已得到了充分的研究,其中包括 Anupindi 和 Bassok(2002)、Bassok 和 Anupindi(1997)以及 Tsay(1999)等人的相关研究。每次订货量在模型中通常充当决策变量。

2.8 分批交付

分批交付是指将承诺的产品数量分成多次进行交付。将产品运送给下游企业存在两种可能情形,分别是一次性交付和分批交付。在第二种情形中,交易双方应该确定产品的交付次数和每次交付的产品数量。产品的交付次数可以是确定的,也可以是不确定的。每次交付的产品数量可以是确定的(每次交付相同数量的产品),也可以是不确定的;当每次交付的产品数量不确定时,下游企业只要在契约规定的截止日期前收到订购的全部产品即可。分批交付可以是一项决定(常量),也可以是每次订货量的结果(变量),还可以是时间范围的结果(是常量还是变量依具体情形而定)。

2.9 数量弹性

数量弹性是指在契约期限内，契约中所规定的产品数量可以在多大范围内被修改。在建模时，数量弹性以零、最低限度、最高限度和无穷大为边界。本章将考虑如下三种情形：
- 没有弹性：协议中规定的产品数量不能被修改。
- 最低限度、最高限度：产品数量在某一确定范围内是可以被修改的。允许被修改的最低限度和最高限度是以最初协议数量的某一百分比来确定的。
- 最低限度、无穷大：产品数量在满足最低限度的情况下是可以改变的。由于上游企业没有供应数量约束，因此不存在最高限度。

图 34.1 给出了根据契约类型学确定的用于分析两企业之间契约关系的要素，该图是对前面所介绍的各要素的总结。

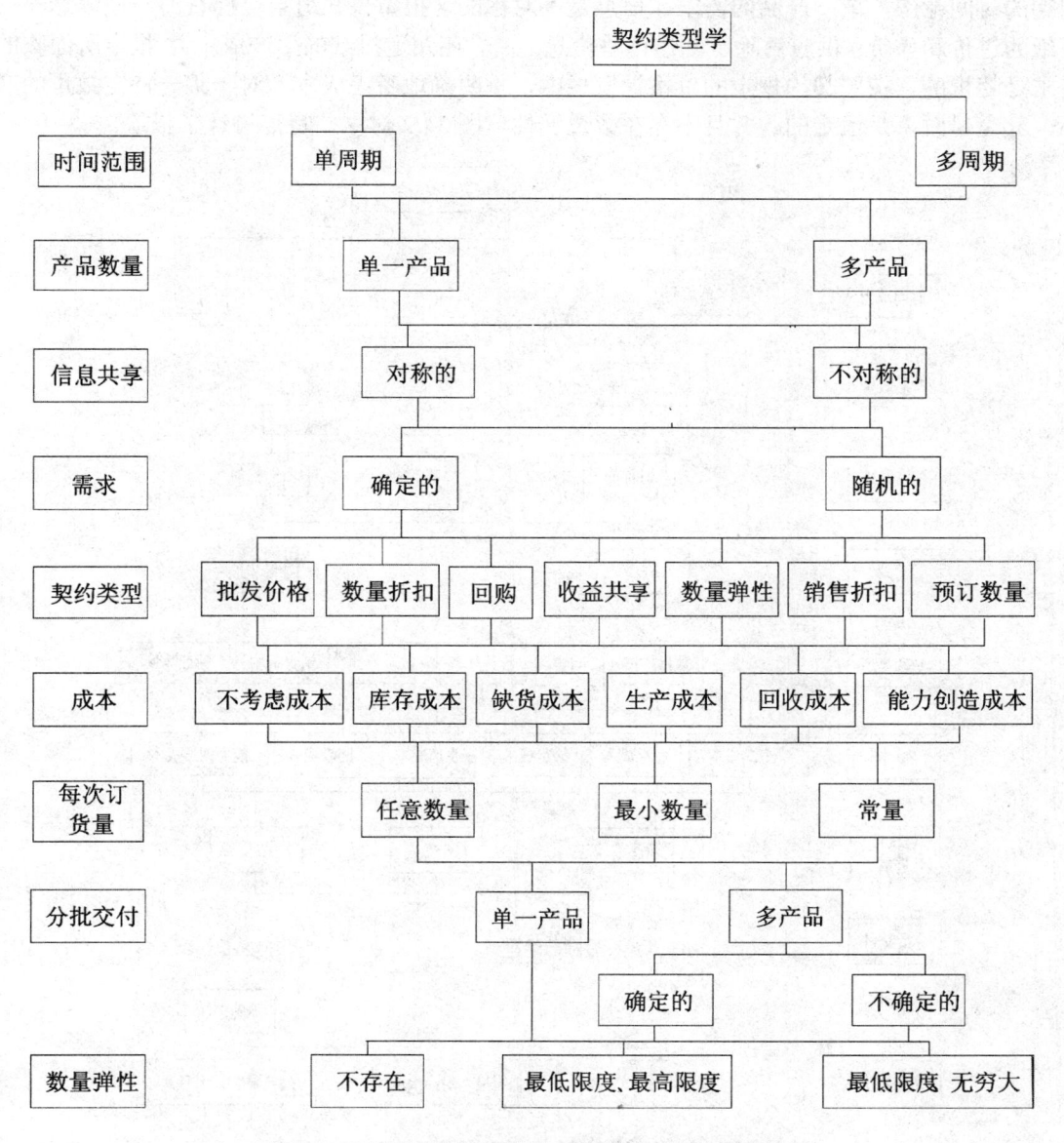

图 34.1　两个企业间契约关系分析中所考虑的要素

3 应用案例

3.1 报童问题

在管理科学和运筹学中，报童问题是众所周知的；本章用其作为例子来描述契约关系。假设存在一个报童，该报童根据当天预期售出的报纸数量，从供应商（即印刷公司）订购一定数量的报纸，报纸分发单位能够提供相应数量的报纸。这时，报童面临着一个决策，即为满足读者需求，他应该订购多少报纸？一方面，如果订购的报纸数量过多，则当天不能将其全部售出，剩余的报纸第二天不能再出售；另一方面，如果订购的报纸数量过少，将不能满足相应需求，其收入也将相应下降。

本章运用了契约类型学的研究方法对报童问题进行了分析，报童问题具有如下特点：单周期的时间范围，单一产品的需求，信息是不对称的（报童只知道自己拥有的一些信息——报纸的进价和售价；供应商除了知道这些信息之外，还知道报纸的生产成本），报童所面临的需求是随机的，按照契约规定的价格批发报纸，不明确地考虑成本，对于某一特定数量的产品，其交付频率是恒定的，并且不存在数量弹性。图34.2对这些特点进行了描绘。

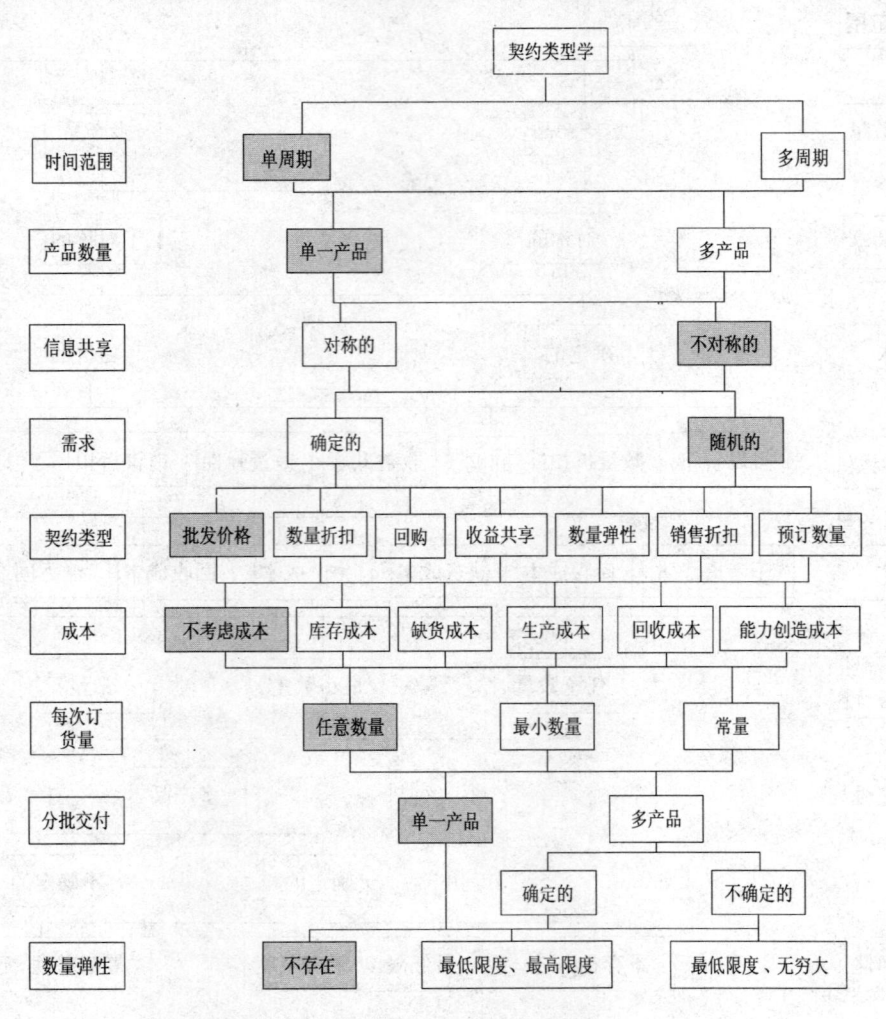

图34.2 经典报童问题的契约类型学描述

由于我们主要对契约关系感兴趣,因此我们将主要描述当只考虑批发价格、回购和销售折扣这三种契约关系时报纸供应商和报童之间将发生的变化。

如果报童和报纸供应商之间的契约是批发价格契约,则报纸供应商将对报纸进行定价,报童根据报纸供应商所定的价格对其订购的报纸进行支付。如果报纸需求量大于订购量,则报童将不能满足实际需求;如果报纸需求数量小于订购量,则报童将遭受那些未售出的报纸所带来的损失。这就是运用本章所确定的因素对所分析的供应链进行的描述。

当报童和报纸供应商之间存在回购契约时,报纸供应商将有义务在一天结束时对报童未出售的报纸进行回收,但回收价格通常低于报童的购买价格。在这种情况下,由于报纸供应商与报童共同承担未售出报纸所造成的损失,因此与批发价格契约时订购的报纸数量相比,此时报童将会订购更多数量的报纸。

此外,如果报童和报纸供应商之间的契约是销售折扣契约,即当报童所订购的报纸数量超过某一规定订购数量时,报纸供应商将对多出的报纸收取较低的价格。通过这种方式,报童将以折扣价格订购更多数量的报纸,同时,报纸供应商将不再与报童分摊未售出那部分报纸所造成的损失。

以上所介绍的这三种情形表明,伴随着契约类型这一个因素发生变化,供应链绩效也将发生变化。

正如本节开始时所描述的那样,报童模型是多个学科的经典研究问题。不存在库存是该模型的主要特点之一。当所研究的问题存在库存时,该问题则属于多周期问题。下面将对多周期问题进行描述。

假设存在两个企业,即企业 A 和企业 B。企业 A 生产信封,并供应给企业 B,企业 B 将信封出售给其顾客。企业 B 根据其对需求的预测,每周向企业 A 订购一定数量的信封(以箱为单位进行包装)。企业 A 完全能够满足企业 B 的订购需求,并且对其所订购的信封每周一次性交付。若本周所订购的信封未能全部售出,则将转为库存在下周继续出售。对于企业 B 而言,持有库存将产生一定的成本。企业 A 和企业 B 同时掌握信封的生产成本、双方的契约关系、信封在最终市场的销售价格、库存成本和需求预测等信息。企业 B 对于购进的每箱信封支付确定的价格。本章运用了契约类型学的研究方法对该问题进行了分析,该问题具有如下特点:单周期的时间范围,单一产品需求,信息是对称的,企业所面临的需求是随机的,按照契约规定的价格批发产品,考虑库存和生产成本,每一周期的产品订购量不同,产品的交付频率恒定且不存在数量弹性。图 34.3 对这一情形进行了描绘。

在研究过程中发现,运用契约类型学的研究方法可以有效地对企业之间的关系进行分类和分析。在对供应链中各成员之间的契约关系进行分类的基础上,为了确定描绘契约关系的基本因素,研究人员需要建立相应模型。在建模的基础上,可以对契约关系的绩效进行衡量,这也是我们在对契约关系进行研究的过程中所关注的问题。

3.2 模型

建立模型的目的在于通过计算供应链中各成员的利润来衡量企业的绩效。本小节将对第 2 节中所给出的各个因素进行解释,进而针对供应链中各成员的利润构建模型。

考虑 3.1 中最后几段所描述的情形,如图 34.3 所示,假设企业 A 是企业 B 的产品供应商,该情形所描述的是多周期问题,企业 B 每一周期的需求分布函数和密度函数分别用 F 和 f 表示。由于该问题所处的情形相对稳定,因此不需要对每一周期进行区分,同时各个周期是相互独立的。为了满足产品需求,企业 B 所订购的信封箱数为 q。

定义 Q 为每周期开始时企业 B 可以使用的信封箱数，即 Q 等于企业 B 每周期期初所订购的信封箱数 q 与库存中的信封箱数之和。企业 B 的决策变量为 Q，其销售量和库存量均用该变量的函数来表示，即预期销售量和库存量分别用函数 $S(Q)$ 和 $I(Q)$ 表示。

企业之间的预期资金流为 $T(q)$，每箱信封的市场价格为 P，企业 B 每箱产品的库存成本为 h，企业 A 每箱产品的生产成本为 c。企业 B 的预期利润等于销售产品的预期收入减去其预期库存的持有成本，再减去其支付给企业 A 的产品购买成本。企业 A 的预期利润等于预期资金收入减去为生产企业 B 所订购的产品数量所产生的生产成本。

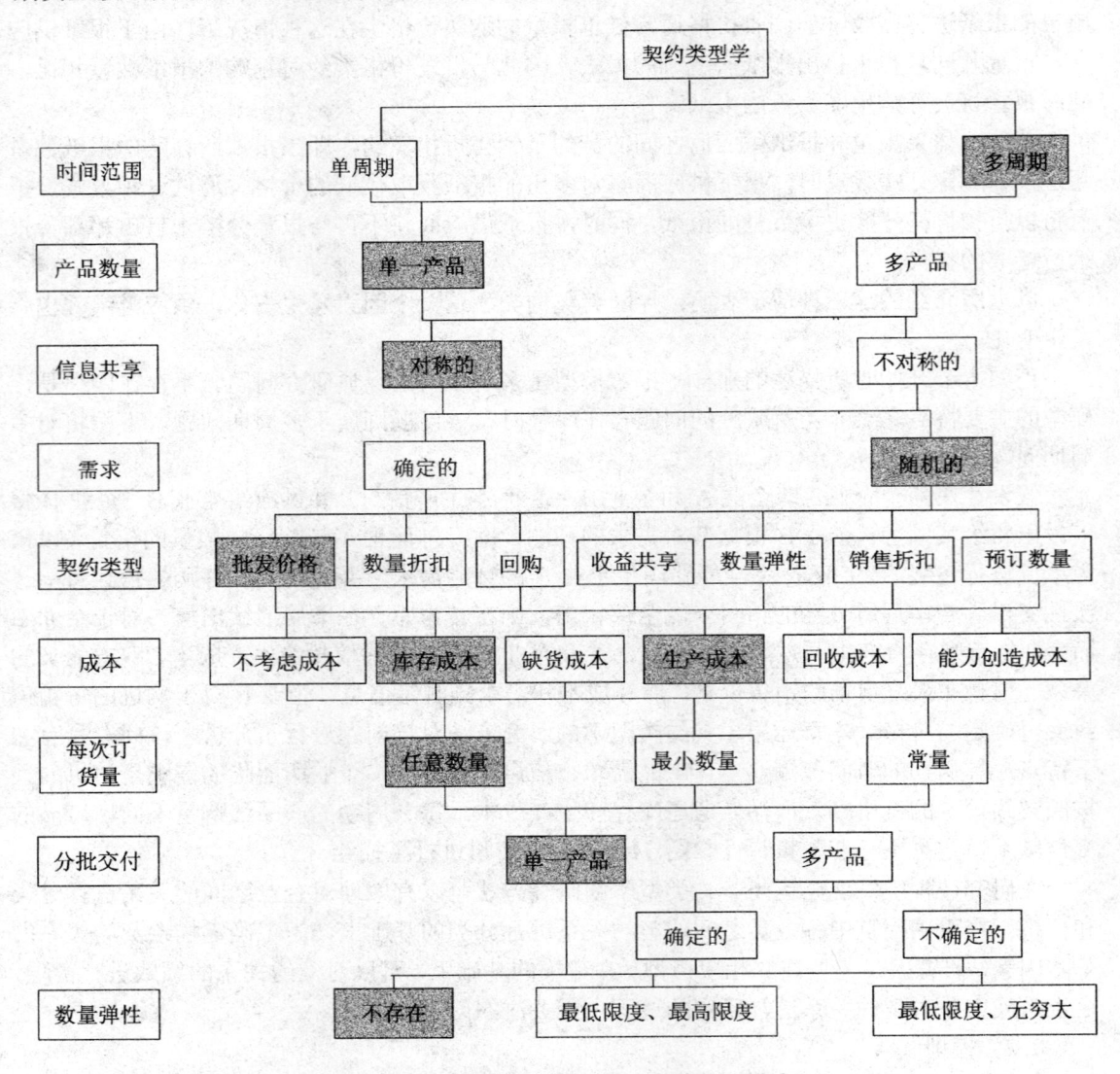

图 34.3　运用契约类型学方法对案例的描述

如果将企业 B（分销商）每一周期的预期利润定义为 $\pi_B(Q)$，企业 A（供应商）每一周期的预期利润定义为 $\pi_A(Q)$，可以将其表示如下：

$$\pi_B(Q) = P \times S(Q) - h \times I(Q) - T(q) \tag{1}$$

$$\pi_A(Q) = T(q) - c \times q \tag{2}$$

每个企业的资金流取决于契约的规定。在批发价格契约中,预期资金转移量为 $T(q)$,$T(q)$ 为企业 B 购进每箱产品的批发价格 q 与该周期企业 B 所订购的产品箱数 w。企业 A 和企业 B 的预期利润可以进一步表示为:

$$\pi_B(Q) = P \times S(Q) - h \times I(Q) - w \times q \tag{3}$$

$$\pi_A(Q) = w \times q - c \times q \tag{4}$$

到现在为止,我们已经详细地描述了第 2 节给出的大部分因素的考虑方法,这些因素包括时间范围、产品数量、需求、契约类型、成本和每次订货量。此外,信息共享、交付频率和数量弹性这三个因素未在该模型中给出讨论。信息共享更多地是战略性问题,如果任何一个企业掌握其它企业的相关信息,那么该企业将主要通过改变价格 w 来对其它企业施加压力,而其它企业将采取更为适当的措施来应对这种情形。交付频率和数量弹性是限制性因素,如果需要的话可以将其作为约束条件。

4 结论

本章提出了一种以契约为导向的研究方法。在研究过程中,我们确定了需要考虑的因素,同时介绍了这些因素的表现形式及其重要性,并对这些因素在建模中所发挥的作用进行了解释。这种基于契约类型学的分析方法能够有效地从整体上了解供应链:首先,这种方法可以对两个企业之间各种契约关系情形进行综合描述,有助于理解企业间的交易机制;其次,这种方法为模拟不同的契约关系情形奠定了有效的基础,有助于理解所确定的各个因素在模型中的作用;第三,这种方法有利于区分哪些因素可以作为模型变量,哪些因素在实现经济目标方面具有重要作用;第四,这种研究方法还可以作为确定哪些分析的问题有必要进行更深入的研究的指导原则。

对于本章而言,未来进一步研究可以从问卷调查、仿真和案例研究这三个方面进行。对企业开展以分析其契约行为为目的的问卷调查将有助于理解做出某些决策的时间和原因。此外,问卷调查最好在多个产业部门进行。在运用仿真方法做进一步研究时,需要在建模之后进行深层次的分析,这将需要经验数据的支持。最后,在运用案例研究方法做进一步研究时,对某一特定情形进行完整描绘将成为可能。案例研究方法很适合应用于电子产业和零售行业中相关问题的研究,这两种产业与该方法密切相关。

本章所采用的研究方法的独创性体现在该方法能够同时强调从战术的层面上描述二元契约关系的所有因素。由于契约类型学方法可以对供应链进行定性和定量的描述与分析,因此该方法以方法论为导向。本章的主要贡献在于提出了一种基于两个企业之间契约关系的供应链管理研究方法,并强调了与其相关的主要问题。

在此对本章的两位匿名审稿人表示感谢,感谢他们的评论及建议。同时,对墨西哥国家科学技术委员会表示感谢,感谢其在资金方面提供的支持。

5 参考文献

1. Anupindi, R., Bassok, Y. (2002): Supply Contracts with Quantity Commitments and Stochastic

Demand, in: Tayur, S., Ganeshan, R., Magazine, M. (eds.): Quantitative Models for Supply Chain Management, Kluwer, Dordrecht: p. 197-232.

2. APICS (1998): Cox, J. F. III, Blackstone, J. H. Jr. (eds.): APICS Dictionary, ninth edition, The Educational Society for Resource Management, Alexandria, USA.

3. Avenel, E., Caprice, S. (2001): Vertical Integration, Exclusive dealing and product line differentiation in the Retailing Sector, INRA Cahier de Recherche 2001-16, Press Book of the National Institute for Research in Agronomy, Toulouse.

4. Bassok, Y., Anupindi, R. (1997): Analysis of supply contracts with total minimum commitment, in: IIE Transactions, 29(5): 373-381.

5. Cachon, G. P. (2004): Supply Chain Coordination with Contracts, in: De Kok, A. G., Grave, S. C. (eds.): Handbooks in Operations Research and Management Science, 11. Supply Chain Management: Design, Coordination and Operation, Elsevier, Amsterdam: p. 229-340.

6. Cachon, G. P., Zipkin, P. H. (1999): Competitive and Cooperative Inventory Policies in a Two-Stage Supply Chain, in: Management Science, 45(7): 936-953.

7. Chen, F. (2004): Information Sharing and Supply Chain Coordination, in: de Kok, A. G., Grave, S. C. (eds.): Handbooks in Operations Research and Management Science, 11: Supply Chain Management: Design, Coordination and Operation, Elsevier, Amsterdam: p. 341-422.

8. Corbett C. J., Tang, C. S., (2002): Designing Supply Contracts: Contract Type and Information Asymmetry, in: Tayur, S., Ganeshan, R., Magazine, M. (eds.): Quantitative Models for Supply Chain Management, Kluwer, Dordrecht: p. 269-297.

9. Croom, S., Romano, P., Giannakis, M. (2000): Supply Chain Management: An Analytical Framework for Critical Literature Review, in: European Journal of Purchasing and Supply Management, 6(1): 67-83.

10. Croxton, K. L., Garcia-Dastugue, S. J. (2001): The Supply Chain Management Process, in: The International Journal of Logistics Management, 12(2): 13-36.

11. Gallego, G., Özer, Ö. (2002): Optimal Use of Demand Information in Supply Chain Management, in: J. Song, D. Yao, (eds.): Supply Chain Structures: Coordination, Information and Optimization, Kluwer, Dordrecht: p. 119-160.

12. Harland, C. M. (1996): Supply Chain Management: Relationships, Chains and Networks, in: British Journal of Management, Special Issue, 7: 63-80.

13. Jacot, J. H., Micaelli, J. P. (1996): La Performace Economique en Entreprise (The Economical Performance in the Enterprise), Hermès, Paris.

14. Lambert, D. M., Cooper, M. C. (2000): Issues in Supply Chain Management, in: Industrial Marketing Management, 29: 65-83.

15. Lambert, D. M., Cooper, M. C., Pagh, J. D. (1998): Supply Chain Management: Implementation Issues and Research Opportunities, in: International Journal of Logistics Management, 9(2): 1-19.

16. Lariviere, M. A. (2002): Supply Chain Contracting and Coordination with Stokastic Demand, in: Tayur, S., Ganeshan, R., Magazine, M. (eds.): Quantitative Models for Supply Chain Management, Kluwer, Dordrecht: p. 233-268.

17. Larson, P. D., Rogers, D. S. (1998): Supply Chain Management: Definitions, Growth and Approaches, in: Journal of Marketing Theory and Practice, Special Issue, 6 (4): 1-5.
18. Lee, H. L., Whang S. (2000): Information Sharing in a Supply Chain, in: International Journal of Technology Management, 20(3/4): 373-387.
19. Lee, H. L., So, K. C., Tang, C. S. (2000): The Value of Information Sharing in a Two-Level Supply Chain, in: Management Science, 46(5): 626-643.
20. Penguin Dictionary of Economics (2003): Bannock, G., Baxter, R. E., Davis, E. (eds.): Penguin Dictionary of Economics, 7.th Edition The Penguin Books, London.
21. Reve, T. (1990): The Firm as a Nexus of Internal and External Contracts, in: Aoki, M., Gustafsson, B., Williamson, O. (eds.): The Firm as a Nexus of Treaties, Sage Publications, London: p. 133-161.
22. Tan, K. C. (2001): A framework of supply chain management literature, in: European Journal of Purchasing and Supply Management, 7: 39-48.
23. Tsay, A. A. (1999): The Quantity Flexibility Contract and Supplier-Costumer Incentives, in: Management Science, 45(10): 1339-1358.
24. Weng, Z. K. (1999): The power of coordinated decisions for short life cycle products in a manufacturing and distribution Supply Chain, in: IIE Transactions, 31(11): 1037-1049.

作者简介

➢ Alejandra Gomez-Padilla 理学硕士
- 1976 年出生
- 1994 年～1998 年，在墨西哥奥森德恩特高级技术研究院（the Instituto Tecnológico y de Estudios Superiores de Occidente）攻读工业工程专业
- 1999 年～2001 年，就读于蒙特利尔艾可理工学院（the Ecole Polytechnique de Montreal），获得工业工程理学硕士学位
- 2001年至今，在法国格勒诺布尔国立理工学院实验室（the laboratory Gestion Industrielle Logistique et Conception from de Institut National Polytechnique de Grenoble）攻读博士学位
- 1998 年～1999 年，在一家公司电子部门做生产工程师
- 主要研究方向：供应链管理；物流；库存控制
- GILCO / ENSGI / Institut National Polytechnique de Grenoble
  46, avenue Félix Viallet; 38031 Grenoble Cedex, France
  Tel: +334764326   Fax: +33476574695
  Email: gomez-padilla@gilco.inpg.fr, http://gilco.inpg.fr/~gomez

➢ Jeanne Duvallet 教授，博士
- 1957 年出生，在法国巴黎艾克师范学院（Ecole Normale Supérieure）攻读应用数学
- 1983 年～1993 年，托勒斯保大学（the Toulouse and Pau Universities）数学系助教
- 1986 年获得博士学位
- 1993 年～，格勒诺布尔国立理工学院副教授、法国格勒诺布尔国立理工学院实验室

成员，并与格勒诺布尔应用经济学实验室成员进行发展规划研究
- 主要研究方向：供应链管理；经济模型；仿真
- Laboratoire G.I.L.C.O.
  INPG—ENSGI, 46 avenue Felix Viallet, 38031 Grenoble Cedex 1, France
  Tel: +334574632   Fax: +334574793
  Email: jeanne.duvallet@gilco.inpg.fr

➢ Daniel Llerena 教授，博士
- 1965 年出生，曾在法国路易斯巴斯德大学（Louis Pasteur University）攻读经济学
- 1991 年～1996 年，路易斯巴斯德大学经济管理学院理论与应用经济学研究中心研究助理
- 1996 年，获博士学位
- 1997 年～，法国格勒诺布尔皮埃尔门德斯大学（the Pierre Mendes France University）副教授；同时与格勒诺布尔国立理工学院进行合作研究
- 主要研究方向：供应链管理；工业组织学；环境经济学
- Grenoble Applied Economics Laboratory （G.A.E.L.）
  Université Pierre Mendés France, BP 47, 38040 Grenoble, France
  Tel: +334768259   Fax: +334765455
  Email: daniel.llerena@upmf-grenoble.fr

第35章 取决于工作量负荷的提前期——从经验证据到数学建模

Julia Pahl, Stefan Voß, David L. Woodruff

本章主要内容

1. 导言
2. 取决于工作量负荷的提前期——经验证据
3. 包含取决于工作量负荷提前期的模型
4. 结论
5. 参考文献

内容摘要

随着组织从为单条生产线制定计划发展成为整条供应链制定计划,认识到有关生产资源利用的决策会影响提前期这一点变得越来越重要。在本章中,通过对导致延误的排队现象的观察,我们对生产资源的利用影响提前期的原因提出了一些见解。在这方面,特别值得一提的是,从实际经历中获取相关经验数据是很困难的,对于战术计划问题更是如此。我们对利用观察得出的这些见解进行了问卷调查,并提出了考虑取决于工作量负荷的提前期及相关"复杂情况"的优化模型。

关键词: 供应链管理;取决于工作量负荷的提前期;提前期;战术计划;总体规划

1 导言

提前期(lead time)是指从向车间或供应商发出订单到收到货物的时间间隔。就企业在全球市场上的竞争而言,考虑提前期是至关重要的,因为过长的提前期会提高在制品(Work In Process,WIP)库存水平和安全库存水平,从而会增加企业成本。尽管如此,取决于工作量的提前期在文献中很少被考虑。同样地,将提前期与订单发送、计划制定和能力决策相连接的模型以及将影响提前期的因素如系统工作量、分批处理、排序决策和在制品水平等考虑在内的相关研究也很少在文献中涉及。

目前,物料需求计划(Material Requirements Planning,MRP)的使用在制造业供应链实践中占主导地位,但在使用方面,物料需求计划存在一些内在的问题。由于很多企业根本没有使用合适的计划工具,因此,当在整体计划层面上假定提前期是确定的、恒定的或出现"最糟糕的情况"时,例如需要有足够的"缓冲时间"以安全地满足需求,问题便出现了。为了能在预定的日期内满足订单需求,供应商通常将工作更早地释放到系统中,这将导致非常高的在制品水平；因此，更长的排队（等待时间）将会造成更长的提前期。这种过度反应行为是一种自我应验的预测，在文献中被称为提前期综合症（lead time syndrome），它是由于在制品、产量、工作量和平均流动次数之间的关系被忽略所造成的（Zäpfel 和 Missbauer，1993；Tatsiopoulos 和 Kingsman，1983）。此外，大多数的物料需求计划和企业资源计划（Enterprise Resource Planning，ERP）模型采用的都是时序规划算法（sequential planning algorithms），这种算法既不会考虑原材料、在制品和产成品库存的不确定性，也不会考虑其资源和产品流的约束，这将导致次优的或不可行的生产计划（Caramanis 和 Ahn，1999）。

生产计划模型的另一个基本问题是忽略了建模中的非线性相关性，例如提前期和生产系统工作量或生产资源数量之间的关系。尽管有经验证据表明，在资源利用率达到 100% 很早之前，提前期就会呈现非线性的增加，但是这种情况仍会发生（Asmundsson 等，2003；Karmarkar，1987），并且可能会导致提前期在计划和实现方面存在显著差异，如图 35.1 所示。目前，在对可变需求（如季节性需求）模式下的设备工作量加以考虑的前提下对提前期和在制品水平进行分析的模型很少。另外，系统中的队列似乎是相互关联的，因此，系统中某一处的机器故障将导致其它位置出现排队问题，这将导致一种推测，即提前期的分布将趋向于胖尾分布和偏态分布。然而据我们所知，对于这一议题，目前还没有有价值的综合性研究。此外，随机性需求在实践中非常普遍，然而似乎还没有模型对这种情况下的取决于工作量负荷的提前期进行分析。

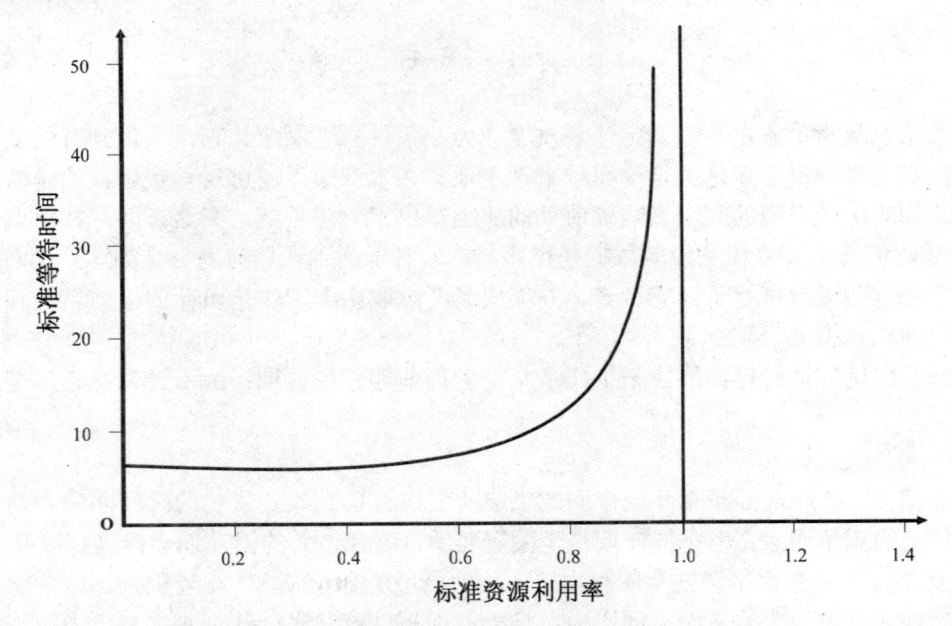

图 35.1 等待时间和资源利用率之间的非线性关系

资料来源：Voß 和 Woodruff，2003：162。

研究单个环节上的动态提前期是很有必要的，这有利于更好地了解整个供应网络的影响、建模要求和在总体规划水平上的复杂性。本章以通过最近进行的问卷调查和访谈所获得的经验证据（下一节将对这些经验证据进行简要描述）为基础，论证了构建总体规划模型的必要性；其中，该模型具有以下特点：能够将提前期和工作量负荷的非线性关系考虑在内，同时易于处理，以适应复杂的生产系统和供应链。本章其余章节组织结构如下。在第二节，我们给出了取决于工作量负荷的提前期的经验证据,这些证据是通过最近实施的访谈和问卷调查而获得的。随后,在第三节,我们概述了处理取决于工作量负荷的提前期的方法和模型,检验了排队论方面的间接方法,并介绍了所谓的清理函数(clearing function)。本章最后为未来的研究方向提出一些意见和建议。

2 取决于工作量负荷的提前期——经验证据

生产计划是一个复杂的问题,在变动需求模式或随机需求的环境中更是如此。在众多的生产环境中,需求数量在生产计划过程开始时是未知的,因此很难对(高度)变动需求模式下的需求进行预测。生产的不确定性和不可预见的事件,如机器故障、无法获取生产资源、工人生病等等,都将提高生产过程的不稳定性,造成机器前出现排队现象,从而导致在制品和产成品库存水平不断升高,最终延长了提前期。因此,处在这些环境中的生产过程往往在高峰状态时超时工作,从而导致生产资源利用不平衡。对于食品行业(或半导体行业)更是如此,这类行业也必须得考虑其各种生产原料的变质率,这是取决于工作量的提前期的另一个复杂问题。由于预测质量能够防止将工作(订单)仓促地释放到生产过程中,因此,它对于战术(和运作)生产计划而言非常重要,并且应该将其与总体生产计划和订单释放控制联系在一起。然而,当前缺少用于制定战术生产计划的实用性工具,使其允许企业将引起取决于工作量的提前期的变动需求和不可预见事件考虑在内。这是我们对来自如运输、物流与仓储、航空航天、工业自动化与石油,以及化工等不同产业部门的企业进行问卷调查和访谈所取得的根本性成果之一。

本研究包括各种规模、生产具有不同产品生命周期的不同类型产品的企业,这些产品包括多元醇、传感器、指示器/发射器、软件、信息技术、物流服务和卫星发射器等。这些企业面临着多样化的需求模式和环境挑战,为此他们必须将整个生产计划过程考虑在内,尤其是与资源及其利用水平相关的计划。许多企业面临着有关其最重要产品的可变的(周期性的)且难以预测的需求,这似乎是生产过程中主要的不确定性因素,因为深层次的潜在不确定性因素,如与供应链伙伴的合作和来自供应链伙伴的交货,并不会对生产过程产生重要影响。这是由于这样的事实的存在,例如,生产发射器具有很长的生产周期(生产一个像阿丽亚娜(Ariane)5 号火箭或织女星(Vega)这样的发生器平均需要 2.5 年)。相比于其它行业(如汽车行业),在生产发射器业务中,与供应链伙伴合作的相关问题在时间方面并不是非常关键的;在汽车行业中,准时制生产是主要的生产模式,零部件的延迟交付会导致整个生产过程的停止。然而,在发射器的生产过程中,重要组件的延迟交付也会导致整个装配过程的停止;装配过程的停止不仅使生产资源和非常昂贵的在制品在队列中闲置,而且会产生与延迟相关的客户成本(失去了提供卫星服务而应获得的利润),最终造成巨大的财务损失。其它企业由于很少与供应链伙伴保持持久的合作,因而并不会遇到供应链的合作问题,从而形成了稳定且明确的工作流程。

中型或大型组织通常具有大量的供应链合作伙伴和复杂的生产程序。本研究所调查的企业及其生产系统的范围涉及了同步设施、车间和面向订单生产系统,它们在战术生产计划中拥有不同的核心目标,例如:实现资源利用最大化(主要是在同步生产设施中)以消除闲置期,实现提前期或周期时间最小化(这适用于面向订单生产的情形),以及尽量降低在制品和产成品库存水平。只有少数企业使用如 SAP R/3 和 SAP APO(APO SNP 用于战术生产计划的制定,APO PP/DS 用于运营生产计划的制定)这样的特定工具制定战术生产计划。这项调查证实，基于物料需求计划的系统连同预计的提前期（或计划的提前期）的普遍使用导致了上述问题。机器故障、在制品库存水平的提高以及随之而来的排队现象是大多数企业提前期上升的原因。数据集（调查结果）是进行详细经验分析的必要前提，然而由于数据集（调查报告）不可获取，因此无法确定在资源利用率达到 100%之前提前期是否会增加；但是尽管缺乏相关信息，排队理论仍然强调了资源利用率对取决于工作量的提前期的影响。

对于接受调查的企业而言，它们制定战术生产计划的主要目标在于尽量缩短提前期（或周期），降低在制品和产成品库存水平，以及为消除闲置期而努力实现资源利用的最大化。为达到这些目标，一些企业会使用如"最坏情况下的提前期"这样一些方法，以便于在生产系统的某些（关键）点上有足够的缓冲时间，从而确保需求得到满足。其它企业会根据生产系统的历史数据对提前期进行估计，但当生产流程改变时，这种估计便会出现问题。因此，为了实现上述目标，用于对提前期进行估计或计划的这些基本数据既不可靠，也不实用。然而，企业却意识到，关于生产系统（和单一资源）中的工作量、流程安排、批量和装备期的决策，都是影响取决于工作量的提前期的关键因素。总之，企业缺少能向它们提供诸如"如果—那么"（if-then）这样的分析模型（被包含在综合的、适用的且有用的软件工具中），而这样的分析不仅可以使企业更好地了解有关资源利用水平的决策对单一机器或单一生产资源，甚至对整个供应链网络的影响，而且可以使企业对提前期进行更好地估计。有关提前期的信息需要在多种资源利用水平的情况下才可获得，然而直到现在，能够为生产计划人员提供有关提前期方面的必要信息的有用模型并不存在。

如上所述，取决于工作量的提前期是生产计划流程的结果，而不应该是生产计划和流程安排的投入因素。此外，被调查企业对将取决于工作量的提前期及其对生产绩效的影响考虑在内的模型表现出了兴趣。因此，有必要对资源利用和提前期之间的非线性关系，以及相关影响因素进行更详细地分析，以便将它们整合到总体生产计划中。最后，在保证生产流程和供应链伙伴实时信息共享方面，将供应链伙伴整合到整体供应链网络中与通过信息系统工具将供应链参与者联系在一起（如通过相同的生产计划软件或加载项将他们联系在一起）相比将更为有效。然而，这是一个仍在不断发展的过程。

3 包含取决于工作量负荷提前期的模型

生产能力计划模型和订单发放控制机制首先对取决于工作量的提前期给予了考虑。传统模型的目的在于"填充时间周期"，其所代表的是离散时间周期中一个生产系统可达到的生产能力，而线性规划模型通常会采用严格的生产能力约束条件，其忽视了一个现象，即在不同步的系统中，在资源利用率达到 100%很早之前就会出现排队现象，而且这种现象在实践中普遍存在。此外，在违背生产能力约束条件之前，排队现象并不会影响成本，也就是说，只有在资源利用率达到 100%时，约束才是紧的（Karmarkar, 1989）。再者，这些模型既没有解释在制品和与成本因素相关的其它提前期是如何使排队和延迟变得更严重的，进而导致了更长的提前期（Karmarkar, 1993; Zipkin, 1986），也没有考虑在制品成本和生产能力对提前期的影响，而这些对生产系统的绩效具有重要影响。

3.1 间接方法

解决与取决于工作量的提前期相关的问题有多种方法。一些研究人员不直接考虑对提前期和工作量之间的非线性相关性进行建模面临的困难，而是试图通过改变影响提前期的参数间接解决这一问题。这些参数包括有关工作释放政策的决策、需求方的影响，生产计划的改变或通过平滑需求变化产生的改变,比如面向库存生产策略的实施,或为增加生产能力而进行的瓶颈转移。其它方法则专注于将批量作为一个影响因素或专注于生产系统的特点,以及采用排队论的相关方法作为分析方法。

3.2 排队论方法(Queuing Theory)

由于提前期中的大部分时间是等待时间,所以对生产系统的绩效以及对如生产能力、在制品库存水平和取决于工作量的提前期等重要关键因素的分析通常是在排队论的背景下进行的。有证据表明,流程时间的90%是传送时间,其中等待(排队)时间占85%,质量控制时间占3%,运输时间占2%;只有10%的时间用于价值增值处理的相关操作(Tatsiopoulos和Kingsman,1983)。排队网络模型强调生产能力、工作量和产品结构之间的相互关系以及所产生的在制品水平和对提前期的影响,并针对造成拥挤现象的原因提供了重要信息。此外,排队网络模型表明,延迟主要取决于服务的可变性,即一种资源的处理时间、在一种资源上的工作到达率和当前工作量的可变性,以及所使用的生产能力接近上限时主要延迟带来的规模效应(Srinivasan等,1988)。

拥挤现象是生产系统固有的问题,它的存在使得计划过程变得更为复杂。这些现象出现在不同且经常变化的时间和地点,因而很难对其进行预测。因此,更好地了解拥挤现象产生的原因至关重要,比如一台机器(一种资源)在应对随时间变化的需求时,由于其能力的限制而造成的拥挤现象(Lautenschläger,1999)将在总体规划模型中得到解释。有关排队论和拥挤现象的文献很多(Chen等,1988;Karmarkar,1987,1989;Spearman,1991;Suri和Sanders,1993;Zipkin,1986)。Spearman(1991)提出了一个闭环排队网络模型,该模型有三个参数,即瓶颈容量、"原始处理时间"(即递增的故障率处理时间)和拥挤系数,拥挤系数指定了一条唯一的生产能力/在制品曲线,以分析整个生产系统的平均周期时间(与很多参考资料中的"流程时间"是同义词)和在制品水平之间的相关性,即对单一资源及其加工时间不予以考虑。该模型指出了平均周期时间和在制品水平之间的关系,可用于预测指数和故障率处理时间递增的闭环排队网络中的平均周期时间。Chen等(1988)提供了一个适用于半导体晶片设备的网络排队模型,该模型指出,运营环境的可变性是造成排队和延迟现象的原因。因此,为了获得更短的生产周期时间,需要对这种可变性进行平滑处理。

为了获得应用于总体规划模型的一些关键参数或目标函数的近似值,从排队模型开始研究是很有用的。

3.3 取决于工作量负荷的提前期的间接整合

尝试将取决于工作量的提前期直接整合到数学规划模型中的方法很少。例如,Zijm和Buitenhek(1996)为一个机械车间提出了一个生产计划和控制框架,其中包含了对取决于工作量的提前期的估计。为达到这个目的,他们提出了一个方法,即系统中任何其他工作的交付行动都不会受到不利因素的影响,也就是每一项工作都能按时完成并交付,在这样的约束条件下估计到达工作的最早可能完成时间。他们的目标在于确定基于工作量的可靠的计划提前期,该提前期能够保证按期完成工作量,同时能在生产能力计划水平上实施,并且充当了最终详细的生产能力流程安排过程的输入信息,而这一过程也考虑了额外的资源、工作分批处理决策和机器设置的特点。他们的框架某种程度上是在 Karmarkar(1987)和 Karmarkar等(1985)的相关研究基础上提出来的。Missbauer(1998)重点研究了分层生产计划概念,这一概念包含了所有的局部问题(例如总体生产计划问题、生产能力计划问题、批量规划问题和流程安排问题等),但却回避了综合模型的相关问题,例如数据获取问题、有限的计算存储空间问题和用于计算的中央处理器时间过长问题等等。

Graves（1986）研究了战术计划模型中生产能力、产品需求的变动（不确定性）和在制品库存水平之间的相互依赖关系，并分析了工作流程时间（或在制品库存）对工作车间或生产阶段中每种资源利用的依赖程度。他进一步集中分析了流程时间和产品组合之间的相互关系，为此，他采用了一个多工作路径的网络模型，以便于当主导工作流程缺乏时实施生产控制，从而降低计划提前期的波动程度。此外，他使用了一个包含资源生产率的排队模型，其中，资源生产率可以在战术计划模型中设置，以使作业流程顺畅，并避免超过资源的负荷。不仅如此，他还对每一种资源实施了一项控制规则，以确定在一个时间周期内所完成的工作量。该工作量是利用资源 j 进行生产时，保留在周期开始时的工作队长（Q_{jt}）的固定比例（a_j）：

$$P_{jt} = a_j Q_{jt} \quad \forall j, t$$

其中，P_{jt} 表示在时间周期为 t 时利用资源 j 所得到的生产量；

a_j 是平滑系数，$0 < a_j \leqslant 1$；

Q_{jt} 是在时间周期 t 开始时在资源 j 条件下的工作队长。

系数 a_j 表示在一个时间周期内能够处理或完成（并传送到另一工位）的工作（订单）量，它被 Missbauer（1998）称作"比例系数"（proportional factor），被 Graves（1986）称为"清理因子"（clearing factor）。即使当工作量（在制品）无限大时，资源使用量依然能够达到固定比例 a_j，因此清理因子意味着生产能力是无限的。

使用线性函数是该模型的主要缺点，因为其忽视了在制品和提前期之间的非线性关系。然而，Graves（1986）的研究似乎为我们提供了最早的参考，他对提前期和工作量之间的相互关系进行了说明，并对如何设置计划提前期给予了实际帮助，如在考虑到生产系统工作量的物料需求计划模型中对如何设定计划提前期方面给予的帮助。

3.4 清理函数（Clearing Functions）

本章采纳了 Graves 的思想，并将其整合到了一个带有所谓"清理因子" $\alpha(WIP)$ 的模型中；其中，"清理因子"是在制品的非线性函数，从而得到了如下所示的清理函数形式（Karmarkar，1989；Srinivasan 等，1988）：

$$Capacity = \alpha(WIP) * WIP = f(WIP)$$

其中，f 代表清理函数，模型的生产能力是工作量的一个函数。清理因子指的是实际在制品可以完成的部分，即在给定的一段时间内被一种资源"加以清理"的部分（Asmundsson 等，2003）。Missbauer（1998）称这个函数为"利用函数"。

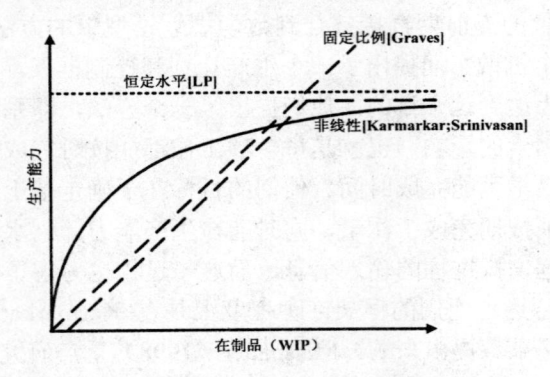

图 35.2　不同的清理函数

资料来源：Karmarkar，1993。

图 35.2 描绘了一些可能的清理函数，其中恒定水平清理函数与生产能力的上界相一致，其主要在线性规划模型中被采用。在该函数中，由于生产的发生与否与系统中的在制品无关，因此该函数隐含的是没有提前期约束的瞬时生产。固定比例的清理函数体现了 Graves（1986）所提出的控制规则，在该函数中，生产能力是不受限制的，因此允许无限制的输出。与 Karmarkar 和 Srinivasan 等给出的非线性清理函数相对比，组合的清理函数在某一范围内低估了生产能力，在其它范围内高估了生产能力。与此同时，非线性清理函数分别将在制品水平和产品输出、提前期和在制品水平联系在了一起；由于在制品水平受生产系统中的工作量影响（Karmarkar，1993），因此能够获取取决于工作量的提前期的行为表现。通过应用利特尔法则（Little's Law），可以从提前期或在制品周转的角度对清理函数进行重新解释。此外，清理函数的斜率代表了带有提前期的存货周转，提前期由斜率的倒数给定（Karmarkar，1989）。Asmundsson 等（2003）通过运用上述给定形式的清理函数，并使用了 G/G/1 排队模型确定了依赖于作业量的资源（工作中心）绩效，从而将排队论方面的相关知识和清理函数的概念结合了起来。

到目前为止，从文献中可以找到两种方法来得出清理函数。第一种方法是对排队网络模型进行分析推导，第二种方法是使用一种与经验数据相符合的函数形式进行实证近似估计。由于现实系统较为复杂，对清理函数进行完整地识别是不可能的，所以我们必须使用近似估计的方法来得出清理函数。Asmundsson 等（2002）将估计的清理函数整合到了数学规划模型中，并以带有总成本最小化的目标函数的生产模型（Hackman 和 Leachman，1989）为基础提出了模型框架。在模型中，假定不会出现延迟交货现象，并且所有的需求必须得到按时满足。我们专注于这个模型，并将其作为对总体生产计划模型中取决于工作量的提前期进行直接整合的一个例子。该模型的描述如下所示：

$$Min \sum_t \left[\sum_n \left[\sum_i (\varphi_t^n X_{it}^n + \varpi_{it}^n W_{it}^n + \pi_{it}^n I_{it}^n + \rho_{it}^n R_{it}^n) \right] + \sum_j \theta_{jt} Y_{jt} \right]$$

约束条件：

$$W_{it}^n = W_{i,t-1}^n - \frac{1}{2}(X_{it}^n + X_{i,t-1}^n) + R_{it}^n + \sum_{j \in A(n,i)} Y_{jt} \qquad \forall n,t,i$$

$$I_{it}^n = I_{i,t-1}^n + \frac{1}{2}(X_{it}^n + X_{i,t-1}^n) - D_{it}^n - \sum_{j \in B(n,i)} Y_{jt} \qquad \forall n,t,i$$

$$X_{\bullet t}^n \leqslant f_{nt}(W_{\bullet t}^n) \qquad \forall n,t$$

$$X_{it}^n, W_{it}^n, Y_{jt}, I_{it}^n, R_{it}^n \geqslant 0 \qquad \forall n,t,i,j$$

其中，$\varphi_t^n X_{it}^n$ 表示的是第 t 期的后半期和第 $t+1$ 期的前半期的产品总成本；

X_{it}^n 表示的是第 t 期的后半期和第 $t+1$ 期的前半期；

φ_{it}^n 表示的是第 t 期 n 时点相应的单位成本；

$\varpi_{it}^n W_{it}^n$ 和 $\pi_{it}^n I_{it}^n$ 分别表示的是第 t 期 n 时点物料 i 的在制品成本和产成品成本；

W_{it}^n 和 π_{it}^n 是相应的单位成本；

W_{it}^n 和 I_{it}^n 分别代表在制品数量和产成品数量；

$\rho_{it}^n R_{it}^n$ 表示的是第 t 期 n 时点物料 i 的投入成本，ρ_{it}^n 为相应原材料的单位成本；

$\theta_{jt} Y_{jt}$ 表示的是第 t 期 j 弧度的转运成本，θ_{jt} 为相应的单位成本；

$X_{\bullet t}^n$ 表示的是生产的产品数量；

$W_{\bullet t}^n$ 表示的是所有物料的在制品数量之和。

前两个约束条件表示的是在制品和产成品的流量守恒,这与传统模型不同,因为该网络中每个时点的库存水平与生产率是相关联的。($A(n, i)/B(n, i)$ 表示的是与 n 时点产品 i 的流入量/流出量相对应的一组运输弧线。)与 Ettl 等(2000)的方法相比,非线性动态被并入到清理函数之中,而没有被包含在目标函数之中,其最终成为模型的一个约束条件。此外,计划的循环性是物流需求计划系统最显著的缺陷之一,这一缺陷可以通过在数学规划模型中不明确地考虑提前期加以克服。因此,没有必要使用忽略了提前期和在制品之间的非线性关系的固定的和(或)估计的提前期。相反,利用利特尔法则可以对其进行计算,其公式为:

$$L_{it}^n = \frac{W_{it}^n}{X_{it}^n}$$

其中,L_{it}^n 表示的是在第 t 期结束之前达到的物料 i 的最后作业的期望提前期。同时,有必要对单一物料的提前期进行考虑,以便于分析不同资源消耗模式下生产多种产品的相关问题。为达到这个目的,这里假定使用采用先进先出原则的标准实例,对此具有如下关系:

$$\frac{X_{it}^n}{X_{\bullet t}^n} = \frac{W_{it}^n}{W_{\bullet t}^n}$$

运用这一关系,并将生产量 X_{it}^n 与资源消耗因子 ξ_{it}^n 相乘,其中,ξ_{it}^n 定义了 n 时点生产的单位产品消耗的物料 i 的数量,于是可以得到一个新的变量 Z_{it}^n,其形式如下:

$$Z_{it}^n = \frac{\xi_{it}^n X_{it}^n}{X_{\bullet t}^n} = \frac{\xi_{it}^n W_{it}^n}{W_{\bullet t}^n} \qquad \forall n, t, i$$

通过运用变量 Z_{it}^n,我们可以得到每一物料 i 的清理函数,这就是所谓的分段清理函数:

$$\xi_{it}^n X_{it}^n \leqslant Z_{it}^n f\left(\frac{\xi_{it}^n W_{it}^n}{Z_{it}^n}\right) \qquad \forall n, t, j$$

Z_{it}^n 的性质如下:

$$\sum_i Z_{it}^n = 1 \qquad \forall i, n, t$$

$$Z_{it}^n \geqslant 0 \qquad \forall i, n, t$$

图 35.3 对这个分段清理函数进行了描绘。

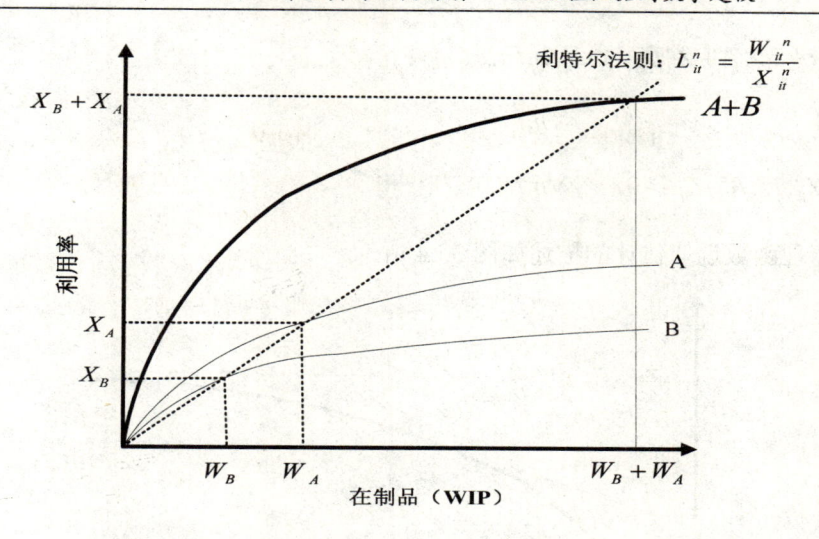

图35.3 产品A和B的清理函数

资料来源：Asmundsson等，2002。

为了放宽假定的优先级规则（先进先出原则），我们只假设 Z_{it}^n 满足以上所述的性质，但其函数形式是任意的。Asmundsson等（2002）运用这一公式成功地将在制品和提前期的非线性关系整合到了数学模型中。第二个目标是将这个模型转换成一个容易处理的形式，甚至可以处理相对较大的规划问题。由此，我们使用线性规划的方法，通过一组线性约束来表示分段清理函数。更确切的说，清理函数可由直线凸起的部分进行近似估计，因为它是凹的，所以这是有可能的：

$$f_{nt}\left(W_{\bullet t}^n\right) = \min_c \left\{\alpha_{nt}^c W_{\bullet t}^n + \beta_{nt}^c\right\} \quad \forall n, t$$

指数 c 表示的是原料的专用加工线，系数 β 代表与 y 轴的交点，表示的是物料生产能力的分担，系数 α 表示的是清理函数的斜率。将这一公式应用到分段清理函数之中，可以推导出下面的函数形式：

$$Z_{it}^n\left(\frac{\xi_{it}^n W_{it}^n}{Z_{it}^n}\right) = Z_{it}^n \cdot \min_c \left\{\alpha_{nt}^c \frac{\xi_{it}^n W_{it}^n}{Z_{it}^n} + \beta_{nt}^c\right\} = \min_c \left\{\alpha_{nt}^c \xi_{it}^n W_{it}^n + \beta_{nt}^c Z_{it}^n\right\}$$

用非线性的提前期和生产能力动态代替最初的非线性数学规划模型中的生产能力约束，于是可以得出完整的线性公式：

$$Min \sum_t \left[\sum_n \left[\sum_i (\varphi_{it}^n X_{it}^n + \varpi_{it}^n W_{it}^n + \pi_{it}^n I_{it}^n + \rho_{it}^n R_{it}^n)\right] + \sum_j \theta_{jt} Y_{jt}\right]$$

约束条件：

$$W_{it}^n = W_{i,t-1}^n - \frac{1}{2}(X_{it}^n + X_{i,t-1}^n) + R_{it}^n + \sum_{j \in A(n,i)} Y_{jt} \quad \forall n,t,i$$

$$I_{it}^n = I_{i,t-1}^n + \frac{1}{2}(X_{it}^n + X_{i,t-1}^n) - D_{it}^n - \sum_{j \in B(n,i)} Y_{jt} \quad \forall n,t,i$$

$$\xi_{it}^n X_{it}^n \leqslant \alpha_{nt}^c \xi_{it}^n W_{it}^n + Z_{it}^n \beta_{nt}^c \qquad \forall n,t,i,c$$

$$\sum_i Z_{it}^n = 1 \qquad \forall n,t$$

$$X_{it}^n, W_{it}^n, Y_{jt}^n, I_{it}^n, R_{it}^n, Z_{it}^n \geqslant 0 \qquad \forall n,t,i,j$$

对分段清理函数近似估计的描述如图 35.4 所示。

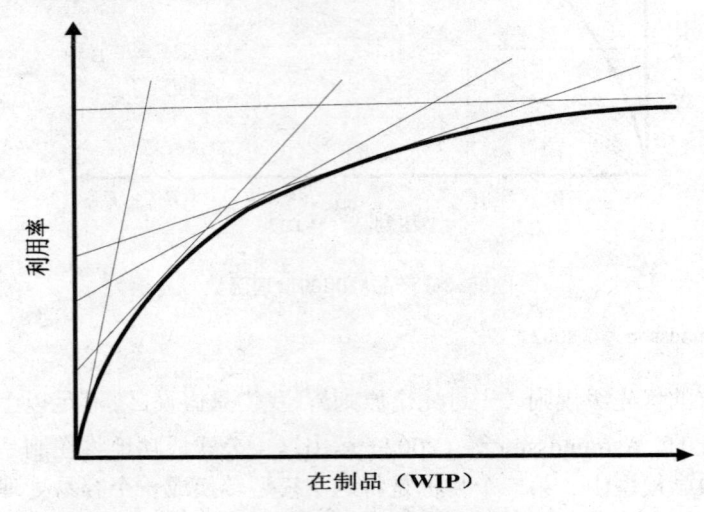

图 35.4　分割清理函数的线性化

这种方法的优点在于生产能力的边际成本和所增加在制品的边际收益是严格为正的,这是因为其生产能力约束总是有效的;这与传统模型相反,在传统模型中,只是在利用率达到100%时,生产能力约束才是有效的。然而,这种情形只有在生产系统达到瓶颈时才可能发生。为了验证这种方法的相关性和使用效果,提出该方法的研究人员以涉及三种产品的简单单阶段系统为例对其进行了考虑,分析了估计的清理函数对不同车间的排程算法、不同需求模式和使用仿真模型的生产计划技术的敏感度,并取得了很好的结果。总之,清理函数模型比使用固定计划提前期的模型(如物料需求计划)能更好地反映生产系统的特征和能力,推导出能够实现准时交付的实用性计划,进一步降低在制品库存和系统库存水平(Asmundsson 等,2003)。除此之外,该模型分析了拥挤现象对提前期和在制品的影响,进而分析了为满足可能需求高峰的预期产量和准时制生产之间的基本平衡,以避免由于可预防的产成品库存而造成的更高成本。最后,由局部清理函数模型产生的投入变得更加平稳,并提高了提前期的绩效。此外,必须对清理函数和车间经营管理系统之间的相互作用,例如取决于工作量的提前期对各种优先级规则的依存关系,进行更详细的分析。这是一种循环性关系,因为清理函数依赖于所采用的排程策略,因而也依赖于运用排程算法所得到的结果;与此同时,排程结果依赖于所发布的计划安排,因而也依赖于规划算法。

4　结论

到目前为止,取决于工作量负荷的提前期很少在文献中被考虑到,对于总体规划和控制模型而言也同样如此。这一点尤其值得注意,因为就企业的全球竞争力而言,对提前期的考虑至关重要。而且,我们已经理解了对提前期和生产系统的工作量之间的非线性关系以及对如产品组合、排程策略、分批规划、可变的需求模式和质量下降等深层影响因素进行解释说明的重要性。分析（排队）模型强调提前期和工作量之间的非线性关系，而只有很少的数学规划模型对这种关系给予了考虑。此外，在实践中，随机需求和不确定性的情形很普遍，然而却缺少对这些情形中取决于工作量的提前期进行分析的模型。在对本章中所概述的提前期进行解释方面，清理函数建模的方法是很有前景的；通过运用排队模型，该方法可以在随机框架下得以使用，其目的在于整合多变的需求模式问题，以便分析取决于工作量的提前期产生的影响。这将作为建立生产系统更复杂模型的一个起点，在更复杂的生产系统中，我们将尝试对单个生产单位（资源和工作站等）进行建模，和排队模型一样，其目的在于得到相应的具体清理函数。除此之外，本章指出了拥挤现象是导致取决于工作量的提前期上升的主要原因。拥挤现象是生产系统普遍存在的问题，它出现在不同的且经常变化的时间和地点，而且由于如机器故障、多变的需求模式和产品质量下降等因素的存在，对拥挤现象进行预测是很困难的，从而使规划过程变得非常复杂。对于未来的工作，我们将开发用于制定总体生产计划的方法，对机器发生故障的可能性的经验值以及所提到的造成拥挤现象的其它原因加以考虑。这一点可以通过应用一些算法，如学习算法加以实现，这种算法可以使我们了解生产单位（资源或工作站）和整个系统的行为，并将这些信息包含在总体生产计划之中。故障时间的相关信息在数学模型中很少被考虑，甚至像 SAP APO 这样的最新的复杂精密的供应链管理软件中也没有对其加以考虑，这将是未来研究的一个课题。

5 参考文献

1. Asmundsson, J., Rardin, R. L., Uzsoy, R. (2002): Tractable Nonlinear Capacity Models for Aggregate Production Planning, Working Paper, School of Industrial Engineering, Purdue University, West Lafayette.
2. Asmundsson, J., Rardin, R. L., Uzsoy, R. (2003): An Experimental Comparison of Linear Programming Models for Production Planning Utilizing Fixed Lead Time & Clearing Functions, Working Paper, School of Industrial Engineering, Purdue University, West Lafayette.
3. Buzacott, J. A., Shantikumar, J. G. (1993): Stochastic Models of Manufacturing Systems, Englewood Cliffs, New York.
4. Caramanis, M. C., Ahn, O. M. (1999): Dynamic Lead Time Modeling for JIT Production Planning, Proceedings of the IEEE International Conference on Robotics and Automation, Detroit, MI, May 10-15, v2, 1450-1455.
5. Chen, H., Harrison, M. J., Mandelbaum, A., van Ackere, A., Wein, L. M. (1988): Empirical Evaluation of a Queuing Network Model for Semiconductor Wafer Fabrication, Operations Research, 36(2): 202-215.
6. Ettl, M., Feigin, G. E., Lin, G. Y., Yao, D. D. (2000): A Supply Network Model with Base-Stock Control and Service Requirements, Operations Research, 48(2): 216-232.
7. Graves, S. (1986): A Tactical Planning Model for Job Shops, Operations Research, 34(4): 522 - 533.
8. Hackman, S. T., Leachman, R. C. (1989): A General Framework for Modeling Production, Management Science, 35(4): 478-495.

9. Karmarkar, U. S. (1987): Lot Sizes, Lead Times and In-Process Inventories, Management Science, 33(3): 409-418.
10. Karmarkar, U. S. (1989): Capacity Loading and Release Planning with Work-In-Process (WIP) and Lead Times, Journal of Manufacturing and Operations Management, 2(2): 105-123.
11. Karmarkar, U. S. (1993): Manufacturing Lead Times, Order Release and Capacity Loading, in: Graves, S., Rinnooy Kan, A., Zipkin, P. (eds.): Logistics of Production and Inventory, Handbooks in Operations Research and Management Science, Vol. 4, Amsterdam: p. 287-329.
12. Karmarkar, U. S., Kekre, S., Kekre, S. (1985): Lot sizing in Multi-Item Multi Machine Job Shops, IIE Transactions, 17(3): 290-297.
13. Lautenschläger, M. (1999): Mittelfristige Produktionsprogrammplanung mit auslastungsabhängigen Vorlaufzeiten ("Tactical Production Planning with Workload Dependent Forward Production Times"), PhD Thesis, TU Darmstadt.
14. Missbauer, H. (1998): Bestandsregelung als Basis für eine Neugestaltung von PPSSystemen ("Inventory Control as a Basis for a New Concept for PPS-Systems"), Physica, Heidelberg.
15. Spearman, M.L. (1991): An Analytic Congestion Model for Closed Production Systems with IFR Processing Times, Management Science, 37(8): 1015-1029.
16. Srinivasan, A., Carey, M., Morton, T. E. (1990): Resource Pricing and Aggregate Scheduling in Manufacturing Systems, Working Paper, GSIA, 1988 (Revised December 1990).
17. Suri, R., Sanders, J.L. (1993): Performance Evaluation of Production Networks, in: Graves, S., Rinnooy Kan, A., Zipkin, P. (eds.): Logistics of Production and Inventory, Handbooks in Operations Research and Management Science, Vol. 4, Amsterdam: p. 199-286.
18. Tatsiopoulos, I.P., Kingsman, B.G. (1983): Lead Time Management, European Journal of Operational Research, 14(4): 351-358.
19. Voß, S., Woodruff D.L. (2003): An Introduction to Computational Optimization Models for Production Planning in a Supply Chain, Springer, Berlin.
20. Zäpfel, G., Missbauer, H. (1993): New Concepts for Production Planning and Control, European Journal of Operational Research, 67(3): 297-320.
21. Zijm, W. H. M., Buitenhek, R. (1996): Capacity Planning and Lead Time Management, International Journal of Production Economics, 46-47: 165-179.
22. Zipkin, P. H. (1986): Models for Design and Control of Stochastic, Multi-Item Batch Production Systems, Operations Research, 34(1): 91-104.

作者简介

➢ Julia Pahl 硕士
- 1975 年出生
- 在德国汉堡大学（University of Hamburg）攻读工商管理专业
- 自 2003 年以来成为汉堡信息系统（经济信息学）研究所的外部博士生
- 主要研究方向：供应链管理；供应链规划；战术生产计划
- Institute of Information Systems (Wirtschaftsinformatik), University of Hamburg

Von-Melle-Park 5, 20146 Hamburg, Germany
Email: julia.pahl@esa.int

➢ Stefan Voß 教授、博士
- 1961 年出生在汉堡
- 汉堡大学（University of Hamburg）信息系统研究所的全职教授和主任
- 1995 年～2002 年，德国布伦瑞克科技大学（University of Technology Braunschweig）工商管理系、信息系统和信息管理系的全职教授和系主任
- 获得汉堡大学（University of Hamburg）数学学位和经济学学位
- 获得达姆施塔特科技大学（University of Technology Darmstadt）博士学位和教授资格
- 多本书籍和多家期刊中的大量论文的作者和合作作者，并担当几家期刊的编辑委员，包括作为运筹学计算期刊和启发式期刊领域编辑的副主编；经常组织研讨会和会议，还为多家公司提供顾问咨询服务
- 主要研究方向：对包括公共交通和电信在内的供应链管理和物流的定量方法研究；信息系统方法研究
- Institute of Information Systems, University of Hamburg
  Von-Melle-Park 5, 20146 Hamburg, Germany
  Fax: +49 40 42838 5535
  E-mail: stefan.voss@uni-hamburg.de

➢ David L. Woodruff 教授、博士
- 加州大学戴维斯分校（University of California, Davis）的管理学教授
- 曾任运筹学计算学会主席，并担当多家期刊的编辑委员，包括运筹学计算期刊，启发式期刊（方法论领域编辑），生产与运营管理，以及国际生产研究期刊
- Graduate School of Management, University of California, Davis
  Davis, CA 95616, USA
  E-mail: dlwoodruff@ucdavis.edu

第 36 章　废旧车辆的回收网络设计

Heinz Ahn, Jens Keilen, Rainer Souren

本章主要内容

1. 导言
2. 德国汽车业面临的挑战
3. 回收网络设计的决策支持工具
4. 可能的改进
5. 参考文献

内容摘要

对于特定行业而言，其回收网络的设计、布局和优化变得比以往更加重要，本章重点介绍了德国汽车行业在这些方面提出的具体要求。德国汽车行业存在一项重要规定，即要求制造商必须提供一个针对所有废旧车辆的区域性回收网络。在与一家大型汽车制造商合作的联合研究项目中，研究人员开发了一种用于解决设施选址问题的优化工具，该工具解决了汽车回收网络中不同参与者的布局问题。为了验证这一网络结构的有效性，本章开发了一种仿真工具，用来处理网络参与者的经验数据，该工具在回收网络中的应用使得排除不可行的网络成为可能。对仿真工具的描述以及仿真工具与优化工具的相互作用是本章主要关注的重点。

关键词：回收网络设计；汽车行业；报废车辆；回收利用；仿真工具

1　导言

根据德联邦环境、自然保护与核安全部的统计，德国每年大约有 370 万辆私家车被注销并报废。2002 年 7 月，德国通过并实施了《废旧车辆指令》(ELV Ordinance)，该指令规定：对数量庞大的废旧车辆(End-of-Life Vehicles，ELVs)进行生态无害化处理的责任由汽车行业承担。需要强调的是，该指令将该过程产生的相关费用分配给了汽车行业。

本章首先简要介绍了德国废旧车辆回收利用方面法律的发展状况，以便于读者理解汽车行业所面临的困难和已取得的进步。接下来，本章介绍了一种应用于德国汽车行业的决策支持工具，该工具是于 2002 年在亚琛大学运筹学与物流管理系主任、教授 H.-J. Sebastian 博士的指导下开发的，其"工具包"能够设计出有助于降低成本的区域性废旧车辆回收网络，在该网络中，废旧车辆的回收必须遵循《废旧车辆指令》的相关规定。该"工具包"主要包含两个工具，一个是基于一般算法的优化工具，另一个是起补充作用的仿真工具。本章将对优化工具进行必要的介绍,并对仿真工具进行详细的介绍。由于本章所使用的经验数据涉及商业机密,因而采取匿名的方式对其进行保密。

2 德国汽车业面临的挑战

2.1 德国有关废旧车辆回收利用的立法回顾

近年来,德国所有基于环保原因的立法,其基础均是 1996 年颁布的《循环经济与废弃物管理法》(Closed Substance Cycle and Waste Management Act,Dyckhoff 等,2004a:23),1998 年 4 月生效的《废旧车辆处理和道路交通规定调整法》(Ordinance on the Disposal of End-of-life Vehicles and the Adjustment of Provisions under Road Traffic Law)是对前一法案的补充与完善。2002 年 6 月,德国颁布了《废旧车辆处置指令》(ELV Act),该指令是从欧洲议会和理事会 2000 年 9 月制定的代号为 2000/53/EC 的《废旧车辆指令》演变而来(对欧洲《废旧车辆指令》发展情况更详细的说明,请参阅 Wallau,2001:103ff.;也可参阅 le Blanc 等,2004)。之后,该条例又经过了进一步修订,现在被称为《德国关于废旧车辆转让、回收和环境无污染处理指令》(German Ordinance on the Transfer, Collection and Environmentally Sound Disposal of End-of-life Vehicles),亦即《废旧车辆指令》,该指令于 2002 年 7 月 1 日生效。

《废旧车辆指令》主要关注的是产品责任,该指令规定,汽车制造商必须负责其旗下品牌所有废旧车辆的回收工作。同时,该指令还规定,汽车行业有义务从最后一位车主手中将其废旧车辆回收,为此汽车行业需要提供一个由官方指定回收网点组成的区域性回收网络,且保证任何一位车主到回收网点的距离不超过 50 公里。回收网点可以设立在汽车经销商处,特别地可以建立回收中心或符合《废旧车辆指令》附件第二章所列要求的官方指定的汽车拆解厂。此外,汽车制造商有义务对其 2002 年 1 月以后生产的每一辆汽车以及已使用十五年以上的所有车辆进行回收、再利用或处理,这项义务将在修改后的《欧盟法规》(EU Regulations)和《废旧车辆指令》中加以规定。

回收废旧车辆的程序和预定的回收率也是由法律所规定的。根据《废旧车辆指令》第五章处理责任的规定,截止到 2006 年 1 月,废旧车辆的回收再利用率至少要达到其自身权量的 85%,其中材料回收再利用率至少达到 80%;截止到 2015 年 1 月,废旧车辆的回收再利用率至少要达到其自身权重的 95%,其中材料回收再利用率至少达到 85%。此外,《废旧车辆指令》规定了车辆拆解过程中零部件拆解的最低水平,其中,拆解过程主要由电池的拆卸和其它有害物质的清除组成(细节要求和有害物质清单参见《废旧车辆指令》附件第 3.2.2.1 款)。

2.2 德国汽车行业的发展要求

在不考虑成本的情况下,法律所规定的要求可以很容易被满足。从生态学角度看,对一辆废旧汽车进行接近 100% 的回收是有可能的。但从经济学角度来看,这种做法是不合理的。未来环境政策对汽车行业所造成的影响是显而易见的。为了更好地满足《废旧车辆指令》的相关规定,汽车行业有必要不断完善以下三类工作。

- 车辆设计

在车辆早期的研发和设计阶段便将其未来的拆解过程考虑在内是促进废旧车辆回收的首要措施。生产车辆所需的零部件是由混合程度较低的材料生产的,并且这些零部件在车辆废旧后容易被拆卸(Dyckhoff 等,2004b:20ff.)。这些准备有助于满足回收配额的要求,同时能够尽量降低回收费用。然而,今天这些防备措施最早将在十年至十五年后才会发挥作用,到那时必须对现在生产的车辆进行回收。在未来 20 年的主要问题将是对那些没有进行未来回收设计的车辆进行处理。
- 系统监测

促进废旧车辆回收的第二项主要措施是提高监测系统的配置，使其能够为汽车行业提供回收和再利用车辆的准确数目和百分比（或更确切的说，就是提供废旧车辆回收再利用的权重百分比）。在回收过程中，金属粉碎企业体现出了一个弱点。在德国，大部分金属粉碎企业不仅处理废旧车辆，同时还处理钢梁、废金属、厨房设备和其它金属物品，因此很难确保进出物料流的一致性，从而使在确定所承诺回收配额的完成情况方面的工作变得复杂了。《废旧车辆指令》还规定了回收所需的信息和文件材料须在多大程度上被满足。

- 回收网络

汽车行业有义务提供一个针对所有废旧车辆的区域性回收网络，废旧在我们看来是汽车行业面临的最有意思的挑战。根据《废旧车辆指令》的规定，每个汽车制造商必须回收其指定品牌的所有汽车。根据法律规定，距离最终废旧车辆的车主 50 公里范围内必须有官方指定的旧车回收网点或汽车拆解厂，超过汽车行业覆盖的 50 公里范围所发生的所有运输费用均由汽车制造商承担。因此，这种回收网络的设计是对现在汽车行业的一项基本要求。

3 回收网络设计的决策支持工具

3.1 网络配置

为了理解回收网络设计过程中所存在的困难，下面将对"假定"网络及其相关问题进行说明。逆向供应链由 4 种不同角色组成，如图 36.1 所示。在图中，组 1 代表的是废旧车辆的最终车主。就优化和仿真而言，最终车主被认为是废旧车辆产生的来源，他们可以将其废旧车辆运送到距离其 50 公里范围内的官方指定回收网点（例如官方指定的汽车经销商）或汽车拆解厂，即组 2 所代表的角色。如果距离最终车主 50 公里范围内没有回收网点和汽车拆解厂，那么汽车制造商将从最终车主手中回收其废旧车辆，并把这些车辆运往最近的回收场所，且承担相应的费用。因此，汽车制造商有必要构建一个由回收场所组成的具有一定覆盖区域的回收网络，从而实现其运输成本的最小化。

根据《废旧车辆指令》的规定，每一辆废旧汽车都必须在官方指定的汽车拆解厂进行拆解。因此，那些回收到回收网点的废旧车辆必须运送到最近的拆解厂（德国禁止在回收网点提前处理废旧车辆）。在拆解厂，工作人员将按照《废旧车辆指令》的规定对车辆进行拆解，然后将其残骸进行挤压，以便于将其运送到粉碎厂，即组 3 所代表的角色。粉碎厂负责粉碎车辆残骸，并将粉碎得到的材料分为三类，分别运送到组 4 中的不同角色。第一类是灯具材料，它包含泡沫、塑料等，这些材料必须在填埋场进行处理；第二类是非铁质材料，这些材料需要在不同的再加工设备中进行回收处理；第三类是各种铁质材料，这些材料可以被钢铁行业回收再利用。

从汽车制造商的立场来看，他们面临的最重要的问题是实现图 36.1 中组 1 到组 3 过程的网络成本最小化，所需要解决的问题可以概括如下：
- 配置额外的回收设施
- 决定所要使用的拆解厂
- 设定所要采用的运输路线

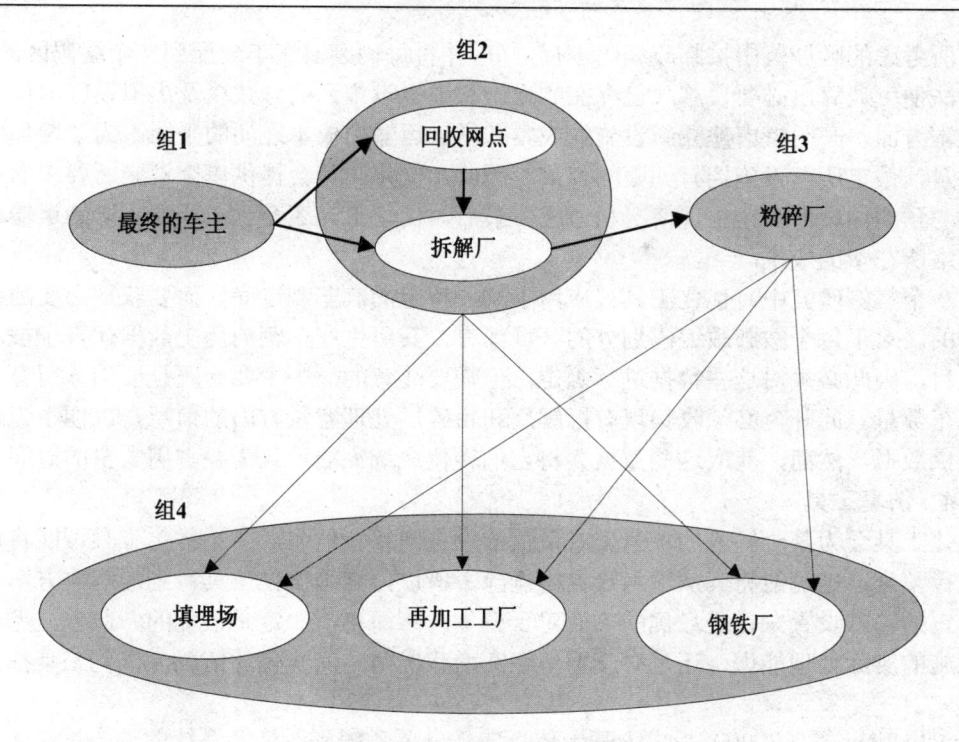

图 36.1 废旧车辆的逆向供应链

3.2 优化和仿真程序的结合

为了解决类似于车辆回收网络中遇到的问题，一种优化和仿真程序相结合的方法已经在一些文献中被提了出来。例如，Schultmann 等（2003）分析了德国废旧电池闭环供应链的结构；在分析中，他们采用了将优化模型和流程过程模型相结合的方法，其中，优化模型针对的是逆向供应网络设计问题；该方法的应用能够使生成的仿真模型得到不断地调整，以适应废旧电池在钢铁制造业中潜在的回收选择（Schultmann 等，2003：57；有关这样的排序方法，也可参见 Latre 和 Rodriguez，2002）。该问题与废旧车辆回收问题相比，一个主要区别在于，废旧电池回收箱（或回收设备）的位置实际上是已知的，这就导致了旅行商问题（traveling-salesman-problem）或车辆路径问题（vehicle-routing-problem）。

优化和仿真都有各自的优势，同时也有各自的不足（例如，见 le Blanc 等，2004，纯粹的闭环优化程序；Fleischmann 等，2003，纯粹的闭环仿真程序）。然而，将这两种方法结合起来应用，使之有可能在弥补各自不足的同时发挥各自的优势。一方面，优化不能处理随机数据和动态数据，但仿真可以；另一方面，优化的结果取决于输入信息的质量以及用户的操作能力和对所处理问题的理解，在这方面，优化程序可能会根据目标函数和约束条件生成最佳的解决方案，并能帮助用户更好地了解其所面临问题的相关背景。

3.3 优化工具

建立一个用于回收废旧车辆的区域性废旧回收网络所面临的挑战涉及到多级覆盖设施选址问题。在此背景下，所开发的工具包的优化部分以二进制编码的遗传算法（Generic Algorithm，GA）为基础，该算法能够生成一个关于特定假设的网络（关于与多级覆盖设施选址问题类似问题的求解，可参见 Fleischmann 等，2004：72ff.）。对遗传算法的详细介绍可参见 Schleiffer 等（2004）。

将所考虑的区域范围按邮政编码进行划分,并将每辆废旧汽车分配到一个编码区的中心,遗传算法便可计算出必要设施(已存在的设施和虚拟设施)的总数以及虚拟设施的位置。在相关成本方面,必须考虑建立新设施的成本和增加运输的成本之间的平衡。为了增加生成网络的数量,假定所有设施拥有无限的容量。因此,优化工具会提供单个设施所要求的必需容量,以与预测的废旧车辆出现情况相适应。最后,优化工具还会生成所要选取的运输路线和整个网络所花费的成本。

在一个案例研究中,优化工具被应用于某一特定的汽车制造商,而要获得必要的数据是很困难的。对于每个按邮政编码划分的区域而言,其所生产车辆的历史数据代表了被注销的车辆数目,因此必须对这些数据进行确定,但需要注意的一个主要问题是要消除所有销往国外的汽车数量。此外,必须收集现有拆解厂和粉碎厂处理容量方面的信息,以便于为随后的仿真提供数据。然而,获取这些数据并将它们转化成统一的形式需要占用大量的时间。

3.4 仿真工具

优化工具会为某一输入的场景生成最优的设备网络。然而,由于优化工具可能将现有的设施进行整合,也可能将其从输入设置中排除。所以,利用优化工具得到的解决方案仅仅对那个特定的输入设置来说是最优的,而对于整体网络而言不一定是最优的。此外,无论是对现有设施的实际处理能力,还是对废旧车辆突增状况随时间变化的情况,优化工具都没有给予考虑。

Simchi-Levi 等(2000)指出,基于仿真的工具要考虑到所涉及系统的动态性。于是,一种被称为"仿真辅助"的工具被研发了出来,用以核查在考虑了动态稳定性的情况下所生成的网络结构。这种工具考虑了现有的和所需的设施能力,从而使得网络中各种参与设施最大利用百分比的确定成为了可能。因此,所需的额外设施以及供应链上不必要的角色也可以加以确定。

我们选定罗克韦尔软件股份有限公司(Rockwell Software Inc.)的 Arena 5.0 专业版作为所需的仿真软件。在执行必要的模块操作后,仿真软件就会运行,用户可以轻松地运用这个软件。这种仿真工具的输入和输出能在一定程度上进行修改,并可在常见的微软应用软件中进行分析。为了建立一个仿真模型,有可能利用 Visual Basic 编程,以增加现有的和发展新的功能模块。在我们的场景中,重点在于核查设施的利用情况,因此有必要考虑流程次数和物料流。Arena 正好包含这些功能,能够实现以过程和流程为导向的仿真。该软件配备了动画平台,使得用户可以观察仿真运行过程,并呈现出仿真结果。

接下来,我们首先将从该仿真工具及其模块所需的输入信息开始,对该仿真工具进行描述说明;其次,对应于回收网络中三个主要类别的参与者——回收网点、汽车拆解厂和粉碎厂,仿真工具拥有三种不同的模块类型,我们会根据它们的实施情况和功能将这三种模块类型——呈现;最后,我们将对该仿真工具的所得结果及其贡献加以确定。

(1)仿真工具必要的输入信息

根据数据来源和信息更改的可能性,仿真工具需要的输入信息可以细分为三类。第一类是外部数据,这些数据是从某个数据库或其它预先设置的数据文件中获得的。此类信息在仿真程序开始运行时会被读取,但不能被更改,除非用户拥有数据库的访问权,并且只能在仿真程序运行前进行手动更改。相应的数据包括流程次数、位于德国的所有邮政编码为五位数的地区的坐标以及一组包含了从一个邮政编码区到另一个邮政编码区距离矩阵的数据文件。这些数据的结构和使用将在后面进行详细说明。

第二类输入信息是优化工具的输出信息。与出现废旧车辆相对应的数据涉及到每年出现废旧车辆的数量、地点（即邮政编码区）以及参与成员的现有能力（然而，这些信息在优化过程中是不能被使用的）。这些信息不能被用户直接更改。凭借为优化工具选定的场景的配置，结果也可从仿真工具中读取出来。现在，仿真工具包含了参与设施的设置信息与容量信息。此外，出现废旧车辆的数量及原发生地（即将在仿真运行中生成的邮政编码区）的相关信息是可知的。这些信息之所以可以获取，是因为优化工具生成的结果中包含了有关参与设施所需的容量信息，该容量与由相应设施所处理的废旧车辆的数量是相等的（即参与设施 x 的所需容量=邮政编码区 x 所出现的废旧车辆的数量）。利用距离矩阵中的信息可以为每一个参与设施确定最近的交付目的地与合适的运送次数，其中，该距离矩阵由 8350 份数据文件组成（在德国，每一个邮政编码区具有一份数据文件），每份文件都代表了一个矩阵，该矩阵显示了从某个邮政编码区到其它所有的邮政编码区的距离。

第三类信息必须由用户以预定义的用户表格形式手动输入，以便于对仿真工具进行设置。这类信息包含了有关数据库和数据文件的数据，是否显示动画，所要考虑的参与者类别，以及在下面几节中对每一个参与者类别进行详细描述的其它信息。只要给定所有的信息，用户就可以开始对仿真进行运行，其结果可以保存在一个 Excel 数据表中。

（2）模块

前面的段落已经表明，仿真工具的核心部分由表示参与者及其行为的模块组成，下面我们将对其进行详细描述。所采用的模块与三个主要类别的参与者（回收网点、汽车拆解厂和粉碎厂）相对应。

● 回收网点

设立回收网点的目的在于提供一个区域性的回收网络。收集废旧车辆是回收网点的唯一功能，在回收网点对废旧车辆进行任何提前处理都是法律所禁止的（见《废旧车辆指令》附件第 2.1.2 款；这条法规只适用于德国）。经过收集后，废旧车辆会被运往附近的拆解厂。

在仿真工具中，回收网点充当着生成一部分废旧车辆实体的来源。实际上，废旧车辆是由最终的车主送往回收网点的，他们才应当被看作是废旧车辆的来源。从仿真的角度来看，成千上万的实体（即废旧车辆）必然将在成千上万的不同地点（即在德国的 8350 个邮政编码区）产生，然后被运送到回收地点。然而，优化工具已经生成了废旧车辆数量和对废旧车辆加以收集的目的地的相关信息，这使得在回收网点模块中直接创建实体的做法变得很合理。从工具包整体来看，优化工具在考虑每一个回收网点所要求的容量的基础上，提供了一个保障区域性覆盖范围的回收网络；这些容量决定了在单个回收网点所生成的废旧车辆的数量。优化工具计算了相关网络配置的运输费用，而仿真工具核实了相关网络的可用性。

回收网点模块正常运行所必需的信息及其来源如下所示：

——邮政编码（优化工具）
——定位在可视化地图上的邮政编码坐标（数据文件）
——废旧车辆出现的数量=所需的容量（优化工具）
——可用的容量（优化工具）
——运送目的地（距离矩阵）
——运送时间（距离矩阵和估算）
——运送策略（用户表格）

运送策略是用户在仿真开始时必须键入的选择项之一。用户可以从以下两个选项中进行选择：一是实体（废旧车辆）以周期性间隔（x 天后）被运送到最近的拆解厂，二是只要预先定义数量的废旧车辆入库，就开始运送。

仿真工具根据用户的相关信息和优化工具的输入信息生成了回收网点网络，在此之后，用户可以开始进行仿真，或者对个别回收网点模块的设置做出预先定义的改变。用户表格（运送策略）、模型的可视化和操作数（特定回收网点的独特配置）如图 36.2 所示。

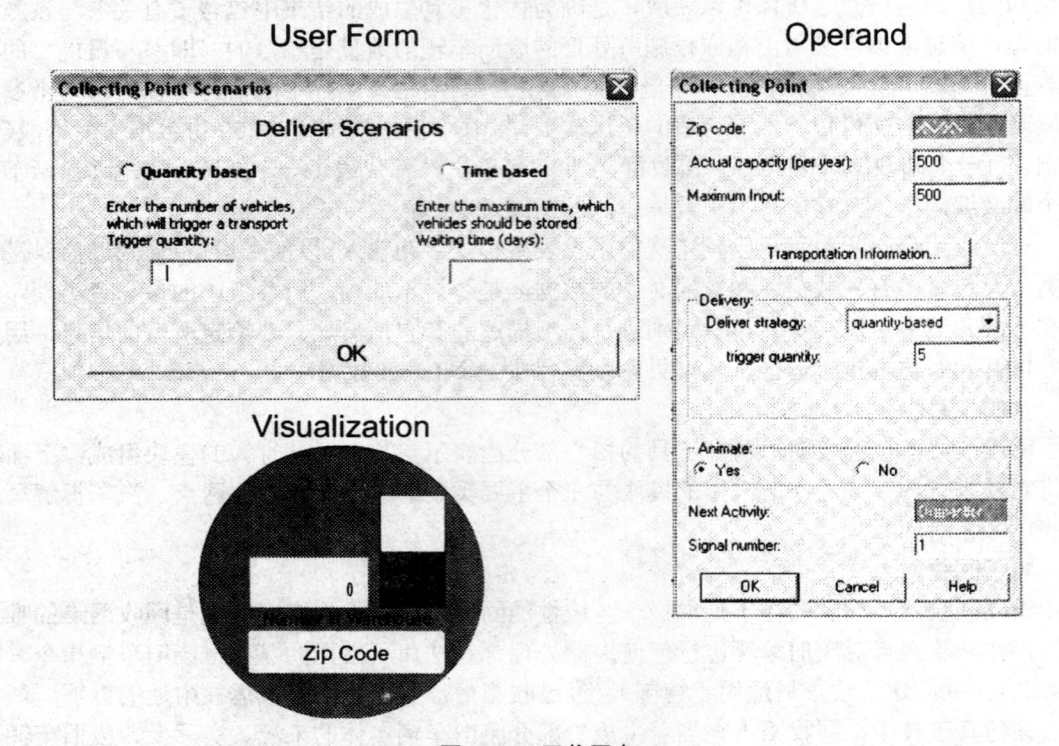

图 36.2 回收网点

在回收网点模块中，代表所收集废旧车辆的实体是由随废旧车辆数量（等于一次仿真中的废旧车辆数）的变化而变化的离散函数随机生成的。每一个回收网点所产生的实体总数以优化工具所给定的出现废旧车辆的数量为上限。实体生成后便开始排队等候，经过一个特定的时间周期（由用户定义）或完成预先设定的数量后便从队列中释放出来。实体一旦从队列中释放出来，便根据预先设定的每次运输废旧车辆的数量（即卡车容量）分批次运往最近的拆解厂（即运送目的地）。

- 汽车拆解厂

逆向供应链中组 2 中角色所对应的仿真工具中的模块是回收网络的瓶颈（经过几次仿真运行便可证实这一事实）。每辆汽车都必须被送往拆解厂，在那里对其进行"脱干"处理，拆解出可回收利用的零部件，最后将车辆残骸进行挤压以方便运输。"脱干"和拆解过程中所提取的液体和零部件在《废旧车辆指令》附件第 3.2 节中有详细说明。

进入输入端的信息流可以分为两类。首先，拆解厂具有回收网点的功能。当最终车主到拆解厂的距离比到其它任何回收网点的距离都近时，车主会将其废旧车辆直接送往拆解厂，这时拆解厂模块将会以与回收网点模块同样的方式运行，并根据来自优化工具的信息和废旧车辆数量的随机离散函数生成适当的实体数目。在这种情况下，拆解厂模块也成为了废旧车辆实体的来源。第二类信息流描述了从附近回收网点运来的实体。

汽车拆解厂模块正常运行所必需的信息及其来源如下所示：

——邮政编码（优化工具）

——定位在可视化地图上的邮政编码坐标（数据文件）

——直接在此邮政编码区出现的废旧车辆数目（优化工具）

——可用的容量（优化工具）

——流程次数（数据库）

——运送目的地（粉碎厂数据表）

——运送时间（粉碎厂数据表和估算）

对于废旧车辆的拆解场景，用户有两种选择。在第一种场景中，对废旧车辆的拆解深度仅限于《废旧车辆指令》中规定的需要强制拆除的零部件。在第二种场景中，用户可能会拆解包含在用户表格预先定义列表中的其它零部件（见图36.3）。根据选定的场景，在仿真运行前，为拆解某些具体的零部件，该模块会从数据库中提取所需的流程次数，这些流程次数随后会被嵌入到函数中，以生成随机运行次数。与回收网点模块相比，拆解厂模块的运送目的地和运送时间可以从不同的数据文件中获取。由于德国现存的39个不同的汽车拆解厂在调查时都可以被识别，因此可以得到一个包含从每个邮政编码区到最近拆解厂最短距离的数据文件。

仿真工具根据用户的相关信息和优化工具的输入信息，便可生成汽车拆解厂网络。在此之后，用户可以选择互动，并通过操作数窗口（见图36.3）更改个别拆解厂的配置。例如，他可以更改拆解列表。

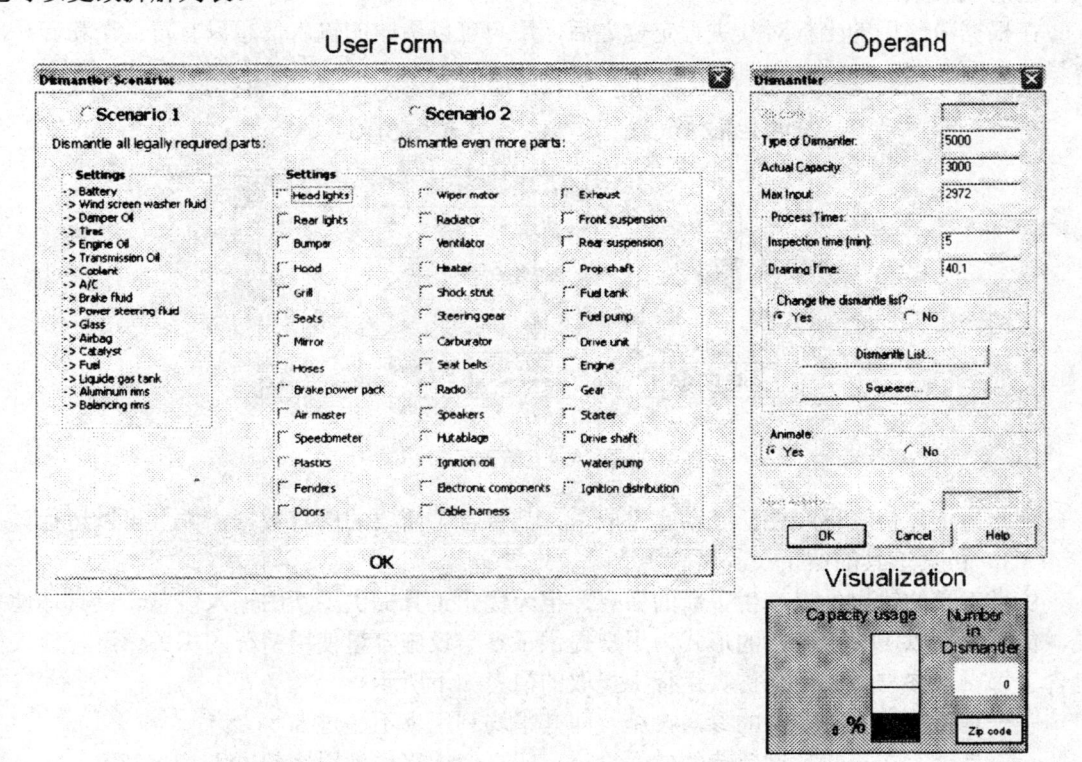

图 36.3　汽车拆解厂

废旧车辆在拆解厂模块生成后或从回收网点模块进入拆解厂模块后会进入一个队列，在那里它将作为一种闲置资源来等待初始检验。随后它将进入第二个队列，在那里等待"脱干"处理的开始。在"脱干"过程中，所有提前选定的部分，如润滑油和汽油等，都将被提取出来。接着将对表示提取材料的新实体进行计数和处理。

在"脱干"之后，废旧车辆实体的主要部分将再次进行排队，以等待拆解。根据预先确定的拆解程度，拆解过程发生在不同阶段。对于五个阶段中的每一个阶段来说，都可根据之前分析的典范拆解模式对相应部件进行拆解。在所有的阶段中，所拆解的部分均由新的实体来代表，这与"脱干"过程中的做法相类似。大部分的拆解厂会对预先处理的汽车残骸进行挤压，以便于存储和运输，在拆解厂模块中也会进行同样的处理。

- 粉碎厂

在回收网络中，粉碎厂的功能是将拆解的废旧车辆粉碎成三个输出部分，在确保完成承诺回收配额过程中所面临的主要问题之一就与这一角色密切相关。然而，工具包的目的在于设计一个区域性的回收网络，并实现其成本的最小化。因此，对粉碎厂的分析仅仅涉及到了它们的利用率和对实体进行"脱干"处理的功能。

粉碎厂模块功能的完美实现所需要的信息可以概括如下：

——邮政编码（优化工具）

——定位在可视化地图上的邮政编码坐标（数据文件）

——可用的容量（优化工具）

可用容量要以现有的实际容量数据（只要它们是已知的）为基础，且必须转化为每天废旧车辆的残骸数量。

在根据粉碎厂的坐标对其进行定位之后，用户可以更改的输入信息只有每一个粉碎厂的容量（见图36.4）。

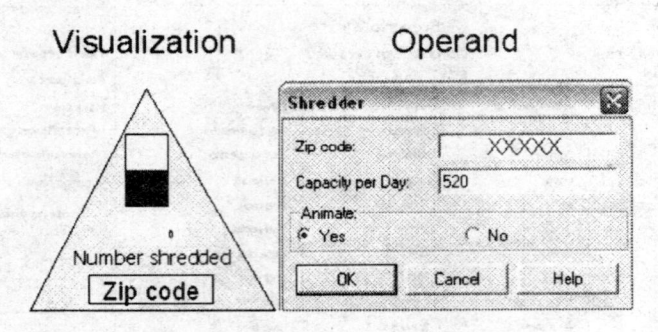

图36.4 粉碎厂

到此为止，仿真程序便已经彻底完成了，其包含了需要的所有数据，并且可以运行。

（3）仿真工具的结果及其贡献

仿真工具的输出结果产生了新的信息，也为优化工具提供了新的输入信息。更具体地来说，仿真工具以 Excel 表格的形式为用户提供了参与设施容量使用情况的相关信息，该表格包含了每一个参与设施。从仿真运行中提取的信息如下所示：

——是否存在一些多余的参与设施，即其平均利用率不超过 50%？

——是否存在一些超过负荷的参与设施，即它们的平均利用率超过了 110%？

——网络配置是否能够满足处理预计车辆数量的需要？

第36章 废旧车辆的回收网络设计

如果对于前两个问题，其中一个的答案是"是"，那么相应的参与设施必须加以确定。在第一种情况下，这些参与设施可能被排除在优化工具的参与设施设置之外，并将开始进行重新优化，以便于生成新的、更好的网络配置。在第二种情况下，有必要对附近的设施进行识别，并将其包含在优化运行中，以弥补这类设施容量的不足。这两个步骤必须反复进行，直到第三个问题的答案变成"是"为止。

为了使结果更加形象，图36.5给出了仿真运行的主要结果。到目前为止，有两个拆解厂利用过度，相应的解决措施是确定这两个拆解厂的位置（邮政编码），然后将附近的拆解厂整合到优化工具的输入设置中。此外，有两个拆解厂利用率低于50%，它们将从输入设置中被排除。在此之后，优化工具将重新运行。

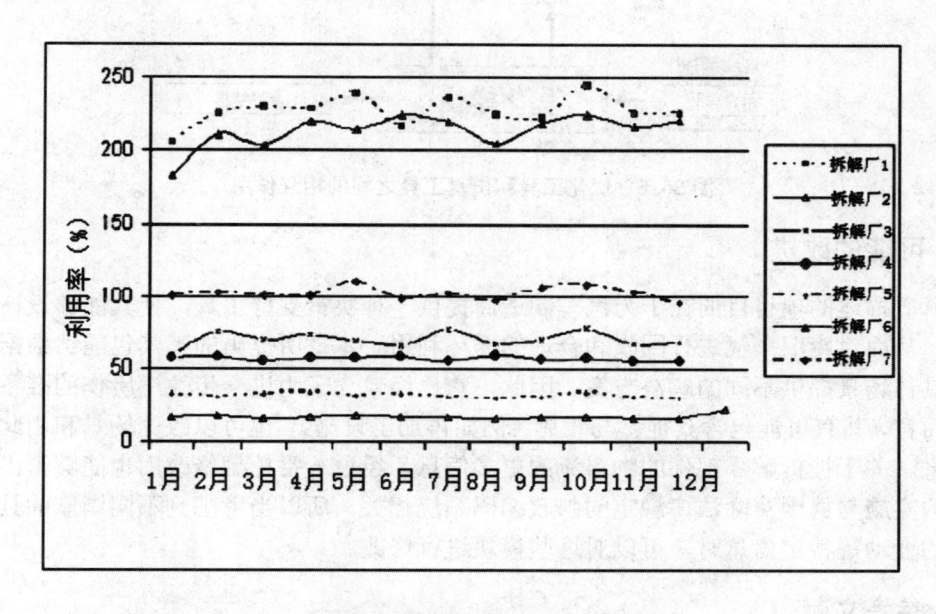

图36.5 汽车拆解厂的利用率

将优化和仿真这两种独立的工具结合应用使得二者之间发生了相互作用。首先，为启动优化工具，用户需要键入必要的信息，在此基础上可以生成第一个最佳的解决方案（相对于其输入而言）。由此产生的网络随后将通过仿真工具进行动态验证。为了做到这一点，仿真工具会对必需的输入数据加以读取。根据所选定的场景和拆解范围，所需的其它信息将由用户直接输入。接下来，仿真工具会生成包含额外数据的特定网络，并将此场景运行一整年。随后，所生成的结果将以参与设施利用率的形式体现，且需要对此结果进行深层次的分析。这两种工具之间的相互作用以及额外的外部信息如图36.6所示。

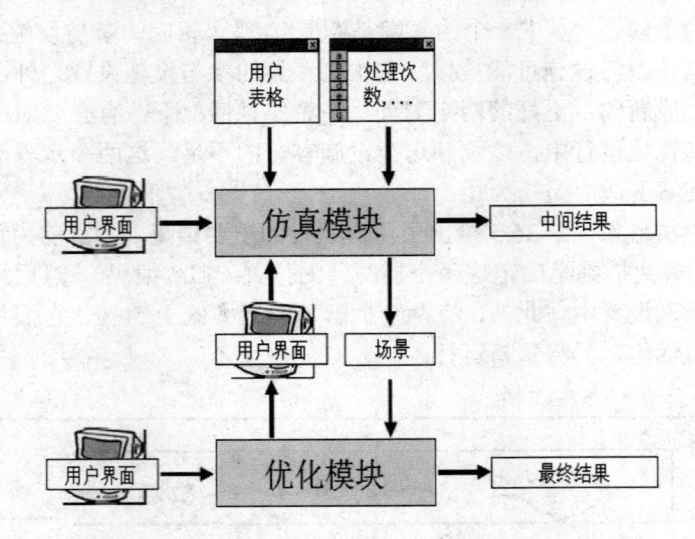

图 36.6 优化工具和仿真工具之间的相互作用

4 可能的改进

本章所描述的项目目的在于为汽车制造商提供一种决策支持工具，使其能够设计一个回收网络，从而对废旧车辆进行回收和合理的循环利用。本章所提出的工具包能够根据用户所定义的具体场景提供不同的解决方案。因此，它已经包含了为进一步改进所作的准备。就仿真工具而言，其有可能包含其他参与设施（例如再加工设施），也可以改变场景和由此产生的结果信息。关于被拆解零部件的物料流的更多信息，经过一番挖掘修改后也能够得出。由于工具包的实施与德国实际法律规定的邮政编码系统相关，所以当考虑到不同国家的具体情况和立法的变动等特定信息时，可以对这些模块进行修改。

5 参考文献

1. Dyckhoff, H., Souren, R., Keilen, J. (2004a): The Expansion of Supply Chains to Closed Loop Systems—A Conceptual Framework and the Automotive Industry's Point of View, in: Dyckhoff, H., Lackes, R., Reese, J. (eds.): Supply Chain Management and Reverse Logistics, Springer, Berlin et al.: p. 13-34.
2. Dyckhoff, H., Keilen, J., Souren, R. (2004b): Konzeptionelle Grundlagen kreislaufgerechter Produktinnovationen in der Automobilindustrie (Fundamental Concepts of Closed-Loop Product Innovations in the Automotive Industry), in: Schwarz, E. (ed.): Nachhaltiges Innovationsmanagement (Sustainable Innovation Management, Gabler,Wiesbaden: p. 361-380.
3. Fleischmann, M., Bloemhof-Ruwaard, J. M., Beullens, P., Dekker, R. (2004): Reverse Logistics Network Design, in: Dekker, R., Fleischmann, M., Inderfurth, K., Van Wassenhove, L. (eds.): Reverse Logistics—Quantitative Models for Closed-Loop Supply Chains, Springer, Berlin et al.: p. 65-94.
4. Fleischmann, M., van Nunen, J. A. E. E., Gräve, B. (2004): Integrating Closed-Loop Supply Chains and Spare-Parts Management at IBM, in: Interfaces, (33): 44-56.

5. German Law Governing the Disposal of End-of-life Vehicles (End-of-life Vehicle Act—AltfahrzeugG) of 21. June 2002 (Federal Law Gazette I number 41 page 2199 of 28 June 2002), Federal Ministry 28 June 2002 for the Environment, Natur Conservation and Nuclear Safety Division WA II 3.
6. Latre, L. G., Moreira Rodriguez M. T. (2002): Sequential Approach to Production Planning in Multisite Environment, in: Proceedings of the 15th Triennal World Congress on Automatic Control, Barcelona.
7. Le Blanc, H. M., Fleuren, H. A., Krikke, H. R. (2004): Redesign of a Recycling System for LPG-Tanks, in: OR Spectrum, (26): 283-304.
8. Ordinance on the Transfer, Collection and Environmentally Sound Disposal of End-of-life Vehicles (End-of-life Vehicle Ordinance—AltfahrzeugV), Federal Official Gazette, Year 2002 Part I No. 41, published in Bonn on 28 June 2002.
9. Schleiffer, R., Wollenweber, J., Sebastian, H. J., Golm, F., Kapoustina, N. (2004): Application of Genetic Algorithms for the Design of Large-Scale Reverse Logistic Networks in Europe's Automotive Industry, in: Proceedings of the 37th Hawaii International Conference on System Sciences (HICSS'04): p. 1-10.
10. Schultmann, F., Engels, B., Rentz, O. (2003): Closed-Loop Supply Chain for Spent Batteries, in: Interfaces, (33): 57-71.
11. Simchi-Levi, D., Kaminsky, P., Simchi-Levi, E. (2000): Designing and Managing the Supply Chain—Concepts, Strategies, and Case Studies, The McGraw-Hill Higher Education, Boston et al.
12. Wallau, F. (2001): Kreislaufwirtschaftssystem Altauto—Eine empirische Analyse der Akteure und Märkte der Altautoverordnung in Deutschland (Recycling Management for ELVs—An Empirical Analysis of the Actors and Markets of the ELV Ordinance in Germany), DUV, Wiesbaden.

作者简介

➢ Heinz Ahn 高级讲师、博士
- 1956 年出生
- 在亚琛工业大学（Aachen University，RWTH）攻读工商管理专业
- 1993 年～1997 年，任环境管理和工业控制系讲师，并攻读博士学位
- 1997 年～2004 年，助理教授，任环境管理和工业控制系高级讲师
- 自 2004 年起成为亚琛工业大学运筹学和物流管理系的代表性人物
- 主要研究方向：环境管理；管理控制；多准则决策
- Chair for Operations Research and Logistic Management, Aachen University (RWTH)
  Templergraben 64, 52056 Aachen, Germany
  Tel: +49 241 80 96209   Fax: +49 241 80 92179
  Email: ahn@lut.rwth-aachen.de, http://www.lut.rwth-aachen.de

- Jens Keilen 研究助理、硕士
  - 1972 年出生
  - 1996 年~2001 年，在亚琛工业大学（Aachen University，RWTH）攻读工商管理专业
  - 2001 年，在美国马里兰大学（University of Maryland, USA）完成论文
  - 自 2002 年起任亚琛工业大学环境管理和工业控制系研究助理
  - 主要研究方向：供应链管理；环境管理；闭环管理
  - Chair for Environmental Economics and Industrial Controlling, Aachen University (RWTH)
    Templergraben 64, 52056 Aachen, Germany
    Tel: +49 241 80 96576   Fax: +49 241 80 92179
    Email: ahn@lut.rwth-aachen.de, http://www.lut.rwth-aachen.de

- Rainer Souren 教授、博士
  - 1966 年出生
  - 在亚琛工业大学（Aachen University，RWTH）攻读工商管理专业
  - 1991 年~1996 年，任环境管理和工业控制系讲师，并攻读博士学位
  - 1996 年~2003 年，作为助理教授，成为该系高级讲师
  - 自 2003 年 12 月起，任不来梅大学（Bremen University）生产和信息管理系教授
  - 主要研究方向：环境管理；闭环管理；生产和物流管理
  - Institute for Production and Information Management, Bremen University
    PO Box 33 04 40, 28334 Bremen
    Tel: +49 421 218 2011   Fax: +49 421 218 4271
    Email: souren@uni-bremen.de, http://www.wiwi.uni-bremen.de/prodwi

第 37 章 供应链中物质流和能量流的建模与综合评估

Jutta Geldermann, Martin Treitz, Hannes Schollenberger, Otto Rentz

本章主要内容

1. 导言
2. 物质流和能量流管理方法论
3. 多目标夹点分析
4. 结论
5. 参考文献

内容摘要

对技术要求和物料属性的详细描述对于对物质流和能量流进行综合评估而言是必不可少的。由于物料和运营状态的变化会影响整条供应链，因此，对供应链结构的综合流程设计旨在从整体上进行流程设计和运营规划。在多目标夹点分析（Multi Objective Pinch Analysis，MOPA）中，对流程集成方法和运筹学方法的结合使用可以对进行综合技术评估所需要的许多经济和环境流程属性进行分析和研究。因此，本章所关注的重点在于企业间动态物料流网络中工厂布局规划优化方法的发展。

关键词：物质流和能量流管理；供应链结构；多目标夹点分析

1 导言

供应链结构的重大变化（例如市场变化所带来的供应链结构变化）为企业的发展带来了挑战，其对中小企业（Medium-Sized Enterprises，SME）的影响尤为明显。随着近年来技术的改进（例如废气中挥发性有机化合物回收领域相关技术的改进）和政府对回收利用的倡议（例如 IPPC 指令（EC，1996）），供应链不再是一个以最终消费者为终端的线性流程体系，而逐渐转向于对其它供应链中副产品的回收和利用。因此必须减少废弃物的排放和污染的发生，同时提高资源利用效率，以便降低资源消耗。一般而言，由 Sarkis（2003）提出的处理废物流的五种不同方法，即减少、再利用、再制造、回收和处理，同样适用于供应链。利用这些方法，物料可以在闭环供应链网络中进行循环，同时可以降低资源消耗。提高资源利用率是实现可持续发展的关键因素之一。

最近一篇关于逆向网络设计模型的文献综述（le Blanc 等，2004）指出，关于逆向网络设计和优化的大部分案例研究所针对的都是再制造（例如电子设备），而不是再处理（例如废水流)。然而，这些研究主要关注的是运作层面上的系统绩效，得出的观点只局限于单一问题上，而缺少对系统更综合的研究（Georgiadis 和 Vlachos，2004）。

虽然对生产残余物（主要是切割产生的边角料和有缺陷的产品）再利用的要求最先出现在制造业中而不是化工工艺过程中，但化工工艺过程必须考虑大量具有各种物料属性的副产品，特别是化工供应链中物质流和能量流管理以及处理工程等传统领域中将有害物质变为有用产品的转化。对不同加工系统进行综合分析不仅能够为产业供应链系统提供有价值的见解，同时也能够促进该系统中财务状况的改善和环境绩效的提高（Türkay 等，2004）。在此背景下，供应链涵盖了生产最终产品所需的所有流程。

对不同投资选择的多准则分析很大程度上取决于所投入的物料及其属性以及物料的具体技术应用。本章所分析的重点并不是贯穿于供应链的信息流和有关物料运输或组织的相关问题，而是技术上的相互依赖关系，这种关系可以用于评估技术、经济与环境进一步优化的潜力。因此，用于流程改进（物料消耗、运行状态和设备转化等）的技术的应用范围及其对供应链网络中上下游企业和工业园区的影响必须加以考虑。一项适当技术的经济选择是以技术要求为基础的，因此综合性方法的选择是必要的，下文将对此进行讨论。

识别资源的有效运作状态，并对后续流程布局提出修改建议，是本章所介绍的多目标夹点分析方法的目的所在。使用夹点分析方法（见第 3.1 小节）对能量流、水流和溶剂流进行评估，可以从理论上计算出相应资源的最低消耗量，而这一数量将会成为后续流程布局设计的目标。在多准则分析中必须对不同输入资源之间的平衡加以分析（见第 3.3 小节），并得到基于区域环境资源有效性的衡量标准。

2 物质流和能量流管理方法论

2.1 实际适用性

受多项措施的推动，清洁生产战略逐渐被应用于整个欧洲，以达到提高生产效率和防止环境破坏的目的。整条供应链的闭环方法、产品与相关流程的生命周期评价（Life Cycle Assessment，LCA）标准（Hunkeler 等，2003）以及技术经济评价方法通常被应用于改善环境绩效。尽管这些方法在工业化国家中处于不断成熟的阶段，但这些国家不断发展的金融机构尚未重视清洁生产过程所带来的额外环境效益和社会效益。因此，寻找一种考虑技术要求及其影响的适用且实用的方法很有必要。

一般来说，在工厂和企业层面、跨企业层面甚至全球层面上，都存在各种各样的以生产流程环境改善为目的的方法和术语。例如，产业生态学研究领域致力于研究"……产业活动和消费活动中的物料流和能量流及其对环境产生的作用，以及其对经济因素、政治因素、管制因素、社会因素和资源转化产生的影响"（White，1994）。因此，产业生态学考虑了企业层面、跨企业层面和全球层面等不同的应用范围，从而包含了各种方法。

然而，除产业生态学所包含的各种方法之外（Graedel 和 Allenby，2003），在企业、流程和产品评估的不同层面上还存在各种其它的方法，例如清洁生产（UNEP（联合国环境规划署），1994）、生态效益（Fussler，1999；Lehni，2000）、零排放概念（Suzuki，2000）和基于概念的供应链管理（绿色供应链管理（Sarkis，2003）、环境供应链管理（Nagel，2000）和集成供应链管理（Seuring，2004b）等等。从定义来看，这些方法彼此之间可能是相互独立的，可能是相互辅助的，也可能是相互重叠的；然而，对不同的方法及其共同点和不同点的讨论并不是本章的目的所在（见 Seuring，2004a）。

这些方法可能是基于不同的目标和层面（产品、企业、企业间或区域层面），也可能在其应用方面上存在不同，然而这些方法在被应用于切实可行的解决方案方面面临着共同的挑战，或者正如 Seuring（2004b）所说："可持续发展作为商业中的一项指导原则已经被广泛接受，尽管如此，这一原则仍然需要在商业实践中贯彻执行。"

因此，不同的信息来源和不同的有效方法依赖于各自的应用范围而存在（见图 37.1）。

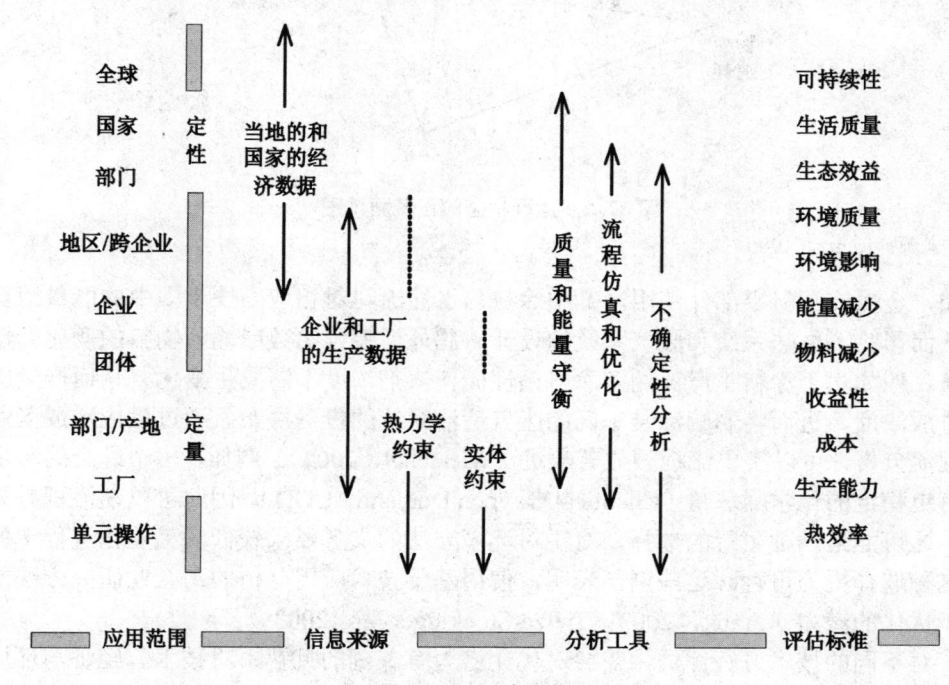

图 37.1 概念框架图

资料来源：Diwekar 和 Small，2001。

此外，不同标准的盛行取决于其研究目标，以全球层面上的可持续发展为代表的较宽的模式分解成以单元操作层面上的热效率为代表的较窄的标准便说明了这一点。各种应用范围的不同评价标准包含了不同的属性，由于部分属性与目标冲突，因而需要进行多准则决策分析。因此，一种基于流程并考虑了不同可用操作单元的方法将在本章加以讨论。

2.2 最优化的技术范围

在识别类似的选择和系统边界方面面临的困难推动了对技术应用的评估（Rentz，2004）。与在流程下游实施的末端减排措施相反，涉及流程变化的所有参数（例如硫浓度变化）必须在流程集成措施中给予考虑（Rentz，1995），因此流程集成措施包含了整条供应链的流程再造，从而使评估（例如投资评估）变得非常复杂。Rentz（1995）对在开采地点对煤采用脱硫技术（增加每千瓦时的热值，并降低每千瓦时的运输成本）与在脱硫工厂对烟气采用末端减排方法（更好地提高硫磺采集效率，同时进一步减少污染物的排放）进行了比较与讨论。图37.2 说明了系统运行过程中物料输入、能量输入、产品输出和污染物排放之间的两两关系。

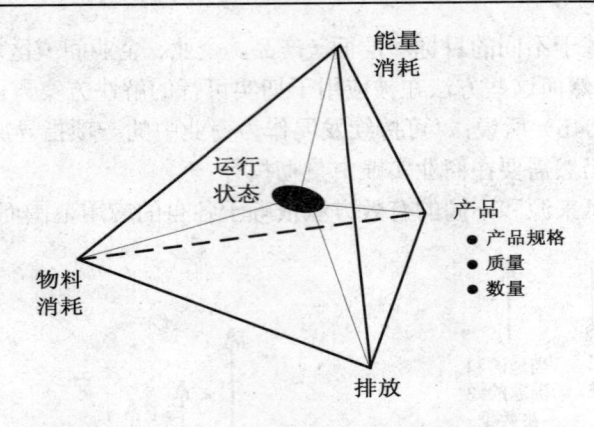

图 37.2 运行状态的正多面体图

资料来源：Rentz，1995。

例如，金属或塑料零部件使用溶剂型涂料与水性涂料对相应干燥步骤中的能量消耗差别很大，从而影响了供热系统和废气系统的设计。此外，流程参数或输入物料的变化会影响整条供应链，例如由于涂料生产商调整涂料粘性而使溶剂浓度不断发生变化，从而产生出不同的溶剂排放浓度，进而将影响涂装车间的废气清洁系统的投资决策。通过供应链或工业园区内的流程流分析，可以实现流程的显著改进（Wietschel，2002）。例如，一个综合的污水处理系统具有更稳定的化学需氧量（Chemical Oxygen Demand，COD），因此可以使流程更为有效和经济。这可能是一种可行的选择，对于对环境立法的义务要求较低的工业化进程中的国家而言，这种选择更为可行。这些例子表明，使用基于技术应用分析的跨企业研究方法能够确定进一步优化的潜力（Frank，2003；Tietze-Stöckinger 等，2003）。

为了对不同的技术进行评估，需要对优化潜力有深刻的见解，对技术、经济与环境流程的改进可以带来收益。在这里，对生产流程的环境方面进行评估是一项艰巨的任务，当需要对跨媒介方面进行评估时更是如此。从一种环境媒介转移到另一种媒介（例如从空气中进入水中）的跨媒介问题必须加以考虑（Rentz 等，1998；Rentz，1995）。夹点分析法通常是用于衡量优化潜力的潜在方法，本章下节内容将会对其进行介绍，并将多准则分析扩展到多目标夹点分析。

3 多目标夹点分析

3.1 夹点分析方法

夹点分析为企业、产业园区和整个供应链网络中不同物质流和能量流的评估提供了一个有效方法。夹点分析产生之初所针对的是热交换网络的设计问题，旨在确定最可能的能量使用量（Linnhoff 和 Flower，1978）。如今，废水量最小化问题（Wang 和 Smith，1994；Thevendiraraj 等，2003）和从废气流中回收挥发性有机化合物（VOC）问题（Dunn 和 El-Halwagi，1994；Zhelev 和 Semkov，2004）也能运用夹点分析方法加以解决。解决设计问题的算法在过去几年里已经得到进一步发展，一些案例研究已经通过运用运筹学领域的算法（如运输算法）得到了解决（Cerda 等，1983；Geldermann 等，2004b）。

能量夹点分析是一种使能量损失最小化的系统方法。该方法的第一步是计算热回收可使用能量的最大值（Umeda 等，1979）。将热流和冷流组合在一起便得到了复合曲线，同时，必须对表示热传递推动力的最小温度梯度 ΔT_{min} 加以设置。所研究系统中的热流和冷流之间可以进行热交换。该系统所要求的进一步加热或冷却将由额外设施来提供（Linnhoff 和 Flower，1978）。

挥发性有机化合物或多成分挥发性有机化合物的回收夹点分析与能力夹点分析类似。由于对废气的分离通常是通过对上升暖气流进行冷凝的方式实现的，所以该问题可以被转化为热交换问题（Dunn 和 El-Halwagi，1994）。所需的温度间隔可以利用由所使用的挥发性有机化合物溶剂的化学性质所定义的阶段图来获得（Geldermann 等，2004a）。在第一步中需要对所消耗溶剂的总回收量加以考虑，在后续的步骤中，通过对可用技术的技术经济评价可以得到一个经济可行的解决方案，然后将该方案转化为适当的设计，从而进行新的夹点分析。

夹点分析除了可以用在能量和挥发性有机化合物回收方面之外，还可以用于水和废水的节约方面，而且，单一参数或多参数问题都能得到解决。在单一参数的情形中，需要对降低杂质含量过程中的物质转移加以考虑（相当于能量夹点分析中的热流和冷流的热量交换）。这种转移被认为是线性的，这对稀释流（如用于洗涤的水）而言是一个很好的假设。水夹点分析考虑了浓度—物质复合曲线，该复合曲线代表了可以接受的"最坏"水质。淡水曲线描述了该系统的供水量。两条曲线在夹点相交，该点的斜率表示的是所需的最低的水流动速率（Wang 和 Smith，1994）。

实际问题往往包含多个参数，为了将这类问题转化为单一参数问题，需要将这些参数聚合成一个目标值（例如化学氧气需求值）。如果不能进行这种转化，则需要通过迭代处理来寻找该系统所有"基于水"的物质流的全部夹点（Koufos 和 Retsina，2001）。此外，对于包含水损失在内的单元操作中与水流相关的问题的解决方法已经逐渐成熟（Hallale，2002）。

更多关于夹点分析及其在不同领域应用的信息可以在（Linnhoff 等，1979；Cerda 等，1983；Dunn 和 Bush，2001；Hallale，2002）这些文章中找到。

3.2 跨企业研究方法

夹点分析也可以应用到考虑不同供应链或产业园区结构的跨企业研究方法中。最近，一种将夹点分析用于总体规划的新方法被提了出来（Singhvi 和 Shenoy，2002）。其中，研究人员利用时间—物料生产关系得出了两条复合曲线：一条是需求曲线，另一条是生产曲线。通过将外包产品和不同的客户包含在需求方，实现了与供应链的连接，并描绘出了多个生产地点（Singhvi 等，2004）。

除了产品流之外，也可以在流程流的基础上实现各类生产地点的连接。该方法的优点在于可以将具有不同结果的流程（例如自行车涂料和烈性酒生产）进行连接。因此，联合的活动可能来自同一条供应链。

为了进行夹点分析，所考虑的流程必须被视为一个系统。节约潜力的计算程序和企业内部问题的情形是一样的，其计算结果成为了流程设计的目标，这导致了为满足如加热和冷却这样的要求所必需的使用程序的共享，而这在流程流的基础上是不能得到满足的。此外，通过来自多个地点的流程流的连接，流的性能能够得以提高，以便符合特定的技术要求、化学要求或经济要求。例如，对排放溶剂（即挥发性有机化合物）这一流程步骤中产生的废气流进行混合可能会导致溶剂浓度的增加。因此，对废气清洁和/或溶剂回收的其它技术选择在经济方面也可能是可行的。

3.3 多目标方法

多目标夹点分析（Multi Objective Pinch Analysis，MOPA）由对不同对象（能量、废水和挥发性有机化合物等等）的夹点分析与多准则分析联合组成。一套最优解决方案的交付跨越了基于当前状态的方案集。实际可行的解决方案的确定需要详细的经济信息和技术信息（例如价格、热交换器的类型、交换表面、挥发性有机化合物冷凝器的类型、容量和水处理系统等等）。对方案偏好的确定是复杂的，因为它涉及到很多专业知识。

多目标夹点分析可以通过图37.3显示的七个模块加以说明。该图以对企业、产业园区或供应链（取决于系统边界）的流程分析为开端，提出了一个描绘各种流程流并且定义了数据要求的流程模型。第二步是技术审查，该阶段编辑了符合最有效技术（Best Available Techniques，BAT）和新兴技术的必要信息，以便于描述该流程模型和带有特征数据（参见图37.3中的模块3）的不同技术选项。优化模块（参见图37.3中的模块4）是在夹点分析的基础上，通过使用从运筹学软件MATLAB的优化工具箱中找到的运输算法得以解决的。一套最优解决方案的交付跨越了所考虑的技术组合，并达到了当前状况的顶峰。在多准则决策过程中，对不同资源的偏好最终确定了一组可供选择的技术集。在后续的流程设计中（参见图37.3中的模块5和模块6）所采用的具体技术最终明确了可实现的节约。

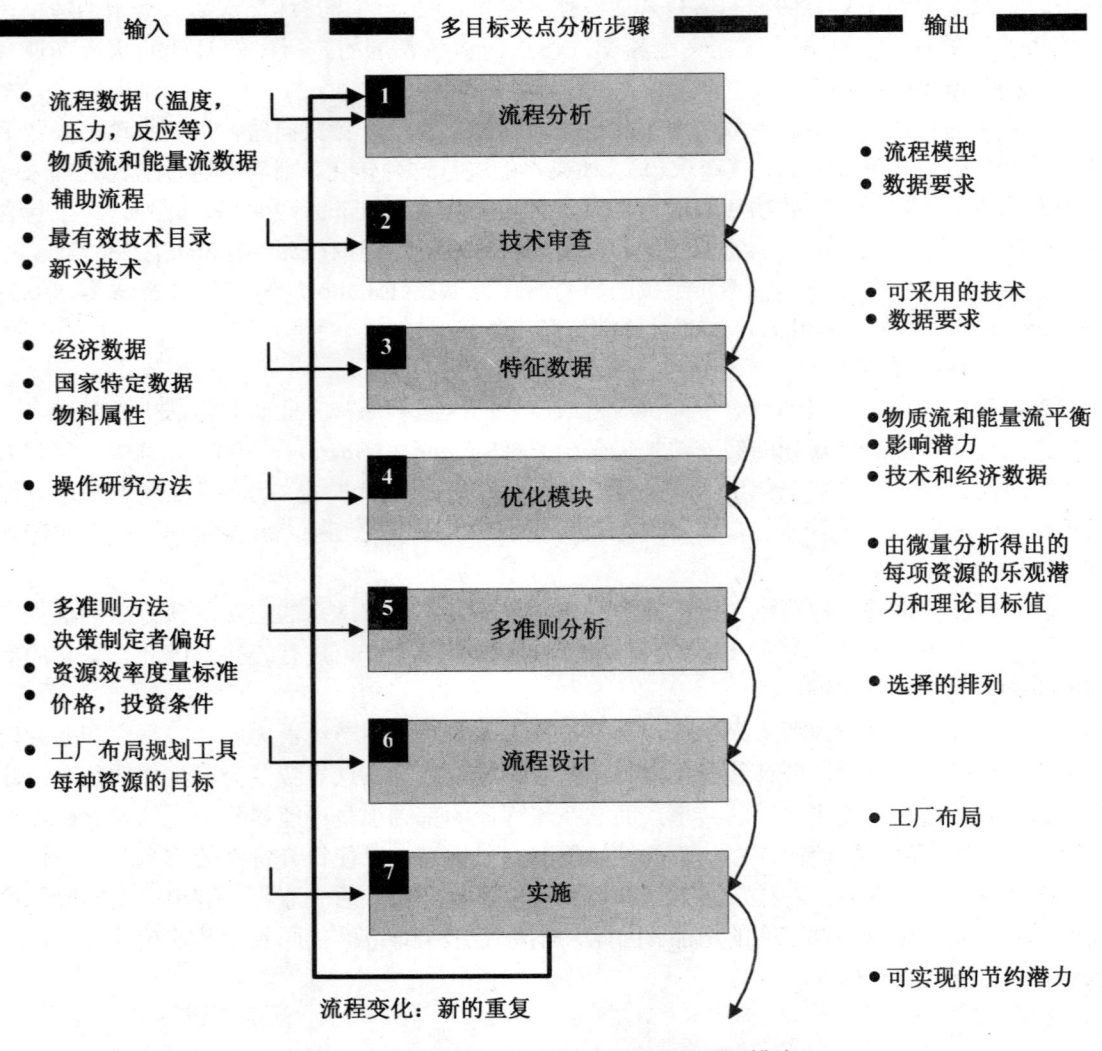

图37.3 多目标夹点分析（MOPA）的不同模块

资料来源：Treitz 等，2004。

在给定多目标夹点分析中的固定流程参数（例如温度间隔）的情况下，使用夹点分析可以确定多个目标值（水夹点、能量夹点和挥发性有机化合物夹点等等），从而为各种流的后续流程设计奠定了基础。水、能量和挥发性有机化合物的消耗量同时达到理论上的最小值是该分析的原点，并且成为了所考虑的潜力改进的基础（例如水潜力＝水当前－水夹点）。当考虑一个三维空间问题时，由于只需考虑流程改进，因而方案空间以理论夹点为下限，以当前状态（水当前值、能量当前值和挥发性有机化合物当前值）为上限。很显然，当一个准则比当前流程中所采用的准则较差，且存在一个或多个准则同时改进的可能时，就会存在选择。通过对不同资源的权重进行定义，并利用这些权重和修改的欧几里得准则可以计算出不同资源到原点的距离（反映潜力），而修改的欧几里得准则是该系统的度量标准（Treitz 等（2004）给出了对于度量标准的详细数学描述）。根据这些权重可以计算出每一项准则可接受的最大限度。这些上限点生成了当前状态的帕累托表面，并且定义了每一项准则可接受的消耗的最大限度。因此，这个空间看起来像是一个球体的八分之一（所有准则权重相等）或者一个沿着较低权重准则方向延长的椭球面，如图 37.4 所示。

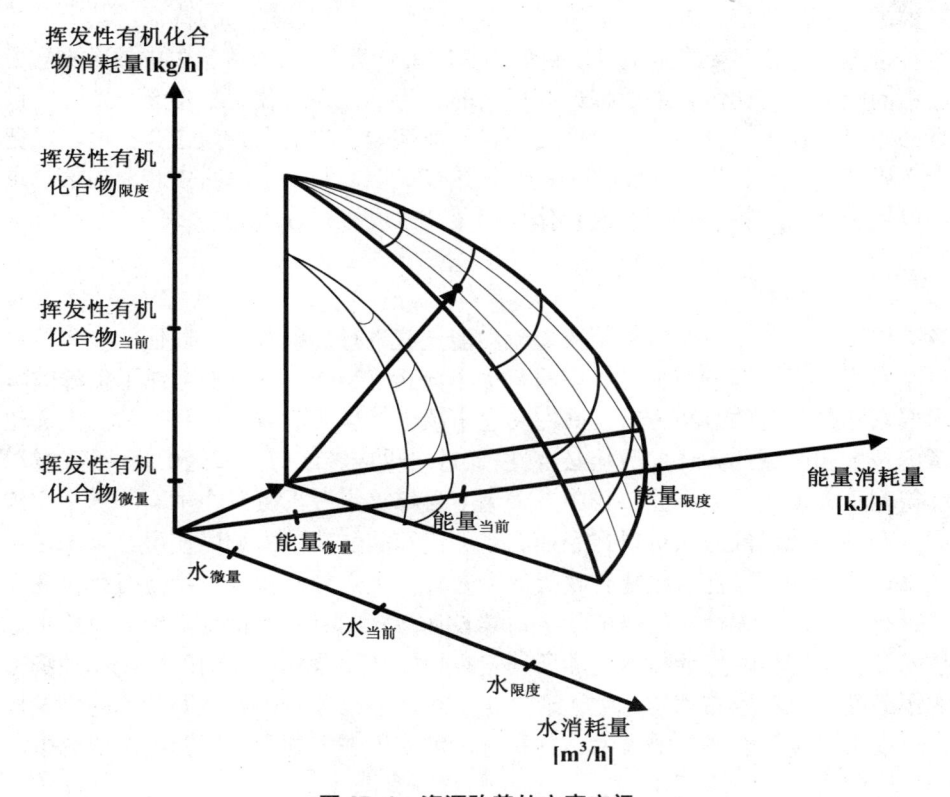

图 37.4 资源改善的方案空间

当然，技术选择是存在的，这在系统外会更明显，但是这些选择将反映出系统边界内较差的整体资源利用率，这一点并不需要考虑，需要考虑的是合同中所包含的技术。

有关实际可应用技术选择的决策是困难的，并且受到多准则决策问题的制约。在某种程度上可以同时得到最优目标值，但在此过程中也存在着权衡。例如，挥发性有机化合物的回收需要能量，结果，挥发性有机化合物回收的最大值点（即 VOC 夹点）将比利用夹点分析确定的能量消耗最小值点需要更多的能量。因此，存在嵌套在定义域的帕累托表面，进而得出了该表面到原点的距离。

此外,投资、运营成本和质量属性等这些深一层的准则拓展了所给定问题的维数。从技术经济的角度来看,必须对可用技术进行比较。每一个技术选项都可以用域中的一个点来表示。同时考虑不同的物质流和能量流时需要对合理的流程选择进行技术经济评价,在评价中需要采用如多目标夹点分析中的 PROMETHEE(Brans 等,1986)这样的多准则方法,同时需要考虑详细的定量信息和定性信息(例如,价格、热交换器的类型、换热表面、挥发性有机化合物的冷凝器类型、容量和水处理系统等等)。该问题的数学公式化处理需要进一步的约束描述(例如技术限制和/或所涉及物质的化学反应)。在后续流程设计中所应用的特定技术最终确定了可以实现的节约。在迭代过程中,新的设计可以由多目标夹点分析进行评估。根据系统边界,流程、地点、供应链和跨企业问题都可以进行评估。

在计算每个选定企业的优化潜力时需要两类信息:一类是流程相关信息(每一个确定步骤的流程参数和辅助流程参数),另一类是企业的特征数据(年生产数据和增长率等等),所需要收集的数据是技术和经济方面的数据。一些基本概念,特别是流程参数的基本概念,通过其绝对数据和经济价值来描述物质流(主要是溶剂、水和能量)的特征,其中,其经济价值是利用直接测量值、间接测量值(在测量的基础上计算)、技术数据表中的数据、另一家企业相同流程的数据和可比流程的数据计算得出的。为了保证所收集数据的一致性,供应链的相关信息必须包含在内。例如,所涂饰的塑料零部件的客户信息必须包含在内,以便于事先了解这一天确切的生产计划(在准时制生产中更需如此);同时,涂料生产商的信息也必须包含在内,以便于事后对特定批次中的具体溶剂及其浓度进行分析。

4 结论

本章提出了一种用于对供应链中质量流和能量流进行建模和综合评估的技术经济方法,同时强调了考虑技术范围的重要性。多目标夹点分析(MOPA)特别考虑了资源效率提高的特定技术要求和跨企业的解决方案,其在其它事项中对现实的减排选择所做的定义也详细地说明了考虑技术和区域的具体参数的必要性。通过对供应链或产业园区中流程流的综合分析,相关流程得到了显著改善。在此情形中,采用多目标夹点分析可以在不同范围中实施不同标准。因此,一种系统性的方法可以在企业、供应链和区域范围内加以使用。除了使目标值达到最小(水、能量和挥发性有机化合物等等)之外,夹点分析在第一步会对所研究流程的总节约潜力进行计算,计算得到的值描绘了后续设计步骤的目标。最终实现的节约由选定的必须考虑技术和化学因素约束的技术选项所确定。投资和运营成本之间的平衡和经济上可行解决方案的不断搜寻推动了布局的规划。通过定义可能的改善范围和资源效率的度量标准,多准则分析有助于确定符合条件的技术。这种方法被应用在智利和中国的案例研究中,显示出了高度的优化潜力。

这项工作是"PepOn:动态物质流网络跨企业工厂布局规划集成流程设计"项目的一部分,该项目由德国大众资助。非常感谢他们提供的这次机会。

5 参考文献

1. Brans, J. P., Vincke, Ph., Marshal, B. (1986): How to select and how to rank projects: The PROMETHEE method, in: European Journal of Operational Research, 24: 228-238.
2. Cerda, J., Westerberg, A., Manson, D., Linnhoff, B. (1983): Minimum utility usage in heat

exchanger network synthesis—A transportation problem, in: Chemical Engineering Science, 38 (3): 373-387.

3. Diwekar, U., Small, M. J. (2001): Process analysis approach to industrial ecology, A handbook of industrial ecology (11), Edward Elgar, Northampton: 114-137.

4. Dunn, R. F., Bush, G. E. (2001): Using process integration technology for CLEANER production, in: Journal of Cleaner Production, 9(1): 1-23.

5. Dunn, R. F., El-Halwagi, M. M. (1994): Optimal design of multicomponent VOC-condensation systems, in: Journal of Hazardous Materials, 38 (1): 187-206.

6. EC (1996): Council Directive 96/61/EC concerning integrated pollution prevention and control, pp. Official Journal L 257: 0026-0040.

7. Frank, M. (2003): Entwicklung und Anwendung einer integrierten Methode zur Analyse von betriebsübergreifenden Energieversorgungskonzepten (Development and application of an integrated analysis of inter-company energy supply), Universität Karlsruhe (TH), Karlsruhe.

8. Fussler, C. (1999): Neue Wege zur Ökoeffizienz (New Path to Eco-Efficiency), in: Weizsäcker, E., Seiler-Hausmann, J. (eds.): Ökoeffizienz—Management der Zukunft (Eco-Efficiency), Birkhäuser Verlag, Berlin.

9. Geldermann, J., Schollenberger, H., Rentz, O. (2004a): Integrated Scenario Analysis for Metal Surface Treatment, International Journal of Integrated Supply Management, 1 (2): 219-235.

10. Geldermann, J., Treitz, M., Rentz, O. (2004b): Integrated Technique Assessment Based on the Pinch-Analysis Approach for the Design of Production-Networks, in: European Journal of Operational Research, in press.

11. Georgiadis, P., Vlachos, D. (2004): The effect of environmental parameters on product recovery, in: European Journal of Operational Research, 157: 449-464.

12. Graedel, T., Allenby, B. R. (2003): Industrial Ecology, Prentice Hall, Upper Saddle River.

13. Hallale, N., 2002: A new graphical targeting method for water minimisation, in: Advances in Environmental Research, 6: 377-390.

14. Hunkeler, D., Saur, K., Finkbeiner, M., Schmidt, W.-P., Jensen, A. A., Strandorf, H., Christiansen, K. (2003): Life Cycle Management, SETAC Publications, Pensacola.

15. Koufos, D., Retsina, T. (2001): Practical energy and water management through pinch analysis for the pulp and paper industry, in: Water Science and Technology, 43 (2): 327-332.

16. le Blanc, H. M., Fleuren, H. A., Krikke, H. R. (2004): Redesign of a recycling system for LPG-tanks, in: OR Spectrum, 26: 283-304.

17. Lehni, M. (2000): Eco-efficiency—Creating more value with less impact, World Business Coucil for Sustainable Development.

18. Linnhoff, B., Flower, J. R. (1978): Synthesis of Heat Exchanger Networks: I, Systematic Generation of Networks with Various Criteria of Optimality, American Institute of Chemical Engineering Journal (AIChE), 24: 633.

19. Linnhoff, B., Manson, D., Wardle, I. (1979): Understanding heat exchanger networks, in: Computers and Chemical Engineering, 3: 295-302.

20. Nagel, R. N. (2000): Environmental Supply Chain Management versus Life Cycle Analysis

Method Eco-Indicator '95: A Relative Business Perspective Versus an Absolute Environmental Perspective, IEEE, Delft University of Technology.
21. Rentz, O. (1995): Integrierter Umweltschutz (Integrated Environmental Protection), in: Junkernheinrich, M., Klemmer, P., Wagner, G. R. (eds.): Handbücher zur angewandten Umweltfoschung, Handbuch zur Umweltökonomie (Handbooks for Applied Environmental Research, Handbook on Environmental Economics), Analytica, Berlin: p. 64-69.
22. Rentz, O. (2004): Zum Problem der wirtschaftlichen Auswahl von Entstaubern (On the problem of economic dust-removel), in: Haasis, H.-D., Spengler, T. (eds.): Produktion und Umwelt (Production and the Environment), Springer, Heidelberg: p. 33-37.
23. Rentz, O., Geldermann, J., Jahn, C., Spengler, T. (1998): Vorschlag für eine medienübergreifende Bewertungsmethode zur Identifikation der „Besten verfügbaren Techniken„ BVT im Rahmen der Arbeiten der Europäischen Kommission (Proposal for an integrated approach for the assessment of cross-media aspects relevant for the determination of 'Best Available Techniques' BAT in the European Union), Studie im Auftrag des Umweltbundesamtes Berlin, Karlsruhe.
24. Sarkis, J. (2003): A strategic decision framework for green supply chain management, in: Journal of Cleaner Production, 11(4): 379-409.
25. Seuring, S. (2004a): Industrial Ecology, Life Cycles, Supply Chains: Differences and Interrelations, in: Business Strategy and the Environment, 13: 306-319.
26. Seuring, S. (2004b): Integrated chain management and supply chain management comparative analysis and illustrative cases, in: Journal of Cleaner Production, 12 (8-10): 1059-1071.
27. Singhvi, A., Madhavan, K. P., Shenoy, U. V. (2004): Pinch analysis for aggregate production planning in supply chains, in: Computers and Chemical Engineering, 28: 993-999.
28. Singhvi, A., Shenoy, U. V. (2002): Aggregate Planning in Supply Chains by Pinch Analysis, Transaction of the Institution of Chemical Engineers 80 (A): 597-605.
29. Suzuki, M. (2000): Realisation of a Sustainable Society—Zero Emissions Approaches, GRATAMA Workshop, The United Nations University, Osaka.
30. Thevendiraraj, S., Klemes, J., Paz, D., Aso, G., Cardenas, G. (2003): Water and wastewater minimisation study of a citrus plant, in: Resources, Conservation and Recycling, 37: 227-250.
31. Tietze-Stöckinger, I., Fichtner, W., Rentz, O. (2003): Entwicklung und Einsatz eines optimierenden Stoffflussmodells für die strategische Planung der betriebsübergreifenden Entsorgung (Integrated Chain Management for Disposal), in: Inderfurth, K., Schenk, M., Wäscher, G., Ziems, D. (eds.): Logistikplanung und Management, Tagungsband zur 9. Magdeburger Logistiktagung, Marburg: p. 30-45.
32. Treitz, M., Schollenberger, H., Bertsch, V., Geldermann, J., Rentz, O. (2004): Process Design based on Operations Research: A Metric for Resource Efficiency, Clean Environment for All: 2nd International Conference on Environmental Concerns: Innovative Technologies and Management Options, Xiamen, P.R. China.
33. Türkay, M., Oruc, C., Fujita, K., Asakura, T. (2004): Multi-company collaborative supply chain management with economical and environmental considerations, in: Computers and

Chemical Engineering, 28: 985-992.
34. Umeda, T., Harada, T., Shiroko, K. (1979): A Thermodynamic Approach to the Synthesis of Heat Integration Systems in Chemical Processes, in: Computers and Chemical Engineering, 3: 273-282.
35. UNEP Division of Technology, Industry and Economics, (1994): International Declaration on Cleaner Production, Paris, online, www.uneptie.org/pc/cp/declaration/pdfs/english.pdf, (03.02.2004)
36. Wang, Y. P., Smith, R. (1994): Wastewater Minimisation, in: Chemical Engineering Science 49 (7): 981-1006.
37. White, R. (1994): Preface, in: Allenby, B. R., Richards, D. (eds.): The Greening of Industrial Ecosystems, National Academic Press, Washington DC: p. v-vi.
38. Wietschel, M. (2002): Stoffstrommanagement (Integrated Chain Management), Verlag Peter Lang, Frankfurt (Main).
39. Zhelev, T. K., Semkov, K. A. (2004): Cleaner flue gas and energy recovery through pinch analysis, Journal of Cleaner Production, 12: 165-170.

作者简介

- Jutta Geldermann 博士
  - 1968 年出生
  - 工商管理学博士
  - 在德国卡尔斯鲁厄大学（University of Karlseuhe（TH））获得工业工程学位证书
  - 在德国卡尔斯鲁厄大学（University of Karlseuhe（TH））法德环境研究所（DFIU/IFARE）担任"技术评估和风险管理"工作组的科学助理和组长
  - 指导和管理过众多有关生产规划、物质流和能量流管理、BAT（最佳有效技术）的决策以及多准则决策制定的研究项目
  - French-German Institute for Environmental Research (DFIU/IFARE), University of Karlsruhe (TH)
    Hertzstr. 16, 76187 Karlsruhe, Germany
    Tel: +49 721 608 4583   Fax: +49 721 758909
    Email: jutta.geldermann@wiwi.uni-karlsruhe.de, http://www-dfiu.wiwi.unikarlsruhe.de/

- Martin Treitz
  - 1975 年出生
  - 在德国卡尔斯鲁厄大学（University of Karlseuhe（TH））获得工业工程学位证书
  - 在德国卡尔斯鲁厄大学（University of Karlseuhe（TH））法德环境研究所（DFIU/IFARE）担任"技术评估和风险管理"工作组的科学研究助理
  - 主要研究方向：集成流程设计；技术经济评估；多准则决策制定；运筹学；物质流和能量流管理
  - French-German Institute for Environmental Research (DFIU/IFARE), University of Karlsruhe (TH)

Hertzstr. 16, 76187 Karlsruhe, Germany
Tel: +49 721 608 4406   Fax: +49 721 758909
Email: martin.treitz@wiwi.uni-karlsruhe.de, http://www-dfiu.wiwi.uni-karlsruhe.de/

➢ Hannes Schollenberger
- 1974年出生
- 在拜罗伊特大学（University of Bayreuth)获得地质生态学学位证书
- 在德国卡尔斯鲁厄大学（University of Karlseuhe（TH））法德环境研究所担任"技术评估和风险管理"工作组的科学研究助理
- 主要研究方向：生产计划；物质流分析；根据新环境立法对流程变化的技术经济评估；金属涂层；时间和动作研究
- French-German Institute for Environmental Research (DFIU/IFARE), University of Karlsruhe (TH)
Hertzstr. 16, 76187 Karlsruhe, Germany
Tel: +49 721 608 4584   Fax: +49 721 758909

➢ Otto Rentz 教授、博士
- 1944年出生
- 从事经济和工业化学研究
- 获取经济学硕士学位，工业化学博士学位，并获得工业生产和经济学教授资格
- 担任国际信息局（the IIP）主任和卡尔斯鲁厄大学（University of Karlseuhe（TH））法德环境研究所（DFIU/IFARE）的所长
- French-German Institute for Environmental Research (DFIU/IFARE), University of Karlsruhe (TH)
Hertzstr. 16, 76187 Karlsruhe, Germany
Tel: +49 721 608 4460   Fax: +49 721 758909
Email: otto.rentz@wiwi.uni-karlsruhe.de, http://www-dfiu.wiwi.uni-karlsruhe.de/

第38章　借助苏格拉底专题网络加强欧洲运营管理和供应链管理领域的教学和科研

José A. D. Machuca, Rafaela Alfalla Luque, Macarena Sacristán Díaz,

Gerald Reiner

本章主要内容

1. 导言
2. 专题网络的重要性
3. 专题网络的目标和任务
4. 联系我们
5. 参考文献

内容摘要

通过苏格拉底社区行动计划，欧盟委员会已经批准了由欧洲运营管理协会发起的关于欧洲专题网络的方案。该网络的短期目标是分析当前欧洲大学运营管理和供应链管理领域的教学和研究现状，并确定其优势和劣势，以便于其更好地服务实践。一项针对作为该网络成员的 24 个国家（27 所大学）运营管理领域教师的调查报告正在撰写。此外，另一项调查也将展开，其调查对象为大学的教职员工、教学内容和教学方法。该网络的中期目标在于加强大学教学、研究和商业实践领域之间的联系和合作。

关键词：专题网络；生产/运营管理；供应链管理；服务运营管理；教学；科研

1　导言

致力于促进运营管理和供应链管理领域教学、科研和实践等方面工作优化的欧洲专题网络（European Thematic Network for the Excellence in Operations and Supply Chain Management, Education, Research and Practice，THENEXOM），是由欧洲运营管理协会（European Operations Management Association，EuROMA）发起的一个专题网络，它于 2003 年 10 月通过欧盟委员会苏格拉底社区行动计划所建立的，该网络的主题活动内容包括主流运营管理、供应链管理和服务运营管理领域。

运营管理涉及了企业组织如何生产产品和提供服务等相关问题。需要特别指出的是，它还涉及了运营经理为使产品的设计、生产和交付活动都能有效的进行而面临的任务、问题和决策。运营管理领域的共同研究课题包括运营战略、产品和流程的设计与开发、生产能力管理、选址和布局、质量管理和持续改进、生产计划、物料需求计划系统/企业资源计划系统、准时制生产/精益生产和库存系统。

供应链管理与物流活动中各种流（物料流、信息流和资金流）的管理有关，是用来设计、计划和控制这些流的一整套管理实践活动，其目的在于实现运营系统中供应商网络的无缝连接。典型的供应链管理研究专题包括供应链设计（物流网络布局、流程设计和整合等）、协同制造与供应链设计（分类管理、模块化和延迟制造等）、采购、供应商管理、信息管理、逆向物流以及环境问题。

服务运营管理重点关注的是服务业和当运营系统的产出是无形的、需要顾客参与且与情绪和经验有关时，运营系统设计、计划和控制等活动中存在的困难。服务运营管理领域共同研究的专题包括服务运营战略、设计与管理质量、服务型企业和世界级服务型企业的国际化与全球化发展、服务类型的选择与设计、服务传送系统的选择与设计、服务技术与新兴技术、服务型企业的布局设计、服务运营的进度安排与控制、需求管理、中期和短期生产能力的管理、运营排队管理、收益管理、人力资源的计划与安排，以及客户满意度调查。

2 专题网络的重要性

将学者们汇集在一起来交换运营管理、供应链管理和服务运营管理等方面的意见和想法是很有必要的，因为在欧洲委员会中缺少单个国家对运营管理、供应链管理和服务运营管理以及其分支学科理解方面的知识。此外，考虑到掌握了运营管理、供应链管理和服务运营管理相关知识的人必须满足各个地区众多企业的各种要求，如果国家或地区之间具有可比性的数据给予这个问题更广泛的研究视角，那么这些信息将更加有用。

目前，在欧洲的大学里，有关运营管理、供应链管理和服务运营管理方面的教学现状尚不清晰，在科技大学、综合性大学、理工学院、工程学院、管理学院、商学院等不同类院系都开设这方面的课程。在对运营管理、供应链管理和服务运营管理方面的文献进行分类方面，有的是基于课题的性质，有的是基于研究人员的背景。对学者们发表作品的各类期刊和博士必读书目清单的回顾也都表现出了差异性（Vastag 和 Montabon，2002）。在所设课程、研究方法和各个层次所使用的教学方法方面也存在类似的差异性。塞维利亚大学对这些书目进行了大范围的回顾，结果显示当前对这些课题的研究很少。在这些研究中，大部分涉及到美国，并且只提及了运营管理教学的某些方面，因而还需要对欧洲的运营管理教学进行更深入的研究（Alfalla 和 Machuca，2003）。因此，在欧洲迫切需要进行这样的研究，以发现在该领域是否有足够的能力以适应训练有素的专业人员日益增长的需求。

本文所考虑的专题网络将进行更深入的研究，以了解欧洲在运营管理、供应链管理和服务运营管理方面教学的真实情况。专题网络也将利用这些信息来研究如何改进合作方式，以便开始在欧洲各大学内进行该领域的全球优化进程。专题网络能够创造性地描绘和分享各种知识，从而可以为教师和研究人员在更好地对自己进行定位和对工作不足之处进行弥补方面提供服务，并且能够在该领域创造新的国际性教学和研究网络。只有在具备足够数据的情况下，才有可能确定在这一重要的管理领域内，欧洲大学是否能够对企业的培养要求充分地做出反应。只有通过这种途径，教育体制方面的不足才有可能引起重视，重要的改进措施才能够执行。鉴于上述原因，研究人员需要寻找大学与企业的联系，从而能够通过未来的调查描绘出企业在运营管理、供应链管理和服务运营管理领域的需求。

3 专题网络的目标和任务

专题网络的首要目标是将欧洲高等教育机构的学者们召集到一起，以确定运营管理、供应链管理和服务运营管理领域大学教育的欧洲示意图。该网络将试图寻找这些领域相关课程中的不足之处，并试图找到并改善最好的实习内容、教学和评估方法，也试图加强和发展该领域的欧洲维度。该网络还将评估运营管理、供应链管理和服务运营管理领域教学方法与教材方面的创新，推广好的实践方法，使其在欧洲得到更广泛的应用，在学术领域和商业领域两方面实现超越。该网络的另一个中期目标是建立该领域内教学、研究和实践（即企业）之间的连接，以降低这三个有关企业竞争力的基本要素之间的不平衡性。在项目的第一个阶段，该网络将完成的任务包括：

1. 由运营管理、供应链管理和服务运营管理方面的教师们在网络参与国进行统计，以确定具备运营管理、供应链管理和服务运营管理知识的毕业生数量。因此，需要确定哪些学校正在开设这些方面的课程，哪些教师正在为毕业生授课，这些教师的水平和培训类型，以及他们的经验和背景。考虑到这项研究要求的深度和广度，对这些教师的鉴定是主要目标，因为没有官方资源提供帮助，所以需要他们付出相当大的努力。

2. 针对网络参与国进行一项有关运营管理、供应链管理和服务运营管理教学的调查，以获得相关专业学生所学知识的数量和质量方面的数据，这些数据与如何计划和开展运营管理和供应链管理的教学有关，并且涉及了如何监测这些专业相关知识的学习质量方面的内容。

3. 对该网络进行扩展。从其他具有代表性的大学、企业、研究中心、政府部门和创业机构搜索新的成员，以扩大欧洲维度，使网络更加切合企业的需要。按照欧盟的建议，该网络目前正在寻求与美国和亚洲建立战略合作关系，以在全世界范围内拓展上述目标和行动。

4. 对网络设计进行改进，设置 8 名核心成员管理这一过程，其目的在于确保该网络能够不断更新。

5. 电子知识数据库的创建工作已经开始，建成之后，该数据库将用来储存运营管理、供应链管理和服务运营管理相关领域中欧洲机构和个人的各种数据，一份覆盖运营管理、供应链管理和服务运营管理课程的目录和专题说明书，一份有关教学和方法技巧的说明书，以及相关的研究路线。

6. 组织并举行了四次网络会议。来自参与国的 30 名教师参与了会议，会议还邀请了来自其他国家和机构的观察员。

7. 组成了核心小组，并举行了五次会议，对科学、评估和网络演进等方面的网络问题进行了讨论。

4 联系我们

专题网络的目的和目标对运营管理和供应链管理领域的科研团体和商业团体而言是很有价值的。为此，我们鼓励您与我们取得联系。

如需要更多的信息，请与组织协调机构联系

Dr. José A. D. Machuca（协调员）

Dr. Macarena Sacristán Díaz（协调助理）

Dr. Rafaela Alfalla Luque（协调助理）

Universidad de Sevilla, F.C.E.E., Avda. Ramón y Cajal, 1

41018 Sevilla. Espana (Spain)
Website: www.thenexom.net
E-mail: thenexom@us.es, Tel: +34 954557627, Fax: +34 954557570

5 参考文献

1. Alfalla Luque, R., Machuca, J. A. D. (2003): An empirical study of POM teaching in Spanish universities (II): Faculty profile, teaching and assessment methods, in: International Journal of Operations and Production Management, 23(4): 375-400.
2. Vastag, G., Montabon, F. (2002): Journal Characteristics, Rankings and Social Acculturation in Operations Management, in: Omega, The International Journal of Management Science, 30(2): 109-126.

作者简介

- José A.D. Machuca 教授、博士
  - 运营管理领域全职教授，计算机辅助商业管理研究小组主任
  - 苏格拉底欧洲专题网络协调员
  - 欧盟委员会董事会成员
  - 系统动力学协会副主席；（美国，财务及运营管理）系原系主任，（美国，经济和商业科学学院）副院长
  - 生产和经营管理学会成员
  - 欧盟和国家框架研究项目主持人
  - Dpto. de Economía Financiera y Dirección de Operaciones
    Univ. de Sevilla, Fac. de CC. Económicas y Empresariales
    Avda. Ramón y Cajal, 1. 41018 Sevilla, Spain
    Tel: +34 954 55 76 10   Fax: +34 954 55 75 70
    Email: jmachuca@cica.es

- Rafaela Alfalla Luque
  - 西班牙塞维利亚大学（the University of Sevilla）生产与运营管理系助理教授，过去十年一直在该大学任教，从事运营管理方面的研究
  - 获得塞维利亚大学博士学位
  - 计算机辅助商业管理研究小组成员
  - 参与过许多由欧盟赞助的研究项目
  - 主要研究方向：运营管理；供应链管理
  - Dpto. de Economía Financiera y Dirección de Operaciones
    Univ. de Sevilla, Fac. de CC. Económicas y Empresariales
    Avda. Ramón y Cajal, 1. 41018 Sevilla, Spain
    Tel: +34 954 55 64 56   Fax: +34 954 55 75 70
    Email: alfalla@us.es, http://www.us.es/defdo

- Macarena Sacristán Díaz 教授、博士
  - 工商管理博士学位，（西班牙）塞维利亚大学（the University of Sevilla）副教授
  - 1992 年～，一直在该校财务和运营管理系授课，其教学质量已经得到了官方认可
  - 出版过一部合著，发表在相关刊物上的作品在国内和国际上都属于一流水平
  - 第一届世界 POM（POM，塞维利亚 2000）会议秘书
  - 苏格拉底欧洲专题网络协调员助理
  - 主要研究方向：先进制造技术；绩效评估；供应链管理
  - Dpto. de Economía Financiera y Dirección de Operaciones
    Univ. de Sevilla, Fac. de CC. Económicas y Empresariales
    Avda. Ramón y Cajal, 1. 41018 Sevilla, Spain
    Tel: +34 954 556 968   Fax: +34 954 557 570
    Email: macarena-sd@us.es, http://www.us.es/defdo
- Gerald Reiner 博士
  - 1970 年出生
  - 1996 年～1998 年，维也纳经济与工商管理大学（Vienna University of Economics and Business Administration）工业信息研究部研究助理
  - 1999 年～，维也纳经济与工商管理大学生产管理部综合研究员
  - 主要研究方向：供应链管理；质量管理；绩效评估；运营管理
  - Department of Production Management
    Vienna University of Economics and Business Administration
    Pappenheimgasse 35/3/5, 1200 Wien, Austria
    Tel: +43 1 31336 5631   Fax: +43 1 31336 5610
    Email: gerald.reiner@wu-wien.ac.at, http://prodman.wu-wien.ac.at